第 12 回

中高年者縦断調査
（中高年者の生活に関する継続調査）

（平成 28 年）

厚生労働省政策統括官
（統計・情報政策担当）
一般財団法人　厚生労働統計協会

まえがき

　この報告書は平成 28 年 11 月に実施した「第 12 回中高年者縦断調査（中高年者の生活に関する継続調査）」の結果をとりまとめたものです。

　本調査は、団塊の世代を含む全国の中高年者世代（平成 17 年 10 月末に 50 歳から 59 歳）の男女を追跡して、その健康、就業及び社会活動について、意識面と事実面の変化の過程を継続的に調査し、行動の変化や事象間の関連性等を把握し、高齢者対策等厚生労働行政施策の企画、実施のための基礎資料を得ることを目的として平成 17 年を初年として実施しているもので、当省で実施している「２１世紀出生児縦断調査」、「２１世紀成年者縦断調査」に続き、公的統計としては三番目の縦断調査となります。

　従来の横断調査が標本抽出により毎回調査客体を替え、調査時点の実態を明らかにする調査手法であるのに対し、同一客体を追跡調査する縦断調査では、意識や行動の経年変化を観察することにより、事象間の因果関係がより明確になり、詳細な分析が可能となります。

　この報告書が行政施策の基礎資料として利用されるとともに、関係各方面においても幅広く利用されれば幸いです。

　終わりに、この調査の実施にご協力いただいた関係各位に深く感謝するとともに、今後一層のご協力をお願いする次第です。

平成 30 年 3 月

厚生労働省政策統括官（統計・情報政策担当）

酒 光 一 章

担 当 係

政策統括官付参事官付世帯統計室　中高年者縦断統計係

電話　０３－５２５３－１１１１

内線　７５９４

目　　　　次

2 健康の状況

3 就業の状況

4　社会活動等の状況

5　住居・収入等の状況

Ⅳ　用語の定義 ………………………………………………………………

閲覧公表統計表

　次の統計表は、報告書に掲載していないが、政府統計の総合窓口（e-Stat）（URL：http://www.e-stat.go.jp/）にて公表している。

第 1 表　被調査者数・構成割合，年齢階級、第 1 回からの医師から診断されている 6 つの疾病の有無の変化、第 12 回の子の同別居別

第 2 表　第 12 回までに離職経験がある被調査者数・構成割合，性、年齢階級、第 1 回の健康状態、第 12 回の健康状態別

第 3 表　被調査者数・構成割合，性、第 1 回の日常生活活動の困難の有無・困難の程度、第 12 回の過去 1 か月間に感じたことの状況別

第 4 表　被調査者数・構成割合，第 1 回の世帯構成、第 12 回の世帯構成、年齢階級、第 1 回からの健康状態の変化別

第 5 表　被調査者数・構成割合，年齢階級、第 1 回の過去 1 か月間に感じたことの状況、性、第 1 回からの健康状態の変化別

第 6 表　被調査者数・構成割合，第 1 回の健診受診の有無・健診結果・健診結果への対応、性、第 1 回からの健康状態の変化別

第 7 表　被調査者数・構成割合，年齢階級、第 1 回の世帯構成、第 1 回からの就業状況の変化別

第 8 表　被調査者数・構成割合，性、第 1 回の医師から診断されている 6 つの疾病の種類・疾病の有無、第 1 回からの就業状況の変化別

第 9 表　第 12 回に仕事をしている被調査者数・構成割合，年齢階級、第 12 回の勤め先の企業等の従業者数、第 1 回の勤め先の企業等の従業者数別

第 10 表　第 12 回に仕事をしている被調査者数・構成割合，性、第 12 回の仕事への満足感の種類、第 12 回の 1 週間の就業時間、年齢階級、第 12 回の仕事への満足感別

I　調査の概要

調 査 の 概 要

1 調査の目的
　この調査は、団塊の世代を含む全国の中高年者世代の男女を追跡して、その健康・就業・社会活動について、意識面・事実面の変化の過程を継続的に調査し、行動の変化や事象間の関連性等を把握し、高齢者対策等厚生労働行政施策の企画立案、実施等のための基礎資料を得ることを目的として、平成17年度を初年として実施しているものである。

2 調査の対象及び客体
　平成17年10月末現在で50〜59歳である全国の男女を対象とし、そのうち、第10回調査又は第11回調査において協力を得られた者を客体とした。
　第12回調査における対象者の年齢は、61〜70歳である。

3 調査の期日
　調査の周期　毎年1回（11月の第一水曜日）
　調査の期日　第12回調査　平成28年11月2日（水）

4 調査の事項
　家族の状況、健康の状況、就業の状況、これからの生活設計、社会活動等の状況　等

5 調査の方法及び系統
（1）調査の方法
　　厚生労働省から郵送された調査票に被調査者が自ら記入し、郵送により厚生労働省に提出する方法により行った。

（2）調査の系統
　　厚生労働省 ――― 被調査者
　　　　　　　郵送

6 結果の集計及び集計客体
（1）結果の集計
　　集計は、厚生労働省政策統括官（統計・情報政策担当）で行った。

（2）調査客体数等
　　調査客体数、回収客体数は以下のとおりである。

	調査客体数	回収客体数	回収率
第1回調査	40,877	34,240	83.8%
第2回調査	35,007	32,285	92.2%
第3回調査	32,195	30,730	95.4%
第4回調査	30,773	29,605	96.2%
第5回調査	29,548	28,736	97.3%
第6回調査	28,554	26,220	91.8%
第7回調査	28,137	25,321	90.0%
第8回調査	26,428	24,026	90.9%
第9回調査	25,261	23,722	93.9%
第10回調査	24,231	22,748	93.9%
第11回調査	23,485	22,595	96.2%
第12回調査	22,845	21,916	95.9%

（3）集計客体数
　　本報告書では、第1回調査から第12回調査まで集計可能である19,513人を集計客体とした。

7 調査票の様式

㊙

厚生労働省

第１２回 中高年者縦断調査

中高年者の生活に関する継続調査票

（平成２８年１１月２日調査）

政府統計

統計法に基づく国の統計調査です。調査票情報の秘密の保護に万全を期します。

記入者について

調査票はご本人が記入してください。やむを得ずご本人が記入できない**場合**は、記入者のご本人との関係と記入できない理由をお書きください。

【記入者のご本人との関係】

１ 配偶者　　２ 親　　３ 子　　４ その他

【ご本人が記入できない理由】

整理番号

地区	単位区	世帯	該当者

出生年月	性別
昭和　　　年　　　　月生	

家　　族

問１ あなたには、現在、**配偶者**はいますか。配偶者がいる場合は、**同居の有無**と**介護の有無**について、それぞれあてはまる番号１つに〇をつけてください。

（「配偶者」には、事実上夫婦として生活しているが、婚姻届を提出していない場合も含みます。）

１　い　る ──→	補問１－１　現在配偶者と同居していますか。	１ はい　　２ いいえ
	補問１－２　配偶者の方は介護を必要としていますか。	１ はい　　２ いいえ
２　いない		

問２ この１年間（平成２７年１１月～平成２８年１０月）に、あなたは、結婚、離婚又は配偶者と**死別**しましたか。あてはまる番号**すべて**に〇をつけてください。

> 婚姻届の提出の有無にかかわらず、結婚には事実上夫婦として生活するようになった場合、離婚、死別には事実上夫婦として生活していた場合も含みます。

１　この１年間に結婚した ──→	配偶者の出生年月 　１　大正 　２　昭和　　□□　年　　□□　月生 　３　平成
２　この１年間に離婚又は死別した	配偶者が最後に卒業した学校 （あてはまる番号１つに〇）
３　上記１、２のようなことはなかった	１　中学校　　４　短大・高専　　７　その他 　２　高校　　　５　大学 　３　専門学校　６　大学院

問3 あなたには、現在、**配偶者以外に同居している方**はいますか。

1 い る

2 いない ────────────→ 次頁の **問4へお進みください**

補問3-1 配偶者以外に同居している方の状況について、1人ずつお答えください。

（例：配偶者以外に同居している方が、子2人と自分の母の場合は、記入例のようになります。）

		あなたとの関係									年　齢		収入の有無		介護の必要	
		子	自分の父	自分の母	配偶者の父	配偶者の母	孫	兄弟姉妹	その他の親族	その他			あり	なし	あり	なし
記入例	1人目	①	2	3	4	5	6	7	8	9	26	歳	①	2	1	②
	2人目	①	2	3	4	5	6	7	8	9	23	歳	1	②	1	②
	3人目	1	2	③	4	5	6	7	8	9	85	歳	①	2	①	2
	1人目	1	2	3	4	5	6	7	8	9		歳	1	2	1	2
	2人目	1	2	3	4	5	6	7	8	9		歳	1	2	1	2
	3人目	1	2	3	4	5	6	7	8	9		歳	1	2	1	2
	4人目	1	2	3	4	5	6	7	8	9		歳	1	2	1	2
	5人目	1	2	3	4	5	6	7	8	9		歳	1	2	1	2
	6人目	1	2	3	4	5	6	7	8	9		歳	1	2	1	2
	7人目	1	2	3	4	5	6	7	8	9		歳	1	2	1	2
	8人目	1	2	3	4	5	6	7	8	9		歳	1	2	1	2
	9人目	1	2	3	4	5	6	7	8	9		歳	1	2	1	2
	10人目	1	2	3	4	5	6	7	8	9		歳	1	2	1	2

問4　同居していない**自分の親、配偶者の親、子及び孫**の状況について、お答えください。

	同居していない親			同居していない親が「いる」場合は 記入してください。			
				年　　齢		介護の必要	
自分の父	1　いる	2　いない	→	☐☐歳	→	1　あり	2　なし
自分の母	1　いる	2　いない	→	☐☐歳	→	1　あり	2　なし
配偶者の父	1　いる	2　いない	→	☐☐歳	→	1　あり	2　なし
配偶者の母	1　いる	2　いない	→	☐☐歳	→	1　あり	2　なし

同居していない子、孫		
子	☐☐人いる	2　いない
孫	☐☐人いる	2　いない

※年齢、介護の必要の有無をそれぞれの父・母の欄に記入してください。

同居していない子・孫がいる場合は、それぞれの人数を記入してください。子・孫には、それぞれの配偶者を含みません。

問5　あなたは現在、**同居している方や同居していない親族**に対して、**介護をしていますか。**
　　介護をしている場合は、相手と**あなたとの関係**と、**この1か月間**（平成28年10月）の平均した**1週間の介護時間**を記入してください。

介護の有無	あなたとの関係　（あてはまる番号すべてに〇）			1週間の介護時間
1　している 2　していない	1　配偶者 2　子 3　自分の父 4　自分の母	5　配偶者の父 6　配偶者の母 7　孫 8　兄弟姉妹	9　その他の親族 10　その他	☐☐☐時間

問6　あなたの世帯では、現在、**同居していない親族へ経済的な支援**をしていますか。あてはまる**番号すべてに〇**をつけ、支援をしている場合は、その**支援額**を記入してください。

[＊　毎月の支援の他に、不定期で支援をしている場合は、1、2両方に〇をつけ、それぞれの支援額を記入してください。]

1　ほとんど毎月支援している	⟶　**月平均**支援額　およそ	☐☐☐	万円
2　ボーナス時など時々支援している	⟶　**年間合計**支援額　およそ	☐☐☐	万円
3　支援していない			

健康

問7　あなたの**現在の健康状態**はいかがですか。あてはまる番号1つに〇をつけてください。

1	大変良い	3	どちらかといえば良い	5	悪い
2	良い	4	どちらかといえば悪い	6	大変悪い

問8　あなたは現在、**以下の病気など**について医師から病気であると診断されていますか。
　　診断されている場合は、通院や服薬・病状・入院の有無について、病気ごとのあてはまる番号に〇をつけてください。

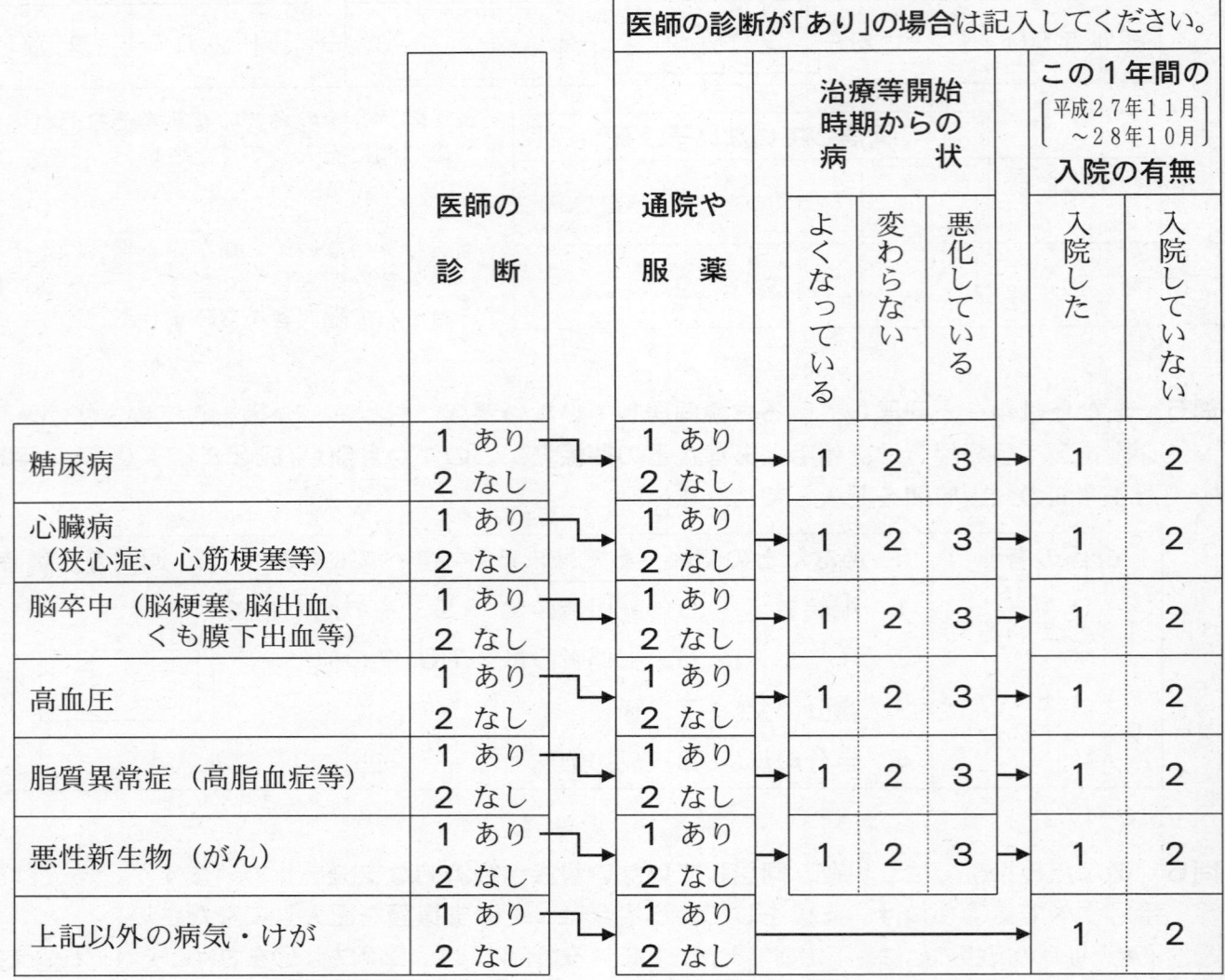

	医師の診断	通院や服薬	治療等開始時期からの病状 よくなっている	変わらない	悪化している	この1年間の〔平成27年11月〜28年10月〕入院の有無 入院した	入院していない
糖尿病	1 あり / 2 なし	1 あり / 2 なし	1	2	3	1	2
心臓病（狭心症、心筋梗塞等）	1 あり / 2 なし	1 あり / 2 なし	1	2	3	1	2
脳卒中（脳梗塞、脳出血、くも膜下出血等）	1 あり / 2 なし	1 あり / 2 なし	1	2	3	1	2
高血圧	1 あり / 2 なし	1 あり / 2 なし	1	2	3	1	2
脂質異常症（高脂血症等）	1 あり / 2 なし	1 あり / 2 なし	1	2	3	1	2
悪性新生物（がん）	1 あり / 2 なし	1 あり / 2 なし	1	2	3	1	2
上記以外の病気・けが	1 あり / 2 なし	1 あり / 2 なし				1	2

問9　あなたは、**この1か月間**（平成28年10月）に、病気やけがの**治療のための費用**がありましたか。あてはまる番号1つに〇をつけ、費用がある場合は、この1か月間（平成28年10月）の費用を記入してください。

1	治療のための費用あり ⟶ 平成28年10月の費用	☐☐ 万 ☐ 千円
2	治療のための費用なし	

問１０　次のそれぞれの質問について、**この１か月間**（平成２８年１０月）はどのようであったか、あてはまる番号１つに〇をつけてください。

	いつも	たいてい	ときどき	少しだけ	まったくない
神経過敏に感じましたか	1	2	3	4	5
絶望的だと感じましたか	1	2	3	4	5
そわそわ、落ち着かなく感じましたか	1	2	3	4	5
気分が沈み込んで、何が起こっても気が晴れないように感じましたか	1	2	3	4	5
何をするのも骨折りだと感じましたか	1	2	3	4	5
自分は価値のない人間だと感じましたか	1	2	3	4	5

問１１　あなたは現在、**補問１１－１**にあげたような**日常生活活動**の際、**困難**に感じることはありますか。あてはまる番号１つに〇をつけてください。

　　１　あ　る　　　　　　　２　な　い　　━━━▶　次頁の **問１２へお進みください**

補問１１－１　あなたが困難に感じる**活動**ごとに、あてはまる番号１つに〇をつけてください。

※困難でない項目には〇をつける必要はありません。	何らかの**困難はあるが、独力でできる**	独力ではできないので**介助が必要**
歩く	1	2
ベッドや床から起き上がる	1	2
いすに座ったり立ち上がったりする	1	2
衣服を着たり脱いだりする	1	2
手や顔を洗う	1	2
食事をする	1	2
排せつ	1	2
入浴をする	1	2
階段の上り下り	1	2
買い物したものの持ち運び	1	2

問１２　あなたがふだん**お酒を飲む頻度**はどれくらいですか。あてはまる番号１つに〇をつけてください。

1　毎日	→	お酒を飲む日の１日の平均的な**飲酒量**はどれくらいですか。
2　週５〜６日		清酒に換算し、あてはまる番号１つに〇をつけてください。
3　週３〜４日		
4　週１〜２日		**1　１合未満　2　１〜３合未満　3　３〜５合未満　4　５合以上**
5　月に１〜３日		
6　ほとんど飲まない		※清酒１合（アルコール度数15度・180ml）と同程度のアルコール量 ・ビール中瓶１本（同５度・500ml） ・焼酎0.6合（同25度・約110ml） ・ワイン1/4本（同14度・約180ml） ・ウイスキーダブル１杯（同43度・60ml） ・缶チューハイ1.5缶（同５度・約520ml）
7　飲まない（飲めない）		

問１３　あなたは現在、**たばこを吸っていますか**。あてはまる番号１つに〇をつけてください。

1　吸っている	→	１日の平均的な**喫煙本数**はどれくらいですか。
2　吸っていない		あてはまる番号１つに〇をつけてください。
		1　１０本以下　　　　3　２１〜３０本 2　１１〜２０本　　　4　３１本以上

問１４　あなたのふだんの**運動の状況**について、あてはまる番号１つに〇をつけてください。

	運動している（平均的な実行頻度）					運動していない
	月に １日程度	週に １日程度	週に ２〜３日	週に ４〜５日	ほぼ毎日	
息がはずまない軽い運動 （ストレッチ・軽い体操など）	1	2	3	4	5	6
多少息がはずむ運動 （ウォーキング・ジョギングなど）	1	2	3	4	5	6
激しく息がはずむ運動 （エアロビクス・水泳など）	1	2	3	4	5	6

問15 あなたのこの1年間（平成27年11月〜平成28年10月）の**健診**（健康診断や健康診査）や**人間ドック**の**受診状況**について、あてはまる番号1つに〇をつけてください。

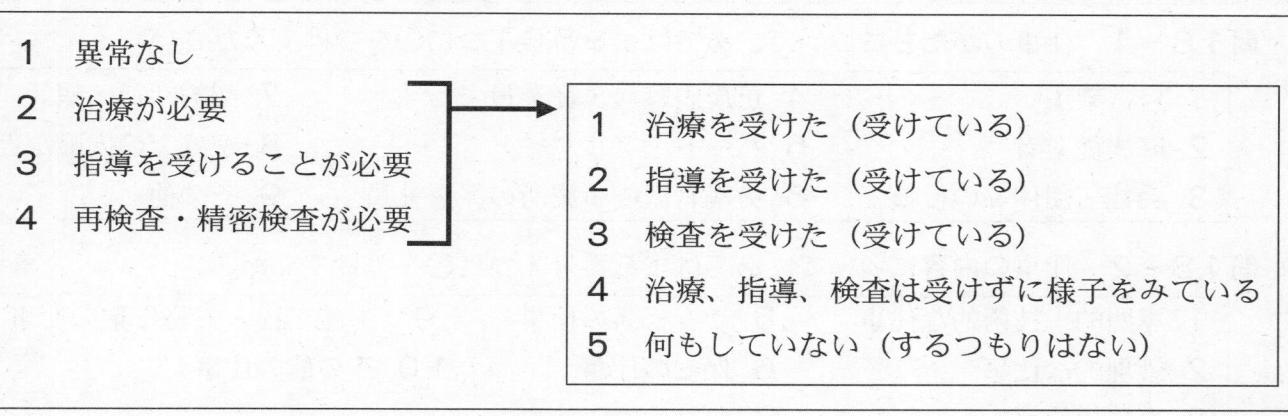

補問15−1へ（1 受診した）　2 受診していない　→　問16へお進みください

補問15−1 健診や人間ドックの結果と対応について、それぞれあてはまる番号1つに〇をつけてください。最近受診した健診の**結果がまだ出ていない場合**は、前回受診した時の結果について回答してください。ただし、**前回と今回の受診の間が1年以上ある場合**は、回答せずに**問16**へお進みください。

1 異常なし
2 治療が必要
3 指導を受けることが必要
4 再検査・精密検査が必要

→

1 治療を受けた（受けている）
2 指導を受けた（受けている）
3 検査を受けた（受けている）
4 治療、指導、検査は受けずに様子をみている
5 何もしていない（するつもりはない）

問16 あなたが日頃、**健康維持のために心がけていること**はありますか。
あてはまる番号**すべて**に〇をつけてください。

1 お酒を飲み過ぎない
2 たばこを吸い過ぎない
3 適度な運動をする
4 年に1回以上人間ドックを受診する
5 食事の量に注意する
6 バランスを考え多様な食品をとる
7 錠剤、カプセル、顆粒、ドリンク状のビタミンやミネラルを摂取する
8 適正体重を維持する
9 食後の歯磨きをする
10 適度な休養をとる
11 ストレスをためない
12 その他
13 特にない

就　業

問１７　あなたはふだん何か**収入になる仕事**をしていますか。あてはまる番号１つに○をつけてください。

> 1　仕事をしている　　　2　仕事をしていない ➡ 10頁の **問２１へお進みください**

問１８は、問１７で「仕事をしている」と回答した方　のみお答えください。

問１８－１　仕事の**かたち**について、あてはまる番号１つに○をつけてください。

1　自営業主	4　正規の職員・従業員	7　契約社員・嘱託
2　家族従業者	5　パート・アルバイト	8　家庭での内職など
3　会社・団体等の役員	6　労働者派遣事業所の派遣社員	9　その他

問１８－２　仕事の**内容**について、あてはまる番号１つに○をつけてください。

1　専門的・技術的な仕事	5　サービスの仕事	9　生産工程・労務作業の仕事
2　管理的な仕事	6　保安の仕事	10　その他の仕事
3　事務の仕事	7　農林漁業の仕事	
4　販売の仕事	8　運輸・通信の仕事	

問１８－３　この１か月間（平成２８年１０月）の平均した１週間当たりの**就業日数**、平均的な**就業時間**（実労働時間）をお答えください。

> ・１週間の就業日数　☐　日　　　　・１週間の就業時間　☐☐　時間
>
> ＊１日８時間、週５日働いた場合は、就業日数　**５日**　就業時間　**４０時間**　となります。

問１８－４　勤め先の企業・団体等の組織全体（自営業の方の場合は事業全体）の**従業者数**について、あてはまる番号１つに○をつけてください。

1　1〜4人	4　100〜299人	7　1,000〜4,999人
2　5〜29人	5　300〜499人	8　5,000人以上
3　30〜99人	6　500〜999人	9　官公庁

問１８－５　あなたが、その**仕事について感じていること**について、あてはまる番号１つに○をつけてください。

	満足	やや満足	普通	やや不満	不満
能力の活用・発揮	1	2	3	4	5
職場の人間関係	1	2	3	4	5
賃金・収入	1	2	3	4	5
就業時間・休日	1	2	3	4	5
仕事の内容・やりがい	1	2	3	4	5

問18（つづき）は、問17で「仕事をしている」と回答した方　のみお答えください。

問18-6　あなたが**仕事をしている理由**について、あてはまる番号**すべて**に○をつけ、その
　　　　　うち**主なもの1つ**の番号を右下の枠内に記入してください。

1　現在の生活費のため	9　健康を維持するため
2　現在の生活費を補うため	10　社会とのつながりを維持したいから
3　生活水準を上げるため	11　社会に役立ちたいから
4　自分のお小遣いのため	12　視野を広げたいから
5　借金の返済のため	13　今の仕事が好きだから
6　親族等への仕送りのため	14　家にずっといるのは嫌だから
7　将来の生活資金のため	15　時間に余裕があるから
8　子や孫の将来のため	16　その他の理由

上記で○をつけた理由のうち、主なもの1つの番号　▢

問19は、問18-1で　「会社・団体等の役員」「正規の職員・従業員」「パート・アルバイト」
「労働者派遣事業所の派遣社員」「契約社員・嘱託」と回答した方　のみお答えください。

問19-1　勤め先では、**あなたに適用される定年**がありますか。あてはまる番号1つに○をつ
　　　　　けてください。また、定年がある場合は、具体的な**定年年齢**も記入してください。

　　1　定年がある　　━━━━▶　▢▢ 歳
　　2　定年はない
　　3　わからない

問19-2　あなたの勤め先には以下の**制度**などはありますか。また、制度の有無にかかわらず、
　　　　　今後の利用を希望しますか。それぞれあてはまる番号1つに○をつけてください。

	制度の有無			利用希望の有無	
	制度がある	制度はない	知らない	希望する	希望しない
再就職会社のあっせん	1	2	3	1	2
再雇用（再任用）制度	1	2	3	1	2
勤務延長制度	1	2	3	1	2

問19-3　この1年間（平成27年11月～平成28年10月）に、以下の制度などを利用し
　　　　　ましたか。

	制度の利用の有無	
	あり	なし
再就職会社のあっせん	1	2
再雇用（再任用）制度	1	2
勤務延長制度	1	2

11頁の 問22へ
お進みください

問２０は、問１８－１で 「自営業主」「家族従業者」と回答した方　のみお答えください。

問２０　あなたが現在従事している**事業の後継者**はいますか。
　　　　あてはまる番号１つに〇をつけてください。

次頁の　**問２２へ**
お進みください

1　いる
2　育成中
3　これから育成する
4　いない

今後、事業はどうされますか。
あてはまる番号１つに〇をつけてください。

1　廃業　　2　経営譲渡　　3　まだ決めていない

問２１は、問１７で 「仕事をしていない」と回答した方　のみお答えください。

問２１　あなたは現在、何か**収入になる仕事**をしたいと思っていますか。

1　仕事をしたい　　2　仕事をしたくない　→　次頁の　**問２２へお進みください**

「仕事をしたい」場合は、**補問２１－１、補問２１－２**にお答えください。

補問２１－１　どのような**かたち**で仕事をしたいですか。あてはまる番号１つに〇を
つけてください。

1　自営業主　　　　　4　雇われて働く（フルタイム労働）　　7　有償型の社会参加活動
2　家業の手伝い　　　5　雇われて働く（パートタイム労働）　8　その他
3　家庭での内職など　6　近所の人や会社に頼まれて任意に行う仕事

補問２１－２　現在、その**仕事を探したり、開業の準備**をしたりしていますか。
あてはまる番号１つに〇をつけてください。

1　仕事を探している
2　開業の準備をしている　　　→　次頁の　**問２２へお進みください**
3　何もしていない

補問２１－３　仕事を探したり、開業の準備をしていないのはどうしてですか。
あてはまる番号１つに〇をつけてください。

1　探したが見つからなかった　　　6　家事や育児のため
2　希望する仕事がありそうにない　7　家族の介護・看護のため
3　知識・能力に自信がない　　　　8　急いで仕事に就く必要がない
4　病気・けがのため　　　　　　　9　その他
5　高齢のため

問２２　あなたは、この１年間（平成２７年１１月～平成２８年１０月）に収入を伴う**仕事をやめた**ことがありますか。

1	この１年間に仕事をやめた（一度退職した後、現在仕事に就いている場合や再雇用制度を利用した場合を含みます。）	2	この１年間は仕事をやめていない（仕事をしたことがない人も含みます。）→次頁の **問２３へお進みください**

↳やめた仕事について、**やめた月、やめた理由、仕事のかたち**をお答えください。

仕事をやめた月	仕事をやめた理由（あてはまる番号すべてに〇）													やめた仕事のかたち（あてはまる番号１つに〇）								
	定年のため	契約期間が満了したから	希望退職に応じたから	倒産したから	解雇されたから	新しい仕事がみつかったから	健康がすぐれなかったから	家族の介護・看護のため	子・孫の育児のため	人間関係がうまくいかなかったから	労働条件が不満になったから	年金を受給し始めたから	その他	自営業主	家族従業者	会社・団体等の役員	正規の職員・従業員	パート・アルバイト	労働者派遣事業所の派遣社員	契約社員・嘱託	家庭での内職など	その他
平成２７・２８年　□□月	1	2	3	4	5	6	7	8	9	10	11	12	13	1	2	3	4	5	6	7	8	9

この１年間にやめた仕事が複数ある場合は、以下に記入してください。

	仕事をやめた月	仕事をやめた理由（あてはまる番号すべてに〇）													やめた仕事のかたち（あてはまる番号１つに〇）								
２つ目	平成２７・２８年　□□月	1	2	3	4	5	6	7	8	9	10	11	12	13	1	2	3	4	5	6	7	8	9
３つ目	平成２７・２８年　□□月	1	2	3	4	5	6	7	8	9	10	11	12	13	1	2	3	4	5	6	7	8	9

これからの生活設計

問２３ あなたは**現在の生活を何によってまかなっていますか**。また、**これからの生活を何によって
まかなうつもりですか。それぞれの区分ごとに、あてはまる番号すべてに〇をつけてください。**

		働いて得た所得			資産収入	預貯金の取り崩し	退職金	公的年金	私的年金	子供等からの仕送り	その他
		本人	配偶者	その他の同居人							
	現在の生活	1	2	3	4	5	6	7	8	9	10
これからの生活	62～64歳の生活 ※現在64～70歳の方は、〇をつける必要はありません	1	2	3	4	5	6	7	8	9	10
	65～69歳の生活 ※現在69，70歳の方は、〇をつける必要はありません	1	2	3	4	5	6	7	8	9	10
	70歳以降の生活	1	2	3	4	5	6	7	8	9	10

問２４ あなたは、**収入を伴う仕事**について、**これからどうしたいと思っていますか。年齢区分ごと
に、あてはまる番号１つに〇をつけてください。**

	仕　事　を　し　た　い								仕事はしたくない	まだ考えていない
	自営業主	家業の手伝い	家庭での内職など	雇われて働く フルタイム	パートタイム	近所の人や会社に頼まれて任意に行う仕事	有償型の社会参加活動	その他		
62～64歳の仕事 ※現在64～70歳の方は、〇をつける必要はありません	1	2	3	4	5	6	7	8	9	10
65～69歳の仕事 ※現在69，70歳の方は、〇をつける必要はありません	1	2	3	4	5	6	7	8	9	10
70歳以降の仕事	1	2	3	4	5	6	7	8	9	10

補問２４－１ 「仕事をしたい」とお答えになった方にお聞きします。あなたが仕事をしたい理
由は何ですか。**年齢区分ごとに、あてはまる番号１つに〇をつけてください。**

	生活費を稼ぐため、仕事をしなければならない	企業への貢献や生きがいのため、ぜひ仕事をしたい	条件が合う仕事があるならしたい
62～64歳の仕事 ※現在64～70歳の方は、〇をつける必要はありません	1	2	3
65～69歳の仕事 ※現在69，70歳の方は、〇をつける必要はありません	1	2	3
70歳以降の仕事	1	2	3

補問２４－２ 「仕事はしたくない」とお答えになった方にお聞きします。あなたが仕事をしたく
ない理由は何ですか。**年齢区分ごとに、あてはまる番号１つに〇をつけてください。**

	賃金が安すぎるから	自分の経験や知識に合う仕事が見つからないから	今まで十分に働き、今後は仕事以外のことがしたいから	健康面や家庭の理由で働くことができないから
62～64歳の仕事 ※現在64～70歳の方は、〇をつける必要はありません	1	2	3	4
65～69歳の仕事 ※現在69，70歳の方は、〇をつける必要はありません	1	2	3	4
70歳以降の仕事	1	2	3	4

社会活動等

問２５ あなたはふだん**以下の活動**をしていますか。あてはまる番号１つに〇をつけてください。

	いつもする	ときどきする	あまりしない	しない
近所づきあい	1	2	3	4
友達づきあい	1	2	3	4
家事	1	2	3	4
自分の孫や子供の世話	1	2	3	4

問２６ あなたには、**日頃から何かと頼りにしている方**がいますか。あてはまる番号**すべて**に〇をつけてください。

1 同居している親族 3 近所の人 5 友人 7 いない		
2 同居していない親族 4 勤め先の同僚（元同僚を含む） 6 その他		

問２７ あなたはこの１年間（平成２７年１１月～平成２８年１０月）に、次のような活動をしましたか。活動した場合は、その**活動の方法・満足度**についてお答えください。

	活動の有無	活動の方法 (あてはまる番号すべてに〇)					満足度 (あてはまる番号1つに〇)				
		ひとりで	家族や友人と（同僚等を除く）	勤め先の同僚と（元同僚を含む）	町内会・自治会	NPO・公益法人等の団体	満足	やや満足	普通	やや不満	不満
趣味・教養 （囲碁、料理、旅行など）	1 あり 2 なし	1	2	3	4	5	1	2	3	4	5
スポーツ・健康 （ウォーキング・球技など）	1 あり 2 なし	1	2	3	4	5	1	2	3	4	5
地域行事 （町内会の催しなど）	1 あり 2 なし	1	2	3	4	5	1	2	3	4	5
子育て支援・教育・文化 （子供会の役員など）	1 あり 2 なし	1	2	3	4	5	1	2	3	4	5
高齢者支援 （家事支援・移送など）	1 あり 2 なし	1	2	3	4	5	1	2	3	4	5
その他の社会参加活動	1 あり 2 なし	1	2	3	4	5	1	2	3	4	5

住居・家計

問28-1 今の**お住まいの形態**について、あてはまる番号1つに〇をつけ、**持ち家にお住まいの方は、住宅ローンの有無**をお答えください。

お住まいの形態
1　持ち家
2　賃貸住宅
3　社宅等
4　その他

住宅ローンの有無
1　残っている　　　2　残っていない

問28-2 **この1年間**（平成27年11月〜平成28年10月）**の住居の変化**について、お住まいの形態にかかわらず、あてはまる番号1つに〇をつけてください。

1　変わっていない　　　2　転居した　　　3　増改築した

問29 あなたには、**この1か月間**（平成28年10月）に**収入**はありましたか。あてはまる番号1つに〇をつけ、収入がある場合は、**収入の種類**とこの1か月間の**収入額**を記入してください。

1　収入あり　　　　2　収入なし ━━━━▶ **問30へお進みください**

「収入あり」の場合は、**補問29-1、補問29-2**にお答えください。

▶ **補問29-1** **何によって得られた収入**ですか。あてはまる番号**すべて**に〇をつけてください。

1　働いて得た所得	5　私的年金
2　公的年金	6　子供等からの仕送り
3　雇用保険	7　資産収入（資産の売却による収入は含めません）
4　生活保護等の社会保障給付金	8　その他

▶ **補問29-2** この1か月間の**収入額**を、公的年金以外と公的年金に分けて記入してください。

平成28年10月の**公的年金以外の収入額** ☐☐☐ 万円

（＊ボーナスなどは含めず、税・社会保険料などが控除される前の額を記入）

平成28年10月に受給した**公的年金の受給額** ☐☐☐ 万円

（＊10月に受給した額（2か月分）をそのまま記入）

問30 あなたの世帯のこの1か月間（平成28年10月）の**家計支出額**を記入してください。

☐☐☐ 万円

問31 あなたの世帯では、現在、**借入金**はありますか。あてはまる番号1つに○をつけ、借入金のある場合は、**金額**を記入してください。

1	あ	る		億				万円	2	な	い

問32 あなたの世帯では、現在、**預貯金**（株・債券を含む）はありますか。あてはまる番号1つに○をつけ、預貯金のある場合は、**金額**を記入してください。

1	あ	る		億				万円	2	な	い

配偶者

問33・問34は、　配偶者の方について　お答えください。
※ご夫婦お二人でこの調査にご協力いただいている方は、次頁の問35へお進みください。

問33 **配偶者の現在の健康状態**はどうですか。あてはまる番号1つに○をつけてください。

1	大変良い	3	どちらかといえば良い	5	悪い
2	良い	4	どちらかといえば悪い	6	大変悪い

問34 **配偶者**には、この1か月間（平成28年10月）で**収入**はありましたか。あてはまる番号1つに○をつけ、収入がある場合は、**収入の種類**とこの1か月間の**収入額**を記入してください。

1　収入あり　　　　2　収入なし ━━➤ 次頁の **問35へお進みください**

「収入あり」の場合は、**補問34−1、補問34−2**にお答えください。

➤ **補問34−1** 何によって**得られた収入**ですか。あてはまる番号すべてに○をつけてください。

1	働いて得た所得	5	私的年金
2	公的年金	6	子供等からの仕送り
3	雇用保険	7	資産収入（資産の売却による収入は含めません）
4	生活保護等の社会保障給付金	8	その他

➤ **補問34−2** この1か月間の**収入額**を、公的年金以外と公的年金に分けて記入してください。

平成28年10月の**公的年金以外の収入額** 　　　　　 万円

（＊ボーナスなどは含めず、税・社会保険料などが控除される前の額を記入）

平成28年10月に受給した**公的年金の受給額** 　　　　　 万円

（＊10月に受給した額（2か月分）をそのまま記入）

問３５ あなたと配偶者がふだん**一緒に過ごすとき**は、何をして過ごしていますか。次のことについてあてはまるかどうか、それぞれお答えください。

	会話	趣味・娯楽	買物	ボランティア活動など	仕事	食事	テレビを見る	その他
あてはまる	1	1	1	1	1	1	1	1
あてはまらない	2	2	2	2	2	2	2	2

「あてはまる」ものが
1つ以上ある場合

補問３５−１ あなたが配偶者とふだん**一緒に過ごす時間**は、 １週間の平均した１日当たりでどれくらいですか。

	時間

たいへんお忙しい中、長時間にわたりご協力いただき、
ありがとうございました。
この調査の結果は、まとまり次第みなさまのもとにお届けします。

健康、就業、社会活動など、みなさまにとって身近な課題に
取り組んでいくための重要な基礎資料とさせていただきますので、
今後ともご協力いただきますよう、お願い申し上げます。

調 査 担 当

厚生労働省
　政策統括官（統計・情報政策担当）付 世帯統計室
　旧名：大臣官房統計情報部 人口動態・保健社会統計課 世帯統計室
中高年者縦断統計係
電　話：（03）5253−1111（内線7594）
　　　　（03）3595−2323（ダイヤルイン）
　　　　（調査名【中高年者縦断調査】をお伝えください）
　　　　（平日の月曜日〜金曜日　9:30〜18:15）
Ｅメール　s-cohort@mhlw.go.jp

Ⅱ　結　果　の　概　要

【利用上の注意】

（1）　表章記号の規約

計数のない場合	ー
比率が微少（0.05 未満）の場合	0.0

（2）　掲載の数値は四捨五入してあるので、内訳の合計が「総数」に合わない場合もある。

結 果 の 概 要

1 世帯の状況
この 11 年間で、「夫婦のみの世帯」の割合は増加、「三世代世帯」、「親なし子ありの世帯」の割合は減少

　第1回調査から第 12 回調査までの 11 年間の世帯構成の変化をみると、「夫婦のみの世帯」は、第1回 21.4%から第 12 回 41.2%と増加している。一方、「三世代世帯」は、第1回 22.3%から第 12 回 13.6%、「親なし子ありの世帯」は、第1回 39.2%から第 12 回 26.3%と減少している。（図1）
　第1回の世帯構成別に第 12 回の世帯構成をみると、「夫婦のみの世帯」に変化した割合は、「親なし子ありの世帯」の 39.9%、「親あり子なしの世帯」の 32.9%で高くなっている（表1）。

図1　第1回調査から第 12 回調査までの世帯構成の変化

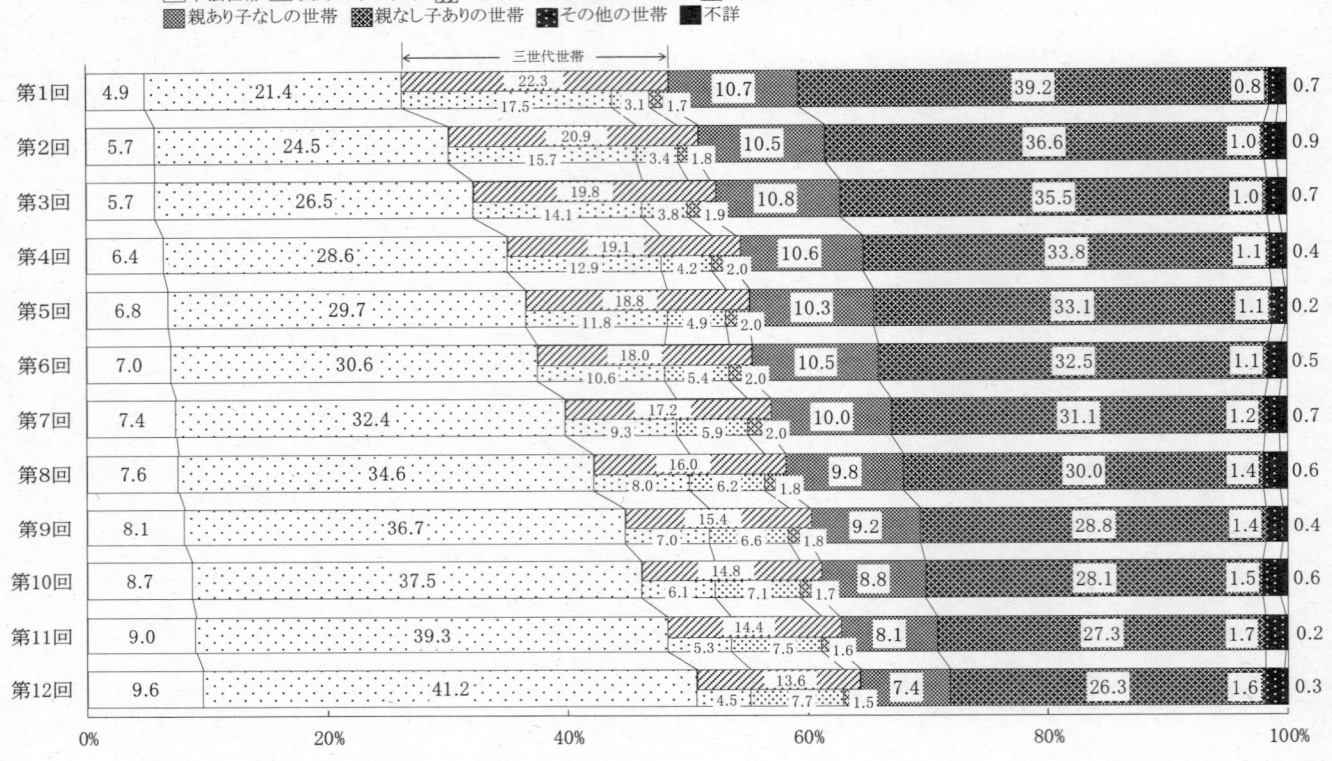

表1　第1回調査の世帯構成別にみた第 12 回調査の世帯構成

（単位：%）

		第12回の世帯構成						
		総数		単独世帯	夫婦のみの世帯	三世代世帯	親あり子なしの世帯	親なし子ありの世帯	その他の世帯
第1回の世帯構成	総数	(100.0)	100.0	9.6	41.2	13.6	7.4	26.3	1.6
	単独世帯	(4.9)	100.0	72.5	11.0	3.5	2.8	7.0	2.2
	夫婦のみの世帯	(21.4)	100.0	6.1	76.7	5.7	2.2	7.9	0.9
	三世代世帯	(22.3)	100.0	2.7	20.6	37.7	13.0	25.0	0.9
	親あり子なしの世帯	(10.7)	100.0	15.9	32.9	9.2	31.5	5.9	4.3
	親なし子ありの世帯	(39.2)	100.0	5.2	39.9	7.2	1.3	45.7	0.5
	その他の世帯	(0.8)	100.0	18.4	20.9	0.6	2.5	4.9	51.5

注：総数には第1回及び第12回の世帯構成の不詳を含む。

2 健康の状況

第1回調査から、健康状態がずっと「よい」者が11年間継続して健康維持のために心がけていることは、男では「適度な運動をする」、「食事の量に注意する」、「適正体重を維持する」、女では「バランスを考え多様な食品をとる」、「食後の歯磨きをする」、「適度な運動をする」で割合が高い

　第1回調査から健康状態の変化が「第1回からずっと「よい」」割合を性別でみると、男45.4%、女46.6%となっている。それを第1回調査から継続して健康維持のために心がけていること別にみると、男は「適度な運動をする」が15.1%、「食事の量に注意する」が10.9%、「適正体重を維持する」が10.5%となっている。女は、「バランスを考え多様な食品をとる」が20.4%、「食後の歯磨きをする」が18.1%、「適度な運動をする」が16.4%となっている。
　また、性別の割合の差をみると、「バランスを考え多様な食品をとる」、「食後の歯磨きをする」で差が大きくなっており、女の方が高くなっている。（表2、図2）

表2　性、第1回調査から継続して健康維持のために心がけていること（複数回答）別にみた第1回からの健康状態の変化

（単位：%）

		総数	第1回からの健康状態の変化				
			第1回からずっと「よい」	「わるい」から「よい」に変化	第1回からずっと「わるい」	「よい」から「わるい」に変化	その他の変化
第1回から健康維持のために心がけていること（複数回答）	男	(100.0) 100.0	(45.4) 100.0	(2.5) 100.0	(2.5) 100.0	(4.2) 100.0	(37.6) 100.0
	お酒を飲み過ぎない	5.8	7.2	2.3	4.4	5.1	4.9
	たばこを吸い過ぎない	1.9	2.1	0.9	2.2	2.9	1.6
	適度な運動をする	11.4	15.1	10.5	5.8	6.6	8.4
	年に1回以上人間ドックを受診する	4.2	5.7	2.3	0.4	2.7	3.1
	食事の量に注意する	9.8	10.9	11.4	13.3	9.3	8.5
	バランスを考え多様な食品をとる	5.3	6.9	5.0	2.7	4.5	4.2
	錠剤、カプセル、顆粒、ドリンク状のビタミンやミネラルを摂取する	2.3	2.6	0.9	2.7	2.7	2.0
	適正体重を維持する	8.3	10.5	8.2	5.8	6.9	6.4
	食後の歯磨きをする	6.9	8.6	5.9	4.0	4.5	5.7
	適度な休養をとる	3.8	4.6	3.2	3.1	4.3	3.1
	ストレスをためない	7.3	9.5	3.2	4.4	5.9	5.6
	特にない	0.3	0.3	－	－	－	0.3
	女	(100.0) 100.0	(46.6) 100.0	(2.2) 100.0	(2.2) 100.0	(3.9) 100.0	(36.3) 100.0
	お酒を飲み過ぎない	0.9	1.1	0.4	1.7	0.7	0.6
	たばこを吸い過ぎない	0.6	0.6	－	0.9	1.0	0.5
	適度な運動をする	12.2	16.4	8.1	3.5	8.2	8.9
	年に1回以上人間ドックを受診する	2.7	3.4	2.6	0.9	1.9	2.3
	食事の量に注意する	14.4	16.0	13.7	9.6	10.8	13.3
	バランスを考え多様な食品をとる	17.3	20.4	14.5	10.9	11.8	15.2
	錠剤、カプセル、顆粒、ドリンク状のビタミンやミネラルを摂取する	3.5	3.4	2.1	4.3	1.2	3.9
	適正体重を維持する	11.9	15.1	11.1	6.1	8.4	9.4
	食後の歯磨きをする	15.6	18.1	10.3	8.7	13.7	14.2
	適度な休養をとる	7.4	8.5	6.0	5.2	3.8	6.9
	ストレスをためない	10.4	13.0	9.8	4.3	7.0	8.7
	特にない	0.2	0.1	0.4	0.4	0.2	0.2

注：総数には第1回からの健康状態の変化の不詳を含む。

図2　性別にみた第1回調査から健康状態の変化が「第1回からずっと「よい」」者の第1回調査から継続して健康維持のために心がけていること（複数回答）の割合

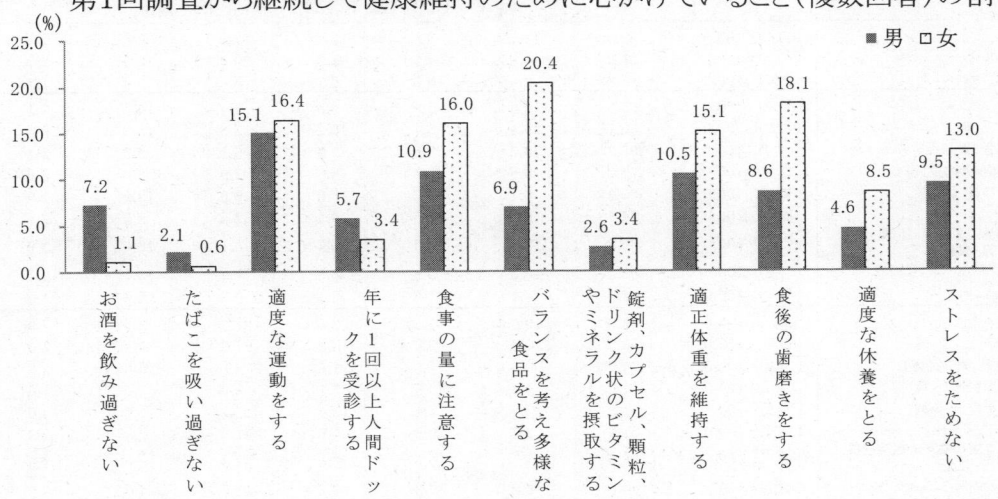

3 就業の状況

（1） 就業状況の変化

この 11 年間で、「正規の職員・従業員」の割合は減少、「自営業主、家族従業者」、「パート・アルバイト」の割合はほぼ横ばい

　第1回調査から第 12 回調査までの 11 年間の就業状況の変化をみると、「正規の職員・従業員」は、第1回 38.2％から第 12 回 6.4％と減少している。一方、「自営業主、家族従業者」は、第1回 15.7％から第 12 回 14.1％、「パート・アルバイト」は、第1回 16.6％から第 12 回 17.6％とほぼ横ばいの状況である。（図3）

　また、性、第1回の就業状況別に第 12 回の就業状況をみると、男の「（第1回）正規の職員・従業員」では「仕事をしていない」の 39.0％が最も高く、次いで「労働者派遣事業所の派遣社員、契約社員・嘱託」の 19.9％、「パート・アルバイト」の 16.0％、「正規の職員・従業員」の 13.6％となっている。女の「（第1回）パート・アルバイト」では「仕事をしていない」の 48.4％が最も高く、次いで「パート・アルバイト」の 41.8％となっており、「（第1回）正規の職員・従業員」では、「仕事をしていない」の 48.7％が最も高く、次いで「パート・アルバイト」の 22.2％、「正規の職員・従業員」13.4％となっている。（表3）

図3　第1回調査から第 12 回調査までの就業状況の変化

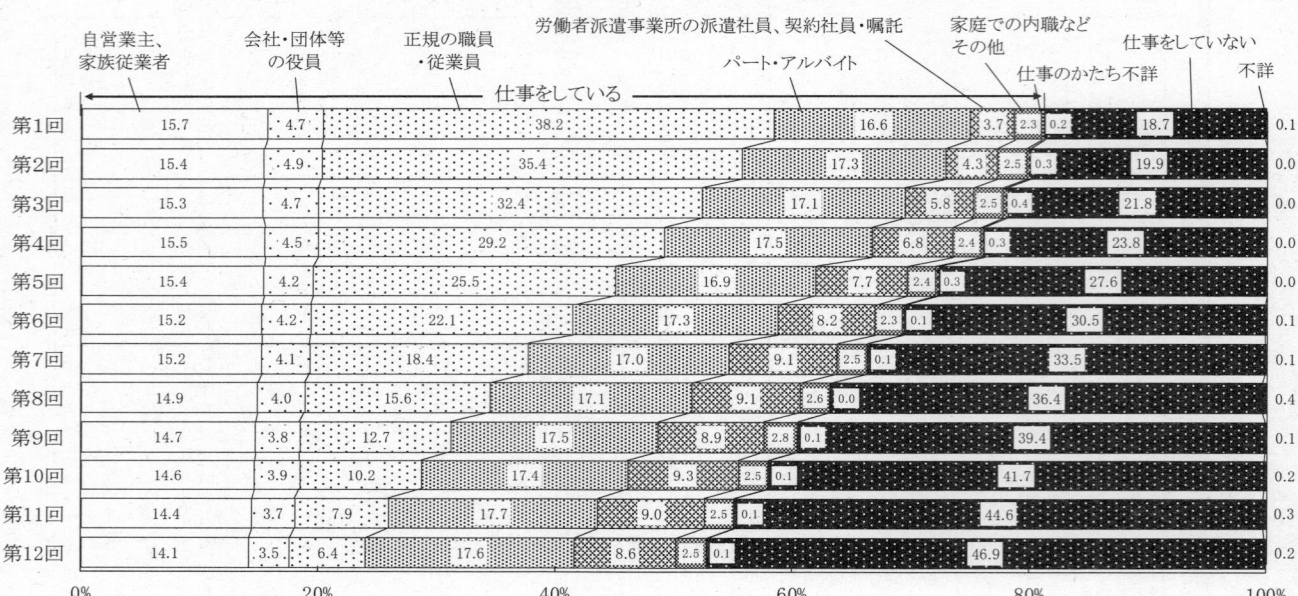

表3　性、第1回調査の就業状況別にみた第 12 回調査の就業状況

(単位：%)

			総数		第12回の仕事の有無・仕事のかたち							
					仕事をしている	自営業主、家族従業者	会社・団体等の役員	正規の職員・従業員	パート・アルバイト	労働者派遣事業所の派遣社員、契約社員・嘱託	家庭での内職など、その他	仕事をしていない
	総数		(100.0)	100.0	52.9	14.1	3.5	6.4	17.6	8.6	2.5	46.9
	仕事をしている		(81.3)	100.0	61.9	16.8	4.2	7.7	20.0	10.4	2.7	37.9
	仕事をしていない		(18.7)	100.0	13.8	2.6	0.5	0.7	7.3	0.9	1.7	85.9
性・第1回の仕事の有無・仕事のかたち	男		(100.0)	100.0	64.6	18.6	5.9	9.9	13.4	14.7	2.1	35.3
	仕事をしている		(94.9)	100.0	66.7	19.4	6.1	10.2	13.6	15.2	2.2	33.1
		自営業主、家族従業者	(18.9)	100.0	85.7	70.0	3.8	2.2	5.1	2.5	2.1	14.3
		会社・団体等の役員	(7.9)	100.0	73.2	10.5	39.5	6.8	7.9	6.4	2.0	26.7
		正規の職員・従業員	(60.5)	100.0	60.9	6.1	3.2	13.6	16.0	19.9	1.9	39.0
		パート・アルバイト	(2.2)	100.0	54.8	6.6	0.5	4.1	32.5	8.6	2.5	45.2
		労働者派遣事業所の派遣社員、契約社員・嘱託	(3.8)	100.0	60.2	7.6	0.3	6.7	16.1	26.6	2.9	39.2
		家庭での内職など、その他	(1.3)	100.0	63.2	10.3	0.9	6.8	17.9	13.7	13.7	36.8
	仕事をしていない		(5.1)	100.0	24.7	4.4	1.3	3.1	9.7	4.6	1.5	75.1
	女		(100.0)	100.0	43.0	10.3	1.5	3.5	21.2	3.4	2.8	56.8
	仕事をしている		(69.7)	100.0	56.3	13.8	2.0	4.9	27.5	4.8	3.3	43.5
		自営業主、家族従業者	(13.0)	100.0	74.7	59.3	2.5	1.0	8.2	0.3	3.2	25.1
		会社・団体等の役員	(1.9)	100.0	73.0	15.5	40.5	5.5	8.0	2.0	1.5	27.0
		正規の職員・従業員	(19.2)	100.0	51.2	3.0	1.1	13.4	22.2	8.6	3.0	48.7
		パート・アルバイト	(28.7)	100.0	51.4	2.5	0.3	1.5	41.8	2.8	2.3	48.4
		労働者派遣事業所の派遣社員、契約社員・嘱託	(3.6)	100.0	58.6	2.6	0.5	2.6	32.8	18.0	1.8	41.4
		家庭での内職など、その他	(3.1)	100.0	44.6	6.2	0.3	2.2	13.0	4.0	18.0	55.1
	仕事をしていない		(30.2)	100.0	12.2	2.4	0.4	0.3	6.9	0.3	1.7	87.4

注：総数には第1回の仕事の有無・仕事のかたち及び第12回の仕事の有無・仕事のかたちの不詳を含む。

（2）就業希望と求職の状況

第12回調査で「仕事をしたい」が求職活動を「何もしていない」割合は13.6%であり、何もしていない理由は「病気・けがのため」、「希望する仕事がありそうにない」の割合が高い

第12回調査で「仕事をしていない」者について、就業希望の有無をみると、「仕事をしたい」者の割合は19.9%、「仕事をしたくない」者は77.3%となっている。「仕事をしたい」が求職活動を「何もしていない」者の割合は13.6%となっている。これを年齢階級別にみると、「61～64歳」で15.4%、「65～69歳」で13.1%、「70歳」で12.7%となっている。

また、理由別にみると、「病気・けがのため」の19.1%が最も高く、次いで「希望する仕事がありそうにない」の18.5%となっている。（表4）

表4　年齢階級別にみた第12回調査で「仕事をしていない」者の就業希望の有無・
求職活動の有無・求職活動をしていない理由

（単位：%）

		総数	61～64歳	65～69歳	70歳
	総数	100.0	100.0	100.0	100.0
	仕事をしたい	19.9	24.0	18.7	17.7
	仕事探し・開業準備をしている	5.6	8.2	4.9	4.0
	仕事を探している	5.2	7.5	4.6	3.4
	開業の準備をしている	0.4	0.7	0.3	0.5
	何もしていない	(100.0) 13.6	(100.0) 15.4	(100.0) 13.1	(100.0) 12.7
第12回就業希望の有無・求職活動の有無・求職活動をしていない理由	探したが見つからなかった	(10.3) 1.4	(8.8) 1.4	(11.7) 1.5	(5.7) 0.7
	希望する仕事がありそうにない	(18.5) 2.5	(15.8) 2.4	(19.7) 2.6	(18.0) 2.3
	知識・能力に自信がない	(4.4) 0.6	(5.8) 0.9	(3.5) 0.5	(6.6) 0.8
	病気・けがのため	(19.1) 2.6	(21.9) 3.4	(18.1) 2.4	(18.0) 2.3
	高齢のため	(11.6) 1.6	(4.4) 0.7	(13.2) 1.7	(21.3) 2.7
	家事や育児のため	(4.9) 0.7	(5.6) 0.9	(4.6) 0.6	(4.9) 0.6
	家族の介護・看護のため	(8.9) 1.2	(12.3) 1.9	(7.9) 1.0	(5.7) 0.7
	急いで仕事に就く必要がない	(12.6) 1.7	(14.0) 2.2	(12.2) 1.6	(11.5) 1.5
	その他	(9.6) 1.3	(11.4) 1.8	(9.1) 1.2	(8.2) 1.0
	仕事をしたくない	77.3	73.7	78.3	79.1

注：1）第12回に「仕事をしていない」者について集計。
　　2）総数には第12回の就業希望の有無・求職活動の有無の不詳を含む。

4 これからの生活設計

62〜64歳になっても仕事をしたい者は63.3%、65〜69歳になっても仕事をしたい者は39.2%、70歳以降でも仕事をしたい者は18.1%

第12回調査時のこれからの仕事の希望をみると、「仕事をしたい」は「62〜64歳の仕事」では63.3%、「65〜69歳の仕事」では39.2%、「70歳以降の仕事」では18.1%となっている。

また、「仕事をしたい」者が希望している仕事のかたちは、「62〜64歳の仕事」、「65〜69歳の仕事」、「70歳以降の仕事」のどの年齢でも、「雇われて働く（パートタイム）」が23.1%、15.6%、5.8%と最も多く、次いで「62〜64歳の仕事」では「フルタイム」が19.4%、「65〜69歳の仕事」、「70歳以降の仕事」では「自営業主」が8.7%、4.9%となっている。（表5）

「仕事をしたい」と希望している者の「仕事をしたい理由」をみると、「生活費を稼ぐため仕事をしなければならない」は、年齢が高くなるほど割合は低くなっていく。一方、「企業への貢献や生きがいのため、ぜひ仕事をしたい」、「条件が合う仕事があるならしたい」は、年齢が高くなるほど割合は高くなっている。（図4）

表5 これからの仕事の希望

(単位：%)

	総数	仕事をしたい	自営業主	家業の手伝い	家庭での内職など	雇われて働く フルタイム	雇われて働く パートタイム	近所の人や会社に頼まれて任意に行う仕事	有償型の社会参加活動	その他	仕事はしたくない	まだ考えていない、不詳
62〜64歳の仕事	100.0	63.3	10.0	3.8	1.5	19.4	23.1	1.7	1.1	2.7	17.7	19.0
65〜69歳の仕事	100.0	39.2	8.7	3.1	1.2	4.8	15.6	2.4	1.6	1.8	25.4	35.3
70歳以降の仕事	100.0	18.1	4.9	1.8	0.6	1.0	5.8	1.6	1.1	1.2	25.2	56.8

注：「62〜64歳の仕事」は第12回で「61〜63歳」の者を、「65〜69歳の仕事」は第12回で「61〜68歳」の者を、「70歳以降の仕事」は第12回で「61〜70歳」の者を集計。

図4 「仕事をしたい」と希望している者の「仕事をしたい理由」

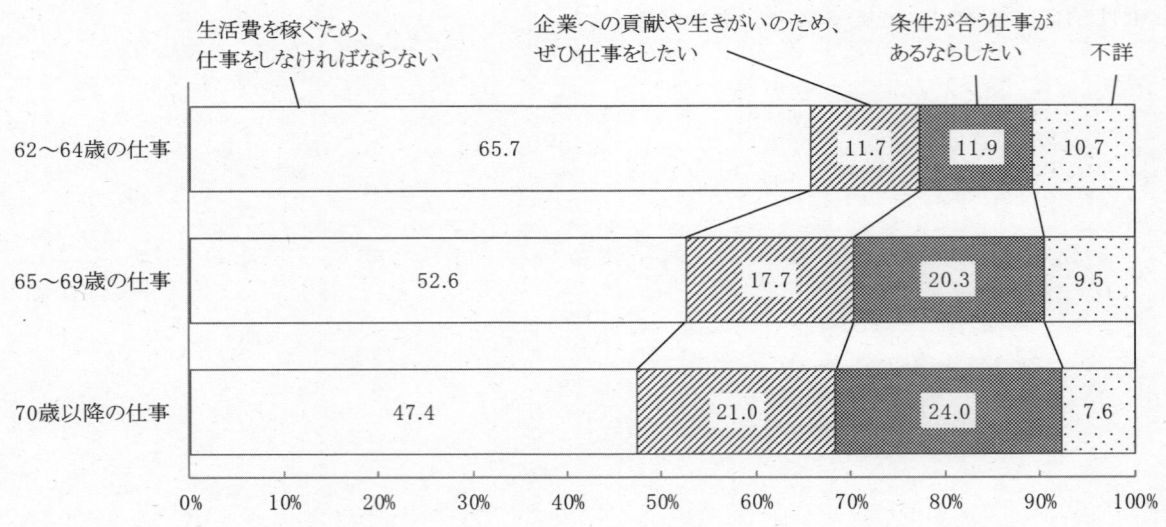

注：1）これからの仕事の希望で、「仕事をしたい」者について集計。
　　2）「62〜64歳の仕事」は第12回で「61〜63歳」の者を、「65〜69歳の仕事」は第12回で「61〜68歳」の者を、「70歳以降の仕事」は第12回で「61〜70歳」の者を集計。

5 社会参加活動の状況
男女とも、「趣味・教養」、「スポーツ・健康」、「地域行事」では「活動あり」の割合が高くなっている

　第12回調査の社会参加活動別に「活動あり」の割合をみると、男女とも、「趣味・教養」、「スポーツ・健康」、「地域行事」では高くなっており、「子育て支援・教育・文化」、「高齢者支援」では低くなっている。このうち、「活動あり」の割合が高い「趣味・教養」、「スポーツ・健康」、「地域行事」について年齢階級別にみると、男女とも、「趣味・教養」では差はみられないが、「スポーツ・健康」、「地域行事」では年齢が高くなるほど「活動あり」の割合が高い傾向となっている。

　また、社会参加活動が「活動あり」の割合を性別にみると、どの年齢階級でも「趣味・教養」、「子育て支援・教育・文化」、「高齢者支援」は、女が男より、「スポーツ・健康」、「地域行事」では、男が女より高い傾向となっている。(図5)

図5　年齢階級別にみた社会参加活動が「活動あり」の割合

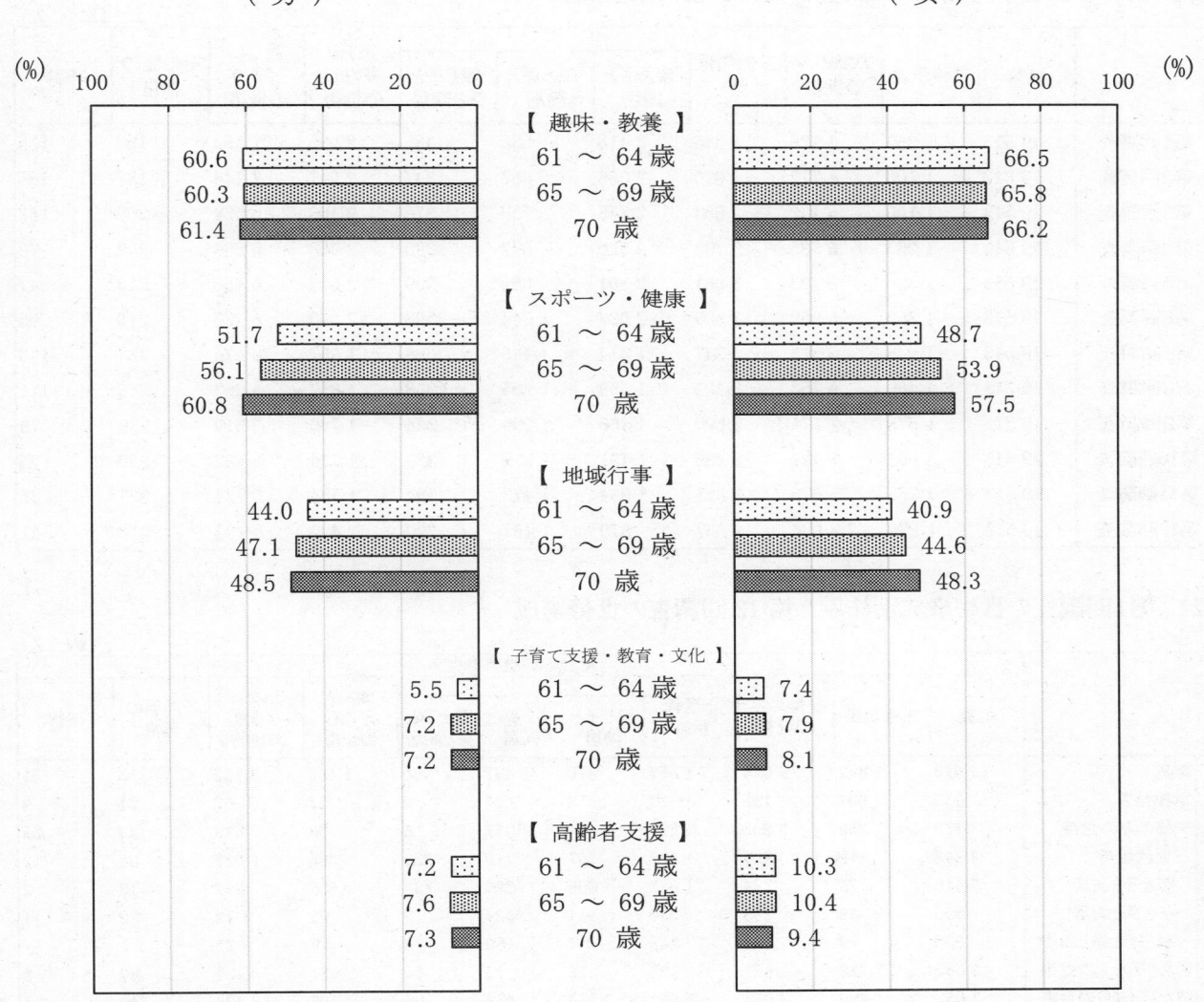

（男）　　　　　　　　　　　　　　　　　　　　　　（女）

注：第12回の年齢階級ごとの総数を100とした割合である。

35

参　　考

1　集計対象の条件

集計対象		図表番号
第1回から第12回まで回答した者		図1、表1、図2、表2、図3、表3、図5、表5
	第12回で「仕事をしていない」者	表4
	第12回で、これからの仕事の希望で「仕事をしたい」者	図4

2　集計客体数一覧

図1　第1回調査から第12回調査までの世帯構成の変化

（単位：人）

	総数	単独世帯	夫婦のみの世帯	三世代世帯	親と子と同居	子と孫と同居	親と子と孫と同居	親あり子なしの世帯	親なし子ありの世帯	その他の世帯	不詳
第1回調査	19 513	953	4 178	4 346	3 415	596	335	2 085	7 653	163	135
第2回調査	19 513	1 106	4 772	4 070	3 066	657	347	2 047	7 146	187	185
第3回調査	19 513	1 108	5 162	3 863	2 748	739	376	2 108	6 929	200	143
第4回調査	19 513	1 253	5 585	3 732	2 520	822	390	2 068	6 589	208	78
第5回調査	19 513	1 330	5 793	3 661	2 301	961	399	2 014	6 455	213	47
第6回調査	19 513	1 362	5 962	3 509	2 067	1 044	398	2 040	6 335	210	95
第7回調査	19 513	1 448	6 313	3 347	1 814	1 145	388	1 957	6 075	237	136
第8回調査	19 513	1 485	6 753	3 121	1 558	1 205	358	1 912	5 863	268	111
第9回調査	19 513	1 575	7 171	3 000	1 366	1 290	344	1 790	5 619	279	79
第10回調査	19 513	1 691	7 321	2 886	1 181	1 376	329	1 724	5 482	283	126
第11回調査	19 513	1 757	7 675	2 811	1 034	1 473	304	1 584	5 324	327	35
第12回調査	19 513	1 872	8 036	2 657	870	1 497	290	1 452	5 132	313	51

表1　第1回調査の世帯構成別にみた第12回調査の世帯構成

（単位：人）

		第12回の世帯構成										
		総数	単独世帯	夫婦のみの世帯	三世代世帯	親と子と同居	子と孫と同居	親と子と孫と同居	親あり子なしの世帯	親なし子ありの世帯	その他の世帯	不詳
第1回の世帯構成	総数	19 513	1 872	8 036	2 657	870	1 497	290	1 452	5 132	313	51
	単独世帯	953	691	105	33	4	27	2	27	67	21	9
	夫婦のみの世帯	4 178	255	3 203	237	14	217	6	90	329	39	25
	三世代世帯	4 346	119	897	1 638	707	710	221	565	1 086	38	3
	親と子と同居	3 415	75	734	1 063	699	226	138	536	992	13	2
	子と孫と同居	596	35	133	330	1	324	5	2	72	23	1
	親と子と孫と同居	335	9	30	245	7	160	78	27	22	2	－
	親あり子なしの世帯	2 085	332	687	192	72	65	55	657	123	89	5
	親なし子ありの世帯	7 653	400	3 057	552	73	473	6	102	3 496	40	6
	その他の世帯	163	30	34	1	－	1	－	4	8	84	2
	不詳	135	45	53	4	－	4	－	7	23	2	1

表2、図2 性、第1回調査から第 12 回調査まで継続して健康維持のために心がけていること（複数回答）別にみた第1回からの健康状態の変化

（単位：人）

		第1回からの健康状態の変化						
		総数	第1回からずっと「よい」	「わるい」から「よい」に変化	第1回からずっと「わるい」	「よい」から「わるい」に変化	その他の変化	不詳
第1回から健康維持のために心がけていること（複数回答）	男	8 953	4 065	220	226	376	366	700
	お酒を飲み過ぎない	515	291	5	10	19	164	26
	たばこを吸い過ぎない	173	87	2	5	11	55	13
	適度な運動をする	1 025	614	23	13	25	283	67
	年に1回以上人間ドックを受診する	374	231	5	1	10	104	23
	食事の量に注意する	877	442	25	30	35	285	60
	バランスを考え多様な食品をとる	475	281	11	6	17	143	17
	錠剤、カプセル、顆粒、ドリンク状のビタミンやミネラルを摂取する	210	107	2	6	10	69	16
	適正体重を維持する	746	427	18	13	26	215	47
	食後の歯磨きをする	617	349	13	9	17	193	36
	適度な休養をとる	342	188	7	7	16	106	18
	ストレスをためない	652	386	7	10	22	189	38
	特にない	25	14	–	–	–	10	1
	女	10 560	4 925	234	230	417	3 833	921
	お酒を飲み過ぎない	91	55	1	4	3	24	4
	たばこを吸い過ぎない	65	31	–	2	4	21	7
	適度な運動をする	1 288	807	19	8	34	343	77
	年に1回以上人間ドックを受診する	288	166	6	2	8	90	16
	食事の量に注意する	1 524	786	32	22	45	510	129
	バランスを考え多様な食品をとる	1 824	1 003	34	25	49	581	132
	錠剤、カプセル、顆粒、ドリンク状のビタミンやミネラルを摂取する	370	168	5	10	5	151	31
	適正体重を維持する	1 261	745	26	14	35	361	80
	食後の歯磨きをする	1 651	889	24	20	57	546	115
	適度な休養をとる	780	418	14	12	16	266	54
	ストレスをためない	1 103	642	23	10	29	332	67
	特にない	18	3	1	1	1	8	4

注：総数には第1回からの健康状態の変化の不詳を含む。

図3 第1回調査から第 12 回調査までの就業状況の変化

（単位：人）

	総数	仕事をしている	自営業主、家族従業者	会社・団体等の役員	正規の職員・従業員	パート・アルバイト	労働者派遣事業所の派遣社員、契約社員・嘱託	家庭での内職など、その他	仕事のかたち不詳	仕事をしていない	不詳
第1回調査	19 513	15 861	3 073	908	7 445	3 232	726	440	37	3 640	12
第2回調査	19 513	15 631	3 004	963	6 903	3 372	839	497	53	3 878	4
第3回調査	19 513	15 264	2 991	912	6 324	3 340	1 123	487	87	4 248	1
第4回調査	19 513	14 862	3 025	881	5 690	3 407	1 334	463	62	4 650	1
第5回調査	19 513	14 121	3 013	820	4 972	3 298	1 497	465	56	5 391	1
第6回調査	19 513	13 544	2 972	823	4 310	3 374	1 593	449	23	5 948	21
第7回調査	19 513	12 961	2 971	796	3 584	3 317	1 781	490	22	6 530	22
第8回調査	19 513	12 335	2 903	783	3 041	3 330	1 768	504	6	7 101	77
第9回調査	19 513	11 791	2 871	741	2 478	3 406	1 733	539	23	7 696	26
第10回調査	19 513	11 332	2 858	752	1 998	3 387	1 820	493	24	8 145	36
第11回調査	19 513	10 764	2 805	716	1 532	3 447	1 755	485	24	8 700	49
第12回調査	19 513	10 321	2 758	686	1 252	3 437	1 674	489	25	9 154	38

表3 性、第1回調査の就業状況別にみた第 12 回調査の就業状況

(単位：人)

		総数	仕事をしている	自営業主、家族従業者	会社・団体等の役員	正規の職員・従業員	パート・アルバイト	労働者派遣事業所の派遣社員、契約社員・嘱託	家庭での内職など、その他	仕事のかたち不詳	仕事をしていない	不詳
										第12回の仕事の有無・仕事のかたち		
	総数	19 513	10 321	2 758	686	1 252	3 437	1 674	489	25	9 154	38
	仕事をしている	15 861	9 820	2 662	668	1 227	3 173	1 643	428	19	6 016	25
	仕事をしていない	3 640	501	96	18	25	264	31	61	6	3 127	12
性・第1回の仕事の有無・仕事のかたち	男	8 953	5 784	1 668	525	882	1 196	1 313	192	8	3 157	12
	仕事をしている	8 499	5 672	1 648	519	868	1 152	1 292	185	8	2 816	11
	自営業主、家族従業者	1 696	1 453	1 187	65	37	86	42	35	1	243	－
	会社・団体等の役員	708	518	74	280	48	56	45	14	1	189	1
	正規の職員・従業員	5 419	3 298	333	171	739	865	1 081	104	5	2 113	8
	パート・アルバイト	197	108	13	1	8	64	17	5	－	89	－
	労働者派遣事業所の派遣社員、契約社員・嘱託	342	206	26	1	23	55	91	10	－	134	2
	家庭での内職など、その他	117	74	12	1	8	21	16	16	－	43	－
	仕事のかたち不詳	20	15	3	－	5	5	－	1	1	5	－
	仕事をしていない	453	112	20	6	14	44	21	7	－	340	1
	不詳	1	－	－	－	－	－	－	－	－	1	－
	女	10 560	4 537	1 090	161	370	2 241	361	297	17	5 997	26
	仕事をしている	7 362	4 148	1 014	149	359	2 021	351	243	11	3 200	14
	自営業主、家族従業者	1 377	1 028	817	35	14	113	4	44	1	346	3
	会社・団体等の役員	200	146	31	81	11	16	4	3	－	54	－
	正規の職員・従業員	2 026	1 038	60	22	271	450	174	60	1	986	2
	パート・アルバイト	3 035	1 559	75	8	46	1 269	86	70	5	1 469	7
	労働者派遣事業所の派遣社員、契約社員・嘱託	384	225	10	2	10	126	69	7	1	159	－
	家庭での内職など、その他	323	144	20	1	7	42	13	58	3	178	1
	仕事のかたち不詳	17	8	1	－	－	5	1	1	－	8	1
	仕事をしていない	3 187	389	76	12	11	220	10	54	6	2 787	11
	不詳	11	－	－	－	－	－	－	－	－	10	1

表4 年齢階級別にみた第 12 回調査で「仕事をしていない」者の就業希望の有無・求職活動の有無・求職活動をしていない理由

(単位：人)

		総数	61～64歳	65～69歳	70歳
第12回の就業希望の有無・求職活動の有無・求職活動をしていない理由	総数	9 154	2 222	5 973	959
	仕事をしたい	1 820	533	1 117	170
	仕事探し・開業準備をしている	512	183	291	38
	仕事を探している	472	167	272	33
	開業の準備をしている	40	16	19	5
	何もしていない	1 244	342	780	122
	探したが見つからなかった	128	30	91	7
	希望する仕事がありそうにない	230	54	154	22
	知識・能力に自信がない	55	20	27	8
	病気・けがのため	238	75	141	22
	高齢のため	144	15	103	26
	家事や育児のため	61	19	36	6
	家族の介護・看護のため	111	42	62	7
	急いで仕事に就く必要がない	157	48	95	14
	その他	120	39	71	10
	仕事探し不詳	64	8	46	10
	仕事をしたくない	7 076	1 638	4 679	759
	不詳	258	51	177	30

注：第12回に「仕事をしていない」者について集計。

表5 これからの仕事の希望

(単位：人)

| | 総数 | 仕事をしたい | 自営業主 | 家業の手伝い | 家庭での内職など | 雇われて働く | | 近所の人や会社に頼まれて任意に行う仕事 | 有償型の社会参加活動 | その他 | 仕事はしたくない | まだ考えていない | 不詳 |
						フルタイム	パートタイム						
62～64歳の仕事	4 762	3 015	474	181	70	923	1 102	83	53	129	844	506	397
65～69歳の仕事	15 583	6 114	1 362	482	187	745	2 429	373	250	286	3 963	1 942	3 564
70歳以降の仕事	19 513	3 529	958	357	123	204	1 122	316	222	227	4 910	2 698	8 376

注：「62～64歳の仕事」は第12回で「61～63歳」の者を、「65～69歳の仕事」は第12回で「61～68歳」の者を、「70歳以降の仕事」は第12回で「61～70歳」の者を集計。

図4 「仕事をしたい」と希望している者の「仕事をしたい理由」

(単位：人)

	総数	生活費を稼ぐため、仕事をしなければならない	企業への貢献や生きがいのため、ぜひ仕事をしたい	条件が合う仕事があるならしたい	不詳
62～64歳の仕事	3 015	1 980	354	358	323
65～69歳の仕事	6 114	3 213	1 084	1 239	578
70歳以降の仕事	3 529	1 671	741	848	269

注：1）これからの仕事の希望で、「仕事をしたい」者について集計。
　　2）「62～64歳の仕事」は第12回で「61～63歳」の者を、「65～69歳の仕事」は第12回で「61～68歳」の者を、「70歳以降の仕事」は第12回で「61～70歳」の者を集計。

図5 年齢階級別にみた社会参加活動が「活動あり」の割合

(単位：人)

	総数	活動あり	活動なし	男	活動あり	活動なし	女	活動あり	活動なし
趣味・教養									
61～64歳	6 641	4 240	2 239	2 993	1 815	1 124	3 648	2 425	1 115
65～69歳	11 321	7 164	3 722	5 220	3 148	1 913	6 101	4 016	1 809
70歳	1 551	991	476	740	454	252	811	537	224
スポーツ・健康									
61～64歳	6 641	3 322	3 152	2 993	1 546	1 389	3 648	1 776	1 763
65～69歳	11 321	6 216	4 698	5 220	2 928	2 150	6 101	3 288	2 548
70歳	1 551	916	554	740	450	257	811	466	297
地域行事									
61～64歳	6 641	2 809	3 678	2 993	1 316	1 626	3 648	1 493	2 052
65～69歳	11 321	5 181	5 747	5 220	2 458	2 622	6 101	2 723	3 125
70歳	1 551	751	723	740	359	350	811	392	373
子育て支援・教育・文化									
61～64歳	6 641	437	6 027	2 993	166	2 759	3 648	271	3 268
65～69歳	11 321	862	10 013	5 220	378	4 682	6 101	484	5 331
70歳	1 551	119	1 346	740	53	652	811	66	694
高齢者支援									
61～64歳	6 641	591	5 876	2 993	215	2 713	3 648	376	3 163
65～69歳	11 321	1 031	9 856	5 220	395	4 668	6 101	636	5 188
70歳	1 551	130	1 332	740	54	650	811	76	682
その他の社会参加活動									
61～64歳	6 641	1 127	5 319	2 993	531	2 392	3 648	596	2 927
65～69歳	11 321	2 359	8 464	5 220	1 138	3 906	6 101	1 221	4 558
70歳	1 551	341	1 116	740	165	538	811	176	578

注：総数には社会参加活動有無の不詳を含む。

Ⅲ　統　計　表

【利用上の注意】

（１）　表章記号の規約

計数のない場合	－
統計項目のあり得ない場合	・
比率が微少（0.05 未満）の場合	0.0

（２）　掲載の数値は四捨五入してあるので、内訳の合計が「総数」に合わない場合もある。

統 計 表 一 覧

注：「第1回調査」は「世帯構成」から「いつまで仕事をしたいか」までの各欄を含む。

統計表番号	表題	被調査者数	構成割合	性	第12回調査時の年齢階級	世帯構成	孫の同別居	介護の有無・介護をしている時間	同居していない親族への経済的な支援の有無・支援の頻度・支援金額階級	医師から診断されている6つの疾病の有無	日常生活活動の困難の有無・困難になった理由	病気やけがの治療のための1か月間の費用の有無・費用額階級	運動習慣の有無・運動の程度	健康維持のために心がけていること	仕事の有無	仕事のかたち	いつまで仕事をしたいか
1	被調査者	○	○		○	○											
2	第1回から配偶者がいる被調査者	○	○	○													
3	第1回から配偶者に変化がない有配偶被調査者	○	○	○													
4	〃	○	○	○													
5	〃	○	○		○												
6	第11回まで親がいる被調査者	○	○		○												
7	被調査者	○	○		○												
8	第12回に介護を必要としている親族がいる被調査者	○	○	○													
9	被調査者	○	○	○	○			○									
10	〃	○	○		○					○							
11	〃	○	○		○												
12	〃	○	○	○													
13	〃	○	○	○				○									
14	〃	○	○	○	○												
15	〃	○	○		○							○					
16	〃	○	○		○								○				
17	〃	○	○	○	○												
18	〃	○	○	○	○												
19	〃	○	○	○	○												
20	〃	○	○		○												
21	〃	○	○		○												
22	第1回から医師から診断されている同じ疾病がある被調査者	○	○	○											○		
23	第11回まで医師から診断されている疾病がなかった被調査者	○	○	○										○			
24	被調査者	○	○	○	○						○						
25	〃	○	○	○	○												○
26	〃	○	○	○	○												○
27	〃	○	○	○											○	○	
28	〃	○	○	○													
29	〃	○	○	○	○												
30	〃	○	○	○	○												

下記は統計表番号ごとの集計項目の一覧表です。「○」は当該項目が集計されていることを示します。

60～64歳の就業希望の有無	65歳以降の就業希望の有無	60～64歳の希望する仕事のかたち	65歳以降の希望する仕事のかたち	配偶者の有無	世帯構成	親の同別居	孫の同別居	介護を必要としている父母の同別居	介護の有無・介護をしている相手	同居していない親族への経済的な支援の有無・支援の頻度・支援金額階級	現在の健康状態	医師から診断されている6つの疾病の種類・疾病の有無	医師から診断されている6つの疾病の病状の変化	病気やけがの治療のための1か月間の費用の有無・費用額階級	過去1か月間に感じたことの状況	飲酒の程度・1日平均飲酒量	喫煙習慣の有無・1日平均喫煙量	仕事の有無	仕事のかたち	62～64歳の就業希望の有無・希望する仕事のかたち	65～69歳の就業希望の有無・希望する仕事のかたち	70歳以降の就業希望の有無・希望する仕事のかたち	配偶者の1か月間の収入の有無・収入の種類	配偶者との時間の過ごし方	配偶者と一緒に過ごす時間	介護をしている状況の変化	健康状態の変化	医師から診断されている6つの疾病の有無の変化	運動状況の変化	継続して健康維持のために心がけていること	就業状況の変化	退職者	配偶者の健康状態の変化	統計表番号
				○	○																													1
															○																	○		2
																							○									○		3
																					○									○			4
																						○								○			5
						○									○																		6
								○																		○							7
							○			○																							8
						○																											9
								○																									10
										○																		○				○		11
															○											○							12
																											○							13
																										○	○							14
																											○							15
															○												○							16
																○											○							17
																	○										○							18
										○																			○				・	19
																											○				○			20
																											○					○		21
													○																				22
												○																					23
												○																					24
○		○																○	○														25
	○		○															○	○														26
																		○	○														27
																		○	○	○													28
																		○	○		○												29
																		○	○			○											30

第1回調査

統計表番号	内容	被調査者数	構成割合	性	第12回調査時の年齢階級	過去1か月間に感じたことの状況	日常生活活動の困難の有無・困難の程度	健診受診の有無・健診結果・健診結果への対応	仕事の内容	勤め先の定年の有無・定年年齢	仕事への満足感の種類・満足感	勤め先の再雇用制度等の有無	事業の後継者の有無・今後の事業方針	これまでの働き方	仕事のための免許・資格の取得の有無
31	第12回に仕事をしている被調査者	○	○	○	○										
32	〃	○	○	○	○										
33	被調査者	○	○	○	○										
34	〃	○	○	○	○										
35	第1回に自営業関係以外の仕事をしていた被調査者	○	○	○	○							○			
36	〃	○	○	○	○						○				
37	第11回まで自営業関係以外の仕事をしていた被調査者	○	○								○				
38	第12回まで自営業関係以外の仕事をしている被調査者	○	○		○						○				
39	第11回まで自営業関係の仕事をしていた被調査者	○	○		○									○	
40	第12回までに離職経験がある被調査者	○	○		○										
41	第11回まで離職経験がなく仕事をしていた被調査者	○	○	○					○						
42	第12回に仕事をしていない被調査者	○	○		○										
43	被調査者	○	○	○											
44	〃	○	○		○									○	
45	〃	○	○												
46	〃	○	○	○		○									
47	〃	○	○		○		○								
48	〃	○	○	○				○							
49	〃	○	○	○											
50	〃	○	○	○											
51	〃	○	○		○										
52	第1回に仕事をしていた被調査者	○	○	○	○										○
53	〃	○	○	○	○										
54	被調査者	○	○	○											
55	〃	○	○		○										
56	〃	○	○	○	○										
57	〃	○	○		○										
58	〃	○	○		○										
59	〃	○	○		○										
60	〃	○	○		○										

第12回調査 ／ 第1回から第12回調査

仕事のための能力開発・自己啓発の実施の有無・方法	60～64歳の生活のまかない方	65～69歳の生活のまかない方	住居の形態・住宅ローンの有無	借入金の有無・種類	1か月間の収入の有無・種類	預貯金の有無・預貯金額階級	借入金の有無・借入金額階級	子の有無・子の同別居	収入のない同居の子の有無	介護の有無・介護をしている相手	現在の健康状態	仕事の有無	仕事のかたち	仕事の内容	仕事への満足感の種類	仕事への満足感	仕事をしている理由	就業希望の有無	仕事探しや開業準備の状況	仕事探しや開業準備をしていない理由	ふだんの活動の状況	日頃から頼る人の有無・頼る相手	住居の形態・住宅ローンの有無	1か月間の収入の有無・収入の種類	借入金の有無・借入金額階級	預貯金の有無・預貯金額階級	介護をしている状況の変化	就業状況の変化	退職者	社会参加活動の変化	最後にやめた仕事の離職理由	統計表番号
																	○															31
													○		○	○																32
	○																							○								33
		○																						○								34
												○	○																			35
												○	○																			36
												○						○	○													37
																○																38
												○	○																			39
												○	○																		○	40
												○		○																		41
																		○	○	○												42
																											○	○				43
																												○				44
								○	○																			○				45
																												○				46
																												○				47
																												○				48
											○										○											49
																					○							○				50
											○																			○		51
												○	○																			52
○												○	○																			53
										○												○										54
			○																				○							○		55
				○																					○							56
					○							○	○																			57
						○						○	○																			58
												○	○													○						59
												○	○													○						60

閲 覧 表 一 覧

統計表番号		被調査者数	構成割合	性	第12回調査時の年齢階級	第1回調査 世帯構成	第1回調査 健康状態	第1回調査 医師から診断されている6つの疾病の種類・疾病の有無	第1回調査 過去1か月間に感じたことの状況	第1回調査 日常生活活動の困難の有無・困難の程度	第1回調査 健診受診の有無・健診結果・健診結果への対応	第1回調査 務め先の企業等の従業者数	第11回調査時の世帯構成	世帯構成	子の同別居	現在の健康状態	過去1か月間に感じたことの状況
1	被調査者	○	○		○										○		
2	第12回までに離職経験がある被調査者	○	○	○	○			○								○	
3	被調査者	○	○	○							○						○
4	〃	○	○		○		○						○				
5	〃	○	○		○				○								
6	〃	○	○		○						○						
7	〃	○	○		○		○										
8	〃	○	○	○					○								
9	第12回に仕事をしている被調査者	○	○		○							○					
10	〃	○	○	○	○												
11	第12回に自営業関係以外の仕事をしている被調査者	○	○														
12	〃	○	○		○												
13	〃	○	○	○													
14	〃	○	○	○	○												
15	〃	○	○	○	○												
16	〃	○	○		○												
17	〃	○	○		○												
18	〃	○	○		○												○
19	第12回の社会参加活動が活動ありの被調査者	○	○	○													
20	被調査者	○	○		○								○	○			
21	第1回から配偶者に変化がない有配偶被調査者	○	○	○													

第12回調査																						第1回から第12回調査				統計表番号
仕事の有無	仕事のかたち	1週間の就業時間	勤め先の企業等の従業者数	仕事への満足感	仕事への満足感	仕事をしている理由	勤め先の定年の有無・定年年齢	勤め先の再雇用制度等の有無	再雇用制度等の利用希望の有無	第12回までの再雇用制度等の利用の有無	62〜64歳の生活のまかない方	65〜69歳の生活のまかない方	70歳以降の生活のまかない方	62歳以降の希望する仕事のかたち	62歳以降に仕事をしたい理由	62歳以降に仕事をしたくない理由	社会参加活動の活動の方法	社会参加活動の活動の満足度	住居の変化	1か月間の収入の有無・収入の種類	配偶者の1か月間の収入の有無・収入の種類	健康状態の変化	医師から診断されている6つの疾病の有無の変化	就業状況の変化	社会参加活動の変化	統計表番号
																						○				1
																										2
																										3
																							○			4
																							○			5
																							○			6
																								○		7
																								○		8
			○																							9
	○			○	○																					10
							○	○	○																	11
						○				○																12
											○									○						13
												○								○						14
													○							○						15
														○	○											16
○	○															○										17
																									○	18
																	○	○								19
																			○							20
																				○	○					21

総数

年齢階級、第1回の世帯構成	総数	単独世帯	夫婦のみの世帯	三世代世帯	親と子と同居	子と孫と同居	親と子と孫と同居	親あり子なしの世帯	親なし子ありの世帯
					被調査者数（単位：人）				
総数	19 513	1 872	8 036	2 657	870	1 497	290	1 452	5 132
単独世帯	953	691	105	33	4	27	2	27	67
夫婦のみの世帯	4 178	255	3 203	237	14	217	6	90	329
三世代世帯	4 346	119	897	1 638	707	710	221	565	1 086
親と子と同居	3 415	75	734	1 063	699	226	138	536	992
子と孫と同居	596	35	133	330	1	324	5	2	72
親と子と孫と同居	335	9	30	245	7	160	78	27	22
親あり子なしの世帯	2 085	332	687	192	72	65	55	657	123
親なし子ありの世帯	7 653	400	3 057	552	73	473	6	102	3 496
その他の世帯	163	30	34	1	–	1	–	4	8
61〜64歳	6 641	525	2 446	992	477	384	131	717	1 862
単独世帯	295	194	40	8	2	6	–	18	27
夫婦のみの世帯	973	39	740	49	5	42	2	41	92
三世代世帯	1 726	34	313	667	396	160	111	310	391
親と子と同居	1 551	26	285	560	391	91	78	302	370
子と孫と同居	90	7	20	46	–	44	2	–	15
親と子と孫と同居	85	1	8	61	5	25	31	8	6
親あり子なしの世帯	697	108	162	61	35	12	14	291	43
親なし子ありの世帯	2 869	128	1 169	206	39	163	4	48	1 303
その他の世帯	38	8	8	–	–	–	–	2	1
65〜69歳	11 321	1 173	4 826	1 498	375	979	144	682	2 915
単独世帯	582	435	59	23	2	19	2	8	37
夫婦のみの世帯	2 687	174	2 062	164	9	152	3	43	201
三世代世帯	2 357	75	518	877	295	483	99	238	626
親と子と同居	1 717	45	407	471	292	124	55	219	570
子と孫と同居	419	24	93	240	1	236	3	2	43
親と子と孫と同居	221	6	18	166	2	123	41	17	13
親あり子なしの世帯	1 250	205	457	120	37	45	38	339	71
親なし子ありの世帯	4 262	241	1 674	311	32	277	2	52	1 957
その他の世帯	106	18	24	1	–	1	–	2	6
70歳	1 551	174	764	167	18	134	15	53	355
単独世帯	76	62	6	2	–	2	–	1	3
夫婦のみの世帯	518	42	401	24	–	23	1	6	36
三世代世帯	263	10	66	94	16	67	11	17	69
親と子と同居	147	4	42	32	16	11	5	15	52
子と孫と同居	87	4	20	44	–	44	–	–	14
親と子と孫と同居	29	2	4	18	–	12	6	2	3
親あり子なしの世帯	138	19	68	11	–	8	3	27	9
親なし子ありの世帯	522	31	214	35	2	33	–	2	236
その他の世帯	19	4	2	–	–	–	–	–	1

注：総数には各項目の不詳を含む。

第 12 回調査（平成 28 年）

第 12 回の世帯構成

その他の世帯	総数	単独世帯	夫婦のみの世帯	三世代世帯	親と子と同居	子と孫と同居	親と子と孫と同居	親あり子なしの世帯	親なし子ありの世帯	その他の世帯
					構成割合（単位：%）					
313	100.0	9.6	41.2	13.6	4.5	7.7	1.5	7.4	26.3	1.6
21	100.0	72.5	11.0	3.5	0.4	2.8	0.2	2.8	7.0	2.2
39	100.0	6.1	76.7	5.7	0.3	5.2	0.1	2.2	7.9	0.9
38	100.0	2.7	20.6	37.7	16.3	16.3	5.1	13.0	25.0	0.9
13	100.0	2.2	21.5	31.1	20.5	6.6	4.0	15.7	29.0	0.4
23	100.0	5.9	22.3	55.4	0.2	54.4	0.8	0.3	12.1	3.9
2	100.0	2.7	9.0	73.1	2.1	47.8	23.3	8.1	6.6	0.6
89	100.0	15.9	32.9	9.2	3.5	3.1	2.6	31.5	5.9	4.3
40	100.0	5.2	39.9	7.2	1.0	6.2	0.1	1.3	45.7	0.5
84	100.0	18.4	20.9	0.6	－	0.6	－	2.5	4.9	51.5
88	100.0	7.9	36.8	14.9	7.2	5.8	2.0	10.8	28.0	1.3
8	100.0	65.8	13.6	2.7	0.7	2.0	－	6.1	9.2	2.7
5	100.0	4.0	76.1	5.0	0.5	4.3	0.2	4.2	9.5	0.5
10	100.0	2.0	18.1	38.6	22.9	9.3	6.4	18.0	22.7	0.6
7	100.0	1.7	18.4	36.1	25.2	5.9	5.0	19.5	23.9	0.5
2	100.0	7.8	22.2	51.1	－	48.9	2.2	－	16.7	2.2
1	100.0	1.2	9.4	71.8	5.9	29.4	36.5	9.4	7.1	1.2
31	100.0	15.5	23.2	8.8	5.0	1.7	2.0	41.8	6.2	4.4
14	100.0	4.5	40.7	7.2	1.4	5.7	0.1	1.7	45.4	0.5
18	100.0	21.1	21.1	－	－	－	－	5.3	2.6	47.4
196	100.0	10.4	42.6	13.2	3.3	8.6	1.3	6.0	25.7	1.7
12	100.0	74.7	10.1	4.0	0.3	3.3	0.3	1.4	6.4	2.1
29	100.0	6.5	76.7	6.1	0.3	5.7	0.1	1.6	7.5	1.1
22	100.0	3.2	22.0	37.2	12.5	20.5	4.2	10.1	26.6	0.9
5	100.0	2.6	23.7	27.4	17.0	7.2	3.2	12.8	33.2	0.3
16	100.0	5.7	22.2	57.3	0.2	56.3	0.7	0.5	10.3	3.8
1	100.0	2.7	8.1	75.1	0.9	55.7	18.6	7.7	5.9	0.5
55	100.0	16.4	36.6	9.6	3.0	3.6	3.0	27.1	5.7	4.4
24	100.0	5.7	39.3	7.3	0.8	6.5	0.0	1.2	45.9	0.6
54	100.0	17.0	22.6	0.9	－	0.9	－	1.9	5.7	50.9
29	100.0	11.2	49.3	10.8	1.2	8.6	1.0	3.4	22.9	1.9
1	100.0	81.6	7.9	2.6	－	2.6	－	1.3	3.9	1.3
5	100.0	8.1	77.4	4.6	－	4.4	0.2	1.2	6.9	1.0
6	100.0	3.8	25.1	35.7	6.1	25.5	4.2	6.5	26.2	2.3
1	100.0	2.7	28.6	21.8	10.9	7.5	3.4	10.2	35.4	0.7
5	100.0	4.6	23.0	50.6	－	50.6	－	－	16.1	5.7
－	100.0	6.9	13.8	62.1	－	41.4	20.7	6.9	10.3	－
3	100.0	13.8	49.3	8.0	－	5.8	2.2	19.6	6.5	2.2
2	100.0	5.9	41.0	6.7	0.4	6.3	－	0.4	45.2	0.4
12	100.0	21.1	10.5	－	－	－	－	－	5.3	63.2

配偶者あり

年　齢　階　級、第 1 回 の 世 帯 構 成	総数	単独世帯	夫婦のみの世帯	三世代世帯	親と子と同居	子と孫と同居	親と子と孫と同居	親あり子なしの世帯	親なし子ありの世帯
				被調査者数（単位：人）					
総数	16 220	132	8 036	2 278	784	1 236	258	1 141	4 476
単独世帯	186	25	105	10	4	4	2	2	36
夫婦のみの世帯	3 867	29	3 203	218	14	198	6	83	287
三世代世帯	3 859	14	897	1 418	636	587	195	531	970
親と子と同居	3 114	11	734	957	629	203	125	506	895
子と孫と同居	461	2	133	250	1	245	4	2	56
親と子と孫と同居	284	1	30	211	6	139	66	23	19
親あり子なしの世帯	1 430	12	687	176	65	61	50	428	109
親なし子ありの世帯	6 742	46	3 057	454	65	384	5	94	3 053
その他の世帯	56	2	34	–	–	–	–	1	4
61 ～ 64 歳	5 655	52	2 446	874	433	324	117	547	1 696
単独世帯	76	13	40	3	2	1	–	2	17
夫婦のみの世帯	921	5	740	46	5	39	2	37	85
三世代世帯	1 571	5	313	591	359	134	98	294	360
親と子と同居	1 431	5	285	506	354	80	72	286	343
子と孫と同居	68	–	20	34	–	33	1	–	12
親と子と孫と同居	72	–	8	51	5	21	25	8	5
親あり子なしの世帯	437	6	162	57	31	12	14	169	39
親なし子ありの世帯	2 612	21	1 169	177	36	138	3	43	1 189
その他の世帯	15	1	8	–	–	–	–	–	1
65 ～ 69 歳	9 290	69	4 826	1 265	336	803	126	549	2 483
単独世帯	101	11	59	7	2	3	2	–	18
夫婦のみの世帯	2 476	20	2 062	150	9	138	3	40	171
三世代世帯	2 058	8	518	748	263	399	86	221	548
親と子と同居	1 548	6	407	422	261	113	48	206	504
子と孫と同居	323	1	93	182	1	178	3	2	33
親と子と孫と同居	187	1	18	144	1	108	35	13	11
親あり子なしの世帯	882	5	457	108	34	41	33	238	63
親なし子ありの世帯	3 687	22	1 674	250	28	220	2	49	1 669
その他の世帯	38	1	24	–	–	–	–	1	3
70 歳	1 275	11	764	139	15	109	15	45	297
単独世帯	9	1	6	–	–	–	–	–	1
夫婦のみの世帯	470	4	401	22	–	21	1	6	31
三世代世帯	230	1	66	79	14	54	11	16	62
親と子と同居	135	–	42	29	14	10	5	14	48
子と孫と同居	70	1	20	34	–	34	–	–	11
親と子と孫と同居	25	–	4	16	–	10	6	2	3
親あり子なしの世帯	111	1	68	11	–	8	3	21	7
親なし子ありの世帯	443	3	214	27	1	26	–	2	195
その他の世帯	3	–	2	–	–	–	–	–	–

注：総数には各項目の不詳を含む。

第 12 回の世帯構成

その他の世帯	総数	単独世帯	夫婦のみの世帯	三世代世帯	親と子と同居	子と孫と同居	親と子と孫と同居	親あり子なしの世帯	親なし子ありの世帯	その他の世帯
					構成割合（単位：%）					
124	100.0	0.8	49.5	14.0	4.8	7.6	1.6	7.0	27.6	0.8
2	100.0	13.4	56.5	5.4	2.2	2.2	1.1	1.1	19.4	1.1
31	100.0	0.7	82.8	5.6	0.4	5.1	0.2	2.1	7.4	0.8
27	100.0	0.4	23.2	36.7	16.5	15.2	5.1	13.8	25.1	0.7
9	100.0	0.4	23.6	30.7	20.2	6.5	4.0	16.2	28.7	0.3
18	100.0	0.4	28.9	54.2	0.2	53.1	0.9	0.4	12.1	3.9
－	100.0	0.4	10.6	74.3	2.1	48.9	23.2	8.1	6.7	－
16	100.0	0.8	48.0	12.3	4.5	4.3	3.5	29.9	7.6	1.1
33	100.0	0.7	45.3	6.7	1.0	5.7	0.1	1.4	45.3	0.5
14	100.0	3.6	60.7	－	－	－	－	1.8	7.1	25.0
32	100.0	0.9	43.3	15.5	7.7	5.7	2.1	9.7	30.0	0.6
1	100.0	17.1	52.6	3.9	2.6	1.3	－	2.6	22.4	1.3
3	100.0	0.5	80.3	5.0	0.5	4.2	0.2	4.0	9.2	0.3
7	100.0	0.3	19.9	37.6	22.9	8.5	6.2	18.7	22.9	0.4
5	100.0	0.3	19.9	35.4	24.7	5.6	5.0	20.0	24.0	0.3
2	100.0	－	29.4	50.0	－	48.5	1.5	－	17.6	2.9
－	100.0	－	11.1	70.8	6.9	29.2	34.7	11.1	6.9	－
4	100.0	1.4	37.1	13.0	7.1	2.7	3.2	38.7	8.9	0.9
12	100.0	0.8	44.8	6.8	1.4	5.3	0.1	1.6	45.5	0.5
4	100.0	6.7	53.3	－	－	－	－	－	6.7	26.7
80	100.0	0.7	51.9	13.6	3.6	8.6	1.4	5.9	26.7	0.9
1	100.0	10.9	58.4	6.9	2.0	3.0	2.0	－	17.8	1.0
24	100.0	0.8	83.3	6.1	0.4	5.6	0.1	1.6	6.9	1.0
15	100.0	0.4	25.2	36.3	12.8	19.4	4.2	10.7	26.6	0.7
3	100.0	0.4	26.3	27.3	16.9	7.3	3.1	13.3	32.6	0.2
12	100.0	0.3	28.8	56.3	0.3	55.1	0.9	0.6	10.2	3.7
－	100.0	0.5	9.6	77.0	0.5	57.8	18.7	7.0	5.9	－
10	100.0	0.6	51.8	12.2	3.9	4.6	3.7	27.0	7.1	1.1
21	100.0	0.6	45.4	6.8	0.8	6.0	0.1	1.3	45.3	0.6
9	100.0	2.6	63.2	－	－	－	－	2.6	7.9	23.7
12	100.0	0.9	59.9	10.9	1.2	8.5	1.2	3.5	23.3	0.9
－	100.0	11.1	66.7	－	－	－	－	－	11.1	－
4	100.0	0.9	85.3	4.7	－	4.5	0.2	1.3	6.6	0.9
5	100.0	0.4	28.7	34.3	6.1	23.5	4.8	7.0	27.0	2.2
1	100.0	－	31.1	21.5	10.4	7.4	3.7	10.4	35.6	0.7
4	100.0	1.4	28.6	48.6	－	48.6	－	－	15.7	5.7
－	100.0	－	16.0	64.0	－	40.0	24.0	8.0	12.0	－
2	100.0	0.9	61.3	9.9	－	7.2	2.7	18.9	6.3	1.8
－	100.0	0.7	48.3	6.1	0.2	5.9	－	0.5	44.0	－
1	100.0	－	66.7	－	－	－	－	－	－	33.3

配偶者なし

年 齢 階 級、 第 1 回 の 世 帯 構 成	総数	単独世帯	夫婦のみ の世帯	三世代 世帯	親と子と 同居	子と孫と 同居	親と子と 孫と同居	親あり 子なし の世帯	親なし 子あり の世帯
				被調査者数（単位：人）					
総数	3 262	1 740	–	375	84	259	32	310	649
単独世帯	764	666	–	23	–	23	–	25	31
夫婦のみの世帯	301	226	–	19	–	19	–	7	41
三世代世帯	482	105	–	218	69	123	26	34	114
親と子と同居	298	64	–	104	68	23	13	30	96
子と孫と同居	133	33	–	80	–	79	1	–	15
親と子と孫と同居	51	8	–	34	1	21	12	4	3
親あり子なしの世帯	651	320	–	16	7	4	5	228	14
親なし子ありの世帯	903	354	–	96	8	87	1	8	439
その他の世帯	106	28	–	1	–	1	–	3	4
61 ～ 64 歳	979	473	–	118	44	60	14	170	163
単独世帯	219	181	–	5	–	5	–	16	10
夫婦のみの世帯	50	34	–	3	–	3	–	4	7
三世代世帯	154	29	–	76	37	26	13	16	30
親と子と同居	119	21	–	54	37	11	6	16	26
子と孫と同居	22	7	–	12	–	11	1	–	3
親と子と孫と同居	13	1	–	10	–	4	6	–	1
親あり子なしの世帯	259	102	–	4	4	–	–	122	4
親なし子ありの世帯	254	107	–	29	3	25	1	5	112
その他の世帯	23	7	–	–	–	–	–	2	–
65 ～ 69 歳	2 012	1 104	–	231	38	175	18	132	429
単独世帯	478	424	–	16	–	16	–	8	19
夫婦のみの世帯	205	154	–	14	–	14	–	3	29
三世代世帯	297	67	–	128	31	84	13	17	78
親と子と同居	168	39	–	48	30	11	7	13	66
子と孫と同居	95	23	–	58	–	58	–	–	10
親と子と孫と同居	34	5	–	22	1	15	6	4	2
親あり子なしの世帯	365	200	–	12	3	4	5	100	8
親なし子ありの世帯	571	219	–	60	4	56	–	3	286
その他の世帯	67	17	–	1	–	1	–	1	3
70 歳	271	163	–	26	2	24	–	8	57
単独世帯	67	61	–	2	–	2	–	1	2
夫婦のみの世帯	46	38	–	2	–	2	–	–	5
三世代世帯	31	9	–	14	1	13	–	1	6
親と子と同居	11	4	–	2	1	1	–	1	4
子と孫と同居	16	3	–	10	–	10	–	–	2
親と子と孫と同居	4	2	–	2	–	2	–	–	–
親あり子なしの世帯	27	18	–	–	–	–	–	6	2
親なし子ありの世帯	78	28	–	7	1	6	–	–	41
その他の世帯	16	4	–	–	–	–	–	–	1

注：総数には各項目の不詳を含む。

第12回の世帯構成

その他の世帯	総数	単独世帯	夫婦のみの世帯	三世代世帯	親と子と同居	子と孫と同居	親と子と孫と同居	親あり子なしの世帯	親なし子ありの世帯	その他の世帯
				構成割合（単位：%）						
188	100.0	53.3	–	11.5	2.6	7.9	1.0	9.5	19.9	5.8
19	100.0	87.2	–	3.0	–	3.0	–	3.3	4.1	2.5
8	100.0	75.1	–	6.3	–	6.3	–	2.3	13.6	2.7
11	100.0	21.8	–	45.2	14.3	25.5	5.4	7.1	23.7	2.3
4	100.0	21.5	–	34.9	22.8	7.7	4.4	10.1	32.2	1.3
5	100.0	24.8	–	60.2	–	59.4	0.8	–	11.3	3.8
2	100.0	15.7	–	66.7	2.0	41.2	23.5	7.8	5.9	3.9
73	100.0	49.2	–	2.5	1.1	0.6	0.8	35.0	2.2	11.2
6	100.0	39.2	–	10.6	0.9	9.6	0.1	0.9	48.6	0.7
70	100.0	26.4	–	0.9	–	0.9	–	2.8	3.8	66.0
55	100.0	48.3	–	12.1	4.5	6.1	1.4	17.4	16.6	5.6
7	100.0	82.6	–	2.3	–	2.3	–	7.3	4.6	3.2
2	100.0	68.0	–	6.0	–	6.0	–	8.0	14.0	4.0
3	100.0	18.8	–	49.4	24.0	16.9	8.4	10.4	19.5	1.9
2	100.0	17.6	–	45.4	31.1	9.2	5.0	13.4	21.8	1.7
–	100.0	31.8	–	54.5	–	50.0	4.5	–	13.6	–
1	100.0	7.7	–	76.9	–	30.8	46.2	–	7.7	7.7
27	100.0	39.4	–	1.5	1.5	–	–	47.1	1.5	10.4
1	100.0	42.1	–	11.4	1.2	9.8	0.4	2.0	44.1	0.4
14	100.0	30.4	–	–	–	–	–	8.7	–	60.9
116	100.0	54.9	–	11.5	1.9	8.7	0.9	6.6	21.3	5.8
11	100.0	88.7	–	3.3	–	3.3	–	1.7	4.0	2.3
5	100.0	75.1	–	6.8	–	6.8	–	1.5	14.1	2.4
7	100.0	22.6	–	43.1	10.4	28.3	4.4	5.7	26.3	2.4
2	100.0	23.2	–	28.6	17.9	6.5	4.2	7.7	39.3	1.2
4	100.0	24.2	–	61.1	–	61.1	–	–	10.5	4.2
1	100.0	14.7	–	64.7	2.9	44.1	17.6	11.8	5.9	2.9
45	100.0	54.8	–	3.3	0.8	1.1	1.4	27.4	2.2	12.3
3	100.0	38.4	–	10.5	0.7	9.8	–	0.5	50.1	0.5
45	100.0	25.4	–	1.5	–	1.5	–	1.5	4.5	67.2
17	100.0	60.1	–	9.6	0.7	8.9	–	3.0	21.0	6.3
1	100.0	91.0	–	3.0	–	3.0	–	1.5	3.0	1.5
1	100.0	82.6	–	4.3	–	4.3	–	–	10.9	2.2
1	100.0	29.0	–	45.2	3.2	41.9	–	3.2	19.4	3.2
–	100.0	36.4	–	18.2	9.1	9.1	–	9.1	36.4	–
1	100.0	18.8	–	62.5	–	62.5	–	–	12.5	6.3
–	100.0	50.0	–	50.0	–	50.0	–	–	–	–
1	100.0	66.7	–	–	–	–	–	22.2	7.4	3.7
2	100.0	35.9	–	9.0	1.3	7.7	–	–	52.6	2.6
11	100.0	25.0	–	–	–	–	–	–	6.3	68.8

第2表　第1回から配偶者がいる被調査者数・構成割合,

性、　第1回からの配偶者の健康状態の変化	総数	神経過敏に感じましたか		絶望的だと感じましたか	
		あり	まったくない	あり	まったくない
総数	15 837	7 493	8 032	3 483	12 060
第1回からずっと「よい」	5 706	2 386	3 222	956	4 662
「わるい」から「よい」に変化	336	164	170	55	279
第1回からずっと「わるい」	223	129	89	83	134
「よい」から「わるい」に変化	527	289	229	155	365
その他の変化	4 825	2 499	2 238	1 280	3 463
男	7 678	3 240	4 281	1 467	6 062
第1回からずっと「よい」	2 854	1 069	1 735	425	2 383
「わるい」から「よい」に変化	156	64	90	24	130
第1回からずっと「わるい」	104	49	53	31	70
「よい」から「わるい」に変化	238	122	114	55	182
その他の変化	2 324	1 053	1 226	530	1 753
女	8 159	4 253	3 751	2 016	5 998
第1回からずっと「よい」	2 852	1 317	1 487	531	2 279
「わるい」から「よい」に変化	180	100	80	31	149
第1回からずっと「わるい」	119	80	36	52	64
「よい」から「わるい」に変化	289	167	115	100	183
その他の変化	2 501	1 446	1 012	750	1 710
総数	100.0	47.3	50.7	22.0	76.2
第1回からずっと「よい」	100.0	41.8	56.5	16.8	81.7
「わるい」から「よい」に変化	100.0	48.8	50.6	16.4	83.0
第1回からずっと「わるい」	100.0	57.8	39.9	37.2	60.1
「よい」から「わるい」に変化	100.0	54.8	43.5	29.4	69.3
その他の変化	100.0	51.8	46.4	26.5	71.8
男	100.0	42.2	55.8	19.1	79.0
第1回からずっと「よい」	100.0	37.5	60.8	14.9	83.5
「わるい」から「よい」に変化	100.0	41.0	57.7	15.4	83.3
第1回からずっと「わるい」	100.0	47.1	51.0	29.8	67.3
「よい」から「わるい」に変化	100.0	51.3	47.9	23.1	76.5
その他の変化	100.0	45.3	52.8	22.8	75.4
女	100.0	52.1	46.0	24.7	73.5
第1回からずっと「よい」	100.0	46.2	52.1	18.6	79.9
「わるい」から「よい」に変化	100.0	55.6	44.4	17.2	82.8
第1回からずっと「わるい」	100.0	67.2	30.3	43.7	53.8
「よい」から「わるい」に変化	100.0	57.8	39.8	34.6	63.3
その他の変化	100.0	57.8	40.5	30.0	68.4

注：1）総数には各項目の不詳を含む。
　　2）過去1か月間に感じたこと「あり」は、各項目に「いつも」「たいてい」「ときどき」「少しだけ」と回答した者をいう。
　　3）配偶者の健康状態の変化「よい」は、第1回から第12回まで、健康状態が「大変良い」「良い」「どちらかといえば良い」のいずれか、

性、第1回からの配偶者の健康状態の変化、第12回の過去1か月間に感じたことの状況別

第12回の過去1か月間に感じたことの状況							
そわそわ、落ち着かなく感じましたか		気分が沈み込んで、何が起こっても気が晴れないように感じましたか		何をするのも骨折りだと感じましたか		自分は価値のない人間だと感じましたか	
あり	まったくない	あり	まったくない	あり	まったくない	あり	まったくない
被調査者数（単位：人）							
5 366	10 140	5 973	9 561	6 872	8 664	3 213	12 335
1 633	3 972	1 821	3 794	2 192	3 420	917	4 702
109	224	100	234	130	204	53	281
108	109	117	100	137	80	67	150
205	312	238	280	273	247	122	398
1 870	2 861	2 058	2 679	2 322	2 419	1 145	3 595
2 387	5 123	2 547	4 975	3 047	4 482	1 414	6 117
748	2 053	793	2 012	995	1 810	418	2 390
39	115	38	116	61	93	21	133
44	57	45	56	61	40	23	78
88	148	97	140	109	128	52	185
805	1 470	856	1 421	1 005	1 278	504	1 778
2 979	5 017	3 426	4 586	3 825	4 182	1 799	6 218
885	1 919	1 028	1 782	1 197	1 610	499	2 312
70	109	62	118	69	111	32	148
64	52	72	44	76	40	44	72
117	164	141	140	164	119	70	213
1 065	1 391	1 202	1 258	1 317	1 141	641	1 817
構成割合（単位：%）							
33.9	64.0	37.7	60.4	43.4	54.7	20.3	77.9
28.6	69.6	31.9	66.5	38.4	59.9	16.1	82.4
32.4	66.7	29.8	69.6	38.7	60.7	15.8	83.6
48.4	48.9	52.5	44.8	61.4	35.9	30.0	67.3
38.9	59.2	45.2	53.1	51.8	46.9	23.1	75.5
38.8	59.3	42.7	55.5	48.1	50.1	23.7	74.5
31.1	66.7	33.2	64.8	39.7	58.4	18.4	79.7
26.2	71.9	27.8	70.5	34.9	63.4	14.6	83.7
25.0	73.7	24.4	74.4	39.1	59.6	13.5	85.3
42.3	54.8	43.3	53.8	58.7	38.5	22.1	75.0
37.0	62.2	40.8	58.8	45.8	53.8	21.8	77.7
34.6	63.3	36.8	61.1	43.2	55.0	21.7	76.5
36.5	61.5	42.0	56.2	46.9	51.3	22.0	76.2
31.0	67.3	36.0	62.5	42.0	56.5	17.5	81.1
38.9	60.6	34.4	65.6	38.3	61.7	17.8	82.2
53.8	43.7	60.5	37.0	63.9	33.6	37.0	60.5
40.5	56.7	48.8	48.4	56.7	41.2	24.2	73.7
42.6	55.6	48.1	50.3	52.7	45.6	25.6	72.7

「わるい」は健康状態が「大変悪い」「悪い」「どちらかといえば悪い」のいずれかをいう。

第3表　第1回から配偶者に変化がない有配偶被調査者数・

性、　第 12 回 の 配 偶 者 と の 時 間 の 過 ご し 方			総数	第1回から ずっと 「よい」	「わるい」 から「よい」 に変化	第1回から ずっと 「わるい」	「よい」から 「わるい」に 変化
					被調査者数（単位：人）		
総数			15 586	5 672	334	216	518
	会話	あてはまる	12 893	4 922	285	167	417
		あてはまらない	2 209	659	43	38	81
	趣味・娯楽	あてはまる	4 777	2 005	121	48	143
		あてはまらない	10 296	3 565	207	156	353
	買物	あてはまる	9 633	3 668	224	109	309
		あてはまらない	5 457	1 914	104	95	187
	ボランティア 活動など	あてはまる	558	212	17	5	22
		あてはまらない	14 468	5 353	307	197	471
	仕事	あてはまる	2 460	941	53	21	72
		あてはまらない	12 583	4 623	274	182	422
	食事	あてはまる	14 029	5 296	304	183	457
		あてはまらない	1 078	287	23	22	40
	テレビを見る	あてはまる	12 818	4 808	283	167	414
		あてはまらない	2 275	771	44	38	83
	その他	あてはまる	2 369	869	52	39	86
		あてはまらない	11 816	4 358	260	156	376
男			7 556	2 837	155	101	232
	会話	あてはまる	6 296	2 464	132	80	187
		あてはまらない	1 055	325	22	17	36
	趣味・娯楽	あてはまる	2 285	993	49	16	58
		あてはまらない	5 055	1 793	105	80	165
	買物	あてはまる	4 795	1 835	111	56	147
		あてはまらない	2 554	956	43	40	76
	ボランティア 活動など	あてはまる	270	106	6	3	11
		あてはまらない	7 049	2 677	147	93	211
	仕事	あてはまる	1 156	477	27	6	31
		あてはまらない	6 165	2 304	127	90	190
	食事	あてはまる	6 769	2 619	143	84	209
		あてはまらない	586	171	11	13	14
	テレビを見る	あてはまる	6 224	2 400	129	78	179
		あてはまらない	1 122	389	25	19	44
	その他	あてはまる	1 190	444	23	21	43
		あてはまらない	5 717	2 177	125	70	168
女			8 030	2 835	179	115	286
	会話	あてはまる	6 597	2 458	153	87	230
		あてはまらない	1 154	334	21	21	45
	趣味・娯楽	あてはまる	2 492	1 012	72	32	85
		あてはまらない	5 241	1 772	102	76	188
	買物	あてはまる	4 838	1 833	113	53	162
		あてはまらない	2 903	958	61	55	111
	ボランティア 活動など	あてはまる	288	106	11	2	11
		あてはまらない	7 419	2 676	160	104	260
	仕事	あてはまる	1 304	464	26	15	41
		あてはまらない	6 418	2 319	147	92	232
	食事	あてはまる	7 260	2 677	161	99	248
		あてはまらない	492	116	12	9	26
	テレビを見る	あてはまる	6 594	2 408	154	89	235
		あてはまらない	1 153	382	19	19	39
	その他	あてはまる	1 179	425	29	18	43
		あてはまらない	6 099	2 181	135	86	208

注：1）第12回に配偶者と同居していると回答した者を集計。
　　2）総数には各項目の不詳を含む。
　　3）「配偶者との時間の過ごし方」とは、配偶者とふだん一緒に過ごすときに何をして過ごしているかについて、各項目があてはまるか

構成割合, 性、第12回の配偶者との時間の過ごし方、第1回からの配偶者の健康状態の変化別

第1回からの配偶者の健康状態の変化						
その他の変化	総数	第1回から ずっと 「よい」	「わるい」 から「よい」 に変化	第1回から ずっと 「わるい」	「よい」から 「わるい」に 変化	その他の変化
	構成割合（単位：%）					
4 784	100.0	100.0	100.0	100.0	100.0	100.0
3 927	82.7	86.8	85.3	77.3	80.5	82.1
736	14.2	11.6	12.9	17.6	15.6	15.4
1 357	30.6	35.3	36.2	22.2	27.6	28.4
3 301	66.1	62.9	62.0	72.2	68.1	69.0
2 982	61.8	64.7	67.1	50.5	59.7	62.3
1 674	35.0	33.7	31.1	44.0	36.1	35.0
154	3.6	3.7	5.1	2.3	4.2	3.2
4 480	92.8	94.4	91.9	91.2	90.9	93.6
722	15.8	16.6	15.9	9.7	13.9	15.1
3 919	80.7	81.5	82.0	84.3	81.5	81.9
4 292	90.0	93.4	91.0	84.7	88.2	89.7
372	6.9	5.1	6.9	10.2	7.7	7.8
3 939	82.2	84.8	84.7	77.3	79.9	82.3
719	14.6	13.6	13.2	17.6	16.0	15.0
767	15.2	15.3	15.6	18.1	16.6	16.0
3 593	75.8	76.8	77.8	72.2	72.6	75.1
2 306	100.0	100.0	100.0	100.0	100.0	100.0
1 910	83.3	86.9	85.2	79.2	80.6	82.8
345	14.0	11.5	14.2	16.8	15.5	15.0
662	30.2	35.0	31.6	15.8	25.0	28.7
1 590	66.9	63.2	67.7	79.2	71.1	69.0
1 482	63.5	64.7	71.6	55.4	63.4	64.3
770	33.8	33.7	27.7	39.6	32.8	33.4
79	3.6	3.7	3.9	3.0	4.7	3.4
2 161	93.3	94.4	94.8	92.1	90.9	93.7
337	15.3	16.8	17.4	5.9	13.4	14.6
1 905	81.6	81.2	81.9	89.1	81.9	82.6
2 061	89.6	92.3	92.3	83.2	90.1	89.4
194	7.8	6.0	7.1	12.9	6.0	8.4
1 902	82.4	84.6	83.2	77.2	77.2	82.5
349	14.8	13.7	16.1	18.8	19.0	15.1
396	15.7	15.7	14.8	20.8	18.5	17.2
1 705	75.7	76.7	80.6	69.3	72.4	73.9
2 478	100.0	100.0	100.0	100.0	100.0	100.0
2 017	82.2	86.7	85.5	75.7	80.4	81.4
391	14.4	11.8	11.7	18.3	15.7	15.8
695	31.0	35.7	40.2	27.8	29.7	28.0
1 711	65.3	62.5	57.0	66.1	65.7	69.0
1 500	60.2	64.7	63.1	46.1	56.6	60.5
904	36.2	33.8	34.1	47.8	38.8	36.5
75	3.6	3.7	6.1	1.7	3.8	3.0
2 319	92.4	94.4	89.4	90.4	90.9	93.6
385	16.2	16.4	14.5	13.0	14.3	15.5
2 014	79.9	81.8	82.1	80.0	81.1	81.3
2 231	90.4	94.4	89.9	86.1	86.7	90.0
178	6.1	4.1	6.7	7.8	9.1	7.2
2 037	82.1	84.9	86.0	77.4	82.2	82.2
370	14.4	13.5	10.6	16.5	13.6	14.9
371	14.7	15.0	16.2	15.7	15.0	15.0
1 888	76.0	76.9	75.4	74.8	72.7	76.2

どうかをいう。

第4表　第1回から配偶者に変化がない有配偶被調査者数・構成割合,

性、第1回からの就業状況の変化	総数	収入あり	働いて得た所得	公的年金	雇用保険	生活保護等の社会保障給付金	私的年金	子供等からの仕送り	資産収入
							第12回の配偶者の1か月間の		
					被調査者数（単位：人）				
総数	15 763	13 216	6 714	10 886	86	16	1 394	43	604
第1回から仕事あり	6 235	5 112	3 305	3 763	25	2	411	13	193
（再掲）離職なし	3 707	3 035	2 025	2 232	15	1	260	5	117
（再掲）離職あり	2 170	1 761	1 046	1 297	10	1	123	7	56
就業	224	194	110	168	–	–	17	2	13
退職	3 829	3 216	1 232	2 819	18	3	359	13	136
第1回から仕事なし	1 905	1 710	564	1 591	15	3	290	6	126
（再掲）離職なし	1 630	1 472	472	1 378	14	2	257	3	111
（再掲）その他	275	238	92	213	1	1	33	3	15
その他	3 469	2 908	1 481	2 474	25	7	310	8	134
男	7 645	5 809	3 087	4 236	26	6	406	17	161
第1回から仕事あり	3 976	2 994	1 948	1 938	9	–	196	7	78
（再掲）離職なし	2 199	1 622	1 116	1 011	5	–	111	3	38
（再掲）離職あり	1 550	1 181	696	793	4	–	70	4	30
就業	52	36	18	31	–	–	2	–	1
退職	1 908	1 472	499	1 228	5	2	110	6	49
第1回から仕事なし	106	86	23	77	1	–	9	1	2
（再掲）離職なし	84	70	18	64	1	–	8	–	2
（再掲）その他	22	16	5	13	–	–	1	1	–
その他	1 581	1 207	597	950	11	4	88	3	31
女	8 118	7 407	3 627	6 650	60	10	988	26	443
第1回から仕事あり	2 259	2 118	1 357	1 825	16	2	215	6	115
（再掲）離職なし	1 508	1 413	909	1 221	10	1	149	2	79
（再掲）離職あり	620	580	350	504	6	1	53	3	26
就業	172	158	92	137	–	–	15	2	12
退職	1 921	1 744	733	1 591	13	1	249	7	87
第1回から仕事なし	1 799	1 624	541	1 514	14	3	281	5	124
（再掲）離職なし	1 546	1 402	454	1 314	13	2	249	3	109
（再掲）その他	253	222	87	200	1	1	32	2	15
その他	1 888	1 701	884	1 524	14	3	222	5	103

性、第1回からの就業状況の変化、第12回の配偶者の1か月間の収入の有無・収入の種類（複数回答）別

収入の有無・収入の種類（複数回答）

その他	収入なし	総数	収入あり	働いて得た所得	公的年金	雇用保険	生活保護等の社会保障給付金	私的年金	子供等からの仕送り	資産収入	その他	収入なし
						構成割合（単位：%）						
193	2 112	100.0	83.8	42.6	69.1	0.5	0.1	8.8	0.3	3.8	1.2	13.4
60	940	100.0	82.0	53.0	60.4	0.4	0.0	6.6	0.2	3.1	1.0	15.1
28	542	100.0	81.9	54.6	60.2	0.4	0.0	7.0	0.1	3.2	0.8	14.6
27	361	100.0	81.2	48.2	59.8	0.5	0.0	5.7	0.3	2.6	1.2	16.6
2	20	100.0	86.6	49.1	75.0	-	-	7.6	0.9	5.8	0.9	8.9
52	521	100.0	84.0	32.2	73.6	0.5	0.1	9.4	0.3	3.6	1.4	13.6
38	150	100.0	89.8	29.6	83.5	0.8	0.2	15.2	0.3	6.6	2.0	7.9
33	125	100.0	90.3	29.0	84.5	0.9	0.1	15.8	0.2	6.8	2.0	7.7
5	25	100.0	86.5	33.5	77.5	0.4	0.4	12.0	1.1	5.5	1.8	9.1
41	467	100.0	83.8	42.7	71.3	0.7	0.2	8.9	0.2	3.9	1.2	13.5
67	1 620	100.0	76.0	40.4	55.4	0.3	0.1	5.3	0.2	2.1	0.9	21.2
27	855	100.0	75.3	49.0	48.7	0.2	-	4.9	0.2	2.0	0.7	21.5
13	486	100.0	73.8	50.8	46.0	0.2	-	5.0	0.1	1.7	0.6	22.1
13	335	100.0	76.2	44.9	51.2	0.3	-	4.5	0.3	1.9	0.8	21.6
-	13	100.0	69.2	34.6	59.6	-	-	3.8	-	1.9	-	25.0
21	393	100.0	77.1	26.2	64.4	0.3	0.1	5.8	0.3	2.6	1.1	20.6
1	17	100.0	81.1	21.7	72.6	0.9	-	8.5	0.9	1.9	0.9	16.0
1	12	100.0	83.3	21.4	76.2	1.2	-	9.5	-	2.4	1.2	14.3
-	5	100.0	72.7	22.7	59.1	-	-	4.5	4.5	-	-	22.7
18	337	100.0	76.3	37.8	60.1	0.7	0.3	5.6	0.2	2.0	1.1	21.3
126	492	100.0	91.2	44.7	81.9	0.7	0.1	12.2	0.3	5.5	1.6	6.1
33	85	100.0	93.8	60.1	80.8	0.7	0.1	9.5	0.3	5.1	1.5	3.8
15	56	100.0	93.7	60.3	81.0	0.7	0.1	9.9	0.1	5.2	1.0	3.7
14	26	100.0	93.5	56.5	81.3	1.0	0.2	8.5	0.5	4.2	2.3	4.2
2	7	100.0	91.9	53.5	79.7	-	-	8.7	1.2	7.0	1.2	4.1
31	128	100.0	90.8	38.2	82.8	0.7	0.1	13.0	0.4	4.5	1.6	6.7
37	133	100.0	90.3	30.1	84.2	0.8	0.2	15.6	0.3	6.9	2.1	7.4
32	113	100.0	90.7	29.4	85.0	0.8	0.1	16.1	0.2	7.1	2.1	7.3
5	20	100.0	87.7	34.4	79.1	0.4	0.4	12.6	0.8	5.9	2.0	7.9
23	130	100.0	90.1	46.8	80.7	0.7	0.2	11.8	0.3	5.5	1.2	6.9

年齢階級、第1回からの就業状況の変化	総数	2時間未満	4時間未満	6時間未満	12時間未満
			被調査者数（単位：人）		
総数	15 586	704	2 378	3 284	4 448
第1回から仕事あり	6 156	298	1 107	1 450	1 552
（再掲）離職なし	3 659	172	597	819	926
（再掲）離職あり	2 144	118	443	555	537
就業	220	8	32	52	58
退職	3 787	148	488	690	1 219
第1回から仕事なし	1 890	80	227	341	611
（再掲）離職なし	1 620	73	203	289	518
（再掲）その他	270	7	24	52	93
その他	3 438	165	510	737	987
61～64歳	5 448	300	1 027	1 320	1 348
第1回から仕事あり	2 834	157	620	722	632
（再掲）離職なし	1 717	96	350	435	379
（再掲）離職あり	996	58	243	259	224
就業	91	5	13	24	21
退職	915	44	131	203	270
第1回から仕事なし	469	29	73	97	119
（再掲）離職なし	403	25	68	81	104
（再掲）その他	66	4	5	16	15
その他	1 120	64	185	271	302
65～69歳	8 929	360	1 206	1 747	2 719
第1回から仕事あり	2 994	131	440	660	838
（再掲）離職なし	1 752	70	220	352	502
（再掲）離職あり	1 038	57	183	269	282
就業	115	2	19	26	33
退職	2 511	91	318	440	814
第1回から仕事なし	1 206	41	131	205	422
（再掲）離職なし	1 032	39	116	177	351
（再掲）その他	174	2	15	28	71
その他	2 036	92	292	406	596
70歳	1 209	44	145	217	381
第1回から仕事あり	328	10	47	68	82
（再掲）離職なし	190	6	27	32	45
（再掲）離職あり	110	3	17	27	31
就業	14	1	－	2	4
退職	361	13	39	47	135
第1回から仕事なし	215	10	23	39	70
（再掲）離職なし	185	9	19	31	63
（再掲）その他	30	1	4	8	7
その他	282	9	33	60	89

注：1）第12回に配偶者と同居していると回答した者を集計。
　　2）総数には各項目の不詳を含む。

構成割合，年齢階級、第1回からの就業状況の変化、第12回の配偶者と一緒に過ごす時間別

第12回の配偶者と一緒に過ごす時間						
12時間以上	総数	2時間未満	4時間未満	6時間未満	12時間未満	12時間以上
			構成割合（単位：%）			
3 891	100.0	4.5	15.3	21.1	28.5	25.0
1 387	100.0	4.8	18.0	23.6	25.2	22.5
913	100.0	4.7	16.3	22.4	25.3	25.0
375	100.0	5.5	20.7	25.9	25.0	17.5
57	100.0	3.6	14.5	23.6	26.4	25.9
1 060	100.0	3.9	12.9	18.2	32.2	28.0
538	100.0	4.2	12.0	18.0	32.3	28.5
461	100.0	4.5	12.5	17.8	32.0	28.5
77	100.0	2.6	8.9	19.3	34.4	28.5
821	100.0	4.8	14.8	21.4	28.7	23.9
1 148	100.0	5.5	18.9	24.2	24.7	21.1
533	100.0	5.5	21.9	25.5	22.3	18.8
346	100.0	5.6	20.4	25.3	22.1	20.2
156	100.0	5.8	24.4	26.0	22.5	15.7
26	100.0	5.5	14.3	26.4	23.1	28.6
227	100.0	4.8	14.3	22.2	29.5	24.8
130	100.0	6.2	15.6	20.7	25.4	27.7
107	100.0	6.2	16.9	20.1	25.8	26.6
23	100.0	6.1	7.6	24.2	22.7	34.8
228	100.0	5.7	16.5	24.2	27.0	20.4
2 399	100.0	4.0	13.5	19.6	30.5	26.9
757	100.0	4.4	14.7	22.0	28.0	25.3
504	100.0	4.0	12.6	20.1	28.7	28.8
192	100.0	5.5	17.6	25.9	27.2	18.5
26	100.0	1.7	16.5	22.6	28.7	22.6
725	100.0	3.6	12.7	17.5	32.4	28.9
350	100.0	3.4	10.9	17.0	35.0	29.0
304	100.0	3.8	11.2	17.2	34.0	29.5
46	100.0	1.1	8.6	16.1	40.8	26.4
520	100.0	4.5	14.3	19.9	29.3	25.5
344	100.0	3.6	12.0	17.9	31.5	28.5
97	100.0	3.0	14.3	20.7	25.0	29.6
63	100.0	3.2	14.2	16.8	23.7	33.2
27	100.0	2.7	15.5	24.5	28.2	24.5
5	100.0	7.1	−	14.3	28.6	35.7
108	100.0	3.6	10.8	13.0	37.4	29.9
58	100.0	4.7	10.7	18.1	32.6	27.0
50	100.0	4.9	10.3	16.8	34.1	27.0
8	100.0	3.3	13.3	26.7	23.3	26.7
73	100.0	3.2	11.7	21.3	31.6	25.9

被調査者数

第12回の過去1か月間に感じたことの状況	総数	親と同居	夫の親と同居	妻の親と同居	両方の親と同居	親と別居	親がいない	61～64歳	親と同居	夫の親と同居	妻の親と同居
総数	9 662	2 566	1 780	782	4	5 915	1 181	4 476	1 296	946	346
神経過敏に感じましたか											
あり	4 690	1 323	912	409	2	2 800	567	2 280	688	494	192
いつも	203	68	42	26	–	107	28	94	33	23	10
たいてい	302	108	73	35	–	157	37	138	44	30	14
ときどき	1 520	434	306	127	1	900	186	730	230	167	62
少しだけ	2 665	713	491	221	1	1 636	316	1 318	381	274	106
まったくない	4 801	1 195	830	363	2	3 027	579	2 133	587	432	153
絶望的だと感じましたか											
あり	2 195	651	457	193	1	1 281	263	1 030	318	228	89
いつも	77	26	19	7	–	38	13	38	12	9	3
たいてい	96	29	22	7	–	53	14	49	12	9	3
ときどき	585	169	112	56	1	355	61	279	89	59	29
少しだけ	1 437	427	304	123	–	835	175	664	205	151	54
まったくない	7 313	1 877	1 293	581	3	4 551	885	3 394	960	702	255
そわそわ、落ち着かなく感じましたか											
あり	3 420	974	685	288	1	2 050	396	1 649	511	377	133
いつも	61	21	16	5	–	32	8	26	9	9	–
たいてい	129	45	33	12	–	68	16	70	20	16	4
ときどき	871	251	175	76	–	517	103	411	130	93	37
少しだけ	2 359	657	461	195	1	1 433	269	1 142	352	259	92
まったくない	6 056	1 545	1 062	480	3	3 763	748	2 760	764	554	207
気分が沈み込んで、何が起こっても気が晴れないように感じましたか											
あり	3 806	1 084	735	348	1	2 258	464	1 809	557	390	166
いつも	102	36	29	7	–	52	14	52	15	13	2
たいてい	170	55	36	19	–	96	19	80	24	15	9
ときどき	954	278	192	86	–	558	118	433	141	102	39
少しだけ	2 580	715	478	236	1	1 552	313	1 244	377	260	116
まったくない	5 695	1 444	1 014	427	3	3 568	683	2 612	722	540	179
何をするのも骨折りだと感じましたか											
あり	4 344	1 219	839	378	2	2 621	504	2 055	628	443	183
いつも	111	39	31	8	–	55	17	53	16	13	3
たいてい	228	70	52	18	–	135	23	100	32	27	5
ときどき	1 033	296	199	97	–	616	121	476	162	112	50
少しだけ	2 972	814	557	255	2	1 815	343	1 426	418	291	125
まったくない	5 155	1 307	911	394	2	3 207	641	2 363	649	487	160
自分は価値のない人間だと感じましたか											
あり	2 052	570	393	177	–	1 238	244	993	300	205	95
いつも	57	14	10	4	–	33	10	29	9	6	3
たいてい	86	22	15	7	–	49	15	41	5	4	1
ときどき	486	159	116	43	–	274	53	233	85	63	22
少しだけ	1 423	375	252	123	–	882	166	690	201	132	69
まったくない	7 451	1 956	1 356	596	4	4 591	904	3 425	977	724	249

注：総数には各項目の不詳を含む。

第12回の過去1か月間に感じたことの状況、年齢階級、第12回の親の同別居別（2－1）

年齢階級、第12回の親の同別居

両方の親と同居	親と別居	親がいない	65～69歳	親と同居	夫の親と同居	妻の親と同居	両方の親と同居	親と別居	親がいない	70歳	親と同居	夫の親と同居	妻の親と同居	両方の親と同居	親と別居	親がいない
被調査者数（単位：人）																
4	2 747	433	4 792	1 185	784	401	-	2 931	676	394	85	50	35	-	237	72
2	1 389	203	2 245	595	397	198	-	1 316	334	165	40	21	19	-	95	30
-	52	9	105	34	19	15	-	54	17	4	1	-	1	-	1	2
-	80	14	155	60	41	19	-	74	21	9	4	2	2	-	3	2
1	439	61	727	185	128	57	-	424	118	63	19	11	8	-	37	7
1	818	119	1 258	316	209	107	-	764	178	89	16	8	8	-	54	19
2	1 327	219	2 445	564	370	194	-	1 560	321	223	44	28	16	-	140	39
1	616	96	1 084	310	217	93	-	620	154	81	23	12	11	-	45	13
-	21	5	38	14	10	4	-	17	7	1	-	-	-	-	-	1
-	31	6	44	17	13	4	-	19	8	3	-	-	-	-	3	-
1	171	19	286	74	51	23	-	174	38	20	6	2	4	-	10	4
-	393	66	716	205	143	62	-	410	101	57	17	10	7	-	32	8
3	2 104	330	3 613	856	554	302	-	2 258	499	306	61	37	24	-	189	56
1	1 002	136	1 654	429	288	141	-	983	242	117	34	20	14	-	65	18
-	13	4	34	12	7	5	-	19	3	1	-	-	-	-	-	1
-	45	5	54	23	16	7	-	20	11	5	2	1	1	-	3	-
-	247	34	433	114	77	37	-	257	62	27	7	5	2	-	13	7
1	697	93	1 133	280	188	92	-	687	166	84	25	14	11	-	49	10
3	1 710	286	3 028	732	479	253	-	1 885	411	268	49	29	20	-	168	51
1	1 089	163	1 851	490	325	165	-	1 087	274	146	37	20	17	-	82	27
-	31	6	49	21	16	5	-	20	8	1	-	-	-	-	1	-
-	51	5	85	29	20	9	-	43	13	5	2	1	1	-	2	1
-	247	45	485	129	85	44	-	292	64	36	8	5	3	-	19	9
1	760	107	1 232	311	204	107	-	732	189	104	27	14	13	-	60	17
3	1 628	262	2 844	675	445	230	-	1 790	379	239	47	29	18	-	150	42
2	1 245	182	2 117	548	372	176	-	1 278	291	172	43	24	19	-	98	31
-	29	8	56	23	18	5	-	25	8	2	-	-	-	-	1	1
-	63	5	121	35	24	11	-	69	17	7	3	1	2	-	3	1
-	278	36	517	123	79	44	-	318	76	40	11	8	3	-	20	9
2	875	133	1 423	367	251	116	-	866	190	123	29	15	14	-	74	20
2	1 471	243	2 576	617	399	218	-	1 599	360	216	41	25	16	-	137	38
-	603	90	982	247	178	69	-	592	143	77	23	10	13	-	43	11
-	16	4	26	5	4	1	-	16	5	2	-	-	-	-	1	1
-	29	7	44	17	11	6	-	19	8	1	-	-	-	-	1	-
-	137	11	233	66	49	17	-	127	40	20	8	4	4	-	10	2
-	421	68	679	159	114	45	-	430	90	54	15	6	9	-	31	8
4	2 113	335	3 716	918	593	325	-	2 287	511	310	61	39	22	-	191	58

構成割合

第12回の過去1か月間に感じたことの状況	総数	親と同居	夫の親と同居	妻の親と同居	両方の親と同居	親と別居	親がいない	61～64歳	親と同居	夫の親と同居	妻の親と同居
総数	100.0	100.0	100.0	100.0	100.0	100.0	100.0	100.0	100.0	100.0	100.0
神経過敏に感じましたか											
あり	48.5	51.6	51.2	52.3	50.0	47.3	48.0	50.9	53.1	52.2	55.5
いつも	2.1	2.7	2.4	3.3	－	1.8	2.4	2.1	2.5	2.4	2.9
たいてい	3.1	4.2	4.1	4.5	－	2.7	3.1	3.1	3.4	3.2	4.0
ときどき	15.7	16.9	17.2	16.2	25.0	15.2	15.7	16.3	17.7	17.7	17.9
少しだけ	27.6	27.8	27.6	28.3	25.0	27.7	26.8	29.4	29.4	29.0	30.6
まったくない	49.7	46.6	46.6	46.4	50.0	51.2	49.0	47.7	45.3	45.7	44.2
絶望的だと感じましたか											
あり	22.7	25.4	25.7	24.7	25.0	21.7	22.3	23.0	24.5	24.1	25.7
いつも	0.8	1.0	1.1	0.9	－	0.6	1.1	0.8	0.9	1.0	0.9
たいてい	1.0	1.1	1.2	0.9	－	0.9	1.2	1.1	0.9	1.0	0.9
ときどき	6.1	6.6	6.3	7.2	25.0	6.0	5.2	6.2	6.9	6.2	8.4
少しだけ	14.9	16.6	17.1	15.7	－	14.1	14.8	14.8	15.8	16.0	15.6
まったくない	75.7	73.1	72.6	74.3	75.0	76.9	74.9	75.8	74.1	74.2	73.7
そわそわ、落ち着かなく感じましたか											
あり	35.4	38.0	38.5	36.8	25.0	34.7	33.5	36.8	39.4	39.9	38.4
いつも	0.6	0.8	0.9	0.6	－	0.5	0.7	0.6	0.7	1.0	－
たいてい	1.3	1.8	1.9	1.5	－	1.1	1.4	1.6	1.5	1.7	1.2
ときどき	9.0	9.8	9.8	9.7	－	8.7	8.7	9.2	10.0	9.8	10.7
少しだけ	24.4	25.6	25.9	24.9	25.0	24.2	22.8	25.5	27.2	27.4	26.6
まったくない	62.7	60.2	59.7	61.4	75.0	63.6	63.3	61.7	59.0	58.6	59.8
気分が沈み込んで、何が起こっても気が晴れないように感じましたか											
あり	39.4	42.2	41.3	44.5	25.0	38.2	39.3	40.4	43.0	41.2	48.0
いつも	1.1	1.4	1.6	0.9	－	0.9	1.2	1.2	1.2	1.4	0.6
たいてい	1.8	2.1	2.0	2.4	－	1.6	1.6	1.8	1.9	1.6	2.6
ときどき	9.9	10.8	10.8	11.0	－	9.4	10.0	9.7	10.9	10.8	11.3
少しだけ	26.7	27.9	26.9	30.2	25.0	26.2	26.5	27.8	29.1	27.5	33.5
まったくない	58.9	56.3	57.0	54.6	75.0	60.3	57.8	58.4	55.7	57.1	51.7
何をするのも骨折りだと感じましたか											
あり	45.0	47.5	47.1	48.3	50.0	44.3	42.7	45.9	48.5	46.8	52.9
いつも	1.1	1.5	1.7	1.0	－	0.9	1.4	1.2	1.2	1.4	0.9
たいてい	2.4	2.7	2.9	2.3	－	2.3	1.9	2.2	2.5	2.9	1.4
ときどき	10.7	11.5	11.2	12.4	－	10.4	10.2	10.6	12.5	11.8	14.5
少しだけ	30.8	31.7	31.3	32.6	50.0	30.7	29.0	31.9	32.3	30.8	36.1
まったくない	53.4	50.9	51.2	50.4	50.0	54.2	54.3	52.8	50.1	51.5	46.2
自分は価値のない人間だと感じましたか											
あり	21.2	22.2	22.1	22.6	－	20.9	20.7	22.2	23.1	21.7	27.5
いつも	0.6	0.5	0.6	0.5	－	0.6	0.8	0.6	0.7	0.6	0.9
たいてい	0.9	0.9	0.8	0.9	－	0.8	1.2	0.9	0.4	0.4	0.3
ときどき	5.0	6.2	6.5	5.5	－	4.6	4.5	5.2	6.6	6.7	6.4
少しだけ	14.7	14.6	14.2	15.7	－	14.9	14.1	15.4	15.5	14.0	19.9
まったくない	77.1	76.2	76.2	76.2	100.0	77.6	76.5	76.5	75.4	76.5	72.0

注：総数には各項目の不詳を含む。

第12回の過去1か月間に感じたことの状況、年齢階級、第12回の親の同別居別（2－2）

第12回調査（平成28年）

年齢階級、第12回の親の同別居

構成割合（単位：％）

両方の親と同居	親と別居	親がいない	65～69歳	親と同居	夫の親と同居	妻の親と同居	両方の親と同居	親と別居	親がいない	70歳	親と同居	夫の親と同居	妻の親と同居	両方の親と同居	親と別居	親がいない
100.0	100.0	100.0	100.0	100.0	100.0	100.0	－	100.0	100.0	100.0	100.0	100.0	100.0	－	100.0	100.0
50.0	50.6	46.9	46.8	50.2	50.6	49.4	－	44.9	49.4	41.9	47.1	42.0	54.3	－	40.1	41.7
－	1.9	2.1	2.2	2.9	2.4	3.7	－	1.8	2.5	1.0	1.2	－	2.9	－	0.4	2.8
－	2.9	3.2	3.2	5.1	5.2	4.7	－	2.5	3.1	2.3	4.7	4.0	5.7	－	1.3	2.8
25.0	16.0	14.1	15.2	15.6	16.3	14.2	－	14.5	17.5	16.0	22.4	22.0	22.9	－	15.6	9.7
25.0	29.8	27.5	26.3	26.7	26.7	26.7	－	26.1	26.3	22.6	18.8	16.0	22.9	－	22.8	26.4
50.0	48.3	50.6	51.0	47.6	47.2	48.4	－	53.2	47.5	56.6	51.8	56.0	45.7	－	59.1	54.2
25.0	22.4	22.2	22.6	26.2	27.7	23.2	－	21.2	22.8	20.6	27.1	24.0	31.4	－	19.0	18.1
－	0.8	1.2	0.8	1.2	1.3	1.0	－	0.6	1.0	0.3	－	－	－	－	－	1.4
－	1.1	1.4	0.9	1.4	1.7	1.0	－	0.6	1.2	0.8	－	－	－	－	1.3	－
25.0	6.2	4.4	6.0	6.2	6.5	5.7	－	5.9	5.6	5.1	7.1	4.0	11.4	－	4.2	5.6
－	14.3	15.2	14.9	17.3	18.2	15.5	－	14.0	14.9	14.5	20.0	20.0	20.0	－	13.5	11.1
75.0	76.6	76.2	75.4	72.2	70.7	75.3	－	77.0	73.8	77.7	71.8	74.0	68.6	－	79.7	77.8
25.0	36.5	31.4	34.5	36.2	36.7	35.2	－	33.5	35.8	29.7	40.0	40.0	40.0	－	27.4	25.0
－	0.5	0.9	0.7	1.0	0.9	1.2	－	0.6	0.4	0.3	－	－	－	－	－	1.4
－	1.6	1.2	1.1	1.9	2.0	1.7	－	0.7	1.6	1.3	2.4	2.0	2.9	－	1.3	－
－	9.0	7.9	9.0	9.6	9.8	9.2	－	8.8	9.2	6.9	8.2	10.0	5.7	－	5.5	9.7
25.0	25.4	21.5	23.6	23.6	24.0	22.9	－	23.4	24.6	21.3	29.4	28.0	31.4	－	20.7	13.9
75.0	62.2	66.1	63.2	61.8	61.1	63.1	－	64.3	60.8	68.0	57.6	58.0	57.1	－	70.9	70.8
25.0	39.6	37.6	38.6	41.4	41.5	41.1	－	37.1	40.5	37.1	43.5	40.0	48.6	－	34.6	37.5
－	1.1	1.4	1.0	1.8	2.0	1.2	－	0.7	1.2	0.3	－	－	－	－	0.4	－
－	1.9	1.2	1.8	2.4	2.6	2.2	－	1.5	1.9	1.3	2.4	2.0	2.9	－	0.8	1.4
－	9.0	10.4	10.1	10.9	10.8	11.0	－	10.0	9.5	9.1	9.4	10.0	8.6	－	8.0	12.5
25.0	27.7	24.7	25.7	26.2	26.0	26.7	－	25.0	28.0	26.4	31.8	28.0	37.1	－	25.3	23.6
75.0	59.3	60.5	59.3	57.0	56.8	57.4	－	61.1	56.1	60.7	55.3	58.0	51.4	－	63.3	58.3
50.0	45.3	42.0	44.2	46.2	47.4	43.9	－	43.6	43.0	43.7	50.6	48.0	54.3	－	41.4	43.1
－	1.1	1.8	1.2	1.9	2.3	1.2	－	0.9	1.2	0.5	－	－	－	－	0.4	1.4
－	2.3	1.2	2.5	3.0	3.1	2.7	－	2.4	2.5	1.8	3.5	2.0	5.7	－	1.3	1.4
－	10.1	8.3	10.8	10.4	10.1	11.0	－	10.8	11.2	10.2	12.9	16.0	8.6	－	8.4	12.5
50.0	31.9	30.7	29.7	31.0	32.0	28.9	－	29.5	28.1	31.2	34.1	30.0	40.0	－	31.2	27.8
50.0	53.5	56.1	53.8	52.1	50.9	54.4	－	54.6	53.3	54.8	48.2	50.0	45.7	－	57.8	52.8
－	22.0	20.8	20.5	20.8	22.7	17.2	－	20.2	21.2	19.5	27.1	20.0	37.1	－	18.1	15.3
－	0.6	0.9	0.5	0.4	0.5	0.2	－	0.5	0.7	0.5	－	－	－	－	0.4	1.4
－	1.1	1.6	0.9	1.4	1.4	1.5	－	0.6	1.2	0.3	－	－	－	－	0.4	－
－	5.0	2.5	4.9	5.6	6.3	4.2	－	4.3	5.9	5.1	9.4	8.0	11.4	－	4.2	2.8
－	15.3	15.7	14.2	13.4	14.5	11.2	－	14.7	13.3	13.7	17.6	12.0	25.7	－	13.1	11.1
100.0	76.9	77.4	77.5	77.5	75.6	81.0	－	78.0	75.6	78.7	71.8	78.0	62.9	－	80.6	80.6

年齢階級、第 12 回の介護の有無・ 介護をしている相手（複数回答）	総数	第 1 回から ずっと 「よい」	「わるい」 から「よい」 に変化	第 1 回から ずっと 「わるい」	「よい」から 「わるい」に 変化
			被調査者数（単位：人）		
総数	19 513	8 990	454	456	793
介護をしている	2 254	1 000	65	49	103
配偶者	219	72	6	10	15
子	126	44	3	5	6
自分の父	206	95	3	4	8
自分の母	1 089	499	32	22	44
配偶者の父	101	46	4	2	5
配偶者の母	562	272	15	9	27
孫	62	30	1	1	2
兄弟姉妹	56	23	3	1	–
その他の親族	55	33	2	–	2
その他	7	2	–	–	–
介護をしていない	16 509	7 731	378	387	662
61 ～ 64 歳	6 641	3 130	146	138	248
介護をしている	896	418	27	14	37
配偶者	34	8	2	1	3
子	51	21	–	1	3
自分の父	126	59	1	3	4
自分の母	451	210	12	9	20
配偶者の父	49	22	2	–	2
配偶者の母	248	131	10	1	5
孫	19	10	–	–	–
兄弟姉妹	15	7	1	–	–
その他の親族	22	13	1	–	2
その他	1	–	–	–	–
介護をしていない	5 558	2 637	116	120	206
65 ～ 69 歳	11 321	5 173	268	287	476
介護をしている	1 221	522	33	32	58
配偶者	151	54	3	7	8
子	67	19	3	4	3
自分の父	77	33	2	1	4
自分の母	585	264	18	12	20
配偶者の父	48	23	2	2	3
配偶者の母	293	130	4	8	22
孫	36	16	1	1	2
兄弟姉妹	33	12	2	1	–
その他の親族	28	16	–	–	–
その他	6	2	–	–	–
介護をしていない	9 614	4 490	227	241	398
70 歳	1 551	687	40	31	69
介護をしている	137	60	5	3	8
配偶者	34	10	1	2	4
子	8	4	–	–	–
自分の父	3	3	–	–	–
自分の母	53	25	2	1	4
配偶者の父	4	1	–	–	–
配偶者の母	21	11	1	–	–
孫	7	4	–	–	–
兄弟姉妹	8	4	–	–	–
その他の親族	5	4	1	–	–
その他	–	–	–	–	–
介護をしていない	1 337	604	35	26	58

注：総数には各項目の不詳を含む。

第１回からの健康状態の変化						
その他の変化	総数	第１回から ずっと 「よい」	「わるい」 から「よい」 に変化	第１回から ずっと 「わるい」	「よい」から 「わるい」に 変化	その他の変化
			構成割合（単位：%）			
7 199	100.0	46.1	2.3	2.3	4.1	36.9
882	100.0	44.4	2.9	2.2	4.6	39.1
98	100.0	32.9	2.7	4.6	6.8	44.7
54	100.0	34.9	2.4	4.0	4.8	42.9
89	100.0	46.1	1.5	1.9	3.9	43.2
413	100.0	45.8	2.9	2.0	4.0	37.9
35	100.0	45.5	4.0	2.0	5.0	34.7
213	100.0	48.4	2.7	1.6	4.8	37.9
24	100.0	48.4	1.6	1.6	3.2	38.7
28	100.0	41.1	5.4	1.8	−	50.0
17	100.0	60.0	3.6	−	3.6	30.9
3	100.0	28.6	−	−	−	42.9
6 036	100.0	46.8	2.3	2.3	4.0	36.6
2 487	100.0	47.1	2.2	2.1	3.7	37.4
334	100.0	46.7	3.0	1.6	4.1	37.3
19	100.0	23.5	5.9	2.9	8.8	55.9
18	100.0	41.2	−	2.0	5.9	35.3
54	100.0	46.8	0.8	2.4	3.2	42.9
162	100.0	46.6	2.7	2.0	4.4	35.9
18	100.0	44.9	4.1	−	4.1	36.7
91	100.0	52.8	4.0	0.4	2.0	36.7
8	100.0	52.6	−	−	−	42.1
6	100.0	46.7	6.7	−	−	40.0
6	100.0	59.1	4.5	−	9.1	27.3
1	100.0	−	−	−	−	100.0
2 088	100.0	47.4	2.1	2.2	3.7	37.6
4 148	100.0	45.7	2.4	2.5	4.2	36.6
496	100.0	42.8	2.7	2.6	4.8	40.6
65	100.0	35.8	2.0	4.6	5.3	43.0
32	100.0	28.4	4.5	6.0	4.5	47.8
35	100.0	42.9	2.6	1.3	5.2	45.5
234	100.0	45.1	3.1	2.1	3.4	40.0
15	100.0	47.9	4.2	4.2	6.3	31.3
114	100.0	44.4	1.4	2.7	7.5	38.9
13	100.0	44.4	2.8	2.8	5.6	36.1
18	100.0	36.4	6.1	3.0	−	54.5
11	100.0	57.1	−	−	−	39.3
2	100.0	33.3	−	−	−	33.3
3 468	100.0	46.7	2.4	2.5	4.1	36.1
564	100.0	44.3	2.6	2.0	4.4	36.4
52	100.0	43.8	3.6	2.2	5.8	38.0
14	100.0	29.4	2.9	5.9	11.8	41.2
4	100.0	50.0	−	−	−	50.0
−	100.0	100.0	−	−	−	−
17	100.0	47.2	3.8	1.9	7.5	32.1
2	100.0	25.0	−	−	−	50.0
8	100.0	52.4	4.8	−	−	38.1
3	100.0	57.1	−	−	−	42.9
4	100.0	50.0	−	−	−	50.0
−	100.0	80.0	20.0	−	−	−
−	−	−	−	−	−	−
480	100.0	45.2	2.6	1.9	4.3	35.9

第8表　第12回に介護を必要としている親族がいる被調査者数

性　、　第 12 回 の 健 康 状 態	総数	自分の父	同居	別居	自分の母
総数	4 958	479	108	371	2 651
よい	3 899	372	83	289	2 090
大変良い	174	20	4	16	93
良い	1 300	143	31	112	673
どちらかといえば良い	2 425	209	48	161	1 324
わるい	1 001	104	25	79	526
どちらかといえば悪い	807	86	23	63	425
悪い	157	14	2	12	82
大変悪い	37	4	−	4	19
男	2 477	227	78	149	1 262
よい	1 921	182	61	121	964
大変良い	98	11	2	9	49
良い	658	70	24	46	316
どちらかといえば良い	1 165	101	35	66	599
わるい	529	45	17	28	284
どちらかといえば悪い	424	36	15	21	228
悪い	80	6	2	4	43
大変悪い	25	3	−	3	13
女	2 481	252	30	222	1 389
よい	1 978	190	22	168	1 126
大変良い	76	9	2	7	44
良い	642	73	7	66	357
どちらかといえば良い	1 260	108	13	95	725
わるい	472	59	8	51	242
どちらかといえば悪い	383	50	8	42	197
悪い	77	8	−	8	39
大変悪い	12	1	−	1	6
総数	100.0	100.0	100.0	100.0	100.0
よい	78.6	77.7	76.9	77.9	78.8
大変良い	3.5	4.2	3.7	4.3	3.5
良い	26.2	29.9	28.7	30.2	25.4
どちらかといえば良い	48.9	43.6	44.4	43.4	49.9
わるい	20.2	21.7	23.1	21.3	19.8
どちらかといえば悪い	16.3	18.0	21.3	17.0	16.0
悪い	3.2	2.9	1.9	3.2	3.1
大変悪い	0.7	0.8	−	1.1	0.7
男	100.0	100.0	100.0	100.0	100.0
よい	77.6	80.2	78.2	81.2	76.4
大変良い	4.0	4.8	2.6	6.0	3.9
良い	26.6	30.8	30.8	30.9	25.0
どちらかといえば良い	47.0	44.5	44.9	44.3	47.5
わるい	21.4	19.8	21.8	18.8	22.5
どちらかといえば悪い	17.1	15.9	19.2	14.1	18.1
悪い	3.2	2.6	2.6	2.7	3.4
大変悪い	1.0	1.3	−	2.0	1.0
女	100.0	100.0	100.0	100.0	100.0
よい	79.7	75.4	73.3	75.7	81.1
大変良い	3.1	3.6	6.7	3.2	3.2
良い	25.9	29.0	23.3	29.7	25.7
どちらかといえば良い	50.8	42.9	43.3	42.8	52.2
わるい	19.0	23.4	26.7	23.0	17.4
どちらかといえば悪い	15.4	19.8	26.7	18.9	14.2
悪い	3.1	3.2	−	3.6	2.8
大変悪い	0.5	0.4	−	0.5	0.4

注：1）総数には各項目の不詳を含む。
　　2）介護を必要としている親族には、同居している子、孫を含む。
　　3）介護を必要としている者の続柄は複数回答である。

・構成割合，性、第 12 回の健康状態、（再掲）第 12 回に介護を必要としている父母の同別居別

（再掲）第 12 回に介護を必要としている父母の同別居

同居	別居	配偶者の父	同居	別居	配偶者の母	同居	別居
被調査者数（単位：人）							
636	2 015	397	63	334	1 988	428	1 560
480	1 610	323	51	272	1 563	315	1 248
21	72	13	–	13	66	11	55
141	532	114	16	98	549	98	451
318	1 006	196	35	161	948	206	742
146	380	73	12	61	401	106	295
117	308	59	10	49	323	87	236
25	57	13	2	11	64	17	47
4	15	1	–	1	14	2	12
427	835	263	18	245	1 047	119	928
321	643	217	15	202	815	90	725
19	30	10	–	10	34	1	33
96	220	77	5	72	295	32	263
206	393	130	10	120	486	57	429
102	182	45	3	42	221	27	194
81	147	38	3	35	177	23	154
17	26	6	–	6	34	4	30
4	9	1	–	1	10	–	10
209	1 180	134	45	89	941	309	632
159	967	106	36	70	748	225	523
2	42	3	–	3	32	10	22
45	312	37	11	26	254	66	188
112	613	66	25	41	462	149	313
44	198	28	9	19	180	79	101
36	161	21	7	14	146	64	82
8	31	7	2	5	30	13	17
–	6	–	–	–	4	2	2
構成割合（単位：%）							
100.0	100.0	100.0	100.0	100.0	100.0	100.0	100.0
75.5	79.9	81.4	81.0	81.4	78.6	73.6	80.0
3.3	3.6	3.3	–	3.9	3.3	2.6	3.5
22.2	26.4	28.7	25.4	29.3	27.6	22.9	28.9
50.0	49.9	49.4	55.6	48.2	47.7	48.1	47.6
23.0	18.9	18.4	19.0	18.3	20.2	24.8	18.9
18.4	15.3	14.9	15.9	14.7	16.2	20.3	15.1
3.9	2.8	3.3	3.2	3.3	3.2	4.0	3.0
0.6	0.7	0.3	–	0.3	0.7	0.5	0.8
100.0	100.0	100.0	100.0	100.0	100.0	100.0	100.0
75.2	77.0	82.5	83.3	82.4	77.8	75.6	78.1
4.4	3.6	3.8	–	4.1	3.2	0.8	3.6
22.5	26.3	29.3	27.8	29.4	28.2	26.9	28.3
48.2	47.1	49.4	55.6	49.0	46.4	47.9	46.2
23.9	21.8	17.1	16.7	17.1	21.1	22.7	20.9
19.0	17.6	14.4	16.7	14.3	16.9	19.3	16.6
4.0	3.1	2.3	–	2.4	3.2	3.4	3.2
0.9	1.1	0.4	–	0.4	1.0	–	1.1
100.0	100.0	100.0	100.0	100.0	100.0	100.0	100.0
76.1	81.9	79.1	80.0	78.7	79.5	72.8	82.8
1.0	3.6	2.2	–	3.4	3.4	3.2	3.5
21.5	26.4	27.6	24.4	29.2	27.0	21.4	29.7
53.6	51.9	49.3	55.6	46.1	49.1	48.2	49.5
21.1	16.8	20.9	20.0	21.3	19.1	25.6	16.0
17.2	13.6	15.7	15.6	15.7	15.5	20.7	13.0
3.8	2.6	5.2	4.4	5.6	3.2	4.2	2.7
–	0.5	–	–	–	0.4	0.6	0.3

年齢階級、第1回の孫の同別居	総数	孫あり	全て同居している	同居・別居している	全て別居している	孫なし	男	孫あり
総数	19 513	11 811	606	1 245	9 960	7 702	8 953	4 878
孫あり	6 402	5 770	295	922	4 553	632	2 299	2 042
全て同居	442	417	125	141	151	25	167	156
同居・別居あり	495	473	27	294	152	22	164	156
全て別居	5 465	4 880	143	487	4 250	585	1 968	1 730
孫なし	12 850	5 965	307	320	5 338	6 885	6 535	2 808
61～64歳	6 641	3 585	185	340	3 060	3 056	2 993	1 347
孫あり	1 248	1 142	51	193	898	106	388	341
全て同居	114	106	24	47	35	8	39	35
同居・別居あり	61	60	1	33	26	1	13	13
全て別居	1 073	976	26	113	837	97	336	293
孫なし	5 300	2 418	134	146	2 138	2 882	2 554	992
65～69歳	11 321	7 194	374	796	6 024	4 127	5 220	3 070
孫あり	4 373	3 930	212	630	3 088	443	1 599	1 421
全て同居	281	267	87	84	96	14	109	105
同居・別居あり	366	351	18	227	106	15	129	125
全て別居	3 726	3 312	107	319	2 886	414	1 361	1 191
孫なし	6 806	3 222	158	165	2 899	3 584	3 564	1 636
70歳	1 551	1 032	47	109	876	519	740	461
孫あり	781	698	32	99	567	83	312	280
全て同居	47	44	14	10	20	3	19	16
同居・別居あり	68	62	8	34	20	6	22	18
全て別居	666	592	10	55	527	74	271	246
孫なし	744	325	15	9	301	419	417	180
総数	100.0	60.5	3.1	6.4	51.0	39.5	100.0	54.5
孫あり	100.0	90.1	4.6	14.4	71.1	9.9	100.0	88.8
全て同居	100.0	94.3	28.3	31.9	34.2	5.7	100.0	93.4
同居・別居あり	100.0	95.6	5.5	59.4	30.7	4.4	100.0	95.1
全て別居	100.0	89.3	2.6	8.9	77.8	10.7	100.0	87.9
孫なし	100.0	46.4	2.4	2.5	41.5	53.6	100.0	43.0
61～64歳	100.0	54.0	2.8	5.1	46.1	46.0	100.0	45.0
孫あり	100.0	91.5	4.1	15.5	72.0	8.5	100.0	87.9
全て同居	100.0	93.0	21.1	41.2	30.7	7.0	100.0	89.7
同居・別居あり	100.0	98.4	1.6	54.1	42.6	1.6	100.0	100.0
全て別居	100.0	91.0	2.4	10.5	78.0	9.0	100.0	87.2
孫なし	100.0	45.6	2.5	2.8	40.3	54.4	100.0	38.8
65～69歳	100.0	63.5	3.3	7.0	53.2	36.5	100.0	58.8
孫あり	100.0	89.9	4.8	14.4	70.6	10.1	100.0	88.9
全て同居	100.0	95.0	31.0	29.9	34.2	5.0	100.0	96.3
同居・別居あり	100.0	95.9	4.9	62.0	29.0	4.1	100.0	96.9
全て別居	100.0	88.9	2.9	8.6	77.5	11.1	100.0	87.5
孫なし	100.0	47.3	2.3	2.4	42.6	52.7	100.0	45.9
70歳	100.0	66.5	3.0	7.0	56.5	33.5	100.0	62.3
孫あり	100.0	89.4	4.1	12.7	72.6	10.6	100.0	89.7
全て同居	100.0	93.6	29.8	21.3	42.6	6.4	100.0	84.2
同居・別居あり	100.0	91.2	11.8	50.0	29.4	8.8	100.0	81.8
全て別居	100.0	88.9	1.5	8.3	79.1	11.1	100.0	90.8
孫なし	100.0	43.7	2.0	1.2	40.5	56.3	100.0	43.2

注：総数には各項目の不詳を含む。

性、第12回の孫の同別居

全て同居している	同居・別居している	全て別居している	孫なし	女	孫あり	全て同居している	同居・別居している	全て別居している	孫なし
被調査者数（単位：人）									
247	469	4 162	4 075	10 560	6 933	359	776	5 798	3 627
99	315	1 628	257	4 103	3 728	196	607	2 925	375
42	51	63	11	275	261	83	90	88	14
9	98	49	8	331	317	18	196	103	14
48	166	1 516	238	3 497	3 150	95	321	2 734	347
148	154	2 506	3 727	6 315	3 157	159	166	2 832	3 158
77	115	1 155	1 646	3 648	2 238	108	225	1 905	1 410
19	53	269	47	860	801	32	140	629	59
7	16	12	4	75	71	17	31	23	4
–	9	4	–	48	47	1	24	22	1
12	28	253	43	737	683	14	85	584	54
58	62	872	1 562	2 746	1 426	76	84	1 266	1 320
151	316	2 603	2 150	6 101	4 124	223	480	3 421	1 977
69	230	1 122	178	2 774	2 509	143	400	1 966	265
29	34	42	4	172	162	58	50	54	10
7	78	40	4	237	226	11	149	66	11
33	118	1 040	170	2 365	2 121	74	201	1 846	244
82	86	1 468	1 928	3 242	1 586	76	79	1 431	1 656
19	38	404	279	811	571	28	71	472	240
11	32	237	32	469	418	21	67	330	51
6	1	9	3	28	28	8	9	11	–
2	11	5	4	46	44	6	23	15	2
3	20	223	25	395	346	7	35	304	49
8	6	166	237	327	145	7	3	135	182
構成割合（単位：%）									
2.8	5.2	46.5	45.5	100.0	65.7	3.4	7.3	54.9	34.3
4.3	13.7	70.8	11.2	100.0	90.9	4.8	14.8	71.3	9.1
25.1	30.5	37.7	6.6	100.0	94.9	30.2	32.7	32.0	5.1
5.5	59.8	29.9	4.9	100.0	95.8	5.4	59.2	31.1	4.2
2.4	8.4	77.0	12.1	100.0	90.1	2.7	9.2	78.2	9.9
2.3	2.4	38.3	57.0	100.0	50.0	2.5	2.6	44.8	50.0
2.6	3.8	38.6	55.0	100.0	61.3	3.0	6.2	52.2	38.7
4.9	13.7	69.3	12.1	100.0	93.1	3.7	16.3	73.1	6.9
17.9	41.0	30.8	10.3	100.0	94.7	22.7	41.3	30.7	5.3
–	69.2	30.8	–	100.0	97.9	2.1	50.0	45.8	2.1
3.6	8.3	75.3	12.8	100.0	92.7	1.9	11.5	79.2	7.3
2.3	2.4	34.1	61.2	100.0	51.9	2.8	3.1	46.1	48.1
2.9	6.1	49.9	41.2	100.0	67.6	3.7	7.9	56.1	32.4
4.3	14.4	70.2	11.1	100.0	90.4	5.2	14.4	70.9	9.6
26.6	31.2	38.5	3.7	100.0	94.2	33.7	29.1	31.4	5.8
5.4	60.5	31.0	3.1	100.0	95.4	4.6	62.9	27.8	4.6
2.4	8.7	76.4	12.5	100.0	89.7	3.1	8.5	78.1	10.3
2.3	2.4	41.2	54.1	100.0	48.9	2.3	2.4	44.1	51.1
2.6	5.1	54.6	37.7	100.0	70.4	3.5	8.8	58.2	29.6
3.5	10.3	76.0	10.3	100.0	89.1	4.5	14.3	70.4	10.9
31.6	5.3	47.4	15.8	100.0	100.0	28.6	32.1	39.3	–
9.1	50.0	22.7	18.2	100.0	95.7	13.0	50.0	32.6	4.3
1.1	7.4	82.3	9.2	100.0	87.6	1.8	8.9	77.0	12.4
1.9	1.4	39.8	56.8	100.0	44.3	2.1	0.9	41.3	55.7

第10表　被調査者数・構成割合，年齢階級、第1回の同居して第12回の同居していない親族

被調査者数

年齢階級、第1回の同居していない親族への経済的な支援の有無・支援の頻度（複数回答）・支援金額階級	総　数	第12回の同居していない				
		支援している	毎月支援している	3万円未満	3～5万円未満	5～10万円未満
総数	19 513	2 187	1 565	560	343	382
支援している	4 271	1 004	706	240	168	176
毎月支援している	3 152	720	565	175	135	142
3万円未満	631	185	130	64	25	28
3～5万円未満	366	109	91	27	38	19
5～10万円未満	648	148	125	28	30	44
10～20万円未満	1 014	181	139	37	25	32
20万円以上	421	80	65	15	10	17
時々支援している	1 825	486	288	111	73	73
10万円未満	405	127	70	32	16	18
10～30万円未満	784	203	122	48	29	33
30～50万円未満	199	53	28	15	3	5
50～100万円未満	190	49	31	5	13	9
100万円以上	205	38	30	9	10	7
支援していない	14 442	1 110	800	302	158	193
61～64歳	6 641	829	581	211	123	144
支援している	1 716	378	265	98	56	70
毎月支援している	1 355	284	220	77	45	59
3万円未満	185	59	40	26	4	10
3～5万円未満	125	28	24	7	11	5
5～10万円未満	257	55	49	11	10	20
10～20万円未満	540	92	70	22	11	17
20万円以上	215	41	29	11	5	5
時々支援している	647	166	97	43	21	27
10万円未満	132	45	26	12	4	8
10～30万円未満	265	68	37	19	9	8
30～50万円未満	71	17	8	4	–	3
50～100万円未満	71	17	13	2	4	6
100万円以上	96	15	12	6	4	1
支援していない	4 679	424	292	104	62	68
65～69歳	11 321	1 200	870	308	197	210
支援している	2 290	556	391	125	101	94
毎月支援している	1 617	388	304	86	79	74
3万円未満	389	111	79	33	19	17
3～5万円未満	210	72	58	19	23	12
5～10万円未満	355	82	67	15	18	21
10～20万円未満	436	80	61	13	12	13
20万円以上	193	36	33	3	4	11
時々支援している	1 056	285	171	61	48	42
10万円未満	239	72	39	17	12	8
10～30万円未満	464	121	78	26	19	24
30～50万円未満	119	32	18	10	3	2
50～100万円未満	108	29	16	3	8	2
100万円以上	102	20	15	3	4	6
支援していない	8 550	605	448	174	86	111
70歳	1 551	158	114	41	23	28
支援している	265	70	50	17	11	12
毎月支援している	180	48	41	12	11	9
3万円未満	57	15	11	5	2	1
3～5万円未満	31	9	9	1	4	2
5～10万円未満	36	11	9	2	2	3
10～20万円未満	38	9	8	2	2	2
20万円以上	13	3	3	1	1	1
時々支援している	122	35	20	7	4	4
10万円未満	34	10	5	3	–	2
10～30万円未満	55	14	7	3	1	1
30～50万円未満	9	4	2	1	–	–
50～100万円未満	11	3	2	–	1	1
100万円以上	7	3	3	–	2	–
支援していない	1 213	81	60	24	10	14

注：1）総数には各項目の不詳を含む。
　　2）「同居していない親族への経済的支援」とは、同居していない6親等以内の血族及び3親等以内の姻族に対する経済的な支援をいう。

第12回調査（平成28年）

親族への経済的な支援の有無・支援の頻度（複数回答）・支援金額階級

10～20万円未満	20万円以上	時々支援している	10万円未満	10～30万円未満	30～50万円未満	50～100万円未満	100万円以上	支援していない
被調査者数（単位：人）								
213	45	786	174	365	92	96	47	16 762
90	24	383	84	192	42	35	22	3 187
84	22	210	41	105	27	18	14	2 376
11	1	65	8	48	5	3	1	426
5	–	30	4	15	7	2	–	253
17	5	28	12	10	1	2	2	490
37	6	61	8	24	14	8	7	822
12	10	19	5	7	–	3	2	334
21	7	251	59	134	21	20	14	1 303
4	–	72	30	35	4	1	1	266
4	5	102	15	63	11	6	7	566
5	–	32	6	17	3	4	2	140
3	1	21	3	9	2	6	1	139
3	1	13	2	7	1	2	1	166
113	20	388	85	165	50	59	25	12 946
81	17	302	68	149	35	31	15	5 666
33	8	147	37	74	13	12	8	1 311
32	7	88	21	41	9	8	7	1 052
–	–	23	5	14	1	2	1	121
1	–	6	1	3	1	1	–	96
8	–	7	3	3	–	–	1	202
15	5	35	6	15	7	4	3	441
6	2	14	4	6	–	1	1	169
5	1	87	23	50	4	5	4	468
2	–	24	9	11	2	–	1	84
1	–	37	6	27	2	2	–	190
1	–	11	3	7	–	–	1	52
–	1	5	2	1	–	2	–	54
1	–	7	2	3	–	1	1	80
44	9	152	30	74	22	18	7	4 166
117	23	426	99	183	55	56	26	9 762
50	13	210	44	102	28	19	12	1 687
45	13	111	18	59	17	8	6	1 197
9	–	38	3	31	3	1	–	267
2	–	22	2	11	6	1	–	135
8	4	19	8	7	1	1	1	263
20	1	24	2	9	7	3	3	352
6	8	5	1	1	–	2	1	156
14	3	144	35	69	17	13	8	751
2	–	41	20	18	2	1	–	160
3	3	56	9	30	9	3	5	336
3	–	18	3	7	2	4	1	83
3	–	15	1	8	2	3	1	77
2	–	6	–	4	1	1	–	82
61	9	207	52	75	27	37	14	7 690
15	5	58	7	33	2	9	6	1 334
7	3	26	3	16	1	4	2	189
7	2	11	2	5	1	2	1	127
2	1	4	–	3	1	–	–	38
2	–	2	1	1	–	–	–	22
1	1	2	1	–	–	1	–	25
2	–	2	–	–	–	1	1	29
–	–	–	–	–	–	–	–	9
2	3	20	1	15	–	2	2	84
–	–	7	1	6	–	–	–	22
–	2	9	–	6	–	1	2	40
1	–	3	–	3	–	–	–	5
–	–	1	–	–	–	1	–	8
–	1	–	–	–	–	–	–	4
8	2	29	3	16	1	4	4	1 090

構成割合

年齢階級、第1回の同居していない親族への経済的な支援の有無・支援の頻度（複数回答）・支援金額階級	総　数	支援している	第12回の同居していない			
			毎月支援している	3万円未満	3～5万円未満	5～10万円未満
総数	100.0	100.0	100.0	100.0	100.0	100.0
支援している	21.9	45.9	45.1	42.9	49.0	46.1
毎月支援している	16.2	32.9	36.1	31.3	39.4	37.2
3万円未満	3.2	8.5	8.3	11.4	7.3	7.3
3～5万円未満	1.9	5.0	5.8	4.8	11.1	5.0
5～10万円未満	3.3	6.8	8.0	5.0	8.7	11.5
10～20万円未満	5.2	8.3	8.9	6.6	7.3	8.4
20万円以上	2.2	3.7	4.2	2.7	2.9	4.5
時々支援している	9.4	22.2	18.4	19.8	21.3	19.1
10万円未満	2.1	5.8	4.5	5.7	4.7	4.7
10～30万円未満	4.0	9.3	7.8	8.6	8.5	8.6
30～50万円未満	1.0	2.4	1.8	2.7	0.9	1.3
50～100万円未満	1.0	2.2	2.0	0.9	3.8	2.4
100万円以上	1.1	1.7	1.9	1.6	2.9	1.8
支援していない	74.0	50.8	51.1	53.9	46.1	50.5
61～64歳	100.0	100.0	100.0	100.0	100.0	100.0
支援している	25.8	45.6	45.6	46.4	45.5	48.6
毎月支援している	20.4	34.3	37.9	36.5	36.6	41.0
3万円未満	2.8	7.1	6.9	12.3	3.3	6.9
3～5万円未満	1.9	3.4	4.1	3.3	8.9	3.5
5～10万円未満	3.9	6.6	8.4	5.2	8.1	13.9
10～20万円未満	8.1	11.1	12.0	10.4	8.9	11.8
20万円以上	3.2	4.9	5.0	5.2	4.1	3.5
時々支援している	9.7	20.0	16.7	20.4	17.1	18.8
10万円未満	2.0	5.4	4.5	5.7	3.3	5.6
10～30万円未満	4.0	8.2	6.4	9.0	7.3	5.6
30～50万円未満	1.1	2.1	1.4	1.9	－	2.1
50～100万円未満	1.1	2.1	2.2	0.9	3.3	4.2
100万円以上	1.4	1.8	2.1	2.8	3.3	0.7
支援していない	70.5	51.1	50.3	49.3	50.4	47.2
65～69歳	100.0	100.0	100.0	100.0	100.0	100.0
支援している	20.2	46.3	44.9	40.6	51.3	44.8
毎月支援している	14.3	32.3	34.9	27.9	40.1	35.2
3万円未満	3.4	9.3	9.1	10.7	9.6	8.1
3～5万円未満	1.9	6.0	6.7	6.2	11.7	5.7
5～10万円未満	3.1	6.8	7.7	4.9	9.1	10.0
10～20万円未満	3.9	6.7	7.0	4.2	6.1	6.2
20万円以上	1.7	3.0	3.8	1.0	2.0	5.2
時々支援している	9.3	23.8	19.7	19.8	24.4	20.0
10万円未満	2.1	6.0	4.5	5.5	6.1	3.8
10～30万円未満	4.1	10.1	9.0	8.4	9.6	11.4
30～50万円未満	1.1	2.7	2.1	3.2	1.5	1.0
50～100万円未満	1.0	2.4	1.8	1.0	4.1	1.0
100万円以上	0.9	1.7	1.7	1.0	2.0	2.9
支援していない	75.5	50.4	51.5	56.5	43.7	52.9
70歳	100.0	100.0	100.0	100.0	100.0	100.0
支援している	17.1	44.3	43.9	41.5	47.8	42.9
毎月支援している	11.6	30.4	36.0	29.3	47.8	32.1
3万円未満	3.7	9.5	9.6	12.2	8.7	3.6
3～5万円未満	2.0	5.7	7.9	2.4	17.4	7.1
5～10万円未満	2.3	7.0	7.9	4.9	8.7	10.7
10～20万円未満	2.5	5.7	7.0	4.9	8.7	7.1
20万円以上	0.8	1.9	2.6	2.4	4.3	3.6
時々支援している	7.9	22.2	17.5	17.1	17.4	14.3
10万円未満	2.2	6.3	4.4	7.3	－	7.1
10～30万円未満	3.5	8.9	6.1	7.3	4.3	3.6
30～50万円未満	0.6	2.5	1.8	2.4	－	－
50～100万円未満	0.7	1.9	1.8	－	4.3	3.6
100万円以上	0.5	1.9	2.6	－	8.7	－
支援していない	78.2	51.3	52.6	58.5	43.5	50.0

注：1）総数には各項目の不詳を含む。
　　2）「同居していない親族への経済的支援」とは、同居していない6親等以内の血族及び3親等以内の姻族に対する経済的な支援をいう。

いない親族への経済的な支援の有無・支援の頻度（複数回答）・支援金額階級、
への経済的な支援の有無・支援の頻度（複数回答）・支援金額階級別（2-2）

第 12 回調査（平成 28 年）

親族への経済的な支援の有無・支援の頻度（複数回答）・支援金額階級

10～20万円未満	20万円以上	時々支援している	10万円未満	10～30万円未満	30～50万円未満	50～100万円未満	100万円以上	支援していない
構成割合（単位：%）								
100.0	100.0	100.0	100.0	100.0	100.0	100.0	100.0	100.0
42.3	53.3	48.7	48.3	52.6	45.7	36.5	46.8	19.0
39.4	48.9	26.7	23.6	28.8	29.3	18.8	29.8	14.2
5.2	2.2	8.3	4.6	13.2	5.4	3.1	2.1	2.5
2.3	–	3.8	2.3	4.1	7.6	2.1	–	1.5
8.0	11.1	3.6	6.9	2.7	1.1	2.1	4.3	2.9
17.4	13.3	7.8	4.6	6.6	15.2	8.3	14.9	4.9
5.6	22.2	2.4	2.9	1.9	–	3.1	4.3	2.0
9.9	15.6	31.9	33.9	36.7	22.8	20.8	29.8	7.8
1.9	–	9.2	17.2	9.6	4.3	1.0	2.1	1.6
1.9	11.1	13.0	8.6	17.3	12.0	6.3	14.9	3.4
2.3	–	4.1	3.4	4.7	3.3	4.2	4.3	0.8
1.4	2.2	2.7	1.7	2.5	2.2	6.3	2.1	0.8
1.4	2.2	1.7	1.1	1.9	1.1	2.1	2.1	1.0
53.1	44.4	49.4	48.9	45.2	54.3	61.5	53.2	77.2
100.0	100.0	100.0	100.0	100.0	100.0	100.0	100.0	100.0
40.7	47.1	48.7	54.4	49.7	37.1	38.7	53.3	23.1
39.5	41.2	29.1	30.9	27.5	25.7	25.8	46.7	18.6
–	–	7.6	7.4	9.4	2.9	6.5	6.7	2.1
1.2	–	2.0	1.5	2.0	2.9	3.2	–	1.7
9.9	–	2.3	4.4	2.0	–	–	6.7	3.6
18.5	29.4	11.6	8.8	10.1	20.0	12.9	20.0	7.8
7.4	11.8	4.6	5.9	4.0	–	3.2	6.7	3.0
6.2	5.9	28.8	33.8	33.6	11.4	16.1	26.7	8.3
2.5	–	7.9	13.2	7.4	5.7	–	6.7	1.5
1.2	–	12.3	8.8	18.1	5.7	6.5	–	3.4
1.2	–	3.6	4.4	4.7	–	–	6.7	0.9
–	5.9	1.7	2.9	0.7	–	6.5	–	1.0
1.2	–	2.3	2.9	2.0	–	3.2	6.7	1.4
54.3	52.9	50.3	44.1	49.7	62.9	58.1	46.7	73.5
100.0	100.0	100.0	100.0	100.0	100.0	100.0	100.0	100.0
42.7	56.5	49.3	44.4	55.7	50.9	33.9	46.2	17.3
38.5	56.5	26.1	18.2	32.2	30.9	14.3	23.1	12.3
7.7	–	8.9	3.0	16.9	5.5	1.8	–	2.7
1.7	–	5.2	2.0	6.0	10.9	1.8	–	1.4
6.8	17.4	4.5	8.1	3.8	1.8	1.8	3.8	2.7
17.1	4.3	5.6	2.0	4.9	12.7	5.4	11.5	3.6
5.1	34.8	1.2	1.0	0.5	–	3.6	3.8	1.6
12.0	13.0	33.8	35.4	37.7	30.9	23.2	30.8	7.7
1.7	–	9.6	20.2	9.8	3.6	1.8	–	1.6
2.6	13.0	13.1	9.1	16.4	16.4	5.4	19.2	3.4
2.6	–	4.2	3.0	3.8	5.5	7.1	3.8	0.9
2.6	–	3.5	1.0	4.4	3.6	5.4	3.8	0.8
1.7	–	1.4	–	2.2	1.8	1.8	–	0.8
52.1	39.1	48.6	52.5	41.0	49.1	66.1	53.8	78.8
100.0	100.0	100.0	100.0	100.0	100.0	100.0	100.0	100.0
46.7	60.0	44.8	42.9	48.5	50.0	44.4	33.3	14.2
46.7	40.0	19.0	28.6	15.2	50.0	22.2	16.7	9.5
13.3	20.0	6.9	–	9.1	50.0	–	–	2.8
13.3	–	3.4	14.3	3.0	–	–	–	1.6
6.7	20.0	3.4	14.3	–	–	11.1	–	1.9
13.3	–	3.4	–	–	–	11.1	16.7	2.2
–	–	–	–	–	–	–	–	0.7
13.3	60.0	34.5	14.3	45.5	–	22.2	33.3	6.3
–	–	12.1	14.3	18.2	–	–	–	1.6
–	40.0	15.5	–	18.2	–	11.1	33.3	3.0
6.7	–	5.2	–	9.1	–	–	–	0.4
–	–	1.7	–	–	–	11.1	–	0.6
–	20.0	–	–	–	–	–	–	0.3
53.3	40.0	50.0	42.9	48.5	50.0	44.4	66.7	81.7

総数

被調査者数（単位：人）

年齢階級、第1回からの運動状況の変化	総数	よい	大変良い	良い	どちらかといえば良い	わるい	どちらかといえば悪い
総数	19 513	15 291	760	5 391	9 140	3 913	3 043
息がはずまない軽い運動							
第1回から運動している	1 287	1 092	48	387	657	181	148
運動「していない」から「している」に変化	1 180	964	47	348	569	200	161
運動「している」から「していない」に変化	363	275	19	95	161	81	55
第1回から運動していない	2 179	1 617	65	531	1 021	533	432
その他の変化	13 683	10 757	554	3 830	6 373	2 708	2 096
多少息がはずむ運動							
第1回から運動している	1 107	987	79	422	486	105	86
運動「していない」から「している」に変化	1 395	1 166	56	423	687	208	171
運動「している」から「していない」に変化	428	321	19	104	198	102	77
第1回から運動していない	3 406	2 486	84	777	1 625	875	680
その他の変化	12 090	9 574	497	3 418	5 659	2 329	1 810
激しく息がはずむ運動							
第1回から運動している	252	232	26	111	95	16	15
運動「していない」から「している」に変化	516	463	48	193	222	46	38
運動「している」から「していない」に変化	391	316	26	115	175	69	56
第1回から運動していない	12 397	9 614	380	3 202	6 032	2 621	2 065
その他の変化	3 907	3 247	223	1 299	1 725	595	464
61～64歳	6 641	5 319	259	1 879	3 181	1 242	1 002
息がはずまない軽い運動							
第1回から運動している	449	386	11	142	233	58	51
運動「していない」から「している」に変化	382	318	14	116	188	60	48
運動「している」から「していない」に変化	145	117	7	37	73	24	18
第1回から運動していない	852	639	26	184	429	204	164
その他の変化	4 584	3 687	185	1 347	2 155	843	678
多少息がはずむ運動							
第1回から運動している	311	281	17	121	143	24	20
運動「していない」から「している」に変化	441	370	24	127	219	64	53
運動「している」から「していない」に変化	168	136	8	41	87	30	22
第1回から運動していない	1 393	1 051	36	320	695	329	258
その他の変化	4 014	3 257	164	1 193	1 900	710	578
激しく息がはずむ運動							
第1回から運動している	88	81	10	36	35	5	5
運動「していない」から「している」に変化	187	165	14	65	86	18	16
運動「している」から「していない」に変化	138	113	8	43	62	25	22
第1回から運動していない	4 374	3 472	128	1 171	2 173	859	696
その他の変化	1 310	1 102	74	441	587	184	146
65～69歳	11 321	8 772	455	3 076	5 241	2 353	1 805
息がはずまない軽い運動							
第1回から運動している	725	609	35	205	369	107	85
運動「していない」から「している」に変化	707	571	32	205	334	124	102
運動「している」から「していない」に変化	193	142	11	51	80	48	30
第1回から運動していない	1 209	887	35	315	537	304	246
その他の変化	7 966	6 203	333	2 175	3 695	1 626	1 242
多少息がはずむ運動							
第1回から運動している	703	623	56	266	301	71	60
運動「していない」から「している」に変化	846	702	29	259	414	131	109
運動「している」から「していない」に変化	243	172	11	58	103	68	52
第1回から運動していない	1 797	1 276	42	408	826	494	380
その他の変化	7 056	5 533	305	1 936	3 292	1 404	1 072
激しく息がはずむ運動							
第1回から運動している	148	136	16	65	55	10	9
運動「していない」から「している」に変化	292	265	30	113	122	25	20
運動「している」から「していない」に変化	225	180	17	63	100	39	31
第1回から運動していない	7 078	5 408	230	1 783	3 395	1 567	1 218
その他の変化	2 298	1 902	135	755	1 012	359	280
70歳	1 551	1 200	46	436	718	318	236
息がはずまない軽い運動							
第1回から運動している	113	97	2	40	55	16	12
運動「していない」から「している」に変化	91	75	1	27	47	16	11
運動「している」から「していない」に変化	25	16	1	7	8	9	7
第1回から運動していない	118	91	4	32	55	25	22
その他の変化	1 133	867	36	308	523	239	176
多少息がはずむ運動							
第1回から運動している	93	83	6	35	42	10	6
運動「していない」から「している」に変化	108	94	3	37	54	13	9
運動「している」から「していない」に変化	17	13	-	5	8	4	3
第1回から運動していない	216	159	6	49	104	52	42
その他の変化	1 020	784	28	289	467	215	160
激しく息がはずむ運動							
第1回から運動している	16	15	-	10	5	1	1
運動「していない」から「している」に変化	37	33	4	15	14	3	3
運動「している」から「していない」に変化	28	23	1	9	13	5	3
第1回から運動していない	945	734	22	248	464	195	151
その他の変化	299	243	14	103	126	52	38

注：1）総数には各項目の不詳を含む。
　　2）「退職者」とは、第1回で仕事をしていて第12回までに仕事なしとなった者をいう。

第 12 回の健康状態										
悪い	大変悪い	総数	よい	大変良い	良い	どちらかといえば良い	わるい	どちらかといえば悪い	悪い	大変悪い
689	181	100.0	78.4	3.9	27.6	46.8	20.1	15.6	3.5	0.9
26	7	100.0	84.8	3.7	30.1	51.0	14.1	11.5	2.0	0.5
30	9	100.0	81.7	4.0	29.5	48.2	16.9	13.6	2.5	0.8
17	9	100.0	75.8	5.2	26.2	44.4	22.3	15.2	4.7	2.5
82	19	100.0	74.2	3.0	24.4	46.9	24.5	19.8	3.8	0.9
491	121	100.0	78.6	4.0	28.0	46.6	19.8	15.3	3.6	0.9
15	4	100.0	89.2	7.1	38.1	43.9	9.5	7.8	1.4	0.4
27	10	100.0	83.6	4.0	30.3	49.2	14.9	12.3	1.9	0.7
20	5	100.0	75.0	4.4	24.3	46.3	23.8	18.0	4.7	1.2
161	34	100.0	73.0	2.5	22.8	47.7	25.7	20.0	4.7	1.0
407	112	100.0	79.2	4.1	28.3	46.8	19.3	15.0	3.4	0.9
1	–	100.0	92.1	10.3	44.0	37.7	6.3	6.0	0.4	–
7	1	100.0	89.7	9.3	37.4	43.0	8.9	7.4	1.4	0.2
6	7	100.0	80.8	6.6	29.4	44.8	17.6	14.3	1.5	1.8
451	105	100.0	77.6	3.1	25.8	48.7	21.1	16.7	3.6	0.8
98	33	100.0	83.1	5.7	33.2	44.2	15.2	11.9	2.5	0.8
196	44	100.0	80.1	3.9	28.3	47.9	18.7	15.1	3.0	0.7
7	–	100.0	86.0	2.4	31.6	51.9	12.9	11.4	1.6	–
10	2	100.0	83.2	3.7	30.4	49.2	15.7	12.6	2.6	0.5
2	4	100.0	80.7	4.8	25.5	50.3	16.6	12.4	1.4	2.8
33	7	100.0	75.0	3.1	21.6	50.4	23.9	19.2	3.9	0.8
135	30	100.0	80.4	4.0	29.4	47.0	18.4	14.8	2.9	0.7
4	–	100.0	90.4	5.5	38.9	46.0	7.7	6.4	1.3	–
8	3	100.0	83.9	5.4	28.8	49.7	14.5	12.0	1.8	0.7
5	3	100.0	81.0	4.8	24.4	51.8	17.9	13.1	3.0	1.8
60	11	100.0	75.4	2.6	23.0	49.9	23.6	18.5	4.3	0.8
106	26	100.0	81.1	4.1	29.7	47.3	17.7	14.4	2.6	0.6
–	–	100.0	92.0	11.4	40.9	39.8	5.7	5.7	–	–
1	1	100.0	88.2	7.5	34.8	46.0	9.6	8.6	0.5	0.5
2	1	100.0	81.9	5.8	31.2	44.9	18.1	15.9	1.4	0.7
134	29	100.0	79.4	2.9	26.8	49.7	19.6	15.9	3.1	0.7
29	9	100.0	84.1	5.6	33.7	44.8	14.0	11.1	2.2	0.7
426	122	100.0	77.5	4.0	27.2	46.3	20.8	15.9	3.8	1.1
16	6	100.0	84.0	4.8	28.3	50.9	14.8	11.7	2.2	0.8
16	6	100.0	80.8	4.5	29.0	47.2	17.5	14.4	2.3	0.8
13	5	100.0	73.6	5.7	26.4	41.5	24.9	15.5	6.7	2.6
46	12	100.0	73.4	2.9	26.1	44.4	25.1	20.3	3.8	1.0
305	79	100.0	77.9	4.2	27.3	46.4	20.4	15.6	3.8	1.0
8	3	100.0	88.6	8.0	37.8	42.8	10.1	8.5	1.1	0.4
15	7	100.0	83.0	3.4	30.6	48.9	15.5	12.9	1.8	0.8
14	2	100.0	70.8	4.5	23.9	42.4	28.0	21.4	5.8	0.8
92	22	100.0	71.0	2.3	22.7	46.0	27.5	21.1	5.1	1.2
258	74	100.0	78.4	4.3	27.4	46.7	19.9	15.2	3.7	1.0
1	–	100.0	91.9	10.8	43.9	37.2	6.8	6.1	0.7	–
5	–	100.0	90.8	10.3	38.7	41.8	8.6	6.8	1.7	–
3	5	100.0	80.0	7.6	28.0	44.4	17.3	13.8	1.3	2.2
281	68	100.0	76.4	3.2	25.2	48.0	22.1	17.2	4.0	1.0
57	22	100.0	82.8	5.9	32.9	44.0	15.6	12.2	2.5	1.0
67	15	100.0	77.4	3.0	28.1	46.3	20.5	15.2	4.3	1.0
3	1	100.0	85.8	1.8	35.4	48.7	14.2	10.6	2.7	0.9
4	1	100.0	82.4	1.1	29.7	51.6	17.6	12.1	4.4	1.1
2	–	100.0	64.0	4.0	28.0	32.0	36.0	28.0	8.0	–
3	–	100.0	77.1	3.4	27.1	46.6	21.2	18.6	2.5	–
51	12	100.0	76.5	3.2	27.2	46.2	21.1	15.5	4.5	1.1
3	1	100.0	89.2	6.5	37.6	45.2	10.8	6.5	3.2	1.1
4	–	100.0	87.0	2.8	34.3	50.0	12.0	8.3	3.7	–
1	–	100.0	76.5	–	29.4	47.1	23.5	17.6	5.9	–
9	1	100.0	73.6	2.8	22.7	48.1	24.1	19.4	4.2	0.5
43	12	100.0	76.9	2.7	28.3	45.8	21.1	15.7	4.2	1.2
–	–	100.0	93.8	–	62.5	31.3	6.3	6.3	–	–
1	–	100.0	89.2	10.8	40.5	37.8	8.1	5.4	2.7	–
1	1	100.0	82.1	3.6	32.1	46.4	17.9	10.7	3.6	3.6
36	8	100.0	77.7	2.3	26.2	49.1	20.6	16.0	3.8	0.8
12	2	100.0	81.3	4.7	34.4	42.1	17.4	12.7	4.0	0.7

構成割合（単位：％）

第11表　被調査者数・構成割合，年齢階級、第1回

（再掲）退職者

被調査者数（単位：人）

年齢階級、第1回からの運動状況の変化	総数	よい	大変良い	良い	どちらかといえば良い	わるい	どちらかといえば悪い
総数	4 811	3 666	154	1 304	2 208	1 076	782
息がはずまない軽い運動							
第1回から運動している	281	236	9	86	141	43	32
運動「していない」から「している」に変化	380	292	12	113	167	83	68
運動「している」から「していない」に変化	80	61	4	28	29	19	11
第1回から運動していない	412	292	9	97	186	113	86
その他の変化	3 505	2 671	115	936	1 620	780	557
多少息がはずむ運動							
第1回から運動している	300	264	15	124	125	31	27
運動「していない」から「している」に変化	509	413	13	158	242	84	64
運動「している」から「していない」に変化	80	53	3	16	34	27	19
第1回から運動していない	610	401	9	108	284	206	150
その他の変化	3 116	2 399	111	853	1 435	670	482
激しく息がはずむ運動							
第1回から運動している	71	68	7	36	25	3	2
運動「していない」から「している」に変化	176	158	14	69	75	15	13
運動「している」から「していない」に変化	97	75	5	21	49	21	16
第1回から運動していない	3 007	2 245	69	755	1 421	727	530
その他の変化	1 025	824	49	332	443	179	132
61～64歳	1 143	863	30	312	521	266	191
息がはずまない軽い運動							
第1回から運動している	74	65	－	24	41	9	7
運動「していない」から「している」に変化	97	75	3	34	38	22	17
運動「している」から「していない」に変化	23	18	－	8	10	5	3
第1回から運動していない	91	64	3	20	41	26	18
その他の変化	824	614	22	219	373	197	141
多少息がはずむ運動							
第1回から運動している	53	45	1	17	27	7	7
運動「していない」から「している」に変化	124	99	4	30	65	21	15
運動「している」から「していない」に変化	25	18	－	7	11	7	5
第1回から運動していない	177	119	3	37	79	57	39
その他の変化	718	552	22	212	318	158	115
激しく息がはずむ運動							
第1回から運動している	15	14	1	9	4	1	1
運動「していない」から「している」に変化	51	43	3	18	22	5	5
運動「している」から「していない」に変化	26	18	－	6	12	8	7
第1回から運動していない	713	535	16	194	325	173	126
その他の変化	249	194	8	72	114	49	34
65～69歳	3 200	2 448	113	878	1 457	704	516
息がはずまない軽い運動							
第1回から運動している	182	148	8	54	86	32	23
運動「していない」から「している」に変化	254	193	9	72	112	56	48
運動「している」から「していない」に変化	47	36	3	16	17	11	5
第1回から運動していない	293	207	6	69	132	80	62
その他の変化	2 325	1 794	84	640	1 070	497	358
多少息がはずむ運動							
第1回から運動している	217	194	12	96	86	19	17
運動「していない」から「している」に変化	340	274	8	110	156	58	45
運動「している」から「していない」に変化	51	33	3	9	21	18	13
第1回から運動していない	377	241	5	63	173	134	100
その他の変化	2 084	1 617	82	573	962	435	312
激しく息がはずむ運動							
第1回から運動している	52	50	6	25	19	2	1
運動「していない」から「している」に変化	115	106	9	49	48	9	7
運動「している」から「していない」に変化	62	49	4	13	32	12	9
第1回から運動していない	1 998	1 485	49	495	941	487	352
その他の変化	682	560	37	236	287	108	85
70歳	468	355	11	114	230	106	75
息がはずまない軽い運動							
第1回から運動している	25	23	1	8	14	2	2
運動「していない」から「している」に変化	29	24	－	7	17	5	3
運動「している」から「していない」に変化	10	7	1	4	2	3	3
第1回から運動していない	28	21	－	8	13	7	6
その他の変化	356	263	9	77	177	86	58
多少息がはずむ運動							
第1回から運動している	30	25	2	11	12	5	3
運動「していない」から「している」に変化	45	40	1	18	21	5	4
運動「している」から「していない」に変化	4	2	－	－	2	2	1
第1回から運動していない	56	41	1	8	32	15	11
その他の変化	314	230	7	68	155	77	55
激しく息がはずむ運動							
第1回から運動している	4	4	－	2	2	－	－
運動「していない」から「している」に変化	10	9	2	2	5	1	1
運動「している」から「していない」に変化	9	8	1	2	5	1	－
第1回から運動していない	296	225	4	66	155	67	52
その他の変化	94	70	4	24	42	22	13

注：1）総数には各項目の不詳を含む。
　　2）「退職者」とは、第1回で仕事をしていて第12回までに仕事なしとなった者をいう。

悪い	大変悪い	第12回の健康状態								
		総数	よい	大変良い	良い	どちらかといえば良い	わるい	どちらかといえば悪い	悪い	大変悪い
		構成割合（単位：%）								
235	59	100.0	76.2	3.2	27.1	45.9	22.4	16.3	4.9	1.2
9	2	100.0	84.0	3.2	30.6	50.2	15.3	11.4	3.2	0.7
13	2	100.0	76.8	3.2	29.7	43.9	21.8	17.9	3.4	0.5
3	5	100.0	76.3	5.0	35.0	36.3	23.8	13.8	3.8	6.3
20	7	100.0	70.9	2.2	23.5	45.1	27.4	20.9	4.9	1.7
184	39	100.0	76.2	3.3	26.7	46.2	22.3	15.9	5.2	1.1
4	–	100.0	88.0	5.0	41.3	41.7	10.3	9.0	1.3	–
15	5	100.0	81.1	2.6	31.0	47.5	16.5	12.6	2.9	1.0
6	2	100.0	66.3	3.8	20.0	42.5	33.8	23.8	7.5	2.5
46	10	100.0	65.7	1.5	17.7	46.6	33.8	24.6	7.5	1.6
152	36	100.0	77.0	3.6	27.4	46.1	21.5	15.5	4.9	1.2
1	–	100.0	95.8	9.9	50.7	35.2	4.2	2.8	1.4	–
2	–	100.0	89.8	8.0	39.2	42.6	8.5	7.4	1.1	–
3	2	100.0	77.3	5.2	21.6	50.5	21.6	16.5	3.1	2.1
159	38	100.0	74.7	2.3	25.1	47.3	24.2	17.6	5.3	1.3
36	11	100.0	80.4	4.8	32.4	43.2	17.5	12.9	3.5	1.1
63	12	100.0	75.5	2.6	27.3	45.6	23.3	16.7	5.5	1.0
2	–	100.0	87.8	–	32.4	55.4	12.2	9.5	2.7	–
5	–	100.0	77.3	3.1	35.1	39.2	22.7	17.5	5.2	–
1	1	100.0	78.3	–	34.8	43.5	21.7	13.0	4.3	4.3
5	3	100.0	70.3	3.3	22.0	45.1	28.6	19.8	5.5	3.3
48	8	100.0	74.5	2.7	26.6	45.3	23.9	17.1	5.8	1.0
–	–	100.0	84.9	1.9	32.1	50.9	13.2	13.2	–	–
4	2	100.0	79.8	3.2	24.2	52.4	16.9	12.1	3.2	1.6
1	1	100.0	72.0	–	28.0	44.0	28.0	20.0	4.0	4.0
15	3	100.0	67.2	1.7	20.9	44.6	32.2	22.0	8.5	1.7
37	6	100.0	76.9	3.1	29.5	44.3	22.0	16.0	5.2	0.8
–	–	100.0	93.3	6.7	60.0	26.7	6.7	6.7	–	–
–	–	100.0	84.3	5.9	35.3	43.1	9.8	9.8	–	–
1	–	100.0	69.2	–	23.1	46.2	30.8	26.9	3.8	–
39	8	100.0	75.0	2.2	27.2	45.6	24.3	17.7	5.5	1.1
12	3	100.0	77.9	3.2	28.9	45.8	19.7	13.7	4.8	1.2
145	43	100.0	76.5	3.5	27.4	45.5	22.0	16.1	4.5	1.3
7	2	100.0	81.3	4.4	29.7	47.3	17.6	12.6	3.8	1.1
6	2	100.0	76.0	3.5	28.3	44.1	22.0	18.9	2.4	0.8
2	4	100.0	76.6	6.4	34.0	36.2	23.4	10.6	4.3	8.5
14	4	100.0	70.6	2.0	23.5	45.1	27.3	21.2	4.8	1.4
112	27	100.0	77.2	3.6	27.5	46.0	21.4	15.4	4.8	1.2
2	–	100.0	89.4	5.5	44.2	39.6	8.8	7.8	0.9	–
10	3	100.0	80.6	2.4	32.4	45.9	17.1	13.2	2.9	0.9
4	1	100.0	64.7	5.9	17.6	41.2	35.3	25.5	7.8	2.0
28	6	100.0	63.9	1.3	16.7	45.9	35.5	26.5	7.4	1.6
96	27	100.0	77.6	3.9	27.5	46.2	20.9	15.0	4.6	1.3
1	–	100.0	96.2	11.5	48.1	36.5	3.8	1.9	1.9	–
2	–	100.0	92.2	7.8	42.6	41.7	7.8	6.1	1.7	–
1	2	100.0	79.0	6.5	21.0	51.6	19.4	14.5	1.6	3.2
109	26	100.0	74.3	2.5	24.8	47.1	24.4	17.6	5.5	1.3
15	8	100.0	82.1	5.4	34.6	42.1	15.8	12.5	2.2	1.2
27	4	100.0	75.9	2.4	24.4	49.1	22.6	16.0	5.8	0.9
–	–	100.0	92.0	4.0	32.0	56.0	8.0	8.0	–	–
2	–	100.0	82.8	–	24.1	58.6	17.2	10.3	6.9	–
–	–	100.0	70.0	10.0	40.0	20.0	30.0	30.0	–	–
1	–	100.0	75.0	–	28.6	46.4	25.0	21.4	3.6	–
24	4	100.0	73.9	2.5	21.6	49.7	24.2	16.3	6.7	1.1
2	–	100.0	83.3	6.7	36.7	40.0	16.7	10.0	6.7	–
1	–	100.0	88.9	2.2	40.0	46.7	11.1	8.9	2.2	–
1	–	100.0	50.0	–	–	50.0	50.0	25.0	25.0	–
3	1	100.0	73.2	1.8	14.3	57.1	26.8	19.6	5.4	1.8
19	3	100.0	73.2	2.2	21.7	49.4	24.5	17.5	6.1	1.0
–	–	100.0	100.0	–	50.0	50.0	–	–	–	–
–	–	100.0	90.0	20.0	20.0	50.0	10.0	10.0	–	–
1	–	100.0	88.9	11.1	22.2	55.6	11.1	–	11.1	–
11	4	100.0	76.0	1.4	22.3	52.4	22.6	17.6	3.7	1.4
9	–	100.0	74.5	4.3	25.5	44.7	23.4	13.8	9.6	–

被調査者数：総数

第 1 回からの医師から診断されている 6 つの疾病の有無の変化	総数	神経過敏に感じましたか		絶望的だと感じましたか	
		あり	まったくない	あり	まったくない
総数	19 513	9 324	9 760	4 536	14 571
糖尿病					
第1回から疾病あり	844	393	434	207	619
疾病「なし」から「あり」に変化	627	295	325	158	460
疾病「あり」から「なし」に変化	47	24	22	9	38
第1回から疾病なし	7 593	3 594	3 946	1 641	5 914
その他の変化	1 606	795	766	443	1 121
心臓病					
第1回から疾病あり	188	93	91	44	140
疾病「なし」から「あり」に変化	419	219	196	111	304
疾病「あり」から「なし」に変化	57	24	32	16	40
第1回から疾病なし	8 375	3 903	4 402	1 791	6 528
その他の変化	1 310	713	569	389	895
脳卒中					
第1回から疾病あり	57	34	22	24	32
疾病「なし」から「あり」に変化	170	95	71	54	112
疾病「あり」から「なし」に変化	24	11	13	7	17
第1回から疾病なし	8 827	4 167	4 591	1 907	6 862
その他の変化	688	338	325	201	462
高血圧					
第1回から疾病あり	2 131	1 048	1 058	539	1 570
疾病「なし」から「あり」に変化	1 727	820	892	389	1 325
疾病「あり」から「なし」に変化	106	57	47	31	73
第1回から疾病なし	4 412	2 074	2 306	931	3 457
その他の変化	3 537	1 718	1 727	890	2 558
脂質異常症					
第1回から疾病あり	605	332	271	160	444
疾病「なし」から「あり」に変化	766	371	391	171	593
疾病「あり」から「なし」に変化	129	63	63	32	94
第1回から疾病なし	5 330	2 452	2 824	1 154	4 128
その他の変化	5 171	2 597	2 483	1 285	3 805
悪性新生物					
第1回から疾病あり	14	8	6	3	11
疾病「なし」から「あり」に変化	328	196	131	126	201
疾病「あり」から「なし」に変化	83	43	40	20	63
第1回から疾病なし	8 514	3 974	4 457	1 835	6 610
その他の変化	1 273	671	566	343	896

注：1）総数には各項目の不詳を含む。
　　2）過去1か月間に感じたことの状況「あり」は、各項目に「いつも」「たいてい」「ときどき」「少しだけ」と回答した者をいう。

れている6つの疾病の有無の変化、第12回の過去1か月間に感じたことの状況別（6-1）

第12回の過去1か月間に感じたことの状況							
そわそわ、落ち着かなく感じましたか		気分が沈み込んで、何が起こっても気が晴れないように感じましたか		何をするのも骨折りだと感じましたか		自分は価値のない人間だと感じましたか	
あり	まったくない	あり	まったくない	あり	まったくない	あり	まったくない

被調査者数（単位：人）

6 679	12 377	7 579	11 521	8 589	10 503	4 227	14 888
286	540	310	515	388	439	199	627
221	399	250	369	289	330	161	459
17	30	23	24	24	22	9	38
2 583	4 954	2 881	4 674	3 299	4 249	1 520	6 035
597	963	668	893	739	827	415	1 150
64	120	72	113	86	99	46	139
148	267	189	226	205	209	89	325
20	36	23	33	26	30	12	44
2 806	5 495	3 126	5 188	3 605	4 706	1 696	6 623
543	737	594	688	674	611	356	928
21	35	27	29	32	24	22	34
68	98	75	90	82	84	48	118
11	13	10	14	14	10	5	19
2 992	5 758	3 339	5 427	3 848	4 915	1 798	6 971
260	401	286	375	320	342	186	480
770	1 325	872	1 236	1 011	1 098	485	1 625
578	1 134	631	1 085	754	957	369	1 345
38	65	44	60	49	55	31	73
1 489	2 894	1 668	2 717	1 904	2 480	871	3 518
1 227	2 213	1 407	2 036	1 588	1 861	822	2 627
218	384	255	348	299	305	138	466
273	489	298	466	333	430	157	607
37	89	46	80	62	64	30	96
1 802	3 471	1 969	3 311	2 257	3 023	1 081	4 201
1 845	3 228	2 118	2 968	2 428	2 659	1 184	3 907
5	9	7	7	7	7	3	11
149	177	174	152	188	139	100	227
36	47	36	45	39	44	24	59
2 859	5 570	3 180	5 264	3 712	4 728	1 745	6 702
497	739	546	691	610	625	306	930

被調査者数：男

第 1 回からの医師から診断されている 6 つの疾病の有無の変化	総数	神経過敏に感じましたか		絶望的だと感じましたか	
		あり	まったくない	あり	まったくない
総数	8 953	3 821	4 934	1 840	6 925
糖尿病					
第1回から疾病あり	545	231	303	118	415
疾病「なし」から「あり」に変化	363	159	201	88	272
疾病「あり」から「なし」に変化	29	12	16	5	24
第1回から疾病なし	3 608	1 509	2 078	669	2 926
その他の変化	955	437	494	226	705
心臓病					
第1回から疾病あり	139	66	70	30	106
疾病「なし」から「あり」に変化	302	144	154	74	224
疾病「あり」から「なし」に変化	29	13	16	8	21
第1回から疾病なし	4 085	1 676	2 376	750	3 311
その他の変化	723	356	358	189	526
脳卒中					
第1回から疾病あり	37	23	13	16	20
疾病「なし」から「あり」に変化	124	63	60	34	89
疾病「あり」から「なし」に変化	12	6	6	1	11
第1回から疾病なし	4 403	1 840	2 532	822	3 556
その他の変化	380	175	190	96	269
高血圧					
第1回から疾病あり	1 101	504	584	244	846
疾病「なし」から「あり」に変化	968	435	528	196	768
疾病「あり」から「なし」に変化	47	22	23	12	33
第1回から疾病なし	1 985	792	1 177	356	1 619
その他の変化	1 912	850	1 023	433	1 438
脂質異常症					
第1回から疾病あり	270	136	133	57	212
疾病「なし」から「あり」に変化	284	132	151	60	224
疾病「あり」から「なし」に変化	81	36	43	15	64
第1回から疾病なし	2 797	1 155	1 620	540	2 237
その他の変化	2 487	1 106	1 334	534	1 915
悪性新生物					
第1回から疾病あり	7	3	4	1	6
疾病「なし」から「あり」に変化	180	107	72	67	112
疾病「あり」から「なし」に変化	25	8	17	6	19
第1回から疾病なし	4 318	1 792	2 489	813	3 477
その他の変化	600	276	310	128	458

注：1）総数には各項目の不詳を含む。
　　2）過去1か月間に感じたことの状況「あり」は、各項目に「いつも」「たいてい」「ときどき」「少しだけ」と回答した者をいう。

れている６つの疾病の有無の変化、第12回の過去１か月間に感じたことの状況別（6-2）

第12回の過去１か月間に感じたことの状況							
そわそわ、落ち着かなく感じましたか		気分が沈み込んで、何が起こっても気が晴れないように感じましたか		何をするのも骨折りだと感じましたか		自分は価値のない人間だと感じましたか	
あり	まったくない	あり	まったくない	あり	まったくない	あり	まったくない
被調査者数（単位：人）							
2 842	5 899	3 078	5 681	3 638	5 128	1 783	6 987
173	359	173	358	224	309	116	417
123	237	131	227	150	210	87	273
9	20	12	17	15	14	7	22
1 115	2 466	1 205	2 389	1 447	2 148	649	2 945
343	587	345	586	412	520	226	706
47	89	49	88	62	75	31	106
102	196	124	174	141	157	57	241
9	20	10	19	13	16	6	23
1 251	2 794	1 317	2 737	1 618	2 442	750	3 309
276	437	293	421	343	372	183	532
13	23	18	18	20	16	14	22
48	75	51	71	56	67	31	92
5	7	5	7	7	5	2	10
1 374	2 989	1 449	2 924	1 761	2 617	811	3 566
140	223	141	222	172	193	99	266
371	710	412	676	499	591	243	847
319	642	324	640	407	556	203	760
16	29	16	29	19	26	12	33
601	1 370	625	1 347	765	1 210	327	1 648
628	1 241	695	1 174	801	1 072	422	1 450
91	177	98	171	118	151	60	209
102	182	105	179	115	168	59	225
18	61	21	58	34	45	19	60
870	1 897	918	1 853	1 090	1 687	520	2 255
826	1 614	897	1 550	1 105	1 345	523	1 927
2	5	2	5	4	3	1	6
81	97	93	85	98	81	53	126
7	18	7	17	6	19	5	20
1 344	2 934	1 414	2 872	1 757	2 533	819	3 471
203	381	217	367	262	324	124	461

第12表　被調査者数・構成割合，性、第1回からの医師から診断さ

被調査者数：女

第 1 回 か ら の 医 師 か ら 診 断 さ れ て い る 6 つ の 疾 病 の 有 無 の 変 化	総数	神経過敏に感じましたか		絶望的だと感じましたか	
		あり	まったくない	あり	まったくない
総数	10 560	5 503	4 826	2 696	7 646
糖尿病					
第1回から疾病あり	299	162	131	89	204
疾病「なし」から「あり」に変化	264	136	124	70	188
疾病「あり」から「なし」に変化	18	12	6	4	14
第1回から疾病なし	3 985	2 085	1 868	972	2 988
その他の変化	651	358	272	217	416
心臓病					
第1回から疾病あり	49	27	21	14	34
疾病「なし」から「あり」に変化	117	75	42	37	80
疾病「あり」から「なし」に変化	28	11	16	8	19
第1回から疾病なし	4 290	2 227	2 026	1 041	3 217
その他の変化	587	357	211	200	369
脳卒中					
第1回から疾病あり	20	11	9	8	12
疾病「なし」から「あり」に変化	46	32	11	20	23
疾病「あり」から「なし」に変化	12	5	7	6	6
第1回から疾病なし	4 424	2 327	2 059	1 085	3 306
その他の変化	308	163	135	105	193
高血圧					
第1回から疾病あり	1 030	544	474	295	724
疾病「なし」から「あり」に変化	759	385	364	193	557
疾病「あり」から「なし」に変化	59	35	24	19	40
第1回から疾病なし	2 427	1 282	1 129	575	1 838
その他の変化	1 625	868	704	457	1 120
脂質異常症					
第1回から疾病あり	335	196	138	103	232
疾病「なし」から「あり」に変化	482	239	240	111	369
疾病「あり」から「なし」に変化	48	27	20	17	30
第1回から疾病なし	2 533	1 297	1 204	614	1 891
その他の変化	2 684	1 491	1 149	751	1 890
悪性新生物					
第1回から疾病あり	7	5	2	2	5
疾病「なし」から「あり」に変化	148	89	59	59	89
疾病「あり」から「なし」に変化	58	35	23	14	44
第1回から疾病なし	4 196	2 182	1 968	1 022	3 133
その他の変化	673	395	256	215	438

注：1）総数には各項目の不詳を含む。
　　2）過去1か月間に感じたことの状況「あり」は、各項目に「いつも」「たいてい」「ときどき」「少しだけ」と回答した者をいう。

第12回調査（平成28年）

第12回の過去１か月間に感じたことの状況							
そわそわ、落ち着かなく感じましたか		気分が沈み込んで、何が起こっても気が晴れないように感じましたか		何をするのも骨折りだと感じましたか		自分は価値のない人間だと感じましたか	
あり	まったくない	あり	まったくない	あり	まったくない	あり	まったくない
被調査者数（単位：人）							
3 837	6 478	4 501	5 840	4 951	5 375	2 444	7 901
113	181	137	157	164	130	83	210
98	162	119	142	139	120	74	186
8	10	11	7	9	8	2	16
1 468	2 488	1 676	2 285	1 852	2 101	871	3 090
254	376	323	307	327	307	189	444
17	31	23	25	24	24	15	33
46	71	65	52	64	52	32	84
11	16	13	14	13	14	6	21
1 555	2 701	1 809	2 451	1 987	2 264	946	3 314
267	300	301	267	331	239	173	396
8	12	9	11	12	8	8	12
20	23	24	19	26	17	17	26
6	6	5	7	7	5	3	9
1 618	2 769	1 890	2 503	2 087	2 298	987	3 405
120	178	145	153	148	149	87	214
399	615	460	560	512	507	242	778
259	492	307	445	347	401	166	585
22	36	28	31	30	29	19	40
888	1 524	1 043	1 370	1 139	1 270	544	1 870
599	972	712	862	787	789	400	1 177
127	207	157	177	181	154	78	257
171	307	193	287	218	262	98	382
19	28	25	22	28	19	11	36
932	1 574	1 051	1 458	1 167	1 336	561	1 946
1 019	1 614	1 221	1 418	1 323	1 314	661	1 980
3	4	5	2	3	4	2	5
68	80	81	67	90	58	47	101
29	29	29	28	33	25	19	39
1 515	2 636	1 766	2 392	1 955	2 195	926	3 231
294	358	329	324	348	301	182	469

第12表　被調査者数・構成割合，性、第1回からの医師から診断さ

構成割合：総数

第 1 回 からの 医師 から 診断 されている 6 つ の 疾病 の 有無 の 変化	総数	神経過敏に感じましたか		絶望的だと感じましたか	
		あり	まったくない	あり	まったくない
総数	100.0	47.8	50.0	23.2	74.7
糖尿病					
第1回から疾病あり	100.0	46.6	51.4	24.5	73.3
疾病「なし」から「あり」に変化	100.0	47.0	51.8	25.2	73.4
疾病「あり」から「なし」に変化	100.0	51.1	46.8	19.1	80.9
第1回から疾病なし	100.0	47.3	52.0	21.6	77.9
その他の変化	100.0	49.5	47.7	27.6	69.8
心臓病					
第1回から疾病あり	100.0	49.5	48.4	23.4	74.5
疾病「なし」から「あり」に変化	100.0	52.3	46.8	26.5	72.6
疾病「あり」から「なし」に変化	100.0	42.1	56.1	28.1	70.2
第1回から疾病なし	100.0	46.6	52.6	21.4	77.9
その他の変化	100.0	54.4	43.4	29.7	68.3
脳卒中					
第1回から疾病あり	100.0	59.6	38.6	42.1	56.1
疾病「なし」から「あり」に変化	100.0	55.9	41.8	31.8	65.9
疾病「あり」から「なし」に変化	100.0	45.8	54.2	29.2	70.8
第1回から疾病なし	100.0	47.2	52.0	21.6	77.7
その他の変化	100.0	49.1	47.2	29.2	67.2
高血圧					
第1回から疾病あり	100.0	49.2	49.6	25.3	73.7
疾病「なし」から「あり」に変化	100.0	47.5	51.7	22.5	76.7
疾病「あり」から「なし」に変化	100.0	53.8	44.3	29.2	68.9
第1回から疾病なし	100.0	47.0	52.3	21.1	78.4
その他の変化	100.0	48.6	48.8	25.2	72.3
脂質異常症					
第1回から疾病あり	100.0	54.9	44.8	26.4	73.4
疾病「なし」から「あり」に変化	100.0	48.4	51.0	22.3	77.4
疾病「あり」から「なし」に変化	100.0	48.8	48.8	24.8	72.9
第1回から疾病なし	100.0	46.0	53.0	21.7	77.4
その他の変化	100.0	50.2	48.0	24.9	73.6
悪性新生物					
第1回から疾病あり	100.0	57.1	42.9	21.4	78.6
疾病「なし」から「あり」に変化	100.0	59.8	39.9	38.4	61.3
疾病「あり」から「なし」に変化	100.0	51.8	48.2	24.1	75.9
第1回から疾病なし	100.0	46.7	52.3	21.6	77.6
その他の変化	100.0	52.7	44.5	26.9	70.4

注：1）総数には各項目の不詳を含む。
　　2）過去1か月間に感じたことの状況「あり」は、各項目に「いつも」「たいてい」「ときどき」「少しだけ」と回答した者をいう。

第 12 回の過去１か月間に感じたことの状況							
そわそわ、落ち着かなく感じましたか		気分が沈み込んで、何が起こっても気が晴れないように感じましたか		何をするのも骨折りだと感じましたか		自分は価値のない人間だと感じましたか	
あり	まったくない	あり	まったくない	あり	まったくない	あり	まったくない
構成割合（単位：%）							
34.2	63.4	38.8	59.0	44.0	53.8	21.7	76.3
33.9	64.0	36.7	61.0	46.0	52.0	23.6	74.3
35.2	63.6	39.9	58.9	46.1	52.6	25.7	73.2
36.2	63.8	48.9	51.1	51.1	46.8	19.1	80.9
34.0	65.2	37.9	61.6	43.4	56.0	20.0	79.5
37.2	60.0	41.6	55.6	46.0	51.5	25.8	71.6
34.0	63.8	38.3	60.1	45.7	52.7	24.5	73.9
35.3	63.7	45.1	53.9	48.9	49.9	21.2	77.6
35.1	63.2	40.4	57.9	45.6	52.6	21.1	77.2
33.5	65.6	37.3	61.9	43.0	56.2	20.3	79.1
41.5	56.3	45.3	52.5	51.5	46.6	27.2	70.8
36.8	61.4	47.4	50.9	56.1	42.1	38.6	59.6
40.0	57.6	44.1	52.9	48.2	49.4	28.2	69.4
45.8	54.2	41.7	58.3	58.3	41.7	20.8	79.2
33.9	65.2	37.8	61.5	43.6	55.7	20.4	79.0
37.8	58.3	41.6	54.5	46.5	49.7	27.0	69.8
36.1	62.2	40.9	58.0	47.4	51.5	22.8	76.3
33.5	65.7	36.5	62.8	43.7	55.4	21.4	77.9
35.8	61.3	41.5	56.6	46.2	51.9	29.2	68.9
33.7	65.6	37.8	61.6	43.2	56.2	19.7	79.7
34.7	62.6	39.8	57.6	44.9	52.6	23.2	74.3
36.0	63.5	42.1	57.5	49.4	50.4	22.8	77.0
35.6	63.8	38.9	60.8	43.5	56.1	20.5	79.2
28.7	69.0	35.7	62.0	48.1	49.6	23.3	74.4
33.8	65.1	36.9	62.1	42.3	56.7	20.3	78.8
35.7	62.4	41.0	57.4	47.0	51.4	22.9	75.6
35.7	64.3	50.0	50.0	50.0	50.0	21.4	78.6
45.4	54.0	53.0	46.3	57.3	42.4	30.5	69.2
43.4	56.6	43.4	54.2	47.0	53.0	28.9	71.1
33.6	65.4	37.4	61.8	43.6	55.5	20.5	78.7
39.0	58.1	42.9	54.3	47.9	49.1	24.0	73.1

構成割合：男

第 1 回からの医師から診断されている 6 つ の 疾 病 の 有 無 の 変 化	総数	神経過敏に感じましたか		絶望的だと感じましたか	
		あり	まったくない	あり	まったくない
総数	100.0	42.7	55.1	20.6	77.3
糖尿病					
第1回から疾病あり	100.0	42.4	55.6	21.7	76.1
疾病「なし」から「あり」に変化	100.0	43.8	55.4	24.2	74.9
疾病「あり」から「なし」に変化	100.0	41.4	55.2	17.2	82.8
第1回から疾病なし	100.0	41.8	57.6	18.5	81.1
その他の変化	100.0	45.8	51.7	23.7	73.8
心臓病					
第1回から疾病あり	100.0	47.5	50.4	21.6	76.3
疾病「なし」から「あり」に変化	100.0	47.7	51.0	24.5	74.2
疾病「あり」から「なし」に変化	100.0	44.8	55.2	27.6	72.4
第1回から疾病なし	100.0	41.0	58.2	18.4	81.1
その他の変化	100.0	49.2	49.5	26.1	72.8
脳卒中					
第1回から疾病あり	100.0	62.2	35.1	43.2	54.1
疾病「なし」から「あり」に変化	100.0	50.8	48.4	27.4	71.8
疾病「あり」から「なし」に変化	100.0	50.0	50.0	8.3	91.7
第1回から疾病なし	100.0	41.8	57.5	18.7	80.8
その他の変化	100.0	46.1	50.0	25.3	70.8
高血圧					
第1回から疾病あり	100.0	45.8	53.0	22.2	76.8
疾病「なし」から「あり」に変化	100.0	44.9	54.5	20.2	79.3
疾病「あり」から「なし」に変化	100.0	46.8	48.9	25.5	70.2
第1回から疾病なし	100.0	39.9	59.3	17.9	81.6
その他の変化	100.0	44.5	53.5	22.6	75.2
脂質異常症					
第1回から疾病あり	100.0	50.4	49.3	21.1	78.5
疾病「なし」から「あり」に変化	100.0	46.5	53.2	21.1	78.9
疾病「あり」から「なし」に変化	100.0	44.4	53.1	18.5	79.0
第1回から疾病なし	100.0	41.3	57.9	19.3	80.0
その他の変化	100.0	44.5	53.6	21.5	77.0
悪性新生物					
第1回から疾病あり	100.0	42.9	57.1	14.3	85.7
疾病「なし」から「あり」に変化	100.0	59.4	40.0	37.2	62.2
疾病「あり」から「なし」に変化	100.0	32.0	68.0	24.0	76.0
第1回から疾病なし	100.0	41.5	57.6	18.8	80.5
その他の変化	100.0	46.0	51.7	21.3	76.3

注：1）総数には各項目の不詳を含む。
　　2）過去1か月間に感じたことの状況「あり」は、各項目に「いつも」「たいてい」「ときどき」「少しだけ」と回答した者をいう。

れている６つの疾病の有無の変化、第12回の過去１か月間に感じたことの状況別（６－５）

第 12 回調査（平成 28 年）

| 第12回の過去１か月間に感じたことの状況 | | | | | | | |
| そわそわ、落ち着かなく感じましたか | | 気分が沈み込んで、何が起こっても気が晴れないように感じましたか | | 何をするのも骨折りだと感じましたか | | 自分は価値のない人間だと感じましたか | |
あり	まったくない	あり	まったくない	あり	まったくない	あり	まったくない
構成割合（単位：％）							
31.7	65.9	34.4	63.5	40.6	57.3	19.9	78.0
31.7	65.9	31.7	65.7	41.1	56.7	21.3	76.5
33.9	65.3	36.1	62.5	41.3	57.9	24.0	75.2
31.0	69.0	41.4	58.6	51.7	48.3	24.1	75.9
30.9	68.3	33.4	66.2	40.1	59.5	18.0	81.6
35.9	61.5	36.1	61.4	43.1	54.5	23.7	73.9
33.8	64.0	35.3	63.3	44.6	54.0	22.3	76.3
33.8	64.9	41.1	57.6	46.7	52.0	18.9	79.8
31.0	69.0	34.5	65.5	44.8	55.2	20.7	79.3
30.6	68.4	32.2	67.0	39.6	59.8	18.4	81.0
38.2	60.4	40.5	58.2	47.4	51.5	25.3	73.6
35.1	62.2	48.6	48.6	54.1	43.2	37.8	59.5
38.7	60.5	41.1	57.3	45.2	54.0	25.0	74.2
41.7	58.3	41.7	58.3	58.3	41.7	16.7	83.3
31.2	67.9	32.9	66.4	40.0	59.4	18.4	81.0
36.8	58.7	37.1	58.4	45.3	50.8	26.1	70.0
33.7	64.5	37.4	61.4	45.3	53.7	22.1	76.9
33.0	66.3	33.5	66.1	42.0	57.4	21.0	78.5
34.0	61.7	34.0	61.7	40.4	55.3	25.5	70.2
30.3	69.0	31.5	67.9	38.5	61.0	16.5	83.0
32.8	64.9	36.3	61.4	41.9	56.1	22.1	75.8
33.7	65.6	36.3	63.3	43.7	55.9	22.2	77.4
35.9	64.1	37.0	63.0	40.5	59.2	20.8	79.2
22.2	75.3	25.9	71.6	42.0	55.6	23.5	74.1
31.1	67.8	32.8	66.2	39.0	60.3	18.6	80.6
33.2	64.9	36.1	62.3	44.4	54.1	21.0	77.5
28.6	71.4	28.6	71.4	57.1	42.9	14.3	85.7
45.0	53.9	51.7	47.2	54.4	45.0	29.4	70.0
28.0	72.0	28.0	68.0	24.0	76.0	20.0	80.0
31.1	67.9	32.7	66.5	40.7	58.7	19.0	80.4
33.8	63.5	36.2	61.2	43.7	54.0	20.7	76.8

構成割合：女

第 1 回 か ら の 医 師 か ら 診 断 さ れ て い る 6 つ の 疾 病 の 有 無 の 変 化	総数	神経過敏に感じましたか		絶望的だと感じましたか	
		あり	まったくない	あり	まったくない
総数	100.0	52.1	45.7	25.5	72.4
糖尿病					
第1回から疾病あり	100.0	54.2	43.8	29.8	68.2
疾病「なし」から「あり」に変化	100.0	51.5	47.0	26.5	71.2
疾病「あり」から「なし」に変化	100.0	66.7	33.3	22.2	77.8
第1回から疾病なし	100.0	52.3	46.9	24.4	75.0
その他の変化	100.0	55.0	41.8	33.3	63.9
心臓病					
第1回から疾病あり	100.0	55.1	42.9	28.6	69.4
疾病「なし」から「あり」に変化	100.0	64.1	35.9	31.6	68.4
疾病「あり」から「なし」に変化	100.0	39.3	57.1	28.6	67.9
第1回から疾病なし	100.0	51.9	47.2	24.3	75.0
その他の変化	100.0	60.8	35.9	34.1	62.9
脳卒中					
第1回から疾病あり	100.0	55.0	45.0	40.0	60.0
疾病「なし」から「あり」に変化	100.0	69.6	23.9	43.5	50.0
疾病「あり」から「なし」に変化	100.0	41.7	58.3	50.0	50.0
第1回から疾病なし	100.0	52.6	46.5	24.5	74.7
その他の変化	100.0	52.9	43.8	34.1	62.7
高血圧					
第1回から疾病あり	100.0	52.8	46.0	28.6	70.3
疾病「なし」から「あり」に変化	100.0	50.7	48.0	25.4	73.4
疾病「あり」から「なし」に変化	100.0	59.3	40.7	32.2	67.8
第1回から疾病なし	100.0	52.8	46.5	23.7	75.7
その他の変化	100.0	53.4	43.3	28.1	68.9
脂質異常症					
第1回から疾病あり	100.0	58.5	41.2	30.7	69.3
疾病「なし」から「あり」に変化	100.0	49.6	49.8	23.0	76.6
疾病「あり」から「なし」に変化	100.0	56.3	41.7	35.4	62.5
第1回から疾病なし	100.0	51.2	47.5	24.2	74.7
その他の変化	100.0	55.6	42.8	28.0	70.4
悪性新生物					
第1回から疾病あり	100.0	71.4	28.6	28.6	71.4
疾病「なし」から「あり」に変化	100.0	60.1	39.9	39.9	60.1
疾病「あり」から「なし」に変化	100.0	60.3	39.7	24.1	75.9
第1回から疾病なし	100.0	52.0	46.9	24.4	74.7
その他の変化	100.0	58.7	38.0	31.9	65.1

注：1）総数には各項目の不詳を含む。
　　2）過去1か月間に感じたことの状況「あり」は、各項目に「いつも」「たいてい」「ときどき」「少しだけ」と回答した者をいう。

第 12 回の過去１か月間に感じたことの状況							
そわそわ、落ち着かなく感じましたか		気分が沈み込んで、何が起こっても気が晴れないように感じましたか		何をするのも骨折りだと感じましたか		自分は価値のない人間だと感じましたか	
あり	まったくない	あり	まったくない	あり	まったくない	あり	まったくない
構成割合（単位：％）							
36.3	61.3	42.6	55.3	46.9	50.9	23.1	74.8
37.8	60.5	45.8	52.5	54.8	43.5	27.8	70.2
37.1	61.4	45.1	53.8	52.7	45.5	28.0	70.5
44.4	55.6	61.1	38.9	50.0	44.4	11.1	88.9
36.8	62.4	42.1	57.3	46.5	52.7	21.9	77.5
39.0	57.8	49.6	47.2	50.2	47.2	29.0	68.2
34.7	63.3	46.9	51.0	49.0	49.0	30.6	67.3
39.3	60.7	55.6	44.4	54.7	44.4	27.4	71.8
39.3	57.1	46.4	50.0	46.4	50.0	21.4	75.0
36.2	63.0	42.2	57.1	46.3	52.8	22.1	77.2
45.5	51.1	51.3	45.5	56.4	40.7	29.5	67.5
40.0	60.0	45.0	55.0	60.0	40.0	40.0	60.0
43.5	50.0	52.2	41.3	56.5	37.0	37.0	56.5
50.0	50.0	41.7	58.3	58.3	41.7	25.0	75.0
36.6	62.6	42.7	56.6	47.2	51.9	22.3	77.0
39.0	57.8	47.1	49.7	48.1	48.4	28.2	69.5
38.7	59.7	44.7	54.4	49.7	49.2	23.5	75.5
34.1	64.8	40.4	58.6	45.7	52.8	21.9	77.1
37.3	61.0	47.5	52.5	50.8	49.2	32.2	67.8
36.6	62.8	43.0	56.4	46.9	52.3	22.4	77.0
36.9	59.8	43.8	53.0	48.4	48.6	24.6	72.4
37.9	61.8	46.9	52.8	54.0	46.0	23.3	76.7
35.5	63.7	40.0	59.5	45.2	54.4	20.3	79.3
39.6	58.3	52.1	45.8	58.3	39.6	22.9	75.0
36.8	62.1	41.5	57.6	46.1	52.7	22.1	76.8
38.0	60.1	45.5	52.8	49.3	49.0	24.6	73.8
42.9	57.1	71.4	28.6	42.9	57.1	28.6	71.4
45.9	54.1	54.7	45.3	60.8	39.2	31.8	68.2
50.0	50.0	50.0	48.3	56.9	43.1	32.8	67.2
36.1	62.8	42.1	57.0	46.6	52.3	22.1	77.0
43.7	53.2	48.9	48.1	51.7	44.7	27.0	69.7

性、第 1 回 の 介 護 の 有 無・介 護 を し て い る 時 間	総数	第1回からずっと「よい」	「わるい」から「よい」に変化	第1回からずっと「わるい」	「よい」から「わるい」に変化
	被調査者数（単位：人）				
総数	19 513	8 990	454	456	793
介護をしている	1 688	711	46	46	65
1 時間未満	41	23	-	-	1
1 〜 2 時間	275	127	12	2	9
3 〜 4 時間	241	95	6	6	12
5 〜 9 時間	284	137	5	9	8
10 〜 19 時間	268	103	6	9	12
20 〜 49 時間	288	107	8	9	13
50 〜 99 時間	70	24	3	2	2
100 時間以上	39	16	1	1	1
介護をしていない	17 091	8 007	389	389	710
男	8 953	4 065	220	226	376
介護をしている	558	228	17	15	21
1 時間未満	27	14	-	-	1
1 〜 2 時間	136	60	8	1	6
3 〜 4 時間	83	31	2	3	4
5 〜 9 時間	87	43	-	3	1
10 〜 19 時間	71	19	3	1	3
20 〜 49 時間	64	22	1	3	3
50 〜 99 時間	20	8	1	1	2
100 時間以上	6	2	-	-	-
介護をしていない	8 054	3 703	191	202	347
女	10 560	4 925	234	230	417
介護をしている	1 130	483	29	31	44
1 時間未満	14	9	-	-	-
1 〜 2 時間	139	67	4	1	3
3 〜 4 時間	158	64	4	3	8
5 〜 9 時間	197	94	5	6	7
10 〜 19 時間	197	84	3	8	9
20 〜 49 時間	224	85	7	6	10
50 〜 99 時間	50	16	2	1	-
100 時間以上	33	14	1	1	1
介護をしていない	9 037	4 304	198	187	363

注：1）総数には各項目の不詳を含む。
　　2）健康状態の変化「よい」は、第1回から第12回まで、健康状態が「大変良い」「良い」「どちらかといえば良い」のいずれか、「わるい」
　　3）「介護をしている時間」は、1か月の平均した1週間当たりの合計時間である。

第1回からの健康状態の変化						
その他の変化	総数	第1回から ずっと「よい」	「わるい」から 「よい」に変化	第1回から ずっと「わるい」	「よい」から 「わるい」に 変化	その他の変化
			構成割合（単位：%）			
7 199	100.0	46.1	2.3	2.3	4.1	36.9
701	100.0	42.1	2.7	2.7	3.9	41.5
17	100.0	56.1	-	-	2.4	41.5
110	100.0	46.2	4.4	0.7	3.3	40.0
105	100.0	39.4	2.5	2.5	5.0	43.6
110	100.0	48.2	1.8	3.2	2.8	38.7
118	100.0	38.4	2.2	3.4	4.5	44.0
124	100.0	37.2	2.8	3.1	4.5	43.1
34	100.0	34.3	4.3	2.9	2.9	48.6
17	100.0	41.0	2.6	2.6	2.6	43.6
6 230	100.0	46.8	2.3	2.3	4.2	36.5
3 366	100.0	45.4	2.5	2.5	4.2	37.6
241	100.0	40.9	3.0	2.7	3.8	43.2
12	100.0	51.9	-	-	3.7	44.4
52	100.0	44.1	5.9	0.7	4.4	38.2
35	100.0	37.3	2.4	3.6	4.8	42.2
37	100.0	49.4	-	3.4	1.1	42.5
42	100.0	26.8	4.2	1.4	4.2	59.2
29	100.0	34.4	1.6	4.7	4.7	45.3
7	100.0	40.0	5.0	5.0	10.0	35.0
4	100.0	33.3	-	-	-	66.7
2 996	100.0	46.0	2.4	2.5	4.3	37.2
3 833	100.0	46.6	2.2	2.2	3.9	36.3
460	100.0	42.7	2.6	2.7	3.9	40.7
5	100.0	64.3	-	-	-	35.7
58	100.0	48.2	2.9	0.7	2.2	41.7
70	100.0	40.5	2.5	1.9	5.1	44.3
73	100.0	47.7	2.5	3.0	3.6	37.1
76	100.0	42.6	1.5	4.1	4.6	38.6
95	100.0	37.9	3.1	2.7	4.5	42.4
27	100.0	32.0	4.0	2.0	-	54.0
13	100.0	42.4	3.0	3.0	3.0	39.4
3 234	100.0	47.6	2.2	2.1	4.0	35.8

は、健康状態が「大変悪い」「悪い」「どちらかといえば悪い」のいずれかをいう。

総数

年 齢 階 級 、 第 1 回 か ら の 介 護 を し て い る 状 況 の 変 化	総数	第1回から ずっと「よい」	「わるい」から 「よい」に 変化	第1回から ずっと 「わるい」
			被調査者数（単位：人）	
総数	19 513	8 990	454	456
第1回から介護をしている	91	36	3	5
介護「していない」から「している」に変化	849	417	28	11
介護「している」から「していない」に変化	658	303	17	16
第1回から介護をしていない	7 778	3 907	151	163
その他の変化	5 748	2 469	149	151
61〜64歳	6 641	3 130	146	138
第1回から介護をしている	36	13	1	−
介護「していない」から「している」に変化	358	176	15	7
介護「している」から「していない」に変化	211	95	4	8
第1回から介護をしていない	2 755	1 403	46	52
その他の変化	2 053	913	56	41
65〜69歳	11 321	5 173	268	287
第1回から介護をしている	49	19	2	5
介護「していない」から「している」に変化	438	214	10	4
介護「している」から「していない」に変化	391	184	9	7
第1回から介護をしていない	4 427	2 208	93	99
その他の変化	3 307	1 403	84	104
70歳	1 551	687	40	31
第1回から介護をしている	6	4	−	−
介護「していない」から「している」に変化	53	27	3	−
介護「している」から「していない」に変化	56	24	4	1
第1回から介護をしていない	596	296	12	12
その他の変化	388	153	9	6

注：1）総数には各項目の不詳を含む。
　　2）健康状態の変化「よい」は、第1回から第12回まで、健康状態が「大変良い」「良い」「どちらかといえば良い」のいずれか、「わるい」

からの介護をしている状況の変化、第1回からの健康状態の変化別（3－1）

第12回調査（平成28年）

			第1回からの健康状態の変化				
「よい」から「わるい」に変化	その他の変化	総数	第1回からずっと「よい」	「わるい」から「よい」に変化	第1回からずっと「わるい」	「よい」から「わるい」に変化	その他の変化
				構成割合（単位：%）			
793	7 199	100.0	46.1	2.3	2.3	4.1	36.9
7	35	100.0	39.6	3.3	5.5	7.7	38.5
38	299	100.0	49.1	3.3	1.3	4.5	35.2
22	261	100.0	46.0	2.6	2.4	3.3	39.7
313	2 658	100.0	50.2	1.9	2.1	4.0	34.2
241	2 302	100.0	43.0	2.6	2.6	4.2	40.0
248	2 487	100.0	47.1	2.2	2.1	3.7	37.4
2	16	100.0	36.1	2.8	－	5.6	44.4
15	121	100.0	49.2	4.2	2.0	4.2	33.8
8	82	100.0	45.0	1.9	3.8	3.8	38.9
102	961	100.0	50.9	1.7	1.9	3.7	34.9
81	840	100.0	44.5	2.7	2.0	3.9	40.9
476	4 148	100.0	45.7	2.4	2.5	4.2	36.6
5	17	100.0	38.8	4.1	10.2	10.2	34.7
19	164	100.0	48.9	2.3	0.9	4.3	37.4
14	159	100.0	47.1	2.3	1.8	3.6	40.7
188	1 499	100.0	49.9	2.1	2.2	4.2	33.9
141	1 305	100.0	42.4	2.5	3.1	4.3	39.5
69	564	100.0	44.3	2.6	2.0	4.4	36.4
－	2	100.0	66.7	－	－	－	33.3
4	14	100.0	50.9	5.7	－	7.5	26.4
－	20	100.0	42.9	7.1	1.8	－	35.7
23	198	100.0	49.7	2.0	2.0	3.9	33.2
19	157	100.0	39.4	2.3	1.5	4.9	40.5

は、健康状態が「大変悪い」「悪い」「どちらかといえば悪い」のいずれかをいう。

男

年齢階級、第1回からの介護をしている状況の変化	総数	第1回から ずっと「よい」	「わるい」から 「よい」に 変化	第1回から ずっと 「わるい」
				被調査者数（単位：人）
総数	8 953	4 065	220	226
第1回から介護をしている	20	8	－	2
介護「していない」から「している」に変化	366	186	16	4
介護「している」から「していない」に変化	200	96	4	3
第1回から介護をしていない	4 003	1 954	81	89
その他の変化	2 434	1 032	64	69
61～64歳	2 993	1 388	62	60
第1回から介護をしている	9	4	－	－
介護「していない」から「している」に変化	152	75	7	3
介護「している」から「していない」に変化	67	32	2	1
第1回から介護をしていない	1 406	688	20	27
その他の変化	808	351	21	17
65～69歳	5 220	2 353	135	151
第1回から介護をしている	11	4	－	2
介護「していない」から「している」に変化	188	97	7	1
介護「している」から「していない」に変化	114	57	1	2
第1回から介護をしていない	2 278	1 098	54	57
その他の変化	1 452	622	38	49
70歳	740	324	23	15
第1回から介護をしている	－	－	－	－
介護「していない」から「している」に変化	26	14	2	－
介護「している」から「していない」に変化	19	7	1	－
第1回から介護をしていない	319	168	7	5
その他の変化	174	59	5	3

注：1）総数には各項目の不詳を含む。
　　2）健康状態の変化「よい」は、第1回から第12回まで、健康状態が「大変良い」「良い」「どちらかといえば良い」のいずれか、「わるい」

からの介護をしている状況の変化、第1回からの健康状態の変化別（3－2）

			第1回からの健康状態の変化				
「よい」から「わるい」に変化	その他の変化	総数	第1回からずっと「よい」	「わるい」から「よい」に変化	第1回からずっと「わるい」	「よい」から「わるい」に変化	その他の変化
			構成割合（単位：%）				
376	3 366	100.0	45.4	2.5	2.5	4.2	37.6
2	6	100.0	40.0	–	10.0	10.0	30.0
13	123	100.0	50.8	4.4	1.1	3.6	33.6
7	77	100.0	48.0	2.0	1.5	3.5	38.5
148	1 433	100.0	48.8	2.0	2.2	3.7	35.8
125	980	100.0	42.4	2.6	2.8	5.1	40.3
115	1 126	100.0	46.4	2.1	2.0	3.8	37.6
1	3	100.0	44.4	–	–	11.1	33.3
4	52	100.0	49.3	4.6	2.0	2.6	34.2
5	21	100.0	47.8	3.0	1.5	7.5	31.3
45	514	100.0	48.9	1.4	1.9	3.2	36.6
43	325	100.0	43.4	2.6	2.1	5.3	40.2
225	1 956	100.0	45.1	2.6	2.9	4.3	37.5
1	3	100.0	36.4	–	18.2	9.1	27.3
7	66	100.0	51.6	3.7	0.5	3.7	35.1
2	46	100.0	50.0	0.9	1.8	1.8	40.4
88	817	100.0	48.2	2.4	2.5	3.9	35.9
74	573	100.0	42.8	2.6	3.4	5.1	39.5
36	284	100.0	43.8	3.1	2.0	4.9	38.4
–	–	–	–	–	–	–	–
2	5	100.0	53.8	7.7	–	7.7	19.2
–	10	100.0	36.8	5.3	–	–	52.6
15	102	100.0	52.7	2.2	1.6	4.7	32.0
8	82	100.0	33.9	2.9	1.7	4.6	47.1

は、健康状態が「大変悪い」「悪い」「どちらかといえば悪い」のいずれかをいう。

第14表　被調査者数・構成割合，<small>性、年齢階級、第1回</small>

女

年齢階級、第1回からの介護をしている状況の変化	総数	第1回から ずっと「よい」	「わるい」から 「よい」に 変化	第1回から ずっと 「わるい」
				被調査者数（単位：人）
総数	10 560	4 925	234	230
第1回から介護をしている	71	28	3	3
介護「していない」から「している」に変化	483	231	12	7
介護「している」から「していない」に変化	458	207	13	13
第1回から介護をしていない	3 775	1 953	70	74
その他の変化	3 314	1 437	85	82
61～64歳	3 648	1 742	84	78
第1回から介護をしている	27	9	1	－
介護「していない」から「している」に変化	206	101	8	4
介護「している」から「していない」に変化	144	63	2	7
第1回から介護をしていない	1 349	715	26	25
その他の変化	1 245	562	35	24
65～69歳	6 101	2 820	133	136
第1回から介護をしている	38	15	2	3
介護「していない」から「している」に変化	250	117	3	3
介護「している」から「していない」に変化	277	127	8	5
第1回から介護をしていない	2 149	1 110	39	42
その他の変化	1 855	781	46	55
70歳	811	363	17	16
第1回から介護をしている	6	4	－	－
介護「していない」から「している」に変化	27	13	1	－
介護「している」から「していない」に変化	37	17	3	1
第1回から介護をしていない	277	128	5	7
その他の変化	214	94	4	3

注：1）総数には各項目の不詳を含む。
　　2）健康状態の変化「よい」は、第1回から第12回まで、健康状態が「大変良い」「良い」「どちらかといえば良い」のいずれか、「わるい」

からの介護をしている状況の変化、第1回からの健康状態の変化別（3−3）

「よい」から「わるい」に変化	その他の変化	総数	第1回からずっと「よい」	「わるい」から「よい」に変化	第1回からずっと「わるい」	「よい」から「わるい」に変化	その他の変化
	第1回からの健康状態の変化						
		構成割合（単位：%）					
417	3 833	100.0	46.6	2.2	2.2	3.9	36.3
5	29	100.0	39.4	4.2	4.2	7.0	40.8
25	176	100.0	47.8	2.5	1.4	5.2	36.4
15	184	100.0	45.2	2.8	2.8	3.3	40.2
165	1 225	100.0	51.7	1.9	2.0	4.4	32.5
116	1 322	100.0	43.4	2.6	2.5	3.5	39.9
133	1 361	100.0	47.8	2.3	2.1	3.6	37.3
1	13	100.0	33.3	3.7	−	3.7	48.1
11	69	100.0	49.0	3.9	1.9	5.3	33.5
3	61	100.0	43.8	1.4	4.9	2.1	42.4
57	447	100.0	53.0	1.9	1.9	4.2	33.1
38	515	100.0	45.1	2.8	1.9	3.1	41.4
251	2 192	100.0	46.2	2.2	2.2	4.1	35.9
4	14	100.0	39.5	5.3	7.9	10.5	36.8
12	98	100.0	46.8	1.2	1.2	4.8	39.2
12	113	100.0	45.8	2.9	1.8	4.3	40.8
100	682	100.0	51.7	1.8	2.0	4.7	31.7
67	732	100.0	42.1	2.5	3.0	3.6	39.5
33	280	100.0	44.8	2.1	2.0	4.1	34.5
−	2	100.0	66.7	−	−	−	33.3
2	9	100.0	48.1	3.7	−	7.4	33.3
−	10	100.0	45.9	8.1	2.7	−	27.0
8	96	100.0	46.2	1.8	2.5	2.9	34.7
11	75	100.0	43.9	1.9	1.4	5.1	35.0

は、健康状態が「大変悪い」「悪い」「どちらかといえば悪い」のいずれかをいう。

年齢階級、第1回の日常生活活動の困難の有無・困難になった理由（複数回答）	総数	第1回からずっと「よい」	「わるい」から「よい」に変化	第1回からずっと「わるい」	「よい」から「わるい」に変化
			被調査者数（単位：人）		
総数	19 513	8 990	454	456	793
困難な活動あり	1 301	235	72	180	38
糖尿病	66	3	4	26	–
心臓病	52	4	3	16	–
脳卒中	41	2	1	11	–
悪性新生物（がん）	28	1	3	4	–
関節疾患（関節リウマチ等）	327	40	20	50	13
骨折・転倒	101	19	5	8	3
その他の外傷	92	21	5	16	2
視覚・聴力障害	60	10	2	11	1
その他	568	109	33	76	17
困難な活動なし	17 424	8 431	357	262	731
61〜64歳	6 641	3 130	146	138	248
困難な活動あり	374	79	20	47	6
糖尿病	16	1	–	8	–
心臓病	12	–	–	2	–
脳卒中	7	–	–	1	–
悪性新生物（がん）	8	–	–	2	–
関節疾患（関節リウマチ等）	90	14	8	14	1
骨折・転倒	25	7	2	2	–
その他の外傷	22	7	1	5	–
視覚・聴力障害	20	6	1	4	–
その他	166	35	8	19	3
困難な活動なし	6 029	2 943	116	88	236
65〜69歳	11 321	5 173	268	287	476
困難な活動あり	798	135	45	115	29
糖尿病	42	1	4	13	–
心臓病	33	3	3	11	–
脳卒中	27	2	1	9	–
悪性新生物（がん）	18	1	3	2	–
関節疾患（関節リウマチ等）	204	23	10	32	11
骨折・転倒	66	12	2	5	2
その他の外傷	64	14	3	11	1
視覚・聴力障害	35	3	1	5	1
その他	349	64	22	53	13
困難な活動なし	10 060	4 862	210	162	432
70歳	1 551	687	40	31	69
困難な活動あり	129	21	7	18	3
糖尿病	8	1	–	5	–
心臓病	7	1	–	3	–
脳卒中	7	–	–	1	–
悪性新生物（がん）	2	–	–	–	–
関節疾患（関節リウマチ等）	33	3	2	4	1
骨折・転倒	10	–	1	1	1
その他の外傷	6	–	1	–	1
視覚・聴力障害	5	1	–	2	–
その他	53	10	3	4	1
困難な活動なし	1 335	626	31	12	63

注：1）総数には各項目の不詳を含む。
　　2）健康状態の変化「よい」は、第1回から第12回まで、健康状態が「大変良い」「良い」「どちらかといえば良い」のいずれか、「わるい」

活動の困難の有無・困難になった理由（複数回答）、第1回からの健康状態の変化別

第1回からの健康状態の変化						
その他の変化	総数	第1回からずっと「よい」	「わるい」から「よい」に変化	第1回からずっと「わるい」	「よい」から「わるい」に変化	その他の変化
			構成割合（単位：%）			
7 199	100.0	46.1	2.3	2.3	4.1	36.9
646	100.0	18.1	5.5	13.8	2.9	49.7
25	100.0	4.5	6.1	39.4	–	37.9
21	100.0	7.7	5.8	30.8	–	40.4
20	100.0	4.9	2.4	26.8	–	48.8
13	100.0	3.6	10.7	14.3	–	46.4
177	100.0	12.2	6.1	15.3	4.0	54.1
53	100.0	18.8	5.0	7.9	3.0	52.5
37	100.0	22.8	5.4	17.4	2.2	40.2
30	100.0	16.7	3.3	18.3	1.7	50.0
283	100.0	19.2	5.8	13.4	3.0	49.8
6 265	100.0	48.4	2.0	1.5	4.2	36.0
2 487	100.0	47.1	2.2	2.1	3.7	37.4
190	100.0	21.1	5.3	12.6	1.6	50.8
6	100.0	6.3	–	50.0	–	37.5
9	100.0	–	–	16.7	–	75.0
6	100.0	–	–	14.3	–	85.7
4	100.0	–	–	25.0	–	50.0
46	100.0	15.6	8.9	15.6	1.1	51.1
13	100.0	28.0	8.0	8.0	–	52.0
8	100.0	31.8	4.5	22.7	–	36.4
7	100.0	30.0	5.0	20.0	–	35.0
87	100.0	21.1	4.8	11.4	1.8	52.4
2 211	100.0	48.8	1.9	1.5	3.9	36.7
4 148	100.0	45.7	2.4	2.5	4.2	36.6
396	100.0	16.9	5.6	14.4	3.6	49.6
18	100.0	2.4	9.5	31.0	–	42.9
11	100.0	9.1	9.1	33.3	–	33.3
10	100.0	7.4	3.7	33.3	–	37.0
8	100.0	5.6	16.7	11.1	–	44.4
113	100.0	11.3	4.9	15.7	5.4	55.4
34	100.0	18.2	3.0	7.6	3.0	51.5
25	100.0	21.9	4.7	17.2	1.6	39.1
22	100.0	8.6	2.9	14.3	2.9	62.9
171	100.0	18.3	6.3	15.2	3.7	49.0
3 576	100.0	48.3	2.1	1.6	4.3	35.5
564	100.0	44.3	2.6	2.0	4.4	36.4
60	100.0	16.3	5.4	14.0	2.3	46.5
1	100.0	12.5	–	62.5	–	12.5
1	100.0	14.3	–	42.9	–	14.3
4	100.0	–	–	14.3	–	57.1
1	100.0	–	–	–	–	50.0
18	100.0	9.1	6.1	12.1	3.0	54.5
6	100.0	–	10.0	10.0	10.0	60.0
4	100.0	–	16.7	–	16.7	66.7
1	100.0	20.0	–	40.0	–	20.0
25	100.0	18.9	5.7	7.5	1.9	47.2
478	100.0	46.9	2.3	0.9	4.7	35.8

は、健康状態が「大変悪い」「悪い」「どちらかといえば悪い」のいずれかをいう。

総数

第1回からの健康状態の変化、第1回の病気やけがの治療のための1か月間の費用の有無・費用額階級	総数	かけている	5千円未満	5千円~1万円未満	1~2万円未満	2~3万円未満	3~4万円未満	4~5万円未満	5~6万円未満	6万円以上
					被調査者数（単位：人）					
総数	19 513	11 731	3 386	3 951	2 725	668	240	99	138	403
かけている	4 653	3 545	828	1 172	972	253	84	37	47	117
1万円未満	1 323	975	321	338	201	38	16	8	10	32
1~2万円未満	2 175	1 744	345	598	526	128	42	17	17	57
2~3万円未満	359	280	34	76	102	39	8	5	9	7
3~4万円未満	115	91	19	18	28	15	5	-	1	5
4~5万円未満	33	22	4	6	7	2	1	-	2	-
5~6万円未満	62	50	14	13	15	4	1	-	-	3
6万円以上	170	132	23	38	37	14	7	3	3	5
かけていない	14 592	8 034	2 512	2 725	1 722	408	155	60	90	278
第1回からずっと「よい」	8 990	4 511	1 769	1 552	813	150	43	25	21	95
かけている	1 601	1 104	371	396	230	53	10	3	7	24
1万円未満	583	393	171	128	60	13	3	1	2	9
1~2万円未満	682	518	137	201	130	29	4	-	3	11
2~3万円未満	69	44	12	12	16	3	-	-	-	1
3~4万円未満	22	15	6	5	2	2	-	-	-	-
4~5万円未満	8	5	1	3	1	-	-	-	-	-
5~6万円未満	22	15	4	7	3	-	-	-	-	1
6万円以上	32	23	4	7	6	2	2	1	-	1
かけていない	7 311	3 368	1 378	1 148	574	96	33	21	14	71
「わるい」から「よい」に変化	454	276	80	101	60	19	2	3	3	4
かけている	206	145	42	53	32	10	2	1	2	2
1万円未満	28	15	4	4	5	-	1	-	-	-
1~2万円未満	101	81	23	32	17	5	1	1	1	1
2~3万円未満	19	12	3	4	4	-	-	-	1	-
3~4万円未満	8	3	1	-	2	-	-	-	-	-
4~5万円未満	2	2	1	-	1	-	-	-	-	-
5~6万円未満	3	3	-	-	-	2	-	-	-	1
6万円以上	29	21	5	9	4	3	-	-	-	-
かけていない	239	127	35	47	28	9	-	2	1	2

注：1）総数には各項目の不詳を含む。
　　2）健康状態の変化「よい」は、第1回から第12回まで、健康状態が「大変良い」「良い」「どちらかといえば良い」のいずれか、「わるい」

治療のための1か月間の費用の有無・費用額階級

かけていない	総数	かけている	5千円未満	5千円〜1万円未満	1〜2万円未満	2〜3万円未満	3〜4万円未満	4〜5万円未満	5〜6万円未満	6万円以上	かけていない
					構成割合（単位：%）						
7 058	100.0	100.0	100.0	100.0	100.0	100.0	100.0	100.0	100.0	100.0	100.0
1 021	23.8	30.2	24.5	29.7	35.7	37.9	35.0	37.4	34.1	29.0	14.5
330	6.8	8.3	9.5	8.6	7.4	5.7	6.7	8.1	7.2	7.9	4.7
395	11.1	14.9	10.2	15.1	19.3	19.2	17.5	17.2	12.3	14.1	5.6
70	1.8	2.4	1.0	1.9	3.7	5.8	3.3	5.1	6.5	1.7	1.0
24	0.6	0.8	0.6	0.5	1.0	2.2	2.1	–	0.7	1.2	0.3
10	0.2	0.2	0.1	0.2	0.3	0.3	0.4	–	1.4	–	0.1
11	0.3	0.4	0.4	0.3	0.6	0.6	0.4	–	–	0.7	0.2
34	0.9	1.1	0.7	1.0	1.4	2.1	2.9	3.0	2.2	1.2	0.5
5 962	74.8	68.5	74.2	69.0	63.2	61.1	64.6	60.6	65.2	69.0	84.5
4 223	100.0	100.0	100.0	100.0	100.0	100.0	100.0	100.0	100.0	100.0	100.0
485	17.8	24.5	21.0	25.5	28.3	35.3	23.3	12.0	33.3	25.3	11.5
187	6.5	8.7	9.7	8.2	7.4	8.7	7.0	4.0	9.5	9.5	4.4
158	7.6	11.5	7.7	13.0	16.0	19.3	9.3	–	14.3	11.6	3.7
25	0.8	1.0	0.7	0.8	2.0	2.0	–	–	–	1.1	0.6
7	0.2	0.3	0.3	0.3	0.2	1.3	–	–	–	–	0.2
3	0.1	0.1	0.1	0.2	0.1	–	–	–	–	–	0.1
7	0.2	0.3	0.2	0.5	0.4	–	–	–	–	1.1	0.2
9	0.4	0.5	0.2	0.5	0.7	1.3	4.7	4.0	–	1.1	0.2
3 712	81.3	74.7	77.9	74.0	70.6	64.0	76.7	84.0	66.7	74.7	87.9
162	100.0	100.0	100.0	100.0	100.0	100.0	100.0	100.0	100.0	100.0	100.0
58	45.4	52.5	52.5	52.5	53.3	52.6	100.0	33.3	66.7	50.0	35.8
13	6.2	5.4	5.0	4.0	8.3	–	50.0	–	–	–	8.0
19	22.2	29.3	28.8	31.7	28.3	26.3	50.0	33.3	33.3	25.0	11.7
6	4.2	4.3	3.8	4.0	6.7	–	–	–	33.3	–	3.7
5	1.8	1.1	1.3	–	3.3	–	–	–	–	–	3.1
–	0.4	0.7	1.3	1.0	–	–	–	–	–	–	–
–	0.7	1.1	–	–	–	10.5	–	–	–	25.0	–
8	6.4	7.6	6.3	8.9	6.7	15.8	–	–	–	–	4.9
100	52.6	46.0	43.8	46.5	46.7	47.4	–	66.7	33.3	50.0	61.7

は、健康状態が「大変悪い」「悪い」「どちらかといえば悪い」のいずれかをいう。

第 16 表　被調査者数・構成割合， 性、第 1 回からの健康状態　第 12 回の病気やけがの治療

総数

第1回からの健康状態の変化、第1回の病気やけがの治療のための1か月間の費用の有無・費用額階級	総数	かけている	第12回の病気やけがの							
			5千円未満	5千円～1万円未満	1～2万円未満	2～3万円未満	3～4万円未満	4～5万円未満	5～6万円未満	6万円以上
					被調査者数（単位：人）					
第1回から										
ずっと「わるい」	456	360	47	89	130	40	16	2	11	24
かけている	223	190	22	44	74	18	12	2	7	10
1万円未満	24	20	5	5	5	1	2	－	－	2
1～2万円未満	116	100	11	25	40	10	6	1	1	5
2～3万円未満	40	32	1	7	14	2	2	1	3	2
3～4万円未満	17	16	1	2	7	3	1	－	1	1
4～5万円未満	1	1	－	－	－	－	－	－	1	－
5～6万円未満	4	4	－	－	3	1	－	－	－	－
6万円以上	10	8	1	3	1	1	1	－	1	－
かけていない	225	167	24	44	55	22	4	－	4	14
「よい」から										
「わるい」に変化	793	650	92	153	184	69	30	13	26	70
かけている	172	154	23	26	48	19	8	7	5	16
1万円未満	61	57	14	11	15	3	2	3	2	7
1～2万円未満	78	66	5	10	22	12	6	2	3	4
2～3万円未満	10	9	1	1	2	2	－	2	－	1
3～4万円未満	3	3	－	－	－	－	－	－	－	1
4～5万円未満	1	1	－	－	－	－	－	－	－	－
5～6万円未満	2	2	1	－	1	－	－	－	－	－
6万円以上	3	3	－	－	－	1	－	－	－	2
かけていない	613	490	69	124	134	50	22	6	21	53
その他の変化	7 199	4 956	1 176	1 715	1 284	324	122	48	67	175
かけている	2 014	1 619	307	544	494	127	40	21	20	54
1万円未満	521	415	109	162	101	18	4	3	5	11
1～2万円未満	994	820	142	273	267	62	22	12	6	30
2～3万円未満	182	151	15	45	55	23	5	1	4	3
3～4万円未満	46	37	5	8	12	7	3	－	－	2
4～5万円未満	17	11	2	1	4	2	1	－	1	－
5～6万円未満	24	19	6	4	7	1	－	－	－	1
6万円以上	76	61	9	16	21	7	2	2	1	2
かけていない	5 074	3 263	851	1 142	777	192	82	27	46	115

注：1）総数には各項目の不詳を含む。
　　2）健康状態の変化「よい」は、第1回から第12回まで、健康状態が「大変良い」「良い」「どちらかといえば良い」のいずれか、「わるい」

治療のための1か月間の費用の有無・費用額階級

かけていない	総数	かけている	5千円未満	5千円～1万円未満	1～2万円未満	2～3万円未満	3～4万円未満	4～5万円未満	5～6万円未満	6万円以上	かけていない
					構成割合（単位：%）						
79	100.0	100.0	100.0	100.0	100.0	100.0	100.0	100.0	100.0	100.0	100.0
28	48.9	52.8	46.8	49.4	56.9	45.0	75.0	100.0	63.6	41.7	35.4
3	5.3	5.6	10.6	5.6	3.8	2.5	12.5	－	－	8.3	3.8
15	25.4	27.8	23.4	28.1	30.8	25.0	37.5	50.0	9.1	20.8	19.0
6	8.8	8.9	2.1	7.9	10.8	5.0	12.5	50.0	27.3	8.3	7.6
1	3.7	4.4	2.1	2.2	5.4	7.5	6.3	－	9.1	4.2	1.3
－	0.2	0.3	－	－	－	－	－	－	9.1	－	－
－	0.9	1.1	－	－	2.3	2.5	－	－	－	－	－
2	2.2	2.2	2.1	3.4	0.8	2.5	6.3	－	9.1	－	2.5
47	49.3	46.4	51.1	49.4	42.3	55.0	25.0	－	36.4	58.3	59.5
120	100.0	100.0	100.0	100.0	100.0	100.0	100.0	100.0	100.0	100.0	100.0
16	21.7	23.7	25.0	17.0	26.1	27.5	26.7	53.8	19.2	22.9	13.3
4	7.7	8.8	15.2	7.2	8.2	4.3	6.7	23.1	7.7	10.0	3.3
10	9.8	10.2	5.4	6.5	12.0	17.4	20.0	15.4	11.5	5.7	8.3
1	1.3	1.4	1.1	0.7	1.1	2.9	－	15.4	－	1.4	0.8
－	0.4	0.5	－	－	1.1	－	－	－	－	1.4	－
－	0.1	0.2	－	－	0.5	－	－	－	－	－	－
－	0.3	0.3	1.1	－	0.5	－	－	－	－	－	－
－	0.4	0.5	－	－	－	1.4	－	－	－	2.9	－
102	77.3	75.4	75.0	81.0	72.8	72.5	73.3	46.2	80.8	75.7	85.0
2 015	100.0	100.0	100.0	100.0	100.0	100.0	100.0	100.0	100.0	100.0	100.0
352	28.0	32.7	26.1	31.7	38.5	39.2	32.8	43.8	29.9	30.9	17.5
100	7.2	8.4	9.3	9.4	7.9	5.6	3.3	6.3	7.5	6.3	5.0
155	13.8	16.5	12.1	15.9	20.8	19.1	18.0	25.0	9.0	17.1	7.7
26	2.5	3.0	1.3	2.6	4.3	7.1	4.1	2.1	6.0	1.7	1.3
9	0.6	0.7	0.4	0.5	0.9	2.2	2.5	－	－	1.1	0.4
6	0.2	0.2	0.2	0.1	0.3	0.6	0.8	－	1.5	－	0.3
4	0.3	0.4	0.5	0.2	0.5	0.3	－	－	－	0.6	0.2
12	1.1	1.2	0.8	0.9	1.6	2.2	1.6	4.2	1.5	1.1	0.6
1 637	70.5	65.8	72.4	66.6	60.5	59.3	67.2	56.3	68.7	65.7	81.2

は、健康状態が「大変悪い」「悪い」「どちらかといえば悪い」のいずれかをいう。

第16表　被調査者数・構成割合，性、第1回からの健康状態 第12回の病気やけがの治療

男

第1回からの健康状態の変化、第1回の病気やけがの治療のための1か月間の費用の有無・費用額階級	総数	かけている	第12回の病気やけがの							
			5千円未満	5千円～1万円未満	1～2万円未満	2～3万円未満	3～4万円未満	4～5万円未満	5～6万円未満	6万円以上
					被調査者数（単位：人）					
総数	8 953	5 434	1 412	1 855	1 346	332	124	44	63	212
かけている	2 018	1 559	320	533	429	120	46	15	21	67
1万円未満	515	393	126	138	82	12	9	3	5	18
1～2万円未満	990	786	130	290	233	56	23	9	9	32
2～3万円未満	151	115	16	31	41	20	3	－	1	3
3～4万円未満	57	49	10	9	13	10	4	－	－	3
4～5万円未満	19	12	1	4	3	2	1	－	1	－
5～6万円未満	28	23	4	4	9	3	－	－	－	3
6万円以上	101	84	13	23	23	11	6	2	1	4
かけていない	6 825	3 810	1 077	1 293	903	211	77	27	42	143
第1回からずっと「よい」	4 065	2 059	743	722	404	75	26	14	11	47
かけている	676	483	145	183	98	28	6	2	5	14
1万円未満	213	155	66	55	21	5	2	1	－	5
1～2万円未満	318	240	52	98	61	16	2	－	3	6
2～3万円未満	30	17	6	4	5	2	－	－	－	－
3～4万円未満	13	10	3	3	2	2	－	－	－	－
4～5万円未満	3	2	－	2	－	－	－	－	－	－
5～6万円未満	11	7	2	4	－	－	－	－	－	1
6万円以上	24	21	4	6	5	2	2	1	－	1
かけていない	3 362	1 564	591	536	305	47	20	11	6	33
「わるい」から「よい」に変化	220	137	35	47	35	12	2	1	－	4
かけている	87	63	15	23	15	5	2	1	－	2
1万円未満	8	4	－	1	2	－	1	－	－	－
1～2万円未満	46	38	10	15	8	2	1	1	－	1
2～3万円未満	9	5	3	1	1	－	－	－	－	－
3～4万円未満	1	－	－	－	－	－	－	－	－	－
4～5万円未満	1	1	－	1	－	－	－	－	－	－
5～6万円未満	2	2	－	－	－	1	－	－	－	1
6万円以上	17	13	2	5	4	2	－	－	－	－
かけていない	129	73	20	23	20	7	－	－	－	2

注：1）総数には各項目の不詳を含む。
　　2）健康状態の変化「よい」は、第1回から第12回まで、健康状態が「大変良い」「良い」「どちらかといえば良い」のいずれか、「わるい」

第12回調査（平成28年）

治療のための1か月間の費用の有無・費用額階級

かけていない	総数	かけている	5千円未満	5千円～1万円未満	1～2万円未満	2～3万円未満	3～4万円未満	4～5万円未満	5～6万円未満	6万円以上	かけていない
						構成割合（単位：%）					
3 220	100.0	100.0	100.0	100.0	100.0	100.0	100.0	100.0	100.0	100.0	100.0
421	22.5	28.7	22.7	28.7	31.9	36.1	37.1	34.1	33.3	31.6	13.1
115	5.8	7.2	8.9	7.4	6.1	3.6	7.3	6.8	7.9	8.5	3.6
191	11.1	14.5	9.2	15.6	17.3	16.9	18.5	20.5	14.3	15.1	5.9
33	1.7	2.1	1.1	1.7	3.0	6.0	2.4	–	1.6	1.4	1.0
8	0.6	0.9	0.7	0.5	1.0	3.0	3.2	–	–	1.4	0.2
6	0.2	0.2	0.1	0.2	0.2	0.6	0.8	–	1.6	–	0.2
4	0.3	0.4	0.3	0.2	0.7	0.9	–	–	–	1.4	0.1
15	1.1	1.5	0.9	1.2	1.7	3.3	4.8	4.5	1.6	1.9	0.5
2 767	76.2	70.1	76.3	69.7	67.1	63.6	62.1	61.4	66.7	67.5	85.9
1 906	100.0	100.0	100.0	100.0	100.0	100.0	100.0	100.0	100.0	100.0	100.0
189	16.6	23.5	19.5	25.3	24.3	37.3	23.1	14.3	45.5	29.8	9.9
56	5.2	7.5	8.9	7.6	5.2	6.7	7.7	7.1	–	10.6	2.9
77	7.8	11.7	7.0	13.6	15.1	21.3	7.7	–	27.3	12.8	4.0
13	0.7	0.8	0.8	0.6	1.2	2.7	–	–	–	–	0.7
3	0.3	0.5	0.4	0.4	0.5	2.7	–	–	–	–	0.2
1	0.1	0.1	–	0.3	–	–	–	–	–	–	0.1
4	0.3	0.3	0.3	0.6	–	–	–	–	–	2.1	0.2
3	0.6	1.0	0.5	0.8	1.2	2.7	7.7	7.1	–	2.1	0.2
1 706	82.7	76.0	79.5	74.2	75.5	62.7	76.9	78.6	54.5	70.2	89.5
79	100.0	100.0	100.0	100.0	100.0	100.0	100.0	100.0		100.0	100.0
24	39.5	46.0	42.9	48.9	42.9	41.7	100.0	100.0		50.0	30.4
4	3.6	2.9	–	2.1	5.7	–	50.0	–		–	5.1
8	20.9	27.7	28.6	31.9	22.9	16.7	50.0	100.0		25.0	10.1
4	4.1	3.6	8.6	2.1	2.9	–	–	–		–	5.1
1	0.5	–	–	–	–	–	–	–		–	1.3
–	0.5	0.7	–	2.1	–	–	–	–		–	–
–	0.9	1.5	–	–	–	8.3	–	–		25.0	–
4	7.7	9.5	5.7	10.6	11.4	16.7	–	–		–	5.1
53	58.6	53.3	57.1	48.9	57.1	58.3	–	–		50.0	67.1

は、健康状態が「大変悪い」「悪い」「どちらかといえば悪い」のいずれかをいう。

第16表　被調査者数・構成割合，性、第1回からの健康状態第12回の病気やけがの治療

男

第1回からの健康状態の変化、第1回の病気やけがの治療のための1か月間の費用の有無・費用額階級	総数	かけている	5千円未満	5千円~1万円未満	1~2万円未満	2~3万円未満	3~4万円未満	4~5万円未満	5~6万円未満	6万円以上
					被調査者数（単位：人）					
第1回から ずっと「わるい」	226	178	24	49	69	17	5	–	1	13
かけている	106	93	12	27	36	8	4	–	1	5
1万円未満	7	6	2	–	2		1			1
1~2万円未満	60	50	8	17	19	3	1	–	–	2
2~3万円未満	18	16	–	4	6	2	2	–	1	1
3~4万円未満	7	7	–	2	3	1				1
4~5万円未満	–	–								
5~6万円未満	4	4	–	–	3		1			
6万円以上	5	5	1	3	–		1			
かけていない	117	84	12	22	32	9	1			8
「よい」から 「わるい」に変化	376	308	43	69	85	38	17	3	8	39
かけている	71	65	6	10	23	8	5	–	1	11
1万円未満	24	23	4	2	9	2	1			5
1~2万円未満	32	28	1	4	10	4	4	–	1	3
2~3万円未満	4	4	–	1	1	1	–			1
3~4万円未満	2	2			1		–			
4~5万円未満	1	1			1					
5~6万円未満	2	2	1		1		–			–
6万円以上	1	1	–		–	–			–	1
かけていない	301	241	37	58	61	30	12	3	7	28
その他の変化	3 366	2 327	485	817	638	161	60	20	37	91
かけている	898	721	118	246	218	62	24	10	10	30
1万円未満	217	171	46	66	43	3	3	1	4	5
1~2万円未満	454	370	51	132	119	27	14	7	2	17
2~3万円未満	73	62	6	19	22	13	1	–	–	1
3~4万円未満	25	22	3	3	6	6	3			1
4~5万円未満	12	8	1	1	2	2			1	
5~6万円未満	8	7	–	–	5	1	–			1
6万円以上	44	36	4	9	10	6	2	1	1	2
かけていない	2 416	1 571	359	555	413	98	36	10	27	59

注：1）総数には各項目の不詳を含む。
　　2）健康状態の変化「よい」は、第1回から第12回まで、健康状態が「大変良い」「良い」「どちらかといえば良い」のいずれか、「わるい」

の変化、第1回の病気やけがの治療のための1か月間の費用の有無・費用額階級、
のための1か月間の費用の有無・費用額階級別（6－4）

第12回調査（平成28年）

治療のための1か月間の費用の有無・費用額階級

構成割合（単位：%）

かけて いない	総数	かけて いる	5千円 未満	5千円～ 1万円 未満	1～2万 円未満	2～3万 円未満	3～4万 円未満	4～5万 円未満	5～6万 円未満	6万円 以上	かけて いない
40	100.0	100.0	100.0	100.0	100.0	100.0	100.0	–	100.0	100.0	100.0
12	46.9	52.2	50.0	55.1	52.2	47.1	80.0	–	100.0	38.5	30.0
1	3.1	3.4	8.3	–	2.9	–	20.0	–	–	7.7	2.5
10	26.5	28.1	33.3	34.7	27.5	17.6	20.0	–	–	15.4	25.0
1	8.0	9.0	–	8.2	8.7	11.8	40.0	–	100.0	7.7	2.5
–	3.1	3.9	–	4.1	4.3	5.9	–	–	–	7.7	–
–	–	–	–	–	–	–	–	–	–	–	–
–	1.8	2.2	–	–	4.3	5.9	–	–	–	–	–
–	2.2	2.8	4.2	6.1	–	5.9	–	–	–	–	–
26	51.8	47.2	50.0	44.9	46.4	52.9	20.0	–	–	61.5	65.0
60	100.0	100.0	100.0	100.0	100.0	100.0	100.0	100.0	100.0	100.0	100.0
5	18.9	21.1	14.0	14.5	27.1	21.1	29.4	–	12.5	28.2	8.3
1	6.4	7.5	9.3	2.9	10.6	5.3	5.9	–	–	12.8	1.7
3	8.5	9.1	2.3	5.8	11.8	10.5	23.5	–	12.5	7.7	5.0
–	1.1	1.3	–	1.4	1.2	2.6	–	–	–	2.6	–
–	0.5	0.6	–	–	1.2	–	–	–	–	2.6	–
–	0.3	0.3	–	–	1.2	–	–	–	–	–	–
–	0.5	0.6	2.3	–	1.2	–	–	–	–	–	–
–	0.3	0.3	–	–	–	–	–	–	–	2.6	–
53	80.1	78.2	86.0	84.1	71.8	78.9	70.6	100.0	87.5	71.8	88.3
939	100.0	100.0	100.0	100.0	100.0	100.0	100.0	100.0	100.0	100.0	100.0
155	26.7	31.0	24.3	30.1	34.2	38.5	40.0	50.0	27.0	33.0	16.5
43	6.4	7.3	9.5	8.1	6.7	1.9	5.0	5.0	10.8	5.5	4.6
77	13.5	15.9	10.5	16.2	18.7	16.8	23.3	35.0	5.4	18.7	8.2
10	2.2	2.7	1.2	2.3	3.4	8.1	1.7	–	–	1.1	1.1
3	0.7	0.9	0.6	0.4	0.9	3.7	5.0	–	–	1.1	0.3
4	0.4	0.3	0.2	0.1	0.3	1.2	1.7	–	2.7	–	0.4
–	0.2	0.3	–	–	0.8	0.6	–	–	–	1.1	–
6	1.3	1.5	0.8	1.1	1.6	3.7	3.3	5.0	2.7	2.2	0.6
772	71.8	67.5	74.0	67.9	64.7	60.9	60.0	50.0	73.0	64.8	82.2

は、健康状態が「大変悪い」「悪い」「どちらかといえば悪い」のいずれかをいう。

第16表　被調査者数・構成割合，性、第1回からの健康状態
第12回の病気やけがの治療

女

第1回からの健康状態の変化、第1回の病気やけがの治療のための1か月間の費用の有無・費用額階級	総数	かけている	5千円未満	5千円～1万円未満	1～2万円未満	2～3万円未満	3～4万円未満	4～5万円未満	5～6万円未満	6万円以上
					被調査者数（単位：人）					
総数	10 560	6 297	1 974	2 096	1 379	336	116	55	75	191
かけている	2 635	1 986	508	639	543	133	38	22	26	50
1万円未満	808	582	195	200	119	26	7	5	5	14
1～2万円未満	1 185	958	215	308	293	72	19	8	8	25
2～3万円未満	208	165	18	45	61	19	5	5	8	4
3～4万円未満	58	42	9	9	15	5	1	-	1	2
4～5万円未満	14	10	3	2	4	-	-	-	1	-
5～6万円未満	34	27	10	9	6	1	1	-	-	-
6万円以上	69	48	10	15	14	3	1	1	2	1
かけていない	7 767	4 224	1 435	1 432	819	197	78	33	48	135
第1回からずっと「よい」	4 925	2 452	1 026	830	409	75	17	11	10	48
かけている	925	621	226	213	132	25	4	1	2	10
1万円未満	370	238	105	73	39	8	1	-	2	4
1～2万円未満	364	278	85	103	69	13	2	-	-	5
2～3万円未満	39	27	6	8	11	1	-	-	-	1
3～4万円未満	9	5	3	2	-	-	-	-	-	-
4～5万円未満	5	3	1	1	1	-	-	-	-	-
5～6万円未満	11	8	2	3	3	-	-	-	-	-
6万円以上	8	2	-	1	1	-	-	-	-	-
かけていない	3 949	1 804	787	612	269	49	13	10	8	38
「わるい」から「よい」に変化	234	139	45	54	25	7	-	2	3	-
かけている	119	82	27	30	17	5	-	-	2	-
1万円未満	20	11	4	3	3	-	-	-	-	-
1～2万円未満	55	43	13	17	9	3	-	-	1	-
2～3万円未満	10	7	-	3	3	-	-	-	1	-
3～4万円未満	7	3	1	-	-	-	-	-	-	-
4～5万円未満	1	1	1	-	-	-	-	-	-	-
5～6万円未満	1	1	-	-	-	1	-	-	-	-
6万円以上	12	8	3	4	-	1	-	-	-	-
かけていない	110	54	15	24	8	2	-	2	1	-

注：1）総数には各項目の不詳を含む。
　　2）健康状態の変化「よい」は、第1回から第12回まで、健康状態が「大変良い」「良い」「どちらかといえば良い」のいずれか、「わるい」

の変化、第1回の病気やけがの治療のための1か月間の費用の有無・費用額階級、
のための1か月間の費用の有無・費用額階級別（6－5）

治療のための1か月間の費用の有無・費用額階級

かけていない	総数	かけている	5千円未満	5千円～1万円未満	1～2万円未満	2～3万円未満	3～4万円未満	4～5万円未満	5～6万円未満	6万円以上	かけていない
					構成割合（単位：％）						
3 838	100.0	100.0	100.0	100.0	100.0	100.0	100.0	100.0	100.0	100.0	100.0
600	25.0	31.5	25.7	30.5	39.4	39.6	32.8	40.0	34.7	26.2	15.6
215	7.7	9.2	9.9	9.5	8.6	7.7	6.0	9.1	6.7	7.3	5.6
204	11.2	15.2	10.9	14.7	21.2	21.4	16.4	14.5	10.7	13.1	5.3
37	2.0	2.6	0.9	2.1	4.4	5.7	4.3	9.1	10.7	2.1	1.0
16	0.5	0.7	0.5	0.4	1.1	1.5	0.9	–	1.3	1.0	0.4
4	0.1	0.2	0.2	0.1	0.3	–	–	–	1.3	–	0.1
7	0.3	0.4	0.5	0.4	0.4	0.3	0.9	–	–	–	0.2
19	0.7	0.8	0.5	0.7	1.0	0.9	0.9	1.8	2.7	0.5	0.5
3 195	73.6	67.1	72.7	68.3	59.4	58.6	67.2	60.0	64.0	70.7	83.2
2 317	100.0	100.0	100.0	100.0	100.0	100.0	100.0	100.0	100.0	100.0	100.0
296	18.8	25.3	22.0	25.7	32.3	33.3	23.5	9.1	20.0	20.8	12.8
131	7.5	9.7	10.2	8.8	9.5	10.7	5.9	–	20.0	8.3	5.7
81	7.4	11.3	8.3	12.4	16.9	17.3	11.8	–	–	10.4	3.5
12	0.8	1.1	0.6	1.0	2.7	1.3	–	–	–	2.1	0.5
4	0.2	0.2	0.3	0.2	–	–	–	–	–	–	0.2
2	0.1	0.1	0.1	0.1	0.2	–	–	–	–	–	0.1
3	0.2	0.3	0.2	0.4	0.7	–	–	–	–	–	0.1
6	0.2	0.1	–	0.1	0.2	–	–	–	–	–	0.3
2 006	80.2	73.6	76.7	73.7	65.8	65.3	76.5	90.9	80.0	79.2	86.6
83	100.0	100.0	100.0	100.0	100.0	100.0	–	100.0	100.0	–	100.0
34	50.9	59.0	60.0	55.6	68.0	71.4	–	–	66.7	–	41.0
9	8.5	7.9	8.9	5.6	12.0	–	–	–	–	–	10.8
11	23.5	30.9	28.9	31.5	36.0	42.9	–	–	33.3	–	13.3
2	4.3	5.0	–	5.6	12.0	–	–	–	33.3	–	2.4
4	3.0	2.2	2.2	–	8.0	–	–	–	–	–	4.8
–	0.4	0.7	2.2	–	–	–	–	–	–	–	–
–	0.4	0.7	–	–	–	14.3	–	–	–	–	–
4	5.1	5.8	6.7	7.4	–	14.3	–	–	–	–	4.8
47	47.0	38.8	33.3	44.4	32.0	28.6	–	100.0	33.3	–	56.6

は、健康状態が「大変悪い」「悪い」「どちらかといえば悪い」のいずれかをいう。

第16表　被調査者数・構成割合, 性、第1回からの健康状態 第12回の病気やけがの治療

女

被調査者数（単位：人）

第1回からの健康状態の変化、第1回の病気やけがの治療のための1か月間の費用の有無・費用額階級	総数	かけている	5千円未満	5千円～1万円未満	1～2万円未満	2～3万円未満	3～4万円未満	4～5万円未満	5～6万円未満	6万円以上
第1回から ずっと「わるい」	230	182	23	40	61	23	11	2	10	11
かけている	117	97	10	17	38	10	8	2	6	5
1万円未満	17	14	3	5	3	1	1	－	－	1
1～2万円未満	56	50	3	8	21	7	5	1	1	3
2～3万円未満	22	16	1	3	8	－	－	1	2	1
3～4万円未満	10	9	1	－	4	2	1	－	1	－
4～5万円未満	1	1	－	－	－	－	－	－	1	－
5～6万円未満	－	－	－	－	－	－	－	－	－	－
6万円以上	5	3	－	－	1	－	1	－	1	－
かけていない	108	83	12	22	23	13	3	－	4	6
「よい」から「わるい」に変化	417	342	49	84	99	31	13	10	18	31
かけている	101	89	17	16	25	11	3	7	4	5
1万円未満	37	34	10	9	6	1	1	3	2	2
1～2万円未満	46	38	4	6	12	8	2	2	2	1
2～3万円未満	6	5	1	－	1	1	－	2	－	－
3～4万円未満	1	1	－	－	1	－	－	－	－	－
4～5万円未満	－	－	－	－	－	－	－	－	－	－
5～6万円未満	－	－	－	－	－	－	－	－	－	－
6万円以上	2	2	－	－	－	1	－	－	－	1
かけていない	312	249	32	66	73	20	10	3	14	25
その他の変化	3 833	2 629	691	898	646	163	62	28	30	84
かけている	1 116	898	189	298	276	65	16	11	10	24
1万円未満	304	244	63	96	58	15	1	2	1	6
1～2万円未満	540	450	91	141	148	35	8	5	4	13
2～3万円未満	109	89	9	26	33	10	4	1	4	2
3～4万円未満	21	15	2	5	6	1	－	－	－	1
4～5万円未満	5	3	1	－	2	－	－	－	－	－
5～6万円未満	16	12	6	4	2	－	－	－	－	－
6万円以上	32	25	5	7	11	1	－	－	1	－
かけていない	2 658	1 692	492	587	364	94	46	17	19	56

注：1）総数には各項目の不詳を含む。
　　2）健康状態の変化「よい」は、第1回から第12回まで、健康状態が「大変良い」「良い」「どちらかといえば良い」のいずれか、「わるい」

112

の変化、第1回の病気やけがの治療のための1か月間の費用の有無・費用額階級、
のための1か月間の費用の有無・費用額階級別（6－6）

第12回調査（平成28年）

治療のための1か月間の費用の有無・費用額階級

かけていない	総数	かけている	5千円未満	5千円～1万円未満	1～2万円未満	2～3万円未満	3～4万円未満	4～5万円未満	5～6万円未満	6万円以上	かけていない
					構成割合（単位：%）						
39	100.0	100.0	100.0	100.0	100.0	100.0	100.0	100.0	100.0	100.0	100.0
16	50.9	53.3	43.5	42.5	62.3	43.5	72.7	100.0	60.0	45.5	41.0
2	7.4	7.7	13.0	12.5	4.9	4.3	9.1	-	-	9.1	5.1
5	24.3	27.5	13.0	20.0	34.4	30.4	45.5	50.0	10.0	27.3	12.8
5	9.6	8.8	4.3	7.5	13.1	-	-	50.0	20.0	9.1	12.8
1	4.3	4.9	4.3	-	6.6	8.7	9.1	-	10.0	-	2.6
-	0.4	0.5	-	-	-	-	-	-	10.0	-	-
-	-	-	-	-	-	-	-	-	-	-	-
2	2.2	1.6	-	-	1.6	-	9.1	-	10.0	-	5.1
21	47.0	45.6	52.2	55.0	37.7	56.5	27.3	-	40.0	54.5	53.8
60	100.0	100.0	100.0	100.0	100.0	100.0	100.0	100.0	100.0	100.0	100.0
11	24.2	26.0	34.7	19.0	25.3	35.5	23.1	70.0	22.2	16.1	18.3
3	8.9	9.9	20.4	10.7	6.1	3.2	7.7	30.0	11.1	6.5	5.0
7	11.0	11.1	8.2	7.1	12.1	25.8	15.4	20.0	11.1	3.2	11.7
1	1.4	1.5	2.0	-	1.0	3.2	-	20.0	-	-	1.7
-	0.2	0.3	-	-	1.0	-	-	-	-	-	-
-	-	-	-	-	-	-	-	-	-	-	-
-	0.5	0.6	-	-	-	3.2	-	-	-	3.2	-
49	74.8	72.8	65.3	78.6	73.7	64.5	76.9	30.0	77.8	80.6	81.7
1 076	100.0	100.0	100.0	100.0	100.0	100.0	100.0	100.0	100.0	100.0	100.0
197	29.1	34.2	27.4	33.2	42.7	39.9	25.8	39.3	33.3	28.6	18.3
57	7.9	9.3	9.1	10.7	9.0	9.2	1.6	7.1	3.3	7.1	5.3
78	14.1	17.1	13.2	15.7	22.9	21.5	12.9	17.9	13.3	15.5	7.2
16	2.8	3.4	1.3	2.9	5.1	6.1	6.5	3.6	13.3	2.4	1.5
6	0.5	0.6	0.3	0.6	0.9	0.6	-	-	-	1.2	0.6
2	0.1	0.1	0.1	-	0.3	-	-	-	-	-	0.2
4	0.4	0.5	0.9	0.4	0.3	-	-	-	-	-	0.4
6	0.8	1.0	0.7	0.8	1.7	0.6	-	3.6	-	-	0.6
865	69.3	64.4	71.2	65.4	56.3	57.7	74.2	60.7	63.3	66.7	80.4

は、健康状態が「大変悪い」「悪い」「どちらかといえば悪い」のいずれかをいう。

第17表　被調査者数・構成割合，性、第12回の飲酒の程

被調査者数：総数

第12回の飲酒の程度・1日平均飲酒量	総数	第1回からずっと「よい」	「わるい」から「よい」に変化	第1回からずっと「わるい」	「よい」から「わるい」に変化	その他の変化	61～64歳	第1回からずっと「よい」	「わるい」から「よい」に変化	第1回からずっと「わるい」	「よい」から「わるい」に変化
総数	19 513	8 990	454	456	793	7 199	6 641	3 130	146	138	248
飲む	8 955	4 462	229	162	293	3 116	3 181	1 602	78	55	89
1合未満	3 961	2 027	98	67	121	1 334	1 349	710	34	22	33
1～3合未満	4 379	2 169	117	80	149	1 542	1 579	786	38	26	43
3～5合未満	484	212	10	14	18	191	203	87	3	6	11
5合以上	41	14	1	－	1	18	21	9	1	－	－
毎日	4 193	2 071	103	75	142	1 498	1 456	725	36	25	43
1合未満	1 170	595	24	19	36	414	373	193	9	6	13
1～3合未満	2 675	1 334	71	45	94	946	944	479	23	14	25
3～5合未満	305	128	7	11	11	119	119	46	3	5	5
5合以上	25	6	1	－	1	12	13	4	1	－	－
週5～6日	1 315	689	42	23	35	426	490	264	14	8	11
1合未満	610	319	22	10	16	195	207	115	7	2	4
1～3合未満	636	337	19	12	15	205	250	131	7	6	4
3～5合未満	51	24	1	1	3	20	24	13	－	－	3
5合以上	5	3	－	－	－	2	3	2	－	－	－
週3～4日	1 172	585	26	19	37	415	419	221	11	5	12
1合未満	644	336	17	7	14	212	226	124	7	1	3
1～3合未満	450	213	8	10	20	170	159	83	4	2	7
3～5合未満	67	33	1	1	3	27	30	13	－	1	2
5合以上	3	－	－	－	－	3	1	－	－	－	－
週1～2日	1 138	564	23	23	41	397	436	224	7	10	12
1合未満	778	393	12	17	27	266	305	159	4	9	7
1～3合未満	301	142	10	5	11	112	111	54	3	1	3
3～5合未満	32	17	1	1	1	11	12	8	－	－	1
5合以上	3	2	－	－	－	－	3	2	－	－	－
月に1～3日	1 085	533	33	21	37	354	365	164	10	7	11
1合未満	735	375	22	13	27	237	233	116	7	4	6
1～3合未満	291	132	8	8	9	95	106	38	1	3	4
3～5合未満	27	10	－	－	－	12	17	7	－	－	－
5合以上	5	3	－	－	－	1	1	1	－	－	－
ほとんど飲まない	4 180	1 910	82	92	180	1 544	1 444	665	26	24	61
飲まない	6 279	2 588	141	196	316	2 506	1 992	855	41	58	98

注：1）総数には各項目の不詳を含む。
　　2）健康状態の変化「よい」は、第1回から第12回まで、健康状態が「大変良い」「良い」「どちらかといえば良い」のいずれか、「わるい」

114

度・1日平均飲酒量、年齢階級、第1回からの健康状態の変化別（6－1）

年齢階級、第1回からの健康状態の変化

被調査者数（単位：人）

その他の変化	65～69歳	第1回からずっと「よい」	「わるい」から「よい」に変化	第1回からずっと「わるい」	「よい」から「わるい」に変化	その他の変化	70歳	第1回からずっと「よい」	「わるい」から「よい」に変化	第1回からずっと「わるい」	「よい」から「わるい」に変化	その他の変化
2 487	11 321	5 173	268	287	476	4 148	1 551	687	40	31	69	564
1 123	5 100	2 525	138	96	177	1 771	674	335	13	11	27	222
451	2 305	1 163	62	39	78	779	307	154	2	6	10	104
571	2 468	1 220	69	50	91	861	332	163	10	4	15	110
84	251	110	6	7	5	100	30	15	1	1	2	7
7	20	5	-	-	1	11	-	-	-	-	-	-
528	2 403	1 185	62	48	80	855	334	161	5	2	19	115
125	686	350	15	13	18	244	111	52	-	-	5	45
345	1 529	757	43	30	57	535	202	98	5	1	12	66
50	165	71	4	5	4	65	21	11	-	1	2	4
5	12	2	-	-	1	7	-	-	-	-	-	-
160	732	375	26	13	21	238	93	50	2	2	3	28
66	357	180	14	7	10	116	46	24	1	1	2	13
83	342	181	11	5	10	108	44	25	1	1	1	14
8	25	10	1	1	-	11	2	1	-	-	-	1
1	2	1	-	-	-	1	-	-	-	-	-	-
147	666	331	13	13	25	231	87	33	2	1	-	37
75	372	192	10	5	11	121	46	20	-	1	-	16
57	255	118	3	8	13	94	36	12	1	-	-	19
14	32	19	-	-	1	11	5	1	1	-	-	2
1	2	-	-	-	-	2	-	-	-	-	-	-
147	623	296	15	12	27	226	79	44	1	1	2	24
103	422	204	8	7	19	148	51	30	-	1	1	15
39	166	77	6	4	7	65	24	11	1	-	1	8
3	18	7	1	1	-	8	2	2	-	-	-	-
-	-	-	-	-	-	-	-	-	-	-	-	-
130	647	326	20	10	23	209	73	43	3	4	3	15
80	453	231	14	7	19	145	49	28	1	2	2	12
39	163	81	5	3	4	53	22	13	2	2	1	3
8	10	3	-	-	-	4	-	-	-	-	-	-
-	4	2	-	-	-	1	-	-	-	-	-	-
545	2 408	1 102	45	65	102	880	328	143	11	3	17	119
809	3 751	1 525	84	122	194	1 482	536	208	16	16	24	215

は、健康状態が「大変悪い」「悪い」「どちらかといえば悪い」のいずれかをいう。

被調査者数：男

第12回の飲酒の程度・1日平均飲酒量	総数	第1回からずっと「よい」	「わるい」から「よい」に変化	第1回からずっと「わるい」	「よい」から「わるい」に変化	その他の変化	61～64歳	第1回からずっと「よい」	「わるい」から「よい」に変化	第1回からずっと「わるい」	「よい」から「わるい」に変化
総数	8 953	4 065	220	226	376	3 366	2 993	1 388	62	60	115
飲む	6 061	2 940	154	128	210	2 172	2 107	1 026	47	41	66
1合未満	1 898	912	49	46	67	681	612	297	16	13	20
1～3合未満	3 648	1 803	95	68	123	1 292	1 273	632	27	21	35
3～5合未満	441	193	9	13	17	172	188	82	3	6	10
5合以上	37	11	1	–	1	17	19	7	1	–	–
毎日	3 359	1 630	89	66	115	1 213	1 153	567	28	22	33
1合未満	711	345	17	16	23	262	225	115	5	5	7
1～3合未満	2 331	1 158	64	40	80	825	798	402	19	12	21
3～5合未満	282	116	7	10	11	111	113	44	3	5	5
5合以上	22	4	1	–	1	11	12	3	1	–	–
週5～6日	913	464	23	20	26	311	332	166	6	5	10
1合未満	320	155	10	8	10	114	98	47	2	–	3
1～3合未満	536	280	13	11	12	177	206	103	4	5	4
3～5合未満	45	22	–	1	3	17	21	11	–	–	3
5合以上	5	3	–	–	–	2	3	2	–	–	–
週3～4日	720	351	15	13	23	267	256	133	8	4	9
1合未満	296	153	9	5	5	98	102	55	5	1	1
1～3合未満	357	167	5	6	15	141	122	64	3	1	6
3～5合未満	61	30	1	1	3	24	29	13	–	1	2
5合以上	3	–	–	–	–	3	1	–	–	–	–
週1～2日	582	271	13	18	28	211	210	99	2	7	11
1合未満	316	141	5	12	17	118	111	47	1	6	7
1～3合未満	228	108	7	5	10	82	84	42	1	1	3
3～5合未満	28	16	1	1	–	9	10	8	–	–	–
5合以上	2	1	–	–	–	–	2	1	–	–	–
月に1～3日	454	208	13	10	18	156	145	58	3	3	3
1合未満	244	112	8	4	12	86	72	31	3	1	2
1～3合未満	176	80	5	6	6	58	57	20	–	2	1
3～5合未満	23	9	–	–	–	9	14	6	–	–	–
5合以上	5	3	–	–	–	1	1	1	–	–	–
ほとんど飲まない	1 343	555	32	38	72	529	431	187	6	8	20
飲まない	1 519	561	33	59	94	653	446	172	8	10	29

注：1）総数には各項目の不詳を含む。
　　2）健康状態の変化「よい」は、第1回から第12回まで、健康状態が「大変良い」「良い」「どちらかといえば良い」のいずれか、「わるい」

年齢階級、第1回からの健康状態の変化

その他の変化	65～69歳	第1回からずっと「よい」	「わるい」から「よい」に変化	第1回からずっと「わるい」	「よい」から「わるい」に変化	その他の変化	70歳	第1回からずっと「よい」	「わるい」から「よい」に変化	第1回からずっと「わるい」	「よい」から「わるい」に変化	その他の変化
被調査者数（単位：人）												
1 126	5 220	2 353	135	151	225	1 956	740	324	23	15	36	284
759	3 479	1 680	95	77	125	1 252	475	234	12	10	19	161
212	1 127	539	31	27	43	409	159	76	2	6	4	60
462	2 088	1 027	59	44	75	736	287	144	9	3	13	94
75	225	98	5	6	5	90	28	13	1	1	2	7
7	18	4	–	–	1	10	–	–	–	–	–	–
417	1 932	931	56	42	66	701	274	132	5	2	16	95
72	410	194	12	11	13	157	76	36	–	–	3	33
293	1 354	669	40	27	48	474	179	87	5	1	11	58
46	150	63	4	4	4	61	19	9	–	1	2	4
5	10	1	–	–	1	6	–	–	–	–	–	–
117	520	262	15	13	16	176	61	36	2	2	–	18
37	201	97	7	7	7	70	21	11	1	1	–	7
72	292	153	8	5	8	95	38	24	1	1	–	10
7	22	10	–	1	–	9	2	1	–	–	–	1
1	2	1	–	–	–	1	–	–	–	–	–	–
87	409	195	6	8	14	156	55	23	1	1	–	24
30	174	87	4	3	4	63	20	11	–	1	–	5
43	205	92	2	5	9	81	30	11	–	–	–	17
13	27	16	–	–	1	9	5	1	1	–	–	2
1	2	–	–	–	–	2	–	–	–	–	–	–
74	328	152	10	10	16	120	44	20	1	1	1	17
43	183	85	4	5	10	65	22	9	–	1	–	10
28	124	57	5	4	6	47	20	9	1	–	1	7
2	16	6	1	1	–	7	2	2	–	–	–	–
–	–	–	–	–	–	–	–	–	–	–	–	–
56	273	131	7	4	13	93	36	19	3	3	2	7
28	153	72	4	1	9	53	19	9	1	2	1	5
21	103	51	3	3	4	35	16	9	2	1	1	2
6	9	3	–	–	–	3	–	–	–	–	–	–
–	4	2	–	–	–	1	–	–	–	–	–	–
171	804	324	21	29	46	311	108	44	5	1	6	47
193	919	343	19	45	54	387	154	46	6	4	11	73

は、健康状態が「大変悪い」「悪い」「どちらかといえば悪い」のいずれかをいう。

被調査者数：女

第12回の飲酒の程度・1日平均飲酒量	総数	第1回からずっと「よい」	「わるい」から「よい」に変化	第1回からずっと「わるい」	「よい」から「わるい」に変化	その他の変化	61〜64歳	第1回からずっと「よい」	「わるい」から「よい」に変化	第1回からずっと「わるい」	「よい」から「わるい」に変化
総数	10 560	4 925	234	230	417	3 833	3 648	1 742	84	78	133
飲む	2 894	1 522	75	34	83	944	1 074	576	31	14	23
1 合未満	2 063	1 115	49	21	54	653	737	413	18	9	13
1〜3 合未満	731	366	22	12	26	250	306	154	11	5	8
3〜5 合未満	43	19	1	1	1	19	15	5	–	–	1
5 合以上	4	3	–	–	–	1	2	2	–	–	–
毎日	834	441	14	9	27	285	303	158	8	3	10
1 合未満	459	250	7	3	13	152	148	78	4	1	6
1〜3 合未満	344	176	7	5	14	121	146	77	4	2	4
3〜5 合未満	23	12	–	1	–	8	6	2	–	–	–
5 合以上	3	2	–	–	–	1	1	1	–	–	–
週 5〜6 日	402	225	19	3	9	115	158	98	8	3	1
1 合未満	290	164	12	2	6	81	109	68	5	2	1
1〜3 合未満	100	57	6	1	3	28	44	28	3	1	–
3〜5 合未満	6	2	1	–	–	3	3	2	–	–	–
5 合以上	–	–	–	–	–	–	–	–	–	–	–
週 3〜4 日	452	234	11	6	14	148	163	88	3	1	3
1 合未満	348	183	8	2	9	114	124	69	2	–	2
1〜3 合未満	93	46	3	4	5	29	37	19	1	1	1
3〜5 合未満	6	3	–	–	–	3	1	–	–	–	–
5 合以上	–	–	–	–	–	–	–	–	–	–	–
週 1〜2 日	556	293	10	5	13	186	226	125	5	3	1
1 合未満	462	252	7	5	10	148	194	112	3	3	–
1〜3 合未満	73	34	3	–	1	30	27	12	2	–	–
3〜5 合未満	4	1	–	–	1	2	2	–	–	–	1
5 合以上	1	1	–	–	–	–	1	1	–	–	–
月に 1〜3 日	631	325	20	11	19	198	220	106	7	4	8
1 合未満	491	263	14	9	15	151	161	85	4	3	4
1〜3 合未満	115	52	3	2	3	37	49	18	1	1	3
3〜5 合未満	4	1	–	–	–	3	3	1	–	–	–
5 合以上	–	–	–	–	–	–	–	–	–	–	–
ほとんど飲まない	2 837	1 355	50	54	108	1 015	1 013	478	20	16	41
飲まない	4 760	2 027	108	137	222	1 853	1 546	683	33	48	69

注：1）総数には各項目の不詳を含む。
　　2）健康状態の変化「よい」は、第1回から第12回まで、健康状態が「大変良い」「良い」「どちらかといえば良い」のいずれか、「わるい」

第12回調査（平成28年）

| 年齢階級、第1回からの健康状態の変化 | | | | | | | | | | | | |
その他の変化	65～69歳	第1回からずっと「よい」	「わるい」から「よい」に変化	第1回からずっと「わるい」	「よい」から「わるい」に変化	その他の変化	70歳	第1回からずっと「よい」	「わるい」から「よい」に変化	第1回からずっと「わるい」	「よい」から「わるい」に変化	その他の変化
	被調査者数（単位：人）											
1 361	6 101	2 820	133	136	251	2 192	811	363	17	16	33	280
364	1 621	845	43	19	52	519	199	101	1	1	8	61
239	1 178	624	31	12	35	370	148	78	–	–	6	44
109	380	193	10	6	16	125	45	19	1	1	2	16
9	26	12	1	1	–	10	2	2	–	–	–	–
–	2	1	–	–	–	1	–	–	–	–	–	–
111	471	254	6	6	14	154	60	29	–	–	3	20
53	276	156	3	2	5	87	35	16	–	–	2	12
52	175	88	3	3	9	61	23	11	–	–	1	8
4	15	8	–	1	–	4	2	2	–	–	–	–
–	2	1	–	–	–	1	–	–	–	–	–	–
43	212	113	11	–	5	62	32	14	–	–	3	10
29	156	83	7	–	3	46	25	13	–	–	2	6
11	50	28	3	–	2	13	6	1	–	–	1	4
1	3	–	1	–	–	2	–	–	–	–	–	–
–	–	–	–	–	–	–	–	–	–	–	–	–
60	257	136	7	5	11	75	32	10	1	–	–	13
45	198	105	6	2	7	58	26	9	–	–	–	11
14	50	26	1	3	4	13	6	1	1	–	–	2
1	5	3	–	–	–	2	–	–	–	–	–	–
–	–	–	–	–	–	–	–	–	–	–	–	–
73	295	144	5	2	11	106	35	24	–	–	1	7
60	239	119	4	2	9	83	29	21	–	–	1	5
11	42	20	1	–	1	18	4	2	–	–	–	1
1	2	1	–	–	–	1	–	–	–	–	–	–
–	–	–	–	–	–	–	–	–	–	–	–	–
74	374	195	13	6	10	116	37	24	–	1	1	8
52	300	159	10	6	10	92	30	19	–	–	1	7
18	60	30	2	–	–	18	6	4	–	1	–	1
2	1	–	–	–	–	1	–	–	–	–	–	–
–	–	–	–	–	–	–	–	–	–	–	–	–
374	1 604	778	24	36	56	569	220	99	6	2	11	72
616	2 832	1 182	65	77	140	1 095	382	162	10	12	13	142

は、健康状態が「大変悪い」「悪い」「どちらかといえば悪い」のいずれかをいう。

構成割合：総数

第12回の飲酒の程度・1日平均飲酒量	総数	第1回からずっと「よい」	「わるい」から「よい」に変化	第1回からずっと「わるい」	「よい」から「わるい」に変化	その他の変化	61～64歳	第1回からずっと「よい」	「わるい」から「よい」に変化	第1回からずっと「わるい」	「よい」から「わるい」に変化
総数	100.0	46.1	2.3	2.3	4.1	36.9	100.0	47.1	2.2	2.1	3.7
飲む	100.0	49.8	2.6	1.8	3.3	34.8	100.0	50.4	2.5	1.7	2.8
1合未満	100.0	51.2	2.5	1.7	3.1	33.7	100.0	52.6	2.5	1.6	2.4
1～3合未満	100.0	49.5	2.7	1.8	3.4	35.2	100.0	49.8	2.4	1.6	2.7
3～5合未満	100.0	43.8	2.1	2.9	3.7	39.5	100.0	42.9	1.5	3.0	5.4
5合以上	100.0	34.1	2.4	-	2.4	43.9	100.0	42.9	4.8	-	-
毎日	100.0	49.4	2.5	1.8	3.4	35.7	100.0	49.8	2.5	1.7	3.0
1合未満	100.0	50.9	2.1	1.6	3.1	35.4	100.0	51.7	2.4	1.6	3.5
1～3合未満	100.0	49.9	2.7	1.7	3.5	35.4	100.0	50.7	2.4	1.5	2.6
3～5合未満	100.0	42.0	2.3	3.6	3.6	39.0	100.0	38.7	2.5	4.2	4.2
5合以上	100.0	24.0	4.0	-	4.0	48.0	100.0	30.8	7.7	-	-
週5～6日	100.0	52.4	3.2	1.7	2.7	32.4	100.0	53.9	2.9	1.6	2.2
1合未満	100.0	52.3	3.6	1.6	2.6	32.0	100.0	55.6	3.4	1.0	1.9
1～3合未満	100.0	53.0	3.0	1.9	2.4	32.2	100.0	52.4	2.8	2.4	1.6
3～5合未満	100.0	47.1	2.0	2.0	5.9	39.2	100.0	54.2	-	-	12.5
5合以上	100.0	60.0	-	-	-	40.0	100.0	66.7	-	-	-
週3～4日	100.0	49.9	2.2	1.6	3.2	35.4	100.0	52.7	2.6	1.2	2.9
1合未満	100.0	52.2	2.6	1.1	2.2	32.9	100.0	54.9	3.1	0.4	1.3
1～3合未満	100.0	47.3	1.8	2.2	4.4	37.8	100.0	52.2	2.5	1.3	4.4
3～5合未満	100.0	49.3	1.5	1.5	4.5	40.3	100.0	43.3	-	3.3	6.7
5合以上	100.0	-	-	-	-	100.0	100.0	-	-	-	-
週1～2日	100.0	49.6	2.0	2.0	3.6	34.9	100.0	51.4	1.6	2.3	2.8
1合未満	100.0	50.5	1.5	2.2	3.5	34.2	100.0	52.1	1.3	3.0	2.3
1～3合未満	100.0	47.2	3.3	1.7	3.7	37.2	100.0	48.6	2.7	0.9	2.7
3～5合未満	100.0	53.1	3.1	3.1	3.1	34.4	100.0	66.7	-	-	8.3
5合以上	100.0	66.7	-	-	-	-	100.0	66.7	-	-	-
月に1～3日	100.0	49.1	3.0	1.9	3.4	32.6	100.0	44.9	2.7	1.9	3.0
1合未満	100.0	51.0	3.0	1.8	3.7	32.2	100.0	49.8	3.0	1.7	2.6
1～3合未満	100.0	45.4	2.7	2.7	3.1	32.6	100.0	35.8	0.9	2.8	3.8
3～5合未満	100.0	37.0	-	-	-	44.4	100.0	41.2	-	-	-
5合以上	100.0	60.0	-	-	-	20.0	100.0	100.0	-	-	-
ほとんど飲まない	100.0	45.7	2.0	2.2	4.3	36.9	100.0	46.1	1.8	1.7	4.2
飲まない	100.0	41.2	2.2	3.1	5.0	39.9	100.0	42.9	2.1	2.9	4.9

注：1）総数には各項目の不詳を含む。
　　2）健康状態の変化「よい」は、第1回から第12回まで、健康状態が「大変良い」「良い」「どちらかといえば良い」のいずれか、「わるい」

年齢階級、第1回からの健康状態の変化												
その他の変化	65～69歳	第1回からずっと「よい」	「わるい」から「よい」に変化	第1回からずっと「わるい」	「よい」から「わるい」に変化	その他の変化	70歳～	第1回からずっと「よい」	「わるい」から「よい」に変化	第1回からずっと「わるい」	「よい」から「わるい」に変化	その他の変化
	構成割合（単位：%）											
37.4	100.0	45.7	2.4	2.5	4.2	36.6	100.0	44.3	2.6	2.0	4.4	36.4
35.3	100.0	49.5	2.7	1.9	3.5	34.7	100.0	49.7	1.9	1.6	4.0	32.9
33.4	100.0	50.5	2.7	1.7	3.4	33.8	100.0	50.2	0.7	2.0	3.3	33.9
36.2	100.0	49.4	2.8	2.0	3.7	34.9	100.0	49.1	3.0	1.2	4.5	33.1
41.4	100.0	43.8	2.4	2.8	2.0	39.8	100.0	50.0	3.3	3.3	6.7	23.3
33.3	100.0	25.0	–	–	5.0	55.0	–	–	–	–	–	–
36.3	100.0	49.3	2.6	2.0	3.3	35.6	100.0	48.2	1.5	0.6	5.7	34.4
33.5	100.0	51.0	2.2	1.9	2.6	35.6	100.0	46.8	–	–	4.5	40.5
36.5	100.0	49.5	2.8	2.0	3.7	35.0	100.0	48.5	2.5	0.5	5.9	32.7
42.0	100.0	43.0	2.4	3.0	2.4	39.4	100.0	52.4	–	4.8	9.5	19.0
38.5	100.0	16.7	–	–	8.3	58.3	–	–	–	–	–	–
32.7	100.0	51.2	3.6	1.8	2.9	32.5	100.0	53.8	2.2	2.2	3.2	30.1
31.9	100.0	50.4	3.9	2.0	2.8	32.5	100.0	52.2	2.2	2.2	4.3	28.3
33.2	100.0	52.9	3.2	1.5	2.9	31.6	100.0	56.8	2.3	2.3	2.3	31.8
33.3	100.0	40.0	4.0	4.0	–	44.0	100.0	50.0	–	–	–	50.0
33.3	100.0	50.0	–	–	–	50.0	–	–	–	–	–	–
35.1	100.0	49.7	2.0	2.0	3.8	34.7	100.0	37.9	2.3	1.1	–	42.5
33.2	100.0	51.6	2.7	1.3	3.0	32.5	100.0	43.5	–	2.2	–	34.8
35.8	100.0	46.3	1.2	3.1	5.1	36.9	100.0	33.3	2.8	–	–	52.8
46.7	100.0	59.4	–	–	3.1	34.4	100.0	20.0	20.0	–	–	40.0
100.0	100.0	–	–	–	–	100.0	–	–	–	–	–	–
33.7	100.0	47.5	2.4	1.9	4.3	36.3	100.0	55.7	1.3	1.3	2.5	30.4
33.8	100.0	48.3	1.9	1.7	4.5	35.1	100.0	58.8	–	2.0	2.0	29.4
35.1	100.0	46.4	3.6	2.4	4.2	39.2	100.0	45.8	4.2	–	4.2	33.3
25.0	100.0	38.9	5.6	5.6	–	44.4	100.0	100.0	–	–	–	–
–	–	–	–	–	–	–	–	–	–	–	–	–
35.6	100.0	50.4	3.1	1.5	3.6	32.3	100.0	58.9	4.1	5.5	4.1	20.5
34.3	100.0	51.0	3.1	1.5	4.2	32.0	100.0	57.1	2.0	4.1	4.1	24.5
36.8	100.0	49.7	3.1	1.8	2.5	32.5	100.0	59.1	9.1	9.1	4.5	13.6
47.1	100.0	30.0	–	–	–	40.0	–	–	–	–	–	–
–	100.0	50.0	–	–	–	25.0	–	–	–	–	–	–
37.7	100.0	45.8	1.9	2.7	4.2	36.5	100.0	43.6	3.4	0.9	5.2	36.3
40.6	100.0	40.7	2.2	3.3	5.2	39.5	100.0	38.8	3.0	3.0	4.5	40.1

は、健康状態が「大変悪い」「悪い」「どちらかといえば悪い」のいずれかをいう。

構成割合：男

第12回の飲酒の程度・1日平均飲酒量	総数	第1回からずっと「よい」	「わるい」から「よい」に変化	第1回からずっと「わるい」	「よい」から「わるい」に変化	その他の変化	61～64歳	第1回からずっと「よい」	「わるい」から「よい」に変化	第1回からずっと「わるい」	「よい」から「わるい」に変化
総数	100.0	45.4	2.5	2.5	4.2	37.6	100.0	46.4	2.1	2.0	3.8
飲む	100.0	48.5	2.5	2.1	3.5	35.8	100.0	48.7	2.2	1.9	3.1
1合未満	100.0	48.1	2.6	2.4	3.5	35.9	100.0	48.5	2.6	2.1	3.3
1～3合未満	100.0	49.4	2.6	1.9	3.4	35.4	100.0	49.6	2.1	1.6	2.7
3～5合未満	100.0	43.8	2.0	2.9	3.9	39.0	100.0	43.6	1.6	3.2	5.3
5合以上	100.0	29.7	2.7	－	2.7	45.9	100.0	36.8	5.3	－	－
毎日	100.0	48.5	2.6	2.0	3.4	36.1	100.0	49.2	2.4	1.9	2.9
1合未満	100.0	48.5	2.4	2.3	3.2	36.8	100.0	51.1	2.2	2.2	3.1
1～3合未満	100.0	49.7	2.7	1.7	3.4	35.4	100.0	50.4	2.4	1.5	2.6
3～5合未満	100.0	41.1	2.5	3.5	3.9	39.4	100.0	38.9	2.7	4.4	4.4
5合以上	100.0	18.2	4.5	－	4.5	50.0	100.0	25.0	8.3	－	－
週5～6日	100.0	50.8	2.5	2.2	2.8	34.1	100.0	50.0	1.8	1.5	3.0
1合未満	100.0	48.4	3.1	2.5	3.1	35.6	100.0	48.0	2.0	－	3.1
1～3合未満	100.0	52.2	2.4	2.1	2.2	33.0	100.0	50.0	1.9	2.4	1.9
3～5合未満	100.0	48.9	－	2.2	6.7	37.8	100.0	52.4	－	－	14.3
5合以上	100.0	60.0	－	－	－	40.0	100.0	66.7	－	－	－
週3～4日	100.0	48.8	2.1	1.8	3.2	37.1	100.0	52.0	3.1	1.6	3.5
1合未満	100.0	51.7	3.0	1.7	1.7	33.1	100.0	53.9	4.9	1.0	1.0
1～3合未満	100.0	46.8	1.4	1.7	4.2	39.5	100.0	52.5	2.5	0.8	4.9
3～5合未満	100.0	49.2	1.6	1.6	4.9	39.3	100.0	44.8	－	3.4	6.9
5合以上	100.0	－	－	－	－	100.0	100.0	－	－	－	－
週1～2日	100.0	46.6	2.2	3.1	4.8	36.3	100.0	47.1	1.0	3.3	5.2
1合未満	100.0	44.6	1.6	3.8	5.4	37.3	100.0	42.3	0.9	5.4	6.3
1～3合未満	100.0	47.4	3.1	2.2	4.4	36.0	100.0	50.0	1.2	1.2	3.6
3～5合未満	100.0	57.1	3.6	3.6	－	32.1	100.0	80.0	－	－	－
5合以上	100.0	50.0	－	－	－	－	100.0	50.0	－	－	－
月に1～3日	100.0	45.8	2.9	2.2	4.0	34.4	100.0	40.0	2.1	2.1	2.1
1合未満	100.0	45.9	3.3	1.6	4.9	35.2	100.0	43.1	4.2	1.4	2.8
1～3合未満	100.0	45.5	2.8	3.4	3.4	33.0	100.0	35.1	－	3.5	1.8
3～5合未満	100.0	39.1	－	－	－	39.1	100.0	42.9	－	－	－
5合以上	100.0	60.0	－	－	－	20.0	100.0	100.0	－	－	－
ほとんど飲まない	100.0	41.3	2.4	2.8	5.4	39.4	100.0	43.4	1.4	1.9	4.6
飲まない	100.0	36.9	2.2	3.9	6.2	43.0	100.0	38.6	1.8	2.2	6.5

注：1）総数には各項目の不詳を含む。
　　2）健康状態の変化「よい」は、第1回から第12回まで、健康状態が「大変良い」「良い」「どちらかといえば良い」のいずれか、「わるい」

第12回調査（平成28年）

年齢階級、第1回からの健康状態の変化

その他の変化	65～69歳	第1回からずっと「よい」	「わるい」から「よい」に変化	第1回からずっと「わるい」	「よい」から「わるい」に変化	その他の変化	70歳	第1回からずっと「よい」	「わるい」から「よい」に変化	第1回からずっと「わるい」	「よい」から「わるい」に変化	その他の変化
	構成割合（単位：%）											
37.6	100.0	45.1	2.6	2.9	4.3	37.5	100.0	43.8	3.1	2.0	4.9	38.4
36.0	100.0	48.3	2.7	2.2	3.6	36.0	100.0	49.3	2.5	2.1	4.0	33.9
34.6	100.0	47.8	2.8	2.4	3.8	36.3	100.0	47.8	1.3	3.8	2.5	37.7
36.3	100.0	49.2	2.8	2.1	3.6	35.2	100.0	50.2	3.1	1.0	4.5	32.8
39.9	100.0	43.6	2.2	2.7	2.2	40.0	100.0	46.4	3.6	3.6	7.1	25.0
36.8	100.0	22.2	–	–	5.6	55.6	–	–	–	–	–	–
36.2	100.0	48.2	2.9	2.2	3.4	36.3	100.0	48.2	1.8	0.7	5.8	34.7
32.0	100.0	47.3	2.9	2.7	3.2	38.3	100.0	47.4	–	–	3.9	43.4
36.7	100.0	49.4	3.0	2.0	3.5	35.0	100.0	48.6	2.8	0.6	6.1	32.4
40.7	100.0	42.0	2.7	2.7	2.7	40.7	100.0	47.4	–	5.3	10.5	21.1
41.7	100.0	10.0	–	–	10.0	60.0	–	–	–	–	–	–
35.2	100.0	50.4	2.9	2.5	3.1	33.8	100.0	59.0	3.3	3.3	–	29.5
37.8	100.0	48.3	3.5	3.5	3.5	34.8	100.0	52.4	4.8	4.8	–	33.3
35.0	100.0	52.4	2.7	1.7	2.7	32.5	100.0	63.2	2.6	2.6	–	26.3
33.3	100.0	45.5	–	4.5	–	40.9	100.0	50.0	–	–	–	50.0
33.3	100.0	50.0	–	–	–	50.0	–	–	–	–	–	–
34.0	100.0	47.7	1.5	2.0	3.4	38.1	100.0	41.8	1.8	1.8	–	43.6
29.4	100.0	50.0	2.3	1.7	2.3	36.2	100.0	55.0	–	5.0	–	25.0
35.2	100.0	44.9	1.0	2.4	4.4	39.5	100.0	36.7	–	–	–	56.7
44.8	100.0	59.3	–	–	3.7	33.3	100.0	20.0	20.0	–	–	40.0
100.0	100.0	–	–	–	–	100.0	–	–	–	–	–	–
35.2	100.0	46.3	3.0	3.0	4.9	36.6	100.0	45.5	2.3	2.3	2.3	38.6
38.7	100.0	46.4	2.2	2.7	5.5	35.5	100.0	40.9	–	4.5	–	45.5
33.3	100.0	46.0	4.0	3.2	4.8	37.9	100.0	45.0	5.0	–	5.0	35.0
20.0	100.0	37.5	6.3	6.3	–	43.8	100.0	100.0	–	–	–	–
–	–	–	–	–	–	–	–	–	–	–	–	–
38.6	100.0	48.0	2.6	1.5	4.8	34.1	100.0	52.8	8.3	8.3	5.6	19.4
38.9	100.0	47.1	2.6	0.7	5.9	34.6	100.0	47.4	5.3	10.5	5.3	26.3
36.8	100.0	49.5	2.9	2.9	3.9	34.0	100.0	56.3	12.5	6.3	6.3	12.5
42.9	100.0	33.3	–	–	–	33.3	–	–	–	–	–	–
–	100.0	50.0	–	–	–	25.0	–	–	–	–	–	–
39.7	100.0	40.3	2.6	3.6	5.7	38.7	100.0	40.7	4.6	0.9	5.6	43.5
43.3	100.0	37.3	2.1	4.9	5.9	42.1	100.0	29.9	3.9	2.6	7.1	47.4

は、健康状態が「大変悪い」「悪い」「どちらかといえば悪い」のいずれかをいう。

第17表　被調査者数・構成割合，性、第12回の飲酒の程

構成割合：女

第12回の飲酒の程度・1日平均飲酒量	総数	第1回からずっと「よい」	「わるい」から「よい」に変化	第1回からずっと「わるい」	「よい」から「わるい」に変化	その他の変化	61～64歳	第1回からずっと「よい」	「わるい」から「よい」に変化	第1回からずっと「わるい」	「よい」から「わるい」に変化
総数	100.0	46.6	2.2	2.2	3.9	36.3	100.0	47.8	2.3	2.1	3.6
飲む	100.0	52.6	2.6	1.2	2.9	32.6	100.0	53.6	2.9	1.3	2.1
1合未満	100.0	54.0	2.4	1.0	2.6	31.7	100.0	56.0	2.4	1.2	1.8
1～3合未満	100.0	50.1	3.0	1.6	3.6	34.2	100.0	50.3	3.6	1.6	2.6
3～5合未満	100.0	44.2	2.3	2.3	2.3	44.2	100.0	33.3	–	–	6.7
5合以上	100.0	75.0	–	–	–	25.0	100.0	100.0	–	–	–
毎日	100.0	52.9	1.7	1.1	3.2	34.2	100.0	52.1	2.6	1.0	3.3
1合未満	100.0	54.5	1.5	0.7	2.8	33.1	100.0	52.7	2.7	0.7	4.1
1～3合未満	100.0	51.2	2.0	1.5	4.1	35.2	100.0	52.7	2.7	1.4	2.7
3～5合未満	100.0	52.2	–	–	4.3	34.8	100.0	33.3	–	–	–
5合以上	100.0	66.7	–	–	–	33.3	100.0	100.0	–	–	–
週5～6日	100.0	56.0	4.7	0.7	2.2	28.6	100.0	62.0	5.1	1.9	0.6
1合未満	100.0	56.6	4.1	0.7	2.1	27.9	100.0	62.4	4.6	1.8	0.9
1～3合未満	100.0	57.0	6.0	1.0	3.0	28.0	100.0	63.6	6.8	2.3	–
3～5合未満	100.0	33.3	16.7	–	–	50.0	100.0	66.7	–	–	–
5合以上	–	–	–	–	–	–	–	–	–	–	–
週3～4日	100.0	51.8	2.4	1.3	3.1	32.7	100.0	54.0	1.8	0.6	1.8
1合未満	100.0	52.6	2.3	0.6	2.6	32.8	100.0	55.6	1.6	–	1.6
1～3合未満	100.0	49.5	3.2	4.3	5.4	31.2	100.0	51.4	2.7	2.7	2.7
3～5合未満	100.0	50.0	–	–	–	50.0	100.0	–	–	–	–
5合以上	–	–	–	–	–	–	–	–	–	–	–
週1～2日	100.0	52.7	1.8	0.9	2.3	33.5	100.0	55.3	2.2	1.3	0.4
1合未満	100.0	54.5	1.5	1.1	2.2	32.0	100.0	57.7	1.5	1.5	–
1～3合未満	100.0	46.6	4.1	–	1.4	41.1	100.0	44.4	7.4	–	–
3～5合未満	100.0	25.0	–	–	25.0	50.0	100.0	–	–	–	50.0
5合以上	100.0	100.0	–	–	–	–	100.0	100.0	–	–	–
月に1～3日	100.0	51.5	3.2	1.7	3.0	31.4	100.0	48.2	3.2	1.8	3.6
1合未満	100.0	53.6	2.9	1.8	3.1	30.8	100.0	52.8	2.5	1.9	2.5
1～3合未満	100.0	45.2	2.6	1.7	2.6	32.2	100.0	36.7	2.0	2.0	6.1
3～5合未満	100.0	25.0	–	–	–	75.0	100.0	33.3	–	–	–
5合以上	–	–	–	–	–	–	–	–	–	–	–
ほとんど飲まない	100.0	47.8	1.8	1.9	3.8	35.8	100.0	47.2	2.0	1.6	4.0
飲まない	100.0	42.6	2.3	2.9	4.7	38.9	100.0	44.2	2.1	3.1	4.5

注：1）総数には各項目の不詳を含む。
　　2）健康状態の変化「よい」は、第1回から第12回まで、健康状態が「大変良い」「良い」「どちらかといえば良い」のいずれか、「わるい」

124

度・1日平均飲酒量、年齢階級、第1回からの健康状態の変化別（6－6）

第 12 回調査（平成 28 年）

年齢階級、第1回からの健康状態の変化

構成割合（単位：%）

その他の変化	65～69歳	第1回からずっと「よい」	「わるい」から「よい」に変化	第1回からずっと「わるい」	「よい」から「わるい」に変化	その他の変化	70歳	第1回からずっと「よい」	「わるい」から「よい」に変化	第1回からずっと「わるい」	「よい」から「わるい」に変化	その他の変化
37.3	100.0	46.2	2.2	2.2	4.1	35.9	100.0	44.8	2.1	2.0	4.1	34.5
33.9	100.0	52.1	2.7	1.2	3.2	32.0	100.0	50.8	0.5	0.5	4.0	30.7
32.4	100.0	53.0	2.6	1.0	3.0	31.4	100.0	52.7	－	－	4.1	29.7
35.6	100.0	50.8	2.6	1.6	4.2	32.9	100.0	42.2	2.2	2.2	4.4	35.6
60.0	100.0	46.2	3.8	3.8	－	38.5	100.0	100.0	－	－	－	－
－	100.0	50.0	－	－	－	50.0						
36.6	100.0	53.9	1.3	1.3	3.0	32.7	100.0	48.3	－	－	5.0	33.3
35.8	100.0	56.5	1.1	0.7	1.8	31.5	100.0	45.7	－	－	5.7	34.3
35.6	100.0	50.3	1.7	1.7	5.1	34.9	100.0	47.8	－	－	4.3	34.8
66.7	100.0	53.3	－	6.7	－	26.7	100.0	100.0	－	－	－	－
－	100.0	50.0	－	－	－	50.0						
27.2	100.0	53.3	5.2	－	2.4	29.2	100.0	43.8	－	－	9.4	31.3
26.6	100.0	53.2	4.5	－	1.9	29.5	100.0	52.0	－	－	8.0	24.0
25.0	100.0	56.0	6.0	－	4.0	26.0	100.0	16.7	－	－	16.7	66.7
33.3	100.0	－	33.3	－	－	66.7	－	－	－	－	－	－
－	－	－	－	－	－	－						
36.8	100.0	52.9	2.7	1.9	4.3	29.2	100.0	31.3	3.1	－	－	40.6
36.3	100.0	53.0	3.0	1.0	3.5	29.3	100.0	34.6	－	－	－	42.3
37.8	100.0	52.0	2.0	6.0	8.0	26.0	100.0	16.7	16.7	－	－	33.3
100.0	100.0	60.0	－	－	－	40.0	－	－	－	－	－	－
32.3	100.0	48.8	1.7	0.7	3.7	35.9	100.0	68.6	－	－	2.9	20.0
30.9	100.0	49.8	1.7	0.8	3.8	34.7	100.0	72.4	－	－	3.4	17.2
40.7	100.0	47.6	2.4	－	2.4	42.9	100.0	50.0	－	－	－	25.0
50.0	100.0	50.0	－	－	－	50.0						
－	－	－	－	－	－	－						
33.6	100.0	52.1	3.5	1.6	2.7	31.0	100.0	64.9	－	2.7	2.7	21.6
32.3	100.0	53.0	3.3	2.0	3.3	30.7	100.0	63.3	－	－	3.3	23.3
36.7	100.0	50.0	3.3	－	－	30.0	100.0	66.7	－	16.7	－	16.7
66.7	100.0	－	－	－	－	100.0	－	－	－	－	－	－
－	－	－	－	－	－	－						
36.9	100.0	48.5	1.5	2.2	3.5	35.5	100.0	45.0	2.7	0.9	5.0	32.7
39.8	100.0	41.7	2.3	2.7	4.9	38.7	100.0	42.4	2.6	3.1	3.4	37.2

は、健康状態が「大変悪い」「悪い」「どちらかといえば悪い」のいずれかをいう。

第18表　被調査者数・構成割合，性、第12回の喫煙

性、第12回の喫煙習慣の有無・1日平均喫煙量	総数	第1回からずっと「よい」	「わるい」から「よい」に変化	第1回からずっと「わるい」	「よい」から「わるい」に変化	その他の変化	61～64歳	第1回からずっと「よい」	「わるい」から「よい」に変化	第1回からずっと「わるい」	「よい」から「わるい」に変化
総数	19 513	8 990	454	456	793	7 199	6 641	3 130	146	138	248
吸っている	2 976	1 338	72	88	121	1 112	1 165	533	27	31	42
10本以下	793	355	31	19	35	286	305	149	13	8	9
11～20本	1 445	685	28	41	52	532	548	256	10	13	18
21～30本	576	238	9	23	23	226	240	104	4	9	8
31本以上	149	55	4	4	10	63	70	23	–	1	7
吸っていない	16 440	7 625	379	361	671	6 056	5 447	2 591	117	105	206
男	8 953	4 065	220	226	376	3 366	2 993	1 388	62	60	115
吸っている	2 332	1 063	60	62	86	878	902	409	20	17	33
10本以下	522	237	21	13	21	190	188	94	6	4	5
11～20本	1 148	557	26	28	33	421	431	199	10	6	14
21～30本	510	211	4	17	21	205	214	92	4	7	7
31本以上	142	54	4	3	10	59	67	23	–	–	7
吸っていない	6 584	2 994	158	162	289	2 474	2 077	977	40	41	82
女	10 560	4 925	234	230	417	3 833	3 648	1 742	84	78	133
吸っている	644	275	12	26	35	234	263	124	7	14	9
10本以下	271	118	10	6	14	96	117	55	7	4	4
11～20本	297	128	2	13	19	111	117	57	–	7	4
21～30本	66	27	–	6	2	21	26	12	–	2	1
31本以上	7	1	–	1	–	4	3	–	–	1	–
吸っていない	9 856	4 631	221	199	382	3 582	3 370	1 614	77	64	124
総数	100.0	46.1	2.3	2.3	4.1	36.9	100.0	47.1	2.2	2.1	3.7
吸っている	100.0	45.0	2.4	3.0	4.1	37.4	100.0	45.8	2.3	2.7	3.6
10本以下	100.0	44.8	3.9	2.4	4.4	36.1	100.0	48.9	4.3	2.6	3.0
11～20本	100.0	47.4	1.9	2.8	3.6	36.8	100.0	46.7	1.8	2.4	3.3
21～30本	100.0	41.3	1.6	4.0	4.0	39.2	100.0	43.3	1.7	3.8	3.3
31本以上	100.0	36.9	2.7	2.7	6.7	42.3	100.0	32.9	–	1.4	10.0
吸っていない	100.0	46.4	2.3	2.2	4.1	36.8	100.0	47.6	2.1	1.9	3.8
男	100.0	45.4	2.5	2.5	4.2	37.6	100.0	46.4	2.1	2.0	3.8
吸っている	100.0	45.6	2.6	2.7	3.7	37.7	100.0	45.3	2.2	1.9	3.7
10本以下	100.0	45.4	4.0	2.5	4.0	36.4	100.0	50.0	3.2	2.1	2.7
11～20本	100.0	48.5	2.3	2.4	2.9	36.7	100.0	46.2	2.3	1.4	3.2
21～30本	100.0	41.4	1.8	3.3	4.1	40.2	100.0	43.0	1.9	3.3	3.3
31本以上	100.0	38.0	2.8	2.1	7.0	41.5	100.0	34.3	–	–	10.4
吸っていない	100.0	45.5	2.4	2.5	4.4	37.6	100.0	47.0	1.9	2.0	3.9
女	100.0	46.6	2.2	2.2	3.9	36.3	100.0	47.8	2.3	2.1	3.6
吸っている	100.0	42.7	1.9	4.0	5.4	36.3	100.0	47.1	2.7	5.3	3.4
10本以下	100.0	43.5	3.7	2.2	5.2	35.4	100.0	47.0	6.0	3.4	3.4
11～20本	100.0	43.1	0.7	4.4	6.4	37.4	100.0	48.7	–	6.0	3.4
21～30本	100.0	40.9	–	9.1	3.0	31.8	100.0	46.2	–	7.7	3.8
31本以上	100.0	14.3	–	14.3	–	57.1	100.0	–	–	33.3	–
吸っていない	100.0	47.0	2.2	2.0	3.9	36.3	100.0	47.9	2.3	1.9	3.7

注：1）総数には各項目の不詳を含む。
　　2）健康状態の変化「よい」は、第1回から第12回まで、健康状態が「大変良い」「良い」「どちらかといえば良い」のいずれか、「わるい」

習慣の有無・1日平均喫煙量、年齢階級、第1回からの健康状態の変化別

年齢階級、第1回からの健康状態の変化

その他の変化	65～69歳	第1回からずっと「よい」	「わるい」から「よい」に変化	第1回からずっと「わるい」	「よい」から「わるい」に変化	その他の変化	70歳	第1回からずっと「よい」	「わるい」から「よい」に変化	第1回からずっと「わるい」	「よい」から「わるい」に変化	その他の変化
被調査者数（単位：人）												
2 487	11 321	5 173	268	287	476	4 148	1 551	687	40	31	69	564
441	1 620	724	37	54	71	601	191	81	8	3	8	70
105	434	182	14	11	25	160	54	24	4	–	1	21
212	807	389	17	28	29	289	90	40	1	–	5	31
93	303	121	4	12	13	122	33	13	1	2	2	11
30	66	28	2	2	3	27	13	4	2	1	–	6
2 034	9 646	4 428	230	229	404	3 536	1 347	606	32	27	61	486
1 126	5 220	2 353	135	151	225	1 956	740	324	23	15	36	284
348	1 269	585	32	43	47	471	161	69	8	2	6	59
63	295	126	11	9	16	111	39	17	4	–	–	16
170	639	322	15	22	15	226	78	36	1	–	4	25
85	266	107	4	9	12	109	30	12	1	1	2	11
29	62	27	2	2	3	24	13	4	2	1	–	6
773	3 933	1 762	103	108	177	1 480	574	255	15	13	30	221
1 361	6 101	2 820	133	136	251	2 192	811	363	17	16	33	280
93	351	139	5	11	24	130	30	12	–	1	2	11
42	139	56	3	2	9	49	15	7	–	–	1	5
42	168	67	2	6	14	63	12	4	–	–	1	6
8	37	14	–	3	1	13	3	1	–	1	–	–
1	4	1	–	–	–	3	–	–	–	–	–	–
1 261	5 713	2 666	127	121	227	2 056	773	351	17	14	31	265
構成割合（単位：%）												
37.4	100.0	45.7	2.4	2.5	4.2	36.6	100.0	44.3	2.6	2.0	4.4	36.4
37.9	100.0	44.7	2.3	3.3	4.4	37.1	100.0	42.4	4.2	1.6	4.2	36.6
34.4	100.0	41.9	3.2	2.5	5.8	36.9	100.0	44.4	7.4	–	1.9	38.9
38.7	100.0	48.2	2.1	3.5	3.6	35.8	100.0	44.4	1.1	–	5.6	34.4
38.8	100.0	39.9	1.3	4.0	4.3	40.3	100.0	39.4	3.0	6.1	6.1	33.3
42.9	100.0	42.4	3.0	3.0	4.5	40.9	100.0	30.8	15.4	7.7	–	46.2
37.3	100.0	45.9	2.4	2.4	4.2	36.7	100.0	45.0	2.4	2.0	4.5	36.1
37.6	100.0	45.1	2.6	2.9	4.3	37.5	100.0	43.8	3.1	2.0	4.9	38.4
38.6	100.0	46.1	2.5	3.4	3.7	37.1	100.0	42.9	5.0	1.2	3.7	36.6
33.5	100.0	42.7	3.7	3.1	5.4	37.6	100.0	43.6	10.3	–	–	41.0
39.4	100.0	50.4	2.3	3.4	2.3	35.4	100.0	46.2	1.3	–	5.1	32.1
39.7	100.0	40.2	1.5	3.4	4.5	41.0	100.0	40.0	3.3	3.3	6.7	36.7
43.3	100.0	43.5	3.2	3.2	4.8	38.7	100.0	30.8	15.4	7.7	–	46.2
37.2	100.0	44.8	2.6	2.7	4.5	37.6	100.0	44.4	2.6	2.3	5.2	38.5
37.3	100.0	46.2	2.2	2.2	4.1	35.9	100.0	44.8	2.1	2.0	4.1	34.5
35.4	100.0	39.6	1.4	3.1	6.8	37.0	100.0	40.0	–	3.3	6.7	36.7
35.9	100.0	40.3	2.2	1.4	6.5	35.3	100.0	46.7	–	–	6.7	33.3
35.9	100.0	39.9	1.2	3.6	8.3	37.5	100.0	33.3	–	–	8.3	50.0
30.8	100.0	37.8	–	8.1	2.7	35.1	100.0	33.3	–	33.3	–	–
33.3	100.0	25.0	–	–	–	75.0	–	–	–	–	–	–
37.4	100.0	46.7	2.2	2.1	4.0	36.0	100.0	45.4	2.2	1.8	4.0	34.3

　は、健康状態が「大変悪い」「悪い」「どちらかといえば悪い」のいずれかをいう。

第 19 表 被調査者数・構成割合, 性、年齢階級、第 1 回から

総数

年齢階級、第 1 回から継続して健康維持のために心がけていること（複数回答）	総数	よい			わるい
			大変良い	良い	どちらかといえば良い	

被調査者数（単位：人）

年齢階級、第 1 回から継続して健康維持のために心がけていること（複数回答）	総数	よい	大変良い	良い	どちらかといえば良い	わるい
総　数	19 513	15 291	760	5 391	9 140	3 913
お酒を飲み過ぎない	606	509	34	197	278	93
たばこを吸い過ぎない	238	186	9	59	118	50
適度な運動をする	2 313	2 041	145	853	1 043	238
年に 1 回以上人間ドックを受診する	662	579	33	266	280	79
食事の量に注意する	2 401	1 971	104	724	1 143	399
バランスを考え多様な食品をとる	2 299	1 961	124	788	1 049	317
錠剤、カプセル、顆粒、ドリンク状のビタミンやミネラルを摂取する	580	471	27	140	304	101
適正体重を維持する	2 007	1 738	112	711	915	244
食後の歯磨きをする	2 268	1 915	111	741	1 063	325
適度な休養をとる	1 122	931	55	354	522	180
ストレスをためない	1 755	1 517	96	622	799	218
継続して心がけていることは特にない	43	28	−	9	19	15
61 ～ 64 歳	6 641	5 319	259	1 879	3 181	1 242
お酒を飲み過ぎない	200	177	11	71	95	21
たばこを吸い過ぎない	75	57	4	19	34	17
適度な運動をする	606	536	37	238	261	57
年に 1 回以上人間ドックを受診する	249	214	8	99	107	33
食事の量に注意する	682	554	27	198	329	123
バランスを考え多様な食品をとる	625	544	25	223	296	77
錠剤、カプセル、顆粒、ドリンク状のビタミンやミネラルを摂取する	184	152	7	46	99	30
適正体重を維持する	627	545	33	227	285	75
食後の歯磨きをする	665	573	32	219	322	84
適度な休養をとる	369	310	19	102	189	57
ストレスをためない	568	491	25	202	264	73
継続して心がけていることは特にない	15	10	−	2	8	5
65 ～ 69 歳	11 321	8 772	455	3 076	5 241	2 353
お酒を飲み過ぎない	344	283	20	104	159	59
たばこを吸い過ぎない	134	109	5	34	70	24
適度な運動をする	1 464	1 297	99	519	679	148
年に 1 回以上人間ドックを受診する	365	321	23	141	157	43
食事の量に注意する	1 463	1 212	70	439	703	227
バランスを考え多様な食品をとる	1 432	1 214	88	475	651	205
錠剤、カプセル、顆粒、ドリンク状のビタミンやミネラルを摂取する	344	277	19	79	179	61
適正体重を維持する	1 185	1 040	72	422	546	129
食後の歯磨きをする	1 371	1 152	69	439	644	202
適度な休養をとる	630	516	28	208	280	106
ストレスをためない	1 027	894	63	360	471	119
継続して心がけていることは特にない	26	17	−	6	11	9
70 歳	1 551	1 200	46	436	718	318
お酒を飲み過ぎない	62	49	3	22	24	13
たばこを吸い過ぎない	29	20	−	6	14	9
適度な運動をする	243	208	9	96	103	33
年に 1 回以上人間ドックを受診する	48	44	2	26	16	3
食事の量に注意する	256	205	7	87	111	49
バランスを考え多様な食品をとる	242	203	11	90	102	35
錠剤、カプセル、顆粒、ドリンク状のビタミンやミネラルを摂取する	52	42	1	15	26	10
適正体重を維持する	195	153	7	62	84	40
食後の歯磨きをする	232	190	10	83	97	39
適度な休養をとる	123	105	8	44	53	17
ストレスをためない	160	132	8	60	64	26
継続して心がけていることは特にない	2	1	−	1	−	1

注：総数には各項目の不詳を含む。

継続して健康維持のために心がけていること（複数回答）、第12回の健康状態別（3－1）

			第12回の健康状態								
どちらかといえば悪い	悪い	大変悪い	総数	よい	大変良い	良い	どちらかといえば良い	わるい	どちらかといえば悪い	悪い	大変悪い
						構成割合（単位：%）					
3 043	689	181	100.0	78.4	3.9	27.6	46.8	20.1	15.6	3.5	0.9
75	18	–	100.0	84.0	5.6	32.5	45.9	15.3	12.4	3.0	–
40	10	–	100.0	78.2	3.8	24.8	49.6	21.0	16.8	4.2	–
196	32	10	100.0	88.2	6.3	36.9	45.1	10.3	8.5	1.4	0.4
67	10	2	100.0	87.5	5.0	40.2	42.3	11.9	10.1	1.5	0.3
319	67	13	100.0	82.1	4.3	30.2	47.6	16.6	13.3	2.8	0.5
261	47	9	100.0	85.3	5.4	34.3	45.6	13.8	11.4	2.0	0.4
78	21	2	100.0	81.2	4.7	24.1	52.4	17.4	13.4	3.6	0.3
200	31	13	100.0	86.6	5.6	35.4	45.6	12.2	10.0	1.5	0.6
266	52	7	100.0	84.4	4.9	32.7	46.9	14.3	11.7	2.3	0.3
147	27	6	100.0	83.0	4.9	31.6	46.5	16.0	13.1	2.4	0.5
181	30	7	100.0	86.4	5.5	35.4	45.5	12.4	10.3	1.7	0.4
12	2	1	100.0	65.1	–	20.9	44.2	34.9	27.9	4.7	2.3
1 002	196	44	100.0	80.1	3.9	28.3	47.9	18.7	15.1	3.0	0.7
18	3	–	100.0	88.5	5.5	35.5	47.5	10.5	9.0	1.5	–
15	2	–	100.0	76.0	5.3	25.3	45.3	22.7	20.0	2.7	–
46	10	1	100.0	88.4	6.1	39.3	43.1	9.4	7.6	1.7	0.2
30	3	–	100.0	85.9	3.2	39.8	43.0	13.3	12.0	1.2	–
107	15	1	100.0	81.2	4.0	29.0	48.2	18.0	15.7	2.2	0.1
70	7	–	100.0	87.0	4.0	35.7	47.4	12.3	11.2	1.1	–
27	3	–	100.0	82.6	3.8	25.0	53.8	16.3	14.7	1.6	–
61	10	4	100.0	86.9	5.3	36.2	45.5	12.0	9.7	1.6	0.6
68	12	4	100.0	86.2	4.8	32.9	48.4	12.6	10.2	1.8	0.6
49	6	2	100.0	84.0	5.1	27.6	51.2	15.4	13.3	1.6	0.5
64	8	1	100.0	86.4	4.4	35.6	46.5	12.9	11.3	1.4	0.2
4	1	–	100.0	66.7	–	13.3	53.3	33.3	26.7	6.7	–
1 805	426	122	100.0	77.5	4.0	27.2	46.3	20.8	15.9	3.8	1.1
48	11	–	100.0	82.3	5.8	30.2	46.2	17.2	14.0	3.2	–
20	4	–	100.0	81.3	3.7	25.4	52.2	17.9	14.9	3.0	–
123	18	7	100.0	88.6	6.8	35.5	46.4	10.1	8.4	1.2	0.5
34	7	2	100.0	87.9	6.3	38.6	43.0	11.8	9.3	1.9	0.5
182	40	5	100.0	82.8	4.8	30.0	48.1	15.5	12.4	2.7	0.3
161	36	8	100.0	84.8	6.1	33.2	45.5	14.3	11.2	2.5	0.6
44	15	2	100.0	80.5	5.5	23.0	52.0	17.7	12.8	4.4	0.6
109	14	6	100.0	87.8	6.1	35.6	46.1	10.9	9.2	1.2	0.5
168	32	2	100.0	84.0	5.0	32.0	47.0	14.7	12.3	2.3	0.1
84	18	4	100.0	81.9	4.4	33.0	44.4	16.8	13.3	2.9	0.6
97	18	4	100.0	87.0	6.1	35.1	45.9	11.6	9.4	1.8	0.4
8	–	1	100.0	65.4	–	23.1	42.3	34.6	30.8	–	3.8
236	67	15	100.0	77.4	3.0	28.1	46.3	20.5	15.2	4.3	1.0
9	4	–	100.0	79.0	4.8	35.5	38.7	21.0	14.5	6.5	–
5	4	–	100.0	69.0	–	20.7	48.3	31.0	17.2	13.8	–
27	4	2	100.0	85.6	3.7	39.5	42.4	13.6	11.1	1.6	0.8
3	–	–	100.0	91.7	4.2	54.2	33.3	6.3	6.3	–	–
30	12	7	100.0	80.1	2.7	34.0	43.4	19.1	11.7	4.7	2.7
30	4	1	100.0	83.9	4.5	37.2	42.1	14.5	12.4	1.7	0.4
7	3	–	100.0	80.8	1.9	28.8	50.0	19.2	13.5	5.8	–
30	7	3	100.0	78.5	3.6	31.8	43.1	20.5	15.4	3.6	1.5
30	8	1	100.0	81.9	4.3	35.8	41.8	16.8	12.9	3.4	0.4
14	3	–	100.0	85.4	6.5	35.8	43.1	13.8	11.4	2.4	–
20	4	2	100.0	82.5	5.0	37.5	40.0	16.3	12.5	2.5	1.3
–	1	–	100.0	50.0	–	50.0	–	50.0	–	50.0	–

男

年齢階級、第 1 回から継続して健康維持のために心がけていること（複数回答）	総数	よい	大変良い	良い	どちらかといえば良い	わるい
					被調査者数（単位：人）	
総　　数	8 953	6 951	377	2 493	4 081	1 882
お酒を飲み過ぎない	515	433	28	168	237	78
たばこを吸い過ぎない	173	135	7	46	82	37
適度な運動をする	1 025	894	74	376	444	115
年に 1 回以上人間ドックを受診する	374	327	21	159	147	46
食事の量に注意する	877	697	42	272	383	167
バランスを考え多様な食品をとる	475	393	29	156	208	79
錠剤、カプセル、顆粒、ドリンク状のビタミンやミネラルを摂取する	210	168	17	62	89	39
適正体重を維持する	746	644	42	270	332	89
食後の歯磨きをする	617	520	37	224	259	90
適度な休養をとる	342	277	22	123	132	62
ストレスをためない	652	554	38	250	266	90
継続して心がけていることは特にない	25	18	–	6	12	7
61 ～ 64 歳	2 993	2 380	123	858	1 399	568
お酒を飲み過ぎない	171	150	10	59	81	19
たばこを吸い過ぎない	55	43	4	15	24	11
適度な運動をする	291	253	19	111	123	27
年に 1 回以上人間ドックを受診する	147	126	5	61	60	21
食事の量に注意する	245	191	9	66	116	49
バランスを考え多様な食品をとる	120	102	2	47	53	16
錠剤、カプセル、顆粒、ドリンク状のビタミンやミネラルを摂取する	66	55	6	20	29	10
適正体重を維持する	226	198	10	79	109	23
食後の歯磨きをする	181	153	10	62	81	26
適度な休養をとる	106	85	7	35	43	20
ストレスをためない	210	178	10	84	84	30
継続して心がけていることは特にない	11	8	–	2	6	3
65 ～ 69 歳	5 220	4 005	233	1 408	2 364	1 149
お酒を飲み過ぎない	290	240	16	90	134	48
たばこを吸い過ぎない	97	78	3	26	49	19
適度な運動をする	626	544	53	213	278	77
年に 1 回以上人間ドックを受診する	203	177	14	82	81	25
食事の量に注意する	536	431	31	171	229	97
バランスを考え多様な食品をとる	308	252	26	92	134	55
錠剤、カプセル、顆粒、ドリンク状のビタミンやミネラルを摂取する	127	98	10	34	54	27
適正体重を維持する	446	385	28	169	188	53
食後の歯磨きをする	375	318	25	134	159	52
適度な休養をとる	196	156	13	70	73	38
ストレスをためない	384	328	25	142	161	51
継続して心がけていることは特にない	14	10	–	4	6	4
70 歳	740	566	21	227	318	165
お酒を飲み過ぎない	54	43	2	19	22	11
たばこを吸い過ぎない	21	14	–	5	9	7
適度な運動をする	108	97	2	52	43	11
年に 1 回以上人間ドックを受診する	24	24	2	16	6	–
食事の量に注意する	96	75	2	35	38	21
バランスを考え多様な食品をとる	47	39	1	17	21	8
錠剤、カプセル、顆粒、ドリンク状のビタミンやミネラルを摂取する	17	15	1	8	6	2
適正体重を維持する	74	61	4	22	35	13
食後の歯磨きをする	61	49	2	28	19	12
適度な休養をとる	40	36	2	18	16	4
ストレスをためない	58	48	3	24	21	9
継続して心がけていることは特にない	–	–	–	–	–	–

注：総数には各項目の不詳を含む。

継続して健康維持のために心がけていること（複数回答）、第12回の健康状態別（3－2）

第12回の健康状態											
どちらかといえば悪い	悪い	大変悪い	総数	よい	大変良い	良い	どちらかといえば良い	わるい	どちらかといえば悪い	悪い	大変悪い
						構成割合（単位：%）					
1 456	320	106	100.0	77.6	4.2	27.8	45.6	21.0	16.3	3.6	1.2
65	13	–	100.0	84.1	5.4	32.6	46.0	15.1	12.6	2.5	–
29	8	–	100.0	78.0	4.0	26.6	47.4	21.4	16.8	4.6	–
95	14	6	100.0	87.2	7.2	36.7	43.3	11.2	9.3	1.4	0.6
36	9	1	100.0	87.4	5.6	42.5	39.3	12.3	9.6	2.4	0.3
127	34	6	100.0	79.5	4.8	31.0	43.7	19.0	14.5	3.9	0.7
62	12	5	100.0	82.7	6.1	32.8	43.8	16.6	13.1	2.5	1.1
32	5	2	100.0	80.0	8.1	29.5	42.4	18.6	15.2	2.4	1.0
73	10	6	100.0	86.3	5.6	36.2	44.5	11.9	9.8	1.3	0.8
72	16	2	100.0	84.3	6.0	36.3	42.0	14.6	11.7	2.6	0.3
52	9	1	100.0	81.0	6.4	36.0	38.6	18.1	15.2	2.6	0.3
73	14	3	100.0	85.0	5.8	38.3	40.8	13.8	11.2	2.1	0.5
6	1	–	100.0	72.0	–	24.0	48.0	28.0	24.0	4.0	–
467	77	24	100.0	79.5	4.1	28.7	46.7	19.0	15.6	2.6	0.8
16	3	–	100.0	87.7	5.8	34.5	47.4	11.1	9.4	1.8	–
9	2	–	100.0	78.2	7.3	27.3	43.6	20.0	16.4	3.6	–
23	3	1	100.0	86.9	6.5	38.1	42.3	9.3	7.9	1.0	0.3
19	2	–	100.0	85.7	3.4	41.5	40.8	14.3	12.9	1.4	–
42	7	–	100.0	78.0	3.7	26.9	47.3	20.0	17.1	2.9	–
15	1	–	100.0	85.0	1.7	39.2	44.2	13.3	12.5	0.8	–
9	1	–	100.0	83.3	9.1	30.3	43.9	15.2	13.6	1.5	–
19	2	2	100.0	87.6	4.4	35.0	48.2	10.2	8.4	0.9	0.9
21	4	1	100.0	84.5	5.5	34.3	44.8	14.4	11.6	2.2	0.6
18	2	–	100.0	80.2	6.6	33.0	40.6	18.9	17.0	1.9	–
25	5	–	100.0	84.8	4.8	40.0	40.0	14.3	11.9	2.4	–
2	1	–	100.0	72.7	–	18.2	54.5	27.3	18.2	9.1	–
869	205	75	100.0	76.7	4.5	27.0	45.3	22.0	16.6	3.9	1.4
41	7	–	100.0	82.8	5.5	31.0	46.2	16.6	14.1	2.4	–
16	3	–	100.0	80.4	3.1	26.8	50.5	19.6	16.5	3.1	–
63	9	5	100.0	86.9	8.5	34.0	44.4	12.3	10.1	1.4	0.8
17	7	1	100.0	87.2	6.9	40.4	39.9	12.3	8.4	3.4	0.5
73	20	4	100.0	80.4	5.8	31.9	42.7	18.1	13.6	3.7	0.7
40	10	5	100.0	81.8	8.4	29.9	43.5	17.9	13.0	3.2	1.6
21	4	2	100.0	77.2	7.9	26.8	42.5	21.3	16.5	3.1	1.6
46	4	3	100.0	86.3	6.3	37.9	42.2	11.9	10.3	0.9	0.7
42	9	1	100.0	84.8	6.7	35.7	42.4	13.9	11.2	2.4	0.3
31	6	1	100.0	79.6	6.6	35.7	37.2	19.4	15.8	3.1	0.5
42	7	2	100.0	85.4	6.5	37.0	41.9	13.3	10.9	1.8	0.5
4	–	–	100.0	71.4	–	28.6	42.9	28.6	28.6	–	–
120	38	7	100.0	76.5	2.8	30.7	43.0	22.3	16.2	5.1	0.9
8	3	–	100.0	79.6	3.7	35.2	40.7	20.4	14.8	5.6	–
4	3	–	100.0	66.7	–	23.8	42.9	33.3	19.0	14.3	–
9	2	–	100.0	89.8	1.9	48.1	39.8	10.2	8.3	1.9	–
–	–	–	100.0	100.0	8.3	66.7	25.0	–	–	–	–
12	7	2	100.0	78.1	2.1	36.5	39.6	21.9	12.5	7.3	2.1
7	1	–	100.0	83.0	2.1	36.2	44.7	17.0	14.9	2.1	–
2	–	–	100.0	88.2	5.9	47.1	35.3	11.8	11.8	–	–
8	4	1	100.0	82.4	5.4	29.7	47.3	17.6	10.8	5.4	1.4
9	3	–	100.0	80.3	3.3	45.9	31.1	19.7	14.8	4.9	–
3	1	–	100.0	90.0	5.0	45.0	40.0	10.0	7.5	2.5	–
6	2	1	100.0	82.8	5.2	41.4	36.2	15.5	10.3	3.4	1.7
–	–	–	–	–					–	–	

第19表　被調査者数・構成割合，性、年齢階級、第1回から

女

年齢階級、第1回から継続して健康維持のために心がけていること（複数回答）	総数	よい	大変良い	良い	どちらかといえば良い	わるい
					被調査者数（単位：人）	
総　数	10 560	8 340	383	2 898	5 059	2 031
お酒を飲み過ぎない	91	76	6	29	41	15
たばこを吸い過ぎない	65	51	2	13	36	13
適度な運動をする	1 288	1 147	71	477	599	123
年に1回以上人間ドックを受診する	288	252	12	107	133	33
食事の量に注意する	1 524	1 274	62	452	760	232
バランスを考え多様な食品をとる	1 824	1 568	95	632	841	238
錠剤、カプセル、顆粒、ドリンク状のビタミンやミネラルを摂取する	370	303	10	78	215	62
適正体重を維持する	1 261	1 094	70	441	583	155
食後の歯磨きをする	1 651	1 395	74	517	804	235
適度な休養をとる	780	654	33	231	390	118
ストレスをためない	1 103	963	58	372	533	128
継続して心がけていることは特にない	18	10	–	3	7	8
61～64歳	3 648	2 939	136	1 021	1 782	674
お酒を飲み過ぎない	29	27	1	12	14	2
たばこを吸い過ぎない	20	14	–	4	10	6
適度な運動をする	315	283	18	127	138	30
年に1回以上人間ドックを受診する	102	88	3	38	47	12
食事の量に注意する	437	363	18	132	213	74
バランスを考え多様な食品をとる	505	442	23	176	243	61
錠剤、カプセル、顆粒、ドリンク状のビタミンやミネラルを摂取する	118	97	1	26	70	20
適正体重を維持する	401	347	23	148	176	52
食後の歯磨きをする	484	420	22	157	241	58
適度な休養をとる	263	225	12	67	146	37
ストレスをためない	358	313	15	118	180	43
継続して心がけていることは特にない	4	2	–	–	2	2
65～69歳	6 101	4 767	222	1 668	2 877	1 204
お酒を飲み過ぎない	54	43	4	14	25	11
たばこを吸い過ぎない	37	31	2	8	21	5
適度な運動をする	838	753	46	306	401	71
年に1回以上人間ドックを受診する	162	144	9	59	76	18
食事の量に注意する	927	781	39	268	474	130
バランスを考え多様な食品をとる	1 124	962	62	383	517	150
錠剤、カプセル、顆粒、ドリンク状のビタミンやミネラルを摂取する	217	179	9	45	125	34
適正体重を維持する	739	655	44	253	358	76
食後の歯磨きをする	996	834	44	305	485	150
適度な休養をとる	434	360	15	138	207	68
ストレスをためない	643	566	38	218	310	68
継続して心がけていることは特にない	12	7	–	2	5	5
70歳	811	634	25	209	400	153
お酒を飲み過ぎない	8	6	1	3	2	2
たばこを吸い過ぎない	8	6	–	1	5	2
適度な運動をする	135	111	7	44	60	22
年に1回以上人間ドックを受診する	24	20	–	10	10	3
食事の量に注意する	160	130	5	52	73	28
バランスを考え多様な食品をとる	195	164	10	73	81	27
錠剤、カプセル、顆粒、ドリンク状のビタミンやミネラルを摂取する	35	27	–	7	20	8
適正体重を維持する	121	92	3	40	49	27
食後の歯磨きをする	171	141	8	55	78	27
適度な休養をとる	83	69	6	26	37	13
ストレスをためない	102	84	5	36	43	17
継続して心がけていることは特にない	2	1	–	1	–	1

注：総数には各項目の不詳を含む。

132

			第 12 回の健康状態								
どちらかといえば悪い	悪い	大変悪い	総数	よい	大変良い	良い	どちらかといえば良い	わるい	どちらかといえば悪い	悪い	大変悪い
						構成割合（単位：%）					
1 587	369	75	100.0	79.0	3.6	27.4	47.9	19.2	15.0	3.5	0.7
10	5	–	100.0	83.5	6.6	31.9	45.1	16.5	11.0	5.5	–
11	2	–	100.0	78.5	3.1	20.0	55.4	20.0	16.9	3.1	–
101	18	4	100.0	89.1	5.5	37.0	46.5	9.5	7.8	1.4	0.3
31	1	1	100.0	87.5	4.2	37.2	46.2	11.5	10.8	0.3	0.3
192	33	7	100.0	83.6	4.1	29.7	49.9	15.2	12.6	2.2	0.5
199	35	4	100.0	86.0	5.2	34.6	46.1	13.0	10.9	1.9	0.2
46	16	–	100.0	81.9	2.7	21.1	58.1	16.8	12.4	4.3	–
127	21	7	100.0	86.8	5.6	35.0	46.2	12.3	10.1	1.7	0.6
194	36	5	100.0	84.5	4.5	31.3	48.7	14.2	11.8	2.2	0.3
95	18	5	100.0	83.8	4.2	29.6	50.0	15.1	12.2	2.3	0.6
108	16	4	100.0	87.3	5.3	33.7	48.3	11.6	9.8	1.5	0.4
6	1	1	100.0	55.6	–	16.7	38.9	44.4	33.3	5.6	5.6
535	119	20	100.0	80.6	3.7	28.0	48.8	18.5	14.7	3.3	0.5
2	–	–	100.0	93.1	3.4	41.4	48.3	6.9	6.9	–	–
6	–	–	100.0	70.0	–	20.0	50.0	30.0	30.0	–	–
23	7	–	100.0	89.8	5.7	40.3	43.8	9.5	7.3	2.2	–
11	1	–	100.0	86.3	2.9	37.3	46.1	11.8	10.8	1.0	–
65	8	1	100.0	83.1	4.1	30.2	48.7	16.9	14.9	1.8	0.2
55	6	–	100.0	87.5	4.6	34.9	48.1	12.1	10.9	1.2	–
18	2	–	100.0	82.2	0.8	22.0	59.3	16.9	15.3	1.7	–
42	8	2	100.0	86.5	5.7	36.9	43.9	13.0	10.5	2.0	0.5
47	8	3	100.0	86.8	4.5	32.4	49.8	12.0	9.7	1.7	0.6
31	4	2	100.0	85.6	4.6	25.5	55.5	14.1	11.8	1.5	0.8
39	3	1	100.0	87.4	4.2	33.0	50.3	12.0	10.9	0.8	0.3
2	–	–	100.0	50.0	–	–	50.0	50.0	50.0	–	–
936	221	47	100.0	78.1	3.6	27.3	47.2	19.7	15.3	3.6	0.8
7	4	–	100.0	79.6	7.4	25.9	46.3	20.4	13.0	7.4	–
4	1	–	100.0	83.8	5.4	21.6	56.8	13.5	10.8	2.7	–
60	9	2	100.0	89.9	5.5	36.5	47.9	8.5	7.2	1.1	0.2
17	–	1	100.0	88.9	5.6	36.4	46.9	11.1	10.5	–	0.6
109	20	1	100.0	84.3	4.2	28.9	51.1	14.0	11.8	2.2	0.1
121	26	3	100.0	85.6	5.5	34.1	46.0	13.3	10.8	2.3	0.3
23	11	–	100.0	82.5	4.1	20.7	57.6	15.7	10.6	5.1	–
63	10	3	100.0	88.6	6.0	34.2	48.4	10.3	8.5	1.4	0.4
126	23	1	100.0	83.7	4.4	30.6	48.7	15.1	12.7	2.3	0.1
53	12	3	100.0	82.9	3.5	31.8	47.7	15.7	12.2	2.8	0.7
55	11	2	100.0	88.0	5.9	33.9	48.2	10.6	8.6	1.7	0.3
4	–	1	100.0	58.3	–	16.7	41.7	41.7	33.3	–	8.3
116	29	8	100.0	78.2	3.1	25.8	49.3	18.9	14.3	3.6	1.0
1	1	–	100.0	75.0	12.5	37.5	25.0	25.0	12.5	12.5	–
1	1	–	100.0	75.0	–	12.5	62.5	25.0	12.5	12.5	–
18	2	2	100.0	82.2	5.2	32.6	44.4	16.3	13.3	1.5	1.5
3	–	–	100.0	83.3	–	41.7	41.7	12.5	12.5	–	–
18	5	5	100.0	81.3	3.1	32.5	45.6	17.5	11.3	3.1	3.1
23	3	1	100.0	84.1	5.1	37.4	41.5	13.8	11.8	1.5	0.5
5	3	–	100.0	77.1	–	20.0	57.1	22.9	14.3	8.6	–
22	3	2	100.0	76.0	2.5	33.1	40.5	22.3	18.2	2.5	1.7
21	5	1	100.0	82.5	4.7	32.2	45.6	15.8	12.3	2.9	0.6
11	2	–	100.0	83.1	7.2	31.3	44.6	15.7	13.3	2.4	–
14	2	1	100.0	82.4	4.9	35.3	42.2	16.7	13.7	2.0	1.0
–	1	–	100.0	50.0	–	50.0	–	50.0	–	50.0	–

第 1 回 か ら 継 続 し て 健 康 維 持 の た め に 心 が け て い る こ と （ 複 数 回 答 ）	総数	第1回から ずっと 「よい」	「わるい」から 「よい」に 変化	第1回から ずっと 「わるい」	「よい」から 「わるい」 に変化	その他の 変化
総　　数	19 513	8 990	454	456	793	7 199
お酒を飲み過ぎない	606	346	6	14	22	188
たばこを吸い過ぎない	238	118	2	7	15	76
適度な運動をする	2 313	1 421	42	21	59	626
年に1回以上人間ドックを受診する	662	397	11	3	18	194
食事の量に注意する	2 401	1 228	57	52	80	795
バランスを考え多様な食品をとる	2 299	1 284	45	31	66	724
錠剤、カプセル、顆粒、ドリンク状のビタミンやミネラルを摂取する	580	275	7	16	15	220
適正体重を維持する	2 007	1 172	44	27	61	576
食後の歯磨きをする	2 268	1 238	37	29	74	739
適度な休養をとる	1 122	606	21	19	32	372
ストレスをためない	1 755	1 028	30	20	51	521
継続して心がけていることは特にない	43	17	1	1	1	18
総　　数	100.0	46.1	2.3	2.3	4.1	36.9
お酒を飲み過ぎない	100.0	57.1	1.0	2.3	3.6	31.0
たばこを吸い過ぎない	100.0	49.6	0.8	2.9	6.3	31.9
適度な運動をする	100.0	61.4	1.8	0.9	2.6	27.1
年に1回以上人間ドックを受診する	100.0	60.0	1.7	0.5	2.7	29.3
食事の量に注意する	100.0	51.1	2.4	2.2	3.3	33.1
バランスを考え多様な食品をとる	100.0	55.9	2.0	1.3	2.9	31.5
錠剤、カプセル、顆粒、ドリンク状のビタミンやミネラルを摂取する	100.0	47.4	1.2	2.8	2.6	37.9
適正体重を維持する	100.0	58.4	2.2	1.3	3.0	28.7
食後の歯磨きをする	100.0	54.6	1.6	1.3	3.3	32.6
適度な休養をとる	100.0	54.0	1.9	1.7	2.9	33.2
ストレスをためない	100.0	58.6	1.7	1.1	2.9	29.7
継続して心がけていることは特にない	100.0	39.5	2.3	2.3	2.3	41.9

注：1）総数には各項目の不詳を含む。
　　2）健康状態の変化「よい」は、第1回から第12回まで、健康状態が「大変良い」「良い」「どちらかといえば良い」のいずれか、「わるい」

維持のために心がけていること（複数回答）、性、第1回からの健康状態の変化別

男	第1回からずっと「よい」	「わるい」から「よい」に変化	第1回からずっと「わるい」	「よい」から「わるい」に変化	その他の変化	女	第1回からずっと「よい」	「わるい」から「よい」に変化	第1回からずっと「わるい」	「よい」から「わるい」に変化	その他の変化
被調査者数（単位：人）											
8 953	4 065	220	226	376	3 366	10 560	4 925	234	230	417	3 833
515	291	5	10	19	164	91	55	1	4	3	24
173	87	2	5	11	55	65	31	–	2	4	21
1 025	614	23	13	25	283	1 288	807	19	8	34	343
374	231	5	1	10	104	288	166	6	2	8	90
877	442	25	30	35	285	1 524	786	32	22	45	510
475	281	11	6	17	143	1 824	1 003	34	25	49	581
210	107	2	6	10	69	370	168	5	10	5	151
746	427	18	13	26	215	1 261	745	26	14	35	361
617	349	13	9	17	193	1 651	889	24	20	57	546
342	188	7	7	16	106	780	418	14	12	16	266
652	386	7	10	22	189	1 103	642	23	10	29	332
25	14	–	–	–	10	18	3	1	1	1	8
構成割合（単位：%）											
100.0	45.4	2.5	2.5	4.2	37.6	100.0	46.6	2.2	2.2	3.9	36.3
100.0	56.5	1.0	1.9	3.7	31.8	100.0	60.4	1.1	4.4	3.3	26.4
100.0	50.3	1.2	2.9	6.4	31.8	100.0	47.7	–	3.1	6.2	32.3
100.0	59.9	2.2	1.3	2.4	27.6	100.0	62.7	1.5	0.6	2.6	26.6
100.0	61.8	1.3	0.3	2.7	27.8	100.0	57.6	2.1	0.7	2.8	31.3
100.0	50.4	2.9	3.4	4.0	32.5	100.0	51.6	2.1	1.4	3.0	33.5
100.0	59.2	2.3	1.3	3.6	30.1	100.0	55.0	1.9	1.4	2.7	31.9
100.0	51.0	1.0	2.9	4.8	32.9	100.0	45.4	1.4	2.7	1.4	40.8
100.0	57.2	2.4	1.7	3.5	28.8	100.0	59.1	2.1	1.1	2.8	28.6
100.0	56.6	2.1	1.5	2.8	31.3	100.0	53.8	1.5	1.2	3.5	33.1
100.0	55.0	2.0	2.0	4.7	31.0	100.0	53.6	1.8	1.5	2.1	34.1
100.0	59.2	1.1	1.5	3.4	29.0	100.0	58.2	2.1	0.9	2.6	30.1
100.0	56.0	–	–	–	40.0	100.0	16.7	5.6	5.6	5.6	44.4

は、健康状態が「大変悪い」「悪い」「どちらかといえば悪い」のいずれかをいう。

被調査者数

年齢階級、第 1 回からの就業状況の変化	総数	第1回からずっと「よい」	「わるい」から「よい」に変化	第1回からずっと「わるい」	「よい」から「わるい」に変化	その他の変化	男	第1回からずっと「よい」
総　数	19 513	8 990	454	456	793	7 199	8 953	4 065
第 1 回から仕事あり	7 565	3 891	163	106	244	2 550	4 492	2 262
（再掲）離職なし	4 539	2 372	94	64	149	1 506	2 535	1 282
（再掲）離職あり	2 614	1 321	60	37	81	903	1 706	862
就業	290	129	12	8	8	104	71	28
退職	4 811	2 072	101	109	247	1 889	2 271	920
第 1 回から仕事なし	2 349	961	58	134	102	905	208	62
（再掲）離職なし	1 991	866	51	100	89	741	166	53
（再掲）その他	358	95	7	34	13	164	42	9
その他	4 349	1 895	119	89	184	1 700	1 878	786
61 ～ 64 歳	6 641	3 130	146	138	248	2 487	2 993	1 388
第 1 回から仕事あり	3 424	1 759	71	47	118	1 174	2 022	1 022
（再掲）離職なし	2 088	1 100	42	27	81	698	1 182	607
（再掲）離職あり	1 194	589	25	20	30	429	766	381
就業	116	44	4	3	3	50	32	12
退職	1 143	466	24	23	56	492	422	152
第 1 回から仕事なし	560	231	11	36	23	226	35	9
（再掲）離職なし	476	204	9	26	20	192	28	8
（再掲）その他	84	27	2	10	3	34	7	1
その他	1 365	624	35	27	46	530	472	193
65 ～ 69 歳	11 321	5 173	268	287	476	4 148	5 220	2 353
第 1 回から仕事あり	3 737	1 930	85	53	110	1 241	2 231	1 115
（再掲）離職なし	2 216	1 149	50	32	59	736	1 228	603
（再掲）離職あり	1 283	665	30	16	47	425	849	437
就業	158	75	6	5	5	51	34	12
退職	3 200	1 418	69	77	166	1 205	1 577	671
第 1 回から仕事なし	1 514	605	39	88	67	591	142	41
（再掲）離職なし	1 285	545	34	67	59	485	112	35
（再掲）その他	229	60	5	21	8	106	30	6
その他	2 611	1 116	69	56	122	1 030	1 218	509
70 歳	1 551	687	40	31	69	564	740	324
第 1 回から仕事あり	404	202	7	6	16	135	239	125
（再掲）離職なし	235	123	2	5	9	72	125	72
（再掲）離職あり	137	67	5	1	4	49	91	44
就業	16	10	2	–	–	3	5	4
退職	468	188	8	9	25	192	272	97
第 1 回から仕事なし	275	125	8	10	12	88	31	12
（再掲）離職なし	230	117	8	7	10	64	26	10
（再掲）その他	45	8	–	3	2	24	5	2
その他	373	155	15	6	16	140	188	84

注：1）総数には各項目の不詳を含む。
　　2）健康状態の変化「よい」は、第1回から第12回まで、健康状態が「大変良い」「良い」「どちらかといえば良い」のいずれか、「わるい」

回からの就業状況の変化、性、第1回からの健康状態の変化別（2－1）

性、第1回からの健康状態の変化

「わるい」から「よい」に変化	第1回からずっと「わるい」	「よい」から「わるい」に変化	その他の変化	女	第1回からずっと「よい」	「わるい」から「よい」に変化	第1回からずっと「わるい」	「よい」から「わるい」に変化	その他の変化
			被調査者数（単位：人）						
220	226	376	3 366	10 560	4 925	234	230	417	3 833
96	73	152	1 553	3 073	1 629	67	33	92	997
50	39	87	867	2 004	1 090	44	25	62	639
39	30	58	597	908	459	21	7	23	306
3	3	1	30	219	101	9	5	7	74
61	68	123	924	2 540	1 152	40	41	124	965
7	25	7	83	2 141	899	51	109	95	822
7	18	6	66	1 825	813	44	82	83	675
–	7	1	17	316	86	7	27	12	147
52	52	91	765	2 471	1 109	67	37	93	935
62	60	115	1 126	3 648	1 742	84	78	133	1 361
37	30	74	701	1 402	737	34	17	44	473
21	13	50	403	906	493	21	14	31	295
13	17	21	273	428	208	12	3	9	156
1	1	–	14	84	32	3	2	3	36
9	10	20	194	721	314	15	13	36	298
–	2	–	15	525	222	11	34	23	211
–	1	–	13	448	196	9	25	20	179
–	1	–	2	77	26	2	9	3	32
14	15	21	198	893	431	21	12	25	332
135	151	225	1 956	6 101	2 820	133	136	251	2 192
53	40	71	774	1 506	815	32	13	39	467
28	24	35	428	988	546	22	8	24	308
21	12	34	292	434	228	9	4	13	133
2	2	1	15	124	63	4	3	4	36
46	51	85	607	1 623	747	23	26	81	598
6	20	7	53	1 372	564	33	68	60	538
6	15	6	40	1 173	510	28	52	53	445
–	5	1	13	199	54	5	16	7	93
28	35	59	503	1 393	607	41	21	63	527
23	15	36	284	811	363	17	16	33	280
6	3	7	78	165	77	1	3	9	57
1	2	2	36	110	51	1	3	7	36
5	1	3	32	46	23	–	–	1	17
–	–	–	1	11	6	2	–	–	2
6	7	18	123	196	91	2	2	7	69
1	3	–	15	244	113	7	7	12	73
1	2	–	13	204	107	7	5	10	51
–	1	–	2	40	6	–	2	2	22
10	2	11	64	185	71	5	4	5	76

は、健康状態が「大変悪い」「悪い」「どちらかといえば悪い」のいずれかをいう。

構成割合

年齢階級、第 1 回からの就業状況の変化	総数	第1回からずっと「よい」	「わるい」から「よい」に変化	第1回からずっと「わるい」	「よい」から「わるい」に変化	その他の変化	男	第1回からずっと「よい」
総　数	100.0	100.0	100.0	100.0	100.0	100.0	100.0	100.0
第1回から仕事あり	38.8	43.3	35.9	23.2	30.8	35.4	50.2	55.6
（再掲）離職なし	23.3	26.4	20.7	14.0	18.8	20.9	28.3	31.5
（再掲）離職あり	13.4	14.7	13.2	8.1	10.2	12.5	19.1	21.2
就業	1.5	1.4	2.6	1.8	1.0	1.4	0.8	0.7
退職	24.7	23.0	22.2	23.9	31.1	26.2	25.4	22.6
第1回から仕事なし	12.0	10.7	12.8	29.4	12.9	12.6	2.3	1.5
（再掲）離職なし	10.2	9.6	11.2	21.9	11.2	10.3	1.9	1.3
（再掲）その他	1.8	1.1	1.5	7.5	1.6	2.3	0.5	0.2
その他	22.3	21.1	26.2	19.5	23.2	23.6	21.0	19.3
61 ～ 64 歳	100.0	100.0	100.0	100.0	100.0	100.0	100.0	100.0
第1回から仕事あり	51.6	56.2	48.6	34.1	47.6	47.2	67.6	73.6
（再掲）離職なし	31.4	35.1	28.8	19.6	32.7	28.1	39.5	43.7
（再掲）離職あり	18.0	18.8	17.1	14.5	12.1	17.2	25.6	27.4
就業	1.7	1.4	2.7	2.2	1.2	2.0	1.1	0.9
退職	17.2	14.9	16.4	16.7	22.6	19.8	14.1	11.0
第1回から仕事なし	8.4	7.4	7.5	26.1	9.3	9.1	1.2	0.6
（再掲）離職なし	7.2	6.5	6.2	18.8	8.1	7.7	0.9	0.6
（再掲）その他	1.3	0.9	1.4	7.2	1.2	1.4	0.2	0.1
その他	20.6	19.9	24.0	19.6	18.5	21.3	15.8	13.9
65 ～ 69 歳	100.0	100.0	100.0	100.0	100.0	100.0	100.0	100.0
第1回から仕事あり	33.0	37.3	31.7	18.5	23.1	29.9	42.7	47.4
（再掲）離職なし	19.6	22.2	18.7	11.1	12.4	17.7	23.5	25.6
（再掲）離職あり	11.3	12.9	11.2	5.6	9.9	10.2	16.3	18.6
就業	1.4	1.4	2.2	1.7	1.1	1.2	0.7	0.5
退職	28.3	27.4	25.7	26.8	34.9	29.1	30.2	28.5
第1回から仕事なし	13.4	11.7	14.6	30.7	14.1	14.2	2.7	1.7
（再掲）離職なし	11.4	10.5	12.7	23.3	12.4	11.7	2.1	1.5
（再掲）その他	2.0	1.2	1.9	7.3	1.7	2.6	0.6	0.3
その他	23.1	21.6	25.7	19.5	25.6	24.8	23.3	21.6
70 歳	100.0	100.0	100.0	100.0	100.0	100.0	100.0	100.0
第1回から仕事あり	26.0	29.4	17.5	19.4	23.2	23.9	32.3	38.6
（再掲）離職なし	15.2	17.9	5.0	16.1	13.0	12.8	16.9	22.2
（再掲）離職あり	8.8	9.8	12.5	3.2	5.8	8.7	12.3	13.6
就業	1.0	1.5	5.0	－	－	0.5	0.7	1.2
退職	30.2	27.4	20.0	29.0	36.2	34.0	36.8	29.9
第1回から仕事なし	17.7	18.2	20.0	32.3	17.4	15.6	4.2	3.7
（再掲）離職なし	14.8	17.0	20.0	22.6	14.5	11.3	3.5	3.1
（再掲）その他	2.9	1.2	－	9.7	2.9	4.3	0.7	0.6
その他	24.0	22.6	37.5	19.4	23.2	24.8	25.4	25.9

注：1）総数には各項目の不詳を含む。
　　2）健康状態の変化「よい」は、第1回から第12回まで、健康状態が「大変良い」「良い」「どちらかといえば良い」のいずれか、「わるい」

性、第1回からの健康状態の変化

「わるい」から「よい」に変化	第1回からずっと「わるい」	「よい」から「わるい」に変化	その他の変化	女	第1回からずっと「よい」	「わるい」から「よい」に変化	第1回からずっと「わるい」	「よい」から「わるい」に変化	その他の変化
構成割合（単位：%）									
100.0	100.0	100.0	100.0	100.0	100.0	100.0	100.0	100.0	100.0
43.6	32.3	40.4	46.1	29.1	33.1	28.6	14.3	22.1	26.0
22.7	17.3	23.1	25.8	19.0	22.1	18.8	10.9	14.9	16.7
17.7	13.3	15.4	17.7	8.6	9.3	9.0	3.0	5.5	8.0
1.4	1.3	0.3	0.9	2.1	2.1	3.8	2.2	1.7	1.9
27.7	30.1	32.7	27.5	24.1	23.4	17.1	17.8	29.7	25.2
3.2	11.1	1.9	2.5	20.3	18.3	21.8	47.4	22.8	21.4
3.2	8.0	1.6	2.0	17.3	16.5	18.8	35.7	19.9	17.6
－	3.1	0.3	0.5	3.0	1.7	3.0	11.7	2.9	3.8
23.6	23.0	24.2	22.7	23.4	22.5	28.6	16.1	22.3	24.4
100.0	100.0	100.0	100.0	100.0	100.0	100.0	100.0	100.0	100.0
59.7	50.0	64.3	62.3	38.4	42.3	40.5	21.8	33.1	34.8
33.9	21.7	43.5	35.8	24.8	28.3	25.0	17.9	23.3	21.7
21.0	28.3	18.3	24.2	11.7	11.9	14.3	3.8	6.8	11.5
1.6	1.7	－	1.2	2.3	1.8	3.6	2.6	2.3	2.6
14.5	16.7	17.4	17.2	19.8	18.0	17.9	16.7	27.1	21.9
－	3.3	－	1.3	14.4	12.7	13.1	43.6	17.3	15.5
－	1.7	－	1.2	12.3	11.3	10.7	32.1	15.0	13.2
－	1.7	－	0.2	2.1	1.5	2.4	11.5	2.3	2.4
22.6	25.0	18.3	17.6	24.5	24.7	25.0	15.4	18.8	24.4
100.0	100.0	100.0	100.0	100.0	100.0	100.0	100.0	100.0	100.0
39.3	26.5	31.6	39.6	24.7	28.9	24.1	9.6	15.5	21.3
20.7	15.9	15.6	21.9	16.2	19.4	16.5	5.9	9.6	14.1
15.6	7.9	15.1	14.9	7.1	8.1	6.8	2.9	5.2	6.1
1.5	1.3	0.4	0.8	2.0	2.2	3.0	2.2	1.6	1.6
34.1	33.8	37.8	31.0	26.6	26.5	17.3	19.1	32.3	27.3
4.4	13.2	3.1	2.7	22.5	20.0	24.8	50.0	23.9	24.5
4.4	9.9	2.7	2.0	19.2	18.1	21.1	38.2	21.1	20.3
－	3.3	0.4	0.7	3.3	1.9	3.8	11.8	2.8	4.2
20.7	23.2	26.2	25.7	22.8	21.5	30.8	15.4	25.1	24.0
100.0	100.0	100.0	100.0	100.0	100.0	100.0	100.0	100.0	100.0
26.1	20.0	19.4	27.5	20.3	21.2	5.9	18.8	27.3	20.4
4.3	13.3	5.6	12.7	13.6	14.0	5.9	18.8	21.2	12.9
21.7	6.7	8.3	11.3	5.7	6.3	－	－	3.0	6.1
－	－	－	0.4	1.4	1.7	11.8	－	－	0.7
26.1	46.7	50.0	43.3	24.2	25.1	11.8	12.5	21.2	24.6
4.3	20.0	－	5.3	30.1	31.1	41.2	43.8	36.4	26.1
4.3	13.3	－	4.6	25.2	29.5	41.2	31.3	30.3	18.2
－	6.7	－	0.7	4.9	1.7	－	12.5	6.1	7.9
43.5	13.3	30.6	22.5	22.8	19.6	29.4	25.0	15.2	27.1

は、健康状態が「大変悪い」「悪い」「どちらかといえば悪い」のいずれかをいう。

第22表　第1回から医師から診断されている同じ疾病がある被調査

総数

第1回の健康維持のために心がけていること（複数回答）	糖尿病				心臓病				総数
	総数	よくなっている	変わらない	悪化している	総数	よくなっている	変わらない	悪化している	
総　数	844	188	568	78	188	44	137	5	57
心がけていることがある	791	176	535	74	164	40	118	4	50
お酒を飲み過ぎない	199	49	133	15	41	12	29	–	11
たばこを吸い過ぎない	111	26	73	11	23	4	17	2	1
適度な運動をする	436	111	275	48	80	19	58	2	23
年に1回以上人間ドックを受診する	162	40	104	18	33	7	25	–	7
食事の量に注意する	601	138	398	60	98	25	70	3	24
バランスを考え多様な食品をとる	331	84	209	36	69	21	45	2	16
錠剤、カプセル、顆粒、ドリンク状のビタミンやミネラルを摂取する	136	26	96	13	30	8	21	1	6
適正体重を維持する	430	105	282	40	88	23	63		19
食後の歯磨きをする	237	70	143	21	59	15	44		18
適度な休養をとる	254	57	163	30	74	19	54		18
ストレスをためない	333	82	219	27	88	26	60	1	25
その他	10	2	8	–	2	1	1	–	3
心がけていることは特にない	42	10	26	3	23	4	18	1	6
総　数	100.0	22.3	67.3	9.2	100.0	23.4	72.9	2.7	100.0
心がけていることがある	100.0	22.3	67.6	9.4	100.0	24.4	72.0	2.4	100.0
お酒を飲み過ぎない	100.0	24.6	66.8	7.5	100.0	29.3	70.7	–	100.0
たばこを吸い過ぎない	100.0	23.4	65.8	9.9	100.0	17.4	73.9	8.7	100.0
適度な運動をする	100.0	25.5	63.1	11.0	100.0	23.8	72.5	2.5	100.0
年に1回以上人間ドックを受診する	100.0	24.7	64.2	11.1	100.0	21.2	75.8	–	100.0
食事の量に注意する	100.0	23.0	66.2	10.0	100.0	25.5	71.4	3.1	100.0
バランスを考え多様な食品をとる	100.0	25.4	63.1	10.9	100.0	30.4	65.2	2.9	100.0
錠剤、カプセル、顆粒、ドリンク状のビタミンやミネラルを摂取する	100.0	19.1	70.6	9.6	100.0	26.7	70.0	3.3	100.0
適正体重を維持する	100.0	24.4	65.6	9.3	100.0	26.1	71.6		100.0
食後の歯磨きをする	100.0	29.5	60.3	8.9	100.0	25.4	74.6		100.0
適度な休養をとる	100.0	22.4	64.2	11.8	100.0	25.7	73.0	–	100.0
ストレスをためない	100.0	24.6	65.8	8.1	100.0	29.5	68.2	1.1	100.0
その他	100.0	20.0	80.0	–	100.0	50.0	50.0	–	100.0
心がけていることは特にない	100.0	23.8	61.9	7.1	100.0	17.4	78.3	4.3	100.0

注：1）総数には各項目の不詳を含む。
　　2）「病状の変化」は、その疾患の治療開始時期からの変化をいう。

140

| 第12回の医師から診断されている6つの疾病の病状の変化 | | | | | | | | | | | | | | |
| 脳卒中 | | | 高血圧 | | | | 脂質異常症 | | | | 悪性新生物 | | | |
よくなっている	変わらない	悪化している	総数	よくなっている	変わらない	悪化している	総数	よくなっている	変わらない	悪化している	総数	よくなっている	変わらない	悪化している
被調査者数（単位：人）														
13	39	4	2 131	806	1 275	17	605	200	373	5	14	4	9	1
11	34	4	1 936	733	1 157	16	561	191	342	4	13	4	8	1
3	6	1	549	211	325	3	125	47	66	-	3	1	2	-
-	1	-	253	96	148	3	45	14	27	-	1	-	1	-
4	17	1	912	386	508	4	292	105	170	3	3	1	1	1
2	5	-	417	153	254	2	160	56	94	1	2	-	2	-
6	16	1	1 045	419	602	8	333	122	197	1	7	4	2	1
4	11	1	855	353	482	7	269	107	148	3	6	1	4	1
1	5		458	159	283	7	154	51	93	2	4	2	2	
3	13	2	880	356	500	7	287	101	172	3	6	2	3	1
4	13	1	714	287	412	4	234	96	129	3	6	2	4	
5	10	2	765	302	441	7	247	93	140	1	5	3	2	
8	16	1	952	382	547	7	281	97	166	2	5	1	4	
1	2	-	28	6	21	-	15	3	10	-	-	-	-	-
2	4	-	164	59	101	1	39	7	28	1	1	-	1	-
構成割合（単位：%）														
22.8	68.4	7.0	100.0	37.8	59.8	0.8	100.0	33.1	61.7	0.8	100.0	28.6	64.3	7.1
22.0	68.0	8.0	100.0	37.9	59.8	0.8	100.0	34.0	61.0	0.7	100.0	30.8	61.5	7.7
27.3	54.5	9.1	100.0	38.4	59.2	0.5	100.0	37.6	52.8	-	100.0	33.3	66.7	-
-	100.0	-	100.0	37.9	58.5	1.2	100.0	31.1	60.0	-	100.0	-	100.0	-
17.4	73.9	4.3	100.0	42.3	55.7	0.4	100.0	36.0	58.2	1.0	100.0	33.3	33.3	33.3
28.6	71.4	-	100.0	36.7	60.9	0.5	100.0	35.0	58.8	0.6	100.0	-	100.0	-
25.0	66.7	4.2	100.0	40.1	57.6	0.8	100.0	36.6	59.2	0.3	100.0	57.1	28.6	14.3
25.0	68.8	6.3	100.0	41.3	56.4	0.8	100.0	39.8	55.0	1.1	100.0	16.7	66.7	16.7
16.7	83.3	-	100.0	34.7	61.8	1.5	100.0	33.1	60.4	1.3	100.0	50.0	50.0	-
15.8	68.4	10.5	100.0	40.5	56.8	0.8	100.0	35.2	59.9	1.0	100.0	33.3	50.0	16.7
22.2	72.2	5.6	100.0	40.2	57.7	0.6	100.0	41.0	55.1	1.3	100.0	33.3	66.7	
27.8	55.6	11.1	100.0	39.5	57.6	0.9	100.0	37.7	56.7	0.4	100.0	60.0	40.0	
32.0	64.0	4.0	100.0	40.1	57.5	0.7	100.0	34.5	59.1	0.7	100.0	20.0	80.0	
33.3	66.7	-	100.0	21.4	75.0	-	100.0	20.0	66.7	-	-	-	-	-
33.3	66.7	-	100.0	36.0	61.6	0.6	100.0	17.9	71.8	2.6	100.0	-	100.0	-

第22表　第1回から医師から診断されている同じ疾病がある被調査

男

第1回の健康維持のために心がけていること（複数回答）	糖尿病				心臓病				
	総数	よくなっている	変わらない	悪化している	総数	よくなっている	変わらない	悪化している	総数
総　数	545	110	381	46	139	30	102	5	37
心がけていることがある	508	104	356	43	120	28	86	4	34
お酒を飲み過ぎない	183	43	123	15	38	12	26	–	10
たばこを吸い過ぎない	95	22	61	11	18	4	12	2	1
適度な運動をする	258	61	168	27	57	12	42	2	15
年に1回以上人間ドックを受診する	126	32	80	14	23	5	17	–	5
食事の量に注意する	373	80	254	35	74	19	52	3	18
バランスを考え多様な食品をとる	180	39	119	21	49	16	30	2	9
錠剤、カプセル、顆粒、ドリンク状のビタミンやミネラルを摂取する	80	11	62	6	20	6	13	1	3
適正体重を維持する	274	61	188	22	62	15	45	–	12
食後の歯磨きをする	112	30	74	6	35	8	27	–	9
適度な休養をとる	153	27	104	19	51	14	36	–	12
ストレスをためない	216	45	154	13	63	19	42	1	19
その他	5	–	5	–	1	1	–	–	2
心がけていることは特にない	28	5	19	2	19	2	16	1	3
総　数	100.0	20.2	69.9	8.4	100.0	21.6	73.4	3.6	100.0
心がけていることがある	100.0	20.5	70.1	8.5	100.0	23.3	71.7	3.3	100.0
お酒を飲み過ぎない	100.0	23.5	67.2	8.2	100.0	31.6	68.4	–	100.0
たばこを吸い過ぎない	100.0	23.2	64.2	11.6	100.0	22.2	66.7	11.1	100.0
適度な運動をする	100.0	23.6	65.1	10.5	100.0	21.1	73.7	3.5	100.0
年に1回以上人間ドックを受診する	100.0	25.4	63.5	11.1	100.0	21.7	73.9	–	100.0
食事の量に注意する	100.0	21.4	68.1	9.4	100.0	25.7	70.3	4.1	100.0
バランスを考え多様な食品をとる	100.0	21.7	66.1	11.7	100.0	32.7	61.2	4.1	100.0
錠剤、カプセル、顆粒、ドリンク状のビタミンやミネラルを摂取する	100.0	13.8	77.5	7.5	100.0	30.0	65.0	5.0	100.0
適正体重を維持する	100.0	22.3	68.6	8.0	100.0	24.2	72.6	–	100.0
食後の歯磨きをする	100.0	26.8	66.1	5.4	100.0	22.9	77.1	–	100.0
適度な休養をとる	100.0	17.6	68.0	12.4	100.0	27.5	70.6	–	100.0
ストレスをためない	100.0	20.8	71.3	6.0	100.0	30.2	66.7	1.6	100.0
その他	100.0	–	100.0	–	100.0	100.0	–	–	100.0
心がけていることは特にない	100.0	17.9	67.9	7.1	100.0	10.5	84.2	5.3	100.0

注：1）総数には各項目の不詳を含む。
　　2）「病状の変化」は、その疾患の治療開始時期からの変化をいう。

第12回調査（平成28年）

第12回の医師から診断されている6つの疾病の病状の変化															
脳卒中			高血圧				脂質異常症				悪性新生物				
よくなっている	変わらない	悪化している	総数	よくなっている	変わらない	悪化している	総数	よくなっている	変わらない	悪化している	総数	よくなっている	変わらない	悪化している	
被調査者数（単位：人）															
8	25	3	1 101	408	664	11	270	77	176	2	7	1	5	1	
7	23	3	985	364	596	10	246	73	159	1	7	1	5	1	
2	6	1	433	163	260	2	103	35	57	–	2	1	1	–	
–	1	–	194	77	110	3	31	9	18	–	–	–	–	–	
3	10	1	468	182	277	2	124	38	81	–	2	–	1	1	
–	5	–	254	80	165	2	93	27	58	1	2	–	2	–	
4	12	1	494	191	291	4	141	43	90	–	3	1	1	1	
2	6	1	327	118	200	4	80	24	50	1	3	–	2	1	
1	2	–	184	58	117	5	48	16	27	1	–	–	–	–	
2	8	1	462	178	271	4	112	30	76	1	3	–	2	1	
2	7	–	305	110	188	1	75	28	45	–	3	1	2	–	
3	7	1	371	143	216	4	97	33	60	–	1	1	–	–	
6	12	1	458	179	261	6	117	35	73	1	3	–	3	–	
–	2	–	18	4	14	–	5	–	5	–	–	–	–	–	
1	2	–	105	38	63	1	23	3	17	1	–	–	–	–	
構成割合（単位：％）															
21.6	67.6	8.1	100.0	37.1	60.3	1.0	100.0	28.5	65.2	0.7	100.0	14.3	71.4	14.3	
20.6	67.6	8.8	100.0	37.0	60.5	1.0	100.0	29.7	64.6	0.4	100.0	14.3	71.4	14.3	
20.0	60.0	10.0	100.0	37.6	60.0	0.5	100.0	34.0	55.3	–	100.0	50.0	50.0	–	
–	100.0	–	100.0	39.7	56.7	1.5	100.0	29.0	58.1		–	–	–	–	
20.0	66.7	6.7	100.0	38.9	59.2	0.4	100.0	30.6	65.3	–	100.0	–	50.0	50.0	
–	100.0	–	100.0	31.5	65.0	0.8	100.0	29.0	62.4	1.1	100.0	–	100.0	–	
22.2	66.7	5.6	100.0	38.7	58.9	0.8	100.0	30.5	63.8	–	100.0	33.3	33.3	33.3	
22.2	66.7	11.1	100.0	36.1	61.2	1.2	100.0	30.0	62.5	1.3	100.0	–	66.7	33.3	
33.3	66.7	–	100.0	31.5	63.6	2.7	100.0	33.3	56.3	2.1	–	–	–	–	
16.7	66.7	8.3	100.0	38.5	58.7	0.9	100.0	26.8	67.9	0.9	100.0	–	66.7	33.3	
22.2	77.8	–	100.0	36.1	61.6	0.3	100.0	37.3	60.0	–	100.0	33.3	66.7	–	
25.0	58.3	8.3	100.0	38.5	58.2	1.1	100.0	34.0	61.9	–	100.0	100.0	–	–	
31.6	63.2	5.3	100.0	39.1	57.0	1.3	100.0	29.9	62.4	0.9	100.0	–	100.0	–	
–	100.0	–	100.0	22.2	77.8	–	100.0	–	100.0	–	–	–	–	–	
33.3	66.7	–	100.0	36.2	60.0	1.0	100.0	13.0	73.9	4.3	–	–	–	–	

第22表　第1回から医師から診断されている同じ疾病がある被調査

女

第1回の健康維持のために心がけていること（複数回答）	糖尿病				心臓病				総数
	総数	よくなっている	変わらない	悪化している	総数	よくなっている	変わらない	悪化している	
総　数	299	78	187	32	49	14	35	–	20
心がけていることがある	283	72	179	31	44	12	32	–	16
お酒を飲み過ぎない	16	6	10	–	3	–	3		1
たばこを吸い過ぎない	16	4	12	–	5	–	5		–
適度な運動をする	178	50	107	21	23	7	16		8
年に1回以上人間ドックを受診する	36	8	24	4	10	2	8		2
食事の量に注意する	228	58	144	25	24	6	18		6
バランスを考え多様な食品をとる	151	45	90	15	20	5	15		7
錠剤、カプセル、顆粒、ドリンク状のビタミンやミネラルを摂取する	56	15	34	7	10	2	8		3
適正体重を維持する	156	44	94	18	26	8	18		7
食後の歯磨きをする	125	40	69	15	24	7	17		9
適度な休養をとる	101	30	59	11	23	5	18		6
ストレスをためない	117	37	65	14	25	7	18		6
その他	5	2	3	–	1	–	1		1
心がけていることは特にない	14	5	7	1	4	2	2		3
総　数	100.0	26.1	62.5	10.7	100.0	28.6	71.4	–	100.0
心がけていることがある	100.0	25.4	63.3	11.0	100.0	27.3	72.7	–	100.0
お酒を飲み過ぎない	100.0	37.5	62.5	–	100.0	–	100.0		100.0
たばこを吸い過ぎない	100.0	25.0	75.0	–	100.0	–	100.0		–
適度な運動をする	100.0	28.1	60.1	11.8	100.0	30.4	69.6		100.0
年に1回以上人間ドックを受診する	100.0	22.2	66.7	11.1	100.0	20.0	80.0		100.0
食事の量に注意する	100.0	25.4	63.2	11.0	100.0	25.0	75.0		100.0
バランスを考え多様な食品をとる	100.0	29.8	59.6	9.9	100.0	25.0	75.0		100.0
錠剤、カプセル、顆粒、ドリンク状のビタミンやミネラルを摂取する	100.0	26.8	60.7	12.5	100.0	20.0	80.0		100.0
適正体重を維持する	100.0	28.2	60.3	11.5	100.0	30.8	69.2		100.0
食後の歯磨きをする	100.0	32.0	55.2	12.0	100.0	29.2	70.8		100.0
適度な休養をとる	100.0	29.7	58.4	10.9	100.0	21.7	78.3		100.0
ストレスをためない	100.0	31.6	55.6	12.0	100.0	28.0	72.0		100.0
その他	100.0	40.0	60.0	–	100.0	–	100.0		100.0
心がけていることは特にない	100.0	35.7	50.0	7.1	100.0	50.0	50.0	–	100.0

注：1）総数には各項目の不詳を含む。
　　2）「病状の変化」は、その疾患の治療開始時期からの変化をいう。

第12回の医師から診断されている6つの疾病の病状の変化

被調査者数（単位：人）

脳卒中 よくなっている	変わらない	悪化している	高血圧 総数	よくなっている	変わらない	悪化している	脂質異常症 総数	よくなっている	変わらない	悪化している	悪性新生物 総数	よくなっている	変わらない	悪化している
5	14	1	1 030	398	611	6	335	123	197	3	7	3	4	-
4	11	1	951	369	561	6	315	118	183	3	6	3	3	-
1	-	-	116	48	65	1	22	12	9	-	1	-	1	-
-	-	-	59	19	38	-	14	5	9	-	1	-	1	-
1	7	-	444	204	231	2	168	67	89	3	1	1	-	-
2	-	-	163	73	89	-	67	29	36	-	-	-	-	-
2	4	-	551	228	311	4	192	79	107	1	4	3	1	-
2	5	-	528	235	282	3	189	83	98	2	3	1	2	-
-	3	-	274	101	166	2	106	35	66	1	4	2	2	-
1	5	1	418	178	229	3	175	71	96	2	3	2	1	-
2	6	1	409	177	224	3	159	68	84	3	3	1	2	-
2	3	1	394	159	225	3	150	60	80	1	4	2	2	-
2	4	-	494	203	286	1	164	62	93	1	2	1	1	-
1	-	-	10	2	7	-	10	3	5	-	-	-	-	-
1	2	-	59	21	38	-	16	4	11	-	1	-	1	-

構成割合（単位：%）

脳卒中 よくなっている	変わらない	悪化している	高血圧 総数	よくなっている	変わらない	悪化している	脂質異常症 総数	よくなっている	変わらない	悪化している	悪性新生物 総数	よくなっている	変わらない	悪化している
25.0	70.0	5.0	100.0	38.6	59.3	0.6	100.0	36.7	58.8	0.9	100.0	42.9	57.1	-
25.0	68.8	6.3	100.0	38.8	59.0	0.6	100.0	37.5	58.1	1.0	100.0	50.0	50.0	-
100.0	-	-	100.0	41.4	56.0	0.9	100.0	54.5	40.9	-	100.0	-	100.0	-
-	-	-	100.0	32.2	64.4	-	100.0	35.7	64.3	-	100.0	-	100.0	-
12.5	87.5	-	100.0	45.9	52.0	0.5	100.0	39.9	53.0	1.8	100.0	100.0	-	-
100.0	-	-	100.0	44.8	54.6	-	100.0	43.3	53.7	-	-	-	-	-
33.3	66.7	-	100.0	41.4	56.4	0.7	100.0	41.1	55.7	0.5	100.0	75.0	25.0	-
28.6	71.4	-	100.0	44.5	53.4	0.6	100.0	43.9	51.9	1.1	100.0	33.3	66.7	-
-	100.0	-	100.0	36.9	60.6	0.7	100.0	33.0	62.3	0.9	100.0	50.0	50.0	-
14.3	71.4	14.3	100.0	42.6	54.8	0.7	100.0	40.6	54.9	1.1	100.0	66.7	33.3	-
22.2	66.7	11.1	100.0	43.3	54.8	0.7	100.0	42.8	52.8	1.9	100.0	33.3	66.7	-
33.3	50.0	16.7	100.0	40.4	57.1	0.8	100.0	40.0	53.3	0.7	100.0	50.0	50.0	-
33.3	66.7	-	100.0	41.1	57.9	0.2	100.0	37.8	56.7	0.6	100.0	50.0	50.0	-
100.0	-	-	100.0	20.0	70.0	-	100.0	30.0	50.0	-	-	-	-	-
33.3	66.7	-	100.0	35.6	64.4	-	100.0	25.0	68.8	-	100.0	-	100.0	-

息がはずまない軽い運動

性、第1回の運動習慣の有無・運動の程度	糖尿病	あり	なし	心臓病	あり	なし	脳卒中	第12回の医師 あり
総数	7 846	73	7 593	8 676	93	8 375	9 179	43
運動している	2 987	27	2 891	3 227	30	3 124	3 392	13
月に1日程度	134	–	130	148	2	143	150	2
週に1日程度	656	3	639	714	7	687	768	2
週に2〜3日	780	9	754	856	7	830	904	4
週に4〜5日	497	8	481	528	7	513	552	3
ほぼ毎日	900	7	869	960	7	932	995	2
運動していない	4 685	46	4 536	5 250	61	5 065	5 587	27
男	3 726	42	3 608	4 233	62	4 085	4 585	29
運動している	1 214	12	1 175	1 341	20	1 293	1 437	8
月に1日程度	63	–	61	73	2	69	72	2
週に1日程度	252	2	243	285	5	268	308	–
週に2〜3日	296	4	287	332	5	322	359	3
週に4〜5日	203	2	199	226	4	220	239	2
ほぼ毎日	387	4	374	412	4	403	444	1
運動していない	2 434	30	2 359	2 803	42	2 708	3 060	20
女	4 120	31	3 985	4 443	31	4 290	4 594	14
運動している	1 773	15	1 716	1 886	10	1 831	1 955	5
月に1日程度	71	–	69	75	–	74	78	–
週に1日程度	404	1	396	429	2	419	460	2
週に2〜3日	484	5	467	524	2	508	545	1
週に4〜5日	294	6	282	302	3	293	313	1
ほぼ毎日	513	3	495	548	3	529	551	1
運動していない	2 251	16	2 177	2 447	19	2 357	2 527	7
総数	100.0	100.0	100.0	100.0	100.0	100.0	100.0	100.0
運動している	38.1	37.0	38.1	37.2	32.3	37.3	37.0	30.2
月に1日程度	1.7	–	1.7	1.7	2.2	1.7	1.6	4.7
週に1日程度	8.4	4.1	8.4	8.2	7.5	8.2	8.4	4.7
週に2〜3日	9.9	12.3	9.9	9.9	7.5	9.9	9.8	9.3
週に4〜5日	6.3	11.0	6.3	6.1	7.5	6.1	6.0	7.0
ほぼ毎日	11.5	9.6	11.4	11.1	7.5	11.1	10.8	4.7
運動していない	59.7	63.0	59.7	60.5	65.6	60.5	60.9	62.8
男	100.0	100.0	100.0	100.0	100.0	100.0	100.0	100.0
運動している	32.6	28.6	32.6	31.7	32.3	31.7	31.3	27.6
月に1日程度	1.7	–	1.7	1.7	3.2	1.7	1.6	6.9
週に1日程度	6.8	4.8	6.7	6.7	8.1	6.6	6.7	–
週に2〜3日	7.9	9.5	8.0	7.8	8.1	7.9	7.8	10.3
週に4〜5日	5.4	4.8	5.5	5.3	6.5	5.4	5.2	6.9
ほぼ毎日	10.4	9.5	10.4	9.7	6.5	9.9	9.7	3.4
運動していない	65.3	71.4	65.4	66.2	67.7	66.3	66.7	69.0
女	100.0	100.0	100.0	100.0	100.0	100.0	100.0	100.0
運動している	43.0	48.4	43.1	42.4	32.3	42.7	42.6	35.7
月に1日程度	1.7	–	1.7	1.7	–	1.7	1.7	–
週に1日程度	9.8	3.2	9.9	9.7	6.5	9.8	10.0	14.3
週に2〜3日	11.7	16.1	11.7	11.8	6.5	11.8	11.9	7.1
週に4〜5日	7.1	19.4	7.1	6.8	9.7	6.8	6.8	7.1
ほぼ毎日	12.5	9.7	12.4	12.3	9.7	12.3	12.0	7.1
運動していない	54.6	51.6	54.6	55.1	61.3	54.9	55.0	50.0

注：総数には各項目の不詳を含む。

から診断されている6つの疾病の種類・疾病の有無

なし	高血圧	あり	なし	脂質異常症	あり	なし	悪性新生物	あり	なし

被調査者数（単位：人）

なし	高血圧	あり	なし	脂質異常症	あり	なし	悪性新生物	あり	なし
8 827	4 687	160	4 412	5 637	143	5 330	8 852	106	8 514
3 264	1 801	60	1 702	2 049	56	1 933	3 244	35	3 131
145	71	1	70	95	2	91	146	3	140
735	391	12	373	432	16	403	717	10	687
871	482	20	450	554	12	526	857	6	831
532	288	13	269	327	11	311	539	6	525
960	558	13	531	628	15	590	963	10	928
5 375	2 810	97	2 639	3 451	81	3 270	5 396	68	5 180
4 403	2 126	86	1 985	2 941	61	2 797	4 500	65	4 318
1 378	696	31	648	931	22	879	1 415	21	1 358
68	31	1	30	47	–	46	74	1	71
292	137	4	130	187	8	171	304	5	290
345	183	11	167	232	3	221	344	5	330
229	110	6	102	153	3	148	237	4	229
431	228	8	214	303	8	285	443	6	427
2 942	1 396	54	1 305	1 941	35	1 856	2 990	43	2 868
4 424	2 561	74	2 427	2 696	82	2 533	4 352	41	4 196
1 886	1 105	29	1 054	1 118	34	1 054	1 829	14	1 773
77	40	–	40	48	2	45	72	2	69
443	254	8	243	245	8	232	413	5	397
526	299	9	283	322	9	305	513	1	501
303	178	7	167	174	8	163	302	2	296
529	330	5	317	325	7	305	520	4	501
2 433	1 414	43	1 334	1 510	46	1 414	2 406	25	2 312

構成割合（単位：%）

なし	高血圧	あり	なし	脂質異常症	あり	なし	悪性新生物	あり	なし
100.0	100.0	100.0	100.0	100.0	100.0	100.0	100.0	100.0	100.0
37.0	38.4	37.5	38.6	36.3	39.2	36.3	36.6	33.0	36.8
1.6	1.5	0.6	1.6	1.7	1.4	1.7	1.6	2.8	1.6
8.3	8.3	7.5	8.5	7.7	11.2	7.6	8.1	9.4	8.1
9.9	10.3	12.5	10.2	9.8	8.4	9.9	9.7	5.7	9.8
6.0	6.1	8.1	6.1	5.8	7.7	5.8	6.1	5.7	6.2
10.9	11.9	8.1	12.0	11.1	10.5	11.1	10.9	9.4	10.9
60.9	60.0	60.6	59.8	61.2	56.6	61.4	61.0	64.2	60.8
100.0	100.0	100.0	100.0	100.0	100.0	100.0	100.0	100.0	100.0
31.3	32.7	36.0	32.6	31.7	36.1	31.4	31.4	32.3	31.4
1.5	1.5	1.2	1.5	1.6	–	1.6	1.6	1.5	1.6
6.6	6.4	4.7	6.5	6.4	13.1	6.1	6.8	7.7	6.7
7.8	8.6	12.8	8.4	7.9	4.9	7.9	7.6	7.7	7.6
5.2	5.2	7.0	5.1	5.2	4.9	5.3	5.3	6.2	5.3
9.8	10.7	9.3	10.8	10.3	13.1	10.2	9.8	9.2	9.9
66.8	65.7	62.8	65.7	66.0	57.4	66.4	66.4	66.2	66.4
100.0	100.0	100.0	100.0	100.0	100.0	100.0	100.0	100.0	100.0
42.6	43.1	39.2	43.4	41.5	41.5	41.6	42.0	34.1	42.3
1.7	1.6	–	1.6	1.8	2.4	1.8	1.7	4.9	1.6
10.0	9.9	10.8	10.0	9.1	9.8	9.2	9.5	12.2	9.5
11.9	11.7	12.2	11.7	11.9	11.0	12.0	11.8	2.4	11.9
6.8	7.0	9.5	6.9	6.5	9.8	6.4	6.9	4.9	7.1
12.0	12.9	6.8	13.1	12.1	8.5	12.0	11.9	9.8	11.9
55.0	55.2	58.1	55.0	56.0	56.1	55.8	55.3	61.0	55.1

多少息がはずむ運動

性、第1回の運動習慣の有無・運動の程度	糖尿病	あり	なし	心臓病	あり	なし	脳卒中	第12回の医師 あり
総数	7 846	73	7 593	8 676	93	8 375	9 179	43
運動している	2 414	20	2 345	2 785	28	2 698	2 922	8
月に1日程度	233	2	230	245	6	238	268	1
週に1日程度	702	6	682	754	8	730	802	–
週に2～3日	709	1	691	829	7	799	858	3
週に4～5日	364	5	352	438	2	430	460	2
ほぼ毎日	394	6	378	501	4	484	516	1
運動していない	5 258	53	5 082	5 692	63	5 491	6 057	32
男	3 726	42	3 608	4 233	62	4 085	4 585	29
運動している	1 152	13	1 123	1 358	19	1 323	1 464	5
月に1日程度	129	1	127	133	4	128	151	1
週に1日程度	383	5	374	420	5	411	453	–
週に2～3日	303	–	296	366	6	354	396	2
週に4～5日	152	2	148	193	2	189	205	–
ほぼ毎日	180	5	173	236	1	232	247	1
運動していない	2 496	29	2 411	2 786	43	2 678	3 033	23
女	4 120	31	3 985	4 443	31	4 290	4 594	14
運動している	1 262	7	1 222	1 427	9	1 375	1 458	3
月に1日程度	104	1	103	112	2	110	117	–
週に1日程度	319	1	308	334	3	319	349	–
週に2～3日	406	1	395	463	1	445	462	1
週に4～5日	212	3	204	245	–	241	255	2
ほぼ毎日	214	1	205	265	3	252	269	–
運動していない	2 762	24	2 671	2 906	20	2 813	3 024	9
総数	100.0	100.0	100.0	100.0	100.0	100.0	100.0	100.0
運動している	30.8	27.4	30.9	32.1	30.1	32.2	31.8	18.6
月に1日程度	3.0	2.7	3.0	2.8	6.5	2.8	2.9	2.3
週に1日程度	8.9	8.2	9.0	8.7	8.6	8.7	8.7	–
週に2～3日	9.0	1.4	9.1	9.6	7.5	9.5	9.3	7.0
週に4～5日	4.6	6.8	4.6	5.0	2.2	5.1	5.0	4.7
ほぼ毎日	5.0	8.2	5.0	5.8	4.3	5.8	5.6	2.3
運動していない	67.0	72.6	66.9	65.6	67.7	65.6	66.0	74.4
男	100.0	100.0	100.0	100.0	100.0	100.0	100.0	100.0
運動している	30.9	31.0	31.1	32.1	30.6	32.4	31.9	17.2
月に1日程度	3.5	2.4	3.5	3.1	6.5	3.1	3.3	3.4
週に1日程度	10.3	11.9	10.4	9.9	8.1	10.1	9.9	–
週に2～3日	8.1	–	8.2	8.6	9.7	8.7	8.6	6.9
週に4～5日	4.1	4.8	4.1	4.6	3.2	4.6	4.5	–
ほぼ毎日	4.8	11.9	4.8	5.6	1.6	5.7	5.4	3.4
運動していない	67.0	69.0	66.8	65.8	69.4	65.6	66.2	79.3
女	100.0	100.0	100.0	100.0	100.0	100.0	100.0	100.0
運動している	30.6	22.6	30.7	32.1	29.0	32.1	31.7	21.4
月に1日程度	2.5	3.2	2.6	2.5	6.5	2.6	2.5	–
週に1日程度	7.7	3.2	7.7	7.5	9.7	7.4	7.6	–
週に2～3日	9.9	3.2	9.9	10.4	3.2	10.4	10.1	7.1
週に4～5日	5.1	9.7	5.1	5.5	–	5.6	5.6	14.3
ほぼ毎日	5.2	3.2	5.1	6.0	9.7	5.9	5.9	–
運動していない	67.0	77.4	67.0	65.4	64.5	65.6	65.8	64.3

注：総数には各項目の不詳を含む。

者数・構成割合， 性、第1回の運動習慣の有無・運動の程度、第12回の医師から診断されている 6つの疾病の種類・疾病の有無別（3－2）

から診断されている6つの疾病の種類・疾病の有無

被調査者数（単位：人）

なし	高血圧	あり	なし	脂質異常症	あり	なし	悪性新生物	あり	なし
8 827	4 687	160	4 412	5 637	143	5 330	8 852	106	8 514
2 826	1 483	55	1 399	1 719	46	1 626	2 777	33	2 676
264	146	7	139	164	3	160	263	4	256
777	410	17	385	474	11	449	759	3	736
828	450	16	424	503	16	471	813	10	783
442	219	7	207	251	5	241	439	9	420
498	254	7	241	318	11	296	486	7	464
5 813	3 128	102	2 942	3 781	91	3 577	5 863	70	5 635
4 403	2 126	86	1 985	2 941	61	2 797	4 500	65	4 318
1 420	669	23	636	876	13	846	1 428	22	1 378
147	71	2	69	88	–	88	154	4	148
440	202	9	190	266	3	255	438	2	426
379	188	6	179	245	4	235	388	6	375
201	89	3	84	115	2	112	202	6	192
242	115	2	111	156	4	150	237	4	228
2 900	1 423	62	1 317	1 996	44	1 889	2 977	42	2 848
4 424	2 561	74	2 427	2 696	82	2 533	4 352	41	4 196
1 406	814	32	763	843	33	780	1 349	11	1 298
117	75	5	70	76	3	72	109	–	108
337	208	8	195	208	8	194	321	1	310
449	262	10	245	258	12	236	425	4	408
241	130	4	123	136	3	129	237	3	228
256	139	5	130	162	7	146	249	3	236
2 913	1 705	40	1 625	1 785	47	1 688	2 886	28	2 787

構成割合（単位：%）

なし	高血圧	あり	なし	脂質異常症	あり	なし	悪性新生物	あり	なし
100.0	100.0	100.0	100.0	100.0	100.0	100.0	100.0	100.0	100.0
32.0	31.6	34.4	31.7	30.5	32.2	30.5	31.4	31.1	31.4
3.0	3.1	4.4	3.2	2.9	2.1	3.0	3.0	3.8	3.0
8.8	8.7	10.6	8.7	8.4	7.7	8.4	8.6	2.8	8.6
9.4	9.6	10.0	9.6	8.9	11.2	8.8	9.2	9.4	9.2
5.0	4.7	4.4	4.7	4.5	3.5	4.5	5.0	8.5	4.9
5.6	5.4	4.4	5.5	5.6	7.7	5.6	5.5	6.6	5.4
65.9	66.7	63.8	66.7	67.1	63.6	67.1	66.2	66.0	66.2
100.0	100.0	100.0	100.0	100.0	100.0	100.0	100.0	100.0	100.0
32.3	31.5	26.7	32.0	29.8	21.3	30.2	31.7	33.8	31.9
3.3	3.3	2.3	3.5	3.0	–	3.1	3.4	6.2	3.4
10.0	9.5	10.5	9.6	9.0	4.9	9.1	9.7	3.1	9.9
8.6	8.8	7.0	9.0	8.3	6.6	8.4	8.6	9.2	8.7
4.6	4.2	3.5	4.2	3.9	3.3	4.0	4.5	9.2	4.4
5.5	5.4	2.3	5.6	5.3	6.6	5.4	5.3	6.2	5.3
65.9	66.9	72.1	66.3	67.9	72.1	67.5	66.2	64.6	66.0
100.0	100.0	100.0	100.0	100.0	100.0	100.0	100.0	100.0	100.0
31.8	31.8	43.2	31.4	31.3	40.2	30.8	31.0	26.8	30.9
2.6	2.9	6.8	2.9	2.8	3.7	2.8	2.5	–	2.6
7.6	8.1	10.8	8.0	7.7	9.8	7.7	7.4	2.4	7.4
10.1	10.2	13.5	10.1	9.6	14.6	9.3	9.8	9.8	9.7
5.4	5.4	5.4	5.4	5.0	3.7	5.1	5.4	7.3	5.4
5.8	5.4	6.8	5.4	6.0	8.5	5.8	5.7	7.3	5.6
65.8	66.6	54.1	67.0	66.2	57.3	66.6	66.3	68.3	66.4

第23表　第11回まで医師から診断されている疾病がなかった被調査

激しく息がはずむ運動

性、第1回の運動習慣の有無・運動の程度	糖尿病	あり	なし	心臓病	あり	なし	脳卒中	あり
総数	7 846	73	7 593	8 676	93	8 375	9 179	43
運動している	713	2	693	765	10	737	800	1
月に1日程度	104	1	101	113	2	109	116	–
週に1日程度	308	–	301	322	6	307	334	1
週に2〜3日	222	1	214	250	–	245	260	–
週に4〜5日	60	–	58	61	2	57	69	–
ほぼ毎日	12	–	12	14	–	14	15	–
運動していない	6 959	71	6 734	7 712	81	7 452	8 179	39
男	3 726	42	3 608	4 233	62	4 085	4 585	29
運動している	303	2	295	330	4	322	356	1
月に1日程度	62	1	60	67	–	66	72	–
週に1日程度	134	–	131	141	4	134	150	1
週に2〜3日	76	1	74	93	–	93	97	–
週に4〜5日	23	–	22	21	–	21	27	–
ほぼ毎日	4	–	4	6	–	6	6	–
運動していない	3 345	40	3 239	3 814	58	3 679	4 141	27
女	4 120	31	3 985	4 443	31	4 290	4 594	14
運動している	410	–	398	435	6	415	444	–
月に1日程度	42	–	41	46	2	43	44	–
週に1日程度	174	–	170	181	2	173	184	–
週に2〜3日	146	–	140	157	–	152	163	–
週に4〜5日	37	–	36	40	2	36	42	–
ほぼ毎日	8	–	8	8	–	8	9	–
運動していない	3 614	31	3 495	3 898	23	3 773	4 038	12
総数	100.0	100.0	100.0	100.0	100.0	100.0	100.0	100.0
運動している	9.1	2.7	9.1	8.8	10.8	8.8	8.7	2.3
月に1日程度	1.3	1.4	1.3	1.3	2.2	1.3	1.3	–
週に1日程度	3.9	–	4.0	3.7	6.5	3.7	3.6	2.3
週に2〜3日	2.8	1.4	2.8	2.9	–	2.9	2.8	–
週に4〜5日	0.8	–	0.8	0.7	2.2	0.7	0.8	–
ほぼ毎日	0.2	–	0.2	0.2	–	0.2	0.2	–
運動していない	88.7	97.3	88.7	88.9	87.1	89.0	89.1	90.7
男	100.0	100.0	100.0	100.0	100.0	100.0	100.0	100.0
運動している	8.1	4.8	8.2	7.8	6.5	7.9	7.8	3.4
月に1日程度	1.7	2.4	1.7	1.6	–	1.6	1.6	–
週に1日程度	3.6	–	3.6	3.3	6.5	3.3	3.3	3.4
週に2〜3日	2.0	2.4	2.1	2.2	–	2.3	2.1	–
週に4〜5日	0.6	–	0.6	0.5	–	0.5	0.6	–
ほぼ毎日	0.1	–	0.1	0.1	–	0.1	0.1	–
運動していない	89.8	95.2	89.8	90.1	93.5	90.1	90.3	93.1
女	100.0	100.0	100.0	100.0	100.0	100.0	100.0	100.0
運動している	10.0	–	10.0	9.8	19.4	9.7	9.7	–
月に1日程度	1.0	–	1.0	1.0	6.5	1.0	1.0	–
週に1日程度	4.2	–	4.3	4.1	6.5	4.0	4.0	–
週に2〜3日	3.5	–	3.5	3.5	–	3.5	3.5	–
週に4〜5日	0.9	–	0.9	0.9	6.5	0.8	0.9	–
ほぼ毎日	0.2	–	0.2	0.2	–	0.2	0.2	–
運動していない	87.7	100.0	87.7	87.7	74.2	87.9	87.9	85.7

注：総数には各項目の不詳を含む。

者数・構成割合，性、第１回の運動習慣の有無・運動の程度、第12回の医師から診断されている６つの疾病の種類・疾病の有無別（３－３）

から診断されている６つの疾病の種類・疾病の有無

なし	高血圧	あり	なし	脂質異常症	あり	なし	悪性新生物	あり	なし

被調査者数（単位：人）

なし	高血圧	あり	なし	脂質異常症	あり	なし	悪性新生物	あり	なし
8 827	4 687	160	4 412	5 637	143	5 330	8 852	106	8 514
776	496	20	464	509	20	475	774	4	744
112	71	3	66	84	5	77	110	1	106
324	194	7	185	198	6	189	329	3	318
253	166	8	153	162	6	150	250	–	238
66	52	2	47	48	3	42	64	–	61
15	10	–	10	10	–	10	13	–	13
7 863	4 115	137	3 877	4 991	117	4 728	7 866	99	7 567
4 403	2 126	86	1 985	2 941	61	2 797	4 500	65	4 318
348	194	11	181	231	2	225	349	4	336
71	38	3	35	51	2	49	71	1	69
145	75	3	71	89	–	87	153	3	146
96	54	5	49	66	–	64	91	–	88
26	22	–	21	17	–	17	26	–	25
6	5	–	5	5	–	5	4	–	4
3 972	1 898	74	1 772	2 641	55	2 510	4 056	60	3 890
4 424	2 561	74	2 427	2 696	82	2 533	4 352	41	4 196
428	302	9	283	278	18	250	425	–	408
41	33	–	31	33	3	28	39	–	37
179	119	4	114	109	6	102	176	–	172
157	112	3	104	96	6	86	159	–	150
40	30	2	26	31	3	25	38	–	36
9	5	–	5	5	–	5	9	–	9
3 891	2 217	63	2 105	2 350	62	2 218	3 810	39	3 677

構成割合（単位：%）

なし	高血圧	あり	なし	脂質異常症	あり	なし	悪性新生物	あり	なし
100.0	100.0	100.0	100.0	100.0	100.0	100.0	100.0	100.0	100.0
8.8	10.6	12.5	10.5	9.0	14.0	8.9	8.7	3.8	8.7
1.3	1.5	1.9	1.5	1.5	3.5	1.4	1.2	0.9	1.2
3.7	4.1	4.4	4.2	3.5	4.2	3.5	3.7	2.8	3.7
2.9	3.5	5.0	3.5	2.9	4.2	2.8	2.8	–	2.8
0.7	1.1	1.3	1.1	0.9	2.1	0.8	0.7	–	0.7
0.2	0.2	–	0.2	0.2	–	0.2	0.1	–	0.2
89.1	87.8	85.6	87.9	88.5	81.8	88.7	88.9	93.4	88.9
100.0	100.0	100.0	100.0	100.0	100.0	100.0	100.0	100.0	100.0
7.9	9.1	12.8	9.1	7.9	3.3	8.0	7.8	6.2	7.8
1.6	1.8	3.5	1.8	1.7	3.3	1.8	1.6	1.5	1.6
3.3	3.5	3.5	3.6	3.0	–	3.1	3.4	4.6	3.4
2.2	2.5	5.8	2.5	2.2	–	2.3	2.0	–	2.0
0.6	1.0	–	1.1	0.6	–	0.6	0.6	–	0.6
0.1	0.2	–	0.3	0.2	–	0.2	0.1	–	0.1
90.2	89.3	86.0	89.3	89.8	90.2	89.7	90.1	92.3	90.1
100.0	100.0	100.0	100.0	100.0	100.0	100.0	100.0	100.0	100.0
9.7	11.8	12.2	11.7	10.3	22.0	9.9	9.8	–	9.7
0.9	1.3	–	1.3	1.2	3.7	1.1	0.9	–	0.9
4.0	4.6	5.4	4.7	4.0	7.3	4.0	4.0	–	4.1
3.5	4.4	4.1	4.3	3.6	7.3	3.4	3.7	–	3.6
0.9	1.2	2.7	1.1	1.1	3.7	1.0	0.9	–	0.9
0.2	0.2	–	0.2	0.2	–	0.2	0.2	–	0.2
88.0	86.6	85.1	86.7	87.2	75.6	87.6	87.5	95.1	87.6

第24表　被調査者数・構成割合，性、年齢階級、第1回の医師から診断されて

被調査者数

性、年齢階級、第1回の医師から診断されている6つの疾病の有無	糖尿病	あり	なし	心臓病	あり	なし	脳卒中	あり
総数	19 513	2 408	15 948	19 513	1 197	17 085	19 513	513
あり	1 224	1 083	117	451	303	132	207	124
なし	18 289	1 325	15 831	19 062	894	16 953	19 306	389
61～64歳	6 641	708	5 575	6 641	309	5 958	6 641	122
あり	324	294	25	93	58	33	40	23
なし	6 317	414	5 550	6 548	251	5 925	6 601	99
65～69歳	11 321	1 481	9 150	11 321	770	9 812	11 321	322
あり	773	676	80	305	209	84	136	83
なし	10 548	805	9 070	11 016	561	9 728	11 185	239
70歳	1 551	219	1 223	1 551	118	1 315	1 551	69
あり	127	113	12	53	36	15	31	18
なし	1 424	106	1 211	1 498	82	1 300	1 520	51
男	8 953	1 462	7 049	8 953	787	7 700	8 953	335
あり	796	706	76	290	209	74	115	81
なし	8 157	756	6 973	8 663	578	7 626	8 838	254
61～64歳	2 993	429	2 430	2 993	211	2 640	2 993	76
あり	203	185	15	63	43	19	22	15
なし	2 790	244	2 415	2 930	168	2 621	2 971	61
65～69歳	5 220	896	4 059	5 220	493	4 448	5 220	210
あり	507	443	53	190	140	45	72	52
なし	4 713	453	4 006	5 030	353	4 403	5 148	158
70歳	740	137	560	740	83	612	740	49
あり	86	78	8	37	26	10	21	14
なし	654	59	552	703	57	602	719	35
女	10 560	946	8 899	10 560	410	9 385	10 560	178
あり	428	377	41	161	94	58	92	43
なし	10 132	569	8 858	10 399	316	9 327	10 468	135
61～64歳	3 648	279	3 145	3 648	98	3 318	3 648	46
あり	121	109	10	30	15	14	18	8
なし	3 527	170	3 135	3 618	83	3 304	3 630	38
65～69歳	6 101	585	5 091	6 101	277	5 364	6 101	112
あり	266	233	27	115	69	39	64	31
なし	5 835	352	5 064	5 986	208	5 325	6 037	81
70歳	811	82	663	811	35	703	811	20
あり	41	35	4	16	10	5	10	4
なし	770	47	659	795	25	698	801	16

注：総数には第12回の医師から診断されている6つの疾病の有無の不詳を含む。

から診断されている６つの疾病の種類・疾病の有無

なし	高血圧	あり	なし	脂質異常症	あり	なし	悪性新生物	あり	なし
被調査者数（単位：人）									
17 590	19 513	6 981	11 410	19 513	3 911	14 341	19 513	800	17 437
75	3 303	2 960	291	1 851	1 260	542	267	49	202
17 515	16 210	4 021	11 119	17 662	2 651	13 799	19 246	751	17 235
6 082	6 641	2 028	4 253	6 641	1 311	4 939	6 641	222	6 026
17	802	731	63	480	346	123	83	17	61
6 065	5 839	1 297	4 190	6 161	965	4 816	6 558	205	5 965
10 154	11 321	4 327	6 334	11 321	2 303	8 266	11 321	500	10 063
46	2 164	1 921	204	1 226	824	368	159	30	122
10 108	9 157	2 406	6 130	10 095	1 479	7 898	11 162	470	9 941
1 354	1 551	626	823	1 551	297	1 136	1 551	78	1 348
12	337	308	24	145	90	51	25	2	19
1 342	1 214	318	799	1 406	207	1 085	1 526	76	1 329
8 061	8 953	3 691	4 836	8 953	1 596	6 848	8 953	402	8 041
31	1 704	1 536	147	895	563	309	82	19	60
8 030	7 249	2 155	4 689	8 058	1 033	6 539	8 871	383	7 981
2 741	2 993	1 113	1 745	2 993	559	2 282	2 993	113	2 726
7	432	394	34	270	193	72	22	6	15
2 734	2 561	719	1 711	2 723	366	2 210	2 971	107	2 711
4 681	5 220	2 259	2 710	5 220	909	4 004	5 220	242	4 675
17	1 114	997	102	564	338	210	51	12	39
4 664	4 106	1 262	2 608	4 656	571	3 794	5 169	230	4 636
639	740	319	381	740	128	562	740	47	640
7	158	145	11	61	32	27	9	1	6
632	582	174	370	679	96	535	731	46	634
9 529	10 560	3 290	6 574	10 560	2 315	7 493	10 560	398	9 396
44	1 599	1 424	144	956	697	233	185	30	142
9 485	8 961	1 866	6 430	9 604	1 618	7 260	10 375	368	9 254
3 341	3 648	915	2 508	3 648	752	2 657	3 648	109	3 300
10	370	337	29	210	153	51	61	11	46
3 331	3 278	578	2 479	3 438	599	2 606	3 587	98	3 254
5 473	6 101	2 068	3 624	6 101	1 394	4 262	6 101	258	5 388
29	1 050	924	102	662	486	158	108	18	83
5 444	5 051	1 144	3 522	5 439	908	4 104	5 993	240	5 305
715	811	307	442	811	169	574	811	31	708
5	179	163	13	84	58	24	16	1	13
710	632	144	429	727	111	550	795	30	695

第24表　被調査者数・構成割合, 性、年齢階級、第1回の医師から診断されて

構成割合

性、年齢階級、第1回の医師から診断されている6つの疾病の有無	糖尿病	あり	なし	心臓病	あり	なし	脳卒中	あり（第12回の医師）
総数	100.0	12.3	81.7	100.0	6.1	87.6	100.0	2.6
あり	100.0	88.5	9.6	100.0	67.2	29.3	100.0	59.9
なし	100.0	7.2	86.6	100.0	4.7	88.9	100.0	2.0
61〜64歳	100.0	10.7	83.9	100.0	4.7	89.7	100.0	1.8
あり	100.0	90.7	7.7	100.0	62.4	35.5	100.0	57.5
なし	100.0	6.6	87.9	100.0	3.8	90.5	100.0	1.5
65〜69歳	100.0	13.1	80.8	100.0	6.8	86.7	100.0	2.8
あり	100.0	87.5	10.3	100.0	68.5	27.5	100.0	61.0
なし	100.0	7.6	86.0	100.0	5.1	88.3	100.0	2.1
70歳	100.0	14.1	78.9	100.0	7.6	84.8	100.0	4.4
あり	100.0	89.0	9.4	100.0	67.9	28.3	100.0	58.1
なし	100.0	7.4	85.0	100.0	5.5	86.8	100.0	3.4
男	100.0	16.3	78.7	100.0	8.8	86.0	100.0	3.7
あり	100.0	88.7	9.5	100.0	72.1	25.5	100.0	70.4
なし	100.0	9.3	85.5	100.0	6.7	88.0	100.0	2.9
61〜64歳	100.0	14.3	81.2	100.0	7.0	88.2	100.0	2.5
あり	100.0	91.1	7.4	100.0	68.3	30.2	100.0	68.2
なし	100.0	8.7	86.6	100.0	5.7	89.5	100.0	2.1
65〜69歳	100.0	17.2	77.8	100.0	9.4	85.2	100.0	4.0
あり	100.0	87.4	10.5	100.0	73.7	23.7	100.0	72.2
なし	100.0	9.6	85.0	100.0	7.0	87.5	100.0	3.1
70歳	100.0	18.5	75.7	100.0	11.2	82.7	100.0	6.6
あり	100.0	90.7	9.3	100.0	70.3	27.0	100.0	66.7
なし	100.0	9.0	84.4	100.0	8.1	85.6	100.0	4.9
女	100.0	9.0	84.3	100.0	3.9	88.9	100.0	1.7
あり	100.0	88.1	9.6	100.0	58.4	36.0	100.0	46.7
なし	100.0	5.6	87.4	100.0	3.0	89.7	100.0	1.3
61〜64歳	100.0	7.6	86.2	100.0	2.7	91.0	100.0	1.3
あり	100.0	90.1	8.3	100.0	50.0	46.7	100.0	44.4
なし	100.0	4.8	88.9	100.0	2.3	91.3	100.0	1.0
65〜69歳	100.0	9.6	83.4	100.0	4.5	87.9	100.0	1.8
あり	100.0	87.6	10.2	100.0	60.0	33.9	100.0	48.4
なし	100.0	6.0	86.8	100.0	3.5	89.0	100.0	1.3
70歳	100.0	10.1	81.8	100.0	4.3	86.7	100.0	2.5
あり	100.0	85.4	9.8	100.0	62.5	31.3	100.0	40.0
なし	100.0	6.1	85.6	100.0	3.1	87.8	100.0	2.0

注：総数には第12回の医師から診断されている6つの疾病の有無の不詳を含む。

第 12 回調査（平成 28 年）

から診断されている６つの疾病の種類・疾病の有無

なし	高血圧	あり	なし	脂質異常症	あり	なし	悪性新生物	あり	なし

構成割合（単位：％）

なし	高血圧	あり	なし	脂質異常症	あり	なし	悪性新生物	あり	なし
90.1	100.0	35.8	58.5	100.0	20.0	73.5	100.0	4.1	89.4
36.2	100.0	89.6	8.8	100.0	68.1	29.3	100.0	18.4	75.7
90.7	100.0	24.8	68.6	100.0	15.0	78.1	100.0	3.9	89.6
91.6	100.0	30.5	64.0	100.0	19.7	74.4	100.0	3.3	90.7
42.5	100.0	91.1	7.9	100.0	72.1	25.6	100.0	20.5	73.5
91.9	100.0	22.2	71.8	100.0	15.7	78.2	100.0	3.1	91.0
89.7	100.0	38.2	55.9	100.0	20.3	73.0	100.0	4.4	88.9
33.8	100.0	88.8	9.4	100.0	67.2	30.0	100.0	18.9	76.7
90.4	100.0	26.3	66.9	100.0	14.7	78.2	100.0	4.2	89.1
87.3	100.0	40.4	53.1	100.0	19.1	73.2	100.0	5.0	86.9
38.7	100.0	91.4	7.1	100.0	62.1	35.2	100.0	8.0	76.0
88.3	100.0	26.2	65.8	100.0	14.7	77.2	100.0	5.0	87.1
90.0	100.0	41.2	54.0	100.0	17.8	76.5	100.0	4.5	89.8
27.0	100.0	90.1	8.6	100.0	62.9	34.5	100.0	23.2	73.2
90.9	100.0	29.7	64.7	100.0	12.8	81.1	100.0	4.3	90.0
91.6	100.0	37.2	58.3	100.0	18.7	76.2	100.0	3.8	91.1
31.8	100.0	91.2	7.9	100.0	71.5	26.7	100.0	27.3	68.2
92.0	100.0	28.1	66.8	100.0	13.4	81.2	100.0	3.6	91.2
89.7	100.0	43.3	51.9	100.0	17.4	76.7	100.0	4.6	89.6
23.6	100.0	89.5	9.2	100.0	59.9	37.2	100.0	23.5	76.5
90.6	100.0	30.7	63.5	100.0	12.3	81.5	100.0	4.4	89.7
86.4	100.0	43.1	51.5	100.0	17.3	75.9	100.0	6.4	86.5
33.3	100.0	91.8	7.0	100.0	52.5	44.3	100.0	11.1	66.7
87.9	100.0	29.9	63.6	100.0	14.1	78.8	100.0	6.3	86.7
90.2	100.0	31.2	62.3	100.0	21.9	71.0	100.0	3.8	89.0
47.8	100.0	89.1	9.0	100.0	72.9	24.4	100.0	16.2	76.8
90.6	100.0	20.8	71.8	100.0	16.8	75.6	100.0	3.5	89.2
91.6	100.0	25.1	68.8	100.0	20.6	72.8	100.0	3.0	90.5
55.6	100.0	91.1	7.8	100.0	72.9	24.3	100.0	18.0	75.4
91.8	100.0	17.6	75.6	100.0	17.4	75.8	100.0	2.7	90.7
89.7	100.0	33.9	59.4	100.0	22.8	69.9	100.0	4.2	88.3
45.3	100.0	88.0	9.7	100.0	73.4	23.9	100.0	16.7	76.9
90.2	100.0	22.6	69.7	100.0	16.7	75.5	100.0	4.0	88.5
88.2	100.0	37.9	54.5	100.0	20.8	70.8	100.0	3.8	87.3
50.0	100.0	91.1	7.3	100.0	69.0	28.6	100.0	6.3	81.3
88.6	100.0	22.8	67.9	100.0	15.3	75.7	100.0	3.8	87.4

第 25 表　被調査者数・構成割合，性、年齢階級、第 1 回の 60 〜 64 歳の就業希望の有無・

第 1 回の 60 〜 64 歳の就業希望の有無・いつまで仕事をしたいか・希望する仕事のかたち（複数回答）	総数	仕事をしている	自営業主	家族従業者	会社・団体等の役員	正規の職員・従業員	パート・アルバイト	労働者派遣事業所の派遣社員	契約社員・嘱託	家庭での内職など
					被調査者数（単位：人）					
総数	19 513	10 321	2 016	742	686	1 252	3 437	99	1 575	116
仕事をしたい	13 862	8 811	1 848	620	587	1 104	2 803	89	1 336	95
自営業主	2 623	2 177	1 406	116	186	104	199	9	96	12
家業の手伝い	1 023	752	114	422	54	24	93	1	13	9
家庭での内職など	466	178	13	12	2	13	73	−	16	35
雇われて働く（フルタイム労働）	3 091	2 073	113	20	144	501	620	42	570	5
雇われて働く（パートタイム労働）	4 212	2 282	85	46	38	241	1 421	26	307	25
近所の人や会社の人に頼まれて任意に行う仕事	1 187	674	65	22	48	96	232	11	145	10
有償型の社会参加活動	772	412	35	13	29	52	146	8	92	2
その他のかたち	770	470	57	19	80	66	108	7	93	3
まだ考えていない	1 315	707	77	13	50	132	215	4	176	10
可能な限り仕事をしたい	8 706	5 783	1 357	475	335	695	1 807	44	779	65
自営業主	1 956	1 655	1 083	89	120	83	149	6	80	7
家業の手伝い	768	571	84	333	36	19	69	1	10	4
家庭での内職など	336	129	9	7	−	8	54	−	10	29
雇われて働く（フルタイム労働）	1 749	1 230	63	15	73	309	367	23	343	4
雇われて働く（パートタイム労働）	2 444	1 397	41	31	19	150	917	8	163	14
近所の人や会社の人に頼まれて任意に行う仕事	679	405	40	19	28	57	140	6	78	8
有償型の社会参加活動	484	259	23	11	20	34	84	6	56	2
その他のかたち	494	298	37	16	42	44	76	5	45	3
まだ考えていない	867	483	56	11	29	84	156	3	112	8
一定の年齢まで仕事をしたい	5 156	3 028	491	145	252	409	996	45	557	30
自営業主	667	522	323	27	66	21	50	3	16	5
家業の手伝い	255	181	30	89	18	5	24	−	3	5
家庭での内職など	130	49	4	5	2	5	19	−	6	6
雇われて働く（フルタイム労働）	1 342	843	50	5	71	192	253	19	227	1
雇われて働く（パートタイム労働）	1 768	885	44	15	19	91	504	18	144	11
近所の人や会社の人に頼まれて任意に行う仕事	508	269	25	3	20	39	92	5	67	2
有償型の社会参加活動	288	153	12	2	9	18	62	2	36	−
その他のかたち	276	172	20	3	38	22	32	2	48	−
まだ考えていない	448	224	21	2	21	48	59	1	64	2
仕事はしたくない	5 034	1 280	121	101	87	123	553	9	209	15

注：総数には各項目の不詳を含む。

いつまで仕事をしたいか・希望する仕事のかたち（複数回答）、第12回の仕事の有無・仕事のかたち別（12－1）

第12回調査（平成28年）

			第12回の仕事の有無・仕事のかたち										
その他	仕事をしていない	総数	仕事をしている	自営業主	家族従業者	会社・団体等の役員	正規の職員・従業員	パート・アルバイト	労働者派遣事業所の派遣社員	契約社員・嘱託	家庭での内職など	その他	仕事をしていない
							構成割合（単位：%）						
373	9 154	100.0	52.9	10.3	3.8	3.5	6.4	17.6	0.5	8.1	0.6	1.9	46.9
311	5 032	100.0	63.6	13.3	4.5	4.2	8.0	20.2	0.6	9.6	0.7	2.2	36.3
47	445	100.0	83.0	53.6	4.4	7.1	4.0	7.6	0.3	3.7	0.5	1.8	17.0
22	270	100.0	73.5	11.1	41.3	5.3	2.3	9.1	0.1	1.3	0.9	2.2	26.4
14	283	100.0	38.2	2.8	2.6	0.4	2.8	15.7	-	3.4	7.5	3.0	60.7
55	1 014	100.0	67.1	3.7	0.6	4.7	16.2	20.1	1.4	18.4	0.2	1.8	32.8
85	1 924	100.0	54.2	2.0	1.1	0.9	5.7	33.7	0.6	7.3	0.6	2.0	45.7
44	512	100.0	56.8	5.5	1.9	4.0	8.1	19.5	0.9	12.2	0.8	3.7	43.1
32	360	100.0	53.4	4.5	1.7	3.8	6.7	18.9	1.0	11.9	0.3	4.1	46.6
36	299	100.0	61.0	7.4	2.5	10.4	8.6	14.0	0.9	12.1	0.4	4.7	38.8
28	605	100.0	53.8	5.9	1.0	3.8	10.0	16.3	0.3	13.4	0.8	2.1	46.0
217	2 911	100.0	66.4	15.6	5.5	3.8	8.0	20.8	0.5	8.9	0.7	2.5	33.4
37	300	100.0	84.6	55.4	4.6	6.1	4.2	7.6	0.3	4.1	0.4	1.9	15.3
15	196	100.0	74.3	10.9	43.4	4.7	2.5	9.0	0.1	1.3	0.5	2.0	25.5
12	203	100.0	38.4	2.7	2.1	-	2.4	16.1	-	3.0	8.6	3.6	60.4
32	518	100.0	70.3	3.6	0.9	4.2	17.7	21.0	1.3	19.6	0.2	1.8	29.6
49	1 044	100.0	57.2	1.7	1.3	0.8	6.1	37.5	0.3	6.7	0.6	2.0	42.7
29	274	100.0	59.6	5.9	2.8	4.1	8.4	20.6	0.9	11.5	1.2	4.3	40.4
21	225	100.0	53.5	4.8	2.3	4.1	7.0	17.4	1.2	11.6	0.4	4.3	46.5
29	195	100.0	60.3	7.5	3.2	8.5	8.9	15.4	1.0	9.1	0.6	5.9	39.5
23	381	100.0	55.7	6.5	1.3	3.3	9.7	18.0	0.3	12.9	0.9	2.7	43.9
94	2 121	100.0	58.7	9.5	2.8	4.9	7.9	19.3	0.9	10.8	0.6	1.8	41.1
10	145	100.0	78.3	48.4	4.0	9.9	3.1	7.5	0.4	2.4	0.7	1.5	21.7
7	74	100.0	71.0	11.8	34.9	7.1	2.0	9.4	-	1.2	2.0	2.7	29.0
2	80	100.0	37.7	3.1	3.8	1.5	3.8	14.6	-	4.6	4.6	1.5	61.5
23	496	100.0	62.8	3.7	0.4	5.3	14.3	18.9	1.4	16.9	0.1	1.7	37.0
36	880	100.0	50.1	2.5	0.8	1.1	5.1	28.5	1.0	8.1	0.6	2.0	49.8
15	238	100.0	53.0	4.9	0.6	3.9	7.7	18.1	1.0	13.2	0.4	3.0	46.9
11	135	100.0	53.1	4.2	0.7	3.1	6.3	21.5	0.7	12.5	-	3.8	46.9
7	104	100.0	62.3	7.2	1.1	13.8	8.0	11.6	0.7	17.4	-	2.5	37.7
5	224	100.0	50.0	4.7	0.4	4.7	10.7	13.2	0.2	14.3	0.4	1.1	50.0
55	3 744	100.0	25.4	2.4	2.0	1.7	2.4	11.0	0.2	4.2	0.3	1.1	74.4

157

第25表　被調査者数・構成割合, 性、年齢階級、第1回の60～64歳の就業希望の有無・

総数：61～64歳

第1回の60～64歳の就業希望の有無・いつまで仕事をしたいか・希望する仕事のかたち（複数回答）	総数	仕事をしている	自営業主	家族従業者	会社・団体等の役員	正規の職員・従業員	パート・アルバイト	労働者派遣事業所の派遣社員	契約社員・嘱託	家庭での内職など
	被調査者数（単位：人）									
総数	6 641	4 408	633	254	279	808	1 335	30	916	36
仕事をしたい	4 702	3 625	565	210	237	711	999	24	752	27
自営業主	818	727	428	34	66	60	67	2	53	2
家業の手伝い	334	274	34	146	21	14	42	-	6	3
家庭での内職など	151	74	4	4	1	10	30	-	9	10
雇われて働く（フルタイム労働）	1 021	868	36	7	66	289	145	10	299	-
雇われて働く（パートタイム労働）	1 406	983	19	14	17	177	541	6	179	5
近所の人や会社の人に頼まれて任意に行う仕事	389	281	19	11	19	66	72	4	78	3
有償型の社会参加活動	278	191	7	4	13	38	60	4	54	1
その他のかたち	269	203	13	5	30	48	48	3	46	1
まだ考えていない	586	406	30	8	28	102	96	1	121	5
可能な限り仕事をしたい	3 193	2 450	422	177	139	437	704	15	457	21
自営業主	638	562	335	28	43	48	47	1	45	2
家業の手伝い	274	225	27	125	14	11	34	-	5	2
家庭での内職など	117	56	2	3	-	6	24	-	6	9
雇われて働く（フルタイム労働）	608	516	22	6	35	172	82	7	181	-
雇われて働く（パートタイム労働）	933	650	7	10	9	110	395	2	100	1
近所の人や会社の人に頼まれて任意に行う仕事	238	169	8	10	13	38	45	2	44	3
有償型の社会参加活動	190	124	3	4	10	25	34	3	37	1
その他のかたち	186	134	9	5	15	31	34	2	29	1
まだ考えていない	403	281	20	8	18	63	76	1	78	5
一定の年齢まで仕事をしたい	1 509	1 175	143	33	98	274	295	9	295	6
自営業主	180	165	93	6	23	12	20	1	8	-
家業の手伝い	60	49	7	21	7	3	8	-	1	1
家庭での内職など	34	18	2	1	1	4	6	-	3	1
雇われて働く（フルタイム労働）	413	352	14	1	31	117	63	3	118	-
雇われて働く（パートタイム労働）	473	333	12	4	8	67	146	4	79	4
近所の人や会社の人に頼まれて任意に行う仕事	151	112	11	1	6	28	27	2	34	-
有償型の社会参加活動	88	67	4	-	3	13	26	1	17	-
その他のかたち	83	69	4	-	15	17	14	1	17	-
まだ考えていない	183	125	10	-	10	39	20	-	43	-
仕事はしたくない	1 764	696	47	37	40	85	310	6	148	6

注：総数には各項目の不詳を含む。

いつまで仕事をしたいか・希望する仕事のかたち（複数回答）、第12回の仕事の有無・仕事のかたち別（12－2）

第12回調査（平成28年）

第12回の仕事の有無・仕事のかたち

その他	仕事をしていない	総数	仕事をしている	自営業主	家族従業者	会社・団体等の役員	正規の職員・従業員	パート・アルバイト	労働者派遣事業所の派遣社員	契約社員・嘱託	家庭での内職など	その他	仕事をしていない
						構成割合（単位：％）							
112	2 222	100.0	66.4	9.5	3.8	4.2	12.2	20.1	0.5	13.8	0.5	1.7	33.5
98	1 070	100.0	77.1	12.0	4.5	5.0	15.1	21.2	0.5	16.0	0.6	2.1	22.8
15	91	100.0	88.9	52.3	4.2	8.1	7.3	8.2	0.2	6.5	0.2	1.8	11.1
8	60	100.0	82.0	10.2	43.7	6.3	4.2	12.6	-	1.8	0.9	2.4	18.0
6	76	100.0	49.0	2.6	2.6	0.7	6.6	19.9	-	6.0	6.6	4.0	50.3
15	151	100.0	85.0	3.5	0.7	6.5	28.3	14.2	1.0	29.3	-	1.5	14.8
24	421	100.0	69.9	1.4	1.0	1.2	12.6	38.5	0.4	12.7	0.4	1.7	29.9
9	107	100.0	72.2	4.9	2.8	4.9	17.0	18.5	1.0	20.1	0.8	2.3	27.5
9	87	100.0	68.7	2.5	1.4	4.7	13.7	21.6	1.4	19.4	0.4	3.2	31.3
9	65	100.0	75.5	4.8	1.9	11.2	17.8	17.8	1.1	17.1	0.4	3.3	24.2
15	178	100.0	69.3	5.1	1.4	4.8	17.4	16.4	0.2	20.6	0.9	2.6	30.4
76	739	100.0	76.7	13.2	5.5	4.4	13.7	22.0	0.5	14.3	0.7	2.4	23.1
13	76	100.0	88.1	52.5	4.4	6.7	7.5	7.4	0.2	7.1	0.3	2.0	11.9
7	49	100.0	82.1	9.9	45.6	5.1	4.0	12.4	-	1.8	0.7	2.6	17.9
6	60	100.0	47.9	1.7	2.6	-	5.1	20.5	-	5.1	7.7	5.1	51.3
10	92	100.0	84.9	3.6	1.0	5.8	28.3	13.5	1.2	29.8	-	1.6	15.1
15	283	100.0	69.7	0.8	1.1	1.0	11.8	42.3	0.2	10.7	0.1	1.6	30.3
6	69	100.0	71.0	3.4	4.2	5.5	16.0	18.9	0.8	18.5	1.3	2.5	29.0
6	66	100.0	65.3	1.6	2.1	5.3	13.2	17.9	1.6	19.5	0.5	3.2	34.7
8	51	100.0	72.0	4.8	2.7	8.1	16.7	18.3	1.1	15.6	0.5	4.3	27.4
12	120	100.0	69.7	5.0	2.0	4.5	15.6	18.9	0.2	19.4	1.2	3.0	29.8
22	331	100.0	77.9	9.5	2.2	6.5	18.2	19.5	0.6	19.5	0.4	1.5	21.9
2	15	100.0	91.7	51.7	3.3	12.8	6.7	11.1	0.6	4.4	-	1.1	8.3
1	11	100.0	81.7	11.7	35.0	11.7	5.0	13.3	-	1.7	1.7	1.7	18.3
-	16	100.0	52.9	5.9	2.9	2.9	11.8	17.6	-	8.8	2.9	-	47.1
5	59	100.0	85.2	3.4	0.2	7.5	28.3	15.3	0.7	28.6	-	1.2	14.3
9	138	100.0	70.4	2.5	0.8	1.7	14.2	30.9	0.8	16.7	0.8	1.9	29.2
3	38	100.0	74.2	7.3	0.7	4.0	18.5	17.9	1.3	22.5	-	2.0	25.2
3	21	100.0	76.1	4.5	-	3.4	14.8	29.5	1.1	19.3	-	3.4	23.9
1	14	100.0	83.1	4.8	-	18.1	20.5	16.9	1.2	20.5	-	1.2	16.9
3	58	100.0	68.3	5.5	-	5.5	21.3	10.9	-	23.5	-	1.6	31.7
14	1 065	100.0	39.5	2.7	2.1	2.3	4.8	17.6	0.3	8.4	0.3	0.8	60.4

第 25 表　被調査者数・構成割合，性、年齢階級、第 1 回の 60 ～ 64 歳の就業希望の有無・

総数：65 ～ 69 歳

第 1 回の 60 ～ 64 歳の就業希望の有無・いつまで仕事をしたいか・希望する仕事のかたち（複数回答）	総数	仕事をしている	自営業主	家族従業者	会社・団体等の役員	正規の職員・従業員	パート・アルバイト	労働者派遣事業所の派遣社員	契約社員・嘱託	家庭での内職など
						被調査者数（単位：人）				
総数	11 321	5 323	1 225	438	355	412	1 911	59	612	67
仕事をしたい	8 042	4 647	1 133	362	303	363	1 631	56	542	56
自営業主	1 581	1 280	861	75	105	39	118	4	39	9
家業の手伝い	605	418	65	245	28	8	49	1	6	5
家庭での内職など	280	96	9	7	1	3	40	–	7	21
雇われて働く（フルタイム労働）	1 775	1 066	68	10	67	195	413	26	244	3
雇われて働く（パートタイム労働）	2 477	1 186	59	29	20	58	808	18	121	18
近所の人や会社の人に頼まれて任意に行う仕事	713	365	40	11	25	28	152	7	63	7
有償型の社会参加活動	429	203	25	7	13	12	83	3	36	1
その他のかたち	445	244	40	11	42	17	58	4	44	2
まだ考えていない	675	285	47	5	19	30	111	3	54	3
可能な限り仕事をしたい	4 925	3 027	824	261	176	242	1 019	25	308	37
自営業主	1 170	976	659	56	73	30	95	3	32	5
家業の手伝い	429	299	45	183	17	8	33	1	4	1
家庭での内職など	192	67	7	4	–	2	28	–	4	16
雇われて働く（フルタイム労働）	993	653	35	7	34	131	256	14	152	3
雇われて働く（パートタイム労働）	1 367	691	29	18	10	36	488	5	61	13
近所の人や会社の人に頼まれて任意に行う仕事	406	224	28	9	13	18	92	4	33	5
有償型の社会参加活動	264	124	18	5	9	7	49	2	18	1
その他のかたち	282	151	26	9	22	12	41	3	16	2
まだ考えていない	438	192	36	3	10	21	74	2	33	2
一定の年齢まで仕事をしたい	3 117	1 620	309	101	127	121	612	31	234	19
自営業主	411	304	202	19	32	9	23	1	7	4
家業の手伝い	176	119	20	62	11	–	16	–	2	4
家庭での内職など	88	29	2	3	1	1	12	–	3	5
雇われて働く（フルタイム労働）	782	413	33	3	33	64	157	12	92	–
雇われて働く（パートタイム労働）	1 110	495	30	11	10	22	320	13	60	5
近所の人や会社の人に頼まれて任意に行う仕事	307	141	12	2	12	10	60	3	30	2
有償型の社会参加活動	165	79	7	2	4	5	34	1	18	–
その他のかたち	163	93	14	2	20	5	17	1	28	–
まだ考えていない	237	93	11	2	9	9	37	1	21	1
仕事はしたくない	2 885	546	66	63	43	36	232	3	57	8

注：総数には各項目の不詳を含む。

いつまで仕事をしたいか・希望する仕事のかたち（複数回答）、第12回の仕事の有無・仕事のかたち別（12－3）

第12回の仕事の有無・仕事のかたち

その他	仕事をしていない	総数	仕事をしている	自営業主	家族従業者	会社・団体等の役員	正規の職員・従業員	パート・アルバイト	労働者派遣事業所の派遣社員	契約社員・嘱託	家庭での内職など	その他	仕事をしていない
							構成割合（単位：%）						
229	5 973	100.0	47.0	10.8	3.9	3.1	3.6	16.9	0.5	5.4	0.6	2.0	52.8
189	3 385	100.0	57.8	14.1	4.5	3.8	4.5	20.3	0.7	6.7	0.7	2.4	42.1
29	300	100.0	81.0	54.5	4.7	6.6	2.5	7.5	0.3	2.5	0.6	1.8	19.0
11	187	100.0	69.1	10.7	40.5	4.6	1.3	8.1	0.2	1.0	0.8	1.8	30.9
8	180	100.0	34.3	3.2	2.5	0.4	1.1	14.3	–	2.5	7.5	2.9	64.3
38	707	100.0	60.1	3.8	0.6	3.8	11.0	23.3	1.5	13.7	0.2	2.1	39.8
50	1 287	100.0	47.9	2.4	1.2	0.8	2.3	32.6	0.7	4.9	0.7	2.0	52.0
31	348	100.0	51.2	5.6	1.5	3.5	3.9	21.3	1.0	8.8	1.0	4.3	48.8
21	226	100.0	47.3	5.8	1.6	3.0	2.8	19.3	0.7	8.4	0.2	4.9	52.7
25	201	100.0	54.8	9.0	2.5	9.4	3.8	13.0	0.9	9.9	0.4	5.6	45.2
12	389	100.0	42.2	7.0	0.7	2.8	4.4	16.4	0.4	8.0	0.4	1.8	57.6
131	1 891	100.0	61.5	16.7	5.3	3.6	4.9	20.7	0.5	6.3	0.8	2.7	38.4
22	193	100.0	83.4	56.3	4.8	6.2	2.6	8.1	0.3	2.7	0.4	1.9	16.5
7	130	100.0	69.7	10.5	42.7	4.0	1.9	7.7	0.2	0.9	0.2	1.6	30.3
6	122	100.0	34.9	3.6	2.1	–	1.0	14.6	–	2.1	8.3	3.1	63.5
21	339	100.0	65.8	3.5	0.7	3.4	13.2	25.8	1.4	15.3	0.3	2.1	34.1
29	673	100.0	50.5	2.1	1.3	0.7	2.6	35.7	0.4	4.5	1.0	2.1	49.2
22	182	100.0	55.2	6.9	2.2	3.2	4.4	22.7	1.0	8.1	1.2	5.4	44.8
14	140	100.0	47.0	6.8	1.9	3.4	2.7	18.6	0.8	6.8	0.4	5.3	53.0
19	131	100.0	53.5	9.2	3.2	7.8	4.3	14.5	1.1	5.7	0.7	6.7	46.5
11	245	100.0	43.8	8.2	0.7	2.3	4.8	16.9	0.5	7.5	0.5	2.5	55.9
58	1 494	100.0	52.0	9.9	3.2	4.1	3.9	19.6	1.0	7.5	0.6	1.9	47.9
7	107	100.0	74.0	49.1	4.6	7.8	2.2	5.6	0.2	1.7	1.0	1.7	26.0
4	57	100.0	67.6	11.4	35.2	6.3	–	9.1	–	1.1	2.3	2.3	32.4
2	58	100.0	33.0	2.3	3.4	1.1	1.1	13.6	–	3.4	5.7	2.3	65.9
17	368	100.0	52.8	4.2	0.4	4.2	8.2	20.1	1.5	11.8	–	2.2	47.1
21	614	100.0	44.6	2.7	1.0	0.9	2.0	28.8	1.2	5.4	0.5	1.9	55.3
9	166	100.0	45.9	3.9	0.7	3.9	3.3	19.5	1.0	9.8	0.7	2.9	54.1
7	86	100.0	47.9	4.2	1.2	2.4	3.0	20.6	0.6	10.9	–	4.2	52.1
6	70	100.0	57.1	8.6	1.2	12.3	3.1	10.4	0.6	17.2	–	3.7	42.9
1	144	100.0	39.2	4.6	0.8	3.8	3.8	15.6	0.4	8.9	0.4	0.4	60.8
35	2 332	100.0	18.9	2.3	2.2	1.5	1.2	8.0	0.1	2.0	0.3	1.2	80.8

総数：70 歳

第 1 回の 60 〜 64 歳の就業希望の有無・いつまで仕事をしたいか・希望する仕事のかたち（複数回答）	総数	仕事をしている	自営業主	家族従業者	会社・団体等の役員	正規の職員・従業員	パート・アルバイト	労働者派遣事業所の派遣社員	契約社員・嘱託	家庭での内職など
					被調査者数（単位：人）					
総数	1 551	590	158	50	52	32	191	10	47	13
仕事をしたい	1 118	539	150	48	47	30	173	9	42	12
自営業主	224	170	117	7	15	5	14	3	4	1
家業の手伝い	84	60	15	31	5	2	2	－	1	1
家庭での内職など	35	8	－	1	－	－	3	－	－	4
雇われて働く（フルタイム労働）	295	139	9	3	11	17	62	6	27	2
雇われて働く（パートタイム労働）	329	113	7	3	1	6	72	2	7	2
近所の人や会社の人に頼まれて任意に行う仕事	85	28	6	－	4	2	8	－	4	－
有償型の社会参加活動	65	18	3	2	3	2	3	1	2	－
その他のかたち	56	23	4	3	8	1	2	－	3	－
まだ考えていない	54	16	－	－	3	－	8	－	1	2
可能な限り仕事をしたい	588	306	111	37	20	16	84	4	14	7
自営業主	148	117	89	5	4	5	7	2	3	－
家業の手伝い	65	47	12	25	5	－	2	－	1	1
家庭での内職など	27	6	－	－	－	－	2	－	－	4
雇われて働く（フルタイム労働）	148	61	6	2	4	6	29	2	10	1
雇われて働く（パートタイム労働）	144	56	5	3	－	4	34	1	2	－
近所の人や会社の人に頼まれて任意に行う仕事	35	12	4	－	2	1	3	－	1	－
有償型の社会参加活動	30	11	2	2	1	2	1	1	1	－
その他のかたち	26	13	2	2	5	1	1	－	－	－
まだ考えていない	26	10	－	－	1	－	6	－	1	1
一定の年齢まで仕事をしたい	530	233	39	11	27	14	89	5	28	5
自営業主	76	53	28	2	11	－	7	1	1	1
家業の手伝い	19	13	3	6	－	2	－	－	－	－
家庭での内職など	8	2	－	1	－	－	1	－	－	－
雇われて働く（フルタイム労働）	147	78	3	1	7	11	33	4	17	1
雇われて働く（パートタイム労働）	185	57	2	－	1	2	38	1	5	2
近所の人や会社の人に頼まれて任意に行う仕事	50	16	2	－	2	1	5	－	3	－
有償型の社会参加活動	35	7	1	－	2	－	2	－	3	－
その他のかたち	30	10	2	1	3	－	1	－	3	－
まだ考えていない	28	6	－	－	2	－	2	－	－	1
仕事はしたくない	385	38	8	1	4	2	11	－	4	1

注：総数には各項目の不詳を含む。

いつまで仕事をしたいか・希望する仕事のかたち（複数回答）、第12回の仕事の有無・仕事のかたち別（12－4）

第12回の仕事の有無・仕事のかたち													
その他	仕事をしていない	総数	仕事をしている	自営業主	家族従業者	会社・団体等の役員	正規の職員・従業員	パート・アルバイト	労働者派遣事業所の派遣社員	契約社員・嘱託	家庭での内職など	その他	仕事をしていない
							構成割合（単位：％）						
32	959	100.0	38.0	10.2	3.2	3.4	2.1	12.3	0.6	3.0	0.8	2.1	61.8
24	577	100.0	48.2	13.4	4.3	4.2	2.7	15.5	0.8	3.8	1.1	2.1	51.6
3	54	100.0	75.9	52.2	3.1	6.7	2.2	6.3	1.3	1.8	0.4	1.3	24.1
3	23	100.0	71.4	17.9	36.9	6.0	2.4	2.4	–	1.2	1.2	3.6	27.4
–	27	100.0	22.9	–	2.9	–	–	8.6	–	–	11.4	–	77.1
2	156	100.0	47.1	3.1	1.0	3.7	5.8	21.0	2.0	9.2	0.7	0.7	52.9
11	216	100.0	34.3	2.1	0.9	0.3	1.8	21.9	0.6	2.1	0.6	3.3	65.7
4	57	100.0	32.9	7.1	–	4.7	2.4	9.4	–	4.7	–	4.7	67.1
2	47	100.0	27.7	4.6	3.1	4.6	3.1	4.6	1.5	3.1	–	3.1	72.3
2	33	100.0	41.1	7.1	5.4	14.3	1.8	3.6	–	5.4	–	3.6	58.9
1	38	100.0	29.6	–	–	5.6	–	14.8	–	1.9	3.7	1.9	70.4
10	281	100.0	52.0	18.9	6.3	3.4	2.7	14.3	0.7	2.4	1.2	1.7	47.8
2	31	100.0	79.1	60.1	3.4	2.7	3.4	4.7	1.4	2.0	–	1.4	20.9
1	17	100.0	72.3	18.5	38.5	7.7	–	3.1	–	1.5	1.5	1.5	26.2
–	21	100.0	22.2	–	–	–	–	7.4	–	–	14.8	–	77.8
1	87	100.0	41.2	4.1	1.4	2.7	4.1	19.6	1.4	6.8	0.7	0.7	58.8
5	88	100.0	38.9	3.5	2.1	–	2.8	23.6	0.7	1.4	–	3.5	61.1
1	23	100.0	34.3	11.4	–	5.7	2.9	8.6	–	2.9	–	2.9	65.7
1	19	100.0	36.7	6.7	6.7	3.3	6.7	3.3	3.3	3.3	–	3.3	63.3
2	13	100.0	50.0	7.7	7.7	19.2	3.8	3.8	–	–	–	7.7	50.0
–	16	100.0	38.5	–	–	3.8	–	23.1	–	3.8	3.8	–	61.5
14	296	100.0	44.0	7.4	2.1	5.1	2.6	16.8	0.9	5.3	0.9	2.6	55.8
1	23	100.0	69.7	36.8	2.6	14.5	–	9.2	1.3	1.3	1.3	1.3	30.3
2	6	100.0	68.4	15.8	31.6	–	10.5	–	–	–	–	10.5	31.6
–	6	100.0	25.0	–	12.5	–	–	12.5	–	–	–	–	75.0
1	69	100.0	53.1	2.0	0.7	4.8	7.5	22.4	2.7	11.6	0.7	0.7	46.9
6	128	100.0	30.8	1.1	–	0.5	1.1	20.5	0.5	2.7	1.1	3.2	69.2
3	34	100.0	32.0	4.0	–	4.0	2.0	10.0	–	6.0	–	6.0	68.0
1	28	100.0	20.0	2.9	–	5.7	–	5.7	–	2.9	–	2.9	80.0
–	20	100.0	33.3	6.7	3.3	10.0	–	3.3	–	10.0	–	–	66.7
1	22	100.0	21.4	–	–	7.1	–	7.1	–	–	3.6	3.6	78.6
6	347	100.0	9.9	2.1	0.3	1.0	0.5	2.9	–	1.0	0.3	1.6	90.1

第25表　被調査者数・構成割合，性、年齢階級、第1回の60～64歳の就業希望の有無・

男：総数

第1回の60～64歳の就業希望の有無・いつまで仕事をしたいか・希望する仕事のかたち（複数回答）	総数	仕事をしている	自営業主	家族従業者	会社・団体等の役員	正規の職員・従業員	パート・アルバイト	労働者派遣事業所の派遣社員	契約社員・嘱託	家庭での内職など
						被調査者数（単位：人）				
総数	8 953	5 784	1 601	67	525	882	1 196	70	1 243	16
仕事をしたい	7 455	5 179	1 487	57	468	798	1 044	65	1 079	13
自営業主	1 997	1 708	1 175	26	160	90	125	9	86	5
家業の手伝い	153	119	57	10	14	5	14	1	11	2
家庭での内職など	54	30	7	–	–	6	9	–	7	–
雇われて働く（フルタイム労働）	2 507	1 670	101	12	132	402	437	34	503	2
雇われて働く（パートタイム労働）	1 141	662	56	6	28	117	237	13	173	2
近所の人や会社の人に頼まれて任意に行う仕事	715	449	58	6	39	74	120	7	123	–
有償型の社会参加活動	350	217	27	–	25	36	50	5	66	–
その他のかたち	473	326	42	2	66	48	55	7	88	–
まだ考えていない	824	494	65	–	40	103	104	3	155	3
可能な限り仕事をしたい	4 387	3 223	1 091	43	257	505	583	34	604	7
自営業主	1 483	1 296	907	23	101	71	88	6	71	3
家業の手伝い	98	76	36	5	8	4	9	1	9	2
家庭での内職など	37	21	6	–	–	4	6	–	5	–
雇われて働く（フルタイム労働）	1 360	952	56	9	65	250	232	18	296	1
雇われて働く（パートタイム労働）	535	333	24	3	12	74	125	6	78	1
近所の人や会社の人に頼まれて任意に行う仕事	373	248	35	6	21	40	68	5	62	–
有償型の社会参加活動	194	122	17	–	16	22	24	4	37	–
その他のかたち	278	187	25	1	37	34	33	5	41	–
まだ考えていない	496	315	50	–	22	65	67	2	93	1
一定の年齢まで仕事をしたい	3 068	1 956	396	14	211	293	461	31	475	6
自営業主	514	412	268	3	59	19	37	3	15	2
家業の手伝い	55	43	21	5	6	1	5	–	2	–
家庭での内職など	17	9	1	–	–	2	3	–	2	–
雇われて働く（フルタイム労働）	1 147	718	45	3	67	152	205	16	207	1
雇われて働く（パートタイム労働）	606	329	32	3	16	43	112	7	95	1
近所の人や会社の人に頼まれて任意に行う仕事	342	201	23	–	18	34	52	2	61	–
有償型の社会参加活動	156	95	10	–	9	14	26	1	29	–
その他のかたち	195	139	17	1	29	14	22	2	47	–
まだ考えていない	328	179	15	–	18	38	37	1	62	2
仕事はしたくない	1 271	483	76	8	45	68	128	4	140	2

注：総数には各項目の不詳を含む。

いつまで仕事をしたいか・希望する仕事のかたち（複数回答）、第 12 回の仕事の有無・仕事のかたち別（12 － 5）

第12回の仕事の有無・仕事のかたち													
その他	仕事をしていない	総数	仕事をしている	自営業主	家族従業者	会社・団体等の役員	正規の職員・従業員	パート・アルバイト	労働者派遣事業所の派遣社員	契約社員・嘱託	家庭での内職など	その他	仕事をしていない
						構成割合（単位：%）							
176	3 157	100.0	64.6	17.9	0.7	5.9	9.9	13.4	0.8	13.9	0.2	2.0	35.3
162	2 267	100.0	69.5	19.9	0.8	6.3	10.7	14.0	0.9	14.5	0.2	2.2	30.4
31	288	100.0	85.5	58.8	1.3	8.0	4.5	6.3	0.5	4.3	0.3	1.6	14.4
5	34	100.0	77.8	37.3	6.5	9.2	3.3	9.2	0.7	7.2	1.3	3.3	22.2
1	23	100.0	55.6	13.0	–	–	11.1	16.7	–	13.0	–	1.9	42.6
44	834	100.0	66.6	4.0	0.5	5.3	16.0	17.4	1.4	20.1	0.1	1.8	33.3
30	479	100.0	58.0	4.9	0.5	2.5	10.3	20.8	1.1	15.2	0.2	2.6	42.0
22	266	100.0	62.8	8.1	0.8	5.5	10.3	16.8	1.0	17.2	–	3.1	37.2
7	133	100.0	62.0	7.7	–	7.1	10.3	14.3	1.4	18.9	–	2.0	38.0
18	146	100.0	68.9	8.9	0.4	14.0	10.1	11.6	1.5	18.6	–	3.8	30.9
20	327	100.0	60.0	7.9	–	4.9	12.5	12.6	0.4	18.8	0.4	2.4	39.7
97	1 158	100.0	73.5	24.9	1.0	5.9	11.5	13.3	0.8	13.8	0.2	2.2	26.4
25	186	100.0	87.4	61.2	1.6	6.8	4.8	5.9	0.4	4.8	0.2	1.7	12.5
2	22	100.0	77.6	36.7	5.1	8.2	4.1	9.2	1.0	9.2	2.0	2.0	22.4
–	16	100.0	56.8	16.2	–	–	10.8	16.2	–	13.5	–	–	43.2
24	407	100.0	70.0	4.1	0.7	4.8	18.4	17.1	1.3	21.8	0.1	1.8	29.9
10	202	100.0	62.2	4.5	0.6	2.2	13.8	23.4	1.1	14.6	0.2	1.9	37.8
11	125	100.0	66.5	9.4	1.6	5.6	10.7	18.2	1.3	16.6	–	2.9	33.5
2	72	100.0	62.9	8.8	–	8.2	11.3	12.4	2.1	19.1	–	1.0	37.1
11	90	100.0	67.3	9.0	0.4	13.3	12.2	11.9	1.8	14.7	–	4.0	32.4
15	178	100.0	63.5	10.1	–	4.4	13.1	13.5	0.4	18.8	0.2	3.0	35.9
65	1 109	100.0	63.8	12.9	0.5	6.9	9.6	15.0	1.0	15.5	0.2	2.1	36.1
6	102	100.0	80.2	52.1	0.6	11.5	3.7	7.2	0.6	2.9	0.4	1.2	19.8
3	12	100.0	78.2	38.2	9.1	10.9	1.8	9.1	–	3.6	–	5.5	21.8
1	7	100.0	52.9	5.9	–	–	11.8	17.6	–	11.8	–	5.9	41.2
20	427	100.0	62.6	3.9	0.3	5.8	13.3	17.9	1.4	18.0	0.1	1.7	37.2
20	277	100.0	54.3	5.3	0.5	2.6	7.1	18.5	1.2	15.7	0.2	3.3	45.7
11	141	100.0	58.8	6.7	–	5.3	9.9	15.2	0.6	17.8	–	3.2	41.2
5	61	100.0	60.9	6.4	–	5.8	9.0	16.7	0.6	18.6	–	3.2	39.1
7	56	100.0	71.3	8.7	0.5	14.9	7.2	11.3	1.0	24.1	–	3.6	28.7
5	149	100.0	54.6	4.6	–	5.5	11.6	11.3	0.3	18.9	0.6	1.5	45.4
10	786	100.0	38.0	6.0	0.6	3.5	5.4	10.1	0.3	11.0	0.2	0.8	61.8

第 25 表　被調査者数・構成割合，性、年齢階級、第 1 回の 60 ～ 64 歳の就業希望の有無・

男：61 ～ 64 歳

第 1 回の 60 ～ 64 歳の就業希望の有無・いつまで仕事をしたいか・希望する仕事のかたち（複数回答）	総数	仕事をしている	自営業主	家族従業者	会社・団体等の役員	正規の職員・従業員	パート・アルバイト	労働者派遣事業所の派遣社員	契約社員・嘱託	家庭での内職など
					被調査者数（単位：人）					
総数	2 993	2 425	510	17	218	580	306	18	713	4
仕事をしたい	2 502	2 127	463	13	195	522	257	15	603	3
自営業主	642	589	364	6	61	54	41	2	48	1
家業の手伝い	47	42	18	1	6	4	3	–	6	1
家庭での内職など	20	14	1	–	–	6	4	–	3	–
雇われて働く（フルタイム労働）	826	707	32	3	62	239	86	7	264	–
雇われて働く（パートタイム労働）	360	289	12	1	13	89	59	2	104	–
近所の人や会社の人に頼まれて任意に行う仕事	233	188	19	2	18	51	26	2	64	–
有償型の社会参加活動	122	99	6	–	11	26	13	2	38	–
その他のかたち	163	137	8	1	24	36	19	3	42	–
まだ考えていない	350	274	26	–	23	81	28	–	105	1
可能な限り仕事をしたい	1 545	1 324	339	11	111	319	143	10	350	3
自営業主	489	445	281	5	40	42	25	1	40	1
家業の手伝い	34	29	12	–	3	3	3	–	5	1
家庭での内職など	13	8	1	–	–	4	1	–	2	–
雇われて働く（フルタイム労働）	476	409	21	3	32	141	41	5	157	–
雇われて働く（パートタイム労働）	194	157	4	1	6	57	36	1	48	–
近所の人や会社の人に頼まれて任意に行う仕事	125	100	8	2	12	26	14	2	33	–
有償型の社会参加活動	73	57	2	–	8	16	5	2	24	–
その他のかたち	100	84	4	1	13	24	12	2	25	–
まだ考えていない	210	169	17	–	14	48	18	–	64	1
一定の年齢まで仕事をしたい	957	803	124	2	84	203	114	5	253	–
自営業主	153	144	83	1	21	12	16	1	8	–
家業の手伝い	13	13	6	1	3	1	–	–	1	–
家庭での内職など	7	6	–	–	–	2	3	–	1	–
雇われて働く（フルタイム労働）	350	298	11	–	30	98	45	2	107	–
雇われて働く（パートタイム労働）	166	132	8	–	7	32	23	1	56	–
近所の人や会社の人に頼まれて任意に行う仕事	108	88	11	–	6	25	12	–	31	–
有償型の社会参加活動	49	42	4	–	3	10	8	–	14	–
その他のかたち	63	53	4	–	11	12	7	1	17	–
まだ考えていない	140	105	9	–	9	33	10	–	41	–
仕事はしたくない	434	254	28	4	21	50	45	3	99	1

注：総数には各項目の不詳を含む。

いつまで仕事をしたいか・希望する仕事のかたち（複数回答）、第12回の仕事の有無・仕事のかたち別（12－6）

第12回の仕事の有無・仕事のかたち

その他	仕事をしていない	総数	仕事をしている	自営業主	家族従業者	会社・団体等の役員	正規の職員・従業員	パート・アルバイト	労働者派遣事業所の派遣社員	契約社員・嘱託	家庭での内職など	その他	仕事をしていない
							構成割合（単位：％）						
58	562	100.0	81.0	17.0	0.6	7.3	19.4	10.2	0.6	23.8	0.1	1.9	18.8
55	371	100.0	85.0	18.5	0.5	7.8	20.9	10.3	0.6	24.1	0.1	2.2	14.8
12	53	100.0	91.7	56.7	0.9	9.5	8.4	6.4	0.3	7.5	0.2	1.9	8.3
3	5	100.0	89.4	38.3	2.1	12.8	8.5	6.4	–	12.8	2.1	6.4	10.6
–	6	100.0	70.0	5.0	–	–	30.0	20.0	–	15.0	–	–	30.0
13	118	100.0	85.6	3.9	0.4	7.5	28.9	10.4	0.8	32.0	–	1.6	14.3
9	71	100.0	80.3	3.3	0.3	3.6	24.7	16.4	0.6	28.9	–	2.5	19.7
6	45	100.0	80.7	8.2	0.9	7.7	21.9	11.2	0.9	27.5	–	2.6	19.3
3	23	100.0	81.1	4.9	–	9.0	21.3	10.7	1.6	31.1	–	2.5	18.9
4	25	100.0	84.0	4.9	0.6	14.7	22.1	11.7	1.8	25.8	–	2.5	15.3
10	74	100.0	78.3	7.4	–	6.6	23.1	8.0	–	30.0	0.3	2.9	21.1
37	218	100.0	85.7	21.9	0.7	7.2	20.6	9.3	0.6	22.7	0.2	2.4	14.1
10	44	100.0	91.0	57.5	1.0	8.2	8.6	5.1	0.2	8.2	0.2	2.0	9.0
2	5	100.0	85.3	35.3	–	8.8	8.8	8.8	–	14.7	2.9	5.9	14.7
–	5	100.0	61.5	7.7	–	–	30.8	7.7	–	15.4	–	–	38.5
8	67	100.0	85.9	4.4	0.6	6.7	29.6	8.6	1.1	33.0	–	1.7	14.1
4	37	100.0	80.9	2.1	0.5	3.1	29.4	18.6	0.5	24.7	–	2.1	19.1
3	25	100.0	80.0	6.4	1.6	9.6	20.8	11.2	1.6	26.4	–	2.4	20.0
–	16	100.0	78.1	2.7	–	11.0	21.9	6.8	2.7	32.9	–	–	21.9
3	15	100.0	84.0	4.0	1.0	13.0	24.0	12.0	2.0	25.0	–	3.0	15.0
7	39	100.0	80.5	8.1	–	6.7	22.9	8.6	–	30.5	0.5	3.3	18.6
18	153	100.0	83.9	13.0	0.2	8.8	21.2	11.9	0.5	26.4	–	1.9	16.0
2	9	100.0	94.1	54.2	0.7	13.7	7.8	10.5	0.7	5.2	–	1.3	5.9
1	–	100.0	100.0	46.2	7.7	23.1	7.7	–	–	7.7	–	7.7	–
–	1	100.0	85.7	–	–	–	28.6	42.9	–	14.3	–	–	14.3
5	51	100.0	85.1	3.1	–	8.6	28.0	12.9	0.6	30.6	–	1.4	14.6
5	34	100.0	79.5	4.8	–	4.2	19.3	13.9	0.6	33.7	–	3.0	20.5
3	20	100.0	81.5	10.2	–	5.6	23.1	11.1	–	28.7	–	2.8	18.5
3	7	100.0	85.7	8.2	–	6.1	20.4	16.3	–	28.6	–	6.1	14.3
1	10	100.0	84.1	6.3	–	17.5	19.0	11.1	1.6	27.0	–	1.6	15.9
3	35	100.0	75.0	6.4	–	6.4	23.6	7.1	–	29.3	–	2.1	25.0
3	178	100.0	58.5	6.5	0.9	4.8	11.5	10.4	0.7	22.8	0.2	0.7	41.0

第25表　被調査者数・構成割合，性、年齢階級、第1回の60〜64歳の就業希望の有無・

男：65〜69歳

第1回の60〜64歳の就業希望の有無・いつまで仕事をしたいか・希望する仕事のかたち（複数回答）	総数	仕事をしている	自営業主	家族従業者	会社・団体等の役員	正規の職員・従業員	パート・アルバイト	労働者派遣事業所の派遣社員	契約社員・嘱託	家庭での内職など
					被調査者数（単位：人）					
総数	5 220	3 015	970	45	268	280	800	43	490	8
仕事をしたい	4 309	2 730	907	39	238	255	704	42	438	7
自営業主	1 191	991	717	19	86	32	78	4	34	3
家業の手伝い	91	66	32	9	7	1	10	1	4	1
家庭での内職など	34	16	6	–	–	–	5	–	4	–
雇われて働く（フルタイム労働）	1 429	846	60	6	60	149	304	22	213	1
雇われて働く（パートタイム労働）	668	338	38	4	14	25	163	10	65	2
近所の人や会社の人に頼まれて任意に行う仕事	427	241	34	4	19	22	89	5	55	–
有償型の社会参加活動	195	107	18	–	12	9	35	2	26	–
その他のかたち	276	174	31	1	35	11	35	4	43	–
まだ考えていない	436	211	39	–	15	22	72	3	49	1
可能な限り仕事をしたい	2 527	1 723	663	28	135	174	400	20	240	4
自営業主	888	761	552	17	58	25	61	3	28	2
家業の手伝い	53	38	18	5	4	1	5	1	3	1
家庭での内職など	24	13	5	–	–	–	5	–	3	–
雇われて働く（フルタイム労働）	759	491	29	4	30	103	169	11	129	1
雇われて働く（パートタイム労働）	303	158	16	1	6	15	82	4	28	1
近所の人や会社の人に頼まれて任意に行う仕事	229	140	24	4	8	13	52	3	28	–
有償型の社会参加活動	111	60	13	–	8	5	19	1	12	–
その他のかたち	162	95	19	–	20	9	20	3	16	–
まだ考えていない	270	141	33	–	7	17	46	2	28	–
一定の年齢まで仕事をしたい	1 782	1 007	244	11	103	81	304	22	198	3
自営業主	303	230	165	2	28	7	17	1	6	1
家業の手伝い	38	28	14	4	3	–	5	–	1	–
家庭での内職など	10	3	1	–	–	–	–	–	1	–
雇われて働く（フルタイム労働）	670	355	31	2	30	46	135	11	84	–
雇われて働く（パートタイム労働）	365	180	22	3	8	10	81	6	37	1
近所の人や会社の人に頼まれて任意に行う仕事	198	101	10	–	11	9	37	2	27	–
有償型の社会参加活動	84	47	5	–	4	4	16	1	14	–
その他のかたち	114	79	12	1	15	2	15	1	27	–
まだ考えていない	166	70	6	–	8	5	26	1	21	1
仕事はしたくない	758	214	44	4	21	17	79	1	40	–

注：総数には各項目の不詳を含む。

いつまで仕事をしたいか・希望する仕事のかたち（複数回答）、第12回の仕事の有無・仕事のかたち別（12－7）

第12回調査（平成28年）

第12回の仕事の有無・仕事のかたち

その他	仕事をしていない	総数	仕事をしている	自営業主	家族従業者	会社・団体等の役員	正規の職員・従業員	パート・アルバイト	労働者派遣事業所の派遣社員	契約社員・嘱託	家庭での内職など	その他	仕事をしていない
						構成割合（単位：%）							
104	2 199	100.0	57.8	18.6	0.9	5.1	5.4	15.3	0.8	9.4	0.2	2.0	42.1
95	1 574	100.0	63.4	21.0	0.9	5.5	5.9	16.3	1.0	10.2	0.2	2.2	36.5
17	199	100.0	83.2	60.2	1.6	7.2	2.7	6.5	0.3	2.9	0.3	1.4	16.7
1	25	100.0	72.5	35.2	9.9	7.7	1.1	11.0	1.1	4.4	1.1	1.1	27.5
1	17	100.0	47.1	17.6	-	-	-	14.7	-	11.8	-	2.9	50.0
29	581	100.0	59.2	4.2	0.4	4.2	10.4	21.3	1.5	14.9	0.1	2.0	40.7
17	330	100.0	50.6	5.7	0.6	2.1	3.7	24.4	1.5	9.7	0.3	2.5	49.4
13	186	100.0	56.4	8.0	0.9	4.4	5.2	20.8	1.2	12.9	-	3.0	43.6
4	88	100.0	54.9	9.2	-	6.2	4.6	17.9	1.0	13.3	-	2.1	45.1
14	102	100.0	63.0	11.2	0.4	12.7	4.0	12.7	1.4	15.6	-	5.1	37.0
9	224	100.0	48.4	8.9	-	3.4	5.0	16.5	0.7	11.2	0.2	2.1	51.4
58	801	100.0	68.2	26.2	1.1	5.3	6.9	15.8	0.8	9.5	0.2	2.3	31.7
14	126	100.0	85.7	62.2	1.9	6.5	2.8	6.9	0.3	3.2	0.2	1.6	14.2
-	15	100.0	71.7	34.0	9.4	7.5	1.9	9.4	1.9	5.7	1.9	-	28.3
-	11	100.0	54.2	20.8	-	-	-	20.8	-	12.5	-	-	45.8
15	267	100.0	64.7	3.8	0.5	4.0	13.6	22.3	1.4	17.0	0.1	2.0	35.2
5	145	100.0	52.1	5.3	0.3	2.0	5.0	27.1	1.3	9.2	0.3	1.7	47.9
8	89	100.0	61.1	10.5	1.7	3.5	5.7	22.7	1.3	12.2	-	3.5	38.9
2	51	100.0	54.1	11.7	-	7.2	4.5	17.1	0.9	10.8	-	1.8	45.9
8	67	100.0	58.6	11.7	-	12.3	5.6	12.3	1.9	9.9	-	4.9	41.4
8	128	100.0	52.2	12.2	-	2.6	6.3	17.0	0.7	10.4	-	3.0	47.4
37	773	100.0	56.5	13.7	0.6	5.8	4.5	17.1	1.2	11.1	0.2	2.1	43.4
3	73	100.0	75.9	54.5	0.7	9.2	2.3	5.6	0.3	2.0	0.3	1.0	24.1
1	10	100.0	73.7	36.8	10.5	7.9	-	13.2	-	2.6	-	2.6	26.3
1	6	100.0	30.0	10.0	-	-	-	-	-	10.0	-	10.0	60.0
14	314	100.0	53.0	4.6	0.3	4.5	6.9	20.1	1.6	12.5	-	2.1	46.9
12	185	100.0	49.3	6.0	0.8	2.2	2.7	22.2	1.6	10.1	0.3	3.3	50.7
5	97	100.0	51.0	5.1	-	5.6	4.5	18.7	1.0	13.6	-	2.5	49.0
2	37	100.0	56.0	6.0	-	4.8	4.8	19.0	1.2	16.7	-	2.4	44.0
6	35	100.0	69.3	10.5	0.9	13.2	1.8	13.2	0.9	23.7	-	5.3	30.7
1	96	100.0	42.2	3.6	-	4.8	3.0	15.7	0.6	12.7	0.6	0.6	57.8
6	544	100.0	28.2	5.8	0.5	2.8	2.2	10.4	0.1	5.3	-	0.8	71.8

第25表　被調査者数・構成割合，性、年齢階級、第1回の60～64歳の就業希望の有無・

男：70歳

第1回の60～64歳の就業希望の有無・いつまで仕事をしたいか・希望する仕事のかたち（複数回答）	総数	仕事をしている	自営業主	家族従業者	会社・団体等の役員	正規の職員・従業員	パート・アルバイト	労働者派遣事業所の派遣社員	契約社員・嘱託	家庭での内職など
					被調査者数（単位：人）					
総数	740	344	121	5	39	22	90	9	40	4
仕事をしたい	644	322	117	5	35	21	83	8	38	3
自営業主	164	128	94	1	13	4	6	3	4	1
家業の手伝い	15	11	7	－	1	－	1	－	1	－
家庭での内職など	－	－	－	－	－	－	－	－	－	－
雇われて働く（フルタイム労働）	252	117	9	3	10	14	47	5	26	1
雇われて働く（パートタイム労働）	113	35	6	1	1	3	15	1	4	－
近所の人や会社の人に頼まれて任意に行う仕事	55	20	5	－	2	1	5	－	4	－
有償型の社会参加活動	33	11	3	－	2	1	2	1	2	－
その他のかたち	34	15	3	－	7	1	1	－	3	－
まだ考えていない	38	9	－	－	2	－	4	－	1	1
可能な限り仕事をしたい	315	176	89	4	11	12	40	4	14	－
自営業主	106	90	74	1	3	4	2	2	3	－
家業の手伝い	11	9	6	－	1	－	1	－	1	－
家庭での内職など	－	－	－	－	－	－	－	－	－	－
雇われて働く（フルタイム労働）	125	52	6	2	3	6	22	2	10	－
雇われて働く（パートタイム労働）	38	18	4	1	－	2	7	1	2	－
近所の人や会社の人に頼まれて任意に行う仕事	19	8	3	－	1	1	2	－	1	－
有償型の社会参加活動	10	5	2	－	－	1	－	1	1	－
その他のかたち	16	8	2	－	4	1	1	－	－	－
まだ考えていない	16	5	－	－	1	－	3	－	1	－
一定の年齢まで仕事をしたい	329	146	28	1	24	9	43	4	24	3
自営業主	58	38	20	－	10	－	4	1	1	1
家業の手伝い	4	2	1	－	－	－	－	－	－	－
家庭での内職など	－	－	－	－	－	－	－	－	－	－
雇われて働く（フルタイム労働）	127	65	3	1	7	8	25	3	16	1
雇われて働く（パートタイム労働）	75	17	2	－	1	1	8	－	2	－
近所の人や会社の人に頼まれて任意に行う仕事	36	12	2	－	1	－	3	－	3	－
有償型の社会参加活動	23	6	1	－	2	－	2	－	1	－
その他のかたち	18	7	1	－	3	－	－	－	3	－
まだ考えていない	22	4	－	－	1	－	1	－	－	1
仕事はしたくない	79	15	4	－	3	1	4	－	1	1

注：総数には各項目の不詳を含む。

いつまで仕事をしたいか・希望する仕事のかたち（複数回答）、第12回の仕事の有無・仕事のかたち別（12－8）

その他	仕事をしていない	総数	仕事をしている	自営業主	家族従業者	会社・団体等の役員	正規の職員・従業員	パート・アルバイト	労働者派遣事業所の派遣社員	契約社員・嘱託	家庭での内職など	その他	仕事をしていない
							構成割合（単位：％）						
14	396	100.0	46.5	16.4	0.7	5.3	3.0	12.2	1.2	5.4	0.5	1.9	53.5
12	322	100.0	50.0	18.2	0.8	5.4	3.3	12.9	1.2	5.9	0.5	1.9	50.0
2	36	100.0	78.0	57.3	0.6	7.9	2.4	3.7	1.8	2.4	0.6	1.2	22.0
1	4	100.0	73.3	46.7	-	6.7	-	6.7	-	6.7	-	6.7	26.7
-	-	-	-	-	-	-	-	-	-	-	-	-	-
2	135	100.0	46.4	3.6	1.2	4.0	5.6	18.7	2.0	10.3	0.4	0.8	53.6
4	78	100.0	31.0	5.3	0.9	0.9	2.7	13.3	0.9	3.5	-	3.5	69.0
3	35	100.0	36.4	9.1	-	3.6	1.8	9.1	-	7.3	-	5.5	63.6
-	22	100.0	33.3	9.1	-	6.1	3.0	6.1	3.0	6.1	-	-	66.7
-	19	100.0	44.1	8.8	-	20.6	2.9	2.9	-	8.8	-	-	55.9
1	29	100.0	23.7	-	-	5.3	-	10.5	-	2.6	2.6	2.6	76.3
2	139	100.0	55.9	28.3	1.3	3.5	3.8	12.7	1.3	4.4	-	0.6	44.1
1	16	100.0	84.9	69.8	0.9	2.8	3.8	1.9	1.9	2.8	-	0.9	15.1
-	2	100.0	81.8	54.5	-	9.1	-	9.1	-	9.1	-	-	18.2
-	-	-	-	-	-	-	-	-	-	-	-	-	-
1	73	100.0	41.6	4.8	1.6	2.4	4.8	17.6	1.6	8.0	-	0.8	58.4
1	20	100.0	47.4	10.5	2.6	-	5.3	18.4	2.6	5.3	-	2.6	52.6
-	11	100.0	42.1	15.8	-	5.3	5.3	10.5	-	5.3	-	-	57.9
-	5	100.0	50.0	20.0	-	-	10.0	-	10.0	10.0	-	-	50.0
-	8	100.0	50.0	12.5	-	25.0	6.3	6.3	-	-	-	-	50.0
-	11	100.0	31.3	-	-	6.3	-	18.8	-	6.3	-	-	68.8
10	183	100.0	44.4	8.5	0.3	7.3	2.7	13.1	1.2	7.3	0.9	3.0	55.6
1	20	100.0	65.5	34.5	-	17.2	-	6.9	1.7	1.7	1.7	1.7	34.5
1	2	100.0	50.0	25.0	-	-	-	-	-	-	-	25.0	50.0
-	-	-	-	-	-	-	-	-	-	-	-	-	-
1	62	100.0	51.2	2.4	0.8	5.5	6.3	19.7	2.4	12.6	0.8	0.8	48.8
3	58	100.0	22.7	2.7	-	1.3	1.3	10.7	-	2.7	-	4.0	77.3
3	24	100.0	33.3	5.6	-	2.8	-	8.3	-	8.3	-	8.3	66.7
-	17	100.0	26.1	4.3	-	8.7	-	8.7	-	4.3	-	-	73.9
-	11	100.0	38.9	5.6	-	16.7	-	-	-	16.7	-	-	61.1
1	18	100.0	18.2	-	-	4.5	-	4.5	-	-	4.5	4.5	81.8
1	64	100.0	19.0	5.1	-	3.8	1.3	5.1	-	1.3	1.3	1.3	81.0

第25表　被調査者数・構成割合, 性、年齢階級、第1回の60～64歳の就業希望の有無・

女：総数

第1回の60～64歳の就業希望の有無・いつまで仕事をしたいか・希望する仕事のかたち（複数回答）	総数	仕事をしている	自営業主	家族従業者	会社・団体等の役員	正規の職員・従業員	パート・アルバイト	労働者派遣事業所の派遣社員	契約社員・嘱託	家庭での内職など
					被調査者数（単位：人）					
総数	10 560	4 537	415	675	161	370	2 241	29	332	100
仕事をしたい	6 407	3 632	361	563	119	306	1 759	24	257	82
自営業主	626	469	231	90	26	14	74	–	10	7
家業の手伝い	870	633	57	412	40	19	79	–	2	7
家庭での内職など	412	148	6	12	2	7	64		9	35
雇われて働く（フルタイム労働）	584	403	12	8	12	99	183	8	67	3
雇われて働く（パートタイム労働）	3 071	1 620	29	40	10	124	1 184	13	134	23
近所の人や会社の人に頼まれて任意に行う仕事	472	225	7	16	9	22	112	4	22	10
有償型の社会参加活動	422	195	8	13	4	16	96	3	26	2
その他のかたち	297	144	15	17	14	18	53	–	5	3
まだ考えていない	491	213	12	13	10	29	111	1	21	7
可能な限り仕事をしたい	4 319	2 560	266	432	78	190	1 224	10	175	58
自営業主	473	359	176	66	19	12	61	–	9	4
家業の手伝い	670	495	48	328	28	15	60	–	1	2
家庭での内職など	299	108	3	7	–	4	48	–	5	29
雇われて働く（フルタイム労働）	389	278	7	6	8	59	135	5	47	3
雇われて働く（パートタイム労働）	1 909	1 064	17	28	7	76	792	2	85	13
近所の人や会社の人に頼まれて任意に行う仕事	306	157	5	13	7	17	72	1	16	8
有償型の社会参加活動	290	137	6	11	4	12	60	2	19	2
その他のかたち	216	111	12	15	5	10	43	–	4	3
まだ考えていない	371	168	6	11	7	19	89	1	19	7
一定の年齢まで仕事をしたい	2 088	1 072	95	131	41	116	535	14	82	24
自営業主	153	110	55	24	7	2	13	–	1	3
家業の手伝い	200	138	9	84	12	4	19	–	1	5
家庭での内職など	113	40	3	5	2	3	16	–	4	6
雇われて働く（フルタイム労働）	195	125	5	2	4	40	48	3	20	–
雇われて働く（パートタイム労働）	1 162	556	12	12	3	48	392	11	49	10
近所の人や会社の人に頼まれて任意に行う仕事	166	68	2	3	2	5	40	3	6	2
有償型の社会参加活動	132	58	2	2	–	4	36	1	7	–
その他のかたち	81	33	3	2	9	8	10	–	1	–
まだ考えていない	120	45	6	2	3	10	22	–	2	–
仕事はしたくない	3 763	797	45	93	42	55	425	5	69	13

注：総数には各項目の不詳を含む。

いつまで仕事をしたいか・希望する仕事のかたち（複数回答）、第12回の仕事の有無・仕事のかたち別（12－9）

		第12回の仕事の有無・仕事のかたち											
その他	仕事をしていない	総数	仕事をしている	自営業主	家族従業者	会社・団体等の役員	正規の職員・従業員	パート・アルバイト	労働者派遣事業所の派遣社員	契約社員・嘱託	家庭での内職など	その他	仕事をしていない
							構成割合（単位：%）						
197	5 997	100.0	43.0	3.9	6.4	1.5	3.5	21.2	0.3	3.1	0.9	1.9	56.8
149	2 765	100.0	56.7	5.6	8.8	1.9	4.8	27.5	0.4	4.0	1.3	2.3	43.2
16	157	100.0	74.9	36.9	14.4	4.2	2.2	11.8	-	1.6	1.1	2.6	25.1
17	236	100.0	72.8	6.6	47.4	4.6	2.2	9.1	-	0.2	0.8	2.0	27.1
13	260	100.0	35.9	1.5	2.9	0.5	1.7	15.5		2.2	8.5	3.2	63.1
11	180	100.0	69.0	2.1	1.4	2.1	17.0	31.3	1.4	11.5	0.5	1.9	30.8
55	1 445	100.0	52.8	0.9	1.3	0.3	4.0	38.6	0.4	4.4	0.7	1.8	47.1
22	246	100.0	47.7	1.5	3.4	1.9	4.7	23.7	0.8	4.7	2.1	4.7	52.1
25	227	100.0	46.2	1.9	3.1	0.9	3.8	22.7	0.7	6.2	0.5	5.9	53.8
18	153	100.0	48.5	5.1	5.7	4.7	6.1	17.8	-	1.7	1.0	6.1	51.5
8	278	100.0	43.4	2.4	2.6	2.0	5.9	22.6	0.2	4.3	1.4	1.6	56.6
120	1 753	100.0	59.3	6.2	10.0	1.8	4.4	28.3	0.2	4.1	1.3	2.8	40.6
12	114	100.0	75.9	37.2	14.0	4.0	2.5	12.9	-	1.9	0.8	2.5	24.1
13	174	100.0	73.9	7.2	49.0	4.2	2.2	9.0	-	0.1	0.3	1.9	26.0
12	187	100.0	36.1	1.0	2.3	-	1.3	16.1	-	1.7	9.7	4.0	62.5
8	111	100.0	71.5	1.8	1.5	2.1	15.2	34.7	1.3	12.1	0.8	2.1	28.5
39	842	100.0	55.7	0.9	1.5	0.4	4.0	41.5	0.1	4.5	0.7	2.0	44.1
18	149	100.0	51.3	1.6	4.2	2.3	5.6	23.5	0.3	5.2	2.6	5.9	48.7
19	153	100.0	47.2	2.1	3.8	1.4	4.1	20.7	0.7	6.6	0.7	6.6	52.8
18	105	100.0	51.4	5.6	6.9	2.3	4.6	19.9	-	1.9	1.4	8.3	48.6
8	203	100.0	45.3	1.6	3.0	1.9	5.1	24.0	0.3	5.1	1.9	2.2	54.7
29	1 012	100.0	51.3	4.5	6.3	2.0	5.6	25.6	0.7	3.9	1.1	1.4	48.5
4	43	100.0	71.9	35.9	15.7	4.6	1.3	8.5	-	0.7	2.0	2.6	28.1
4	62	100.0	69.0	4.5	42.0	6.0	2.0	9.5	-	0.5	2.5	2.0	31.0
1	73	100.0	35.4	2.7	4.4	1.8	2.7	14.2	-	3.5	5.3	0.9	64.6
3	69	100.0	64.1	2.6	1.0	2.1	20.5	24.6	1.5	10.3	-	1.5	35.4
16	603	100.0	47.8	1.0	1.0	0.3	4.1	33.7	0.9	4.2	0.9	1.4	51.9
4	97	100.0	41.0	1.2	1.8	1.2	3.0	24.1	1.8	3.6	1.2	2.4	58.4
6	74	100.0	43.9	1.5	1.5	-	3.0	27.3	0.8	5.3	-	4.5	56.1
-	48	100.0	40.7	3.7	2.5	11.1	9.9	12.3	-	1.2	-	-	59.3
-	75	100.0	37.5	5.0	1.7	2.5	8.3	18.3	-	1.7	-	-	62.5
45	2 958	100.0	21.2	1.2	2.5	1.1	1.5	11.3	0.1	1.8	0.3	1.2	78.6

第 25 表　被調査者数・構成割合，性、年齢階級、第 1 回の 60 ～ 64 歳の就業希望の有無・

女：61 ～ 64 歳

第 1 回の 60 ～ 64 歳 の 就 業 希 望 の 有 無・い つ ま で 仕 事 を し た い か・希 望 す る 仕 事 の か た ち（複 数 回 答）	総数	仕事を して いる	自営 業主	家族 従業者	会社・団体等の役員	正規の 職員・ 従業員	パート・アルバイト	労働者派遣事業所の派遣社員	契約 社員・ 嘱託	家庭での 内職など
	被調査者数（単位：人）									
総数	3 648	1 983	123	237	61	228	1 029	12	203	32
仕事をしたい	2 200	1 498	102	197	42	189	742	9	149	24
自営業主	176	138	64	28	5	6	26	－	5	1
家業の手伝い	287	232	16	145	15	10	39	－	－	2
家庭での内職など	131	60	3	4	1	4	26	－	6	10
雇われて働く（フルタイム労働）	195	161	4	4	4	50	59	3	35	－
雇われて働く（パートタイム労働）	1 046	694	7	13	4	88	482	4	75	5
近所の人や会社の人に頼まれて任意に行う仕事	156	93	－	9	1	15	46	2	14	3
有償型の社会参加活動	156	92	1	4	2	12	47	2	16	1
その他のかたち	106	66	5	4	6	12	29	－	4	1
まだ考えていない	236	132	4	8	5	21	68	1	16	4
可能な限り仕事をしたい	1 648	1 126	83	166	28	118	561	5	107	18
自営業主	149	117	54	23	3	6	22	－	5	1
家業の手伝い	240	196	15	125	11	8	31	－	－	1
家庭での内職など	104	48	1	3	－	2	23	－	4	9
雇われて働く（フルタイム労働）	132	107	1	3	3	31	41	2	24	－
雇われて働く（パートタイム労働）	739	493	3	9	3	53	359	1	52	1
近所の人や会社の人に頼まれて任意に行う仕事	113	69	－	8	1	12	31	－	11	3
有償型の社会参加活動	117	67	1	4	2	9	29	1	13	1
その他のかたち	86	50	5	4	2	7	22	－	4	1
まだ考えていない	193	112	3	8	4	15	58	1	14	4
一定の年齢まで仕事をしたい	552	372	19	31	14	71	181	4	42	6
自営業主	27	21	10	5	2	－	4	－	－	－
家業の手伝い	47	36	1	20	4	2	8	－	－	1
家庭での内職など	27	12	2	1	1	2	3	－	2	1
雇われて働く（フルタイム労働）	63	54	3	1	1	19	18	1	11	－
雇われて働く（パートタイム労働）	307	201	4	4	1	35	123	3	23	4
近所の人や会社の人に頼まれて任意に行う仕事	43	24	－	1	－	3	15	2	3	－
有償型の社会参加活動	39	25	－	－	－	3	18	1	3	－
その他のかたち	20	16	－	－	4	5	7	－	－	－
まだ考えていない	43	20	1	－	1	6	10	－	2	－
仕事はしたくない	1 330	442	19	33	19	35	265	3	49	5

注：総数には各項目の不詳を含む。

いつまで仕事をしたいか・希望する仕事のかたち（複数回答）、第12回の仕事の有無・仕事のかたち別（12－10）

その他	仕事をしていない	総数	仕事をしている	自営業主	家族従業者	会社・団体等の役員	正規の職員・従業員	パート・アルバイト	労働者派遣事業所の派遣社員	契約社員・嘱託	家庭での内職など	その他	仕事をしていない
							構成割合（単位：％）						
54	1 660	100.0	54.4	3.4	6.5	1.7	6.3	28.2	0.3	5.6	0.9	1.5	45.5
43	699	100.0	68.1	4.6	9.0	1.9	8.6	33.7	0.4	6.8	1.1	2.0	31.8
3	38	100.0	78.4	36.4	15.9	2.8	3.4	14.8	-	2.8	0.6	1.7	21.6
5	55	100.0	80.8	5.6	50.5	5.2	3.5	13.6	-	-	0.7	1.7	19.2
6	70	100.0	45.8	2.3	3.1	0.8	3.1	19.8	-	4.6	7.6	4.6	53.4
2	33	100.0	82.6	2.1	2.1	2.1	25.6	30.3	1.5	17.9	-	1.0	16.9
15	350	100.0	66.3	0.7	1.2	0.4	8.4	46.1	0.4	7.2	0.5	1.4	33.5
3	62	100.0	59.6	-	5.8	0.6	9.6	29.5	1.3	9.0	1.9	1.9	39.7
6	64	100.0	59.0	0.6	2.6	1.3	7.7	30.1	1.3	10.3	0.6	3.8	41.0
5	40	100.0	62.3	4.7	3.8	5.7	11.3	27.4	-	3.8	0.9	4.7	37.7
5	104	100.0	55.9	1.7	3.4	2.1	8.9	28.8	0.4	6.8	1.7	2.1	44.1
39	521	100.0	68.3	5.0	10.1	1.7	7.2	34.0	0.3	6.5	1.1	2.4	31.6
3	32	100.0	78.5	36.2	15.4	2.0	4.0	14.8	-	3.4	0.7	2.0	21.5
5	44	100.0	81.7	6.3	52.1	4.6	3.3	12.9	-	-	0.4	2.1	18.3
6	55	100.0	46.2	1.0	2.9	-	1.9	22.1	-	3.8	8.7	5.8	52.9
2	25	100.0	81.1	0.8	2.3	2.3	23.5	31.1	1.5	18.2	-	1.5	18.9
11	246	100.0	66.7	0.4	1.2	0.4	7.2	48.6	0.1	7.0	0.1	1.5	33.3
3	44	100.0	61.1	-	7.1	0.9	10.6	27.4	-	9.7	2.7	2.7	38.9
6	50	100.0	57.3	0.9	3.4	1.7	7.7	24.8	0.9	11.1	0.9	5.1	42.7
5	36	100.0	58.1	5.8	4.7	2.3	8.1	25.6	-	4.7	1.2	5.8	41.9
5	81	100.0	58.0	1.6	4.1	2.1	7.8	30.1	0.5	7.3	2.1	2.6	42.0
4	178	100.0	67.4	3.4	5.6	2.5	12.9	32.8	0.7	7.6	1.1	0.7	32.2
-	6	100.0	77.8	37.0	18.5	7.4	-	14.8	-	-	-	-	22.2
-	11	100.0	76.6	2.1	42.6	8.5	4.3	17.0	-	-	2.1	-	23.4
-	15	100.0	44.4	7.4	3.7	3.7	7.4	11.1	-	7.4	3.7	-	55.6
-	8	100.0	85.7	4.8	1.6	1.6	30.2	28.6	1.6	17.5	-	-	12.7
4	104	100.0	65.5	1.3	1.3	0.3	11.4	40.1	1.0	7.5	1.3	1.3	33.9
-	18	100.0	55.8	-	2.3	-	7.0	34.9	4.7	7.0	-	-	41.9
-	14	100.0	64.1	-	-	-	7.7	46.2	2.6	7.7	-	-	35.9
-	4	100.0	80.0	-	-	20.0	25.0	35.0	-	-	-	-	20.0
-	23	100.0	46.5	2.3	-	2.3	14.0	23.3	-	4.7	-	-	53.5
11	887	100.0	33.2	1.4	2.5	1.4	2.6	19.9	0.2	3.7	0.4	0.8	66.7

第 25 表　被調査者数・構成割合，性、年齢階級、第 1 回の 60 ～ 64 歳の就業希望の有無・

女：65 ～ 69 歳

第 1 回の 60 ～ 64 歳の就業希望の有無・いつまで仕事をしたいか・希望する仕事のかたち（複数回答）	総数	仕事をしている	自営業主	家族従業者	会社・団体等の役員	正規の職員・従業員	パート・アルバイト	労働者派遣事業所の派遣社員	契約社員・嘱託	家庭での内職など
	被調査者数（単位：人）									
総数	6 101	2 308	255	393	87	132	1 111	16	122	59
仕事をしたい	3 733	1 917	226	323	65	108	927	14	104	49
自営業主	390	289	144	56	19	7	40	－	5	6
家業の手伝い	514	352	33	236	21	7	39	－	2	4
家庭での内職など	246	80	3	7	1	3	35	－	3	21
雇われて働く（フルタイム労働）	346	220	8	4	7	46	109	4	31	2
雇われて働く（パートタイム労働）	1 809	848	21	25	6	33	645	8	56	16
近所の人や会社の人に頼まれて任意に行う仕事	286	124	6	7	6	6	63	2	8	7
有償型の社会参加活動	234	96	7	7	1	3	48	1	10	1
その他のかたち	169	70	9	10	7	6	23	－	1	2
まだ考えていない	239	74	8	5	4	8	39	－	5	2
可能な限り仕事をしたい	2 398	1 304	161	233	41	68	619	5	68	33
自営業主	282	215	107	39	15	5	34	－	4	3
家業の手伝い	376	261	27	178	13	7	28	－	1	－
家庭での内職など	168	54	2	4	－	2	23	－	1	16
雇われて働く（フルタイム労働）	234	162	6	3	4	28	87	3	23	2
雇われて働く（パートタイム労働）	1 064	533	13	17	4	21	406	1	33	12
近所の人や会社の人に頼まれて任意に行う仕事	177	84	4	5	5	5	40	1	5	5
有償型の社会参加活動	153	64	5	5	1	2	30	1	6	1
その他のかたち	120	56	7	9	2	3	21	－	－	2
まだ考えていない	168	51	3	3	3	4	28	－	5	2
一定の年齢まで仕事をしたい	1 335	613	65	90	24	40	308	9	36	16
自営業主	108	74	37	17	4	2	6	－	1	3
家業の手伝い	138	91	6	58	8	－	11	－	1	4
家庭での内職など	78	26	1	3	1	1	12	－	2	5
雇われて働く（フルタイム労働）	112	58	2	1	3	18	22	－	－	－
雇われて働く（パートタイム労働）	745	315	8	8	2	12	239	7	23	4
近所の人や会社の人に頼まれて任意に行う仕事	109	40	2	2	1	1	23	1	3	2
有償型の社会参加活動	81	32	2	2	－	1	18	－	4	－
その他のかたち	49	14	2	1	5	3	2	－	1	－
まだ考えていない	71	23	5	2	1	4	11	－	－	－
仕事はしたくない	2 127	332	22	59	22	19	153	2	17	8

注：総数には各項目の不詳を含む。

いつまで仕事をしたいか・希望する仕事のかたち（複数回答）、第12回の仕事の有無・仕事のかたち別（12－11）

第 12 回の仕事の有無・仕事のかたち

その他	仕事をしていない	総数	仕事をしている	自営業主	家族従業者	会社・団体等の役員	正規の職員・従業員	パート・アルバイト	労働者派遣事業所の派遣社員	契約社員・嘱託	家庭での内職など	その他	仕事をしていない
						構成割合（単位：％）							
125	3 774	100.0	37.8	4.2	6.4	1.4	2.2	18.2	0.3	2.0	1.0	2.0	61.9
94	1 811	100.0	51.4	6.1	8.7	1.7	2.9	24.8	0.4	2.8	1.3	2.5	48.5
12	101	100.0	74.1	36.9	14.4	4.9	1.8	10.3	–	1.3	1.5	3.1	25.9
10	162	100.0	68.5	6.4	45.9	4.1	1.4	7.6	–	0.4	0.8	1.9	31.5
7	163	100.0	32.5	1.2	2.8	0.4	1.2	14.2	–	1.2	8.5	2.8	66.3
9	126	100.0	63.6	2.3	1.2	2.0	13.3	31.5	1.2	9.0	0.6	2.6	36.4
33	957	100.0	46.9	1.2	1.4	0.3	1.8	35.7	0.4	3.1	0.9	1.8	52.9
18	162	100.0	43.4	2.1	2.4	2.1	2.1	22.0	0.7	·2.8	2.4	6.3	56.6
17	138	100.0	41.0	3.0	3.0	0.4	1.3	20.5	0.4	4.3	0.4	7.3	59.0
11	99	100.0	41.4	5.3	5.9	4.1	3.6	13.6	–	0.6	1.2	6.5	58.6
3	165	100.0	31.0	3.3	2.1	1.7	3.3	16.3	–	2.1	0.8	1.3	69.0
73	1 090	100.0	54.4	6.7	9.7	1.7	2.8	25.8	0.2	2.8	1.4	3.0	45.5
8	67	100.0	76.2	37.9	13.8	5.3	1.8	12.1	–	1.4	1.1	2.8	23.8
7	115	100.0	69.4	7.2	47.3	3.5	1.9	7.4	–	0.3	–	1.9	30.6
6	111	100.0	32.1	1.2	2.4	–	1.2	13.7	–	0.6	9.5	3.6	66.1
6	72	100.0	69.2	2.6	1.3	1.7	12.0	37.2	1.3	9.8	0.9	2.6	30.8
24	528	100.0	50.1	1.2	1.6	0.4	2.0	38.2	0.1	3.1	1.1	2.3	49.6
14	93	100.0	47.5	2.3	2.8	2.8	2.8	22.6	0.6	2.8	2.8	7.9	52.5
12	89	100.0	41.8	3.3	3.3	0.7	1.3	19.6	0.7	3.9	0.7	7.8	58.2
11	64	100.0	46.7	5.8	7.5	1.7	2.5	17.5	–	–-	1.7	9.2	53.3
3	117	100.0	30.4	1.8	1.8	1.8	2.4	16.7	–	3.0	1.2	1.8	69.6
21	721	100.0	45.9	4.9	6.7	1.8	3.0	23.1	0.7	2.7	1.2	1.6	54.0
4	34	100.0	68.5	34.3	15.7	3.7	1.9	5.6	–	0.9	2.8	3.7	31.5
3	47	100.0	65.9	4.3	42.0	5.8	–	8.0	–	0.7	2.9	2.2	34.1
1	52	100.0	33.3	1.3	3.8	1.3	1.3	15.4	–	2.6	6.4	1.3	66.7
3	54	100.0	51.8	1.8	0.9	2.7	16.1	19.6	0.9	7.1	–	2.7	48.2
9	429	100.0	42.3	1.1	1.1	0.3	1.6	32.1	0.9	3.1	0.5	1.2	57.6
4	69	100.0	36.7	1.8	1.8	0.9	0.9	21.1	0.9	2.8	1.8	3.7	63.3
5	49	100.0	39.5	2.5	2.5	–	1.2	22.2	–	4.9	–	6.2	60.5
–	35	100.0	28.6	4.1	2.0	10.2	6.1	4.1	–	2.0	–	–	71.4
–	48	100.0	32.4	7.0	2.8	1.4	5.6	15.5	–	–	–	–	67.6
29	1 788	100.0	15.6	1.0	2.8	1.0	0.9	7.2	0.1	0.8	0.4	1.4	84.1

第 25 表　被調査者数・構成割合，性、年齢階級、第 1 回の 60 〜 64 歳の就業希望の有無・

女：70 歳

第 1 回の 60 〜 64 歳の就業希望の有無・いつまで仕事をしたいか・希望する仕事のかたち（複数回答）	総数	仕事をしている	自営業主	家族従業者	会社・団体等の役員	正規の職員・従業員	パート・アルバイト	労働者派遣事業所の派遣社員	契約社員・嘱託	家庭での内職など
					被調査者数（単位：人）					
総数	811	246	37	45	13	10	101	1	7	9
仕事をしたい	474	217	33	43	12	9	90	1	4	9
自営業主	60	42	23	6	2	1	8	–	–	–
家業の手伝い	69	49	8	31	4	2	1	–	–	1
家庭での内職など	35	8	–	1	–	–	3	–	–	4
雇われて働く（フルタイム労働）	43	22	–	–	1	3	15	1	1	1
雇われて働く（パートタイム労働）	216	78	1	2	–	3	57	1	3	2
近所の人や会社の人に頼まれて任意に行う仕事	30	8	1	–	2	1	3	–	–	–
有償型の社会参加活動	32	7	–	2	1	1	1	–	–	–
その他のかたち	22	8	1	3	1	1	1	–	–	–
まだ考えていない	16	7	–	–	1	–	4	–	–	1
可能な限り仕事をしたい	273	130	22	33	9	4	44			7
自営業主	42	27	15	4	1	1	5	–	–	–
家業の手伝い	54	38	6	25	4	–	1	–	–	1
家庭での内職など	27	6	–	–	–	–	2	–	–	4
雇われて働く（フルタイム労働）	23	9	–	–	1	–	7	–	–	1
雇われて働く（パートタイム労働）	106	38	1	2	–	2	27	–	–	–
近所の人や会社の人に頼まれて任意に行う仕事	16	4	1	–	1	–	1	–	–	–
有償型の社会参加活動	20	6	–	2	1	1	1	–	–	–
その他のかたち	10	5	–	2	1	–	–	–	–	–
まだ考えていない	10	5	–	–	–	–	3	–	–	1
一定の年齢まで仕事をしたい	201	87	11	10	3	5	46	1	4	2
自営業主	18	15	8	2	1	–	3	–	–	–
家業の手伝い	15	11	2	6	–	2	–	–	–	–
家庭での内職など	8	2	–	1	–	–	1	–	–	–
雇われて働く（フルタイム労働）	20	13	–	–	–	3	8	1	1	–
雇われて働く（パートタイム労働）	110	40	–	–	–	1	30	1	3	2
近所の人や会社の人に頼まれて任意に行う仕事	14	4	–	–	1	1	2	–	–	–
有償型の社会参加活動	12	1	–	–	–	–	1	–	–	–
その他のかたち	12	3	1	1	–	–	1	–	–	–
まだ考えていない	6	2	–	–	–	1	1	–	–	–
仕事はしたくない	306	23	4	1	1	1	7	–	3	–

注：総数には各項目の不詳を含む。

いつまで仕事をしたいか・希望する仕事のかたち（複数回答）、第12回の仕事の有無・仕事のかたち別（12－12）

第12回の仕事の有無・仕事のかたち

構成割合（単位：%）

その他	仕事をしていない	総数	仕事をしている	自営業主	家族従業者	会社・団体等の役員	正規の職員・従業員	パート・アルバイト	労働者派遣事業所の派遣社員	契約社員・嘱託	家庭での内職など	その他	仕事をしていない
18	563	100.0	30.3	4.6	5.5	1.6	1.2	12.5	0.1	0.9	1.1	2.2	69.4
12	255	100.0	45.8	7.0	9.1	2.5	1.9	19.0	0.2	0.8	1.9	2.5	53.8
1	18	100.0	70.0	38.3	10.0	3.3	1.7	13.3	–	–	–	1.7	30.0
2	19	100.0	71.0	11.6	44.9	5.8	2.9	1.4	–	–	1.4	2.9	27.5
–	27	100.0	22.9	–	2.9	–	–	8.6	–	–	11.4	–	77.1
–	21	100.0	51.2	–	–	2.3	7.0	34.9	2.3	2.3	2.3	–	48.8
7	138	100.0	36.1	0.5	0.9	–	1.4	26.4	0.5	1.4	0.9	3.2	63.9
1	22	100.0	26.7	3.3	–	6.7	3.3	10.0	–	–	–	3.3	73.3
2	25	100.0	21.9	–	6.3	3.1	3.1	3.1	–	–	–	6.3	78.1
2	14	100.0	36.4	4.5	13.6	4.5	–	4.5	–	–	–	9.1	63.6
–	9	100.0	43.8	–	–	6.3	–	25.0	–	–	6.3	–	56.3
8	142	100.0	47.6	8.1	12.1	3.3	1.5	16.1	–	–	2.6	2.9	52.0
1	15	100.0	64.3	35.7	9.5	2.4	2.4	11.9	–	–	–	2.4	35.7
1	15	100.0	70.4	11.1	46.3	7.4	–	1.9	–	–	1.9	1.9	27.8
–	21	100.0	22.2	–	–	–	–	7.4	–	–	14.8	–	77.8
–	14	100.0	39.1	–	–	4.3	–	30.4	–	–	4.3	–	60.9
4	68	100.0	35.8	0.9	1.9	–	1.9	25.5	–	–	–	3.8	64.2
1	12	100.0	25.0	6.3	–	6.3	–	6.3	–	–	–	6.3	75.0
1	14	100.0	30.0	–	10.0	5.0	5.0	5.0	–	–	–	5.0	70.0
2	5	100.0	50.0	–	20.0	10.0	–	–	–	–	–	20.0	50.0
–	5	100.0	50.0	–	–	–	–	30.0	–	–	10.0	–	50.0
4	113	100.0	43.3	5.5	5.0	1.5	2.5	22.9	0.5	2.0	1.0	2.0	56.2
–	3	100.0	83.3	44.4	11.1	5.6	–	16.7	–	–	–	–	16.7
1	4	100.0	73.3	13.3	40.0	–	13.3	–	–	–	–	6.7	26.7
–	6	100.0	25.0	–	12.5	–	–	12.5	–	–	–	–	75.0
–	7	100.0	65.0	–	–	–	15.0	40.0	5.0	5.0	–	–	35.0
3	70	100.0	36.4	–	–	–	0.9	27.3	0.9	2.7	1.8	2.7	63.6
–	10	100.0	28.6	–	–	7.1	7.1	14.3	–	–	–	–	71.4
1	11	100.0	8.3	–	–	–	–	–	–	–	–	8.3	91.7
–	9	100.0	25.0	8.3	8.3	–	–	8.3	–	–	–	–	75.0
–	4	100.0	33.3	–	–	16.7	–	16.7	–	–	–	–	66.7
5	283	100.0	7.5	1.3	0.3	0.3	0.3	2.3	–	1.0	–	1.6	92.5

第26表　被調査者数・構成割合, 性、年齢階級、第1回の65歳以降の就業希望の有無・

総数：総数

第1回の65歳以降の就業希望の有無・いつまで仕事をしたいか・希望する仕事のかたち（複数回答）	総数	仕事をしている	自営業主	家族従業者	会社・団体等の役員	正規の職員・従業員	パート・アルバイト	労働者派遣事業所の派遣社員	契約社員・嘱託	家庭での内職など
						被調査者数（単位：人）				
総数	19 513	10 321	2 016	742	686	1 252	3 437	99	1 575	116
仕事をしたい	12 698	8 292	1 788	602	559	1 037	2 573	73	1 263	88
自営業主	2 132	1 798	1 151	83	150	100	160	9	96	10
家業の手伝い	970	730	152	364	45	25	99	1	16	7
家庭での内職など	447	210	15	13	2	20	103	1	19	28
雇われて働く（フルタイム労働）	1 051	737	45	10	56	193	199	11	201	1
雇われて働く（パートタイム労働）	2 848	1 773	65	24	54	278	914	26	333	13
近所の人や会社の人に頼まれて任意に行う仕事	987	625	70	16	56	99	196	6	137	10
有償型の社会参加活動	835	492	46	18	34	75	167	9	108	5
その他のかたち	821	519	61	18	75	71	141	6	103	5
まだ考えていない	2 813	1 614	176	57	117	256	583	12	337	11
可能な限り仕事をしたい	8 706	5 783	1 357	475	335	695	1 807	44	779	65
自営業主	1 642	1 400	909	66	100	80	123	5	78	6
家業の手伝い	747	567	112	292	33	21	78	1	11	5
家庭での内職など	330	153	12	9	－	13	78	－	11	23
雇われて働く（フルタイム労働）	559	423	23	8	30	123	113	5	110	1
雇われて働く（パートタイム労働）	1 780	1 153	35	15	34	190	608	16	207	8
近所の人や会社の人に頼まれて任意に行う仕事	611	393	43	14	32	68	120	5	82	8
有償型の社会参加活動	557	327	30	13	28	50	106	5	69	5
その他のかたち	536	336	37	15	38	52	98	3	55	5
まだ考えていない	1 867	1 068	117	43	64	159	413	8	208	7
一定の年齢まで仕事をしたい	3 992	2 509	431	127	224	342	766	29	484	23
自営業主	490	398	242	17	50	20	37	4	18	4
家業の手伝い	223	163	40	72	12	4	21	－	5	2
家庭での内職など	117	57	3	4	2	7	25	1	8	5
雇われて働く（フルタイム労働）	492	314	22	2	26	70	86	6	91	－
雇われて働く（パートタイム労働）	1 068	620	30	9	20	88	306	10	126	5
近所の人や会社の人に頼まれて任意に行う仕事	376	232	27	2	24	31	76	1	55	2
有償型の社会参加活動	278	165	16	5	6	25	61	4	39	－
その他のかたち	285	183	24	3	37	19	43	3	48	－
まだ考えていない	946	546	59	14	53	97	170	4	129	4
仕事はしたくない	6 197	1 798	181	119	115	190	783	25	282	22

注：総数には各項目の不詳を含む。

いつまで仕事をしたいか・希望する仕事のかたち（複数回答）、第12回の仕事の有無・仕事のかたち別（12－1）

第12回の仕事の有無・仕事のかたち

その他	仕事をしていない	総数	仕事をしている	自営業主	家族従業者	会社・団体等の役員	正規の職員・従業員	パート・アルバイト	労働者派遣事業所の派遣社員	契約社員・嘱託	家庭での内職など	その他	仕事をしていない
								構成割合（単位：%）					
373	9 154	100.0	52.9	10.3	3.8	3.5	6.4	17.6	0.5	8.1	0.6	1.9	46.9
293	4 390	100.0	65.3	14.1	4.7	4.4	8.2	20.3	0.6	9.9	0.7	2.3	34.6
36	333	100.0	84.3	54.0	3.9	7.0	4.7	7.5	0.4	4.5	0.5	1.7	15.6
21	239	100.0	75.3	15.7	37.5	4.6	2.6	10.2	0.1	1.6	0.7	2.2	24.6
9	234	100.0	47.0	3.4	2.9	0.4	4.5	23.0	0.2	4.3	6.3	2.0	52.3
19	313	100.0	70.1	4.3	1.0	5.3	18.4	18.9	1.0	19.1	0.1	1.8	29.8
62	1 071	100.0	62.3	2.3	0.8	1.9	9.8	32.1	0.9	11.7	0.5	2.2	37.6
34	361	100.0	63.3	7.1	1.6	5.7	10.0	19.9	0.6	13.9	1.0	3.4	36.6
29	343	100.0	58.9	5.5	2.2	4.1	9.0	20.0	1.1	12.9	0.6	3.5	41.1
37	302	100.0	63.2	7.4	2.2	9.1	8.6	17.2	0.7	12.5	0.6	4.5	36.8
61	1 194	100.0	57.4	6.3	2.0	4.2	9.1	20.7	0.4	12.0	0.4	2.2	42.4
217	2 911	100.0	66.4	15.6	5.5	3.8	8.0	20.8	0.5	8.9	0.7	2.5	33.4
31	241	100.0	85.3	55.4	4.0	6.1	4.9	7.5	0.3	4.8	0.4	1.9	14.7
14	179	100.0	75.9	15.0	39.1	4.4	2.8	10.4	0.1	1.5	0.7	1.9	24.0
7	175	100.0	46.4	3.6	2.7	–	3.9	23.6	–	3.3	7.0	2.1	53.0
9	136	100.0	75.7	4.1	1.4	5.4	22.0	20.2	0.9	19.7	0.2	1.6	24.3
39	625	100.0	64.8	2.0	0.8	1.9	10.7	34.2	0.9	11.6	0.4	2.2	35.1
20	218	100.0	64.3	7.0	2.3	5.2	11.1	19.6	0.8	13.4	1.3	3.3	35.7
20	230	100.0	58.7	5.4	2.3	5.0	9.0	19.0	0.9	12.4	0.9	3.6	41.3
31	200	100.0	62.7	6.9	2.8	7.1	9.7	18.3	0.6	10.3	0.9	5.8	37.3
47	794	100.0	57.2	6.3	2.3	3.4	8.5	22.1	0.4	11.1	0.4	2.5	42.5
76	1 479	100.0	62.9	10.8	3.2	5.6	8.6	19.2	0.7	12.1	0.6	1.9	37.0
5	92	100.0	81.2	49.4	3.5	10.2	4.1	7.6	0.8	3.7	0.8	1.0	18.8
7	60	100.0	73.1	17.9	32.3	5.4	1.8	9.4	–	2.2	0.9	3.1	26.9
2	59	100.0	48.7	2.6	3.4	1.7	6.0	21.4	0.9	6.8	4.3	1.7	50.4
10	177	100.0	63.8	4.5	0.4	5.3	14.2	17.5	1.2	18.5	–	2.0	36.0
23	446	100.0	58.1	2.8	0.8	1.9	8.2	28.7	0.9	11.8	0.5	2.2	41.8
14	143	100.0	61.7	7.2	0.5	6.4	8.2	20.2	0.3	14.6	0.5	3.7	38.0
9	113	100.0	59.4	5.8	1.8	2.2	9.0	21.9	1.4	14.0	–	3.2	40.6
6	102	100.0	64.2	8.4	1.1	13.0	6.7	15.1	1.1	16.8	–	2.1	35.8
14	400	100.0	57.7	6.2	1.5	5.6	10.3	18.0	0.4	13.6	0.4	1.5	42.3
72	4 386	100.0	29.0	2.9	1.9	1.9	3.1	12.6	0.4	4.6	0.4	1.2	70.8

総数：61～64歳

第 1 回 の 65 歳 以 降 の 就 業 希 望 の 有 無・い つ ま で 仕 事 を し た い か・希 望 す る 仕 事 の か た ち（複 数 回 答）	総数	仕事をしている	自営業主	家族従業者	会社・団体等の役員	正規の職員・従業員	パート・アルバイト	労働者派遣事業所の派遣社員	契約社員・嘱託	家庭での内職など
						被調査者数（単位：人）				
総数	6 641	4 408	633	254	279	808	1 335	30	916	36
仕事をしたい	4 443	3 450	551	206	225	667	937	22	718	26
自営業主	699	626	352	27	55	58	61	3	54	2
家業の手伝い	328	273	42	126	20	16	46	–	10	3
家庭での内職など	156	89	6	5	1	15	40	1	10	8
雇われて働く（フルタイム労働）	366	309	17	4	22	107	45	–	109	–
雇われて働く（パートタイム労働）	1 008	793	20	6	26	185	331	8	194	3
近所の人や会社の人に頼まれて任意に行う仕事	346	273	19	8	25	70	66	1	70	4
有償型の社会参加活動	302	225	13	7	16	59	59	4	56	1
その他のかたち	287	218	14	6	24	44	57	5	56	1
まだ考えていない	1 101	789	64	23	54	185	225	3	208	5
可能な限り仕事をしたい	3 193	2 450	422	177	139	437	704	15	457	21
自営業主	552	491	282	23	38	44	44	1	44	2
家業の手伝い	274	228	34	110	14	13	40	–	6	2
家庭での内職など	124	70	4	3	–	9	36	–	8	7
雇われて働く（フルタイム労働）	207	177	11	4	13	64	20	–	62	–
雇われて働く（パートタイム労働）	671	526	8	4	16	124	232	5	123	1
近所の人や会社の人に頼まれて任意に行う仕事	225	174	9	7	16	49	43	1	39	3
有償型の社会参加活動	205	146	7	6	14	39	33	3	36	1
その他のかたち	204	151	9	5	12	33	43	2	37	1
まだ考えていない	781	544	42	22	29	114	180	3	132	5
一定の年齢まで仕事をしたい	1 250	1 000	129	29	86	230	233	7	261	5
自営業主	147	135	70	4	17	14	17	2	10	–
家業の手伝い	54	45	8	16	6	3	6	–	4	1
家庭での内職など	32	19	2	2	1	6	4	1	2	1
雇われて働く（フルタイム労働）	159	132	6	–	9	43	25	–	47	–
雇われて働く（パートタイム労働）	337	267	12	2	10	61	99	3	71	2
近所の人や会社の人に頼まれて任意に行う仕事	121	99	10	1	9	21	23	–	31	1
有償型の社会参加活動	97	79	6	1	2	20	26	1	20	–
その他のかたち	83	67	5	1	12	11	14	3	19	–
まだ考えていない	320	245	22	1	25	71	45	–	76	–
仕事はしたくない	2 023	871	61	41	52	129	372	8	182	7

注：総数には各項目の不詳を含む。

いつまで仕事をしたいか・希望する仕事のかたち（複数回答）、第12回の仕事の有無・仕事のかたち別（12－2）

第12回の仕事の有無・仕事のかたち

その他	仕事をしていない	総数	仕事をしている	自営業主	家族従業者	会社・団体等の役員	正規の職員・従業員	パート・アルバイト	労働者派遣事業所の派遣社員	契約社員・嘱託	家庭での内職など	その他	仕事をしていない
						構成割合（単位：%）							
112	2 222	100.0	66.4	9.5	3.8	4.2	12.2	20.1	0.5	13.8	0.5	1.7	33.5
96	987	100.0	77.7	12.4	4.6	5.1	15.0	21.1	0.5	16.2	0.6	2.2	22.2
13	73	100.0	89.6	50.4	3.9	7.9	8.3	8.7	0.4	7.7	0.3	1.9	10.4
10	55	100.0	83.2	12.8	38.4	6.1	4.9	14.0	－	3.0	0.9	3.0	16.8
3	67	100.0	57.1	3.8	3.2	0.6	9.6	25.6	0.6	6.4	5.1	1.9	42.9
4	57	100.0	84.4	4.6	1.1	6.0	29.2	12.3	－	29.8	－	1.1	15.6
19	213	100.0	78.7	2.0	0.6	2.6	18.4	32.8	0.8	19.2	0.3	1.9	21.1
10	72	100.0	78.9	5.5	2.3	7.2	20.2	19.1	0.3	20.2	1.2	2.9	20.8
9	77	100.0	74.5	4.3	2.3	5.3	19.5	19.5	1.3	18.5	0.3	3.0	25.5
11	69	100.0	76.0	4.9	2.1	8.4	15.3	19.9	1.7	19.5	0.3	3.8	24.0
22	309	100.0	71.7	5.8	2.1	4.9	16.8	20.4	0.3	18.9	0.5	2.0	28.1
76	739	100.0	76.7	13.2	5.5	4.4	13.7	22.0	0.5	14.3	0.7	2.4	23.1
12	61	100.0	88.9	51.1	4.2	6.9	8.0	8.0	0.2	8.0	0.4	2.2	11.1
9	46	100.0	83.2	12.4	40.1	5.1	4.7	14.6	－	2.2	0.7	3.3	16.8
3	54	100.0	56.5	3.2	2.4	－	7.3	29.0	－	6.5	5.6	2.4	43.5
2	30	100.0	85.5	5.3	1.9	6.3	30.9	9.7	－	30.0	－	1.0	14.5
12	145	100.0	78.4	1.2	0.6	2.4	18.5	34.6	0.7	18.3	0.1	1.8	21.6
7	51	100.0	77.3	4.0	3.1	7.1	21.8	19.1	0.4	17.3	1.3	3.1	22.7
6	59	100.0	71.2	3.4	2.9	6.8	19.0	16.1	1.5	17.6	0.5	2.9	28.8
9	53	100.0	74.0	4.4	2.5	5.9	16.2	21.1	1.0	18.1	0.5	4.4	26.0
17	234	100.0	69.7	5.4	2.8	3.7	14.6	23.0	0.4	16.9	0.6	2.2	30.0
20	248	100.0	80.0	10.3	2.3	6.9	18.4	18.6	0.6	20.9	0.4	1.6	19.8
1	12	100.0	91.8	47.6	2.7	11.6	9.5	11.6	1.4	6.8	－	0.7	8.2
1	9	100.0	83.3	14.8	29.6	11.1	5.6	11.1	－	7.4	1.9	1.9	16.7
－	13	100.0	59.4	6.3	6.3	3.1	18.8	12.5	3.1	6.3	3.1	－	40.6
2	27	100.0	83.0	3.8	－	5.7	27.0	15.7	－	29.6	－	1.3	17.0
7	68	100.0	79.2	3.6	0.6	3.0	18.1	29.4	0.9	21.1	0.6	2.1	20.2
3	21	100.0	81.8	8.3	0.8	7.4	17.4	19.0	－	25.6	0.8	2.5	17.4
3	18	100.0	81.4	6.2	1.0	2.1	20.6	26.8	1.0	20.6	－	3.1	18.6
2	16	100.0	80.7	6.0	1.2	14.5	13.3	16.9	3.6	22.9	－	2.4	19.3
5	75	100.0	76.6	6.9	0.3	7.8	22.2	14.1	－	23.8	－	1.6	23.4
16	1 148	100.0	43.1	3.0	2.0	2.6	6.4	18.4	0.4	9.0	0.3	0.8	56.7

第26表　被調査者数・構成割合，性、年齢階級、第1回の65歳以降の就業希望の有無・

総数：65～69歳

第1回の65歳以降の就業希望の有無・いつまで仕事をしたいか・希望する仕事のかたち（複数回答）	総数	仕事をしている	自営業主	家族従業者	会社・団体等の役員	正規の職員・従業員	パート・アルバイト	労働者派遣事業所の派遣社員	契約社員・嘱託	家庭での内職など
						被調査者数（単位：人）				
総数	11 321	5 323	1 225	438	355	412	1 911	59	612	67
仕事をしたい	7 291	4 343	1 091	349	287	343	1 484	45	510	50
自営業主	1 262	1 043	709	50	85	37	91	4	37	7
家業の手伝い	567	405	96	213	20	9	49	1	6	3
家庭での内職など	261	113	8	7	1	5	59	－	9	18
雇われて働く（フルタイム労働）	599	386	25	6	31	81	134	9	84	1
雇われて働く（パートタイム労働）	1 638	899	43	17	26	87	533	16	132	7
近所の人や会社の人に頼まれて任意に行う仕事	574	318	43	8	27	26	121	5	61	6
有償型の社会参加活動	468	237	29	8	14	15	99	4	46	4
その他のかたち	473	268	44	6	40	24	78	1	44	4
まだ考えていない	1 547	762	104	33	53	67	328	9	124	5
可能な限り仕事をしたい	4 925	3 027	824	261	176	242	1 019	25	308	37
自営業主	981	822	561	38	60	31	75	3	30	4
家業の手伝い	419	302	68	162	15	8	37	1	5	2
家庭での内職など	184	77	7	6	－	4	39	－	3	14
雇われて働く（フルタイム労働）	308	225	10	4	16	57	80	4	47	1
雇われて働く（パートタイム労働）	1 009	584	25	10	17	62	350	9	81	6
近所の人や会社の人に頼まれて任意に行う仕事	350	203	29	7	14	17	73	4	40	5
有償型の社会参加活動	311	160	20	4	11	10	68	1	29	4
その他のかたち	303	168	26	6	21	18	51	1	18	4
まだ考えていない	992	493	68	20	32	44	217	5	75	2
一定の年齢まで仕事をしたい	2 366	1 316	267	88	111	101	465	20	202	13
自営業主	281	221	148	12	25	6	16	1	7	3
家業の手伝い	148	103	28	51	5	1	12	－	1	1
家庭での内職など	77	36	1	1	1	1	20	－	6	4
雇われて働く（フルタイム労働）	291	161	15	2	15	24	54	5	37	－
雇われて働く（パートタイム労働）	629	315	18	7	9	25	183	7	51	1
近所の人や会社の人に頼まれて任意に行う仕事	224	115	14	1	13	9	48	1	21	1
有償型の社会参加活動	157	77	9	4	3	5	31	3	17	－
その他のかたち	170	100	18	－	19	6	27	－	26	－
まだ考えていない	555	269	36	13	21	23	111	4	49	3
仕事はしたくない	3 635	849	108	76	59	56	379	14	89	14

注：総数には各項目の不詳を含む。

第 12 回調査（平成 28 年）

| 第 12 回の仕事の有無・仕事のかたち | | | | | | | | | | | | | |
その他	仕事をしていない	総数	仕事をしている	自営業主	家族従業者	会社・団体等の役員	正規の職員・従業員	パート・アルバイト	労働者派遣事業所の派遣社員	契約社員・嘱託	家庭での内職など	その他	仕事をしていない
						構成割合（単位：%）							
229	5 973	100.0	47.0	10.8	3.9	3.1	3.6	16.9	0.5	5.4	0.6	2.0	52.8
174	2 939	100.0	59.6	15.0	4.8	3.9	4.7	20.4	0.6	7.0	0.7	2.4	40.3
22	218	100.0	82.6	56.2	4.0	6.7	2.9	7.2	0.3	2.9	0.6	1.7	17.3
8	162	100.0	71.4	16.9	37.6	3.5	1.6	8.6	0.2	1.1	0.5	1.4	28.6
6	145	100.0	43.3	3.1	2.7	0.4	1.9	22.6	-	3.4	6.9	2.3	55.6
14	212	100.0	64.4	4.2	1.0	5.2	13.5	22.4	1.5	14.0	0.2	2.3	35.4
35	737	100.0	54.9	2.6	1.0	1.6	5.3	32.5	1.0	8.1	0.4	2.1	45.0
20	256	100.0	55.4	7.5	1.4	4.7	4.5	21.1	0.9	10.6	1.0	3.5	44.6
18	231	100.0	50.6	6.2	1.7	3.0	3.2	21.2	0.9	9.8	0.9	3.8	49.4
25	205	100.0	56.7	9.3	1.3	8.5	5.1	16.5	0.2	9.3	0.5	5.3	43.3
36	783	100.0	49.3	6.7	2.1	3.4	4.3	21.2	0.6	8.0	0.3	2.3	50.6
131	1 891	100.0	61.5	16.7	5.3	3.6	4.9	20.7	0.5	6.3	0.8	2.7	38.4
19	158	100.0	83.8	57.2	3.9	6.1	3.2	7.6	0.3	3.1	0.4	1.9	16.1
4	117	100.0	72.1	16.2	38.7	3.6	1.9	8.8	0.2	1.2	0.5	1.0	27.9
4	105	100.0	41.8	3.8	3.3	-	2.2	21.2	-	1.6	7.6	2.2	57.1
6	83	100.0	73.1	3.2	1.3	5.2	18.5	26.0	1.3	15.3	0.3	1.9	26.9
24	423	100.0	57.9	2.5	1.0	1.7	6.1	34.7	0.9	8.0	0.6	2.4	41.9
13	147	100.0	58.0	8.3	2.0	4.0	4.9	20.9	1.1	11.4	1.4	3.7	42.0
13	151	100.0	51.4	6.4	1.3	3.5	3.2	21.9	0.3	9.3	1.3	4.2	48.6
21	135	100.0	55.4	8.6	2.0	6.9	5.9	16.8	0.3	5.9	1.3	6.9	44.6
29	497	100.0	49.7	6.9	2.0	3.2	4.4	21.9	0.5	7.6	0.2	2.9	50.1
43	1 048	100.0	55.6	11.3	3.7	4.7	4.3	19.7	0.8	8.5	0.5	1.8	44.3
3	60	100.0	78.6	52.7	4.3	8.9	2.1	5.7	0.4	2.5	1.1	1.1	21.4
4	45	100.0	69.6	18.9	34.5	3.4	0.7	8.1	-	0.7	0.7	2.7	30.4
2	40	100.0	46.8	1.3	1.3	1.3	1.3	26.0	-	7.8	5.2	2.6	51.9
8	129	100.0	55.3	5.2	0.7	5.2	8.2	18.6	1.7	12.7	-	2.7	44.3
11	314	100.0	50.1	2.9	1.1	1.4	4.0	29.1	1.1	8.1	0.2	1.7	49.9
7	109	100.0	51.3	6.3	0.4	5.8	4.0	21.4	0.4	9.4	0.4	3.1	48.7
5	80	100.0	49.0	5.7	2.5	1.9	3.2	19.7	1.9	10.8	-	3.2	51.0
4	70	100.0	58.8	10.6	-	11.2	3.5	15.9	-	15.3	-	2.4	41.2
7	286	100.0	48.5	6.5	2.3	3.8	4.1	20.0	0.7	8.8	0.5	1.3	51.5
49	2 778	100.0	23.4	3.0	2.1	1.6	1.5	10.4	0.4	2.4	0.4	1.3	76.4

第 26 表　被調査者数・構成割合, 性、年齢階級、第1回の65歳以降の就業希望の有無・

総数：70 歳

第 1 回の 65 歳以降の就業希望の有無・いつまで仕事をしたいか・希望する仕事のかたち（複数回答）	総数	仕事をしている	自営業主	家族従業者	会社・団体等の役員	正規の職員・従業員	パート・アルバイト	労働者派遣事業所の派遣社員	契約社員・嘱託	家庭での内職など
					被調査者数（単位：人）					
総数	1 551	590	158	50	52	32	191	10	47	13
仕事をしたい	964	499	146	47	47	27	152	6	35	12
自営業主	171	129	90	6	10	5	8	2	5	1
家業の手伝い	75	52	14	25	5	–	4	–	–	1
家庭での内職など	30	8	1	1	–	–	4	–	–	2
雇われて働く（フルタイム労働）	86	42	3	–	3	5	20	2	8	–
雇われて働く（パートタイム労働）	202	81	2	1	2	6	50	2	7	3
近所の人や会社の人に頼まれて任意に行う仕事	67	34	8	–	4	3	9	–	6	–
有償型の社会参加活動	65	30	4	3	4	1	9	1	6	–
その他のかたち	61	33	3	6	11	3	6	–	3	–
まだ考えていない	165	63	8	1	10	4	30	–	5	1
可能な限り仕事をしたい	588	306	111	37	20	16	84	4	14	7
自営業主	109	87	66	5	2	5	4	1	4	–
家業の手伝い	54	37	10	20	4	–	1	–	–	1
家庭での内職など	22	6	1	–	–	–	3	–	–	2
雇われて働く（フルタイム労働）	44	21	2	–	1	2	13	1	1	–
雇われて働く（パートタイム労働）	100	43	2	1	1	4	26	2	3	1
近所の人や会社の人に頼まれて任意に行う仕事	36	16	5	–	2	2	4	–	3	–
有償型の社会参加活動	41	21	3	3	3	1	5	1	4	–
その他のかたち	29	17	2	4	5	1	4	–	–	–
まだ考えていない	94	31	7	1	3	1	16	–	1	–
一定の年齢まで仕事をしたい	376	193	35	10	27	11	68	2	21	5
自営業主	62	42	24	1	8	–	4	1	1	1
家業の手伝い	21	15	4	5	1	–	3	–	–	–
家庭での内職など	8	2	–	1	–	–	1	–	–	–
雇われて働く（フルタイム労働）	42	21	1	–	2	3	7	1	7	–
雇われて働く（パートタイム労働）	102	38	–	–	1	2	24	–	4	2
近所の人や会社の人に頼まれて任意に行う仕事	31	18	3	–	2	1	5	–	3	–
有償型の社会参加活動	24	9	1	–	1	–	4	–	2	–
その他のかたち	32	16	1	2	6	2	2	–	3	–
まだ考えていない	71	32	1	–	7	3	14	–	4	1
仕事はしたくない	539	78	12	2	4	5	32	3	11	1

注：総数には各項目の不詳を含む。

いつまで仕事をしたいか・希望する仕事のかたち（複数回答）、第12回の仕事の有無・仕事のかたち別（12－4）

第12回の仕事の有無・仕事のかたち

その他	仕事をしていない	総数	仕事をしている	自営業主	家族従業者	会社・団体等の役員	正規の職員・従業員	パート・アルバイト	労働者派遣事業所の派遣社員	契約社員・嘱託	家庭での内職など	その他	仕事をしていない
							構成割合（単位：%）						
32	959	100.0	38.0	10.2	3.2	3.4	2.1	12.3	0.6	3.0	0.8	2.1	61.8
23	464	100.0	51.8	15.1	4.9	4.9	2.8	15.8	0.6	3.6	1.2	2.4	48.1
1	42	100.0	75.4	52.6	3.5	5.8	2.9	4.7	1.2	2.9	0.6	0.6	24.6
3	22	100.0	69.3	18.7	33.3	6.7	–	5.3	–	–	1.3	4.0	29.3
–	22	100.0	26.7	3.3	3.3			13.3			6.7	–	73.3
1	44	100.0	48.8	3.5	–	3.5	5.8	23.3	2.3	9.3	–	1.2	51.2
8	121	100.0	40.1	1.0	0.5	1.0	3.0	24.8	1.0	3.5	1.5	4.0	59.9
4	33	100.0	50.7	11.9	–	6.0	4.5	13.4		9.0	–	6.0	49.3
2	35	100.0	46.2	6.2	4.6	6.2	1.5	13.8	1.5	9.2	–	3.1	53.8
1	28	100.0	54.1	4.9	9.8	18.0	4.9	9.8		4.9	–	1.6	45.9
3	102	100.0	38.2	4.8	0.6	6.1	2.4	18.2	–	3.0	0.6	1.8	61.8
10	281	100.0	52.0	18.9	6.3	3.4	2.7	14.3	0.7	2.4	1.2	1.7	47.8
–	22	100.0	79.8	60.6	4.6	1.8	4.6	3.7	0.9	3.7	–	–	20.2
1	16	100.0	68.5	18.5	37.0	7.4	–	1.9	–	–	1.9	1.9	29.6
–	16	100.0	27.3	4.5	–	–	–	13.6	–	–	9.1	–	72.7
1	23	100.0	47.7	4.5	–	2.3	4.5	29.5	2.3	2.3	–	2.3	52.3
3	57	100.0	43.0	2.0	1.0	1.0	4.0	26.0	2.0	3.0	1.0	3.0	57.0
–	20	100.0	44.4	13.9	–	5.6	5.6	11.1	–	8.3	–	–	55.6
1	20	100.0	51.2	7.3	7.3	7.3	2.4	12.2	2.4	9.8	–	2.4	48.8
1	12	100.0	58.6	6.9	13.8	17.2	3.4	13.8	–	–	–	3.4	41.4
1	63	100.0	33.0	7.4	1.1	3.2	1.1	17.0	–	1.1	–	1.1	67.0
13	183	100.0	51.3	9.3	2.7	7.2	2.9	18.1	0.5	5.6	1.3	3.5	48.7
1	20	100.0	67.7	38.7	1.6	12.9	–	6.5	1.6	1.6	1.6	1.6	32.3
2	6	100.0	71.4	19.0	23.8	4.8	–	14.3	–	–	–	9.5	28.6
–	6	100.0	25.0	–	12.5	–	–	12.5	–	–	–	–	75.0
–	21	100.0	50.0	2.4		4.8	7.1	16.7	2.4	16.7	–	–	50.0
5	64	100.0	37.3	–		1.0	2.0	23.5	–	3.9	2.0	4.9	62.7
4	13	100.0	58.1	9.7	–	6.5	3.2	16.1	–	9.7	–	12.9	41.9
1	15	100.0	37.5	4.2		4.2		16.7	–	8.3	–	4.2	62.5
–	16	100.0	50.0	3.1	6.3	18.8	6.3	6.3	–	9.4	–	–	50.0
2	39	100.0	45.1	1.4	–	9.9	4.2	19.7	–	5.6	1.4	2.8	54.9
7	460	100.0	14.5	2.2	0.4	0.7	0.9	5.9	0.6	2.0	0.2	1.3	85.3

第26表　被調査者数・構成割合，性、年齢階級、第1回の65歳以降の就業希望の有無・

男：総数

第1回の65歳以降の就業希望の有無・いつまで仕事をしたいか・希望する仕事のかたち（複数回答）	総数	仕事をしている	自営業主	家族従業者	会社・団体等の役員	正規の職員・従業員	パート・アルバイト	労働者派遣事業所の派遣社員	契約社員・嘱託	家庭での内職など
						被調査者数（単位：人）				
総数	8 953	5 784	1 601	67	525	882	1 196	70	1 243	16
仕事をしたい	6 871	4 899	1 446	55	448	758	951	57	1 017	12
自営業主	1 665	1 440	975	17	131	86	104	9	85	5
家業の手伝い	216	173	95	15	18	7	18	1	12	2
家庭での内職など	69	46	10	1	1	11	13	1	8	－
雇われて働く（フルタイム労働）	884	627	36	5	53	164	160	10	181	－
雇われて働く（パートタイム労働）	1 238	822	51	3	46	180	251	21	238	1
近所の人や会社の人に頼まれて任意に行う仕事	626	427	66	3	54	73	93	5	114	1
有償型の社会参加活動	430	286	40	－	27	53	67	4	85	1
その他のかたち	487	351	50	4	61	54	62	5	95	－
まだ考えていない	1 516	945	144	6	87	187	209	7	270	2
可能な限り仕事をしたい	4 387	3 223	1 091	43	257	505	583	34	604	7
自営業主	1 271	1 115	774	15	84	67	75	5	68	3
家業の手伝い	142	114	64	9	11	5	11	1	9	2
家庭での内職など	49	32	9	1	－	9	8	－	5	－
雇われて働く（フルタイム労働）	458	357	19	4	28	108	88	4	97	－
雇われて働く（パートタイム労働）	736	505	25	1	29	119	155	13	146	1
近所の人や会社の人に頼まれて任意に行う仕事	367	252	41	3	30	50	48	4	68	1
有償型の社会参加活動	266	178	26	－	21	34	36	3	54	1
その他のかたち	295	206	27	4	33	40	35	3	50	－
まだ考えていない	898	564	94	5	45	114	126	4	153	1
一定の年齢まで仕事をしたい	2 484	1 676	355	12	191	253	368	23	413	5
自営業主	394	325	201	2	47	19	29	4	17	2
家業の手伝い	74	59	31	6	7	2	7	－	3	－
家庭での内職など	20	14	1	－	1	2	5	1	3	－
雇われて働く（フルタイム労働）	426	270	17	1	25	56	72	6	84	－
雇われて働く（パートタイム労働）	502	317	26	2	17	61	96	8	92	1
近所の人や会社の人に頼まれて任意に行う仕事	259	175	25	－	24	23	45	1	46	1
有償型の社会参加活動	164	108	14	－	6	19	31	1	31	－
その他のかたち	192	145	23	－	28	14	27	2	45	－
まだ考えていない	618	381	50	1	42	73	83	3	117	1
仕事はしたくない	1 854	762	117	10	65	108	221	12	202	3

注：総数には各項目の不詳を含む。

第12回の仕事の有無・仕事のかたち

その他	仕事をしていない	総数	仕事をしている	自営業主	家族従業者	会社・団体等の役員	正規の職員・従業員	パート・アルバイト	労働者派遣事業所の派遣社員	契約社員・嘱託	家庭での内職など	その他	仕事をしていない
							構成割合（単位：%）						
176	3 157	100.0	64.6	17.9	0.7	5.9	9.9	13.4	0.8	13.9	0.2	2.0	35.3
149	1 964	100.0	71.3	21.0	0.8	6.5	11.0	13.8	0.8	14.8	0.2	2.2	28.6
26	224	100.0	86.5	58.6	1.0	7.9	5.2	6.2	0.5	5.1	0.3	1.6	13.5
5	43	100.0	80.1	44.0	6.9	8.3	3.2	8.3	0.5	5.6	0.9	2.3	19.9
1	22	100.0	66.7	14.5	1.4	1.4	15.9	18.8	1.4	11.6	-	1.4	31.9
16	256	100.0	70.9	4.1	0.6	6.0	18.6	18.1	1.1	20.5	-	1.8	29.0
30	416	100.0	66.4	4.1	0.2	3.7	14.5	20.3	1.7	19.2	0.1	2.4	33.6
18	199	100.0	68.2	10.5	0.5	8.6	11.7	14.9	0.8	18.2	0.2	2.9	31.8
9	144	100.0	66.5	9.3	-	6.3	12.3	15.6	0.9	19.8	0.2	2.1	33.5
20	136	100.0	72.1	10.3	0.8	12.5	11.1	12.7	1.0	19.5	-	4.1	27.9
31	568	100.0	62.3	9.5	0.4	5.7	12.3	13.8	0.5	17.8	0.1	2.0	37.5
97	1 158	100.0	73.5	24.9	1.0	5.9	11.5	13.3	0.8	13.8	0.2	2.2	26.4
22	155	100.0	87.7	60.9	1.2	6.6	5.3	5.9	0.4	5.4	0.2	1.7	12.2
2	28	100.0	80.3	45.1	6.3	7.7	3.5	7.7	0.7	6.3	1.4	1.4	19.7
-	17	100.0	65.3	18.4	2.0	-	18.4	16.3	-	10.2	-	-	34.7
8	101	100.0	77.9	4.1	0.9	6.1	23.6	19.2	0.9	21.2	-	1.7	22.1
17	231	100.0	68.6	3.4	0.1	3.9	16.2	21.1	1.8	19.8	-	2.3	31.4
7	115	100.0	68.7	11.2	0.8	8.2	13.6	13.1	1.1	18.5	0.3	1.9	31.3
3	88	100.0	66.9	9.8	-	7.9	12.8	13.5	1.1	20.3	0.4	1.1	33.1
14	89	100.0	69.8	9.2	1.4	11.2	13.6	11.9	1.0	16.9	-	4.7	30.2
22	331	100.0	62.8	10.5	0.6	5.0	12.7	14.0	0.4	17.0	0.1	2.4	36.9
52	806	100.0	67.5	14.3	0.5	7.7	10.2	14.8	0.9	16.6	0.2	2.1	32.4
4	69	100.0	82.5	51.0	0.5	11.9	4.8	7.4	1.0	4.3	0.5	1.0	17.5
3	15	100.0	79.7	41.9	8.1	9.5	2.7	9.5	-	4.1	-	4.1	20.3
1	5	100.0	70.0	5.0	-	5.0	10.0	25.0	5.0	15.0	-	5.0	25.0
8	155	100.0	63.4	4.0	0.2	5.9	13.1	16.9	1.4	19.7	-	1.9	36.4
13	185	100.0	63.1	5.2	0.4	3.4	12.2	19.1	1.6	18.3	0.2	2.6	36.9
11	84	100.0	67.6	9.7	-	9.3	8.9	17.4	0.4	17.8	-	4.2	32.4
6	56	100.0	65.9	8.5	-	3.7	11.6	18.9	0.6	18.9	-	3.7	34.1
6	47	100.0	75.5	12.0	-	14.6	7.3	14.1	1.0	23.4	-	3.1	24.5
9	237	100.0	61.7	8.1	0.2	6.8	11.8	13.4	0.5	18.9	0.2	1.5	38.3
22	1 089	100.0	41.1	6.3	0.5	3.5	5.8	11.9	0.6	10.9	0.2	1.2	58.7

第 26 表　被調査者数・構成割合，性、年齢階級、第 1 回の 65 歳以降の就業希望の有無・

男：61 〜 64 歳

第 1 回の 65 歳 以 降 の 就 業 希 望 の 有 無 ・ い つ ま で 仕 事 を し た い か ・ 希 望 す る 仕 事 の か た ち（複数回答）	総数	仕事を して いる	自営 業主	家族 従業者	会社・ 団体等 の役員	正規の 職員・ 従業員	パート・ アルバイト	労働者派遣 事業所の 派遣社員	契約 社員・ 嘱託	家庭での 内職など
						被調査者数（単位：人）				
総数	2 993	2 425	510	17	218	580	306	18	713	4
仕事をしたい	2 389	2 040	455	13	186	495	243	15	575	3
自営業主	552	511	303	4	50	51	39	3	49	1
家業の手伝い	60	54	27	1	7	5	2	−	8	1
家庭での内職など	27	21	3	−	1	8	4	1	4	−
雇われて働く（フルタイム労働）	312	269	14	2	21	92	33	−	102	−
雇われて働く（パートタイム労働）	447	386	15	−	24	126	70	5	136	−
近所の人や会社の人に頼まれて任意に行う仕事	219	181	18	1	25	51	23	1	56	−
有償型の社会参加活動	155	130	13	−	14	41	15	2	42	−
その他のかたち	172	147	10	2	20	36	19	4	50	−
まだ考えていない	590	475	58	3	43	138	50	1	166	1
可能な限り仕事をしたい	1 545	1 324	339	11	111	319	143	10	350	3
自営業主	424	390	238	3	34	38	26	1	39	1
家業の手伝い	44	38	20	−	4	4	2	−	5	1
家庭での内職など	18	13	3	−	−	6	2	−	2	−
雇われて働く（フルタイム労働）	176	156	11	2	12	55	15	−	58	−
雇われて働く（パートタイム労働）	272	234	5	−	15	81	41	3	83	−
近所の人や会社の人に頼まれて任意に行う仕事	129	107	9	1	16	35	11	1	31	−
有償型の社会参加活動	93	77	7	−	12	25	6	2	25	−
その他のかたち	109	95	5	2	11	27	12	2	32	−
まだ考えていない	354	282	36	3	21	84	29	1	97	1
一定の年齢まで仕事をしたい	844	716	116	2	75	176	100	5	225	−
自営業主	128	121	65	1	16	13	13	2	10	−
家業の手伝い	16	16	7	1	3	1	−	−	3	−
家庭での内職など	9	8	−	−	1	2	2	1	2	−
雇われて働く（フルタイム労働）	136	113	3	−	9	37	18	−	44	−
雇われて働く（パートタイム労働）	175	152	10	−	9	45	29	2	53	−
近所の人や会社の人に頼まれて任意に行う仕事	90	74	9	−	9	16	12	−	25	−
有償型の社会参加活動	62	53	6	−	2	16	9	−	17	−
その他のかたち	63	52	5	−	9	9	・7	2	18	−
まだ考えていない	236	193	22	−	22	54	21	−	69	−
仕事はしたくない	547	341	36	4	30	77	59	3	127	1

注：総数には各項目の不詳を含む。

いつまで仕事をしたいか・希望する仕事のかたち（複数回答）、第12回の仕事の有無・仕事のかたち別（12－6）

		第12回の仕事の有無・仕事のかたち											
その他	仕事をしていない	総数	仕事をしている	自営業主	家族従業者	会社・団体等の役員	正規の職員・従業員	パート・アルバイト	労働者派遣事業所の派遣社員	契約社員・嘱託	家庭での内職など	その他	仕事をしていない
							構成割合（単位：%）						
58	562	100.0	81.0	17.0	0.6	7.3	19.4	10.2	0.6	23.8	0.1	1.9	18.8
54	346	100.0	85.4	19.0	0.5	7.8	20.7	10.2	0.6	24.1	0.1	2.3	14.5
10	41	100.0	92.6	54.9	0.7	9.1	9.2	7.1	0.5	8.9	0.2	1.8	7.4
3	6	100.0	90.0	45.0	1.7	11.7	8.3	3.3	-	13.3	1.7	5.0	10.0
-	6	100.0	77.8	11.1	-	3.7	29.6	14.8	3.7	14.8	-	-	22.2
4	43	100.0	86.2	4.5	0.6	6.7	29.5	10.6	-	32.7	-	1.3	13.8
10	61	100.0	86.4	3.4	-	5.4	28.2	15.7	1.1	30.4	-	2.2	13.6
6	38	100.0	82.6	8.2	0.5	11.4	23.3	10.5	0.5	25.6	-	2.7	17.4
3	25	100.0	83.9	8.4	-	9.0	26.5	9.7	1.3	27.1	-	1.9	16.1
6	25	100.0	85.5	5.8	1.2	11.6	20.9	11.0	2.3	29.1	-	3.5	14.5
15	113	100.0	80.5	9.8	0.5	7.3	23.4	8.5	0.2	28.1	0.2	2.5	19.2
37	218	100.0	85.7	21.9	0.7	7.2	20.6	9.3	0.6	22.7	0.2	2.4	14.1
9	34	100.0	92.0	56.1	0.7	8.0	9.0	6.1	0.2	9.2	0.2	2.1	8.0
2	6	100.0	86.4	45.5	-	9.1	9.1	4.5	-	11.4	2.3	4.5	13.6
-	5	100.0	72.2	16.7	-	-	33.3	11.1	-	11.1	-	-	27.8
2	20	100.0	88.6	6.3	1.1	6.8	31.3	8.5	-	33.0	-	1.1	11.4
6	38	100.0	86.0	1.8	-	5.5	29.8	15.1	1.1	30.5	-	2.2	14.0
3	22	100.0	82.9	7.0	0.8	12.4	27.1	8.5	0.8	24.0	-	2.3	17.1
-	16	100.0	82.8	7.5	-	12.9	26.9	6.5	2.2	26.9	-	-	17.2
4	14	100.0	87.2	4.6	1.8	10.1	24.8	11.0	1.8	29.4	-	3.7	12.8
10	70	100.0	79.7	10.2	0.8	5.9	23.7	8.2	0.3	27.4	0.3	2.8	19.8
17	128	100.0	84.8	13.7	0.2	8.9	20.9	11.8	0.6	26.7	-	2.0	15.2
1	7	100.0	94.5	50.8	0.8	12.5	10.2	10.2	1.6	7.8	-	0.8	5.5
1	-	100.0	100.0	43.8	6.3	18.8	6.3	-	-	18.8	-	6.3	-
-	1	100.0	88.9	-	-	11.1	22.2	22.2	11.1	22.2	-	-	11.1
2	23	100.0	83.1	2.2	-	6.6	27.2	13.2	-	32.4	-	1.5	16.9
4	23	100.0	86.9	5.7	-	5.1	25.7	16.6	1.1	30.3	-	2.3	13.1
3	16	100.0	82.2	10.0	-	10.0	17.8	13.3	-	27.8	-	3.3	17.8
3	9	100.0	85.5	9.7	-	3.2	25.8	14.5	-	27.4	-	4.8	14.5
2	11	100.0	82.5	7.9	-	14.3	14.3	11.1	3.2	28.6	-	3.2	17.5
5	43	100.0	81.8	9.3	-	9.3	22.9	8.9	-	29.2	-	2.1	18.2
4	203	100.0	62.3	6.6	0.7	5.5	14.1	10.8	0.5	23.2	0.2	0.7	37.1

第 26 表　被調査者数・構成割合，性、年齢階級、第 1 回の 65 歳以降の就業希望の有無・

男：65 ～ 69 歳

第 1 回の 65 歳以降の就業希望の有無・いつまで仕事をしたいか・希望する仕事のかたち（複数回答）	総数	仕事をしている	自営業主	家族従業者	会社・団体等の役員	正規の職員・従業員	パート・アルバイト	労働者派遣事業所の派遣社員	契約社員・嘱託	家庭での内職など
						被調査者数（単位：人）				
総数	5 220	3 015	970	45	268	280	800	43	490	8
仕事をしたい	3 934	2 561	876	37	227	244	637	36	410	6
自営業主	981	827	598	12	72	31	60	4	31	3
家業の手伝い	139	108	60	14	10	2	15	1	4	1
家庭での内職など	39	23	6	1	–	3	8	–	4	–
雇われて働く（フルタイム労働）	498	323	19	3	29	68	113	8	71	–
雇われて働く（パートタイム労働）	692	398	34	2	20	50	162	14	98	–
近所の人や会社の人に頼まれて任意に行う仕事	357	216	40	2	25	20	64	4	52	1
有償型の社会参加活動	235	135	23	–	11	11	47	1	37	1
その他のかたち	278	181	37	–	32	15	40	1	42	–
まだ考えていない	831	435	80	3	37	47	145	6	99	1
可能な限り仕事をしたい	2 527	1 723	663	28	135	174	400	20	240	4
自営業主	765	655	480	11	48	25	47	3	25	2
家業の手伝い	89	71	39	9	7	1	9	1	4	1
家庭での内職など	29	17	5	1	–	3	5	–	3	–
雇われて働く（フルタイム労働）	247	184	6	2	15	51	64	3	38	–
雇われて働く（パートタイム労働）	411	247	18	–	13	35	102	8	60	–
近所の人や会社の人に頼まれて任意に行う仕事	215	132	27	2	12	13	36	3	34	1
有償型の社会参加活動	150	87	16	–	8	8	27	–	25	1
その他のかたち	167	100	20	–	18	12	21	1	18	–
まだ考えていない	493	265	52	2	23	30	88	3	55	–
一定の年齢まで仕事をしたい	1 407	838	213	9	92	70	237	16	170	2
自営業主	216	172	118	1	24	6	13	1	6	1
家業の手伝い	50	37	21	5	3	1	6	–	–	–
家庭での内職など	10	6	1	–	–	–	3	–	1	–
雇われて働く（フルタイム労働）	251	139	13	1	14	17	49	5	33	–
雇われて働く（パートタイム労働）	281	151	16	2	7	15	60	6	38	–
近所の人や会社の人に頼まれて任意に行う仕事	142	84	13	–	13	7	28	1	18	–
有償型の社会参加活動	85	48	7	–	3	3	20	1	12	–
その他のかたち	111	81	17	–	14	3	19	–	24	–
まだ考えていない	338	170	28	1	14	17	57	3	44	1
仕事はしたくない	1 132	382	75	6	32	28	146	7	68	1

注：総数には各項目の不詳を含む。

いつまで仕事をしたいか・希望する仕事のかたち（複数回答）、第12回の仕事の有無・仕事のかたち別（12－7）

第12回の仕事の有無・仕事のかたち													
その他	仕事をしていない	総数	仕事をしている	自営業主	家族従業者	会社・団体等の役員	正規の職員・従業員	パート・アルバイト	労働者派遣事業所の派遣社員	契約社員・嘱託	家庭での内職など	その他	仕事をしていない
						構成割合（単位：%）							
104	2 199	100.0	57.8	18.6	0.9	5.1	5.4	15.3	0.8	9.4	0.2	2.0	42.1
83	1 368	100.0	65.1	22.3	0.9	5.8	6.2	16.2	0.9	10.4	0.2	2.1	34.8
15	153	100.0	84.3	61.0	1.2	7.3	3.2	6.1	0.4	3.2	0.3	1.5	15.6
1	31	100.0	77.7	43.2	10.1	7.2	1.4	10.8	0.7	2.9	0.7	0.7	22.3
1	15	100.0	59.0	15.4	2.6	-	7.7	20.5	-	10.3	-	2.6	38.5
11	174	100.0	64.9	3.8	0.6	5.8	13.7	22.7	1.6	14.3	-	2.2	34.9
17	294	100.0	57.5	4.9	0.3	2.9	7.2	23.4	2.0	14.2	-	2.5	42.5
8	141	100.0	60.5	11.2	0.6	7.0	5.6	17.9	1.1	14.6	0.3	2.2	39.5
4	100	100.0	57.4	9.8	-	4.7	4.7	20.0	0.4	15.7	0.4	1.7	42.6
14	97	100.0	65.1	13.3	-	11.5	5.4	14.4	0.4	15.1	-	5.0	34.9
15	395	100.0	52.3	9.6	0.4	4.5	5.7	17.4	0.7	11.9	0.1	1.8	47.5
58	801	100.0	68.2	26.2	1.1	5.3	6.9	15.8	0.8	9.5	0.2	2.3	31.7
13	109	100.0	85.6	62.7	1.4	6.3	3.3	6.1	0.4	3.3	0.3	1.7	14.2
-	18	100.0	79.8	43.8	10.1	7.9	1.1	10.1	1.1	4.5	1.1	-	20.2
-	12	100.0	58.6	17.2	3.4	-	10.3	17.2	-	10.3	-	-	41.4
5	63	100.0	74.5	2.4	0.8	6.1	20.6	25.9	1.2	15.4	-	2.0	25.5
11	164	100.0	60.1	4.4	-	3.2	8.5	24.8	1.9	14.6	-	2.7	39.9
4	83	100.0	61.4	12.6	0.9	5.6	6.0	16.7	1.4	15.8	0.5	1.9	38.6
2	63	100.0	58.0	10.7	-	5.3	5.3	18.0	-	16.7	0.7	1.3	42.0
10	67	100.0	59.9	12.0	-	10.8	7.2	12.6	0.6	10.8	-	6.0	40.1
12	227	100.0	53.8	10.5	0.4	4.7	6.1	17.8	0.6	11.2	-	2.4	46.0
25	567	100.0	59.6	15.1	0.6	6.5	5.0	16.8	1.1	12.1	0.1	1.8	40.3
2	44	100.0	79.6	54.6	0.5	11.1	2.8	6.0	0.5	2.8	0.5	0.9	20.4
1	13	100.0	74.0	42.0	10.0	6.0	2.0	12.0	-	-	-	2.0	26.0
1	3	100.0	60.0	10.0	-	-	-	30.0	-	10.0	-	10.0	30.0
6	111	100.0	55.4	5.2	0.4	5.6	6.8	19.5	2.0	13.1	-	2.4	44.2
6	130	100.0	53.7	5.7	0.7	2.5	5.3	21.4	2.1	13.5	-	2.1	46.3
4	58	100.0	59.2	9.2	-	9.2	4.9	19.7	0.7	12.7	-	2.8	40.8
2	37	100.0	56.5	8.2	-	3.5	3.5	23.5	1.2	14.1	-	2.4	43.5
4	30	100.0	73.0	15.3	-	12.6	2.7	17.1	-	21.6	-	3.6	27.0
3	168	100.0	50.3	8.3	0.3	4.1	5.0	16.9	0.9	13.0	0.3	0.9	49.7
17	750	100.0	33.7	6.6	0.5	2.8	2.5	12.9	0.6	6.0	0.1	1.5	66.3

第 26 表　被調査者数・構成割合，性、年齢階級、第 1 回の 65 歳以降の就業希望の有無・

男：70 歳

第 1 回の 65 歳以降の就業希望の有無・いつまで仕事をしたいか・希望する仕事のかたち（複数回答）	総数	仕事をしている	自営業主	家族従業者	会社・団体等の役員	正規の職員・従業員	パート・アルバイト	労働者派遣事業所の派遣社員	契約社員・嘱託	家庭での内職など
	被調査者数（単位：人）									
総数	740	344	121	5	39	22	90	9	40	4
仕事をしたい	548	298	115	5	35	19	71	6	32	3
自営業主	132	102	74	1	9	4	5	2	5	1
家業の手伝い	17	11	8	–	1	–	1	–	–	–
家庭での内職など	3	2	1	–	–	–	1	–	–	–
雇われて働く（フルタイム労働）	74	35	3	–	3	4	14	2	8	–
雇われて働く（パートタイム労働）	99	38	2	1	2	4	19	2	4	1
近所の人や会社の人に頼まれて任意に行う仕事	50	30	8	–	4	2	6	–	6	–
有償型の社会参加活動	40	21	4	–	2	1	5	1	6	–
その他のかたち	37	23	3	2	9	3	3	–	3	–
まだ考えていない	95	35	6	–	7	2	14	–	5	–
可能な限り仕事をしたい	315	176	89	4	11	12	40	4	14	–
自営業主	82	70	56	1	2	4	2	1	4	–
家業の手伝い	9	5	5	–	–	–	–	–	–	–
家庭での内職など	2	2	1	–	–	–	1	–	–	–
雇われて働く（フルタイム労働）	35	17	2	–	1	2	9	1	1	–
雇われて働く（パートタイム労働）	53	24	2	1	1	3	12	2	3	–
近所の人や会社の人に頼まれて任意に行う仕事	23	13	5	–	2	2	1	–	3	–
有償型の社会参加活動	23	14	–	–	1	1	3	1	4	–
その他のかたち	19	11	2	2	4	1	2	–	–	–
まだ考えていない	51	17	6	–	1	–	9	–	1	–
一定の年齢まで仕事をしたい	233	122	26	1	24	7	31	2	18	3
自営業主	50	32	18	–	7	–	3	1	1	1
家業の手伝い	8	6	3	–	1	–	1	–	–	–
家庭での内職など	1	–	–	–	–	–	–	–	–	–
雇われて働く（フルタイム労働）	39	18	1	–	2	2	5	1	7	–
雇われて働く（パートタイム労働）	46	14	–	–	1	1	7	–	1	1
近所の人や会社の人に頼まれて任意に行う仕事	27	17	3	–	2	–	5	–	3	–
有償型の社会参加活動	17	7	1	–	1	–	2	–	2	–
その他のかたち	18	12	1	–	5	2	1	–	3	–
まだ考えていない	44	18	–	–	6	2	5	–	4	–
仕事はしたくない	175	39	6	–	3	3	16	2	7	1

注：総数には各項目の不詳を含む。

いつまで仕事をしたいか・希望する仕事のかたち（複数回答）、第12回の仕事の有無・仕事のかたち別（12－8）

第12回調査（平成28年）

第12回の仕事の有無・仕事のかたち

その他	仕事をしていない	総数	仕事をしている	自営業主	家族従業者	会社・団体等の役員	正規の職員・従業員	パート・アルバイト	労働者派遣事業所の派遣社員	契約社員・嘱託	家庭での内職など	その他	仕事をしていない
							構成割合（単位：%）						
14	396	100.0	46.5	16.4	0.7	5.3	3.0	12.2	1.2	5.4	0.5	1.9	53.5
12	250	100.0	54.4	21.0	0.9	6.4	3.5	13.0	1.1	5.8	0.5	2.2	45.6
1	30	100.0	77.3	56.1	0.8	6.8	3.0	3.8	1.5	3.8	0.8	0.8	22.7
1	6	100.0	64.7	47.1	－	5.9	－	5.9	－	－	－	5.9	35.3
－	1	100.0	66.7	33.3	－	－	－	33.3	－	－	－	－	33.3
1	39	100.0	47.3	4.1	－	4.1	5.4	18.9	2.7	10.8	－	1.4	52.7
3	61	100.0	38.4	2.0	1.0	2.0	4.0	19.2	2.0	4.0	1.0	3.0	61.6
4	20	100.0	60.0	16.0	－	8.0	4.0	12.0	－	12.0	－	8.0	40.0
2	19	100.0	52.5	10.0	－	5.0	2.5	12.5	2.5	15.0	－	5.0	47.5
－	14	100.0	62.2	8.1	5.4	24.3	8.1	8.1	－	8.1	－	－	37.8
1	60	100.0	36.8	6.3	－	7.4	2.1	14.7	－	5.3	－	1.1	63.2
2	139	100.0	55.9	28.3	1.3	3.5	3.8	12.7	1.3	4.4	－	0.6	44.1
－	12	100.0	85.4	68.3	1.2	2.4	4.9	2.4	1.2	4.9	－	－	14.6
－	4	100.0	55.6	55.6	－	－	－	－	－	－	－	－	44.4
－	－	100.0	100.0	50.0	－	－	－	50.0	－	－	－	－	－
1	18	100.0	48.6	5.7	－	2.9	5.7	25.7	2.9	2.9	－	2.9	51.4
－	29	100.0	45.3	3.8	1.9	1.9	5.7	22.6	3.8	5.7	－	－	54.7
－	10	100.0	56.5	21.7	－	8.7	8.7	4.3	－	13.0	－	－	43.5
1	9	100.0	60.9	13.0	－	4.3	4.3	13.0	4.3	17.4	－	4.3	39.1
－	8	100.0	57.9	10.5	10.5	21.1	5.3	10.5	－	－	－	－	42.1
－	34	100.0	33.3	11.8	－	2.0	－	17.6	－	2.0	－	－	66.7
10	111	100.0	52.4	11.2	0.4	10.3	3.0	13.3	0.9	7.7	1.3	4.3	47.6
1	18	100.0	64.0	36.0	－	14.0	－	6.0	2.0	2.0	2.0	2.0	36.0
1	2	100.0	75.0	37.5	－	12.5	－	12.5	－	－	－	12.5	25.0
－	1	100.0	－	－	－	－	－	－	－	－	－	－	100.0
－	21	100.0	46.2	2.6	－	5.1	5.1	12.8	2.6	17.9	－	－	53.8
3	32	100.0	30.4	－	－	2.2	2.2	15.2	－	2.2	2.2	6.5	69.6
4	10	100.0	63.0	11.1	－	7.4	－	18.5	－	11.1	－	14.8	37.0
1	10	100.0	41.2	5.9	－	5.9	－	11.8	－	11.8	－	5.9	58.8
－	6	100.0	66.7	5.6	－	27.8	11.1	5.6	－	16.7	－	－	33.3
1	26	100.0	40.9	－	－	13.6	4.5	11.4	－	9.1	－	2.3	59.1
1	136	100.0	22.3	3.4	－	1.7	1.7	9.1	1.1	4.0	0.6	0.6	77.7

第 26 表　被調査者数・構成割合，性、年齢階級、第 1 回の 65 歳以降の就業希望の有無・

女：総数

第 1 回の 65 歳以降の就業希望の有無・いつまで仕事をしたいか・希望する仕事のかたち（複数回答）	総数	仕事をしている	自営業主	家族従業者	会社・団体等の役員	正規の職員・従業員	パート・アルバイト	労働者派遣事業所の派遣社員	契約社員・嘱託	家庭での内職など
						被調査者数（単位：人）				
総数	10 560	4 537	415	675	161	370	2 241	29	332	100
仕事をしたい	5 827	3 393	342	547	111	279	1 622	16	246	76
自営業主	467	358	176	66	19	14	56	－	11	5
家業の手伝い	754	557	57	349	27	18	81		4	5
家庭での内職など	378	164	5	12	1	9	90		11	28
雇われて働く（フルタイム労働）	167	110	9	5	3	29	39	1	20	1
雇われて働く（パートタイム労働）	1 610	951	14	21	8	98	663	5	95	12
近所の人や会社の人に頼まれて任意に行う仕事	361	198	4	13	2	26	103	1	23	9
有償型の社会参加活動	405	206	6	18	7	22	100	5	23	4
その他のかたち	334	168	11	14	14	17	79	1	8	5
まだ考えていない	1 297	669	32	51	30	69	374	5	67	9
可能な限り仕事をしたい	4 319	2 560	266	432	78	190	1 224	10	175	58
自営業主	371	285	135	51	16	13	48	－	10	3
家業の手伝い	605	453	48	283	22	16	67	－	2	3
家庭での内職など	281	121	3	8	－	4	70	－	6	23
雇われて働く（フルタイム労働）	101	66	4	4	2	15	25	1	13	1
雇われて働く（パートタイム労働）	1 044	648	10	14	5	71	453	3	61	8
近所の人や会社の人に頼まれて任意に行う仕事	244	141	2	11	2	18	72	1	14	7
有償型の社会参加活動	291	149	4	13	7	16	70	2	15	4
その他のかたち	241	130	10	11	5	12	63	－	5	5
まだ考えていない	969	504	23	38	19	45	287	4	55	6
一定の年齢まで仕事をしたい	1 508	833	76	115	33	89	398	6	71	18
自営業主	96	73	41	15	3	1	8	－	1	2
家業の手伝い	149	104	9	66	5	2	14	－	2	2
家庭での内職など	97	43	2	4	1	5	20	－	5	5
雇われて働く（フルタイム労働）	66	44	5	1	1	14	14	－	7	－
雇われて働く（パートタイム労働）	566	303	4	7	3	27	210	2	34	4
近所の人や会社の人に頼まれて任意に行う仕事	117	57	2	2	－	8	31	－	9	2
有償型の社会参加活動	114	57	2	5	－	6	30	3	8	－
その他のかたち	93	38	1	3	9	5	16	1	3	－
まだ考えていない	328	165	9	13	11	24	87	1	12	3
仕事はしたくない	4 343	1 036	64	109	50	82	562	13	80	19

注：総数には各項目の不詳を含む。

いつまで仕事をしたいか・希望する仕事のかたち（複数回答）、第12回の仕事の有無・仕事のかたち別（12－9）

第12回の仕事の有無・仕事のかたち

その他	仕事をしていない	総数	仕事をしている	自営業主	家族従業者	会社・団体等の役員	正規の職員・従業員	パート・アルバイト	労働者派遣事業所の派遣社員	契約社員・嘱託	家庭での内職など	その他	仕事をしていない
						構成割合（単位：%）							
197	5 997	100.0	43.0	3.9	6.4	1.5	3.5	21.2	0.3	3.1	0.9	1.9	56.8
144	2 426	100.0	58.2	5.9	9.4	1.9	4.8	27.8	0.3	4.2	1.3	2.5	41.6
10	109	100.0	76.7	37.7	14.1	4.1	3.0	12.0	-	2.4	1.1	2.1	23.3
16	196	100.0	73.9	7.6	46.3	3.6	2.4	10.7	-	0.5	0.7	2.1	26.0
8	212	100.0	43.4	1.3	3.2	0.3	2.4	23.8	-	2.9	7.4	2.1	56.1
3	57	100.0	65.9	5.4	3.0	1.8	17.4	23.4	0.6	12.0	0.6	1.8	34.1
32	655	100.0	59.1	0.9	1.3	0.5	6.1	41.2	0.3	5.9	0.7	2.0	40.7
16	162	100.0	54.8	1.1	3.6	0.6	7.2	28.5	0.3	6.4	2.5	4.4	44.9
20	199	100.0	50.9	1.5	4.4	1.7	5.4	24.7	1.2	5.7	1.0	4.9	49.1
17	166	100.0	50.3	3.3	4.2	4.2	5.1	23.7	0.3	2.4	1.5	5.1	49.7
30	626	100.0	51.6	2.5	3.9	2.3	5.3	28.8	0.4	5.2	0.7	2.3	48.3
120	1 753	100.0	59.3	6.2	10.0	1.8	4.4	28.3	0.2	4.1	1.3	2.8	40.6
9	86	100.0	76.8	36.4	13.7	4.3	3.5	12.9	-	2.7	0.8	2.4	23.2
12	151	100.0	74.9	7.9	46.8	3.6	2.6	11.1	-	0.3	0.5	2.0	25.0
7	158	100.0	43.1	1.1	2.8	-	1.4	24.9	-	2.1	8.2	2.5	56.2
1	35	100.0	65.3	4.0	4.0	2.0	14.9	24.8	1.0	12.9	1.0	1.0	34.7
22	394	100.0	62.1	1.0	1.3	0.5	6.8	43.4	0.3	5.8	0.8	2.1	37.7
13	103	100.0	57.8	0.8	4.5	0.8	7.4	29.5	0.4	5.7	2.9	5.3	42.2
17	142	100.0	51.2	1.4	4.5	2.4	5.5	24.1	0.7	5.2	1.4	5.8	48.8
17	111	100.0	53.9	4.1	4.6	2.1	5.0	26.1	-	2.1	2.1	7.1	46.1
25	463	100.0	52.0	2.4	3.9	2.0	4.6	29.6	0.4	5.7	0.6	2.6	47.8
24	673	100.0	55.2	5.0	7.6	2.2	5.9	26.4	0.4	4.7	1.2	1.6	44.6
1	23	100.0	76.0	42.7	15.6	3.1	1.0	8.3	-	1.0	2.1	1.0	24.0
4	45	100.0	69.8	6.0	44.3	3.4	1.3	9.4	-	1.3	1.3	2.7	30.2
1	54	100.0	44.3	2.1	4.1	1.0	5.2	20.6	-	5.2	5.2	1.0	55.7
2	22	100.0	66.7	7.6	1.5	1.5	21.2	21.2	-	10.6	-	3.0	33.3
10	261	100.0	53.5	0.7	1.2	0.5	4.8	37.1	0.4	6.0	0.7	1.8	46.1
3	59	100.0	48.7	1.7	1.7	-	6.8	26.5	-	7.7	1.7	2.6	50.4
3	57	100.0	50.0	1.8	4.4	-	5.3	26.3	2.6	7.0	-	2.6	50.0
-	55	100.0	40.9	1.1	3.2	9.7	5.4	17.2	1.1	3.2	-	-	59.1
5	163	100.0	50.3	2.7	4.0	3.4	7.3	26.5	0.3	3.7	0.9	1.5	49.7
50	3 297	100.0	23.9	1.5	2.5	1.2	1.9	12.9	0.3	1.8	0.4	1.2	75.9

第 26 表　被調査者数・構成割合，性、年齢階級、第 1 回の 65 歳以降の就業希望の有無・

女：61 〜 64 歳

第 1 回の 65 歳以降の就業希望の有無・いつまで仕事をしたいか・希望する仕事のかたち（複数回答）	総数	仕事をしている	自営業主	家族従業者	会社・団体等の役員	正規の職員・従業員	パート・アルバイト	労働者派遣事業所の派遣社員	契約社員・嘱託	家庭での内職など
	被調査者数（単位：人）									
総数	3 648	1 983	123	237	61	228	1 029	12	203	32
仕事をしたい	2 054	1 410	96	193	39	172	694	7	143	23
自営業主	147	115	49	23	5	7	22	-	5	1
家業の手伝い	268	219	15	125	13	11	44	-	2	2
家庭での内職など	129	68	3	5	-	7	36	-	6	8
雇われて働く（フルタイム労働）	54	40	3	2	1	15	12	-	7	-
雇われて働く（パートタイム労働）	561	407	5	6	2	59	261	3	58	3
近所の人や会社の人に頼まれて任意に行う仕事	127	92	1	7	-	19	43	-	14	4
有償型の社会参加活動	147	95	-	7	2	18	44	2	14	1
その他のかたち	115	71	4	4	4	8	38	1	6	1
まだ考えていない	511	314	6	20	11	47	175	2	42	4
可能な限り仕事をしたい	1 648	1 126	83	166	28	118	561	5	107	18
自営業主	128	101	44	20	4	6	18	-	5	1
家業の手伝い	230	190	14	110	10	9	38	-	1	1
家庭での内職など	106	57	1	3	-	3	34	-	6	7
雇われて働く（フルタイム労働）	31	21	-	2	1	9	5	-	4	-
雇われて働く（パートタイム労働）	399	292	3	4	1	43	191	2	40	1
近所の人や会社の人に頼まれて任意に行う仕事	96	67	-	6	-	14	32	-	8	3
有償型の社会参加活動	112	69	-	6	2	14	27	1	11	1
その他のかたち	95	56	4	3	1	6	31	-	5	1
まだ考えていない	427	262	6	19	8	30	151	2	35	4
一定の年齢まで仕事をしたい	406	284	13	27	11	54	133	2	36	5
自営業主	19	14	5	3	1	1	4	-	-	-
家業の手伝い	38	29	1	15	3	2	6	-	1	1
家庭での内職など	23	11	2	2	-	4	2	-	-	1
雇われて働く（フルタイム労働）	23	19	3	-	-	6	7	-	3	-
雇われて働く（パートタイム労働）	162	115	2	2	1	16	70	1	18	2
近所の人や会社の人に頼まれて任意に行う仕事	31	25	1	1	-	5	11	-	6	1
有償型の社会参加活動	35	26	-	1	-	4	17	1	3	-
その他のかたち	20	15	-	1	3	2	7	1	1	-
まだ考えていない	84	52	-	1	3	17	24	-	7	-
仕事はしたくない	1 476	530	25	37	22	52	313	5	55	6

注：総数には各項目の不詳を含む。

いつまで仕事をしたいか・希望する仕事のかたち（複数回答）、第12回の仕事の有無・仕事のかたち別（12 － 10）

第12回調査（平成28年）

第12回の仕事の有無・仕事のかたち													
その他	仕事をしていない	総数	仕事をしている	自営業主	家族従業者	会社・団体等の役員	正規の職員・従業員	パート・アルバイト	労働者派遣事業所の派遣社員	契約社員・嘱託	家庭での内職など	その他	仕事をしていない
						構成割合（単位：%）							
54	1 660	100.0	54.4	3.4	6.5	1.7	6.3	28.2	0.3	5.6	0.9	1.5	45.5
42	641	100.0	68.6	4.7	9.4	1.9	8.4	33.8	0.3	7.0	1.1	2.0	31.2
3	32	100.0	78.2	33.3	15.6	3.4	4.8	15.0	－	3.4	0.7	2.0	21.8
7	49	100.0	81.7	5.6	46.6	4.9	4.1	16.4	－	0.7	0.7	2.6	18.3
3	61	100.0	52.7	2.3	3.9	－	5.4	27.9	－	4.7	6.2	2.3	47.3
－	14	100.0	74.1	5.6	3.7	1.9	27.8	22.2	－	13.0	－	－	25.9
9	152	100.0	72.5	0.9	1.1	0.4	10.5	46.5	0.5	10.3	0.5	1.6	27.1
4	34	100.0	72.4	0.8	5.5	－	15.0	33.9	－	11.0	3.1	3.1	26.8
6	52	100.0	64.6	－	4.8	1.4	12.2	29.9	1.4	9.5	0.7	4.1	35.4
5	44	100.0	61.7	3.5	3.5	3.5	7.0	33.0	0.9	5.2	0.9	4.3	38.3
7	196	100.0	61.4	1.2	3.9	2.2	9.2	34.2	0.4	8.2	0.8	1.4	38.4
39	521	100.0	68.3	5.0	10.1	1.7	7.2	34.0	0.3	6.5	1.1	2.4	31.6
3	27	100.0	78.9	34.4	15.6	3.1	4.7	14.1	－	3.9	0.8	2.3	21.1
7	40	100.0	82.6	6.1	47.8	4.3	3.9	16.5	－	0.4	0.4	3.0	17.4
3	49	100.0	53.8	0.9	2.8	－	2.8	32.1	－	5.7	6.6	2.8	46.2
－	10	100.0	67.7	－	6.5	3.2	29.0	16.1	－	12.9	－	－	32.3
6	107	100.0	73.2	0.8	1.0	0.3	10.8	47.9	0.5	10.0	0.3	1.5	26.8
4	29	100.0	69.8	－	6.3	－	14.6	33.3	－	8.3	3.1	4.2	30.2
6	43	100.0	61.6	－	5.4	1.8	12.5	24.1	0.9	9.8	0.9	5.4	38.4
5	39	100.0	58.9	4.2	3.2	1.1	6.3	32.6	－	5.3	1.1	5.3	41.1
7	164	100.0	61.4	1.4	4.4	1.9	7.0	35.4	0.5	8.2	0.9	1.6	38.4
3	120	100.0	70.0	3.2	6.7	2.7	13.3	32.8	0.5	8.9	1.2	0.7	29.6
－	5	100.0	73.7	26.3	15.8	5.3	5.3	21.1	－	－	－	－	26.3
－	9	100.0	76.3	2.6	39.5	7.9	5.3	15.8	－	2.6	2.6	－	23.7
－	12	100.0	47.8	8.7	8.7	－	17.4	8.7	－	－	4.3	－	52.2
－	4	100.0	82.6	13.0	－	－	26.1	30.4	－	13.0	－	－	17.4
3	45	100.0	71.0	1.2	1.2	0.6	9.9	43.2	0.6	11.1	1.2	1.9	27.8
－	5	100.0	80.6	3.2	3.2	－	16.1	35.5	－	19.4	3.2	－	16.1
－	9	100.0	74.3	－	2.9	－	11.4	48.6	2.9	8.6	－	－	25.7
－	5	100.0	75.0	－	5.0	15.0	10.0	35.0	5.0	5.0	－	－	25.0
－	32	100.0	61.9	－	1.2	3.6	20.2	28.6	－	8.3	－	－	38.1
12	945	100.0	35.9	1.7	2.5	1.5	3.5	21.2	0.3	3.7	0.4	0.8	64.0

女：65～69歳

第1回の65歳以降の就業希望の有無・いつまで仕事をしたいか・希望する仕事のかたち（複数回答）	総数	仕事をしている	自営業主	家族従業者	会社・団体等の役員	正規の職員・従業員	パート・アルバイト	労働者派遣事業所の派遣社員	契約社員・嘱託	家庭での内職など
					被調査者数（単位：人）					
総数	6 101	2 308	255	393	87	132	1 111	16	122	59
仕事をしたい	3 357	1 782	215	312	60	99	847	9	100	44
自営業主	281	216	111	38	13	6	31	–	6	4
家業の手伝い	428	297	36	199	10	7	34	–	2	2
家庭での内職など	222	90	2	6	1	2	51	–	5	18
雇われて働く（フルタイム労働）	101	63	6	3	2	13	21	1	13	1
雇われて働く（パートタイム労働）	946	501	9	15	6	37	371	2	34	7
近所の人や会社の人に頼まれて任意に行う仕事	217	102	3	6	2	6	57	1	9	5
有償型の社会参加活動	233	102	6	8	3	4	52	3	9	3
その他のかたち	195	87	7	6	8	9	38	–	2	4
まだ考えていない	716	327	24	30	16	20	183	3	25	4
可能な限り仕事をしたい	2 398	1 304	161	233	41	68	619	5	68	33
自営業主	216	167	81	27	12	6	28	–	5	2
家業の手伝い	330	231	29	153	8	7	28	–	1	1
家庭での内職など	155	60	2	5	–	1	34	–	–	14
雇われて働く（フルタイム労働）	61	41	4	2	1	6	16	1	9	1
雇われて働く（パートタイム労働）	598	337	7	10	4	27	248	1	21	6
近所の人や会社の人に頼まれて任意に行う仕事	135	71	2	5	2	4	37	1	6	4
有償型の社会参加活動	161	73	4	4	3	2	41	1	4	3
その他のかたち	136	68	6	6	3	6	30	–	–	4
まだ考えていない	499	228	16	18	9	14	129	2	20	2
一定の年齢まで仕事をしたい	959	478	54	79	19	31	228	4	32	11
自営業主	65	49	30	11	1	–	3	–	1	2
家業の手伝い	98	66	7	46	2	–	6	–	1	1
家庭での内職など	67	30	–	1	1	1	17	–	5	4
雇われて働く（フルタイム労働）	40	22	2	1	1	7	5	–	4	–
雇われて働く（パートタイム労働）	348	164	2	5	2	10	123	1	13	1
近所の人や会社の人に頼まれて任意に行う仕事	82	31	1	1	–	2	20	–	3	1
有償型の社会参加活動	72	29	2	4	–	2	11	2	5	–
その他のかたち	59	19	1	–	5	3	8	–	2	–
まだ考えていない	217	99	8	12	7	6	54	1	5	2
仕事はしたくない	2 503	467	33	70	27	28	233	7	21	13

注：総数には各項目の不詳を含む。

いつまで仕事をしたいか・希望する仕事のかたち（複数回答）、第12回の仕事の有無・仕事のかたち別（12－11）

第12回の仕事の有無・仕事のかたち

その他	仕事をしていない	総数	仕事をしている	自営業主	家族従業者	会社・団体等の役員	正規の職員・従業員	パート・アルバイト	労働者派遣事業所の派遣社員	契約社員・嘱託	家庭での内職など	その他	仕事をしていない
							構成割合（単位：％）						
125	3 774	100.0	37.8	4.2	6.4	1.4	2.2	18.2	0.3	2.0	1.0	2.0	61.9
91	1 571	100.0	53.1	6.4	9.3	1.8	2.9	25.2	0.3	3.0	1.3	2.7	46.8
7	65	100.0	76.9	39.5	13.5	4.6	2.1	11.0	-	2.1	1.4	2.5	23.1
7	131	100.0	69.4	8.4	46.5	2.3	1.6	7.9	-	0.5	0.5	1.6	30.6
5	130	100.0	40.5	0.9	2.7	0.5	0.9	23.0	-	2.3	8.1	2.3	58.6
3	38	100.0	62.4	5.9	3.0	2.0	12.9	20.8	1.0	12.9	1.0	3.0	37.6
18	443	100.0	53.0	1.0	1.6	0.6	3.9	39.2	0.2	3.6	0.7	1.9	46.8
12	115	100.0	47.0	1.4	2.8	0.9	2.8	26.3	0.5	4.1	2.3	5.5	53.0
14	131	100.0	43.8	2.6	3.4	1.3	1.7	22.3	1.3	3.9	1.3	6.0	56.2
11	108	100.0	44.6	3.6	3.1	4.1	4.6	19.5	-	1.0	2.1	5.6	55.4
21	388	100.0	45.7	3.4	4.2	2.2	2.8	25.6	0.4	3.5	0.6	2.9	54.2
73	1 090	100.0	54.4	6.7	9.7	1.7	2.8	25.8	0.2	2.8	1.4	3.0	45.5
6	49	100.0	77.3	37.5	12.5	5.6	2.8	13.0	-	2.3	0.9	2.8	22.7
4	99	100.0	70.0	8.8	46.4	2.4	2.1	8.5	-	0.3	0.3	1.2	30.0
4	93	100.0	38.7	1.3	3.2	-	0.6	21.9	-	-	9.0	2.6	60.0
1	20	100.0	67.2	6.6	3.3	1.6	9.8	26.2	1.6	14.8	1.6	1.6	32.8
13	259	100.0	56.4	1.2	1.7	0.7	4.5	41.5	0.2	3.5	1.0	2.2	43.3
9	64	100.0	52.6	1.5	3.7	1.5	3.0	27.4	0.7	4.4	3.0	6.7	47.4
11	88	100.0	45.3	2.5	2.5	1.9	1.2	25.5	0.6	2.5	1.9	6.8	54.7
11	68	100.0	50.0	4.4	4.4	2.2	4.4	22.1	-	-	2.9	8.1	50.0
17	270	100.0	45.7	3.2	3.6	1.8	2.8	25.9	0.4	4.0	0.4	3.4	54.1
18	481	100.0	49.8	5.6	8.2	2.0	3.2	23.8	0.4	3.3	1.1	1.9	50.2
1	16	100.0	75.4	46.2	16.9	1.5	-	4.6	-	1.5	3.1	1.5	24.6
3	32	100.0	67.3	7.1	46.9	2.0	-	6.1	-	1.0	1.0	3.1	32.7
1	37	100.0	44.8	-	1.5	1.5	1.5	25.4	-	7.5	6.0	1.5	55.2
2	18	100.0	55.0	5.0	2.5	2.5	17.5	12.5	-	10.0	-	5.0	45.0
5	184	100.0	47.1	0.6	1.4	0.6	2.9	35.3	0.3	3.7	0.3	1.4	52.9
3	51	100.0	37.8	1.2	1.2	-	2.4	24.4	-	3.7	1.2	3.7	62.2
3	43	100.0	40.3	2.8	5.6	-	2.8	15.3	2.8	6.9	-	4.2	59.7
-	40	100.0	32.2	1.7	-	8.5	5.1	13.6	-	3.4	-	-	67.8
4	118	100.0	45.6	3.7	5.5	3.2	2.8	24.9	0.5	2.3	0.9	1.8	54.4
32	2 028	100.0	18.7	1.3	2.8	1.1	1.1	9.3	0.3	0.8	0.5	1.3	81.0

第 26 表　被調査者数・構成割合，性、年齢階級、第 1 回の 65 歳以降の就業希望の有無・

女：70 歳

第 1 回の 65 歳以降の就業希望の有無・いつまで仕事をしたいか・希望する仕事のかたち（複数回答）	総数	仕事をしている	自営業主	家族従業者	会社・団体等の役員	正規の職員・従業員	パート・アルバイト	労働者派遣事業所の派遣社員	契約社員・嘱託	家庭での内職など
						被調査者数（単位：人）				
総数	811	246	37	45	13	10	101	1	7	9
仕事をしたい	416	201	31	42	12	8	81	–	3	9
自営業主	39	27	16	5	1	1	3	–	–	–
家業の手伝い	58	41	6	25	4	–	3			1
家庭での内職など	27	6	–	1			3			2
雇われて働く（フルタイム労働）	12	7	–	–		1	6			–
雇われて働く（パートタイム労働）	103	43	–	–		2	31		3	2
近所の人や会社の人に頼まれて任意に行う仕事	17	4	–	–		1	3			
有償型の社会参加活動	25	9	–	3	2		4			
その他のかたち	24	10	–	4	2		3			
まだ考えていない	70	28	2	1	3	2	16			1
可能な限り仕事をしたい	273	130	22	33	9	4	44			7
自営業主	27	17	10	4	–	1	2			–
家業の手伝い	45	32	5	20	4	–	1			1
家庭での内職など	20	4	–	–			2			2
雇われて働く（フルタイム労働）	9	4	–	–			4			
雇われて働く（パートタイム労働）	47	19	–	–		1	14			1
近所の人や会社の人に頼まれて任意に行う仕事	13	3	–	–			3			
有償型の社会参加活動	18	7	–	3	2		2			
その他のかたち	10	6	–	2	1		2			
まだ考えていない	43	14	1	1	2	1	7			
一定の年齢まで仕事をしたい	143	71	9	9	3	4	37	–	3	2
自営業主	12	10	6	1	1	–	1			
家業の手伝い	13	9	1	5	–		2			
家庭での内職など	7	2	–	1			1			
雇われて働く（フルタイム労働）	3	3	–	–		1				
雇われて働く（パートタイム労働）	56	24	–	–		1	17		3	1
近所の人や会社の人に頼まれて任意に行う仕事	4	1	–	–		1				
有償型の社会参加活動	7	2	–	–			1			
その他のかたち	14	4	–	2	1		1			
まだ考えていない	27	14	1	–	1	1	9			1
仕事はしたくない	364	39	6	2	1	2	16	1	4	–

注：総数には各項目の不詳を含む。

第 12 回の仕事の有無・仕事のかたち

その他	仕事をしていない	総数	仕事をしている	自営業主	家族従業者	会社・団体等の役員	正規の職員・従業員	パート・アルバイト	労働者派遣事業所の派遣社員	契約社員・嘱託	家庭での内職など	その他	仕事をしていない
							構成割合（単位：%）						
18	563	100.0	30.3	4.6	5.5	1.6	1.2	12.5	0.1	0.9	1.1	2.2	69.4
11	214	100.0	48.3	7.5	10.1	2.9	1.9	19.5	－	0.7	2.2	2.6	51.4
－	12	100.0	69.2	41.0	12.8	2.6	2.6	7.7	－	－	－	－	30.8
2	16	100.0	70.7	10.3	43.1	6.9	－	5.2	－	－	1.7	3.4	27.6
－	21	100.0	22.2	－	3.7	－	－	11.1	－	－	7.4	－	77.8
－	5	100.0	58.3	－	－	－	8.3	50.0	－	－	－	－	41.7
5	60	100.0	41.7	－	－	－	1.9	30.1	－	2.9	1.9	4.9	58.3
－	13	100.0	23.5	－	－	－	5.9	17.6	－	－	－	－	76.5
－	16	100.0	36.0	－	12.0	8.0	－	16.0	－	－	－	－	64.0
1	14	100.0	41.7	－	16.7	8.3	－	12.5	－	－	－	4.2	58.3
2	42	100.0	40.0	2.9	1.4	4.3	2.9	22.9	－	－	1.4	2.9	60.0
8	142	100.0	47.6	8.1	12.1	3.3	1.5	16.1	－	－	2.6	2.9	52.0
－	10	100.0	63.0	37.0	14.8	－	3.7	7.4	－	－	－	－	37.0
1	12	100.0	71.1	11.1	44.4	8.9	－	2.2	－	－	2.2	2.2	26.7
－	16	100.0	20.0	－	－	－	－	10.0	－	－	10.0	－	80.0
－	5	100.0	44.4	－	－	－	－	44.4	－	－	－	－	55.6
3	28	100.0	40.4	－	－	－	2.1	29.8	－	－	2.1	6.4	59.6
－	10	100.0	23.1	－	－	－	－	23.1	－	－	－	－	76.9
－	11	100.0	38.9	－	16.7	11.1	－	11.1	－	－	－	－	61.1
1	4	100.0	60.0	－	20.0	10.0	－	20.0	－	－	－	10.0	40.0
1	29	100.0	32.6	2.3	2.3	4.7	2.3	16.3	－	－	－	2.3	67.4
3	72	100.0	49.7	6.3	6.3	2.1	2.8	25.9	－	2.1	1.4	2.1	50.3
－	2	100.0	83.3	50.0	8.3	8.3	－	8.3	－	－	－	－	16.7
1	4	100.0	69.2	7.7	38.5	－	－	15.4	－	－	－	7.7	30.8
－	5	100.0	28.6	－	14.3	－	－	14.3	－	－	－	－	71.4
－	－	100.0	100.0	－	－	－	33.3	66.7	－	－	－	－	－
2	32	100.0	42.9	－	－	－	1.8	30.4	－	5.4	1.8	3.6	57.1
－	3	100.0	25.0	－	－	－	25.0	－	－	－	－	－	75.0
－	5	100.0	28.6	－	－	－	－	28.6	－	－	－	－	71.4
－	10	100.0	28.6	－	14.3	7.1	－	7.1	－	－	－	－	71.4
1	13	100.0	51.9	3.7	－	3.7	3.7	33.3	－	－	3.7	3.7	48.1
6	324	100.0	10.7	1.6	0.5	0.3	0.5	4.4	0.3	1.1	－	1.6	89.0

性、第1回の仕事の有無・仕事のかたち	総数	仕事をしている	自営業主	家族従業者	会社・団体等の役員	正規の職員・従業員	パート・アルバイト	労働者派遣事業所の派遣社員	契約社員・嘱託	家庭での内職など
					被調査者数（単位：人）					
総数	19 513	10 321	2 016	742	686	1 252	3 437	99	1 575	116
仕事をしている	15 861	9 820	1 973	689	668	1 227	3 173	96	1 547	101
自営業主	2 138	1 785	1 359	82	77	41	122	7	34	15
家族従業者	935	696	98	465	23	10	77	–	5	7
会社・団体等の役員	908	664	82	23	361	59	72	1	48	1
正規の職員・従業員	7 445	4 336	332	61	193	1 010	1 315	65	1 190	20
パート・アルバイト	3 232	1 667	44	44	9	54	1 333	9	94	23
労働者派遣事業所の派遣社員	78	45	1	1	1	2	20	8	10	2
契約社員・嘱託	648	386	30	4	2	31	161	2	140	1
家庭での内職など	181	68	6	1	–	–	20	2	2	30
その他	259	150	19	6	2	15	43	2	23	2
仕事をしていない	3 640	501	43	53	18	25	264	3	28	15
男	8 953	5 784	1 601	67	525	882	1 196	70	1 243	16
仕事をしている	8 499	5 672	1 582	66	519	868	1 152	69	1 223	15
自営業主	1 646	1 409	1 127	28	64	37	80	7	32	5
家族従業者	50	44	25	7	1	–	6	–	3	–
会社・団体等の役員	708	518	73	1	280	48	56	1	44	1
正規の職員・従業員	5 419	3 298	308	25	171	739	865	52	1 029	5
パート・アルバイト	197	108	12	1	1	8	64	3	14	1
労働者派遣事業所の派遣社員	41	23	1	–	–	2	5	4	10	1
契約社員・嘱託	301	183	23	2	1	21	50	1	76	1
家庭での内職など	3	2	–	–	–	–	1	–	–	1
その他	114	72	11	1	1	8	20	1	15	–
仕事をしていない	453	112	19	1	6	14	44	1	20	1
女	10 560	4 537	415	675	161	370	2 241	29	332	100
仕事をしている	7 362	4 148	391	623	149	359	2 021	27	324	86
自営業主	492	376	232	54	13	4	42	–	2	10
家族従業者	885	652	73	458	22	10	71	–	2	7
会社・団体等の役員	200	146	9	22	81	11	16	–	4	–
正規の職員・従業員	2 026	1 038	24	36	22	271	450	13	161	15
パート・アルバイト	3 035	1 559	32	43	8	46	1 269	6	80	22
労働者派遣事業所の派遣社員	37	22	–	1	1	–	15	4	–	1
契約社員・嘱託	347	203	7	2	1	10	111	1	64	–
家庭での内職など	178	66	6	1	–	–	19	2	2	29
その他	145	78	8	5	1	7	23	1	8	2
仕事をしていない	3 187	389	24	52	12	11	220	2	8	14

注：総数には各項目の不詳を含む。

仕事の有無・仕事のかたち、第 12 回の仕事の有無・仕事のかたち別

第 12 回の仕事の有無・仕事のかたち													
その他	仕事をしていない	総数	仕事をしている	自営業主	家族従業者	会社・団体等の役員	正規の職員・従業員	パート・アルバイト	労働者派遣事業所の派遣社員	契約社員・嘱託	家庭での内職など	その他	仕事をしていない
						構成割合（単位：%）							
373	9 154	100.0	52.9	10.3	3.8	3.5	6.4	17.6	0.5	8.1	0.6	1.9	46.9
327	6 016	100.0	61.9	12.4	4.3	4.2	7.7	20.0	0.6	9.8	0.6	2.1	37.9
46	351	100.0	83.5	63.6	3.8	3.6	1.9	5.7	0.3	1.6	0.7	2.2	16.4
11	238	100.0	74.4	10.5	49.7	2.5	1.1	8.2	–	0.5	0.7	1.2	25.5
16	243	100.0	73.1	9.0	2.5	39.8	6.5	7.9	0.1	5.3	0.1	1.8	26.8
144	3 099	100.0	58.2	4.5	0.8	2.6	13.6	17.7	0.9	16.0	0.3	1.9	41.6
52	1 558	100.0	51.6	1.4	1.4	0.3	1.7	41.2	0.3	2.9	0.7	1.6	48.2
–	32	100.0	57.7	1.3	1.3	1.3	2.6	25.6	10.3	12.8	2.6	–	41.0
14	261	100.0	59.6	4.6	0.6	0.3	4.8	24.8	0.3	21.6	0.2	2.2	40.3
7	112	100.0	37.6	3.3	0.6	–	–	11.0	1.1	1.1	16.6	3.9	61.9
35	109	100.0	57.9	7.3	2.3	0.8	5.8	16.6	0.8	8.9	0.8	13.5	42.1
46	3 127	100.0	13.8	1.2	1.5	0.5	0.7	7.3	0.1	0.8	0.4	1.3	85.9
176	3 157	100.0	64.6	17.9	0.7	5.9	9.9	13.4	0.8	13.9	0.2	2.0	35.3
170	2 816	100.0	66.7	18.6	0.8	6.1	10.2	13.6	0.8	14.4	0.2	2.0	33.1
28	237	100.0	85.6	68.5	1.7	3.9	2.2	4.9	0.4	1.9	0.3	1.7	14.4
2	6	100.0	88.0	50.0	14.0	2.0	–	12.0	–	6.0	–	4.0	12.0
13	189	100.0	73.2	10.3	0.1	39.5	6.8	7.9	0.1	6.2	0.1	1.8	26.7
99	2 113	100.0	60.9	5.7	0.5	3.2	13.6	16.0	1.0	19.0	0.1	1.8	39.0
4	89	100.0	54.8	6.1	0.5	0.5	4.1	32.5	1.5	7.1	0.5	2.0	45.2
–	17	100.0	56.1	2.4	–	–	4.9	12.2	9.8	24.4	2.4	–	41.5
8	117	100.0	60.8	7.6	0.7	0.3	7.0	16.6	0.3	25.2	0.3	2.7	38.9
–	1	100.0	66.7	–	–	–	–	33.3	–	–	33.3	–	33.3
15	42	100.0	63.2	9.6	0.9	0.9	7.0	17.5	0.9	13.2	–	13.2	36.8
6	340	100.0	24.7	4.2	0.2	1.3	3.1	9.7	0.2	4.4	0.2	1.3	75.1
197	5 997	100.0	43.0	3.9	6.4	1.5	3.5	21.2	0.3	3.1	0.9	1.9	56.8
157	3 200	100.0	56.3	5.3	8.5	2.0	4.9	27.5	0.4	4.4	1.2	2.1	43.5
18	114	100.0	76.4	47.2	11.0	2.6	0.8	8.5	–	0.4	2.0	3.7	23.2
9	232	100.0	73.7	8.2	51.8	2.5	1.1	8.0	–	0.2	0.8	1.0	26.2
3	54	100.0	73.0	4.5	11.0	40.5	5.5	8.0	–	2.0	–	1.5	27.0
45	986	100.0	51.2	1.2	1.8	1.1	13.4	22.2	0.6	7.9	0.7	2.2	48.7
48	1 469	100.0	51.4	1.1	1.4	0.3	1.5	41.8	0.2	2.6	0.7	1.6	48.4
–	15	100.0	59.5	–	2.7	2.7	–	40.5	10.8	–	2.7	–	40.5
6	144	100.0	58.5	2.0	0.6	0.3	2.9	32.0	0.3	18.4	–	1.7	41.5
7	111	100.0	37.1	3.4	0.6	–	–	10.7	1.1	1.1	16.3	3.9	62.4
20	67	100.0	53.8	5.5	3.4	0.7	4.8	15.9	0.7	5.5	1.4	13.8	46.2
40	2 787	100.0	12.2	0.8	1.6	0.4	0.3	6.9	0.1	0.3	0.4	1.3	87.4

第 28 表　被調査者数・構成割合，性、第 12 回の仕事の有無・

性、第12回の仕事の有無・仕事のかたち	総数	仕事をしたい	自営業主	家業の手伝い	家庭での内職など	雇われて働く（フルタイム）	雇われて働く（パートタイム）	近所の人や会社に頼まれて任意に行う仕事	有償型の社会参加活動	その他
					被調査者数（単位：人）					
総数	4 365	3 015	474	181	70	923	1 102	83	53	129
仕事をしている	2 983	2 673	456	163	28	907	938	50	24	107
自営業主	412	394	380	9	–	–	3	1	–	1
家族従業者	167	150	15	133	–	–	1	1	–	–
会社・団体等の役員	203	166	34	4	–	69	9	7	4	39
正規の職員・従業員	564	500	11	2	1	398	65	10	1	12
パート・アルバイト	874	797	6	8	4	54	705	11	2	7
労働者派遣事業所の派遣社員	20	19	–	–	1	7	7	1	2	1
契約社員・嘱託	643	562	8	4	2	365	136	15	8	24
家庭での内職など	27	26	–	–	20	1	3	–	–	2
その他	70	58	2	3	–	12	9	4	7	21
仕事をしていない	1 380	341	18	18	42	16	163	33	29	22
男	2 000	1 607	388	18	7	706	337	47	21	83
仕事をしている	1 653	1 491	378	15	3	693	280	36	12	74
自営業主	342	331	326	1	–	–	2	1	–	1
家族従業者	13	12	3	8	–	–	–	1	–	–
会社・団体等の役員	157	133	29	–	–	60	8	4	4	28
正規の職員・従業員	413	370	9	1	–	298	42	9	1	10
パート・アルバイト	191	175	2	3	–	31	131	7	–	1
労働者派遣事業所の派遣社員	11	11	–	–	–	6	1	1	2	1
契約社員・嘱託	490	429	8	2	1	291	90	12	4	21
家庭での内職など	2	2	–	–	2	–	–	–	–	–
その他	33	27	1	–	–	6	6	1	1	12
仕事をしていない	347	116	10	3	4	13	57	11	9	9
女	2 365	1 408	86	163	63	217	765	36	32	46
仕事をしている	1 330	1 182	78	148	25	214	658	14	12	33
自営業主	70	63	54	8	–	–	1	–	–	–
家族従業者	154	138	12	125	–	–	1	–	–	–
会社・団体等の役員	46	33	5	4	–	9	1	3	–	11
正規の職員・従業員	151	130	2	1	1	100	23	1	–	2
パート・アルバイト	683	622	4	5	4	23	574	4	2	6
労働者派遣事業所の派遣社員	9	8	–	–	1	1	6	–	–	–
契約社員・嘱託	153	133	–	2	1	74	46	3	4	3
家庭での内職など	25	24	–	–	18	1	3	–	–	2
その他	37	31	1	3	–	6	3	3	6	9
仕事をしていない	1 033	225	8	15	38	3	106	22	20	13

注：1）「61～63歳」の者を集計。なお、第12回の62～64歳の就業希望が不詳の者は除いて集計した。
　　2）総数には第12回の仕事の有無・仕事のかたちの不詳を含む。

第 12 回調査（平成 28 年）

62 〜 64 歳の就業希望の有無・希望する仕事のかたち

仕事はしたくない	まだ考えていない	総数	仕事をしたい	自営業主	家業の手伝い	家庭での内職など	雇われて働く（フルタイム）	雇われて働く（パートタイム）	近所の人や会社に頼まれて任意に行う仕事	有償型の社会参加活動	その他	仕事はしたくない	まだ考えていない
						構成割合（単位：％）							
844	506	100.0	69.1	10.9	4.1	1.6	21.1	25.2	1.9	1.2	3.0	19.3	11.6
77	233	100.0	89.6	15.3	5.5	0.9	30.4	31.4	1.7	0.8	3.6	2.6	7.8
5	13	100.0	95.6	92.2	2.2	–	–	0.7	0.2	–	0.2	1.2	3.2
3	14	100.0	89.8	9.0	79.6	–	–	0.6	0.6	–	–	1.8	8.4
12	25	100.0	81.8	16.7	2.0	–	34.0	4.4	3.4	2.0	19.2	5.9	12.3
15	49	100.0	88.7	2.0	0.4	0.2	70.6	11.5	1.8	0.2	2.1	2.7	8.7
14	63	100.0	91.2	0.7	0.9	0.5	6.2	80.7	1.3	0.2	0.8	1.6	7.2
–	1	100.0	95.0	–	–	5.0	35.0	35.0	5.0	10.0	5.0	–	5.0
25	56	100.0	87.4	1.2	0.6	0.3	56.8	21.2	2.3	1.2	3.7	3.9	8.7
–	1	100.0	96.3	–	–	74.1	3.7	11.1	–	–	7.4	–	3.7
2	10	100.0	82.9	2.9	4.3	–	17.1	12.9	5.7	10.0	30.0	2.9	14.3
766	273	100.0	24.7	1.3	1.3	3.0	1.2	11.8	2.4	2.1	1.6	55.5	19.8
212	181	100.0	80.4	19.4	0.9	0.4	35.3	16.9	2.4	1.1	4.2	10.6	9.1
43	119	100.0	90.2	22.9	0.9	0.2	41.9	16.9	2.2	0.7	4.5	2.6	7.2
3	8	100.0	96.8	95.3	0.3	–	–	0.6	0.3	–	0.3	0.9	2.3
–	1	100.0	92.3	23.1	61.5	–	–	–	7.7	–	–	–	7.7
8	16	100.0	84.7	18.5	–	–	38.2	5.1	2.5	2.5	17.8	5.1	10.2
10	33	100.0	89.6	2.2	0.2	–	72.2	10.2	2.2	0.2	2.4	2.4	8.0
2	14	100.0	91.6	1.0	1.6	–	16.2	68.6	3.7	–	0.5	1.0	7.3
–	–	100.0	100.0	–	–	–	54.5	9.1	9.1	18.2	9.1	–	–
19	42	100.0	87.6	1.6	0.4	0.2	59.4	18.4	2.4	0.8	4.3	3.9	8.6
–	–	100.0	100.0	–	–	100.0	–	–	–	–	–	–	–
1	5	100.0	81.8	3.0	–	–	18.2	18.2	3.0	3.0	36.4	3.0	15.2
169	62	100.0	33.4	2.9	0.9	1.2	3.7	16.4	3.2	2.6	2.6	48.7	17.9
632	325	100.0	59.5	3.6	6.9	2.7	9.2	32.3	1.5	1.4	1.9	26.7	13.7
34	114	100.0	88.9	5.9	11.1	1.9	16.1	49.5	1.1	0.9	2.5	2.6	8.6
2	5	100.0	90.0	77.1	11.4	–	–	1.4	–	–	–	2.9	7.1
3	13	100.0	89.6	7.8	81.2	–	–	0.6	–	–	–	1.9	8.4
4	9	100.0	71.7	10.9	8.7	–	19.6	2.2	6.5	–	23.9	8.7	19.6
5	16	100.0	86.1	1.3	0.7	0.7	66.2	15.2	0.7	–	1.3	3.3	10.6
12	49	100.0	91.1	0.6	0.7	0.6	3.4	84.0	0.6	0.3	0.9	1.8	7.2
–	1	100.0	88.9	–	–	11.1	11.1	66.7	–	–	–	–	11.1
6	14	100.0	86.9	–	1.3	0.7	48.4	30.1	2.0	2.6	2.0	3.9	9.2
–	1	100.0	96.0	–	–	72.0	4.0	12.0	–	–	8.0	–	4.0
1	5	100.0	83.8	2.7	8.1	–	16.2	8.1	8.1	16.2	24.3	2.7	13.5
597	211	100.0	21.8	0.8	1.5	3.7	0.3	10.3	2.1	1.9	1.3	57.8	20.4

第29表　被調査者数・構成割合，年齢階級、性、第12回の仕事の有無・

総数

性、第12回の仕事の有無・仕事のかたち	総数	仕事をしたい	第12回の							
			自営業主	家業の手伝い	家庭での内職など	雇われて働く（フルタイム）	雇われて働く（パートタイム）	近所の人や会社に頼まれて任意に行う仕事	有償型の社会参加活動	その他
					被調査者数（単位：人）					
総数	12 019	6 114	1 362	482	187	745	2 429	373	250	286
仕事をしている	6 890	5 129	1 305	428	82	721	2 031	235	105	222
自営業主	1 270	1 132	1 075	32	3	1	5	10	4	2
家族従業者	474	402	46	335	2	1	7	5	1	5
会社・団体等の役員	471	299	86	18	−	66	26	24	7	72
正規の職員・従業員	904	596	22	7	1	279	217	29	10	31
パート・アルバイト	2 245	1 650	31	24	18	77	1 388	71	25	16
労働者派遣事業所の派遣社員	59	47	−	−	−	12	27	3	2	3
契約社員・嘱託	1 166	766	23	6	5	272	338	66	25	31
家庭での内職など	61	56	3	−	50	1	−	1	−	1
その他	229	176	18	6	3	11	22	25	30	61
仕事をしていない	5 125	984	57	54	105	24	397	138	145	64
男	5 788	3 495	1 098	75	32	600	1 144	247	117	182
仕事をしている	3 958	3 037	1 057	61	16	580	954	166	54	149
自営業主	1 028	934	895	18	2	1	4	10	2	2
家族従業者	51	47	15	24	1	1	2	2	−	2
会社・団体等の役員	369	243	78	4	−	60	23	20	7	51
正規の職員・従業員	639	440	19	6	1	220	141	23	5	25
パート・アルバイト	784	631	17	6	3	52	499	39	8	7
労働者派遣事業所の派遣社員	37	32	−	−	−	11	16	2	2	1
契約社員・嘱託	926	612	20	3	3	224	258	58	20	26
家庭での内職など	6	6	−	−	6	−	−	−	−	−
その他	114	89	12	−	−	10	11	11	10	35
仕事をしていない	1 829	457	41	14	16	20	189	81	63	33
女	6 231	2 619	264	407	155	145	1 285	126	133	104
仕事をしている	2 932	2 092	248	367	66	141	1 077	69	51	73
自営業主	242	198	180	14	1	−	1	−	2	−
家族従業者	423	355	31	311	1	−	5	3	1	3
会社・団体等の役員	102	56	8	14	−	6	3	4	−	21
正規の職員・従業員	265	156	3	1	−	59	76	6	5	6
パート・アルバイト	1 461	1 019	14	18	15	25	889	32	17	9
労働者派遣事業所の派遣社員	22	15	−	−	−	1	11	1	−	2
契約社員・嘱託	240	154	3	3	2	48	80	8	5	5
家庭での内職など	55	50	3	−	44	1	−	1	−	1
その他	115	87	6	6	3	1	11	14	20	26
仕事をしていない	3 296	527	16	40	89	4	208	57	82	31

注：1）「61〜68歳」の者を集計。なお、第12回の65〜69歳の就業希望が不詳の者は除いて集計した。
　　2）総数には第12回の仕事の有無・仕事のかたちの不詳を含む。

仕事のかたち、第 12 回の 65 ～ 69 歳の就業希望の有無・希望する仕事のかたち別（3－1）

65 ～ 69 歳の就業希望の有無・希望する仕事のかたち

仕事はしたくない	まだ考えていない	総数	仕事をしたい	自営業主	家業の手伝い	家庭での内職など	雇われて働く（フルタイム）	雇われて働く（パートタイム）	近所の人や会社に頼まれて任意に行う仕事	有償型の社会参加活動	その他	仕事はしたくない	まだ考えていない
							構成割合（単位：%）						
3 963	1 942	100.0	50.9	11.3	4.0	1.6	6.2	20.2	3.1	2.1	2.4	33.0	16.2
641	1 120	100.0	74.4	18.9	6.2	1.2	10.5	29.5	3.4	1.5	3.2	9.3	16.3
49	89	100.0	89.1	84.6	2.5	0.2	0.1	0.4	0.8	0.3	0.2	3.9	7.0
29	43	100.0	84.8	9.7	70.7	0.4	0.2	1.5	1.1	0.2	1.1	6.1	9.1
58	114	100.0	63.5	18.3	3.8	–	14.0	5.5	5.1	1.5	15.3	12.3	24.2
109	199	100.0	65.9	2.4	0.8	0.1	30.9	24.0	3.2	1.1	3.4	12.1	22.0
221	374	100.0	73.5	1.4	1.1	0.8	3.4	61.8	3.2	1.1	0.7	9.8	16.7
2	10	100.0	79.7	–	–	–	20.3	45.8	5.1	3.4	5.1	3.4	16.9
155	245	100.0	65.7	2.0	0.5	0.4	23.3	29.0	5.7	2.1	2.7	13.3	21.0
1	4	100.0	91.8	4.9	–	82.0	1.6	–	1.6	–	1.6	1.6	6.6
13	40	100.0	76.9	7.9	2.6	1.3	4.8	9.6	10.9	13.1	26.6	5.7	17.5
3 319	822	100.0	19.2	1.1	1.1	2.0	0.5	7.7	2.7	2.8	1.2	64.8	16.0
1 398	895	100.0	60.4	19.0	1.3	0.6	10.4	19.8	4.3	2.0	3.1	24.2	15.5
316	605	100.0	76.7	26.7	1.5	0.4	14.7	24.1	4.2	1.4	3.8	8.0	15.3
30	64	100.0	90.9	87.1	1.8	0.2	0.1	0.4	1.0	0.2	0.2	2.9	6.2
2	2	100.0	92.2	29.4	47.1	2.0	2.0	3.9	3.9	–	3.9	3.9	3.9
44	82	100.0	65.9	21.1	1.1	–	16.3	6.2	5.4	1.9	13.8	11.9	22.2
62	137	100.0	68.9	3.0	0.9	0.2	34.4	22.1	3.6	0.8	3.9	9.7	21.4
59	94	100.0	80.5	2.2	0.8	0.4	6.6	63.6	5.0	1.0	0.9	7.5	12.0
–	5	100.0	86.5	–	–	–	29.7	43.2	5.4	5.4	2.7	–	13.5
111	203	100.0	66.1	2.2	0.3	0.3	24.2	27.9	6.3	2.2	2.8	12.0	21.9
–	–	100.0	100.0	–	–	100.0	–	–	–	–	–	–	–
7	18	100.0	78.1	10.5	–	–	8.8	9.6	9.6	8.8	30.7	6.1	15.8
1 082	290	100.0	25.0	2.2	0.8	0.9	1.1	10.3	4.4	3.4	1.8	59.2	15.9
2 565	1 047	100.0	42.0	4.2	6.5	2.5	2.3	20.6	2.0	2.1	1.7	41.2	16.8
325	515	100.0	71.4	8.5	12.5	2.3	4.8	36.7	2.4	1.7	2.5	11.1	17.6
19	25	100.0	81.8	74.4	5.8	0.4	–	0.4	–	0.8	–	7.9	10.3
27	41	100.0	83.9	7.3	73.5	0.2	–	1.2	0.7	0.2	0.7	6.4	9.7
14	32	100.0	54.9	7.8	13.7	–	5.9	2.9	3.9	–	20.6	13.7	31.4
47	62	100.0	58.9	1.1	0.4	–	22.3	28.7	2.3	1.9	2.3	17.7	23.4
162	280	100.0	69.7	1.0	1.2	1.0	1.7	60.8	2.2	1.2	0.6	11.1	19.2
2	5	100.0	68.2	–	–	–	4.5	50.0	4.5	–	9.1	9.1	22.7
44	42	100.0	64.2	1.3	1.3	0.8	20.0	33.3	3.3	2.1	2.1	18.3	17.5
1	4	100.0	90.9	5.5	–	80.0	1.8	–	1.8	–	1.8	1.8	7.3
6	22	100.0	75.7	5.2	5.2	2.6	0.9	9.6	12.2	17.4	22.6	5.2	19.1
2 237	532	100.0	16.0	0.5	1.2	2.7	0.1	6.3	1.7	2.5	0.9	67.9	16.1

61 ～ 64 歳

性、第12回の仕事の有無・仕事のかたち	総数	仕事をしたい	第12回の							
			自営業主	家業の手伝い	家庭での内職など	雇われて働く（フルタイム）	雇われて働く（パートタイム）	近所の人や会社に頼まれて任意に行う仕事	有償型の社会参加活動	その他
	被調査者数（単位：人）									
総数	4 720	2 302	479	180	55	336	925	120	87	120
仕事をしている	3 270	2 066	461	170	31	332	821	95	54	102
自営業主	444	379	352	18	–	–	3	3	1	2
家族従業者	180	148	17	121	–	–	4	3	1	2
会社・団体等の役員	235	142	40	6	–	28	18	9	5	36
正規の職員・従業員	625	372	17	4	1	141	165	17	6	21
パート・アルバイト	939	521	13	12	8	22	414	29	15	8
労働者派遣事業所の派遣社員	20	13	–	–	–	2	8	1	2	–
契約社員・嘱託	719	414	15	4	4	131	200	30	17	13
家庭での内職など	24	19	1	–	16	1	–	–	–	1
その他	81	57	6	5	2	6	9	3	7	19
仕事をしていない	1 449	236	18	10	24	4	104	25	33	18
男	2 281	1 366	398	25	10	282	450	80	41	80
仕事をしている	1 888	1 271	388	23	7	280	408	67	27	71
自営業主	372	325	306	12	–	–	2	3	–	2
家族従業者	15	14	6	4	–	–	1	2	–	1
会社・団体等の役員	182	114	36	–	–	23	16	8	5	26
正規の職員・従業員	456	292	16	4	1	121	117	14	1	18
パート・アルバイト	233	150	7	2	1	16	110	11	2	1
労働者派遣事業所の派遣社員	11	10	–	–	–	2	5	1	2	–
契約社員・嘱託	570	331	12	1	2	111	153	27	14	11
家庭での内職など	3	3	–	–	3	–	–	–	–	–
その他	45	31	5	–	–	6	4	1	3	12
仕事をしていない	393	95	10	2	3	2	42	13	14	9
女	2 439	936	81	155	45	54	475	40	46	40
仕事をしている	1 382	795	73	147	24	52	413	28	27	31
自営業主	72	54	46	6	–	–	1	–	1	–
家族従業者	165	134	11	117	–	–	3	1	1	1
会社・団体等の役員	53	28	4	6	–	5	2	1	–	10
正規の職員・従業員	169	80	1	–	–	20	48	3	5	3
パート・アルバイト	706	371	6	10	7	6	304	18	13	7
労働者派遣事業所の派遣社員	9	3	–	–	–	–	3	–	–	–
契約社員・嘱託	149	83	3	3	2	20	47	3	3	2
家庭での内職など	21	16	1	–	13	1	–	–	–	1
その他	36	26	1	–	5	–	5	2	4	7
仕事をしていない	1 056	141	8	8	21	2	62	12	19	9

注：1）「61 ～ 68 歳」の者を集計。なお、第12回の 65 ～ 69 歳の就業希望が不詳の者は除いて集計した。
　　2）総数には第12回の仕事の有無・仕事のかたちの不詳を含む。

仕事のかたち、第12回の65～69歳の就業希望の有無・希望する仕事のかたち別（3－2）

65～69歳の就業希望の有無・希望する仕事のかたち

仕事はしたくない	まだ考えていない	総数	仕事をしたい	自営業主	家業の手伝い	家庭での内職など	雇われて働く（フルタイム）	雇われて働く（パートタイム）	近所の人や会社に頼まれて任意に行う仕事	有償型の社会参加活動	その他	仕事はしたくない	まだ考えていない
							構成割合（単位：%）						
1 381	1 037	100.0	48.8	10.1	3.8	1.2	7.1	19.6	2.5	1.8	2.5	29.3	22.0
458	746	100.0	63.2	14.1	5.2	0.9	10.2	25.1	2.9	1.7	3.1	14.0	22.8
16	49	100.0	85.4	79.3	4.1	-	-	0.7	0.7	0.2	0.5	3.6	11.0
12	20	100.0	82.2	9.4	67.2	-	-	2.2	1.7	0.6	1.1	6.7	11.1
39	54	100.0	60.4	17.0	2.6	-	11.9	7.7	3.8	2.1	15.3	16.6	23.0
94	159	100.0	59.5	2.7	0.6	0.2	22.6	26.4	2.7	1.0	3.4	15.0	25.4
163	255	100.0	55.5	1.4	1.3	0.9	2.3	44.1	3.1	1.6	0.9	17.4	27.2
2	5	100.0	65.0	-	-	-	10.0	40.0	5.0	10.0	-	10.0	25.0
124	181	100.0	57.6	2.1	0.6	0.6	18.2	27.8	4.2	2.4	1.8	17.2	25.2
1	4	100.0	79.2	4.2	-	66.7	4.2	-	-	-	4.2	4.2	16.7
6	18	100.0	70.4	7.4	6.2	2.5	7.4	11.1	3.7	8.6	23.5	7.4	22.2
922	291	100.0	16.3	1.2	0.7	1.7	0.3	7.2	1.7	2.3	1.2	63.6	20.1
435	480	100.0	59.9	17.4	1.1	0.4	12.4	19.7	3.5	1.8	3.5	19.1	21.0
221	396	100.0	67.3	20.6	1.2	0.4	14.8	21.6	3.5	1.4	3.8	11.7	21.0
10	37	100.0	87.4	82.3	3.2	-	-	0.5	0.8	-	0.5	2.7	9.9
-	1	100.0	93.3	40.0	26.7	-	-	6.7	13.3	-	6.7	-	6.7
31	37	100.0	62.6	19.8	-	-	12.6	8.8	4.4	2.7	14.3	17.0	20.3
54	110	100.0	64.0	3.5	0.9	0.2	26.5	25.7	3.1	0.2	3.9	11.8	24.1
35	48	100.0	64.4	3.0	0.9	0.4	6.9	47.2	4.7	0.9	0.4	15.0	20.6
-	1	100.0	90.9	-	-	-	18.2	45.5	9.1	18.2	-	-	9.1
88	151	100.0	58.1	2.1	0.2	0.4	19.5	26.8	4.7	2.5	1.9	15.4	26.5
-	-	100.0	100.0	-	-	100.0	-	-	-	-	-	-	-
3	11	100.0	68.9	11.1	-	-	13.3	8.9	2.2	6.7	26.7	6.7	24.4
214	84	100.0	24.2	2.5	0.5	0.8	0.5	10.7	3.3	3.6	2.3	54.5	21.4
946	557	100.0	38.4	3.3	6.4	1.8	2.2	19.5	1.6	1.9	1.6	38.8	22.8
237	350	100.0	57.5	5.3	10.6	1.7	3.8	29.9	2.0	2.0	2.2	17.1	25.3
6	12	100.0	75.0	63.9	8.3	-	-	1.4	-	1.4	-	8.3	16.7
12	19	100.0	81.2	6.7	70.9	-	-	1.8	0.6	0.6	0.6	7.3	11.5
8	17	100.0	52.8	7.5	11.3	-	9.4	3.8	1.9	-	18.9	15.1	32.1
40	49	100.0	47.3	0.6	-	-	11.8	28.4	1.8	3.0	1.8	23.7	29.0
128	207	100.0	52.5	0.8	1.4	1.0	0.8	43.1	2.5	1.8	1.0	18.1	29.3
2	4	100.0	33.3	-	-	-	-	33.3	-	-	-	22.2	44.4
36	30	100.0	55.7	2.0	2.0	1.3	13.4	31.5	2.0	2.0	1.3	24.2	20.1
1	4	100.0	76.2	4.8	-	61.9	4.8	-	-	-	4.8	4.8	19.0
3	7	100.0	72.2	2.8	13.9	5.6	-	13.9	5.6	11.1	19.4	8.3	19.4
708	207	100.0	13.4	0.8	0.8	2.0	0.2	5.9	1.1	1.8	0.9	67.0	19.6

第29表　被調査者数・構成割合，年齢階級、性、第12回の仕事の有無・

65～68歳

性、第12回の仕事の有無・仕事のかたち	総数	仕事をしたい	第12回の							
			自営業主	家業の手伝い	家庭での内職など	雇われて働く（フルタイム）	雇われて働く（パートタイム）	近所の人や会社に頼まれて任意に行う仕事	有償型の社会参加活動	その他
						被調査者数（単位：人）				
総数	7 299	3 812	883	302	132	409	1 504	253	163	166
仕事をしている	3 620	3 063	844	258	51	389	1 210	140	51	120
自営業主	826	753	723	14	3	1	2	7	3	–
家族従業者	294	254	29	214	2	1	3	2	–	3
会社・団体等の役員	236	157	46	12	–	38	8	15	2	36
正規の職員・従業員	279	224	5	3	–	138	52	12	4	10
パート・アルバイト	1 306	1 129	18	12	10	55	974	42	10	8
労働者派遣事業所の派遣社員	39	34	–	–	–	10	19	2	–	3
契約社員・嘱託	447	352	8	2	1	141	138	36	8	18
家庭での内職など	37	37	2		34			1	–	
その他	148	119	12	1	1	5	13	22	23	42
仕事をしていない	3 676	748	39	44	81	20	293	113	112	46
男	3 507	2 129	700	50	22	318	694	167	76	102
仕事をしている	2 070	1 766	669	38	9	300	546	99	27	78
自営業主	656	609	589	6	2	1	2	7	2	–
家族従業者	36	33	9	20	1	1	1	–	–	1
会社・団体等の役員	187	129	42	4	–	37	7	12	2	25
正規の職員・従業員	183	148	3	2	–	99	24	9	4	7
パート・アルバイト	551	481	10	4	2	36	389	28	6	6
労働者派遣事業所の派遣社員	26	22	–	–	–	9	11	1	–	1
契約社員・嘱託	356	281	8	2	1	113	105	31	6	15
家庭での内職など	3	3	–	–	3	–	–	–	–	–
その他	69	58	7	–	–	4	7	10	7	23
仕事をしていない	1 436	362	31	12	13	18	147	68	49	24
女	3 792	1 683	183	252	110	91	810	86	87	64
仕事をしている	1 550	1 297	175	220	42	89	664	41	24	42
自営業主	170	144	134	8	1	–	–	–	1	–
家族従業者	258	221	20	194	1	–	2	2	–	2
会社・団体等の役員	49	28	4	8	–	1	1	3	–	11
正規の職員・従業員	96	76	2	1	–	39	28	3	–	3
パート・アルバイト	755	648	8	8	8	19	585	14	4	2
労働者派遣事業所の派遣社員	13	12	–	–	–	1	8	1	–	2
契約社員・嘱託	91	71	–	–	–	28	33	5	2	3
家庭での内職など	34	34	2	–	31	–	–	1	–	–
その他	79	61	5	1	1	1	6	12	16	19
仕事をしていない	2 240	386	8	32	68	2	146	45	63	22

注：1）「61～68歳」の者を集計。なお、第12回の65～69歳の就業希望が不詳の者は除いて集計した。
　　2）総数には第12回の仕事の有無・仕事のかたちの不詳を含む。

第12回調査（平成28年）

65〜69歳の就業希望の有無・希望する仕事のかたち

仕事はしたくない	まだ考えていない	総数	仕事をしたい	自営業主	家業の手伝い	家庭での内職など	雇われて働く（フルタイム）	雇われて働く（パートタイム）	近所の人や会社に頼まれて任意に行う仕事	有償型の社会参加活動	その他	仕事はしたくない	まだ考えていない
						構成割合（単位：％）							
2 582	905	100.0	52.2	12.1	4.1	1.8	5.6	20.6	3.5	2.2	2.3	35.4	12.4
183	374	100.0	84.6	23.3	7.1	1.4	10.7	33.4	3.9	1.4	3.3	5.1	10.3
33	40	100.0	91.2	87.5	1.7	0.4	0.1	0.2	0.8	0.4	–	4.0	4.8
17	23	100.0	86.4	9.9	72.8	0.7	0.3	1.0	0.7	–	1.0	5.8	7.8
19	60	100.0	66.5	19.5	5.1	–	16.1	3.4	6.4	0.8	15.3	8.1	25.4
15	40	100.0	80.3	1.8	1.1	–	49.5	18.6	4.3	1.4	3.6	5.4	14.3
58	119	100.0	86.4	1.4	0.9	0.8	4.2	74.6	3.2	0.8	0.6	4.4	9.1
–	5	100.0	87.2	–	–	–	25.6	48.7	5.1	–	7.7	–	12.8
31	64	100.0	78.7	1.8	0.4	0.2	31.5	30.9	8.1	1.8	4.0	6.9	14.3
–	–	100.0	100.0	5.4	–	91.9	–	–	2.7	–	–	–	–
7	22	100.0	80.4	8.1	0.7	0.7	3.4	8.8	14.9	15.5	28.4	4.7	14.9
2 397	531	100.0	20.3	1.1	1.2	2.2	0.5	8.0	3.1	3.0	1.3	65.2	14.4
963	415	100.0	60.7	20.0	1.4	0.6	9.1	19.8	4.8	2.2	2.9	27.5	11.8
95	209	100.0	85.3	32.3	1.8	0.4	14.5	26.4	4.8	1.3	3.8	4.6	10.1
20	27	100.0	92.8	89.8	0.9	0.3	0.2	0.3	1.1	0.3	–	3.0	4.1
2	1	100.0	91.7	25.0	55.6	2.8	2.8	2.8	–	–	2.8	5.6	2.8
13	45	100.0	69.0	22.5	2.1	–	19.8	3.7	6.4	1.1	13.4	7.0	24.1
8	27	100.0	80.9	1.6	1.1	–	54.1	13.1	4.9	2.2	3.8	4.4	14.8
24	46	100.0	87.3	1.8	0.7	0.4	6.5	70.6	5.1	1.1	1.1	4.4	8.3
–	4	100.0	84.6	–	–	–	34.6	42.3	3.8	–	3.8	–	15.4
23	52	100.0	78.9	2.2	0.6	0.3	31.7	29.5	8.7	1.7	4.2	6.5	14.6
–	–	100.0	100.0	–	–	100.0	–	–	–	–	–	–	–
4	7	100.0	84.1	10.1	–	–	5.8	10.1	14.5	10.1	33.3	5.8	10.1
868	206	100.0	25.2	2.2	0.8	0.9	1.3	10.2	4.7	3.4	1.7	60.4	14.3
1 619	490	100.0	44.4	4.8	6.6	2.9	2.4	21.4	2.3	2.3	1.7	42.7	12.9
88	165	100.0	83.7	11.3	14.2	2.7	5.7	42.8	2.6	1.5	2.7	5.7	10.6
13	13	100.0	84.7	78.8	4.7	0.6	–	–	–	0.6	–	7.6	7.6
15	22	100.0	85.7	7.8	75.2	0.4	–	0.8	0.8	–	0.8	5.8	8.5
6	15	100.0	57.1	8.2	16.3	–	2.0	2.0	6.1	–	22.4	12.2	30.6
7	13	100.0	79.2	2.1	1.0	–	40.6	29.2	3.1	–	3.1	7.3	13.5
34	73	100.0	85.8	1.1	1.1	1.1	2.5	77.5	1.9	0.5	0.3	4.5	9.7
–	1	100.0	92.3	–	–	–	7.7	61.5	7.7	–	15.4	–	7.7
8	12	100.0	78.0	–	–	–	30.8	36.3	5.5	2.2	3.3	8.8	13.2
–	–	100.0	100.0	5.9	–	91.2	–	–	2.9	–	–	–	–
3	15	100.0	77.2	6.3	1.3	1.3	1.3	7.6	15.2	20.3	24.1	3.8	19.0
1 529	325	100.0	17.2	0.4	1.4	3.0	0.1	6.5	2.0	2.8	1.0	68.3	14.5

第30表 被調査者数・構成割合, 年齢階級、性、第12回の仕事の有無・

総数

性、第12回の仕事の有無・仕事のかたち	総数	仕事をしたい	第12回の							
			自営業主	家業の手伝い	家庭での内職など	雇われて働く（フルタイム）	雇われて働く（パートタイム）	近所の人や会社に頼まれて任意に行う仕事	有償型の社会参加活動	その他
			被調査者数（単位：人）							
総数	11 137	3 529	958	357	123	204	1 122	316	222	227
仕事をしている	6 213	2 967	921	322	55	193	949	218	129	180
自営業主	1 157	813	740	43	2	1	5	12	6	4
家族従業者	419	271	32	225	2	–	3	7	–	2
会社・団体等の役員	504	220	64	9	1	30	15	28	15	58
正規の職員・従業員	836	297	20	9	2	72	116	29	22	27
パート・アルバイト	1 913	842	30	23	15	24	623	65	43	19
労働者派遣事業所の派遣社員	61	35	2	–	–	4	19	7	1	2
契約社員・嘱託	1 049	335	23	5	5	59	152	50	22	19
家庭での内職など	57	33	2	1	26	–	–	–	1	3
その他	202	116	8	5	3	–	15	18	19	46
仕事をしていない	4 919	561	37	35	68	11	172	98	93	47
男	5 542	2 172	786	72	34	171	648	217	108	136
仕事をしている	3 679	1 888	760	62	20	163	545	157	70	111
自営業主	942	679	632	25	1	1	4	12	2	2
家族従業者	42	33	9	19	–	–	–	4	–	1
会社・団体等の役員	394	178	57	4	1	27	11	25	13	40
正規の職員・従業員	593	226	18	7	2	61	80	23	14	21
パート・アルバイト	701	399	19	4	4	17	300	32	15	8
労働者派遣事業所の派遣社員	46	27	1	–	–	4	14	5	1	2
契約社員・嘱託	844	277	19	3	5	50	125	44	18	13
家庭での内職など	9	6	–	–	5	–	–	–	–	1
その他	104	60	5	–	2	3	10	10	7	23
仕事をしていない	1 861	283	26	10	14	8	102	60	38	25
女	5 595	1 357	172	285	89	33	474	99	114	91
仕事をしている	2 534	1 079	161	260	35	30	404	61	59	69
自営業主	215	134	108	18	1	–	1	–	4	2
家族従業者	377	238	23	206	2	–	3	3	–	1
会社・団体等の役員	110	42	7	5	–	3	4	3	2	18
正規の職員・従業員	243	71	2	2	–	11	36	6	8	6
パート・アルバイト	1 212	443	11	19	11	7	323	33	28	11
労働者派遣事業所の派遣社員	15	8	1	–	–	–	5	2	–	–
契約社員・嘱託	205	58	4	2	–	9	27	6	4	6
家庭での内職など	48	27	2	1	21	–	–	–	1	2
その他	98	56	3	5	–	–	8	8	12	23
仕事をしていない	3 058	278	11	25	54	3	70	38	55	22

注： 1） 第12回の70歳以降の就業希望が不詳の者は除いて集計した。
　　 2） 総数には第12回の仕事の有無・仕事のかたちの不詳を含む。

70歳以降の就業希望の有無・希望する仕事のかたち

仕事はしたくない	まだ考えていない	総数	仕事をしたい	自営業主	家業の手伝い	家庭での内職など	雇われて働く（フルタイム）	雇われて働く（パートタイム）	近所の人や会社に頼まれて任意に行う仕事	有償型の社会参加活動	その他	仕事はしたくない	まだ考えていない
							構成割合（単位：％）						
4 910	2 698	100.0	31.7	8.6	3.2	1.1	1.8	10.1	2.8	2.0	2.0	44.1	24.2
1 388	1 858	100.0	47.8	14.8	5.2	0.9	3.1	15.3	3.5	2.1	2.9	22.3	29.9
138	206	100.0	70.3	64.0	3.7	0.2	0.1	0.4	1.0	0.5	0.3	11.9	17.8
59	89	100.0	64.7	7.6	53.7	0.5	−	0.7	1.7	−	0.5	14.1	21.2
141	143	100.0	43.7	12.7	1.8		6.0	3.0	5.6	3.0	11.5	28.0	28.4
223	316	100.0	35.5	2.4	1.1	0.2	8.6	13.9	3.5	2.6	3.2	26.7	37.8
459	612	100.0	44.0	1.6	1.2	0.8	1.3	32.6	3.4	2.2	1.0	24.0	32.0
9	17	100.0	57.4	3.3	−	−	6.6	31.1	11.5	1.6	3.3	14.8	27.9
316	398	100.0	31.9	2.2	0.5	0.5	5.6	14.5	4.8	2.1	1.8	30.1	37.9
11	13	100.0	57.9	3.5	1.8	45.6	−	−	−	1.8	5.3	19.3	22.8
24	62	100.0	57.4	4.0	2.5	1.0	1.5	7.4	8.9	9.4	22.8	11.9	30.7
3 518	840	100.0	11.4	0.8	0.7	1.4	0.2	3.5	2.0	1.9	1.0	71.5	17.1
1 999	1 371	100.0	39.2	14.2	1.3	0.6	3.1	11.7	3.9	1.9	2.5	36.1	24.7
747	1 044	100.0	51.3	20.7	1.7	0.5	4.4	14.8	4.3	1.9	3.0	20.3	28.4
102	161	100.0	72.1	67.1	2.7	0.1	0.1	0.4	1.3	0.2	0.2	10.8	17.1
4	5	100.0	78.6	21.4	45.2				9.5		2.4	9.5	11.9
110	106	100.0	45.2	14.5	1.0	0.3	6.9	2.8	6.3	3.3	10.2	27.9	26.9
146	221	100.0	38.1	3.0	1.2	0.3	10.3	13.5	3.9	2.4	3.5	24.6	37.3
126	176	100.0	56.9	2.7	0.6	0.6	2.4	42.8	4.6	2.1	1.1	18.0	25.1
4	15	100.0	58.7	2.2	−	−	8.7	30.4	10.9	2.2	4.3	8.7	32.6
239	328	100.0	32.8	2.3	0.4	0.6	5.9	14.8	5.2	2.1	1.5	28.3	38.9
2	1	100.0	66.7	−	−	55.6	−	−	−	−	11.1	22.2	11.1
13	31	100.0	57.7	4.8	−	1.9	2.9	9.6	9.6	6.7	22.1	12.5	29.8
1 251	327	100.0	15.2	1.4	0.5	0.8	0.4	5.5	3.2	2.0	1.3	67.2	17.6
2 911	1 327	100.0	24.3	3.1	5.1	1.6	0.6	8.5	1.8	2.0	1.6	52.0	23.7
641	814	100.0	42.6	6.4	10.3	1.4	1.2	15.9	2.4	2.3	2.7	25.3	32.1
36	45	100.0	62.3	50.2	8.4	0.5	−	0.5	−	1.9	0.9	16.7	20.9
55	84	100.0	63.1	6.1	54.6	0.5	−	0.8	0.8	−	0.3	14.6	22.3
31	37	100.0	38.2	6.4	4.5	−	2.7	3.6	2.7	1.8	16.4	28.2	33.6
77	95	100.0	29.2	0.8	0.8	−	4.5	14.8	2.5	3.3	2.5	31.7	39.1
333	436	100.0	36.6	0.9	1.6	0.9	0.6	26.7	2.7	2.3	0.9	27.5	36.0
5	2	100.0	53.3	6.7	−	−	−	33.3	13.3	−	−	33.3	13.3
77	70	100.0	28.3	2.0	1.0	−	4.4	13.2	2.9	2.0	2.9	37.6	34.1
9	12	100.0	56.3	4.2	2.1	43.8	−	−	−	2.1	4.2	18.8	25.0
11	31	100.0	57.1	3.1	5.1	−	−	5.1	8.2	12.2	23.5	11.2	31.6
2 267	513	100.0	9.1	0.4	0.8	1.8	0.1	2.3	1.2	1.8	0.7	74.1	16.8

61 ～ 64 歳

性、第12回の仕事の有無・仕事のかたち	総数	仕事をしたい	第12回の							
			自営業主	家業の手伝い	家庭での内職など	雇われて働く（フルタイム）	雇われて働く（パートタイム）	近所の人や会社に頼まれて任意に行う仕事	有償型の社会参加活動	その他
						被調査者数（単位：人）				
総数	4 459	1 145	327	130	34	76	326	80	79	93
仕事をしている	3 078	1 032	315	124	20	74	292	65	61	81
自営業主	424	265	235	19	–	–	1	4	3	3
家族従業者	172	94	13	76	1	–	–	3	–	1
会社・団体等の役員	227	74	22	4	–	8	7	6	7	20
正規の職員・従業員	597	173	15	5	2	29	72	12	17	21
パート・アルバイト	871	223	12	13	8	9	131	19	20	11
労働者派遣事業所の派遣社員	20	8	–	–	–	1	4	1	–	2
契約社員・嘱託	670	156	14	3	4	24	72	19	12	8
家庭での内職など	22	6	1	–	4	–	–	–	–	1
その他	72	32	3	4	1	3	4	1	2	14
仕事をしていない	1 380	113	12	6	14	2	34	15	18	12
男	2 154	715	274	28	13	64	185	52	43	56
仕事をしている	1 786	673	268	27	10	63	171	45	36	53
自営業主	353	229	207	13	–	–	1	4	2	2
家族従業者	15	12	5	4	–	–	–	2	–	1
会社・団体等の役員	179	60	21	1	–	6	6	5	6	15
正規の職員・従業員	434	137	14	5	2	26	53	10	11	16
パート・アルバイト	223	86	7	3	3	7	49	8	7	2
労働者派遣事業所の派遣社員	11	5	–	–	–	1	1	1	–	2
契約社員・嘱託	528	125	11	1	4	20	58	15	10	6
家庭での内職など	2	–	–	–	–	–	–	–	–	–
その他	40	18	3	–	1	3	2	–	–	9
仕事をしていない	368	42	6	1	3	1	14	7	7	3
女	2 305	430	53	102	21	12	141	28	36	37
仕事をしている	1 292	359	47	97	10	11	121	20	25	28
自営業主	71	36	28	6	–	–	–	–	1	1
家族従業者	157	82	8	72	1	–	–	1	–	–
会社・団体等の役員	48	14	1	3	–	2	1	1	1	5
正規の職員・従業員	163	36	1	–	–	3	19	2	6	5
パート・アルバイト	648	137	5	10	5	2	82	11	13	9
労働者派遣事業所の派遣社員	9	3	–	–	–	–	3	–	–	–
契約社員・嘱託	142	31	3	2	–	4	14	4	2	2
家庭での内職など	20	6	1	–	4	–	–	–	–	1
その他	32	14	–	4	–	–	2	1	2	5
仕事をしていない	1 012	71	6	5	11	1	20	8	11	9

注：1）第12回の70歳以降の就業希望が不詳の者は除いて集計した。
　　2）総数には第12回の仕事の有無・仕事のかたちの不詳を含む。

第12回調査（平成28年）

70歳以降の就業希望の有無・希望する仕事のかたち

仕事はしたくない	まだ考えていない	総数	仕事をしたい	自営業主	家業の手伝い	家庭での内職など	雇われて働く（フルタイム）	雇われて働く（パートタイム）	近所の人や会社に頼まれて任意に行う仕事	有償型の社会参加活動	その他	仕事はしたくない	まだ考えていない
						構成割合（単位：%）							
1 856	1 458	100.0	25.7	7.3	2.9	0.8	1.7	7.3	1.8	1.8	2.1	41.6	32.7
918	1 128	100.0	33.5	10.2	4.0	0.6	2.4	9.5	2.1	2.0	2.6	29.8	36.6
56	103	100.0	62.5	55.4	4.5	-	-	0.2	0.9	0.7	0.7	13.2	24.3
30	48	100.0	54.7	7.6	44.2	0.6	-	-	1.7	-	0.6	17.4	27.9
80	73	100.0	32.6	9.7	1.8	-	3.5	3.1	2.6	3.1	8.8	35.2	32.2
183	241	100.0	29.0	2.5	0.8	0.3	4.9	12.1	2.0	2.8	3.5	30.7	40.4
308	340	100.0	25.6	1.4	1.5	0.9	1.0	15.0	2.2	2.3	1.3	35.4	39.0
7	5	100.0	40.0	-	-	-	5.0	20.0	5.0	-	10.0	35.0	25.0
233	281	100.0	23.3	2.1	0.4	0.6	3.6	10.7	2.8	1.8	1.2	34.8	41.9
7	9	100.0	27.3	4.5	-	18.2	-	-	-	-	4.5	31.8	40.9
13	27	100.0	44.4	4.2	5.6	1.4	4.2	5.6	1.4	2.8	19.4	18.1	37.5
937	330	100.0	8.2	0.9	0.4	1.0	0.1	2.5	1.1	1.3	0.9	67.9	23.9
705	734	100.0	33.2	12.7	1.3	0.6	3.0	8.6	2.4	2.0	2.6	32.7	34.1
483	630	100.0	37.7	15.0	1.5	0.6	3.5	9.6	2.5	2.0	3.0	27.0	35.3
44	80	100.0	64.9	58.6	3.7	-	-	0.3	1.1	0.6	0.6	12.5	22.7
2	1	100.0	80.0	33.3	26.7	-	-	-	13.3	-	6.7	13.3	6.7
66	53	100.0	33.5	11.7	0.6	-	3.4	3.4	2.8	3.4	8.4	36.9	29.6
123	174	100.0	31.6	3.2	1.2	0.5	6.0	12.2	2.3	2.5	3.7	28.3	40.1
68	69	100.0	38.6	3.1	1.3	1.3	3.1	22.0	3.6	3.1	0.9	30.5	30.9
2	4	100.0	45.5	-	-	-	9.1	9.1	9.1	-	18.2	18.2	36.4
171	232	100.0	23.7	2.1	0.2	0.8	3.8	11.0	2.8	1.9	1.1	32.4	43.9
1	1	100.0	-	-	-	-	-	-	-	-	-	50.0	50.0
6	16	100.0	45.0	7.5	-	2.5	7.5	5.0	-	-	22.5	15.0	40.0
222	104	100.0	11.4	1.6	0.3	0.8	0.3	3.8	1.9	1.9	0.8	60.3	28.3
1 151	724	100.0	18.7	2.3	4.4	0.9	0.5	6.1	1.2	1.6	1.6	49.9	31.4
435	498	100.0	27.8	3.6	7.5	0.8	0.9	9.4	1.5	1.9	2.2	33.7	38.5
12	23	100.0	50.7	39.4	8.5	-	-	-	-	1.4	1.4	16.9	32.4
28	47	100.0	52.2	5.1	45.9	0.6	-	-	0.6	-	-	17.8	29.9
14	20	100.0	29.2	2.1	6.3	-	4.2	2.1	2.1	2.1	10.4	29.2	41.7
60	67	100.0	22.1	0.6	-	-	1.8	11.7	1.2	3.7	3.1	36.8	41.1
240	271	100.0	21.1	0.8	1.5	0.8	0.3	12.7	1.7	2.0	1.4	37.0	41.8
5	1	100.0	33.3	-	-	-	-	33.3	-	-	-	55.6	11.1
62	49	100.0	21.8	2.1	1.4	-	2.8	9.9	2.8	1.4	1.4	43.7	34.5
6	8	100.0	30.0	5.0	-	20.0	-	-	-	-	5.0	30.0	40.0
7	11	100.0	43.8	-	12.5	-	-	6.3	3.1	6.3	15.6	21.9	34.4
715	226	100.0	7.0	0.6	0.5	1.1	0.1	2.0	0.8	1.1	0.9	70.7	22.3

65～69歳

性、第12回の仕事の有無・仕事のかたち	総数	仕事をしたい	第12回の							
			自営業主	家業の手伝い	家庭での内職など	雇われて働く（フルタイム）	雇われて働く（パートタイム）	近所の人や会社に頼まれて任意に行う仕事	有償型の社会参加活動	その他
	被調査者数（単位：人）									
総数	5 378	1 831	491	178	66	96	613	182	113	92
仕事をしている	2 627	1 518	474	158	27	92	516	119	60	72
自営業主	594	420	385	20	1	1	3	6	3	1
家族従業者	205	143	16	120	1	-	3	2	-	1
会社・団体等の役員	227	113	36	3	1	19	5	16	7	26
正規の職員・従業員	212	104	5	3	-	36	38	14	4	4
パート・アルバイト	882	486	18	8	7	13	373	39	21	7
労働者派遣事業所の派遣社員	33	21	2	-	-	3	12	4	-	-
契約社員・嘱託	335	146	7	2	1	20	72	25	9	10
家庭での内職など	25	20	1	1	16	-	-	-	1	1
その他	107	63	4	1	-	-	10	11	15	22
仕事をしていない	2 748	312	17	20	39	4	96	63	53	20
男	2 733	1 124	398	35	14	80	367	125	50	55
仕事をしている	1 586	959	386	31	8	77	301	86	29	41
自営業主	480	349	327	11	1	1	3	6	-	-
家族従業者	23	17	3	13	-	-	-	1	-	-
会社・団体等の役員	178	93	31	2	1	18	4	15	6	16
正規の職員・従業員	140	73	4	2	-	29	22	11	2	3
パート・アルバイト	398	249	12	1	1	9	194	19	8	5
労働者派遣事業所の派遣社員	28	17	1	-	-	3	10	3	-	-
契約社員・嘱託	278	123	6	2	1	17	61	23	7	6
家庭での内職など	4	4	-	-	4	-	-	-	-	-
その他	54	32	2	-	-	-	7	6	6	11
仕事をしていない	1 145	164	12	4	6	3	65	39	21	14
女	2 645	707	93	143	52	16	246	57	63	37
仕事をしている	1 041	559	88	127	19	15	215	33	31	31
自営業主	114	71	58	9	-	-	-	-	3	1
家族従業者	182	126	13	107	1	-	3	1	-	1
会社・団体等の役員	49	20	5	1	-	1	1	1	1	10
正規の職員・従業員	72	31	1	1	-	7	16	3	2	1
パート・アルバイト	484	237	6	7	6	4	179	20	13	2
労働者派遣事業所の派遣社員	5	4	1	-	-	-	2	1	-	-
契約社員・嘱託	57	23	1	-	-	3	11	2	2	4
家庭での内職など	21	16	1	1	12	-	-	-	1	1
その他	53	31	2	1	-	-	3	5	9	11
仕事をしていない	1 603	148	5	16	33	1	31	24	32	6

注：1）第12回の70歳以降の就業希望が不詳の者は除いて集計した。
　　2）総数には第12回の仕事の有無・仕事のかたちの不詳を含む。

仕事のかたち、第12回の70歳以降の就業希望の有無・希望する仕事のかたち別（4−3）

第12回調査（平成28年）

70歳以降の就業希望の有無・希望する仕事のかたち

構成割合（単位：％）

仕事はしたくない	まだ考えていない	総数	仕事をしたい	自営業主	家業の手伝い	家庭での内職など	雇われて働く（フルタイム）	雇われて働く（パートタイム）	近所の人や会社に頼まれて任意に行う仕事	有償型の社会参加活動	その他	仕事はしたくない	まだ考えていない
2 451	1 096	100.0	34.0	9.1	3.3	1.2	1.8	11.4	3.4	2.1	1.7	45.6	20.4
431	678	100.0	57.8	18.0	6.0	1.0	3.5	19.6	4.5	2.3	2.7	16.4	25.8
76	98	100.0	70.7	64.8	3.4	0.2	0.2	0.5	1.0	0.5	0.2	12.8	16.5
25	37	100.0	69.8	7.8	58.5	0.5	−	1.5	1.0	−	0.5	12.2	18.0
55	59	100.0	49.8	15.9	1.3	0.4	8.4	2.2	7.0	3.1	11.5	24.2	26.0
36	72	100.0	49.1	2.4	1.4	−	17.0	17.9	6.6	1.9	1.9	17.0	34.0
146	250	100.0	55.1	2.0	0.9	0.8	1.5	42.3	4.4	2.4	0.8	16.6	28.3
2	10	100.0	63.6	6.1	−	−	9.1	36.4	12.1	−	−	6.1	30.3
76	113	100.0	43.6	2.1	0.6	0.3	6.0	21.5	7.5	2.7	3.0	22.7	33.7
2	3	100.0	80.0	4.0	4.0	64.0	−	−	−	4.0	4.0	8.0	12.0
9	35	100.0	58.9	3.7	0.9	−	−	9.3	10.3	14.0	20.6	8.4	32.7
2 018	418	100.0	11.4	0.6	0.7	1.4	0.1	3.5	2.3	1.9	0.7	73.4	15.2
1 048	561	100.0	41.1	14.6	1.3	0.5	2.9	13.4	4.6	1.8	2.0	38.3	20.5
245	382	100.0	60.5	24.3	2.0	0.5	4.9	19.0	5.4	1.8	2.6	15.4	24.1
54	77	100.0	72.7	68.1	2.3	0.2	0.2	0.6	1.3	−	−	11.3	16.0
2	4	100.0	73.9	13.0	56.5	−	−	4.3	−	−	−	8.7	17.4
39	46	100.0	52.2	17.4	1.1	0.6	10.1	2.2	8.4	3.4	9.0	21.9	25.8
22	45	100.0	52.1	2.9	1.4	−	20.7	15.7	7.9	1.4	2.1	15.7	32.1
55	94	100.0	62.6	3.0	0.3	0.3	2.3	48.7	4.8	2.0	1.3	13.8	23.6
2	9	100.0	60.7	3.6	−	−	10.7	35.7	10.7	−	−	7.1	32.1
63	92	100.0	44.2	2.2	0.7	0.4	6.1	21.9	8.3	2.5	2.2	22.7	33.1
−	−	100.0	100.0	−	−	100.0	−	−	−	−	−	−	−
7	15	100.0	59.3	3.7	−	−	−	13.0	11.1	11.1	20.4	13.0	27.8
802	179	100.0	14.3	1.0	0.3	0.5	0.3	5.7	3.4	1.8	1.2	70.0	15.6
1 403	535	100.0	26.7	3.5	5.4	2.0	0.6	9.3	2.2	2.4	1.4	53.0	20.2
186	296	100.0	53.7	8.5	12.2	1.8	1.4	20.7	3.2	3.0	3.0	17.9	28.4
22	21	100.0	62.3	50.9	7.9	−	−	−	−	2.6	0.9	19.3	18.4
23	33	100.0	69.2	7.1	58.8	0.5	−	1.6	0.5	−	0.5	12.6	18.1
16	13	100.0	40.8	10.2	2.0	−	2.0	2.0	2.0	2.0	20.4	32.7	26.5
14	27	100.0	43.1	1.4	1.4	−	9.7	22.2	4.2	2.8	1.4	19.4	37.5
91	156	100.0	49.0	1.2	1.4	1.2	0.8	37.0	4.1	2.7	0.4	18.8	32.2
−	1	100.0	80.0	20.0	−	−	−	40.0	20.0	−	−	−	20.0
13	21	100.0	40.4	1.8	−	−	5.3	19.3	3.5	3.5	7.0	22.8	36.8
2	3	100.0	76.2	4.8	4.8	57.1	−	−	−	4.8	4.8	9.5	14.3
2	20	100.0	58.5	3.8	1.9	−	−	5.7	9.4	17.0	20.8	3.8	37.7
1 216	239	100.0	9.2	0.3	1.0	2.1	0.1	1.9	1.5	2.0	0.4	75.9	14.9

第 30 表　被調査者数・構成割合，<small>年齢階級、性、第12回の仕事の有無・</small>

70 歳

性、第12回の仕事の有無・仕事のかたち	総数	仕事をしたい	第12回の							
			自営業主	家業の手伝い	家庭での内職など	雇われて働く（フルタイム）	雇われて働く（パートタイム）	近所の人や会社に頼まれて任意に行う仕事	有償型の社会参加活動	その他
						被調査者数（単位：人）				
総数	1 300	553	140	49	23	32	183	54	30	42
仕事をしている	508	417	132	40	8	27	141	34	8	27
自営業主	139	128	120	4	1	－	1	2	－	－
家族従業者	42	34	3	29	－	－	－	2	－	－
会社・団体等の役員	50	33	6	2	－	3	3	6	1	12
正規の職員・従業員	27	20	－	1	－	7	6	3	1	2
パート・アルバイト	160	133	－	2	－	2	119	7	2	1
労働者派遣事業所の派遣社員	8	6	－	－	－	－	3	2	1	－
契約社員・嘱託	44	33	2	－	－	15	8	6	1	1
家庭での内職など	10	7	－	－	6	－	－	－	－	1
その他	23	21	1	－	1	－	1	6	2	10
仕事をしていない	791	136	8	9	15	5	42	20	22	15
男	655	333	114	9	7	27	96	40	15	25
仕事をしている	307	256	106	4	2	23	73	26	5	17
自営業主	109	101	98	1	－	－	－	2	－	－
家族従業者	4	4	1	2	－	－	－	1	－	－
会社・団体等の役員	37	25	5	1	－	3	1	5	1	9
正規の職員・従業員	19	16	－	－	－	6	5	2	1	2
パート・アルバイト	80	64	－	－	－	1	57	5	－	1
労働者派遣事業所の派遣社員	7	5	－	－	－	－	3	1	1	－
契約社員・嘱託	38	29	2	－	－	13	6	6	1	1
家庭での内職など	3	2	－	－	1	－	－	－	－	1
その他	10	10	－	－	1	－	1	4	1	3
仕事をしていない	348	77	8	5	5	4	23	14	10	8
女	645	220	26	40	16	5	87	14	15	17
仕事をしている	201	161	26	36	6	4	68	8	3	10
自営業主	30	27	22	3	1	－	1	－	－	－
家族従業者	38	30	2	27	－	－	－	1	－	－
会社・団体等の役員	13	8	1	1	－	－	2	1	－	3
正規の職員・従業員	8	4	－	1	－	1	1	1	－	－
パート・アルバイト	80	69	－	2	－	1	62	2	2	－
労働者派遣事業所の派遣社員	1	1	－	－	－	－	－	1	－	－
契約社員・嘱託	6	4	－	－	－	2	2	－	－	－
家庭での内職など	7	5	－	－	5	－	－	－	－	－
その他	13	11	1	－	－	－	－	2	1	7
仕事をしていない	443	59	－	4	10	1	19	6	12	7

注：1）第12回の70歳以降の就業希望が不詳の者は除いて集計した。
　　2）総数には第12回の仕事の有無・仕事のかたちの不詳を含む。

70歳以降の就業希望の有無・希望する仕事のかたち													
仕事は したく ない	まだ 考えて いない	総数	仕事を したい	自営 業主	家業の 手伝い	家庭での 内職など	雇われて働く（フルタイム）	雇われて働く（パートタイム）	近所の人や会社に頼まれて任意に行う仕事	有償型の 社会参加 活動	その他	仕事は したく ない	まだ 考えて いない
						構成割合（単位：%）							
603	144	100.0	42.5	10.8	3.8	1.8	2.5	14.1	4.2	2.3	3.2	46.4	11.1
39	52	100.0	82.1	26.0	7.9	1.6	5.3	27.8	6.7	1.6	5.3	7.7	10.2
6	5	100.0	92.1	86.3	2.9	0.7	–	0.7	1.4	–	–	4.3	3.6
4	4	100.0	81.0	7.1	69.0				4.8	–	–	9.5	9.5
6	11	100.0	66.0	12.0	4.0	–	6.0	6.0	12.0	2.0	24.0	12.0	22.0
4	3	100.0	74.1	–	3.7		25.9	22.2	11.1	3.7	7.4	14.8	11.1
5	22	100.0	83.1		1.3		1.3	74.4	4.4	1.3	0.6	3.1	13.8
–	2	100.0	75.0	–	–	–	–	37.5	25.0	12.5	–	–	25.0
7	4	100.0	75.0	4.5	–		34.1	18.2	13.6	2.3	2.3	15.9	9.1
2	1	100.0	70.0	–	–	60.0	–	–	–	–	10.0	20.0	10.0
2	–	100.0	91.3	4.3	–	4.3		4.3	26.1	8.7	43.5	8.7	–
563	92	100.0	17.2	1.0	1.1	1.9	0.6	5.3	2.5	2.8	1.9	71.2	11.6
246	76	100.0	50.8	17.4	1.4	1.1	4.1	14.7	6.1	2.3	3.8	37.6	11.6
19	32	100.0	83.4	34.5	1.3	0.7	7.5	23.8	8.5	1.6	5.5	6.2	10.4
4	4	100.0	92.7	89.9	0.9	–	–	–	1.8	–	–	3.7	3.7
–	–	100.0	100.0	25.0	50.0				25.0			–	–
5	7	100.0	67.6	13.5	2.7	–	8.1	2.7	13.5	2.7	24.3	13.5	18.9
1	2	100.0	84.2	–	–	–	31.6	26.3	10.5	5.3	10.5	5.3	10.5
3	13	100.0	80.0	–	–	–	1.3	71.3	6.3	–	1.3	3.8	16.3
–	2	100.0	71.4						42.9	14.3	14.3	–	28.6
5	4	100.0	76.3	5.3	–	–	34.2	15.8	15.8	2.6	2.6	13.2	10.5
1	–	100.0	66.7	–	–	33.3			–	–	33.3	33.3	–
–	–	100.0	100.0	–	–	10.0	–	10.0	40.0	10.0	30.0	–	–
227	44	100.0	22.1	2.3	1.4	1.4	1.1	6.6	4.0	2.9	2.3	65.2	12.6
357	68	100.0	34.1	4.0	6.2	2.5	0.8	13.5	2.2	2.3	2.6	55.3	10.5
20	20	100.0	80.1	12.9	17.9	3.0	2.0	33.8	4.0	1.5	5.0	10.0	10.0
2	1	100.0	90.0	73.3	10.0	3.3		3.3	–	–	–	6.7	3.3
4	4	100.0	78.9	5.3	71.1	–	–	–	2.6	–	–	10.5	10.5
1	4	100.0	61.5	7.7	7.7	–	–	15.4	7.7	–	23.1	7.7	30.8
3	1	100.0	50.0	–	12.5	–	12.5	12.5	12.5	–	–	37.5	12.5
2	9	100.0	86.3	–	2.5	–	1.3	77.5	2.5	2.5	–	2.5	11.3
–	–	100.0	100.0	–	–	–	–	–	100.0	–	–	–	–
2	–	100.0	66.7				33.3	33.3				33.3	–
1	1	100.0	71.4	–	–	71.4	–	–	–	–	–	14.3	14.3
2	–	100.0	84.6	7.7	–	–			15.4	7.7	53.8	15.4	–
336	48	100.0	13.3	–	0.9	2.3	0.2	4.3	1.4	2.7	1.6	75.8	10.8

第 12 回 の 仕 事 を し て い る 理 由（ 複 数 回 答 ）	総数	61 〜 64 歳	65 〜 69 歳	70 歳	男
総数	10 321	4 408	5 323	590	5 784
現在の生活費のため	5 920	2 978	2 710	232	3 838
現在の生活費を補うため	3 987	1 514	2 230	243	2 097
生活水準を上げるため	1 483	619	782	82	883
自分のお小遣いのため	3 096	1 267	1 636	193	1 636
借金の返済のため	1 279	644	592	43	879
親族等への仕送りのため	238	120	104	14	129
将来の生活資金のため	2 827	1 372	1 338	117	1 584
子や孫の将来のため	1 379	608	700	71	786
健康を維持するため	4 401	1 638	2 464	299	2 377
社会とのつながりを維持したい	3 329	1 374	1 764	191	1 775
社会に役立ちたいから	1 587	656	838	93	968
視野を広げたいから	914	355	507	52	416
今の仕事が好きだから	2 645	981	1 485	179	1 403
家にずっといるのは嫌だから	3 047	1 203	1 675	169	1 448
時間に余裕があるから	1 907	639	1 137	131	945
その他の理由	267	86	156	25	99
総数	100.0	100.0	100.0	100.0	100.0
現在の生活費のため	57.4	67.6	50.9	39.3	66.4
現在の生活費を補うため	38.6	34.3	41.9	41.2	36.3
生活水準を上げるため	14.4	14.0	14.7	13.9	15.3
自分のお小遣いのため	30.0	28.7	30.7	32.7	28.3
借金の返済のため	12.4	14.6	11.1	7.3	15.2
親族等への仕送りのため	2.3	2.7	2.0	2.4	2.2
将来の生活資金のため	27.4	31.1	25.1	19.8	27.4
子や孫の将来のため	13.4	13.8	13.2	12.0	13.6
健康を維持するため	42.6	37.2	46.3	50.7	41.1
社会とのつながりを維持したい	32.3	31.2	33.1	32.4	30.7
社会に役立ちたいから	15.4	14.9	15.7	15.8	16.7
視野を広げたいから	8.9	8.1	9.5	8.8	7.2
今の仕事が好きだから	25.6	22.3	27.9	30.3	24.3
家にずっといるのは嫌だから	29.5	27.3	31.5	28.6	25.0
時間に余裕があるから	18.5	14.5	21.4	22.2	16.3
その他の理由	2.6	2.0	2.9	4.2	1.7

注：総数には各項目の不詳を含む。

割合, 第 12 回の仕事をしている理由（複数回答）、性、年齢階級別

	61～64 歳	65～69 歳	70 歳	女	61～64 歳	65～69 歳	70 歳
被調査者数（単位：人）							
	2 425	3 015	344	4 537	1 983	2 308	246
	1 978	1 703	157	2 082	1 000	1 007	75
	684	1 265	148	1 890	830	965	95
	354	473	56	600	265	309	26
	572	940	124	1 460	695	696	69
	434	418	27	400	210	174	16
	64	57	8	109	56	47	6
	746	767	71	1 243	626	571	46
	348	397	41	593	260	303	30
	837	1 368	172	2 024	801	1 096	127
	675	986	114	1 554	699	778	77
	364	538	66	619	292	300	27
	137	252	27	498	218	255	25
	482	812	109	1 242	499	673	70
	492	855	101	1 599	711	820	68
	261	609	75	962	378	528	56
	26	64	9	168	60	92	16
割合（単位：%）							
	100.0	100.0	100.0	100.0	100.0	100.0	100.0
	81.6	56.5	45.6	45.9	50.4	43.6	30.5
	28.2	42.0	43.0	41.7	41.9	41.8	38.6
	14.6	15.7	16.3	13.2	13.4	13.4	10.6
	23.6	31.2	36.0	32.2	35.0	30.2	28.0
	17.9	13.9	7.8	8.8	10.6	7.5	6.5
	2.6	1.9	2.3	2.4	2.8	2.0	2.4
	30.8	25.4	20.6	27.4	31.6	24.7	18.7
	14.4	13.2	11.9	13.1	13.1	13.1	12.2
	34.5	45.4	50.0	44.6	40.4	47.5	51.6
	27.8	32.7	33.1	34.3	35.2	33.7	31.3
	15.0	17.8	19.2	13.6	14.7	13.0	11.0
	5.6	8.4	7.8	11.0	11.0	11.0	10.2
	19.9	26.9	31.7	27.4	25.2	29.2	28.5
	20.3	28.4	29.4	35.2	35.9	35.5	27.6
	10.8	20.2	21.8	21.2	19.1	22.9	22.8
	1.1	2.1	2.6	3.7	3.0	4.0	6.5

第32表　第12回に仕事をしている被調査者数・構成割合, 性、第

被調査者数：総数

第12回の仕事への満足感の種類、第12回の仕事のかたち	総数	満足	やや満足	普通	やや不満	不満	61～64歳	満足	やや満足	普通
能力の活用・発揮	10 321	1 655	1 704	5 503	580	188	4 408	634	747	2 452
自営業主	2 016	384	332	936	72	34	633	115	116	306
家族従業者	742	109	78	402	30	–	254	38	27	143
会社・団体等の役員	686	204	168	281	20	3	279	73	76	119
正規の職員・従業員	1 252	177	230	713	78	27	808	111	138	466
パート・アルバイト	3 437	452	498	2 064	230	67	1 335	160	189	821
労働者派遣事業所の派遣社員	99	13	16	57	8	–	30	3	4	20
契約社員・嘱託	1 575	224	301	855	124	54	916	108	170	511
家庭での内職など	116	18	12	43	2	–	36	6	4	13
その他	373	72	67	150	16	3	112	20	22	52
職場の人間関係	10 321	1 579	1 651	5 230	802	244	4 408	608	730	2 279
自営業主	2 016	382	255	919	69	13	633	111	86	311
家族従業者	742	129	65	378	26	1	254	41	21	140
会社・団体等の役員	686	166	162	300	42	8	279	61	64	126
正規の職員・従業員	1 252	148	205	701	132	48	808	89	139	432
パート・アルバイト	3 437	474	575	1 856	330	110	1 335	181	216	711
労働者派遣事業所の派遣社員	99	16	13	57	9	–	30	4	3	18
契約社員・嘱託	1 575	201	306	823	176	56	916	99	175	485
家庭での内職など	116	7	3	40	3	–	36	4	1	12
その他	373	55	65	154	15	8	112	18	24	43
賃金・収入	10 321	948	1 065	4 434	2 300	983	4 408	332	458	1 838
自営業主	2 016	174	180	775	403	249	633	47	60	246
家族従業者	742	62	61	320	109	74	254	22	27	118
会社・団体等の役員	686	173	124	278	65	36	279	62	57	113
正規の職員・従業員	1 252	100	117	526	372	120	808	50	74	308
パート・アルバイト	3 437	293	376	1 636	786	260	1 335	105	142	621
労働者派遣事業所の派遣社員	99	5	13	45	28	6	30	1	3	13
契約社員・嘱託	1 575	98	157	650	463	199	916	39	83	355
家庭での内職など	116	4	5	46	15	7	36	1	1	14
その他	373	38	31	155	59	31	112	5	11	49
就業時間・休日	10 321	1 532	1 337	5 144	1 213	403	4 408	577	592	2 259
自営業主	2 016	271	200	937	230	102	633	71	64	310
家族従業者	742	90	60	323	105	42	254	34	15	117
会社・団体等の役員	686	184	114	309	50	20	279	70	41	136
正規の職員・従業員	1 252	142	184	638	198	68	808	82	125	411
パート・アルバイト	3 437	518	466	1 868	384	96	1 335	175	179	732
労働者派遣事業所の派遣社員	99	13	19	52	10	1	30	5	2	17
契約社員・嘱託	1 575	246	246	801	208	60	916	119	149	468
家庭での内職など	116	5	7	40	8	5	36	1	2	11
その他	373	62	41	173	20	8	112	20	15	56
仕事の内容・やりがい	10 321	1 654	2 009	5 135	755	214	4 408	600	865	2 265
自営業主	2 016	413	396	875	88	25	633	119	137	283
家族従業者	742	111	117	376	31	11	254	36	37	142
会社・団体等の役員	686	214	173	260	27	4	279	78	72	115
正規の職員・従業員	1 252	164	252	660	121	38	808	95	157	419
パート・アルバイト	3 437	438	645	1 900	291	76	1 335	145	253	739
労働者派遣事業所の派遣社員	99	12	15	58	10	1	30	3	2	19
契約社員・嘱託	1 575	208	318	817	167	53	916	101	171	488
家庭での内職など	116	10	16	40	6	1	36	3	4	13
その他	373	82	76	147	13	5	112	20	32	45

注：総数には各項目の不詳を含む。

12回の仕事への満足感の種類、第12回の仕事のかたち、年齢階級、第12回の仕事への満足感別（6－1）

年齢階級、第12回の仕事への満足感

やや不満	不満	65～69歳	満足	やや満足	普通	やや不満	不満	70歳	満足	やや満足	普通	やや不満	不満
					被調査者数（単位：人）								
297	104	5 323	916	851	2 787	258	79	590	105	106	264	25	5
27	11	1 225	244	193	560	40	20	158	25	23	70	5	3
10	−	438	62	46	238	18	−	50	9	5	21	2	−
8	2	355	112	80	141	12	1	52	19	12	21	−	−
60	21	412	60	84	231	17	6	32	6	8	16	1	−
99	30	1 911	261	279	1 141	119	35	191	31	30	102	12	2
2	−	59	10	10	31	5	−	10	−	2	6	1	−
84	38	612	109	111	327	38	16	47	7	20	17	2	−
1	−	67	10	8	26	1	−	13	2	−	4	−	−
6	2	229	46	39	91	8	1	32	6	6	7	2	−
439	152	5 323	867	816	2 701	339	85	590	104	105	250	24	7
33	5	1 225	250	145	544	32	7	158	21	24	64	4	1
10	−	438	79	42	216	15	−	50	9	2	22	1	1
24	3	355	85	89	154	16	5	52	20	9	20	2	−
103	39	412	51	63	251	28	7	32	8	3	18	1	2
149	56	1 911	261	314	1 054	169	51	191	32	45	91	12	3
4	−	59	11	9	32	5	−	10	1	1	7	−	−
110	42	612	95	116	318	63	14	47	7	15	20	3	−
−	−	67	3	2	27	3	−	13	−	−	1	−	−
6	7	229	31	35	104	8	1	32	6	6	7	1	−
1 137	507	5 323	545	538	2 366	1 062	433	590	71	69	230	101	43
144	89	1 225	115	106	483	224	142	158	12	14	46	35	18
36	19	438	38	30	181	68	50	50	2	4	21	5	5
27	18	355	94	60	142	36	15	52	17	7	23	2	3
273	98	412	45	38	204	93	20	32	5	5	14	6	2
324	121	1 911	161	208	936	419	130	191	27	26	79	43	9
8	4	59	4	10	24	19	1	10	−	−	8	1	1
292	142	612	54	65	271	165	54	47	5	9	24	6	3
8	3	67	3	4	29	7	4	13	−	−	3	−	−
25	12	229	30	16	94	31	17	32	3	4	12	3	2
590	222	5 323	847	666	2 627	580	167	590	108	79	258	43	14
83	47	1 225	182	120	554	136	50	158	18	16	73	11	5
38	16	438	51	43	185	60	25	50	5	2	21	7	1
21	9	355	96	64	153	26	9	52	18	9	20	3	2
134	49	412	54	55	211	59	18	32	6	4	16	5	1
173	47	1 911	297	259	1 045	198	47	191	46	28	91	13	2
4	1	59	8	16	27	6	−	10	−	1	8	−	−
128	45	612	116	85	314	76	14	47	11	12	19	4	1
3	3	67	4	4	28	5	2	13	−	1	1	−	−
6	4	229	38	20	108	14	2	32	4	6	9	−	2
413	122	5 323	927	1 026	2 620	317	86	590	127	118	250	25	6
31	12	1 225	261	228	534	49	12	158	33	31	58	8	1
9	3	438	67	70	209	21	8	50	8	10	25	1	−
12	1	355	114	86	132	13	3	52	22	15	13	2	−
99	33	412	62	89	224	20	5	32	7	6	17	2	−
143	29	1 911	256	357	1 063	139	43	191	37	35	98	9	4
4	1	59	9	12	30	6	−	10	−	1	9	−	−
110	40	612	94	131	313	55	13	47	13	16	16	2	−
2	1	67	6	11	26	4	−	13	1	1	1	−	−
3	2	229	56	41	89	9	2	32	6	3	13	1	1

第32表　第12回に仕事をしている被調査者数・構成割合, <small>性、第</small>

被調査者数：男

第 12 回 の 仕 事 へ の 満 足 感 の 種 類、第 12 回 の 仕 事 の か た ち	総数	満足	やや満足	普通	やや不満	不満	61〜64 歳	満足	やや満足	普通
能力の活用・発揮	5 784	967	1 017	3 006	355	125	2 425	357	439	1 296
自営業主	1 601	313	272	740	65	28	510	96	95	242
家族従業者	67	12	13	27	4	–	17	3	4	5
会社・団体等の役員	525	170	143	187	17	–	218	59	66	84
正規の職員・従業員	882	111	149	530	53	20	580	75	92	348
パート・アルバイト	1 196	145	164	721	94	29	306	32	39	183
労働者派遣事業所の派遣社員	70	9	9	41	6	–	18	2	2	11
契約社員・嘱託	1 243	168	237	675	105	46	713	80	132	391
家庭での内職など	16	2	–	7	1	–	4	1	–	2
その他	176	36	28	77	10	2	58	9	8	30
職場の人間関係	5 784	882	926	3 008	444	124	2 425	325	400	1 278
自営業主	1 601	306	202	752	57	11	510	92	72	250
家族従業者	67	12	6	34	2	–	17	4	2	7
会社・団体等の役員	525	133	132	216	35	4	218	48	50	97
正規の職員・従業員	882	95	132	522	90	29	580	60	88	327
パート・アルバイト	1 196	138	192	686	108	33	306	32	47	174
労働者派遣事業所の派遣社員	70	11	8	42	5	–	18	3	2	10
契約社員・嘱託	1 243	156	228	671	136	41	713	76	132	388
家庭での内職など	16	–	–	6	1	–	4	–	–	1
その他	176	31	24	78	10	6	58	10	6	24
賃金・収入	5 784	503	567	2 382	1 431	634	2 425	156	241	926
自営業主	1 601	131	142	618	331	214	510	37	48	194
家族従業者	67	8	5	27	12	5	17	2	3	6
会社・団体等の役員	525	132	102	201	53	29	218	47	50	82
正規の職員・従業員	882	54	83	367	279	86	580	27	54	211
パート・アルバイト	1 196	87	103	550	315	110	306	15	26	123
労働者派遣事業所の派遣社員	70	2	8	33	22	3	18	–	2	8
契約社員・嘱託	1 243	67	112	506	383	168	713	26	54	275
家庭での内職など	16	–	–	6	2	1	4	–	–	1
その他	176	21	12	72	34	17	58	2	4	26
就業時間・休日	5 784	853	786	2 897	686	234	2 425	308	339	1 225
自営業主	1 601	211	160	765	185	86	510	58	53	247
家族従業者	67	10	5	29	9	3	17	4	1	3
会社・団体等の役員	525	139	99	230	37	13	218	50	36	106
正規の職員・従業員	882	86	134	470	135	40	580	51	94	304
パート・アルバイト	1 196	184	164	620	140	43	306	43	39	151
労働者派遣事業所の派遣社員	70	8	11	41	6	–	18	4	1	10
契約社員・嘱託	1 243	186	195	645	162	42	713	90	111	369
家庭での内職など	16	–	1	6	–	–	4	–	–	1
その他	176	29	17	89	12	6	58	8	4	34
仕事の内容・やりがい	5 784	930	1 127	2 851	475	133	2 425	337	464	1 211
自営業主	1 601	316	330	701	77	20	510	93	113	229
家族従業者	67	13	10	29	4	1	17	4	1	7
会社・団体等の役員	525	171	144	179	23	2	218	61	60	84
正規の職員・従業員	882	100	148	499	94	28	580	63	95	316
パート・アルバイト	1 196	136	202	673	115	32	306	31	51	162
労働者派遣事業所の派遣社員	70	5	11	43	7	1	18	2	2	9
契約社員・嘱託	1 243	149	247	648	144	45	713	75	126	378
家庭での内職など	16	–	1	6	1	–	4	–	–	1
その他	176	39	33	72	9	4	58	8	16	24

注：総数には各項目の不詳を含む。

12回の仕事への満足感の種類、第12回の仕事のかたち、年齢階級、第12回の仕事への満足感別（6－2）

第12回調査（平成28年）

年齢階級、第12回の仕事への満足感

被調査者数（単位：人）

やや不満	不満	65～69歳	満足	やや満足	普通	やや不満	不満	70歳	満足	やや満足	普通	やや不満	不満
185	72	3 015	551	507	1 551	154	50	344	59	71	159	16	3
26	9	970	198	157	445	35	17	121	19	20	53	4	2
2	–	45	8	9	20	2	–	5	1	–	2	–	–
8	–	268	95	67	90	9	–	39	16	10	13	–	–
42	14	280	31	52	170	11	6	22	5	5	12	–	–
29	15	800	102	111	485	58	13	90	11	14	53	7	1
2	–	43	7	6	24	3	–	9	–	1	6	1	–
73	32	490	83	88	268	30	14	40	5	17	16	2	–
–	–	8	1	–	3	1	–	4	–	–	2	–	–
3	2	104	25	16	45	5	–	14	2	4	2	2	–
247	80	3 015	498	458	1 574	183	41	344	59	68	156	14	3
29	4	970	199	109	453	24	6	121	15	21	49	4	1
1	–	45	8	4	24	1	–	5	–	–	3	–	–
21	1	268	67	75	105	14	3	39	18	7	14	–	–
76	24	280	28	42	184	13	4	22	7	2	11	1	1
30	16	800	95	127	460	73	16	90	11	18	52	5	1
2	–	43	7	5	26	3	–	9	1	1	6	–	–
83	30	490	76	82	265	50	11	40	4	14	18	3	–
–	–	8	–	–	4	1	–	4	–	–	1	–	–
5	5	104	18	13	52	4	1	14	3	5	2	1	–
713	332	3 015	309	286	1 320	649	270	344	38	40	136	69	32
119	79	970	85	81	391	182	120	121	9	13	33	30	15
3	1	45	6	2	19	8	4	5	–	–	2	1	–
24	13	268	71	47	103	28	13	39	14	5	16	1	3
213	71	280	24	25	148	61	13	22	3	4	8	5	2
97	40	800	63	69	383	196	64	90	9	8	44	22	6
5	2	43	2	6	18	16	–	9	–	–	7	1	1
237	117	490	39	50	210	140	48	40	2	8	21	6	3
1	1	8	–	–	4	1	–	4	–	–	1	–	–
14	7	104	18	6	42	17	8	14	1	2	4	3	2
335	140	3 015	485	395	1 513	325	84	344	60	52	159	26	10
69	41	970	139	95	460	107	41	121	14	12	58	9	4
5	1	45	6	4	23	4	2	5	–	–	3	–	–
17	7	268	74	55	111	18	5	39	15	8	13	2	1
94	31	280	30	37	155	38	9	22	5	3	11	2	–
40	24	800	124	112	423	92	17	90	17	13	46	8	2
2	–	43	4	10	23	4	–	9	–	–	8	–	–
105	32	490	88	72	261	53	9	40	8	12	15	4	1
–	–	8	–	1	4	–	–	4	–	–	1	–	–
3	3	104	20	9	51	9	1	14	1	4	4	–	2
262	83	3 015	520	590	1 494	195	46	344	73	73	146	18	4
28	10	970	199	188	431	42	9	121	24	29	41	7	1
2	–	45	8	8	20	2	1	5	1	1	2	–	–
12	–	268	92	73	87	9	2	39	18	11	8	2	–
78	24	280	31	52	170	14	4	22	6	1	13	2	–
41	12	800	92	137	458	70	18	90	13	14	53	4	2
3	1	43	3	9	25	4	–	9	–	–	9	–	–
95	34	490	65	106	256	47	11	40	9	15	14	2	–
1	–	8	–	1	4	–	–	4	–	–	1	–	–
2	2	104	29	15	43	6	1	14	2	2	5	1	1

第 32 表　第 12 回に仕事をしている被調査者数・構成割合, _{性、第}

被調査者数：女

第12回の仕事への満足感の種類、第12回の仕事のかたち	総数	満足	やや満足	普通	やや不満	不満	61～64歳	満足	やや満足	普通
能力の活用・発揮	4 537	688	687	2 497	225	63	1 983	277	308	1 156
自営業主	415	71	60	196	7	6	123	19	21	64
家族従業者	675	97	65	375	26	-	237	35	23	138
会社・団体等の役員	161	34	25	94	3	3	61	14	10	35
正規の職員・従業員	370	66	81	183	25	7	228	36	46	118
パート・アルバイト	2 241	307	334	1 343	136	38	1 029	128	150	638
労働者派遣事業所の派遣社員	29	4	7	16	2	-	12	1	2	9
契約社員・嘱託	332	56	64	180	19	8	203	28	38	120
家庭での内職など	100	16	12	36	1	-	32	5	4	11
その他	197	36	39	73	6	1	54	11	14	22
職場の人間関係	4 537	697	725	2 222	358	120	1 983	283	330	1 001
自営業主	415	76	53	167	12	2	123	19	14	61
家族従業者	675	117	59	344	24	1	237	37	19	133
会社・団体等の役員	161	33	30	84	7	4	61	13	14	29
正規の職員・従業員	370	53	73	179	42	19	228	29	51	105
パート・アルバイト	2 241	336	383	1 170	222	77	1 029	149	169	537
労働者派遣事業所の派遣社員	29	5	5	15	4	-	12	1	1	8
契約社員・嘱託	332	45	78	152	40	15	203	23	43	97
家庭での内職など	100	7	3	34	2	-	32	4	1	11
その他	197	24	41	76	5	2	54	8	18	19
賃金・収入	4 537	445	498	2 052	869	349	1 983	176	217	912
自営業主	415	43	38	157	72	35	123	10	12	52
家族従業者	675	54	56	293	97	69	237	20	24	112
会社・団体等の役員	161	41	22	77	12	7	61	15	7	31
正規の職員・従業員	370	46	34	159	93	34	228	23	20	97
パート・アルバイト	2 241	206	273	1 086	471	150	1 029	90	116	498
労働者派遣事業所の派遣社員	29	3	5	12	6	3	12	1	1	5
契約社員・嘱託	332	31	45	144	80	31	203	13	29	80
家庭での内職など	100	4	5	40	13	6	32	1	1	13
その他	197	17	19	83	25	14	54	3	7	23
就業時間・休日	4 537	679	551	2 247	527	169	1 983	269	253	1 034
自営業主	415	60	40	172	45	16	123	13	11	63
家族従業者	675	80	55	294	96	39	237	30	14	114
会社・団体等の役員	161	45	15	79	13	7	61	20	5	30
正規の職員・従業員	370	56	50	168	63	28	228	31	31	107
パート・アルバイト	2 241	334	302	1 248	244	53	1 029	132	140	581
労働者派遣事業所の派遣社員	29	5	8	11	4	1	12	1	1	7
契約社員・嘱託	332	60	51	156	46	18	203	29	38	99
家庭での内職など	100	5	6	34	8	5	32	1	2	10
その他	197	33	24	84	8	2	54	12	11	22
仕事の内容・やりがい	4 537	724	882	2 284	280	81	1 983	263	401	1 054
自営業主	415	97	66	174	11	5	123	26	24	54
家族従業者	675	98	107	347	27	10	237	32	36	135
会社・団体等の役員	161	43	29	81	4	2	61	17	12	31
正規の職員・従業員	370	64	104	161	27	10	228	32	62	103
パート・アルバイト	2 241	302	443	1 227	176	44	1 029	114	202	577
労働者派遣事業所の派遣社員	29	7	4	15	3	-	12	1	-	10
契約社員・嘱託	332	59	71	169	23	8	203	26	45	110
家庭での内職など	100	10	15	34	5	1	32	3	4	12
その他	197	43	43	75	4	1	54	12	16	21

注：総数には各項目の不詳を含む。

年齢階級、第 12 回の仕事への満足感

被調査者数（単位：人）

やや不満	不満	65 ～ 69 歳	満足	やや満足	普通	やや不満	不満	70 歳	満足	やや満足	普通	やや不満	不満
112	32	2 308	365	344	1 236	104	29	246	46	35	105	9	2
1	2	255	46	36	115	5	3	37	6	3	17	1	1
8	–	393	54	37	218	16	–	45	8	5	19	2	–
–	2	87	17	13	51	3	1	13	3	2	8	–	–
18	7	132	29	32	61	6	–	10	1	3	4	1	–
70	15	1 111	159	168	656	61	22	101	20	16	49	5	1
–	–	16	3	4	7	2	–	1	–	1	–	–	–
11	6	122	26	23	59	8	2	7	2	3	1	–	–
1	–	59	9	8	23	–	–	9	2	–	2	–	–
3	–	125	21	23	46	3	1	18	4	2	5	–	–
192	72	2 308	369	358	1 127	156	44	246	45	37	94	10	4
4	1	255	51	36	91	8	1	37	6	3	15	–	–
9	–	393	71	38	192	14	–	45	9	2	19	1	1
3	2	87	18	14	49	2	2	13	2	2	6	2	–
27	15	132	23	21	67	15	3	10	1	1	7	–	1
119	40	1 111	166	187	594	96	35	101	21	27	39	7	2
2	–	16	4	4	6	2	–	1	–	–	1	–	–
27	12	122	19	34	53	13	3	7	3	1	2	–	–
–	–	59	3	2	23	2	–	9	–	–	–	–	–
1	2	125	13	22	52	4	–	18	3	1	5	–	–
424	175	2 308	236	252	1 046	413	163	246	33	29	94	32	11
25	10	255	30	25	92	42	22	37	3	1	13	5	3
33	18	393	32	28	162	60	46	45	2	4	19	4	5
3	5	87	23	13	39	8	2	13	3	2	7	1	–
60	27	132	21	13	56	32	7	10	2	1	6	1	–
227	81	1 111	98	139	553	223	66	101	18	18	35	21	3
3	2	16	2	4	6	3	1	1	–	–	1	–	–
55	25	122	15	15	61	25	6	7	3	1	3	–	–
7	2	59	3	4	25	6	4	9	–	–	2	–	–
11	5	125	12	10	52	14	9	18	2	2	8	–	–
255	82	2 308	362	271	1 114	255	83	246	48	27	99	17	4
14	6	255	43	25	94	29	9	37	4	4	15	2	1
33	15	393	45	39	162	56	23	45	5	2	18	7	1
4	2	87	22	9	42	8	4	13	3	1	7	1	1
40	18	132	24	18	56	21	9	10	1	1	5	2	1
133	23	1 111	173	147	622	106	30	101	29	15	45	5	–
2	1	16	4	6	4	2	–	1	–	1	–	–	–
23	13	122	28	13	53	23	5	7	3	–	4	–	–
3	3	59	4	3	24	5	2	9	–	1	–	–	–
3	1	125	18	11	57	5	1	18	3	2	5	–	–
151	39	2 308	407	436	1 126	122	40	246	54	45	104	7	2
3	2	255	62	40	103	7	3	37	9	2	17	1	–
7	3	393	59	62	189	19	7	45	7	9	23	1	–
–	1	87	22	13	45	4	1	13	4	4	5	–	–
21	9	132	31	37	54	6	1	10	1	5	4	–	–
102	17	1 111	164	220	605	69	25	101	24	21	45	5	2
1	–	16	6	3	5	2	–	1	–	1	–	–	–
15	6	122	29	25	57	8	2	7	4	1	2	–	–
1	1	59	6	10	22	4	–	9	1	1	1	–	–
1	–	125	27	26	46	3	1	18	4	1	8	–	–

構成割合：総数

第12回の仕事への満足感の種類、第12回の仕事のかたち	総数	満足	やや満足	普通	やや不満	不満	61〜64歳	満足	やや満足	普通
能力の活用・発揮	100.0	16.0	16.5	53.3	5.6	1.8	100.0	14.4	16.9	55.6
自営業主	100.0	19.0	16.5	46.4	3.6	1.7	100.0	18.2	18.3	48.3
家族従業者	100.0	14.7	10.5	54.2	4.0	－	100.0	15.0	10.6	56.3
会社・団体等の役員	100.0	29.7	24.5	41.0	2.9	0.4	100.0	26.2	27.2	42.7
正規の職員・従業員	100.0	14.1	18.4	56.9	6.2	2.2	100.0	13.7	17.1	57.7
パート・アルバイト	100.0	13.2	14.5	60.1	6.7	1.9	100.0	12.0	14.2	61.5
労働者派遣事業所の派遣社員	100.0	13.1	16.2	57.6	8.1	－	100.0	10.0	13.3	66.7
契約社員・嘱託	100.0	14.2	19.1	54.3	7.9	3.4	100.0	11.8	18.6	55.8
家庭での内職など	100.0	15.5	10.3	37.1	1.7	－	100.0	16.7	11.1	36.1
その他	100.0	19.3	18.0	40.2	4.3	0.8	100.0	17.9	19.6	46.4
職場の人間関係	100.0	15.3	16.0	50.7	7.8	2.4	100.0	13.8	16.6	51.7
自営業主	100.0	18.9	12.6	45.6	3.4	0.6	100.0	17.5	13.6	49.1
家族従業者	100.0	17.4	8.8	50.9	3.5	0.1	100.0	16.1	8.3	55.1
会社・団体等の役員	100.0	24.2	23.6	43.7	6.1	1.2	100.0	21.9	22.9	45.2
正規の職員・従業員	100.0	11.8	16.4	56.0	10.5	3.8	100.0	11.0	17.2	53.5
パート・アルバイト	100.0	13.8	16.7	54.0	9.6	3.2	100.0	13.6	16.2	53.3
労働者派遣事業所の派遣社員	100.0	16.2	13.1	57.6	9.1	－	100.0	13.3	10.0	60.0
契約社員・嘱託	100.0	12.8	19.4	52.3	11.2	3.6	100.0	10.8	19.1	52.9
家庭での内職など	100.0	6.0	2.6	34.5	2.6	－	100.0	11.1	2.8	33.3
その他	100.0	14.7	17.4	41.3	4.0	2.1	100.0	16.1	21.4	38.4
賃金・収入	100.0	9.2	10.3	43.0	22.3	9.5	100.0	7.5	10.4	41.7
自営業主	100.0	8.6	8.9	38.4	20.0	12.4	100.0	7.4	9.5	38.9
家族従業者	100.0	8.4	8.2	43.1	14.7	10.0	100.0	8.7	10.6	46.5
会社・団体等の役員	100.0	25.2	18.1	40.5	9.5	5.2	100.0	22.2	20.4	40.5
正規の職員・従業員	100.0	8.0	9.3	42.0	29.7	9.6	100.0	6.2	9.2	38.1
パート・アルバイト	100.0	8.5	10.9	47.6	22.9	7.6	100.0	7.9	10.6	46.5
労働者派遣事業所の派遣社員	100.0	5.1	13.1	45.5	28.3	6.1	100.0	3.3	10.0	43.3
契約社員・嘱託	100.0	6.2	10.0	41.3	29.4	12.6	100.0	4.3	9.1	38.8
家庭での内職など	100.0	3.4	4.3	39.7	12.9	6.0	100.0	2.8	2.8	38.9
その他	100.0	10.2	8.3	41.6	15.8	8.3	100.0	4.5	9.8	43.8
就業時間・休日	100.0	14.8	13.0	49.8	11.8	3.9	100.0	13.1	13.4	51.2
自営業主	100.0	13.4	9.9	46.5	11.4	5.1	100.0	11.2	10.1	49.0
家族従業者	100.0	12.1	8.1	43.5	14.2	5.7	100.0	13.4	5.9	46.1
会社・団体等の役員	100.0	26.8	16.6	45.0	7.3	2.9	100.0	25.1	14.7	48.7
正規の職員・従業員	100.0	11.3	14.7	51.0	15.8	5.4	100.0	10.1	15.5	50.9
パート・アルバイト	100.0	15.1	13.6	54.3	11.2	2.8	100.0	13.1	13.4	54.8
労働者派遣事業所の派遣社員	100.0	13.1	19.2	52.5	10.1	1.0	100.0	16.7	6.7	56.7
契約社員・嘱託	100.0	15.6	15.6	50.9	13.2	3.8	100.0	13.0	16.3	51.1
家庭での内職など	100.0	4.3	6.0	34.5	6.9	4.3	100.0	2.8	5.6	30.6
その他	100.0	16.6	11.0	46.4	5.4	2.1	100.0	17.9	13.4	50.0
仕事の内容・やりがい	100.0	16.0	19.5	49.8	7.3	2.1	100.0	13.6	19.6	51.4
自営業主	100.0	20.5	19.6	43.4	4.4	1.2	100.0	18.8	21.6	44.7
家族従業者	100.0	15.0	15.8	50.7	4.2	1.5	100.0	14.2	14.6	55.9
会社・団体等の役員	100.0	31.2	25.2	37.9	3.9	0.6	100.0	28.0	25.8	41.2
正規の職員・従業員	100.0	13.1	20.1	52.7	9.7	3.0	100.0	11.8	19.4	51.9
パート・アルバイト	100.0	12.7	18.8	55.3	8.5	2.2	100.0	10.9	19.0	55.4
労働者派遣事業所の派遣社員	100.0	12.1	15.2	58.6	10.1	1.0	100.0	10.0	6.7	63.3
契約社員・嘱託	100.0	13.2	20.2	51.9	10.6	3.4	100.0	11.0	18.7	53.3
家庭での内職など	100.0	8.6	13.8	34.5	5.2	0.9	100.0	8.3	11.1	36.1
その他	100.0	22.0	20.4	39.4	3.5	1.3	100.0	17.9	28.6	40.2

注：総数には各項目の不詳を含む。

年齢階級、第 12 回の仕事への満足感

やや不満	不満	65～69歳	満足	やや満足	普通	やや不満	不満	70歳	満足	やや満足	普通	やや不満	不満
		構成割合（単位：%）											
6.7	2.4	100.0	17.2	16.0	52.4	4.8	1.5	100.0	17.8	18.0	44.7	4.2	0.8
4.3	1.7	100.0	19.9	15.8	45.7	3.3	1.6	100.0	15.8	14.6	44.3	3.2	1.9
3.9	-	100.0	14.2	10.5	54.3	4.1	-	100.0	18.0	10.0	42.0	4.0	-
2.9	0.7	100.0	31.5	22.5	39.7	3.4	0.3	100.0	36.5	23.1	40.4	-	-
7.4	2.6	100.0	14.6	20.4	56.1	4.1	1.5	100.0	18.8	25.0	50.0	3.1	-
7.4	2.2	100.0	13.7	14.6	59.7	6.2	1.8	100.0	16.2	15.7	53.4	6.3	1.0
6.7	-	100.0	16.9	16.9	52.5	8.5	-	100.0	-	20.0	60.0	10.0	-
9.2	4.1	100.0	17.8	18.1	53.4	6.2	2.6	100.0	14.9	42.6	36.2	4.3	-
2.8	-	100.0	14.9	11.9	38.8	1.5	-	100.0	15.4	-	30.8	-	-
5.4	1.8	100.0	20.1	17.0	39.7	3.5	0.4	100.0	18.8	18.8	21.9	6.3	-
10.0	3.4	100.0	16.3	15.3	50.7	6.4	1.6	100.0	17.6	17.8	42.4	4.1	1.2
5.2	0.8	100.0	20.4	11.8	44.4	2.6	0.6	100.0	13.3	15.2	40.5	2.5	0.6
3.9	-	100.0	18.0	9.6	49.3	3.4	-	100.0	18.0	4.0	44.0	2.0	2.0
8.6	1.1	100.0	23.9	25.1	43.4	4.5	1.4	100.0	38.5	17.3	38.5	3.8	-
12.7	4.8	100.0	12.4	15.3	60.9	6.8	1.7	100.0	25.0	9.4	56.3	3.1	6.3
11.2	4.2	100.0	13.7	16.4	55.2	8.8	2.7	100.0	16.8	23.6	47.6	6.3	1.6
13.3	-	100.0	18.6	15.3	54.2	8.5	-	100.0	10.0	10.0	70.0	-	-
12.0	4.6	100.0	15.5	19.0	52.0	10.3	2.3	100.0	14.9	31.9	42.6	6.4	-
-	-	100.0	4.5	3.0	40.3	4.5	-	100.0	-	-	7.7	-	-
5.4	6.3	100.0	13.5	15.3	45.4	3.5	0.4	100.0	18.8	18.8	21.9	3.1	-
25.8	11.5	100.0	10.2	10.1	44.4	20.0	8.1	100.0	12.0	11.7	39.0	17.1	7.3
22.7	14.1	100.0	9.4	8.7	39.4	18.3	11.6	100.0	7.6	8.9	29.1	22.2	11.4
14.2	7.5	100.0	8.7	6.8	41.3	15.5	11.4	100.0	4.0	8.0	42.0	10.0	10.0
9.7	6.5	100.0	26.5	16.9	40.0	10.1	4.2	100.0	32.7	13.5	44.2	3.8	5.8
33.8	12.1	100.0	10.9	9.2	49.5	22.6	4.9	100.0	15.6	15.6	43.8	18.8	6.3
24.3	9.1	100.0	8.4	10.9	49.0	21.9	6.8	100.0	14.1	13.6	41.4	22.5	4.7
26.7	13.3	100.0	6.8	16.9	40.7	32.2	1.7	100.0	-	-	80.0	10.0	10.0
31.9	15.5	100.0	8.8	10.6	44.3	27.0	8.8	100.0	10.6	19.1	51.1	12.8	6.4
22.2	8.3	100.0	4.5	6.0	43.3	10.4	6.0	100.0	-	-	23.1	-	-
22.3	10.7	100.0	13.1	7.0	41.0	13.5	7.4	100.0	9.4	12.5	37.5	9.4	6.3
13.4	5.0	100.0	15.9	12.5	49.4	10.9	3.1	100.0	18.3	13.4	43.7	7.3	2.4
13.1	7.4	100.0	14.9	9.8	45.2	11.1	4.1	100.0	11.4	10.1	46.2	7.0	3.2
15.0	6.3	100.0	11.6	9.8	42.2	13.7	5.7	100.0	10.0	4.0	42.0	14.0	2.0
7.5	3.2	100.0	27.0	18.0	43.1	7.3	2.5	100.0	34.6	17.3	38.5	5.8	3.8
16.6	6.1	100.0	13.1	13.3	51.2	14.3	4.4	100.0	18.8	12.5	50.0	15.6	3.1
13.0	3.5	100.0	15.5	13.6	54.7	10.4	2.5	100.0	24.1	14.7	47.6	6.8	1.0
13.3	3.3	100.0	13.6	27.1	45.8	10.2	-	100.0	-	10.0	80.0	-	-
14.0	4.9	100.0	19.0	13.9	51.3	12.4	2.3	100.0	23.4	25.5	40.4	8.5	2.1
8.3	8.3	100.0	6.0	6.0	41.8	7.5	3.0	100.0	-	7.7	7.7	-	-
5.4	3.6	100.0	16.6	8.7	47.2	6.1	0.9	100.0	12.5	18.8	28.1	-	6.3
9.4	2.8	100.0	17.4	19.3	49.2	6.0	1.6	100.0	21.5	20.0	42.4	4.2	1.0
4.9	1.9	100.0	21.3	18.6	43.6	4.0	1.0	100.0	20.9	19.6	36.7	5.1	0.6
3.5	1.2	100.0	15.3	16.0	47.7	4.8	1.8	100.0	16.0	20.0	50.0	2.0	-
4.3	0.4	100.0	32.1	24.2	37.2	3.7	0.8	100.0	42.3	28.8	25.0	3.8	-
12.3	4.1	100.0	15.0	21.6	54.4	4.9	1.2	100.0	21.9	18.8	53.1	6.3	-
10.7	2.2	100.0	13.4	18.7	55.6	7.3	2.3	100.0	19.4	18.3	51.3	4.7	2.1
13.3	3.3	100.0	15.3	20.3	50.8	10.2	-	100.0	-	10.0	90.0	-	-
12.0	4.4	100.0	15.4	21.4	51.1	9.0	2.1	100.0	27.7	34.0	34.0	4.3	-
5.6	2.8	100.0	9.0	16.4	38.8	6.0	-	100.0	7.7	7.7	7.7	-	-
2.7	1.8	100.0	24.5	17.9	38.9	3.9	0.9	100.0	18.8	9.4	40.6	3.1	3.1

構成割合：男

第12回の仕事への満足感の種類、第12回の仕事のかたち	総数	満足	やや満足	普通	やや不満	不満	61〜64歳	満足	やや満足	普通
能力の活用・発揮	100.0	16.7	17.6	52.0	6.1	2.2	100.0	14.7	18.1	53.4
自営業主	100.0	19.6	17.0	46.2	4.1	1.7	100.0	18.8	18.6	47.5
家族従業者	100.0	17.9	19.4	40.3	6.0	－	100.0	17.6	23.5	29.4
会社・団体等の役員	100.0	32.4	27.2	35.6	3.2	－	100.0	27.1	30.3	38.5
正規の職員・従業員	100.0	12.6	16.9	60.1	6.0	2.3	100.0	12.9	15.9	60.0
パート・アルバイト	100.0	12.1	13.7	60.3	7.9	2.4	100.0	10.5	12.7	59.8
労働者派遣事業所の派遣社員	100.0	12.9	12.9	58.6	8.6	－	100.0	11.1	11.1	61.1
契約社員・嘱託	100.0	13.5	19.1	54.3	8.4	3.7	100.0	11.2	18.5	54.8
家庭での内職など	100.0	12.5	－	43.8	6.3	－	100.0	25.0	－	50.0
その他	100.0	20.5	15.9	43.8	5.7	1.1	100.0	15.5	13.8	51.7
職場の人間関係	100.0	15.2	16.0	52.0	7.7	2.1	100.0	13.4	16.5	52.7
自営業主	100.0	19.1	12.6	47.0	3.6	0.7	100.0	18.0	14.1	49.0
家族従業者	100.0	17.9	9.0	50.7	3.0	－	100.0	23.5	11.8	41.2
会社・団体等の役員	100.0	25.3	25.1	41.1	6.7	0.8	100.0	22.0	22.9	44.5
正規の職員・従業員	100.0	10.8	15.0	59.2	10.2	3.3	100.0	10.3	15.2	56.4
パート・アルバイト	100.0	11.5	16.1	57.4	9.0	2.8	100.0	10.5	15.4	56.9
労働者派遣事業所の派遣社員	100.0	15.7	11.4	60.0	7.1	－	100.0	16.7	11.1	55.6
契約社員・嘱託	100.0	12.6	18.3	54.0	10.9	3.3	100.0	10.7	18.5	54.4
家庭での内職など	100.0	－	－	37.5	6.3	3.3	100.0	－	－	25.0
その他	100.0	17.6	13.6	44.3	5.7	3.4	100.0	17.2	10.3	41.4
賃金・収入	100.0	8.7	9.8	41.2	24.7	11.0	100.0	6.4	9.9	38.2
自営業主	100.0	8.2	8.9	38.6	20.7	13.4	100.0	7.3	9.4	38.0
家族従業者	100.0	11.9	7.5	40.3	17.9	7.5	100.0	11.8	17.6	35.3
会社・団体等の役員	100.0	25.1	19.4	38.3	10.1	5.5	100.0	21.6	22.9	37.6
正規の職員・従業員	100.0	6.1	9.4	41.6	31.6	9.8	100.0	4.7	9.3	36.4
パート・アルバイト	100.0	7.3	8.6	46.0	26.3	9.2	100.0	4.9	8.5	40.2
労働者派遣事業所の派遣社員	100.0	2.9	11.4	47.1	31.4	4.3	100.0	－	11.1	44.4
契約社員・嘱託	100.0	5.4	9.0	40.7	30.8	13.5	100.0	3.6	7.6	38.6
家庭での内職など	100.0	－	－	37.5	12.5	6.3	100.0	－	－	25.0
その他	100.0	11.9	6.8	40.9	19.3	9.7	100.0	3.4	6.9	44.8
就業時間・休日	100.0	14.7	13.6	50.1	11.9	4.0	100.0	12.7	14.0	50.5
自営業主	100.0	13.2	10.0	47.8	11.6	5.4	100.0	11.4	10.4	48.4
家族従業者	100.0	14.9	7.5	43.3	13.4	4.5	100.0	23.5	5.9	17.6
会社・団体等の役員	100.0	26.5	18.9	43.8	7.0	2.5	100.0	22.9	16.5	48.6
正規の職員・従業員	100.0	9.8	15.2	53.3	15.3	4.5	100.0	8.8	16.2	52.4
パート・アルバイト	100.0	15.4	13.7	51.8	11.7	3.6	100.0	14.1	12.7	49.3
労働者派遣事業所の派遣社員	100.0	11.4	15.7	58.6	8.6	－	100.0	22.2	5.6	55.6
契約社員・嘱託	100.0	15.0	15.7	51.9	13.0	3.4	100.0	12.6	15.6	51.8
家庭での内職など	100.0	－	6.3	37.5	－	－	100.0	－	－	25.0
その他	100.0	16.5	9.7	50.6	6.8	3.4	100.0	13.8	6.9	58.6
仕事の内容・やりがい	100.0	16.1	19.5	49.3	8.2	2.3	100.0	13.9	19.1	49.9
自営業主	100.0	19.7	20.6	43.8	4.8	1.2	100.0	18.2	22.2	44.9
家族従業者	100.0	19.4	14.9	43.3	6.0	1.5	100.0	23.5	5.9	41.2
会社・団体等の役員	100.0	32.6	27.4	34.1	4.4	0.4	100.0	28.0	27.5	38.5
正規の職員・従業員	100.0	11.3	16.8	56.6	10.7	3.2	100.0	10.9	16.4	54.5
パート・アルバイト	100.0	11.4	16.9	56.3	9.6	2.7	100.0	10.1	16.7	52.9
労働者派遣事業所の派遣社員	100.0	7.1	15.7	61.4	10.0	1.4	100.0	11.1	11.1	50.0
契約社員・嘱託	100.0	12.0	19.9	52.1	11.6	3.6	100.0	10.5	17.7	53.0
家庭での内職など	100.0	－	6.3	37.5	6.3	－	100.0	－	－	25.0
その他	100.0	22.2	18.8	40.9	5.1	2.3	100.0	13.8	27.6	41.4

注：総数には各項目の不詳を含む。

12回の仕事への満足感の種類、第12回の仕事のかたち、年齢階級、第12回の仕事への満足感別（6－5）

年齢階級、第12回の仕事への満足感

やや不満	不満	65～69歳	満足	やや満足	普通	やや不満	不満	70歳	満足	やや満足	普通	やや不満	不満
構成割合（単位：%）													
7.6	3.0	100.0	18.3	16.8	51.4	5.1	1.7	100.0	17.2	20.6	46.2	4.7	0.9
5.1	1.8	100.0	20.4	16.2	45.9	3.6	1.8	100.0	15.7	16.5	43.8	3.3	1.7
11.8	-	100.0	17.8	20.0	44.4	4.4	-	100.0	20.0	-	40.0	-	-
3.7	-	100.0	35.4	25.0	33.6	3.4	-	100.0	41.0	25.6	33.3	-	-
7.2	2.4	100.0	11.1	18.6	60.7	3.9	2.1	100.0	22.7	22.7	54.5	-	-
9.5	4.9	100.0	12.8	13.9	60.6	7.3	1.6	100.0	12.2	15.6	58.9	7.8	1.1
11.1	-	100.0	16.3	14.0	55.8	7.0	-	100.0	-	11.1	66.7	11.1	-
10.2	4.5	100.0	16.9	18.0	54.7	6.1	2.9	100.0	12.5	42.5	40.0	5.0	-
-	-	100.0	12.5	-	37.5	12.5	-	100.0	-	-	50.0	-	-
5.2	3.4	100.0	24.0	15.4	43.3	4.8	-	100.0	14.3	28.6	14.3	14.3	-
10.2	3.3	100.0	16.5	15.2	52.2	6.1	1.4	100.0	17.2	19.8	45.3	4.1	0.9
5.7	0.8	100.0	20.5	11.2	46.7	2.5	0.6	100.0	12.4	17.4	40.5	3.3	0.8
5.9	-	100.0	17.8	8.9	53.3	2.2	-	100.0	-	-	60.0	-	-
9.6	0.5	100.0	25.0	28.0	39.4	5.2	1.1	100.0	46.2	17.9	35.9	-	-
13.1	4.1	100.0	10.0	15.0	65.7	4.6	1.4	100.0	31.8	9.1	50.0	4.5	4.5
9.8	5.2	100.0	11.9	15.9	57.5	9.1	2.0	100.0	12.2	20.0	57.8	5.6	1.1
11.1	-	100.0	16.3	11.6	60.5	7.0	-	100.0	11.1	11.1	66.7	-	-
11.6	4.2	100.0	15.5	16.7	54.1	10.2	2.2	100.0	10.0	35.0	45.0	7.5	-
-	-	100.0	-	-	50.0	12.5	-	100.0	-	-	25.0	-	-
8.6	8.6	100.0	17.3	12.5	50.0	3.8	1.0	100.0	21.4	35.7	14.3	7.1	-
29.4	13.7	100.0	10.2	9.5	43.8	21.5	9.0	100.0	11.0	11.6	39.5	20.1	9.3
23.3	15.5	100.0	8.8	8.4	40.3	18.8	12.4	100.0	7.4	10.7	27.3	24.8	12.4
17.6	5.9	100.0	13.3	4.4	42.2	17.8	8.9	100.0	-	-	40.0	20.0	-
11.0	6.0	100.0	26.5	17.5	38.4	10.4	4.9	100.0	35.9	12.8	41.0	2.6	7.7
36.7	12.2	100.0	8.6	8.9	52.9	21.8	4.6	100.0	13.6	18.2	36.4	22.7	9.1
31.7	13.1	100.0	7.9	8.6	47.9	24.5	8.0	100.0	10.0	8.9	48.9	24.4	6.7
27.8	11.1	100.0	4.7	14.0	41.9	37.2	-	100.0	-	-	77.8	11.1	11.1
33.2	16.4	100.0	8.0	10.2	42.9	28.6	9.8	100.0	5.0	20.0	52.5	15.0	7.5
25.0	25.0	100.0	-	-	50.0	12.5	-	100.0	-	-	25.0	-	-
24.1	12.1	100.0	17.3	5.8	40.4	16.3	7.7	100.0	7.1	14.3	28.6	21.4	14.3
13.8	5.8	100.0	16.1	13.1	50.2	10.8	2.8	100.0	17.4	15.1	46.2	7.6	2.9
13.5	8.0	100.0	14.3	9.8	47.4	11.0	4.2	100.0	11.6	9.9	47.9	7.4	3.3
29.4	5.9	100.0	13.3	8.9	51.1	8.9	4.4	100.0	-	-	60.0	-	-
7.8	3.2	100.0	27.6	20.5	41.4	6.7	1.9	100.0	38.5	20.5	33.3	5.1	2.6
16.2	5.3	100.0	10.7	13.2	55.4	13.6	3.2	100.0	22.7	13.6	50.0	13.6	-
13.1	7.8	100.0	15.5	14.0	52.9	11.5	2.1	100.0	18.9	14.4	51.1	8.9	2.2
11.1	-	100.0	9.3	23.3	53.5	9.3	-	100.0	-	-	88.9	-	-
14.7	4.5	100.0	18.0	14.7	53.3	10.8	1.8	100.0	20.0	30.0	37.5	10.0	2.5
-	-	100.0	-	12.5	50.0	-	-	100.0	-	-	25.0	-	-
5.2	5.2	100.0	19.2	8.7	49.0	8.7	1.0	100.0	7.1	28.6	28.6	-	14.3
10.8	3.4	100.0	17.2	19.6	49.6	6.5	1.5	100.0	21.2	21.2	42.4	5.2	1.2
5.5	2.0	100.0	20.5	19.4	44.4	4.3	0.9	100.0	19.8	24.0	33.9	5.8	0.8
11.8	-	100.0	17.8	17.8	44.4	4.4	2.2	100.0	20.0	20.0	40.0	-	-
5.5	-	100.0	34.3	27.2	32.5	3.4	0.7	100.0	46.2	28.2	20.5	5.1	-
13.4	4.1	100.0	11.1	18.6	60.7	5.0	1.4	100.0	27.3	4.5	59.1	9.1	-
13.4	3.9	100.0	11.5	17.1	57.3	8.8	2.3	100.0	14.4	15.6	58.9	4.4	2.2
16.7	5.6	100.0	7.0	20.9	58.1	9.3	-	100.0	-	-	100.0	-	-
13.3	4.8	100.0	13.3	21.6	52.2	9.6	2.2	100.0	22.5	37.5	35.0	5.0	-
25.0	-	100.0	-	12.5	50.0	-	-	100.0	-	-	25.0	-	-
3.4	3.4	100.0	27.9	14.4	41.3	5.8	1.0	100.0	14.3	14.3	35.7	7.1	7.1

構成割合：女

第12回の仕事への満足感の種類、第12回の仕事のかたち	総数	満足	やや満足	普通	やや不満	不満	61〜64歳	満足	やや満足	普通
能力の活用・発揮	100.0	15.2	15.1	55.0	5.0	1.4	100.0	14.0	15.5	58.3
自営業主	100.0	17.1	14.5	47.2	1.7	1.4	100.0	15.4	17.1	52.0
家族従業者	100.0	14.4	9.6	55.6	3.9	–	100.0	14.8	9.7	58.2
会社・団体等の役員	100.0	21.1	15.5	58.4	1.9	1.9	100.0	23.0	16.4	57.4
正規の職員・従業員	100.0	17.8	21.9	49.5	6.8	1.9	100.0	15.8	20.2	51.8
パート・アルバイト	100.0	13.7	14.9	59.9	6.1	1.7	100.0	12.4	14.6	62.0
労働者派遣事業所の派遣社員	100.0	13.8	24.1	55.2	6.9	–	100.0	8.3	16.7	75.0
契約社員・嘱託	100.0	16.9	19.3	54.2	5.7	2.4	100.0	13.8	18.7	59.1
家庭での内職など	100.0	16.0	12.0	36.0	1.0	–	100.0	15.6	12.5	34.4
その他	100.0	18.3	19.8	37.1	3.0	0.5	100.0	20.4	25.9	40.7
職場の人間関係	100.0	15.4	16.0	49.0	7.9	2.6	100.0	14.3	16.6	50.5
自営業主	100.0	18.3	12.8	40.2	2.9	0.5	100.0	15.4	11.4	49.6
家族従業者	100.0	17.3	8.7	51.0	3.6	0.1	100.0	15.6	8.0	56.1
会社・団体等の役員	100.0	20.5	18.6	52.2	4.3	2.5	100.0	21.3	23.0	47.5
正規の職員・従業員	100.0	14.3	19.7	48.4	11.4	5.1	100.0	12.7	22.4	46.1
パート・アルバイト	100.0	15.0	17.1	52.2	9.9	3.4	100.0	14.5	16.4	52.2
労働者派遣事業所の派遣社員	100.0	17.2	17.2	51.7	13.8	–	100.0	8.3	8.3	66.7
契約社員・嘱託	100.0	13.6	23.5	45.8	12.0	4.5	100.0	11.3	21.2	47.8
家庭での内職など	100.0	7.0	3.0	34.0	2.0	–	100.0	12.5	3.1	34.4
その他	100.0	12.2	20.8	38.6	2.5	1.0	100.0	14.8	33.3	35.2
賃金・収入	100.0	9.8	11.0	45.2	19.2	7.7	100.0	8.9	10.9	46.0
自営業主	100.0	10.4	9.2	37.8	17.3	8.4	100.0	8.1	9.8	42.3
家族従業者	100.0	8.0	8.3	43.4	14.4	10.2	100.0	8.4	10.1	47.3
会社・団体等の役員	100.0	25.5	13.7	47.8	7.5	4.3	100.0	24.6	11.5	50.8
正規の職員・従業員	100.0	12.4	9.2	43.0	25.1	9.2	100.0	10.1	8.8	42.5
パート・アルバイト	100.0	9.2	12.2	48.5	21.0	6.7	100.0	8.7	11.3	48.4
労働者派遣事業所の派遣社員	100.0	10.3	17.2	41.4	20.7	10.3	100.0	8.3	8.3	41.7
契約社員・嘱託	100.0	9.3	13.6	43.4	24.1	9.3	100.0	6.4	14.3	39.4
家庭での内職など	100.0	4.0	5.0	40.0	13.0	6.0	100.0	3.1	3.1	40.6
その他	100.0	8.6	9.6	42.1	12.7	7.1	100.0	5.6	13.0	42.6
就業時間・休日	100.0	15.0	12.1	49.5	11.6	3.7	100.0	13.6	12.8	52.1
自営業主	100.0	14.5	9.6	41.4	10.8	3.9	100.0	10.6	8.9	51.2
家族従業者	100.0	11.9	8.1	43.6	14.2	5.8	100.0	12.7	5.9	48.1
会社・団体等の役員	100.0	28.0	9.3	49.1	8.1	4.3	100.0	32.8	8.2	49.2
正規の職員・従業員	100.0	15.1	13.5	45.4	17.0	7.6	100.0	13.6	13.6	46.9
パート・アルバイト	100.0	14.9	13.5	55.7	10.9	2.4	100.0	12.8	13.6	56.5
労働者派遣事業所の派遣社員	100.0	17.2	27.6	37.9	13.8	3.4	100.0	8.3	8.3	58.3
契約社員・嘱託	100.0	18.1	15.4	47.0	13.9	5.4	100.0	14.3	18.7	48.8
家庭での内職など	100.0	5.0	6.0	34.0	8.0	5.0	100.0	3.1	6.3	31.3
その他	100.0	16.8	12.2	42.6	4.1	1.0	100.0	22.2	20.4	40.7
仕事の内容・やりがい	100.0	16.0	19.4	50.3	6.2	1.8	100.0	13.3	20.2	53.2
自営業主	100.0	23.4	15.9	41.9	2.7	1.2	100.0	21.1	19.5	43.9
家族従業者	100.0	14.5	15.9	51.4	4.0	1.5	100.0	13.5	15.2	57.0
会社・団体等の役員	100.0	26.7	18.0	50.3	2.5	1.2	100.0	27.9	19.7	50.8
正規の職員・従業員	100.0	17.3	28.1	43.5	7.3	2.7	100.0	14.0	27.2	45.2
パート・アルバイト	100.0	13.5	19.8	54.8	7.9	2.0	100.0	11.1	19.6	56.1
労働者派遣事業所の派遣社員	100.0	24.1	13.8	51.7	10.3	–	100.0	8.3	–	83.3
契約社員・嘱託	100.0	17.8	21.4	50.9	6.9	2.4	100.0	12.8	22.2	54.2
家庭での内職など	100.0	10.0	15.0	34.0	5.0	1.0	100.0	9.4	12.5	37.5
その他	100.0	21.8	21.8	38.1	2.0	0.5	100.0	22.2	29.6	38.9

注：総数には各項目の不詳を含む。

12 回の仕事への満足感の種類、第 12 回の仕事のかたち、年齢階級、第 12 回の仕事への満足感別（6－6）

年齢階級、第 12 回の仕事への満足感

やや不満	不満	65～69歳	満足	やや満足	普通	やや不満	不満	70歳	満足	やや満足	普通	やや不満	不満
		構成割合（単位：％）											
5.6	1.6	100.0	15.8	14.9	53.6	4.5	1.3	100.0	18.7	14.2	42.7	3.7	0.8
0.8	1.6	100.0	18.0	14.1	45.1	2.0	1.2	100.0	16.2	8.1	45.9	2.7	2.7
3.4	-	100.0	13.7	9.4	55.5	4.1	-	100.0	17.8	11.1	42.2	4.4	-
-	3.3	100.0	19.5	14.9	58.6	3.4	1.1	100.0	23.1	15.4	61.5	-	-
7.9	3.1	100.0	22.0	24.2	46.2	4.5	-	100.0	10.0	30.0	40.0	10.0	-
6.8	1.5	100.0	14.3	15.1	59.0	5.5	2.0	100.0	19.8	15.8	48.5	5.0	1.0
-		100.0	18.8	25.0	43.8	12.5	-	100.0	-	100.0	-	-	-
5.4	3.0	100.0	21.3	18.9	48.4	6.6	1.6	100.0	28.6	42.9	14.3	-	-
3.1	-	100.0	15.3	13.6	39.0	-	-	100.0	22.2	-	22.2	-	-
5.6	-	100.0	16.8	18.4	36.8	2.4	0.8	100.0	22.2	11.1	27.8	-	-
9.7	3.6	100.0	16.0	15.5	48.8	6.8	1.9	100.0	18.3	15.0	38.2	4.1	1.6
3.3	0.8	100.0	20.0	14.1	35.7	3.1	0.4	100.0	16.2	8.1	40.5	-	-
3.8	-	100.0	18.1	9.7	48.9	3.6	-	100.0	20.0	4.4	42.2	2.2	2.2
4.9	3.3	100.0	20.7	16.1	56.3	2.3	2.3	100.0	15.4	15.4	46.2	15.4	-
11.8	6.6	100.0	17.4	15.9	50.8	11.4	2.3	100.0	10.0	10.0	70.0	-	10.0
11.6	3.9	100.0	14.9	16.8	53.5	8.6	3.2	100.0	20.8	26.7	38.6	6.9	2.0
16.7	-	100.0	25.0	25.0	37.5	12.5	-	100.0	-	-	100.0	-	-
13.3	5.9	100.0	15.6	27.9	43.4	10.7	2.5	100.0	42.9	14.3	28.6	-	-
-	-	100.0	5.1	3.4	39.0	3.4	-	100.0	-	-	-	-	-
1.9	3.7	100.0	10.4	17.6	41.6	3.2	-	100.0	16.7	5.6	27.8	-	-
21.4	8.8	100.0	10.2	10.9	45.3	17.9	7.1	100.0	13.4	11.8	38.2	13.0	4.5
20.3	8.1	100.0	11.8	9.8	36.1	16.5	8.6	100.0	8.1	2.7	35.1	13.5	8.1
13.9	7.6	100.0	8.1	7.1	41.2	15.3	11.7	100.0	4.4	8.9	42.2	8.9	11.1
4.9	8.2	100.0	26.4	14.9	44.8	9.2	2.3	100.0	23.1	15.4	53.8	7.7	-
26.3	11.8	100.0	15.9	9.8	42.4	24.2	5.3	100.0	20.0	10.0	60.0	10.0	-
22.1	7.9	100.0	8.8	12.5	49.8	20.1	5.9	100.0	17.8	17.8	34.7	20.8	3.0
25.0	16.7	100.0	12.5	25.0	37.5	18.8	6.3	100.0	-	-	100.0	-	-
27.1	12.3	100.0	12.3	12.3	50.0	20.5	4.9	100.0	42.9	14.3	42.9	-	-
21.9	6.3	100.0	5.1	6.8	42.4	10.2	6.8	100.0	-	-	22.2	-	-
20.4	9.3	100.0	9.6	8.0	41.6	11.2	7.2	100.0	11.1	11.1	44.4	-	-
12.9	4.1	100.0	15.7	11.7	48.3	11.0	3.6	100.0	19.5	11.0	40.2	6.9	1.6
11.4	4.9	100.0	16.9	9.8	36.9	11.4	3.5	100.0	10.8	10.8	40.5	5.4	2.7
13.9	6.3	100.0	11.5	9.9	41.2	14.2	5.9	100.0	11.1	4.4	40.0	15.6	2.2
6.6	3.3	100.0	25.3	10.3	48.3	9.2	4.6	100.0	23.1	7.7	53.8	7.7	7.7
17.5	7.9	100.0	18.2	13.6	42.4	15.9	6.8	100.0	10.0	10.0	50.0	20.0	10.0
12.9	2.2	100.0	15.6	13.2	56.0	9.5	2.7	100.0	28.7	14.9	44.6	5.0	-
16.7	8.3	100.0	25.0	37.5	25.0	12.5	-	100.0	-	100.0	-	-	-
11.3	6.4	100.0	23.0	10.7	43.4	18.9	4.1	100.0	42.9	-	57.1	-	-
9.4	9.4	100.0	6.8	5.1	40.7	8.5	3.4	100.0	-	11.1	-	-	-
5.6	1.9	100.0	14.4	8.8	45.6	4.0	0.8	100.0	16.7	11.1	27.8	-	-
7.6	2.0	100.0	17.6	18.9	48.8	5.3	1.7	100.0	22.0	18.3	42.3	2.8	0.8
2.4	1.6	100.0	24.3	15.7	40.4	2.7	1.2	100.0	24.3	5.4	45.9	2.7	-
3.0	1.3	100.0	15.0	15.8	48.1	4.8	1.8	100.0	15.6	20.0	51.1	2.2	-
-	1.6	100.0	25.3	14.9	51.7	4.6	1.1	100.0	30.8	30.8	38.5	-	-
9.2	3.9	100.0	23.5	28.0	40.9	4.5	0.8	100.0	10.0	50.0	40.0	-	-
9.9	1.7	100.0	14.8	19.8	54.5	6.2	2.3	100.0	23.8	20.8	44.6	5.0	2.0
8.3	-	100.0	37.5	18.8	31.3	12.5	-	100.0	-	100.0	-	-	-
7.4	3.0	100.0	23.8	20.5	46.7	6.6	1.6	100.0	57.1	14.3	28.6	-	-
3.1	3.1	100.0	10.2	16.9	37.3	6.8	-	100.0	11.1	11.1	-	-	-
1.9	-	100.0	21.6	20.8	36.8	2.4	0.8	100.0	22.2	5.6	44.4	-	-

総数

	総数	収入あり	働いて得た所得	公的年金	雇用保険	生活保護等の社会保障給付金	私的年金	子供等からの仕送り	資産収入
								第 12 回	

被調査者数（単位：人）

性、第 1 回の 60 〜 64 歳の生活のまかない方（主なもの 3 つまで）	総数	収入あり	働いて得た所得	公的年金	雇用保険	生活保護等の社会保障給付金	私的年金	子供等からの仕送り	資産収入
総数	19 513	16 880	8 750	14 885	148	70	2 398	156	915
働いて得た所得（本人）	10 158	9 216	5 942	7 932	95	41	1 318	95	505
（配偶者）	4 774	3 969	1 745	3 601	21	9	468	45	172
（その他の同居人）	334	278	127	249	1	1	26	13	5
資産収入	785	733	338	649	3	2	137	2	325
預貯金の取り崩し	4 944	4 255	1 761	3 888	41	9	761	40	244
退職金	4 685	4 143	1 908	3 746	60	6	825	15	229
公的年金	6 568	5 695	2 460	5 279	37	15	800	60	308
私的年金	2 803	2 475	1 038	2 260	28	5	853	24	192
親族等からの仕送り	60	48	20	42	1	1	3	4	2
その他	1 029	865	502	723	9	23	85	9	37
男	8 953	8 137	5 042	6 880	97	44	1 277	33	539
働いて得た所得（本人）	6 362	5 877	3 957	4 923	71	29	878	26	376
（配偶者）	567	529	361	438	5	4	77	3	29
（その他の同居人）	92	82	52	64	–	1	9	1	2
資産収入	411	393	216	331	3	2	75	1	193
預貯金の取り崩し	1 970	1 792	918	1 588	28	5	395	7	136
退職金	2 884	2 647	1 380	2 350	44	4	592	7	170
公的年金	2 624	2 368	1 270	2 115	19	11	405	6	166
私的年金	1 029	951	510	829	13	4	395	4	95
親族等からの仕送り	15	12	6	8	1	–	2	–	–
その他	540	479	318	384	7	13	56	5	25
女	10 560	8 743	3 708	8 005	51	26	1 121	123	376
働いて得た所得（本人）	3 796	3 339	1 985	3 009	24	12	440	69	129
（配偶者）	4 207	3 440	1 384	3 163	16	5	391	42	143
（その他の同居人）	242	196	75	185	1	–	17	12	3
資産収入	374	340	122	318	–	–	62	1	132
預貯金の取り崩し	2 974	2 463	843	2 300	13	4	366	33	108
退職金	1 801	1 496	528	1 396	16	2	233	8	59
公的年金	3 944	3 327	1 190	3 164	18	4	395	54	142
私的年金	1 774	1 524	528	1 431	15	1	458	20	97
親族等からの仕送り	45	36	14	34	–	1	1	4	2
その他	489	386	184	339	2	10	29	4	12

注：総数には各項目の不詳を含む。

まかない方（主なもの３つまで）、第12回の１か月間の収入の有無・収入の種類（複数回答）別（４－１）

の１か月間の収入の有無・収入の種類（複数回答）

その他	収入なし	総数	収入あり	働いて得た所得	公的年金	雇用保険	生活保護等の社会保障給付金	私的年金	子供等からの仕送り	資産収入	その他	収入なし
						構成割合（単位：％）						
316	2 135	100.0	86.5	44.8	76.3	0.8	0.4	12.3	0.8	4.7	1.6	10.9
152	724	100.0	90.7	58.5	78.1	0.9	0.4	13.0	0.9	5.0	1.5	7.1
79	728	100.0	83.1	36.6	75.4	0.4	0.2	9.8	0.9	3.6	1.7	15.2
8	49	100.0	83.2	38.0	74.6	0.3	0.3	7.8	3.9	1.5	2.4	14.7
27	43	100.0	93.4	43.1	82.7	0.4	0.3	17.5	0.3	41.4	3.4	5.5
92	604	100.0	86.1	35.6	78.6	0.8	0.2	15.4	0.8	4.9	1.9	12.2
89	460	100.0	88.4	40.7	80.0	1.3	0.1	17.6	0.3	4.9	1.9	9.8
97	710	100.0	86.7	37.5	80.4	0.6	0.2	12.2	0.9	4.7	1.5	10.8
54	272	100.0	88.3	37.0	80.6	1.0	0.2	30.4	0.9	6.8	1.9	9.7
2	11	100.0	80.0	33.3	70.0	1.7	1.7	5.0	6.7	3.3	3.3	18.3
34	120	100.0	84.1	48.8	70.3	0.9	2.2	8.3	0.9	3.6	3.3	11.7
147	596	100.0	90.9	56.3	76.8	1.1	0.5	14.3	0.4	6.0	1.6	6.7
96	361	100.0	92.4	62.2	77.4	1.1	0.5	13.8	0.4	5.9	1.5	5.7
16	29	100.0	93.3	63.7	77.2	0.9	0.7	13.6	0.5	5.1	2.8	5.1
1	9	100.0	89.1	56.5	69.6	-	1.1	9.8	1.1	2.2	1.1	9.8
16	13	100.0	95.6	52.6	80.5	0.7	0.5	18.2	0.2	47.0	3.9	3.2
35	142	100.0	91.0	46.6	80.6	1.4	0.3	20.1	0.4	6.9	1.8	7.2
59	180	100.0	91.8	47.9	81.5	1.5	0.1	20.5	0.2	5.9	2.0	6.2
40	192	100.0	90.2	48.4	80.6	0.7	0.4	15.4	0.2	6.3	1.5	7.3
22	58	100.0	92.4	49.6	80.6	1.3	0.4	38.4	0.4	9.2	2.1	5.6
-	2	100.0	80.0	40.0	53.3	6.7	-	13.3	-	-	-	13.3
12	42	100.0	88.7	58.9	71.1	1.3	2.4	10.4	0.9	4.6	2.2	7.8
169	1 539	100.0	82.8	35.1	75.8	0.5	0.2	10.6	1.2	3.6	1.6	14.6
56	363	100.0	88.0	52.3	79.3	0.6	0.3	11.6	1.8	3.4	1.5	9.6
63	699	100.0	81.8	32.9	75.2	0.4	0.1	9.3	1.0	3.4	1.5	16.6
7	40	100.0	81.0	31.0	76.4	0.4	-	7.0	5.0	1.2	2.9	16.5
11	30	100.0	90.9	32.6	85.0	-	-	16.6	0.3	35.3	2.9	8.0
57	462	100.0	82.8	28.3	77.3	0.4	0.1	12.3	1.1	3.6	1.9	15.5
30	280	100.0	83.1	29.3	77.5	0.9	0.1	12.9	0.4	3.3	1.7	15.5
57	518	100.0	84.4	30.2	80.2	0.5	0.1	10.0	1.4	3.6	1.4	13.1
32	214	100.0	85.9	29.8	80.7	0.8	0.1	25.8	1.1	5.5	1.8	12.1
2	9	100.0	80.0	31.1	75.6	-	2.2	2.2	8.9	4.4	4.4	20.0
22	78	100.0	78.9	37.6	69.3	0.4	2.0	5.9	0.8	2.5	4.5	16.0

第 33 表　被調査者数・構成割合，年齢階級、性、第 1 回の 60 ～ 64 歳の生活の

61 ～ 64 歳

第 12 回

性、第 1 回の 60 ～ 64 歳の生活のまかない方（主なもの 3 つまで）	総数	収入あり	働いて得た所得	公的年金	雇用保険	生活保護等の社会保障給付金	私的年金	子供等からの仕送り	資産収入
				被調査者数（単位：人）					
総数	6 641	5 624	3 867	4 048	115	25	741	28	260
働いて得た所得（本人）	3 456	3 134	2 465	2 104	73	14	398	17	144
（配偶者）	1 707	1 331	835	1 026	10	2	130	7	54
（その他の同居人）	118	94	63	69	1	–	10	3	2
資産収入	252	228	143	165	2	–	32	–	88
預貯金の取り崩し	1 733	1 450	864	1 130	32	2	260	9	76
退職金	1 830	1 579	1 025	1 217	46	1	335	4	76
公的年金	1 722	1 453	912	1 098	30	6	178	9	70
私的年金	900	768	472	587	23	–	251	3	47
親族等からの仕送り	22	19	13	14	1	–	1	–	1
その他	375	320	237	220	6	5	27	2	10
男	2 993	2 749	2 181	1 743	78	18	410	9	152
働いて得た所得（本人）	2 133	1 976	1 651	1 202	56	10	259	7	103
（配偶者）	218	204	166	123	3	1	28	1	14
（その他の同居人）	40	35	30	18	–	–	5	–	1
資産収入	130	126	91	78	2	–	20	–	55
預貯金の取り崩し	654	589	422	414	21	1	132	2	39
退職金	1 053	967	706	693	34	1	223	2	53
公的年金	693	634	477	416	17	4	99	1	42
私的年金	321	296	221	191	12	–	116	1	22
親族等からの仕送り	8	7	6	3	1	–	1	–	–
その他	192	179	145	113	5	3	22	2	7
女	3 648	2 875	1 686	2 305	37	7	331	19	108
働いて得た所得（本人）	1 323	1 158	814	902	17	4	139	10	41
（配偶者）	1 489	1 127	669	903	7	1	102	6	40
（その他の同居人）	78	59	33	51	1	–	5	3	1
資産収入	122	102	52	87	–	–	12	–	33
預貯金の取り崩し	1 079	861	442	716	11	1	128	7	37
退職金	777	612	319	524	12	–	112	2	23
公的年金	1 029	819	435	682	13	2	79	8	28
私的年金	579	472	251	396	11	–	135	2	25
親族等からの仕送り	14	12	7	11	–	–	–	–	1
その他	183	141	92	107	1	2	5	–	3

注：総数には各項目の不詳を含む。

まかない方（主なもの３つまで）、第12回の１か月間の収入の有無・収入の種類（複数回答）別（４－２）

の１か月間の収入の有無・収入の種類（複数回答）

その他	収入なし	総数	収入あり	働いて得た所得	公的年金	雇用保険	生活保護等の社会保障給付金	私的年金	子供等からの仕送り	資産収入	その他	収入なし
						構成割合（単位：%）						
95	850	100.0	84.7	58.2	61.0	1.7	0.4	11.2	0.4	3.9	1.4	12.8
50	241	100.0	90.7	71.3	60.9	2.1	0.4	11.5	0.5	4.2	1.4	7.0
25	349	100.0	78.0	48.9	60.1	0.6	0.1	7.6	0.4	3.2	1.5	20.4
1	21	100.0	79.7	53.4	58.5	0.8	–	8.5	2.5	1.7	0.8	17.8
6	22	100.0	90.5	56.7	65.5	0.8	–	12.7	–	34.9	2.4	8.7
28	253	100.0	83.7	49.9	65.2	1.8	0.1	15.0	0.5	4.4	1.6	14.6
30	215	100.0	86.3	56.0	66.5	2.5	0.1	18.3	0.2	4.2	1.6	11.7
26	225	100.0	84.4	53.0	63.8	1.7	0.3	10.3	0.5	4.1	1.5	13.1
8	111	100.0	85.3	52.4	65.2	2.6	–	27.9	0.3	5.2	0.9	12.3
1	3	100.0	86.4	59.1	63.6	4.5	–	4.5	–	4.5	4.5	13.6
11	41	100.0	85.3	63.2	58.7	1.6	1.3	7.2	0.5	2.7	2.9	10.9
42	162	100.0	91.8	72.9	58.2	2.6	0.6	13.7	0.3	5.1	1.4	5.4
30	104	100.0	92.6	77.4	56.4	2.6	0.5	12.1	0.3	4.8	1.4	4.9
8	9	100.0	93.6	76.1	56.4	1.4	0.5	12.8	0.5	6.4	3.7	4.1
–	5	100.0	87.5	75.0	45.0	–	–	12.5	–	2.5	–	12.5
3	4	100.0	96.9	70.0	60.0	1.5	–	15.4	–	42.3	2.3	3.1
10	48	100.0	90.1	64.5	63.3	3.2	0.2	20.2	0.3	6.0	1.5	7.3
20	58	100.0	91.8	67.0	65.8	3.2	0.1	21.2	0.2	5.0	1.9	5.5
9	36	100.0	91.5	68.8	60.0	2.5	0.6	14.3	0.1	6.1	1.3	5.2
3	15	100.0	92.2	68.8	59.5	3.7	–	36.1	0.3	6.9	0.9	4.7
–	1	100.0	87.5	75.0	37.5	12.5	–	12.5	–	–	–	12.5
5	8	100.0	93.2	75.5	58.9	2.6	1.6	11.5	1.0	3.6	2.6	4.2
53	688	100.0	78.8	46.2	63.2	1.0	0.2	9.1	0.5	3.0	1.5	18.9
20	137	100.0	87.5	61.5	68.2	1.3	0.3	10.5	0.8	3.1	1.5	10.4
17	340	100.0	75.7	44.9	60.6	0.5	0.1	6.9	0.4	2.7	1.1	22.8
1	16	100.0	75.6	42.3	65.4	1.3	–	6.4	3.8	1.3	1.3	20.5
3	18	100.0	83.6	42.6	71.3	–	–	9.8	–	27.0	2.5	14.8
18	205	100.0	79.8	41.0	66.4	1.0	0.1	11.9	0.6	3.4	1.7	19.0
10	157	100.0	78.8	41.1	67.4	1.5	–	14.4	0.3	3.0	1.3	20.2
17	189	100.0	79.6	42.3	66.3	1.3	0.2	7.7	0.8	2.7	1.7	18.4
5	96	100.0	81.5	43.4	68.4	1.9	–	23.3	0.3	4.3	0.9	16.6
1	2	100.0	85.7	50.0	78.6	–	–	–	–	7.1	7.1	14.3
6	33	100.0	77.0	50.3	58.5	0.5	1.1	2.7	–	1.6	3.3	18.0

第 33 表　被調査者数・構成割合，年齢階級、性、第 1 回の 60 ～ 64 歳の生活の

65 ～ 69 歳

第 12 回

性、第 1 回の 60 ～ 64 歳の生活のまかない方（主なもの 3 つまで）	総数	収入あり	働いて得た所得	公的年金	雇用保険	生活保護等の社会保障給付金	私的年金	子供等からの仕送り	資産収入
	被調査者数（単位：人）								
総数	11 321	9 913	4 426	9 528	31	37	1 450	106	562
働いて得た所得（本人）	5 874	5 348	3 129	5 115	20	21	797	63	311
（配偶者）	2 685	2 311	822	2 255	11	5	297	34	102
（その他の同居人）	186	158	58	156	–	1	15	7	3
資産収入	461	434	174	417	–	1	90	2	201
預貯金の取り崩し	2 854	2 494	823	2 450	9	7	443	23	152
退職金	2 544	2 285	818	2 252	14	4	434	10	135
公的年金	4 085	3 568	1 365	3 511	7	8	531	40	193
私的年金	1 681	1 512	521	1 481	4	2	532	18	131
親族等からの仕送り	31	24	7	23		1	1	2	1
その他	582	484	239	444	2	14	51	5	23
男	5 220	4 732	2 575	4 497	18	20	757	18	331
働いて得た所得（本人）	3 686	3 413	2 064	3 246	14	14	532	14	233
（配偶者）	313	293	178	283	2	2	43	2	13
（その他の同居人）	50	46	22	45	–	1	4	1	1
資産収入	242	228	109	216	–	1	48	1	115
預貯金の取り崩し	1 150	1 053	449	1 024	7	4	233	3	87
退職金	1 618	1 486	621	1 465	10	3	327	5	104
公的年金	1 592	1 433	690	1 400	2	6	256	4	96
私的年金	617	572	262	557		2	243	2	65
親族等からの仕送り	6	4	–	4	–	–	–	–	–
その他	308	265	156	237	1	6	28	1	16
女	6 101	5 181	1 851	5 031	13	17	693	88	231
働いて得た所得（本人）	2 188	1 935	1 065	1 869	6	7	265	49	78
（配偶者）	2 372	2 018	644	1 972	9	3	254	32	89
（その他の同居人）	136	112	36	111	–	–	11	6	2
資産収入	219	206	65	201			42	1	86
預貯金の取り崩し	1 704	1 441	374	1 426	2	3	210	20	65
退職金	926	799	197	787	4	1	107	5	31
公的年金	2 493	2 135	675	2 111	5	2	275	36	97
私的年金	1 064	940	259	924	4	–	289	16	66
親族等からの仕送り	25	20	7	19		1	1	2	1
その他	274	219	83	207	1	8	23	4	7

注：総数には各項目の不詳を含む。

まかない方（主なもの３つまで）、第12回の１か月間の収入の有無・収入の種類（複数回答）別（4－3）

の１か月間の収入の有無・収入の種類（複数回答）

その他	収入なし	総数	収入あり	働いて得た所得	公的年金	雇用保険	生活保護等の社会保障給付金	私的年金	子供等からの仕送り	資産収入	その他	収入なし
						構成割合（単位：%）						
197	1 114	100.0	87.6	39.1	84.2	0.3	0.3	12.8	0.9	5.0	1.7	9.8
90	407	100.0	91.0	53.3	87.1	0.3	0.4	13.6	1.1	5.3	1.5	6.9
44	331	100.0	86.1	30.6	84.0	0.4	0.2	11.1	1.3	3.8	1.6	12.3
7	24	100.0	84.9	31.2	83.9	-	0.5	8.1	3.8	1.6	3.8	12.9
17	20	100.0	94.1	37.7	90.5	-	0.2	19.5	0.4	43.6	3.7	4.3
59	313	100.0	87.4	28.8	85.8	0.3	0.2	15.5	0.8	5.3	2.1	11.0
56	218	100.0	89.8	32.2	88.5	0.6	0.2	17.1	0.4	5.3	2.2	8.6
63	412	100.0	87.3	33.4	85.9	0.2	0.2	13.0	1.0	4.7	1.5	10.1
42	139	100.0	89.9	31.0	88.1	0.2	0.1	31.6	1.1	7.8	2.5	8.3
1	6	100.0	77.4	22.6	74.2	-	3.2	3.2	6.5	3.2	3.2	19.4
20	72	100.0	83.2	41.1	76.3	0.3	2.4	8.8	0.9	4.0	3.4	12.4
92	367	100.0	90.7	49.3	86.1	0.3	0.4	14.5	0.3	6.3	1.8	7.0
57	212	100.0	92.6	56.0	88.1	0.4	0.4	14.4	0.4	6.3	1.5	5.8
5	16	100.0	93.6	56.9	90.4	0.6	0.6	13.7	0.6	4.2	1.6	5.1
1	3	100.0	92.0	44.0	90.0	-	2.0	8.0	2.0	2.0	2.0	6.0
11	9	100.0	94.2	45.0	89.3	-	0.4	19.8	0.4	47.5	4.5	3.7
24	81	100.0	91.6	39.0	89.0	0.6	0.3	20.3	0.3	7.6	2.1	7.0
36	106	100.0	91.8	38.4	90.5	0.6	0.2	20.2	0.3	6.4	2.2	6.6
28	126	100.0	90.0	43.3	87.9	0.1	0.4	16.1	0.3	6.0	1.8	7.9
16	36	100.0	92.7	42.5	90.3	-	0.3	39.4	0.3	10.5	2.6	5.8
-	1	100.0	66.7	-	66.7	-	-	-	-	-	-	16.7
6	30	100.0	86.0	50.6	76.9	0.3	1.9	9.1	0.3	5.2	1.9	9.7
105	747	100.0	84.9	30.3	82.5	0.2	0.3	11.4	1.4	3.8	1.7	12.2
33	195	100.0	88.4	48.7	85.4	0.3	0.3	12.1	2.2	3.6	1.5	8.9
39	315	100.0	85.1	27.2	83.1	0.4	0.1	10.7	1.3	3.8	1.6	13.3
6	21	100.0	82.4	26.5	81.6	-	-	8.1	4.4	1.5	4.4	15.4
6	11	100.0	94.1	29.7	91.8	-	-	19.2	0.5	39.3	2.7	5.0
35	232	100.0	84.6	21.9	83.7	0.1	0.2	12.3	1.2	3.8	2.1	13.6
20	112	100.0	86.3	21.3	85.0	0.4	0.1	11.6	0.5	3.3	2.2	12.1
35	286	100.0	85.6	27.1	84.7	0.2	0.1	11.0	1.4	3.9	1.4	11.5
26	103	100.0	88.3	24.3	86.8	0.4	-	27.2	1.5	6.2	2.4	9.7
1	5	100.0	80.0	28.0	76.0	-	4.0	4.0	8.0	4.0	4.0	20.0
14	42	100.0	79.9	30.3	75.5	0.4	2.9	8.4	1.5	2.6	5.1	15.3

第 33 表　被調査者数・構成割合，年齢階級、性、第 1 回の 60 ～ 64 歳の生活の

70 歳

性、第 1 回 の 60 ～ 64 歳 の 生活 の まかない方（主なもの3つまで）	総数	収入あり	働いて得た所得	公的年金	雇用保険	生活保護等の社会保障給付金	私的年金	子供等からの仕送り	資産収入
	被調査者数（単位：人）								
総数	1 551	1 343	457	1 309	2	8	207	22	93
働いて得た所得（本人）	828	734	348	713	2	6	123	15	50
（配偶者）	382	327	88	320	–	2	41	4	16
（その他の同居人）	30	26	6	24	–	–	1	3	–
資産収入	72	71	21	67	1	1	15	–	36
預貯金の取り崩し	357	311	74	308	–	–	58	8	16
退職金	311	279	65	277	–	1	56	1	18
公的年金	761	674	183	670	–	1	91	11	45
私的年金	222	195	45	192	1	3	70	3	14
親族等からの仕送り	7	5	–	5	–	–	1	2	–
その他	72	61	26	59	1	4	7	2	4
男	740	656	286	640	1	6	110	6	56
働いて得た所得（本人）	543	488	242	475	1	5	87	5	40
（配偶者）	36	32	17	32	–	1	6	–	2
（その他の同居人）	2	1	–	1	–	–	–	–	–
資産収入	39	39	16	37	1	1	7	–	23
預貯金の取り崩し	166	150	47	150	–	–	30	2	10
退職金	213	194	53	192	–	–	42	–	13
公的年金	339	301	103	299	–	1	50	1	28
私的年金	91	83	27	81	1	2	36	1	8
親族等からの仕送り	1	1	–	1	–	–	1	–	–
その他	40	35	17	34	1	4	6	2	2
女	811	687	171	669	1	2	97	16	37
働いて得た所得（本人）	285	246	106	238	1	1	36	10	10
（配偶者）	346	295	71	288	–	1	35	4	14
（その他の同居人）	28	25	6	23	–	–	1	3	–
資産収入	33	32	5	30	–	–	8	–	13
預貯金の取り崩し	191	161	27	158	–	–	28	6	6
退職金	98	85	12	85	–	1	14	1	5
公的年金	422	373	80	371	–	–	41	10	17
私的年金	131	112	18	111	–	1	34	2	6
親族等からの仕送り	6	4	–	4	–	–	–	2	–
その他	32	26	9	25	–	–	1	–	2

注：総数には各項目の不詳を含む。

の１か月間の収入の有無・収入の種類（複数回答）

その他	収入なし	総数	収入あり	働いて得た所得	公的年金	雇用保険	生活保護等の社会保障給付金	私的年金	子供等からの仕送り	資産収入	その他	収入なし
						構成割合（単位：％）						
24	171	100.0	86.6	29.5	84.4	0.1	0.5	13.3	1.4	6.0	1.5	11.0
12	76	100.0	88.6	42.0	86.1	0.2	0.7	14.9	1.8	6.0	1.4	9.2
10	48	100.0	85.6	23.0	83.8	-	0.5	10.7	1.0	4.2	2.6	12.6
-	4	100.0	86.7	20.0	80.0	-	-	3.3	10.0	-	-	13.3
4	1	100.0	98.6	29.2	93.1	1.4	1.4	20.8	-	50.0	5.6	1.4
5	38	100.0	87.1	20.7	86.3	-	-	16.2	2.2	4.5	1.4	10.6
3	27	100.0	89.7	20.9	89.1	-	0.3	18.0	0.3	5.8	1.0	8.7
8	73	100.0	88.6	24.0	88.0	-	0.1	12.0	1.4	5.9	1.1	9.6
4	22	100.0	87.8	20.3	86.5	0.5	1.4	31.5	1.4	6.3	1.8	9.9
-	2	100.0	71.4	-	71.4	-	-	14.3	28.6	-	-	28.6
3	7	100.0	84.7	36.1	81.9	1.4	5.6	9.7	2.8	5.6	4.2	9.7
13	67	100.0	88.6	38.6	86.5	0.1	0.8	14.9	0.8	7.6	1.8	9.1
9	45	100.0	89.9	44.6	87.5	0.2	0.9	16.0	0.9	7.4	1.7	8.3
3	4	100.0	88.9	47.2	88.9	-	2.8	16.7	-	5.6	8.3	11.1
-	1	100.0	50.0	-	50.0	-	-	-	-	-	-	50.0
2	-	100.0	100.0	41.0	94.9	2.6	2.6	17.9	-	59.0	5.1	-
1	13	100.0	90.4	28.3	90.4	-	-	18.1	1.2	6.0	0.6	7.8
3	16	100.0	91.1	24.9	90.1	-	-	19.7	-	6.1	1.4	7.5
3	30	100.0	88.8	30.4	88.2	-	0.3	14.7	0.3	8.3	0.9	8.8
3	7	100.0	91.2	29.7	89.0	1.1	2.2	39.6	1.1	8.8	3.3	7.7
-	-	100.0	100.0	-	100.0	-	-	100.0	-	-	-	-
1	4	100.0	87.5	42.5	85.0	2.5	10.0	15.0	5.0	5.0	2.5	10.0
11	104	100.0	84.7	21.1	82.5	0.1	0.2	12.0	2.0	4.6	1.4	12.8
3	31	100.0	86.3	37.2	83.5	0.4	0.4	12.6	3.5	3.5	1.1	10.9
7	44	100.0	85.3	20.5	83.2	-	0.3	10.1	1.2	4.0	2.0	12.7
-	3	100.0	89.3	21.4	82.1	-	-	3.6	10.7	-	-	10.7
2	1	100.0	97.0	15.2	90.9	-	-	24.2	-	39.4	6.1	3.0
4	25	100.0	84.3	14.1	82.7	-	-	14.7	3.1	3.1	2.1	13.1
-	11	100.0	86.7	12.2	86.7	-	1.0	14.3	1.0	5.1	-	11.2
5	43	100.0	88.4	19.0	87.9	-	-	9.7	2.4	4.0	1.2	10.2
1	15	100.0	85.5	13.7	84.7	-	0.8	26.0	1.5	4.6	0.8	11.5
-	2	100.0	66.7	-	66.7	-	-	-	33.3	-	-	33.3
2	3	100.0	81.3	28.1	78.1	-	-	3.1	-	6.3	6.3	9.4

第34表 被調査者数・構成割合， 年齢階級、性、第1回の65～69歳の生活の

総数

性、第 1 回 の 65 ～ 69 歳 の 生活 の まかない方（主なもの3つまで）	総数	収入あり	働いて得た所得	公的年金	雇用保険	生活保護等の社会保障給付金	私的年金	子供等からの仕送り	資産収入
				被調査者数（単位：人）					
総数	19 513	16 880	8 750	14 885	148	70	2 398	156	915
働いて得た所得（本人）	4 085	3 735	2 661	3 083	25	19	448	33	238
（配偶者）	2 058	1 723	841	1 538	8	5	185	25	86
（その他の同居人）	378	322	167	285	2	2	34	11	5
資産収入	806	751	368	659	2	2	132	3	327
預貯金の取り崩し	5 243	4 587	2 073	4 154	49	8	834	41	275
退職金	2 707	2 390	1 133	2 125	41	4	502	14	124
公的年金	14 628	12 898	6 428	11 685	126	27	2 002	118	727
私的年金	3 671	3 255	1 595	2 901	38	3	1 075	31	242
親族等からの仕送り	78	70	35	61	1	1	4	6	3
その他	771	639	374	542	3	15	59	6	28
男	8 953	8 137	5 042	6 880	97	44	1 277	33	539
働いて得た所得（本人）	2 772	2 571	1 905	2 063	18	15	311	11	180
（配偶者）	269	247	178	200	2	3	30	1	14
（その他の同居人）	114	105	67	85	－	1	13	3	2
資産収入	427	406	233	342	2	2	70	3	195
預貯金の取り崩し	2 193	2 008	1 126	1 742	35	3	447	8	150
退職金	1 635	1 512	834	1 307	31	3	371	4	92
公的年金	6 744	6 205	3 694	5 424	88	18	1 104	26	428
私的年金	1 454	1 365	834	1 155	23	1	519	4	122
親族等からの仕送り	20	18	11	14	1	－	2	1	1
その他	400	351	242	280	1	6	40	3	20
女	10 560	8 743	3 708	8 005	51	26	1 121	123	376
働いて得た所得（本人）	1 313	1 164	756	1 020	7	4	137	22	58
（配偶者）	1 789	1 476	663	1 338	6	2	155	24	72
（その他の同居人）	264	217	100	200	2	1	21	8	3
資産収入	379	345	135	317	－	－	62	－	132
預貯金の取り崩し	3 050	2 579	947	2 412	14	5	387	33	125
退職金	1 072	878	299	818	10	1	131	10	32
公的年金	7 884	6 693	2 734	6 261	38	9	898	92	299
私的年金	2 217	1 890	761	1 746	15	2	556	27	120
親族等からの仕送り	58	52	24	47	－	1	2	5	2
その他	371	288	132	262	2	9	19	3	8

注：総数には各項目の不詳を含む。

まかない方（主なもの３つまで）、第12回の１か月間の収入の有無・収入の種類（複数回答）別（４－１）

の１か月間の収入の有無・収入の種類（複数回答）

構成割合（単位：％）

その他	収入なし	総数	収入あり	働いて得た所得	公的年金	雇用保険	生活保護等の社会保障給付金	私的年金	子供等からの仕送り	資産収入	その他	収入なし
316	2 135	100.0	86.5	44.8	76.3	0.8	0.4	12.3	0.8	4.7	1.6	10.9
54	264	100.0	91.4	65.1	75.5	0.6	0.5	11.0	0.8	5.8	1.3	6.5
35	306	100.0	83.7	40.9	74.7	0.4	0.2	9.0	1.2	4.2	1.7	14.9
13	48	100.0	85.2	44.2	75.4	0.5	0.5	9.0	2.9	1.3	3.4	12.7
25	45	100.0	93.2	45.7	81.8	0.2	0.2	16.4	0.4	40.6	3.1	5.6
103	577	100.0	87.5	39.5	79.2	0.9	0.2	15.9	0.8	5.2	2.0	11.0
59	278	100.0	88.3	41.9	78.5	1.5	0.1	18.5	0.5	4.6	2.2	10.3
237	1 445	100.0	88.2	43.9	79.9	0.9	0.2	13.7	0.8	5.0	1.6	9.9
63	342	100.0	88.7	43.4	79.0	1.0	0.1	29.3	0.8	6.6	1.7	9.3
3	7	100.0	89.7	44.9	78.2	1.3	1.3	5.1	7.7	3.8	3.8	9.0
30	102	100.0	82.9	48.5	70.3	0.4	1.9	7.7	0.8	3.6	3.9	13.2
147	596	100.0	90.9	56.3	76.8	1.1	0.5	14.3	0.4	6.0	1.6	6.7
34	145	100.0	92.7	68.7	74.4	0.6	0.5	11.2	0.4	6.5	1.2	5.2
7	14	100.0	91.8	66.2	74.3	0.7	1.1	11.2	0.4	5.2	2.6	5.2
5	9	100.0	92.1	58.8	74.6	–	0.9	11.4	2.6	1.8	4.4	7.9
15	15	100.0	95.1	54.6	80.1	0.5	0.5	16.4	0.7	45.7	3.5	3.5
42	147	100.0	91.6	51.3	79.4	1.6	0.1	20.4	0.4	6.8	1.9	6.7
37	101	100.0	92.5	51.0	79.9	1.9	0.2	22.7	0.2	5.6	2.3	6.2
116	409	100.0	92.0	54.8	80.4	1.3	0.3	16.4	0.4	6.3	1.7	6.1
31	59	100.0	93.9	57.4	79.4	1.6	0.1	35.7	0.3	8.4	2.1	4.1
–	1	100.0	90.0	55.0	70.0	5.0	–	10.0	5.0	5.0	–	5.0
12	36	100.0	87.8	60.5	70.0	0.3	1.5	10.0	0.8	5.0	3.0	9.0
169	1 539	100.0	82.8	35.1	75.8	0.5	0.2	10.6	1.2	3.6	1.6	14.6
20	119	100.0	88.7	57.6	77.7	0.5	0.3	10.4	1.7	4.4	1.5	9.1
28	292	100.0	82.5	37.1	74.8	0.3	0.1	8.7	1.3	4.0	1.6	16.3
8	39	100.0	82.2	37.9	75.8	0.8	0.4	8.0	3.0	1.1	3.0	14.8
10	30	100.0	91.0	35.6	83.6	–	–	16.4	–	34.8	2.6	7.9
61	430	100.0	84.6	31.0	79.1	0.5	0.2	12.7	1.1	4.1	2.0	14.1
22	177	100.0	81.9	27.9	76.3	0.9	0.1	12.2	0.9	3.0	2.1	16.5
121	1 036	100.0	84.9	34.7	79.4	0.5	0.1	11.4	1.2	3.8	1.5	13.1
32	283	100.0	85.3	34.3	78.8	0.7	0.1	25.1	1.2	5.4	1.4	12.8
3	6	100.0	89.7	41.4	81.0	–	1.7	3.4	8.6	3.4	5.2	10.3
18	66	100.0	77.6	35.6	70.6	0.5	2.4	5.1	0.8	2.2	4.9	17.8

61 〜 64 歳

第 12 回

性、第 1 回 の 65 〜 69 歳 の 生 活 の まかない方（主 なもの 3 つまで）	総数	収入あり	働いて得た所得	公的年金	雇用保険	生活保護等の社会保障給付金	私的年金	子供等からの仕送り	資産収入
					被調査者数（単位：人）				
総数	6 641	5 624	3 867	4 048	115	25	741	28	260
働いて得た所得（本人）	1 479	1 340	1 091	825	20	10	128	5	72
（配偶者）	745	596	402	447	4	2	47	3	24
（その他の同居人）	128	102	71	73	2	-	12	4	-
資産収入	257	236	153	165	2	1	29	1	93
預貯金の取り崩し	1 844	1 576	1 000	1 203	40	1	270	10	85
退職金	1 063	910	596	669	32	1	185	3	35
公的年金	5 011	4 308	2 906	3 238	103	9	630	23	200
私的年金	1 308	1 121	749	817	29	-	308	5	70
親族等からの仕送り	26	24	19	17	-	-	1	1	-
その他	278	229	160	164	2	4	22	1	5
男	2 993	2 749	2 181	1 743	78	18	410	9	152
働いて得た所得（本人）	991	923	792	519	14	8	83	3	52
（配偶者）	100	94	77	54	-	1	8	-	7
（その他の同居人）	43	38	30	20	-	-	3	1	-
資産収入	137	134	102	83	2	1	17	1	56
預貯金の取り崩し	769	706	531	476	29	-	153	2	42
退職金	592	551	411	365	24	1	127	1	26
公的年金	2 256	2 085	1 626	1 393	73	6	355	8	116
私的年金	508	478	381	298	20	-	156	2	33
親族等からの仕送り	9	9	8	5	-	-	1	1	-
その他	142	130	103	82	1	2	19	1	4
女	3 648	2 875	1 686	2 305	37	7	331	19	108
働いて得た所得（本人）	488	417	299	306	6	2	45	2	20
（配偶者）	645	502	325	393	4	1	39	3	17
（その他の同居人）	85	64	41	53	2	-	9	3	-
資産収入	120	102	51	82	-	-	12	-	37
預貯金の取り崩し	1 075	870	469	727	11	1	117	8	43
退職金	471	359	185	304	8	-	58	2	9
公的年金	2 755	2 223	1 280	1 845	30	3	275	15	84
私的年金	800	643	368	519	9	-	152	3	37
親族等からの仕送り	17	15	11	12	-	-	-	-	-
その他	136	99	57	82	1	2	3	-	1

注：総数には各項目の不詳を含む。

第12回調査（平成28年）

の１か月間の収入の有無・収入の種類（複数回答）

その他	収入なし	総数	収入あり	働いて得た所得	公的年金	雇用保険	生活保護等の社会保障給付金	私的年金	子供等からの仕送り	資産収入	その他	収入なし
							構成割合（単位：％）					
95	850	100.0	84.7	58.2	61.0	1.7	0.4	11.2	0.4	3.9	1.4	12.8
21	103	100.0	90.6	73.8	55.8	1.4	0.7	8.7	0.3	4.9	1.4	7.0
11	139	100.0	80.0	54.0	60.0	0.5	0.3	6.3	0.4	3.2	1.5	18.7
3	22	100.0	79.7	55.5	57.0	1.6	-	9.4	3.1	-	2.3	17.2
5	18	100.0	91.8	59.5	64.2	0.8	0.4	11.3	0.4	36.2	1.9	7.0
29	236	100.0	85.5	54.2	65.2	2.2	0.1	14.6	0.5	4.6	1.6	12.8
18	135	100.0	85.6	56.1	62.9	3.0	0.1	17.4	0.3	3.3	1.7	12.7
72	602	100.0	86.0	58.0	64.6	2.1	0.2	12.6	0.5	4.0	1.4	12.0
15	157	100.0	85.7	57.3	62.5	2.2	-	23.5	0.4	5.4	1.1	12.0
-	2	100.0	92.3	73.1	65.4	-	-	3.8	3.8	-	-	7.7
10	36	100.0	82.4	57.6	59.0	0.7	1.4	7.9	0.4	1.8	3.6	12.9
42	162	100.0	91.8	72.9	58.2	2.6	0.6	13.7	0.3	5.1	1.4	5.4
11	43	100.0	93.1	79.9	52.4	1.4	0.8	8.4	0.3	5.2	1.1	4.3
3	3	100.0	94.0	77.0	54.0	-	1.0	8.0	-	7.0	3.0	3.0
1	5	100.0	88.4	69.8	46.5	-	-	7.0	2.3	-	2.3	11.6
3	2	100.0	97.8	74.5	60.6	1.5	0.7	12.4	0.7	40.9	2.2	1.5
13	44	100.0	91.8	69.1	61.9	3.8	-	19.9	0.3	5.5	1.7	5.7
10	29	100.0	93.1	69.4	61.7	4.1	0.2	21.5	0.2	4.4	1.7	4.9
33	119	100.0	92.4	72.1	61.7	3.2	0.3	15.7	0.4	5.1	1.5	5.3
9	15	100.0	94.1	75.0	58.7	3.9	-	30.7	0.4	6.5	1.8	3.0
-	-	100.0	100.0	88.9	55.6	-	-	11.1	11.1	-	-	-
5	6	100.0	91.5	72.5	57.7	0.7	1.4	13.4	0.7	2.8	3.5	4.2
53	688	100.0	78.8	46.2	63.2	1.0	0.2	9.1	0.5	3.0	1.5	18.9
10	60	100.0	85.5	61.3	62.7	1.2	0.4	9.2	0.4	4.1	2.0	12.3
8	136	100.0	77.8	50.4	60.9	0.6	0.2	6.0	0.5	2.6	1.2	21.1
2	17	100.0	75.3	48.2	62.4	2.4	-	10.6	3.5	-	2.4	20.0
2	16	100.0	85.0	42.5	68.3	-	-	10.0	-	30.8	1.7	13.3
16	192	100.0	80.9	43.6	67.6	1.0	0.1	10.9	0.7	4.0	1.5	17.9
8	106	100.0	76.2	39.3	64.5	1.7	-	12.3	0.4	1.9	1.7	22.5
39	483	100.0	80.7	46.5	67.0	1.1	0.1	10.0	0.5	3.0	1.4	17.5
6	142	100.0	80.4	46.0	64.9	1.1	-	19.0	0.4	4.6	0.8	17.8
-	2	100.0	88.2	64.7	70.6	-	-	-	-	-	-	11.8
5	30	100.0	72.8	41.9	60.3	0.7	1.5	2.2	-	0.7	3.7	22.1

第34表　被調査者数・構成割合，年齢階級、性、第1回の65～69歳の生活の

65～69歳

性、第1回の65～69歳の生活の まかない方（主なもの3つまで）	総数	収入あり	働いて得た所得	公的年金	雇用保険	生活保護等の社会保障給付金	私的年金	子供等からの仕送り	資産収入
					被調査者数（単位：人）				
総数	11 321	9 913	4 426	9 528	31	37	1 450	106	562
働いて得た所得（本人）	2 337	2 143	1 415	2 015	5	8	284	19	143
（配偶者）	1 152	989	395	956	4	2	120	19	53
（その他の同居人）	219	191	89	184	-	2	19	5	5
資産収入	480	449	194	430	-	1	90	2	200
預貯金の取り崩し	3 032	2 683	983	2 627	9	7	501	26	165
退職金	1 450	1 311	483	1 289	9	2	281	11	81
公的年金	8 538	7 627	3 215	7 488	23	15	1 220	79	455
私的年金	2 095	1 889	776	1 842	9	2	671	23	153
親族等からの仕送り	46	42	16	40	1	1	3	4	3
その他	450	375	198	343	1	11	35	4	21
男	5 220	4 732	2 575	4 497	18	20	757	18	331
働いて得た所得（本人）	1 597	1 476	1 002	1 378	4	6	205	4	108
（配偶者）	145	132	87	125	2	1	18	1	7
（その他の同居人）	66	63	35	61	-	1	9	2	2
資産収入	250	233	116	221	-	1	46	2	117
預貯金の取り崩し	1 251	1 144	538	1 109	6	3	257	4	92
退職金	911	847	379	829	7	2	214	3	61
公的年金	3 957	3 635	1 869	3 548	15	10	663	13	265
私的年金	831	779	408	751	3	1	311	1	77
親族等からの仕送り	11	9	3	9	1	-	1	-	1
その他	232	198	127	175	-	4	19	1	15
女	6 101	5 181	1 851	5 031	13	17	693	88	231
働いて得た所得（本人）	740	667	413	637	1	2	79	15	35
（配偶者）	1 007	857	308	831	2	1	102	18	46
（その他の同居人）	153	128	54	123	-	1	10	3	3
資産収入	230	216	78	209	-	-	44	-	83
預貯金の取り崩し	1 781	1 539	445	1 518	3	4	244	22	73
退職金	539	464	104	460	2	-	67	8	20
公的年金	4 581	3 992	1 346	3 940	8	5	557	66	190
私的年金	1 264	1 110	368	1 091	6	1	360	22	76
親族等からの仕送り	35	33	13	31	-	1	2	4	2
その他	218	177	71	168	1	7	16	3	6

注：総数には各項目の不詳を含む。

第12回

第12回調査（平成28年）

の１か月間の収入の有無・収入の種類（複数回答）

その他	収入なし	総数	収入あり	働いて得た所得	公的年金	雇用保険	生活保護等の社会保障給付金	私的年金	子供等からの仕送り	資産収入	その他	収入なし
							構成割合（単位：％）					
197	1 114	100.0	87.6	39.1	84.2	0.3	0.3	12.8	0.9	5.0	1.7	9.8
27	146	100.0	91.7	60.5	86.2	0.2	0.3	12.2	0.8	6.1	1.2	6.2
21	145	100.0	85.9	34.3	83.0	0.3	0.2	10.4	1.6	4.6	1.8	12.6
9	24	100.0	87.2	40.6	84.0	-	0.9	8.7	2.3	2.3	4.1	11.0
18	25	100.0	93.5	40.4	89.6	-	0.2	18.8	0.4	41.7	3.8	5.2
66	306	100.0	88.5	32.4	86.6	0.3	0.2	16.5	0.9	5.4	2.2	10.1
39	123	100.0	90.4	33.3	88.9	0.6	0.1	19.4	0.8	5.6	2.7	8.5
150	740	100.0	89.3	37.7	87.7	0.3	0.2	14.3	0.9	5.3	1.8	8.7
44	165	100.0	90.2	37.0	87.9	0.4	0.1	32.0	1.1	7.3	2.1	7.9
3	3	100.0	91.3	34.8	87.0	2.2	2.2	6.5	8.7	6.5	6.5	6.5
18	59	100.0	83.3	44.0	76.2	0.2	2.4	7.8	0.9	4.7	4.0	13.1
92	367	100.0	90.7	49.3	86.1	0.3	0.4	14.5	0.3	6.3	1.8	7.0
18	92	100.0	92.4	62.7	86.3	0.3	0.4	12.8	0.3	6.8	1.1	5.8
2	8	100.0	91.0	60.0	86.2	1.4	0.7	12.4	0.7	4.8	1.4	5.5
4	3	100.0	95.5	53.0	92.4	-	1.5	13.6	3.0	3.0	6.1	4.5
11	12	100.0	93.2	46.4	88.4	-	0.4	18.4	0.8	46.8	4.4	4.8
26	91	100.0	91.4	43.0	88.6	0.5	0.2	20.5	0.3	7.4	2.1	7.3
25	56	100.0	93.0	41.6	91.0	0.8	0.2	23.5	0.3	6.7	2.7	6.1
76	250	100.0	91.9	47.2	89.7	0.4	0.3	16.8	0.3	6.7	1.9	6.3
20	38	100.0	93.7	49.1	90.4	0.4	0.1	37.4	0.1	9.3	2.4	4.6
-	1	100.0	81.8	27.3	81.8	9.1	-	9.1	-	9.1	-	9.1
6	27	100.0	85.3	54.7	75.4	-	1.7	8.2	0.4	6.5	2.6	11.6
105	747	100.0	84.9	30.3	82.5	0.2	0.3	11.4	1.4	3.8	1.7	12.2
9	54	100.0	90.1	55.8	86.1	0.1	0.3	10.7	2.0	4.7	1.2	7.3
19	137	100.0	85.1	30.6	82.5	0.2	0.1	10.1	1.8	4.6	1.9	13.6
5	21	100.0	83.7	35.3	80.4	-	0.7	6.5	2.0	2.0	3.3	13.7
7	13	100.0	93.9	33.9	90.9	-	-	19.1	-	36.1	3.0	5.7
40	215	100.0	86.4	25.0	85.2	0.2	0.2	13.7	1.2	4.1	2.2	12.1
14	67	100.0	86.1	19.3	85.3	0.4	-	12.4	1.5	3.7	2.6	12.4
74	490	100.0	87.1	29.4	86.0	0.2	0.1	12.2	1.4	4.1	1.6	10.7
24	127	100.0	87.8	29.1	86.3	0.5	0.1	28.5	1.7	6.0	1.9	10.0
3	2	100.0	94.3	37.1	88.6	-	2.9	5.7	11.4	5.7	8.6	5.7
12	32	100.0	81.2	32.6	77.1	0.5	3.2	7.3	1.4	2.8	5.5	14.7

第 34 表　被調査者数・構成割合，<small>年齢階級、性、第 1 回の 65 ～ 69 歳の生活の</small>

70 歳

性、第 1 回の 65 ～ 69 歳の生活の まかない方（主なもの 3 つまで）	総数	収入あり	働いて得た所得	公的年金	雇用保険	生活保護等の社会保障給付金	私的年金	子供等からの仕送り	資産収入
				被調査者数（単位：人）					
総数	1 551	1 343	457	1 309	2	8	207	22	93
働いて得た所得（本人）	269	252	155	243	–	1	36	9	23
（配偶者）	161	138	44	135	–	1	18	3	9
（その他の同居人）	31	29	7	28	–	–	3	2	–
資産収入	69	66	21	64	–	–	13	–	34
預貯金の取り崩し	367	328	90	324	–	–	63	5	25
退職金	194	169	54	167	–	1	36	–	8
公的年金	1 079	963	307	959	–	3	152	16	72
私的年金	268	245	70	242	–	1	96	3	19
親族等からの仕送り	6	4	–	4	–	–	–	1	–
その他	43	35	16	35	–	–	2	1	2
男	740	656	286	640	1	6	110	6	56
働いて得た所得（本人）	184	172	111	166	–	1	23	4	20
（配偶者）	24	21	14	21	–	1	4	–	–
（その他の同居人）	5	4	2	4	–	–	1	–	–
資産収入	40	39	15	38	–	–	7	–	22
預貯金の取り崩し	173	158	57	157	–	–	37	2	16
退職金	132	114	44	113	–	–	30	–	5
公的年金	531	485	199	483	–	2	86	5	47
私的年金	115	108	45	106	–	–	52	1	12
親族等からの仕送り	–	–	–	–	–	–	–	–	–
その他	26	23	12	23	–	–	2	1	1
女	811	687	171	669	1	2	97	16	37
働いて得た所得（本人）	85	80	44	77	–	–	13	5	3
（配偶者）	137	117	30	114	–	–	14	3	9
（その他の同居人）	26	25	5	24	–	–	2	2	–
資産収入	29	27	6	26	–	–	6	–	12
預貯金の取り崩し	194	170	33	167	–	–	26	3	9
退職金	62	55	10	54	–	1	6	–	3
公的年金	548	478	108	476	–	1	66	11	25
私的年金	153	137	25	136	–	1	44	2	7
親族等からの仕送り	6	4	–	4	–	–	–	1	–
その他	17	12	4	12	–	–	–	–	1

注：総数には各項目の不詳を含む。

の１か月間の収入の有無・収入の種類（複数回答）

その他	収入なし	総数	収入あり	働いて得た所得	公的年金	雇用保険	生活保護等の社会保障給付金	私的年金	子供等からの仕送り	資産収入	その他	収入なし
						構成割合（単位：%）						
24	171	100.0	86.6	29.5	84.4	0.1	0.5	13.3	1.4	6.0	1.5	11.0
6	15	100.0	93.7	57.6	90.3	–	0.4	13.4	3.3	8.6	2.2	5.6
3	22	100.0	85.7	27.3	83.9	–	0.6	11.2	1.9	5.6	1.9	13.7
1	2	100.0	93.5	22.6	90.3	–	–	9.7	6.5	–	3.2	6.5
2	2	100.0	95.7	30.4	92.8	–	–	18.8	–	49.3	2.9	2.9
8	35	100.0	89.4	24.5	88.3	–	–	17.2	1.4	6.8	2.2	9.5
2	20	100.0	87.1	27.8	86.1	–	0.5	18.6	–	4.1	1.0	10.3
15	103	100.0	89.2	28.5	88.9	–	0.3	14.1	1.5	6.7	1.4	9.5
4	20	100.0	91.4	26.1	90.3	–	0.4	35.8	1.1	7.1	1.5	7.5
–	2	100.0	66.7	–	66.7	–	–	–	16.7	–	–	33.3
2	7	100.0	81.4	37.2	81.4	–	–	4.7	2.3	4.7	4.7	16.3
13	67	100.0	88.6	38.6	86.5	0.1	0.8	14.9	0.8	7.6	1.8	9.1
5	10	100.0	93.5	60.3	90.2	–	0.5	12.5	2.2	10.9	2.7	5.4
2	3	100.0	87.5	58.3	87.5	–	4.2	16.7	–	–	8.3	12.5
–	1	100.0	80.0	40.0	80.0	–	–	20.0	–	–	–	20.0
1	1	100.0	97.5	37.5	95.0	–	–	17.5	–	55.0	2.5	2.5
3	12	100.0	91.3	32.9	90.8	–	–	21.4	1.2	9.2	1.7	6.9
2	16	100.0	86.4	33.3	85.6	–	–	22.7	–	3.8	1.5	12.1
7	40	100.0	91.3	37.5	91.0	–	0.4	16.2	0.9	8.9	1.3	7.5
2	6	100.0	93.9	39.1	92.2	–	–	45.2	0.9	10.4	1.7	5.2
–	–	–	–	–	–	–	–	–	–	–	–	–
1	3	100.0	88.5	46.2	88.5	–	–	7.7	3.8	3.8	3.8	11.5
11	104	100.0	84.7	21.1	82.5	0.1	0.2	12.0	2.0	4.6	1.4	12.8
1	5	100.0	94.1	51.8	90.6	–	–	15.3	5.9	3.5	1.2	5.9
1	19	100.0	85.4	21.9	83.2	–	–	10.2	2.2	6.6	0.7	13.9
1	1	100.0	96.2	19.2	92.3	–	–	7.7	7.7	–	3.8	3.8
1	1	100.0	93.1	20.7	89.7	–	–	20.7	–	41.4	3.4	3.4
5	23	100.0	87.6	17.0	86.1	–	–	13.4	1.5	4.6	2.6	11.9
–	4	100.0	88.7	16.1	87.1	–	1.6	9.7	–	4.8	–	6.5
8	63	100.0	87.2	19.7	86.9	–	0.2	12.0	2.0	4.6	1.5	11.5
2	14	100.0	89.5	16.3	88.9	–	0.7	28.8	1.3	4.6	1.3	9.2
–	2	100.0	66.7	–	66.7	–	–	–	16.7	–	–	33.3
1	4	100.0	70.6	23.5	70.6	–	–	–	–	5.9	5.9	23.5

第35表　第1回に自営業関係以外の仕事をしていた被調査者数・構成

総数

年齢階級、第1回の勤め先の再雇用制度等の有無	総数	仕事をしている	自営業主	家族従業者	会社・団体等の役員	正規の職員・従業員	パート・アルバイト	労働者派遣事業所の派遣社員	契約社員・嘱託	家庭での内職など
								被調査者数（単位：人）		
総数	12 311	7 098	489	133	566	1 156	2 901	85	1 482	47
再就職会社のあっせん										
制度がある	844	470	32	4	37	68	144	6	159	2
制度はない	6 792	3 984	309	70	431	677	1 430	48	862	20
知らない	3 077	1 786	88	30	46	277	944	21	304	20
再雇用制度										
制度がある	3 589	2 019	135	29	183	328	676	27	566	11
制度はない	4 562	2 695	228	49	297	443	1 008	34	526	11
知らない	2 987	1 736	83	29	44	276	914	18	291	21
勤務延長制度										
制度がある	2 594	1 567	94	17	135	262	604	18	377	14
制度はない	5 124	2 930	241	52	330	476	1 038	39	629	12
知らない	3 236	1 879	97	35	51	318	941	20	345	17
61～64歳	4 560	3 313	156	50	241	763	1 119	26	867	15
再就職会社のあっせん										
制度がある	316	235	7	－	16	52	47	3	100	1
制度はない	2 543	1 857	103	29	180	442	533	12	512	6
知らない	1 234	883	27	10	27	186	420	9	176	7
再雇用制度										
制度がある	1 243	913	35	9	80	227	210	5	322	4
制度はない	1 732	1 254	80	18	123	278	391	13	319	3
知らない	1 212	878	26	11	24	185	421	6	177	7
勤務延長制度										
制度がある	886	680	30	6	50	171	201	5	200	5
制度はない	1 944	1 402	71	20	146	314	402	12	394	3
知らない	1 317	939	35	13	26	214	416	7	203	7
65～69歳	6 888	3 431	289	76	283	366	1 621	52	574	25
再就職会社のあっせん										
制度がある	479	214	21	4	19	16	91	3	50	1
制度はない	3 779	1 918	180	37	216	218	806	30	330	12
知らない	1 666	840	54	19	19	86	492	11	120	10
再雇用制度										
制度がある	2 074	1 008	88	19	89	96	425	20	227	3
制度はない	2 521	1 300	128	27	151	152	559	17	195	7
知らない	1 600	791	51	17	19	86	457	11	105	13
勤務延長制度										
制度がある	1 496	795	53	10	72	87	365	9	161	7
制度はない	2 837	1 386	148	28	162	151	576	24	221	8
知らない	1 743	868	54	21	23	97	488	13	134	8
70歳	863	354	44	7	42	27	161	7	41	7
再就職会社のあっせん										
制度がある	49	21	4	－	2	－	6		9	－
制度はない	470	209	26	4	35	17	91	6	20	2
知らない	177	63	7	1	－	5	32	1	8	3
再雇用制度										
制度がある	272	98	12	1	14	5	41	2	17	4
制度はない	309	141	20	4	23	13	58	4	12	1
知らない	175	67	6	1	1	5	36	1	9	1
勤務延長制度										
制度がある	212	92	11	1	13	4	38	4	16	2
制度はない	343	142	22	4	22	11	60	3	14	1
知らない	176	72	8	1	2	7	37	－	8	2

注：1）総数には各項目の不詳を含む。
　　2）「自営業関係以外」とは、仕事のかたちが会社・団体等の役員、正規の職員・従業員、パート・アルバイト、労働者派遣事業所の派遣社員、

割合, 性、年齢階級、第1回の勤め先の再雇用制度等の有無、第12回の仕事の有無・仕事のかたち別（3-1）

| その他 | 仕事をしていない | 第12回の仕事の有無・仕事のかたち | | | | | | | | | | | |
		総数	仕事をしている	自営業主	家族従業者	会社・団体等の役員	正規の職員・従業員	パート・アルバイト	労働者派遣事業所の派遣社員	契約社員・嘱託	家庭での内職など	その他	仕事をしていない
						構成割合（単位：%）							
226	5 193	100.0	57.7	4.0	1.1	4.6	9.4	23.6	0.7	12.0	0.4	1.8	42.2
16	373	100.0	55.7	3.8	0.5	4.4	8.1	17.1	0.7	18.8	0.2	1.9	44.2
131	2 803	100.0	58.7	4.5	1.0	6.3	10.0	21.1	0.7	12.7	0.3	1.9	41.3
52	1 287	100.0	58.0	2.9	1.0	1.5	9.0	30.7	0.7	9.9	0.6	1.7	41.8
60	1 566	100.0	56.3	3.8	0.8	5.1	9.1	18.8	0.8	15.8	0.3	1.7	43.6
95	1 862	100.0	59.1	5.0	1.1	6.5	9.7	22.1	0.7	11.5	0.2	2.1	40.8
56	1 247	100.0	58.1	2.8	1.0	1.5	9.2	30.6	0.6	9.7	0.7	1.9	41.7
40	1 025	100.0	60.4	3.6	0.7	5.2	10.1	23.3	0.7	14.5	0.5	1.5	39.5
111	2 190	100.0	57.2	4.7	1.0	6.4	9.3	20.3	0.8	12.3	0.2	2.2	42.7
51	1 353	100.0	58.1	3.0	1.1	1.6	9.8	29.1	0.6	10.7	0.5	1.6	41.8
73	1 238	100.0	72.7	3.4	1.1	5.3	16.7	24.5	0.6	19.0	0.3	1.6	27.1
9	80	100.0	74.4	2.2	–	5.1	16.5	14.9	0.9	31.6	0.3	2.8	25.3
39	685	100.0	73.0	4.1	1.1	7.1	17.4	21.0	0.5	20.1	0.2	1.5	26.9
20	349	100.0	71.6	2.2	0.8	2.2	15.1	34.0	0.7	14.3	0.6	1.6	28.3
20	328	100.0	73.5	2.8	0.7	6.4	18.3	16.9	0.4	25.9	0.3	1.6	26.4
28	477	100.0	72.4	4.6	1.0	7.1	16.1	22.6	0.8	18.4	0.2	1.6	27.5
21	332	100.0	72.4	2.1	0.9	2.0	15.3	34.7	0.5	14.6	0.6	1.7	27.4
10	205	100.0	76.7	3.4	0.7	5.6	19.3	22.7	0.6	22.6	0.6	1.1	23.1
40	541	100.0	72.1	3.7	1.0	7.5	16.2	20.7	0.6	20.3	0.2	2.1	27.8
18	376	100.0	71.3	2.7	1.0	2.0	16.2	31.6	0.5	15.4	0.5	1.4	28.5
136	3 447	100.0	49.8	4.2	1.1	4.1	5.3	23.5	0.8	8.3	0.4	2.0	50.0
7	265	100.0	44.7	4.4	0.8	4.0	3.3	19.0	0.6	10.4	0.2	1.5	55.3
84	1 858	100.0	50.8	4.8	1.0	5.7	5.8	21.3	0.8	8.7	0.3	2.2	49.2
27	824	100.0	50.4	3.2	1.1	1.1	5.2	29.5	0.7	7.2	0.6	1.6	49.5
38	1 064	100.0	48.6	4.2	0.9	4.3	4.6	20.5	1.0	10.9	0.1	1.8	51.3
61	1 218	100.0	51.6	5.1	1.1	6.0	6.0	22.2	0.7	7.7	0.3	2.4	48.3
29	807	100.0	49.4	3.2	1.1	1.2	5.4	28.6	0.7	6.6	0.8	1.8	50.4
27	700	100.0	53.1	3.5	0.7	4.8	5.8	24.4	0.6	10.8	0.5	1.8	46.8
66	1 449	100.0	48.9	5.2	1.0	5.7	5.3	20.3	0.8	7.8	0.3	2.3	51.1
27	873	100.0	49.8	3.1	1.2	1.3	5.6	28.0	0.7	7.7	0.5	1.5	50.1
17	508	100.0	41.0	5.1	0.8	4.9	3.1	18.7	0.8	4.8	0.8	2.0	58.9
–	28	100.0	42.9	8.2	–	4.1	–	12.2	–	18.4	–	–	57.1
8	260	100.0	44.5	5.5	0.9	7.4	3.6	19.4	1.3	4.3	0.4	1.7	55.3
5	114	100.0	35.6	4.0	0.6	–	2.8	18.1	0.6	4.5	1.7	2.8	64.4
2	174	100.0	36.0	4.4	0.4	5.1	1.8	15.1	0.7	6.3	1.5	0.7	64.0
6	167	100.0	45.6	6.5	1.3	7.4	4.2	18.8	1.3	3.9	0.3	1.9	54.0
6	108	100.0	38.3	3.4	0.6	0.6	2.9	20.6	0.6	5.1	0.6	3.4	61.7
3	120	100.0	43.4	5.2	0.5	6.1	1.9	17.9	1.9	7.5	0.9	1.4	56.6
5	200	100.0	41.4	6.4	1.2	6.4	3.2	17.5	0.9	4.1	0.3	1.5	58.3
6	104	100.0	40.9	4.5	0.6	1.1	4.0	21.0	–	4.5	1.1	3.4	59.1

契約社員・嘱託の者をいい、第1回の仕事のかたちがこれらのうちいずれかの者を集計。

第35表 第1回に自営業関係以外の仕事をしていた被調査者数・構成

男

年齢階級、第1回の勤め先の再雇用制度等の有無	総数	仕事をしている	自営業主	家族従業者	会社・団体等の役員	正規の職員・従業員	パート・アルバイト	労働者派遣事業所の派遣社員	契約社員・嘱託	家庭での内職など
						被調査者数（単位：人）				
総数	6 666	4 130	417	29	453	818	1 040	61	1 173	9
再就職会社のあっせん										
制度がある	693	395	32	4	34	65	93	5	146	1
制度はない	4 000	2 526	273	14	354	483	597	35	691	5
知らない	1 158	748	65	7	28	179	219	13	209	1
再雇用制度										
制度がある	2 504	1 457	122	9	164	252	356	24	485	3
制度はない	2 582	1 667	199	9	232	320	405	24	420	2
知らない	1 040	679	64	7	26	167	190	8	188	2
勤務延長制度										
制度がある	1 639	1 037	84	7	117	193	271	14	319	4
制度はない	3 106	1 904	214	9	267	356	450	29	512	3
知らない	1 220	798	75	9	34	196	210	11	237	1
61～64歳	2 337	1 873	127	9	196	549	259	15	674	2
再就職会社のあっせん										
制度がある	243	190	7	－	14	51	18	2	91	－
制度はない	1 416	1 143	89	7	146	319	155	7	397	1
知らない	453	363	17	2	19	121	66	4	123	－
再雇用制度										
制度がある	836	649	30	3	75	179	72	4	271	－
制度はない	927	756	71	4	93	203	113	8	246	1
知らない	401	331	15	1	14	114	60	1	116	－
勤務延長制度										
制度がある	564	452	25	3	47	129	71	4	165	1
制度はない	1 103	881	62	2	114	238	117	7	314	1
知らない	464	379	25	3	17	134	53	2	138	－
65～69歳	3 797	2 030	251	16	225	250	703	40	462	4
再就職会社のあっせん										
制度がある	408	185	21	4	18	14	70	3	46	1
制度はない	2 271	1 236	160	5	181	152	390	23	276	2
知らない	620	357	43	4	9	54	144	8	80	1
再雇用制度										
制度がある	1 467	739	82	6	79	70	260	18	197	2
制度はない	1 455	809	109	3	120	109	257	12	164	－
知らない	558	317	44	5	11	49	119	7	65	2
勤務延長制度										
制度がある	936	520	48	3	63	60	179	7	139	1
制度はない	1 765	921	131	5	133	111	299	19	187	1
知らない	673	383	45	5	15	57	144	9	91	1
70歳	532	227	39	4	32	19	78	6	37	3
再就職会社のあっせん										
制度がある	42	20	4	－	2	－	5	－	9	－
制度はない	313	147	24	2	27	12	52	5	18	2
知らない	85	28	5	1	－	4	9	1	6	－
再雇用制度										
制度がある	201	69	10	－	10	3	24	2	17	1
制度はない	200	102	19	2	19	8	35	4	10	1
知らない	81	31	5	1	1	4	11	－	7	－
勤務延長制度										
制度がある	139	65	11	1	7	4	21	3	15	1
制度はない	238	102	21	2	20	7	34	3	11	1
知らない	83	36	5	1	2	5	13	－	8	－

注：1）総数には各項目の不詳を含む。
　　2）「自営業関係以外」とは、仕事のかたちが会社・団体等の役員、正規の職員・従業員、パート・アルバイト、労働者派遣事業所の派遣社員、

第12回の仕事の有無・仕事のかたち

その他	仕事をしていない	総数	仕事をしている	自営業主	家族従業者	会社・団体等の役員	正規の職員・従業員	パート・アルバイト	労働者派遣事業所の派遣社員	契約社員・嘱託	家庭での内職など	その他	仕事をしていない
						構成割合（単位：%）							
124	2 525	100.0	62.0	6.3	0.4	6.8	12.3	15.6	0.9	17.6	0.1	1.9	37.9
14	297	100.0	57.0	4.6	0.6	4.9	9.4	13.4	0.7	21.1	0.1	2.0	42.9
69	1 470	100.0	63.2	6.8	0.4	8.9	12.1	14.9	0.9	17.3	0.1	1.7	36.8
27	408	100.0	64.6	5.6	0.6	2.4	15.5	18.9	1.1	18.0	0.1	2.3	35.2
41	1 044	100.0	58.2	4.9	0.4	6.5	10.1	14.2	1.0	19.4	0.1	1.6	41.7
52	911	100.0	64.6	7.7	0.3	9.0	12.4	15.7	0.9	16.3	0.1	2.0	35.3
26	359	100.0	65.3	6.2	0.7	2.5	16.1	18.3	0.8	18.1	0.2	2.5	34.5
25	600	100.0	63.3	5.1	0.4	7.1	11.8	16.5	0.9	19.5	0.2	1.5	36.6
62	1 199	100.0	61.3	6.9	0.3	8.6	11.5	14.5	0.9	16.5	0.1	2.0	38.6
24	420	100.0	65.4	6.1	0.7	2.8	16.1	17.2	0.9	19.4	0.1	2.0	34.4
41	458	100.0	80.1	5.4	0.4	8.4	23.5	11.1	0.6	28.8	0.1	1.8	19.6
7	52	100.0	78.2	2.9	–	5.8	21.0	7.4	0.8	37.4	–	2.9	21.4
21	272	100.0	80.7	6.3	0.5	10.3	22.5	10.9	0.5	28.0	0.1	1.5	19.2
11	88	100.0	80.1	3.8	0.4	4.2	26.7	14.6	0.9	27.2	–	2.4	19.4
15	185	100.0	77.6	3.6	0.4	9.0	21.4	8.6	0.5	32.4	–	1.8	22.1
16	170	100.0	81.6	7.7	0.4	10.0	21.9	12.2	0.9	26.5	0.1	1.7	18.3
10	68	100.0	82.5	3.7	0.2	3.5	28.4	15.0	0.2	28.9	–	2.5	17.0
6	111	100.0	80.1	4.4	0.5	8.3	22.9	12.6	0.7	29.3	0.2	1.1	19.7
26	221	100.0	79.9	5.6	0.2	10.3	21.6	10.6	0.6	28.5	0.1	2.4	20.0
7	83	100.0	81.7	5.4	0.6	3.7	28.9	11.4	0.4	29.7	–	1.5	17.9
74	1 762	100.0	53.5	6.6	0.4	5.9	6.6	18.5	1.1	12.2	0.1	1.9	46.4
7	223	100.0	45.3	5.1	1.0	4.4	3.4	17.2	0.7	11.3	0.2	1.7	54.7
43	1 032	100.0	54.4	7.0	0.2	8.0	6.7	17.2	1.0	12.2	0.1	1.9	45.4
14	263	100.0	57.6	6.9	0.6	1.5	8.7	23.2	1.3	12.9	0.2	2.3	42.4
24	727	100.0	50.4	5.6	0.4	5.4	4.8	17.7	1.2	13.4	0.1	1.6	49.6
32	643	100.0	55.6	7.5	0.2	8.2	7.5	17.7	0.8	11.3	–	2.2	44.2
14	241	100.0	56.8	7.9	0.9	2.0	8.8	21.3	1.3	11.6	0.4	2.5	43.2
17	415	100.0	55.6	5.1	0.3	6.7	6.4	19.1	0.7	14.9	0.2	1.8	44.3
33	842	100.0	52.2	7.4	0.3	7.5	6.3	16.9	1.1	10.6	0.1	1.9	47.7
15	290	100.0	56.9	6.7	0.7	2.2	8.5	21.4	1.3	13.5	0.1	2.2	43.1
9	305	100.0	42.7	7.3	0.8	6.0	3.6	14.7	1.1	7.0	0.6	1.7	57.3
–	22	100.0	47.6	9.5	–	4.8	–	11.9	–	21.4	–	–	52.4
5	166	100.0	47.0	7.7	0.6	8.6	3.8	16.6	1.6	5.8	0.6	1.6	53.0
2	57	100.0	32.9	5.9	1.2	–	4.7	10.6	1.2	7.1	–	2.4	67.1
2	132	100.0	34.3	5.0	–	5.0	1.5	11.9	1.0	8.5	0.5	1.0	65.7
4	98	100.0	51.0	9.5	1.0	9.5	4.0	17.5	2.0	5.0	0.5	2.0	49.0
2	50	100.0	38.3	6.2	1.2	1.2	4.9	13.6	–	8.6	–	2.5	61.7
2	74	100.0	46.8	7.9	0.7	5.0	2.9	15.1	2.2	10.8	0.7	1.4	53.2
3	136	100.0	42.9	8.8	0.8	8.4	2.9	14.3	1.3	4.6	0.4	1.3	57.1
2	47	100.0	43.4	6.0	1.2	2.4	6.0	15.7	–	9.6	–	2.4	56.6

契約社員・嘱託の者をいい、第1回の仕事のかたちがこれらのうちいずれかの者を集計。

女

被調査者数（単位：人）

年齢階級、第1回の勤め先の再雇用制度等の有無	総数	仕事をしている	自営業主	家族従業者	会社・団体等の役員	正規の職員・従業員	パート・アルバイト	労働者派遣事業所の派遣社員	契約社員・嘱託	家庭での内職など
総数	5 645	2 968	72	104	113	338	1 861	24	309	38
再就職会社のあっせん										
制度がある	151	75	–	–	3	3	51	1	13	1
制度はない	2 792	1 458	36	56	77	194	833	13	171	15
知らない	1 919	1 038	23	23	18	98	725	8	95	19
再雇用制度										
制度がある	1 085	562	13	20	19	76	320	3	81	8
制度はない	1 980	1 028	29	40	65	123	603	10	106	9
知らない	1 947	1 057	19	22	18	109	724	10	103	19
勤務延長制度										
制度がある	955	530	10	10	18	69	333	4	58	10
制度はない	2 018	1 026	27	43	63	120	588	10	117	9
知らない	2 016	1 081	22	26	17	122	731	9	108	16
61～64歳	2 223	1 440	29	41	45	214	860	11	193	13
再就職会社のあっせん										
制度がある	73	45	–	–	2	1	29	1	9	1
制度はない	1 127	714	14	22	34	123	378	5	115	5
知らない	781	520	10	8	8	65	354	5	53	7
再雇用制度										
制度がある	407	264	5	6	5	48	138	1	51	4
制度はない	805	498	9	14	30	75	278	5	73	2
知らない	811	547	11	10	10	71	361	5	61	7
勤務延長制度										
制度がある	322	228	5	3	3	42	130	1	35	4
制度はない	841	521	9	18	32	76	285	5	80	2
知らない	853	560	10	10	9	80	363	5	65	7
65～69歳	3 091	1 401	38	60	58	116	918	12	112	21
再就職会社のあっせん										
制度がある	71	29	–	–	1	2	21	–	4	–
制度はない	1 508	682	20	32	35	66	416	7	54	10
知らない	1 046	483	11	15	10	32	348	3	40	9
再雇用制度										
制度がある	607	269	6	13	10	26	165	2	30	1
制度はない	1 066	491	19	24	31	43	302	5	31	7
知らない	1 042	474	7	12	8	37	338	4	40	11
勤務延長制度										
制度がある	560	275	5	7	9	27	186	2	22	5
制度はない	1 072	465	17	23	29	40	277	5	34	7
知らない	1 070	485	9	16	8	40	344	4	43	7
70歳	331	127	5	3	10	8	83	1	4	4
再就職会社のあっせん										
制度がある	7	1	–	–	–	–	1	–	–	–
制度はない	157	62	2	2	8	5	39	1	2	–
知らない	92	35	2	–	–	1	23	–	2	3
再雇用制度										
制度がある	71	29	2	1	4	2	17	–	–	3
制度はない	109	39	1	2	4	5	23	–	2	–
知らない	94	36	1	–	–	1	25	1	2	1
勤務延長制度										
制度がある	73	27	–	–	6	–	17	1	1	1
制度はない	105	40	1	2	2	4	26	–	3	–
知らない	93	36	3	–	–	2	24	–	–	2

注：1）総数には各項目の不詳を含む。
　　2）「自営業関係以外」とは、仕事のかたちが会社・団体等の役員、正規の職員・従業員、パート・アルバイト、労働者派遣事業所の派遣社員、

第12回の仕事の有無・仕事のかたち

その他	仕事をしていない	総数	仕事をしている	自営業主	家族従業者	会社・団体等の役員	正規の職員・従業員	パート・アルバイト	労働者派遣事業所の派遣社員	契約社員・嘱託	家庭での内職など	その他	仕事をしていない
						構成割合（単位：%）							
102	2 668	100.0	52.6	1.3	1.8	2.0	6.0	33.0	0.4	5.5	0.7	1.8	47.3
2	76	100.0	49.7	-	-	2.0	2.0	33.8	0.7	8.6	0.7	1.3	50.3
62	1 333	100.0	52.2	1.3	2.0	2.8	6.9	29.8	0.5	6.1	0.5	2.2	47.7
25	879	100.0	54.1	1.2	1.2	0.9	5.1	37.8	0.4	5.0	1.0	1.3	45.8
19	522	100.0	51.8	1.2	1.8	1.8	7.0	29.5	0.3	7.5	0.7	1.8	48.1
43	951	100.0	51.9	1.5	2.0	3.3	6.2	30.5	0.5	5.4	0.5	2.2	48.0
30	888	100.0	54.3	1.0	1.1	0.9	5.6	37.2	0.5	5.3	1.0	1.5	45.6
15	425	100.0	55.5	1.0	1.0	1.9	7.2	34.9	0.4	6.1	1.0	1.6	44.5
49	991	100.0	50.8	1.3	2.1	3.1	5.9	29.1	0.5	5.8	0.4	2.4	49.1
27	933	100.0	53.6	1.1	1.3	0.8	6.1	36.3	0.4	5.4	0.8	1.3	46.3
32	780	100.0	64.8	1.3	1.8	2.0	9.6	38.7	0.5	8.7	0.6	1.4	35.1
2	28	100.0	61.6	-	-	2.7	1.4	39.7	1.4	12.3	1.4	2.7	38.4
18	413	100.0	63.4	1.2	2.0	3.0	10.9	33.5	0.4	10.2	0.4	1.6	36.6
9	261	100.0	66.6	1.3	1.0	1.0	8.3	45.3	0.6	6.8	0.9	1.2	33.4
5	143	100.0	64.9	1.2	1.5	1.2	11.8	33.9	0.2	12.5	1.0	1.2	35.1
12	307	100.0	61.9	1.1	1.7	3.7	9.3	34.5	0.6	9.1	0.2	1.5	38.1
11	264	100.0	67.4	1.4	1.2	1.2	8.8	44.5	0.6	7.5	0.9	1.4	32.6
4	94	100.0	70.8	1.6	0.9	0.9	13.0	40.4	0.3	10.9	1.2	1.2	29.2
14	320	100.0	62.0	1.1	2.1	3.8	9.0	33.9	0.6	9.5	0.2	1.7	38.0
11	293	100.0	65.7	1.2	1.2	1.1	9.4	42.6	0.6	7.6	0.8	1.3	34.3
62	1 685	100.0	45.3	1.2	1.9	1.9	3.8	29.7	0.4	3.6	0.7	2.0	54.5
-	42	100.0	40.8	-	-	1.4	2.8	29.6	-	5.6	-	-	59.2
41	826	100.0	45.2	1.3	2.1	2.3	4.4	27.6	0.5	3.6	0.7	2.7	54.8
13	561	100.0	46.2	1.1	1.4	1.0	3.1	33.3	0.3	3.8	0.9	1.2	53.6
14	337	100.0	44.3	1.0	2.1	1.6	4.3	27.2	0.3	4.9	0.2	2.3	55.5
29	575	100.0	46.1	1.8	2.3	2.9	4.0	28.3	0.5	2.9	0.7	2.7	53.9
15	566	100.0	45.5	0.7	1.2	0.8	3.6	32.4	0.4	3.8	1.1	1.4	54.3
10	285	100.0	49.1	0.9	1.3	1.6	4.8	33.2	0.4	3.9	0.9	1.8	50.9
33	607	100.0	43.4	1.6	2.1	2.7	3.7	25.8	0.5	3.2	0.7	3.1	56.6
12	583	100.0	45.3	0.8	1.5	0.7	3.7	32.1	0.4	4.0	0.7	1.1	54.5
8	203	100.0	38.4	1.5	0.9	3.0	2.4	25.1	0.3	1.2	1.2	2.4	61.3
-	6	100.0	14.3	-	-	-	-	14.3	-	-	-	-	85.7
3	94	100.0	39.5	1.3	1.3	5.1	3.2	24.8	0.6	1.3	-	1.9	59.9
3	57	100.0	38.0	2.2	-	-	1.1	25.0	-	2.2	3.3	3.3	62.0
-	42	100.0	40.8	2.8	1.4	5.6	2.8	23.9	-	-	-	4.2	59.2
2	69	100.0	35.8	0.9	1.8	3.7	4.6	21.1	-	1.8	-	1.8	63.3
4	58	100.0	38.3	1.1	-	-	1.1	26.6	1.1	2.1	1.1	4.3	61.7
1	46	100.0	37.0	-	-	8.2	-	23.3	1.4	1.4	1.4	1.4	63.0
2	64	100.0	38.1	1.0	1.9	1.9	3.8	24.8	-	2.9	-	1.9	61.0
4	57	100.0	38.7	3.2	-	-	2.2	25.8	-	-	2.2	4.3	61.3

契約社員・嘱託の者をいい、第1回の仕事のかたちがこれらのうちいずれかの者を集計。

第 36 表　第 1 回に自営業関係以外の仕事をしていた被調査者数・構

総数

年齢階級、第 1 回の勤め先の定年の有無・定年年齢	総数	仕事をしている	自営業主	家族従業者	会社・団体等の役員	正規の職員・従業員	パート・アルバイト	労働者派遣事業所の派遣社員	契約社員・嘱託	家庭での内職など	その他
					被調査者数（単位：人）						
総数	12 311	7 098	489	133	566	1 156	2 901	85	1 482	47	226
定年がある	8 880	5 037	350	70	363	871	1 847	64	1 279	28	157
59 歳以下	287	182	19	–	5	27	68	1	57	1	4
60 歳	7 472	4 170	294	60	303	687	1 522	55	1 098	22	124
61 〜 62 歳	137	80	2	1	6	16	27	1	23	1	3
63 〜 64 歳	109	65	2	–	3	15	24	–	17	–	4
65 歳	718	445	28	6	43	110	162	6	68	2	17
66 歳以上	82	59	3	2	1	12	28	1	8	1	3
定年はない	1 407	926	85	35	148	139	403	13	64	4	33
わからない	1 452	827	31	10	33	104	503	6	95	12	31
61 〜 64 歳	4 560	3 313	156	50	241	763	1 119	26	867	15	73
定年がある	3 317	2 418	100	26	165	603	678	19	764	7	55
59 歳以下	181	124	10	–	4	22	40	1	43	1	3
60 歳	2 820	2 038	84	24	141	488	562	14	673	6	45
61 〜 62 歳	46	35	–	–	4	11	11	1	7	–	1
63 〜 64 歳	22	18	–	–	1	9	3	–	5	–	–
65 歳	202	165	6	1	13	59	50	3	29	–	4
66 歳以上	26	24	–	1	1	10	7	–	3	–	2
定年はない	474	370	32	10	51	77	161	3	27	2	7
わからない	557	377	13	6	19	51	219	3	50	6	9
65 〜 69 歳	6 888	3 431	289	76	283	366	1 621	52	574	25	136
定年がある	4 957	2 385	221	40	173	251	1 066	41	478	15	93
59 歳以下	106	58	9	–	1	5	28	–	14	–	1
60 歳	4 169	1 963	188	34	143	188	886	38	396	13	73
61 〜 62 歳	73	36	2	–	1	5	12	–	14	–	2
63 〜 64 歳	69	40	1	–	2	6	17	–	11	–	3
65 歳	452	243	18	5	25	46	97	2	34	1	12
66 歳以上	43	25	2	–	–	1	16	1	5	–	–
定年はない	819	493	44	24	83	57	219	7	34	2	21
わからない	794	409	14	2	13	49	258	3	44	5	21
70 歳	863	354	44	7	42	27	161	7	41	7	17
定年がある	606	234	29	4	25	17	103	4	37	6	9
59 歳以下	–	–	–	–	–	–	–	–	–	–	–
60 歳	483	169	22	2	19	11	74	3	29	3	6
61 〜 62 歳	18	9	–	1	–	–	4	–	2	1	–
63 〜 64 歳	18	7	1	–	–	–	4	–	1	–	1
65 歳	64	37	4	–	5	5	15	1	5	1	1
66 歳以上	13	10	1	1	–	–	1	–	5	–	1
定年はない	114	63	9	1	14	5	23	3	3	–	5
わからない	101	41	4	2	1	4	26	–	1	1	1

注：1）総数には各項目の不詳を含む。
　　2）「自営業関係以外」とは、仕事のかたちが会社・団体等の役員、正規の職員・従業員、パート・アルバイト、労働者派遣事業所の派遣社員、

成割合, 性、年齢階級、第1回の勤め先の定年の有無・定年年齢、第12回の仕事の有無・仕事のかたち別 （3－1）

の仕事の有無・仕事のかたち

仕事をしていない	総数	仕事をしている	自営業主	家族従業者	会社・団体等の役員	正規の職員・従業員	パート・アルバイト	労働者派遣事業所の派遣社員	契約社員・嘱託	家庭での内職など	その他	仕事をしていない
						構成割合（単位：%）						
5 193	100.0	57.7	4.0	1.1	4.6	9.4	23.6	0.7	12.0	0.4	1.8	42.2
3 831	100.0	56.7	3.9	0.8	4.1	9.8	20.8	0.7	14.4	0.3	1.8	43.1
105	100.0	63.4	6.6	-	1.7	9.4	23.7	0.3	19.9	0.3	1.4	36.6
3 291	100.0	55.8	3.9	0.8	4.1	9.2	20.4	0.7	14.7	0.3	1.7	44.0
57	100.0	58.4	1.5	0.7	4.4	11.7	19.7	0.7	16.8	0.7	2.2	41.6
43	100.0	59.6	1.8	-	2.8	13.8	22.0	-	15.6	-	3.7	39.4
273	100.0	62.0	3.9	0.8	6.0	15.3	22.6	0.8	9.5	0.3	2.4	38.0
23	100.0	72.0	3.7	2.4	1.2	14.6	34.1	1.2	9.8	1.2	3.7	28.0
481	100.0	65.8	6.0	2.5	10.5	9.9	28.6	0.3	4.5	0.3	2.3	34.2
620	100.0	57.0	2.1	0.7	2.3	7.2	34.6	0.4	6.5	0.8	2.1	42.7
1 238	100.0	72.7	3.4	1.1	5.3	16.7	24.5	0.6	19.0	0.3	1.6	27.1
895	100.0	72.9	3.0	0.8	5.0	18.2	20.4	0.6	23.0	0.2	1.7	27.0
57	100.0	68.5	5.5	-	2.2	12.2	22.1	0.6	23.8	0.6	1.7	31.5
778	100.0	72.3	3.0	0.9	5.0	17.3	19.9	0.5	23.9	0.2	1.6	27.6
11	100.0	76.1	-	-	8.7	23.9	23.9	2.2	15.2	-	2.2	23.9
4	100.0	81.8	-	-	4.5	40.9	13.6	-	22.7	-	-	18.2
37	100.0	81.7	3.0	0.5	6.4	29.2	24.8	1.5	14.4	-	2.0	18.3
2	100.0	92.3	-	3.8	3.8	38.5	26.9	-	11.5	-	7.7	7.7
104	100.0	78.1	6.8	2.1	10.8	16.2	34.0	0.6	5.7	0.4	1.5	21.9
176	100.0	67.7	2.3	1.1	3.4	9.2	39.3	0.5	9.0	1.1	1.6	31.6
3 447	100.0	49.8	4.2	1.1	4.1	5.3	23.5	0.8	8.3	0.4	2.0	50.0
2 565	100.0	48.1	4.5	0.8	3.5	5.1	21.5	0.8	9.6	0.3	1.9	51.7
48	100.0	54.7	8.5	-	0.9	4.7	26.4	-	13.2	-	0.9	45.3
2 200	100.0	47.1	4.5	0.8	3.4	4.5	21.3	0.9	9.5	0.3	1.8	52.8
37	100.0	49.3	2.7	-	1.4	6.8	16.4	-	19.2	-	2.7	50.7
28	100.0	58.0	1.4	-	2.9	8.7	24.6	-	15.9	-	4.3	40.6
209	100.0	53.8	4.0	1.1	5.5	10.2	21.5	0.4	7.5	0.2	2.7	46.2
18	100.0	58.1	4.7	-	-	2.3	37.2	2.3	11.6	-	-	41.9
326	100.0	60.2	5.4	2.9	10.1	7.0	26.7	0.9	4.2	0.2	2.6	39.8
384	100.0	51.5	1.8	0.3	1.6	6.2	32.5	0.4	5.5	0.6	2.6	48.4
508	100.0	41.0	5.1	0.8	4.9	3.1	18.7	0.8	4.8	0.8	2.0	58.9
371	100.0	38.6	4.8	0.7	4.1	2.8	17.0	0.7	6.1	1.0	1.5	61.2
-	-	-	-	-	-	-	-	-	-	-	-	-
313	100.0	35.0	4.6	0.4	3.9	2.3	15.3	0.6	6.0	0.6	1.2	64.8
9	100.0	50.0	-	5.6	5.6	-	22.2	-	11.1	5.6	-	50.0
11	100.0	38.9	5.6	-	-	-	22.2	-	5.6	-	5.6	61.1
27	100.0	57.8	6.3	-	7.8	7.8	23.4	1.6	7.8	1.6	1.6	42.2
3	100.0	76.9	7.7	7.7	-	7.7	38.5	-	-	7.7	7.7	23.1
51	100.0	55.3	7.9	0.9	12.3	4.4	20.2	2.6	2.6	-	4.4	44.7
60	100.0	40.6	4.0	2.0	1.0	4.0	25.7	-	1.0	1.0	1.0	59.4

契約社員・嘱託の者をいい、第1回の仕事のかたちがこれらのうちいずれかの者を集計。

第36表　第1回に自営業関係以外の仕事をしていた被調査者数・構

男

被調査者数（単位：人）

年齢階級、第1回の勤め先の定年の有無・定年年齢	総数	仕事をしている	自営業主	家族従業者	会社・団体等の役員	正規の職員・従業員	パート・アルバイト	労働者派遣事業所の派遣社員	契約社員・嘱託	家庭での内職など	その他
総数	6 666	4 130	417	29	453	818	1 040	61	1 173	9	124
定年がある	5 496	3 326	317	21	316	621	849	47	1 042	7	100
59歳以下	177	129	19	–	5	22	30	1	48	–	4
60歳	4 743	2 820	265	18	268	506	726	43	909	5	76
61～62歳	85	54	2	1	4	10	14	–	19	1	3
63～64歳	72	43	1	–	3	11	13	–	12	–	3
65歳	359	242	25	2	33	64	54	2	47	1	12
66歳以上	24	20	3	–	1	7	5	1	2	–	1
定年はない	527	398	62	5	102	93	70	9	43	–	14
わからない	408	267	21	1	21	71	81	3	58	2	9
61～64歳	2 337	1 873	127	9	196	549	259	15	674	2	41
定年がある	1 974	1 568	88	9	147	441	216	12	615	2	37
59歳以下	105	85	10	–	4	17	14	1	36	–	3
60歳	1 723	1 351	72	9	126	365	185	10	552	2	29
61～62歳	25	22	–	–	3	8	4	–	6	–	1
63～64歳	10	9	–	–	1	6	–	–	2	–	–
65歳	97	87	6	–	11	39	10	1	17	–	3
66歳以上	9	9	–	–	1	5	2	–	–	–	1
定年はない	154	141	23	–	33	49	16	1	16	–	3
わからない	123	98	8	–	10	35	17	1	26	–	1
65～69歳	3 797	2 030	251	16	225	250	703	40	462	4	74
定年がある	3 105	1 591	202	10	150	169	571	31	394	2	57
59歳以下	72	44	9	–	1	5	16	–	12	–	1
60歳	2 681	1 343	173	8	127	133	495	30	330	2	42
61～62歳	44	24	2	–	–	2	7	–	11	–	2
63～64歳	47	29	–	–	2	5	10	–	9	–	3
65歳	228	133	15	2	19	23	37	–	27	–	8
66歳以上	10	7	2	–	–	1	1	1	2	–	–
定年はない	314	222	31	4	59	40	49	6	24	–	9
わからない	246	151	10	–	10	33	55	2	31	2	8
70歳	532	227	39	4	32	19	78	6	37	3	9
定年がある	417	167	27	2	19	11	62	4	33	3	6
59歳以下	–	–	–	–	–	–	–	–	–	–	–
60歳	339	126	20	1	15	8	46	3	27	1	5
61～62歳	16	8	–	1	1	–	3	–	–	–	–
63～64歳	15	5	1	–	–	–	3	–	1	–	–
65歳	34	22	4	–	3	2	7	1	3	1	1
66歳以上	5	4	1	–	–	1	2	–	–	–	–
定年はない	59	35	8	1	10	4	5	2	2	–	2
わからない	39	18	3	1	1	3	9	–	1	–	–

注：1）総数には各項目の不詳を含む。
　　2）「自営業関係以外」とは、仕事のかたちが会社・団体等の役員、正規の職員・従業員、パート・アルバイト、労働者派遣事業所の派遣社員、

成割合, 性、年齢階級、第 1 回の勤め先の定年の有無・定年年齢、第 12 回の仕事の有無・仕事のかたち別 (3－2)

の仕事の有無・仕事のかたち

仕事をしていない	総数	仕事をしている	自営業主	家族従業者	会社・団体等の役員	正規の職員・従業員	パート・アルバイト	労働者派遣事業所の派遣社員	契約社員・嘱託	家庭での内職など	その他	仕事をしていない
						構成割合（単位：%）						
2 525	100.0	62.0	6.3	0.4	6.8	12.3	15.6	0.9	17.6	0.1	1.9	37.9
2 162	100.0	60.5	5.8	0.4	5.7	11.3	15.4	0.9	19.0	0.1	1.8	39.3
48	100.0	72.9	10.7	–	2.8	12.4	16.9	0.6	27.1	–	2.3	27.1
1 915	100.0	59.5	5.6	0.4	5.7	10.7	15.3	0.9	19.2	0.1	1.6	40.4
31	100.0	63.5	2.4	1.2	4.7	11.8	16.5	–	22.4	1.2	3.5	36.5
29	100.0	59.7	1.4	–	4.2	15.3	18.1	–	16.7	–	4.2	40.3
117	100.0	67.4	7.0	0.6	9.2	17.8	15.0	0.6	13.1	0.3	3.3	32.6
4	100.0	83.3	12.5	–	4.2	29.2	20.8	4.2	8.3	–	4.2	16.7
129	100.0	75.5	11.8	0.9	19.4	17.6	13.3	1.7	8.2	–	2.7	24.5
140	100.0	65.4	5.1	0.2	5.1	17.4	19.9	0.7	14.2	0.5	2.2	34.3
458	100.0	80.1	5.4	0.4	8.4	23.5	11.1	0.6	28.8	0.1	1.8	19.6
402	100.0	79.4	4.5	0.5	7.4	22.3	10.9	0.6	31.2	0.1	1.9	20.4
20	100.0	81.0	9.5	–	3.8	16.2	13.3	1.0	34.3	–	2.9	19.0
368	100.0	78.4	4.2	0.5	7.3	21.2	10.7	0.6	32.0	0.1	1.7	21.4
3	100.0	88.0	–	–	12.0	32.0	16.0	–	24.0	–	4.0	12.0
1	100.0	90.0	–	–	10.0	60.0	–	–	20.0	–	–	10.0
10	100.0	89.7	6.2	–	11.3	40.2	10.3	1.0	17.5	–	3.1	10.3
–	100.0	100.0	–	–	11.1	55.6	22.2	–	–	–	11.1	–
13	100.0	91.6	14.9	–	21.4	31.8	10.4	0.6	10.4	–	1.9	8.4
24	100.0	79.7	6.5	–	8.1	28.5	13.8	0.8	21.1	–	0.8	19.5
1 762	100.0	53.5	6.6	0.4	5.9	6.6	18.5	1.1	12.2	0.1	1.9	46.4
1 510	100.0	51.2	6.5	0.3	4.8	5.4	18.4	1.0	12.7	0.1	1.8	48.6
28	100.0	61.1	12.5	–	1.4	6.9	22.2	–	16.7	–	1.4	38.9
1 334	100.0	50.1	6.5	0.3	4.7	5.0	18.5	1.1	12.3	0.1	1.6	49.8
20	100.0	54.5	4.5	–	–	4.5	15.9	–	25.0	–	4.5	45.5
18	100.0	61.7	–	–	4.3	10.6	21.3	–	19.1	–	6.4	38.3
95	100.0	58.3	6.6	0.9	8.3	10.1	16.2	–	11.8	–	3.5	41.7
3	100.0	70.0	20.0	–	–	10.0	10.0	10.0	20.0	–	–	30.0
92	100.0	70.7	9.9	1.3	18.8	12.7	15.6	1.9	7.6	–	2.9	29.3
95	100.0	61.4	4.1	–	4.1	13.4	22.4	0.8	12.6	0.8	3.3	38.6
305	100.0	42.7	7.3	0.8	6.0	3.6	14.7	1.1	7.0	0.6	1.7	57.3
250	100.0	40.0	6.5	0.5	4.6	2.6	14.9	1.0	7.9	0.7	1.4	60.0
–	–	–	–	–	–	–	–	–	–	–	–	–
213	100.0	37.2	5.9	0.3	4.4	2.4	13.6	0.9	8.0	0.3	1.5	62.8
8	100.0	50.0	–	6.3	6.3	–	18.8	–	12.5	6.3	–	50.0
10	100.0	33.3	6.7	–	–	–	20.0	–	6.7	–	–	66.7
12	100.0	64.7	11.8	–	8.8	5.9	20.6	2.9	8.8	2.9	2.9	35.3
1	100.0	80.0	20.0	–	–	20.0	40.0	–	–	–	–	20.0
24	100.0	59.3	13.6	1.7	16.9	6.8	8.5	3.4	5.1	–	3.4	40.7
21	100.0	46.2	7.7	2.6	2.6	7.7	23.1	–	2.6	–	–	53.8

契約社員・嘱託の者をいい、第 1 回の仕事のかたちがこれらのうちいずれかの者を集計。

女

第 12 回

被調査者数（単位：人）

年齢階級、第1回の勤め先の定年の有無・定年年齢	総数	仕事をしている	自営業主	家族従業者	会社・団体等の役員	正規の職員・従業員	パート・アルバイト	労働者派遣事業所の派遣社員	契約社員・嘱託	家庭での内職など	その他
総数	5 645	2 968	72	104	113	338	1 861	24	309	38	102
定年がある	3 384	1 711	33	49	47	250	998	17	237	21	57
59 歳以下	110	53	–	–	–	5	38	–	9	1	–
60 歳	2 729	1 350	29	42	35	181	796	12	189	17	48
61 ～ 62 歳	52	26	–	–	2	6	13	1	4	–	–
63 ～ 64 歳	37	22	1	–	–	4	11	–	5	–	1
65 歳	359	203	3	4	10	46	108	4	21	1	5
66 歳以上	58	39	–	2	–	5	23	–	6	1	2
定年はない	880	528	23	30	46	46	333	4	21	4	19
わからない	1 044	560	10	9	12	33	422	3	37	10	22
61 ～ 64 歳	2 223	1 440	29	41	45	214	860	11	193	13	32
定年がある	1 343	850	12	17	18	162	462	7	149	5	18
59 歳以下	76	39	–	–	–	5	26	–	7	1	–
60 歳	1 097	687	12	15	15	123	377	4	121	4	16
61 ～ 62 歳	21	13	–	–	1	3	7	1	1	–	–
63 ～ 64 歳	12	9	–	–	–	3	3	–	3	–	–
65 歳	105	78	–	1	2	20	40	2	12	–	1
66 歳以上	17	15	–	1	–	5	5	–	3	–	1
定年はない	320	229	9	10	18	28	145	2	11	2	4
わからない	434	279	5	6	9	16	202	2	24	6	8
65 ～ 69 歳	3 091	1 401	38	60	58	116	918	12	112	21	62
定年がある	1 852	794	19	30	23	82	495	10	84	13	36
59 歳以下	34	14	–	–	–	–	12	–	2	–	–
60 歳	1 488	620	15	26	16	55	391	8	66	11	31
61 ～ 62 歳	29	12	–	–	1	3	5	–	3	–	–
63 ～ 64 歳	22	11	1	–	–	1	7	–	2	–	–
65 歳	224	110	3	3	6	23	60	2	7	1	4
66 歳以上	33	18	–	–	–	–	15	–	3	–	–
定年はない	505	271	13	20	24	17	170	1	10	2	12
わからない	548	258	4	2	3	16	203	1	13	3	13
70 歳	331	127	5	3	10	8	83	1	4	4	8
定年がある	189	67	2	2	6	6	41	–	4	3	3
59 歳以下	–	–	–	–	–	–	–	–	–	–	–
60 歳	144	43	2	1	4	3	28	–	2	2	1
61 ～ 62 歳	2	1	–	–	–	–	1	–	–	–	–
63 ～ 64 歳	3	2	–	–	–	–	1	–	–	–	1
65 歳	30	15	–	–	2	3	8	–	2	–	–
66 歳以上	8	6	–	1	–	–	3	–	–	–	1
定年はない	55	28	1	–	4	1	18	1	–	–	3
わからない	62	23	1	–	–	1	17	–	–	1	1

注：1）総数には各項目の不詳を含む。
　　2）「自営業関係以外」とは、仕事のかたちが会社・団体等の役員、正規の職員・従業員、パート・アルバイト、労働者派遣事業所の派遣社員、

の仕事の有無・仕事のかたち

仕事をしていない	総数	仕事をしている	自営業主	家族従業者	会社・団体等の役員	正規の職員・従業員	パート・アルバイト	労働者派遣事業所の派遣社員	契約社員・嘱託	家庭での内職など	その他	仕事をしていない
						構成割合（単位：%）						
2 668	100.0	52.6	1.3	1.8	2.0	6.0	33.0	0.4	5.5	0.7	1.8	47.3
1 669	100.0	50.6	1.0	1.4	1.4	7.4	29.5	0.5	7.0	0.6	1.7	49.3
57	100.0	48.2	–	–	–	4.5	34.5	–	8.2	0.9	–	51.8
1 376	100.0	49.5	1.1	1.5	1.3	6.6	29.2	0.4	6.9	0.6	1.8	50.4
26	100.0	50.0	–	–	3.8	11.5	25.0	1.9	7.7	–	–	50.0
14	100.0	59.5	2.7	–	–	10.8	29.7	–	13.5	–	2.7	37.8
156	100.0	56.5	0.8	1.1	2.8	12.8	30.1	1.1	5.8	0.3	1.4	43.5
19	100.0	67.2	–	3.4	–	8.6	39.7	–	10.3	1.7	3.4	32.8
352	100.0	60.0	2.6	3.4	5.2	5.2	37.8	0.5	2.4	0.5	2.2	40.0
480	100.0	53.6	1.0	0.9	1.1	3.2	40.4	0.3	3.5	1.0	2.1	46.0
780	100.0	64.8	1.3	1.8	2.0	9.6	38.7	0.5	8.7	0.6	1.4	35.1
493	100.0	63.3	0.9	1.3	1.3	12.1	34.4	0.5	11.1	0.4	1.3	36.7
37	100.0	51.3	–	–	–	6.6	34.2	–	9.2	1.3	–	48.7
410	100.0	62.6	1.1	1.4	1.4	11.2	34.4	0.4	11.0	0.4	1.5	37.4
8	100.0	61.9	–	–	4.8	14.3	33.3	4.8	4.8	–	–	38.1
3	100.0	75.0	–	–	–	25.0	25.0	–	25.0	–	–	25.0
27	100.0	74.3	–	1.0	1.9	19.0	38.1	1.9	11.4	–	1.0	25.7
2	100.0	88.2	–	5.9	–	29.4	29.4	–	17.6	–	5.9	11.8
91	100.0	71.6	2.8	3.1	5.6	8.8	45.3	0.6	3.4	0.6	1.3	28.4
152	100.0	64.3	1.2	1.4	2.1	3.7	46.5	0.5	5.5	1.4	1.8	35.0
1 685	100.0	45.3	1.2	1.9	1.9	3.8	29.7	0.4	3.6	0.7	2.0	54.5
1 055	100.0	42.9	1.0	1.6	1.2	4.4	26.7	0.5	4.5	0.7	1.9	57.0
20	100.0	41.2	–	–	–	–	35.3	–	5.9	–	–	58.8
866	100.0	41.7	1.0	1.7	1.1	3.7	26.3	0.5	4.4	0.7	2.1	58.2
17	100.0	41.4	–	–	3.4	10.3	17.2	–	10.3	–	–	58.6
10	100.0	50.0	4.5	–	–	4.5	31.8	–	9.1	–	–	45.5
114	100.0	49.1	1.3	1.3	2.7	10.3	26.8	0.9	3.1	0.4	1.8	50.9
15	100.0	54.5	–	–	–	–	45.5	–	9.1	–	–	45.5
234	100.0	53.7	2.6	4.0	4.8	3.4	33.7	0.2	2.0	0.4	2.4	46.3
289	100.0	47.1	0.7	0.4	0.5	2.9	37.0	0.2	2.4	0.5	2.4	52.7
203	100.0	38.4	1.5	0.9	3.0	2.4	25.1	0.3	1.2	1.2	2.4	61.3
121	100.0	35.4	1.1	1.1	3.2	3.2	21.7	–	2.1	1.6	1.6	64.0
–	–	–	–	–	–	–	–	–	–	–	–	–
100	100.0	29.9	1.4	0.7	2.8	2.1	19.4	–	1.4	1.4	0.7	69.4
1	100.0	50.0	–	–	–	–	50.0	–	–	–	–	50.0
1	100.0	66.7	–	–	–	–	33.3	–	–	–	33.3	33.3
15	100.0	50.0	–	–	6.7	10.0	26.7	–	6.7	–	–	50.0
2	100.0	75.0	–	12.5	–	–	37.5	–	–	12.5	12.5	25.0
27	100.0	50.9	1.8	–	7.3	1.8	32.7	1.8	–	–	5.5	49.1
39	100.0	37.1	1.6	1.6	–	1.6	27.4	–	–	1.6	1.6	62.9

契約社員・嘱託の者をいい、第1回の仕事のかたちがこれらのうちいずれかの者を集計。

第 37 表　第 11 回まで自営業関係以外の仕事をしていた被調査者数・構

性、第 1 回の仕事への 満足感の種類・満足感		総数	仕事を している	仕事を していない	第 12 回の仕事の有無				
					仕事を したい	仕事探し・開業 準備をしている	仕事を 探している	開業の準備を している	何もして いない
					被調査者数（単位：人）				
総数		4 631	4 198	433	178	96	93	3	81
能力の活用	満足	587	540	47	13	6	3	3	7
・発揮	やや満足	781	720	61	20	13	13	－	7
	普通	2 435	2 189	246	103	57	57	－	45
	やや不満	395	353	42	25	13	13	－	12
	不満	184	169	15	7	2	2	－	5
職場の	満足	543	496	47	14	7	6	1	7
人間関係	やや満足	744	683	61	21	13	12	1	8
	普通	2 356	2 122	234	98	53	53	－	44
	やや不満	511	468	43	22	9	9	－	13
	不満	240	213	27	14	10	9	1	4
労働条件	満足	456	416	40	6	2	2	－	4
	やや満足	492	448	44	19	12	11	1	7
	普通	1 890	1 701	189	76	40	39	1	35
	やや不満	1 029	927	102	52	33	32	1	19
	不満	536	497	39	17	6	6	－	11
男		2 656	2 392	264	113	64	62	2	48
能力の活用	満足	334	310	24	9	4	2	2	5
・発揮	やや満足	497	456	41	15	9	9	－	6
	普通	1 367	1 220	147	61	34	34	－	26
	やや不満	227	197	30	18	12	12	－	6
	不満	111	103	8	4	1	1	－	3
職場の	満足	259	238	21	7	4	3	1	3
人間関係	やや満足	433	395	38	15	9	8	1	6
	普通	1 432	1 280	152	63	36	36	－	26
	やや不満	287	262	25	14	7	7	－	7
	不満	125	110	15	9	5	5	－	4
労働条件	満足	244	223	21	5	1	1	－	4
	やや満足	304	269	35	16	10	9	1	6
	普通	1 136	1 013	123	49	26	26	－	22
	やや不満	551	498	53	29	21	20	1	8
	不満	307	288	19	9	3	3	－	6
女		1 975	1 806	169	65	32	31	1	33
能力の活用	満足	253	230	23	4	2	1	1	2
・発揮	やや満足	284	264	20	5	4	4	－	1
	普通	1 068	969	99	42	23	23	－	19
	やや不満	168	156	12	7	1	1	－	6
	不満	73	66	7	3	1	1	－	2
職場の	満足	284	258	26	7	3	3	－	4
人間関係	やや満足	311	288	23	6	4	4	－	2
	普通	924	842	82	35	17	17	－	18
	やや不満	224	206	18	8	2	2	－	6
	不満	115	103	12	5	5	4	1	－
労働条件	満足	212	193	19	1	1	1	－	－
	やや満足	188	179	9	3	2	2	－	1
	普通	754	688	66	27	14	13	1	13
	やや不満	478	429	49	23	12	12	－	11
	不満	229	209	20	8	3	3	－	5

注：1）総数には各項目の不詳を含む。
　　2）「自営業関係以外」とは、仕事のかたちが会社・団体等の役員、正規の職員・従業員、パート・アルバイト、労働者派遣事業所の派遣社員、

成割合, 性、第1回の仕事への満足感の種類・満足感、第12回の仕事の有無・就業希望の有無・仕事探しや開業準備の状況別

・就業希望の有無・仕事探しや開業準備の状況

仕事を したくない	総数	仕事を している	仕事を していない	仕事を したい	仕事探し・開業 準備をしている	仕事を 探している	開業の準備を している	何もして いない	仕事を したくない
					構成割合（単位：%）				
243	100.0	100.0	100.0	100.0	100.0	100.0	100.0	100.0	100.0
30	12.7	12.9	10.9	7.3	6.3	3.2	100.0	8.6	12.3
41	16.9	17.2	14.1	11.2	13.5	14.0	-	8.6	16.9
138	52.6	52.1	56.8	57.9	59.4	61.3	-	55.6	56.8
16	8.5	8.4	9.7	14.0	13.5	14.0	-	14.8	6.6
8	4.0	4.0	3.5	3.9	2.1	2.2	-	6.2	3.3
31	11.7	11.8	10.9	7.9	7.3	6.5	33.3	8.6	12.8
39	16.1	16.3	14.1	11.8	13.5	12.9	33.3	9.9	16.0
132	50.9	50.5	54.0	55.1	55.2	57.0	-	54.3	54.3
18	11.0	11.1	9.9	12.4	9.4	9.7	-	16.0	7.4
13	5.2	5.1	6.2	7.9	10.4	9.7	33.3	4.9	5.3
32	9.8	9.9	9.2	3.4	2.1	2.2	-	4.9	13.2
24	10.6	10.7	10.2	10.7	12.5	11.8	33.3	8.6	9.9
110	40.8	40.5	43.6	42.7	41.7	41.9	33.3	43.2	45.3
46	22.2	22.1	23.6	29.2	34.4	34.4	33.3	23.5	18.9
22	11.6	11.8	9.0	9.6	6.3	6.5	-	13.6	9.1
142	100.0	100.0	100.0	100.0	100.0	100.0	100.0	100.0	100.0
12	12.6	13.0	9.1	8.0	6.3	3.2	100.0	10.4	8.5
26	18.7	19.1	15.5	13.3	14.1	14.5	-	12.5	18.3
82	51.5	51.0	55.7	54.0	53.1	54.8	-	54.2	57.7
11	8.5	8.2	11.4	15.9	18.8	19.4	-	12.5	7.7
4	4.2	4.3	3.0	3.5	1.6	1.6	-	6.3	2.8
13	9.8	9.9	8.0	6.2	6.3	4.8	50.0	6.3	9.2
22	16.3	16.5	14.4	13.3	14.1	12.9	50.0	12.5	15.5
86	53.9	53.5	57.6	55.8	56.3	58.1	-	54.2	60.6
8	10.8	11.0	9.5	12.4	10.9	11.3	-	14.6	5.6
6	4.7	4.6	5.7	8.0	7.8	8.1	-	8.3	4.2
15	9.2	9.3	8.0	4.4	1.6	1.6	-	8.3	10.6
18	11.4	11.2	13.3	14.2	15.6	14.5	50.0	12.5	12.7
72	42.8	42.3	46.6	43.4	40.6	41.9	-	45.8	50.7
20	20.7	20.8	20.1	25.7	32.8	32.3	50.0	16.7	14.1
10	11.6	12.0	7.2	8.0	4.7	4.8	-	12.5	7.0
101	100.0	100.0	100.0	100.0	100.0	100.0	100.0	100.0	100.0
18	12.8	12.7	13.6	6.2	6.3	3.2	100.0	6.1	17.8
15	14.4	14.6	11.8	7.7	12.5	12.9	-	3.0	14.9
56	54.1	53.7	58.6	64.6	71.9	74.2	-	57.6	55.4
5	8.5	8.6	7.1	10.8	3.1	3.2	-	18.2	5.0
4	3.7	3.7	4.1	4.6	3.1	3.2	-	6.1	4.0
18	14.4	14.3	15.4	10.8	9.4	9.7	-	12.1	17.8
17	15.7	15.9	13.6	9.2	12.5	12.9	-	6.1	16.8
46	46.8	46.6	48.5	53.8	53.1	54.8	-	54.5	45.5
10	11.3	11.4	10.7	12.3	6.3	6.5	-	18.2	9.9
7	5.8	5.7	7.1	7.7	15.6	12.9	100.0	-	6.9
17	10.7	10.7	11.2	1.5	3.1	3.2	-	-	16.8
6	9.5	9.9	5.3	4.6	6.3	6.5	-	3.0	5.9
38	38.2	38.1	39.1	41.5	43.8	41.9	100.0	39.4	37.6
26	24.2	23.8	29.0	35.4	37.5	38.7	-	33.3	25.7
12	11.6	11.6	11.8	12.3	9.4	9.7	-	15.2	11.9

契約社員・嘱託の者をいい、各回の仕事のかたちがこれらのうちいずれかの者を集計。

第38表　第12回まで自営業関係以外の仕事をしている被調査者

年齢階級、第1回の仕事への満足感の種類・満足感	総数	満足	やや満足	普通	やや不満
			被調査者数（単位：人）		
総数					
能力の活用・発揮	4 140	628	753	2 314	282
満足	535	227	114	174	11
やや満足	705	129	241	271	47
普通	2 161	207	292	1 473	119
やや不満	351	25	55	190	56
不満	168	15	16	88	22
職場の人間関係	4 140	551	769	2 202	437
満足	491	181	114	158	24
やや満足	670	111	216	274	53
普通	2 093	201	325	1 313	193
やや不満	465	25	59	245	94
不満	210	15	26	94	48
労働条件	4 140	362	459	1 794	1 085
満足	414	109	74	147	56
やや満足	441	57	75	181	101
普通	1 670	110	183	836	411
やや不満	920	52	76	375	303
不満	492	18	37	164	161
61～64歳					
能力の活用・発揮	2 229	307	393	1 274	166
満足	254	98	60	84	7
やや満足	398	77	125	159	27
普通	1 163	101	144	814	69
やや不満	214	12	35	119	33
不満	91	8	9	44	14
職場の人間関係	2 229	269	406	1 169	278
満足	231	80	55	72	17
やや満足	364	54	122	148	30
普通	1 137	113	170	701	122
やや不満	268	8	34	142	59
不満	122	7	11	52	31
労働条件	2 229	153	234	913	639
満足	201	43	38	71	32
やや満足	242	21	43	94	64
普通	912	50	95	430	253
やや不満	507	25	32	203	168
不満	265	7	21	76	95
65～69歳					
能力の活用・発揮	1 756	294	325	962	110
満足	259	116	50	85	4
やや満足	277	51	107	96	19
普通	916	95	131	613	46
やや不満	132	13	17	69	23
不満	70	7	6	39	8
職場の人間関係	1 756	251	332	960	148
満足	232	88	55	78	5
やや満足	285	53	88	119	21
普通	882	77	141	569	67
やや不満	186	15	22	101	33
不満	79	8	12	37	16
労働条件	1 756	184	208	813	414
満足	186	57	33	65	23
やや満足	182	34	29	81	31
普通	699	50	81	375	150
やや不満	385	24	43	162	125
不満	212	11	14	81	62
70歳					
能力の活用・発揮	155	27	35	78	6
満足	22	13	4	5	-
やや満足	30	1	9	16	1
普通	82	11	17	46	4
やや不満	5	-	3	2	-
不満	7	-	1	5	-
職場の人間関係	155	31	31	73	11
満足	28	13	4	8	2
やや満足	21	4	6	7	2
普通	74	11	14	43	4
やや不満	11	2	3	2	2
不満	9	-	3	5	1
労働条件	155	25	17	68	32
満足	27	9	3	11	1
やや満足	17	2	3	6	6
普通	59	10	7	31	8
やや不満	28	3	2	10	10
不満	15	-	2	7	4

注：1）総数には各項目の不詳を含む。
　　2）「自営業関係以外」とは、仕事のかたちが会社・団体等の役員、正規の職員・従業員、パート・アルバイト、労働者派遣事業所の派遣社員、

		第12回の仕事への満足感				
不満	総数	満足	やや満足	普通	やや不満	不満
				構成割合（単位：%）		
102	100.0	15.2	18.2	55.9	6.8	2.5
3	100.0	42.4	21.3	32.5	2.1	0.6
11	100.0	18.3	34.2	38.4	6.7	1.6
37	100.0	9.6	13.5	68.2	5.5	1.7
20	100.0	7.1	15.7	54.1	16.0	5.7
25	100.0	8.9	9.5	52.4	13.1	14.9
135	100.0	13.3	18.6	53.2	10.6	3.3
6	100.0	36.9	23.2	32.2	4.9	1.2
10	100.0	16.6	32.2	40.9	7.9	1.5
44	100.0	9.6	15.5	62.7	9.2	2.1
35	100.0	5.4	12.7	52.7	20.2	7.5
27	100.0	7.1	12.4	44.8	22.9	12.9
397	100.0	8.7	11.1	43.3	26.2	9.6
21	100.0	26.3	17.9	35.5	13.5	5.1
24	100.0	12.9	17.0	41.0	22.9	5.4
118	100.0	6.6	11.0	50.1	24.6	7.1
105	100.0	5.7	8.3	40.8	32.9	11.4
105	100.0	3.7	7.5	33.3	32.7	21.3
67	100.0	13.8	17.6	57.2	7.4	3.0
3	100.0	38.6	23.6	33.1	2.8	1.2
9	100.0	19.3	31.4	39.9	6.8	2.3
23	100.0	8.7	12.4	70.0	5.9	2.0
13	100.0	5.6	16.4	55.6	15.4	6.1
15	100.0	8.8	9.9	48.4	15.4	16.5
93	100.0	12.1	18.2	52.4	12.5	4.2
6	100.0	34.6	23.8	31.2	7.4	2.6
8	100.0	14.8	33.5	40.7	8.2	2.2
26	100.0	9.9	15.0	61.7	10.7	2.3
23	100.0	3.0	12.7	53.0	22.0	8.6
21	100.0	5.7	9.0	42.6	25.4	17.2
274	100.0	6.9	10.5	41.0	28.7	12.3
15	100.0	21.4	18.9	35.3	15.9	7.5
19	100.0	8.7	17.8	38.8	26.4	7.9
81	100.0	5.5	10.4	47.1	27.7	8.9
77	100.0	4.9	6.3	40.0	33.1	15.2
62	100.0	2.6	7.9	28.7	35.8	23.4
34	100.0	16.7	18.5	54.8	6.3	1.9
－	100.0	44.8	19.3	32.8	1.5	－
2	100.0	18.4	38.6	34.7	6.9	0.7
14	100.0	10.4	14.3	66.9	5.0	1.5
7	100.0	9.8	12.9	52.3	17.4	5.3
9	100.0	10.0	8.6	55.7	11.4	12.9
39	100.0	14.3	18.9	54.7	8.4	2.2
－	100.0	37.9	23.7	33.6	2.2	－
2	100.0	18.6	30.9	41.8	7.4	0.7
18	100.0	8.7	16.0	64.5	7.6	2.0
10	100.0	8.1	11.8	54.3	17.7	5.4
6	100.0	10.1	15.2	46.8	20.3	7.6
114	100.0	10.5	11.8	46.3	23.6	6.5
4	100.0	30.6	17.7	34.9	12.4	2.2
5	100.0	18.7	15.9	44.5	17.0	2.7
35	100.0	7.2	11.6	53.6	21.5	5.0
26	100.0	6.2	11.2	42.1	32.5	6.8
41	100.0	5.2	6.6	38.2	29.2	19.3
1	100.0	17.4	22.6	50.3	3.9	0.6
－	100.0	59.1	18.2	22.7	－	－
－	100.0	3.3	30.0	53.3	3.3	－
－	100.0	13.4	20.7	56.1	4.9	－
－	100.0	－	60.0	40.0	－	－
1	100.0	－	14.3	71.4	－	14.3
3	100.0	20.0	20.0	47.1	7.1	1.9
－	100.0	46.4	14.3	28.6	7.1	－
－	100.0	19.0	28.6	33.3	9.5	－
－	100.0	14.9	18.9	58.1	5.4	－
2	100.0	18.2	27.3	18.2	18.2	18.2
－	100.0	－	33.3	55.6	11.1	－
9	100.0	16.1	11.0	43.9	20.6	5.8
2	100.0	33.3	11.1	40.7	3.7	7.4
－	100.0	11.8	17.6	35.3	35.3	－
2	100.0	16.9	11.9	52.5	13.6	3.4
2	100.0	10.7	3.6	35.7	35.7	7.1
2	100.0	－	13.3	46.7	26.7	13.3

契約社員・嘱託の者をいい、各回の仕事のかたちがこれらのうちいずれかの者を集計。

第39表　第11回まで自営業関係の仕事をしていた被調査者数・構成割

被調査者数

年齢階級、第1回の事業の後継者の有無・今後の事業方針	総数	仕事をしている	自営業主	家族従業者	会社・団体等の役員
総数	1 635	1 582	1 169	390	4
後継者いる	317	304	194	102	2
後継者育成中	97	95	73	21	1
これから育成する	131	129	91	37	－
後継者いない	1 053	1 021	786	222	1
廃業	338	321	256	59	－
経営譲渡	25	25	23	2	－
まだ決めていない	681	666	503	156	1
61～64歳	527	512	375	128	3
後継者いる	84	80	50	26	2
後継者育成中	36	36	26	9	1
これから育成する	45	44	34	10	－
後継者いない	352	344	259	81	
廃業	99	97	79	17	
経営譲渡	5	5	4	1	
まだ決めていない	244	238	174	61	
65～69歳	983	952	710	230	1
後継者いる	196	190	121	65	
後継者育成中	54	52	41	11	
これから育成する	77	76	52	23	
後継者いない	630	610	478	125	1
廃業	216	204	160	39	
経営譲渡	15	15	14	1	
まだ決めていない	394	386	302	82	1
70歳	125	118	84	32	－
後継者いる	37	34	23	11	
後継者育成中	7	7	6	1	
これから育成する	9	9	5	4	
後継者いない	71	67	49	16	
廃業	23	20	17	3	－
経営譲渡	5	5	5	－	
まだ決めていない	43	42	27	13	－

注：1）総数には各項目の不詳を含む。
　　2）「自営業関係」とは、仕事のかたちが自営業主、家族従業者の者をいい、各回の仕事のかたちがこれらのうちいずれかの者を集計。

合, 年齢階級、第1回の事業の後継者の有無・今後の事業方針、第12回の仕事の有無・仕事のかたち別（2－1）

第12回の仕事の有無・仕事のかたち

正規の職員・従業員	パート・アルバイト	労働者派遣事業所の派遣社員	契約社員・嘱託	家庭での内職など	その他	仕事をしていない
被調査者数（単位：人）						
2	10	1	–	2	4	53
1	3	–	–	1	1	13
–	–	–	–	–	–	2
1	–	–	–	–	–	2
–	7	1	–	1	3	32
–	5	–	–	–	1	17
–	–	–	–	–	–	–
–	2	1	–	1	2	15
–	4	1	–	–	1	15
–	2	–	–	–	–	4
–	–	–	–	–	–	–
–	–	–	–	–	–	1
–	2	1	–	–	1	8
–	1	–	–	–	–	2
–	–	–	–	–	–	–
–	1	1	–	–	1	6
2	6	–	–	1	2	31
1	1	–	–	1	1	6
–	–	–	–	–	–	2
1	–	–	–	–	–	1
–	5	–	–	–	1	20
–	4	–	–	–	1	12
–	–	–	–	–	–	–
–	1	–	–	–	–	8
–	–	–	–	1	1	7
–	–	–	–	–	–	3
–	–	–	–	–	–	–
–	–	–	–	1	1	4
–	–	–	–	–	–	3
–	–	–	–	–	–	–
–	–	–	–	1	1	1

第39表　第11回まで自営業関係の仕事をしていた被調査者数・構成割

構成割合

年齢階級、第1回の事業の後継者の有無・今後の事業方針	総数	仕事をしている	自営業主	家族従業者	会社・団体等の役員
総数	100.0	96.8	71.5	23.9	0.2
後継者いる	100.0	95.9	61.2	32.2	0.6
後継者育成中	100.0	97.9	75.3	21.6	1.0
これから育成する	100.0	98.5	69.5	28.2	–
後継者いない	100.0	97.0	74.6	21.1	0.1
廃業	100.0	95.0	75.7	17.5	–
経営譲渡	100.0	100.0	92.0	8.0	
まだ決めていない	100.0	97.8	73.9	22.9	0.1
61～64歳	100.0	97.2	71.2	24.3	0.6
後継者いる	100.0	95.2	59.5	31.0	2.4
後継者育成中	100.0	100.0	72.2	25.0	2.8
これから育成する	100.0	97.8	75.6	22.2	–
後継者いない	100.0	97.7	73.6	23.0	
廃業	100.0	98.0	79.8	17.2	
経営譲渡	100.0	100.0	80.0	20.0	
まだ決めていない	100.0	97.5	71.3	25.0	
65～69歳	100.0	96.8	72.2	23.4	0.1
後継者いる	100.0	96.9	61.7	33.2	–
後継者育成中	100.0	96.3	75.9	20.4	
これから育成する	100.0	98.7	67.5	29.9	–
後継者いない	100.0	96.8	75.9	19.8	0.2
廃業	100.0	94.4	74.1	18.1	–
経営譲渡	100.0	100.0	93.3	6.7	–
まだ決めていない	100.0	98.0	76.6	20.8	0.3
70歳	100.0	94.4	67.2	25.6	–
後継者いる	100.0	91.9	62.2	29.7	
後継者育成中	100.0	100.0	85.7	14.3	–
これから育成する	100.0	100.0	55.6	44.4	–
後継者いない	100.0	94.4	69.0	22.5	
廃業	100.0	87.0	73.9	13.0	
経営譲渡	100.0	100.0	100.0	–	
まだ決めていない	100.0	97.7	62.8	30.2	–

注：1）総数には各項目の不詳を含む。
　　2）「自営業関係」とは、仕事のかたちが自営業主、家族従業者の者をいい、各回の仕事のかたちがこれらのうちいずれかの者を集計。

270

第12回の仕事の有無・仕事のかたち

正規の職員・従業員	パート・アルバイト	労働者派遣事業所の派遣社員	契約社員・嘱託	家庭での内職など	その他	仕事をしていない
構成割合（単位：%）						
0.1	0.6	0.1	–	0.1	0.2	3.2
0.3	0.9	–	–	0.3	0.3	4.1
–	–	–	–	–	–	2.1
0.8	–	–	–	–	–	1.5
–	0.7	0.1	–	0.1	0.3	3.0
–	1.5	–	–	–	0.3	5.0
–	–	–	–	–	–	–
–	0.3	0.1	–	0.1	0.3	2.2
–	0.8	0.2	–	–	0.2	2.8
–	2.4	–	–	–	–	4.8
–	–	–	–	–	–	–
–	–	–	–	–	–	2.2
–	0.6	0.3	–	–	0.3	2.3
–	1.0	–	–	–	–	2.0
–	–	–	–	–	–	–
–	0.4	0.4	–	–	0.4	2.5
0.2	0.6	–	–	0.1	0.2	3.2
0.5	0.5	–	–	0.5	0.5	3.1
–	–	–	–	–	–	3.7
1.3	–	–	–	–	–	1.3
–	0.8	–	–	–	0.2	3.2
–	1.9	–	–	–	0.5	5.6
–	0.3	–	–	–	–	2.0
–	–	–	–	0.8	0.8	5.6
–	–	–	–	–	–	8.1
–	–	–	–	–	–	–
–	–	–	–	–	–	–
–	–	–	–	1.4	1.4	5.6
–	–	–	–	–	–	13.0
–	–	–	–	–	–	–
–	–	–	–	2.3	2.3	2.3

第40表　第12回までに離職経験がある被調査者数・構成割合，

性、最後にやめた仕事の離職理由（複数回答）	総数	仕事をしている	自営業主	家族従業者	会社・団体等の役員	正規の職員・従業員	パート・アルバイト	労働者派遣事業所の派遣社員	契約社員・嘱託	家庭での内職など
						被調査者数（単位：人）				
総数	11 865	5 081	611	230	165	488	2 264	82	881	83
定年のため	2 773	1 364	135	12	50	174	504	20	403	10
契約期間が満了したから	1 723	705	77	9	12	46	371	18	135	3
希望退職に応じたから	420	187	25	6	4	25	79	1	35	1
倒産したから	270	150	14	5	4	23	76	3	19	3
解雇されたから	542	313	35	5	5	32	165	6	49	5
新しい仕事がみつかったから	325	312	18	3	19	65	127	4	64	1
健康がすぐれなかったから	1 412	417	69	19	4	16	224	13	32	11
家族の介護・看護のため	620	185	27	17	6	9	95	3	13	6
子・孫の育児のため	248	70	2	8	1	－	43	3	3	5
人間関係がうまくいかなかったから	506	292	14	3	5	33	175	7	44	2
労働条件が不満になったから	537	316	18	1	8	42	188	5	42	2
年金を受給し始めたから	544	155	24	4	4	6	83	2	23	2
その他	1 368	555	64	28	31	51	258	5	69	10
男	5 888	2 926	491	30	126	377	984	59	709	14
定年のため	1 875	1 037	124	5	43	141	315	15	353	3
契約期間が満了したから	1 086	471	65	3	11	36	211	15	105	2
希望退職に応じたから	225	123	25	－	3	16	41	1	29	－
倒産したから	103	70	11	－	3	19	19	1	15	1
解雇されたから	273	188	31	3	4	26	71	6	40	1
新しい仕事がみつかったから	172	167	15	1	17	41	36	4	44	－
健康がすぐれなかったから	585	192	55	2	2	14	70	11	22	1
家族の介護・看護のため	182	67	19	1	4	6	26	2	6	－
子・孫の育児のため	18	7	－	－	1	－	5	－	1	－
人間関係がうまくいかなかったから	224	136	11	1	4	22	54	6	32	1
労働条件が不満になったから	246	153	12	1	7	32	67	3	26	－
年金を受給し始めたから	335	105	17	2	4	4	50	1	22	－
その他	511	253	48	5	19	36	80	3	49	
女	5 977	2 155	120	200	39	111	1 280	23	172	69
定年のため	898	327	11	7	7	33	189	5	50	7
契約期間が満了したから	637	234	12	6	1	10	160	3	30	1
希望退職に応じたから	195	64	－	6	1	9	38	－	6	1
倒産したから	167	80	3	5	1	4	57	2	4	2
解雇されたから	269	125	4	2	1	6	94	－	9	4
新しい仕事がみつかったから	153	145	3	2	2	24	91	－	20	1
健康がすぐれなかったから	827	225	14	17	2	2	154	2	10	10
家族の介護・看護のため	438	118	8	16	2	3	69	1	7	6
子・孫の育児のため	230	63	2	8	－	－	38	3	2	5
人間関係がうまくいかなかったから	282	156	3	2	1	11	121	1	12	1
労働条件が不満になったから	291	163	6	－	1	10	121	2	16	2
年金を受給し始めたから	209	50	7	2	－	2	33	1	1	2
その他	857	302	16	23	12	15	178	2	20	10

注：1）総数には各項目の不詳を含む。
　　2）第12回までに複数回の仕事をやめた経験がある者については、直近の状況のみ計上している。

年齢階級、性、最後にやめた仕事の離職理由（複数回答）、第12回の仕事の有無・仕事のかたち別（4－1）

第12回の仕事の有無・仕事のかたち

構成割合（単位：％）

その他	仕事をしていない	総数	仕事をしている	自営業主	家族従業者	会社・団体等の役員	正規の職員・従業員	パート・アルバイト	労働者派遣事業所の派遣社員	契約社員・嘱託	家庭での内職など	その他	仕事をしていない
258	6 753	100.0	42.8	5.1	1.9	1.4	4.1	19.1	0.7	7.4	0.7	2.2	56.9
51	1 403	100.0	49.2	4.9	0.4	1.8	6.3	18.2	0.7	14.5	0.4	1.8	50.6
33	1 017	100.0	40.9	4.5	0.5	0.7	2.7	21.5	1.0	7.8	0.2	1.9	59.0
10	232	100.0	44.5	6.0	1.4	1.0	6.0	18.8	0.2	8.3	0.2	2.4	55.2
3	120	100.0	55.6	5.2	1.9	1.5	8.5	28.1	1.1	7.0	1.1	1.1	44.4
11	228	100.0	57.7	6.5	0.9	0.9	5.9	30.4	1.1	9.0	0.9	2.0	42.1
11	13	100.0	96.0	5.5	0.9	5.8	20.0	39.1	1.2	19.7	0.3	3.4	4.0
27	991	100.0	29.5	4.9	1.3	0.3	1.1	15.9	0.9	2.3	0.8	1.9	70.2
8	435	100.0	29.8	4.4	2.7	1.0	1.5	15.3	0.5	2.1	1.0	1.3	70.2
5	178	100.0	28.2	0.8	3.2	0.4	–	17.3	1.2	1.2	2.0	2.0	71.8
9	214	100.0	57.7	2.8	0.6	1.0	6.5	34.6	1.4	8.7	0.4	1.8	42.3
10	220	100.0	58.8	3.4	0.2	1.5	7.0	35.0	0.9	7.8	0.4	1.9	41.0
5	389	100.0	28.5	4.4	0.7	0.7	1.1	15.3	0.4	4.2	0.4	0.9	71.5
38	811	100.0	40.6	4.7	2.0	2.3	3.7	18.9	0.4	5.0	0.7	2.8	59.3
128	2 950	100.0	49.7	8.3	0.5	2.1	6.4	16.7	1.0	12.0	0.2	2.2	50.1
35	836	100.0	55.3	6.6	0.3	2.3	7.5	16.8	0.8	18.8	0.2	1.9	44.6
22	614	100.0	43.4	6.0	0.3	1.0	3.3	19.4	1.4	9.7	0.2	2.0	56.5
8	101	100.0	54.7	11.1	–	1.3	7.1	18.2	0.4	12.9	–	3.6	44.9
1	33	100.0	68.0	10.7	–	2.9	18.4	18.4	1.0	14.6	1.0	1.0	32.0
6	84	100.0	68.9	11.4	1.1	1.5	9.5	26.0	2.2	14.7	0.4	2.2	30.8
9	5	100.0	97.1	8.7	0.6	9.9	23.8	20.9	2.3	25.6	–	5.2	2.9
13	392	100.0	32.8	9.4	0.3	0.3	2.4	12.0	1.9	3.8	0.2	2.2	67.0
3	115	100.0	36.8	10.4	0.5	2.2	3.3	14.3	1.1	3.3	–	1.6	63.2
–	11	100.0	38.9	–	–	5.6	–	27.8	–	5.6	–	–	61.1
5	88	100.0	60.7	4.9	0.4	1.8	9.8	24.1	2.7	14.3	0.4	2.2	39.3
5	92	100.0	62.2	4.9	0.4	2.8	13.0	27.2	1.2	10.6	–	2.0	37.4
4	230	100.0	31.3	5.1	0.6	1.2	1.2	14.9	0.3	6.6	–	1.2	68.7
13	258	100.0	49.5	9.4	1.0	3.7	7.0	15.7	0.6	9.6	–	2.5	50.5
130	3 803	100.0	36.1	2.0	3.3	0.7	1.9	21.4	0.4	2.9	1.2	2.2	63.6
16	567	100.0	36.4	1.2	0.8	0.8	3.7	21.0	0.6	5.6	0.8	1.8	63.1
11	403	100.0	36.7	1.9	0.9	0.2	1.6	25.1	0.5	4.7	0.2	1.7	63.3
2	131	100.0	32.8	–	3.1	0.5	4.6	19.5	–	3.1	0.5	1.0	67.2
2	87	100.0	47.9	1.8	3.0	0.6	2.4	34.1	1.2	2.4	1.2	1.2	52.1
5	144	100.0	46.5	1.5	0.7	0.4	2.2	34.9	–	3.3	1.5	1.9	53.5
2	8	100.0	94.8	2.0	1.3	1.3	15.7	59.5	–	13.1	0.7	1.3	5.2
14	599	100.0	27.2	1.7	2.1	0.2		18.6	0.2	1.2	1.2	1.7	72.4
5	320	100.0	26.9	1.8	3.7	0.5	0.7	15.8	0.2	1.6	1.4	1.1	73.1
5	167	100.0	27.4	0.9	3.5	–	–	16.5	1.3	0.9	2.2	2.2	72.6
4	126	100.0	55.3	1.1	0.7	0.4	3.9	42.9	0.4	4.3	0.4	1.4	44.7
5	128	100.0	56.0	2.1	–	0.3	3.4	41.6	0.7	5.5	0.7	1.7	44.0
1	159	100.0	23.9	3.3	1.0	–	1.0	15.8	0.5	0.5	1.0	0.5	76.1
25	553	100.0	35.2	1.9	2.7	1.4	1.8	20.8	0.2	2.3	1.2	2.9	64.5

61 ～ 64 歳

性、最後にやめた仕事の離職理由（複数回答）	総数	仕事をしている	自営業主	家族従業者	会社・団体等の役員	正規の職員・従業員	パート・アルバイト	労働者派遣事業所の派遣社員	契約社員・嘱託	家庭での内職など
					被調査者数（単位：人）					
総数	3 734	2 069	172	79	65	305	813	24	505	26
定年のため	900	615	28	4	21	116	141	4	268	4
契約期間が満了したから	386	213	17	2	5	23	103	5	52	1
希望退職に応じたから	182	99	10	4	1	17	37	1	24	–
倒産したから	92	62	5	2	2	14	26	2	10	1
解雇されたから	196	133	16	1	2	16	66	1	26	3
新しい仕事がみつかったから	161	158	8	2	8	47	54	2	33	1
健康がすぐれなかったから	470	175	22	11	2	9	100	–	17	5
家族の介護・看護のため	214	75	8	10	2	4	38	–	7	2
子・孫の育児のため	96	32	2	6	–	–	19		1	3
人間関係がうまくいかなかったから	219	141	8	–	2	21	77	1	28	1
労働条件が不満になったから	233	156	10	–	5	32	81	1	20	1
年金を受給し始めたから	100	26	5	–	1	1	16		3	–
その他	478	258	26	11	11	35	121	4	36	4
男	1 678	1 146	138	11	53	232	253	14	398	3
定年のため	645	476	26	2	18	95	82	2	229	1
契約期間が満了したから	174	110	13	1	4	18	34	3	34	
希望退職に応じたから	104	65	10		1	10	19	1	19	
倒産したから	38	32	4	–	1	12	5	1	9	–
解雇されたから	89	71	14		2	10	20	1	22	1
新しい仕事がみつかったから	81	81	8	1	7	30	11	2	20	
健康がすぐれなかったから	157	67	18	2	1	8	22	–	11	1
家族の介護・看護のため	53	20	6	1	1	2	6	–	2	
子・孫の育児のため	2	1	–		–	–	1		–	
人間関係がうまくいかなかったから	86	60	6		2	14	15	1	20	
労働条件が不満になったから	100	75	6	–	5	25	25	1	10	–
年金を受給し始めたから	61	13	2	–	1	1	7		2	
その他	168	110	17	2	8	23	30	2	26	
女	2 056	923	34	68	12	73	560	10	107	23
定年のため	255	139	2	2	3	21	59	2	39	3
契約期間が満了したから	212	103	4	1	1	5	69	2	18	1
希望退職に応じたから	78	34	–	4	–	7	18	–	5	–
倒産したから	54	30	1	2	1	2	21	1	1	1
解雇されたから	107	62	2	1		6	46		4	2
新しい仕事がみつかったから	80	77	–	1	1	17	43		13	1
健康がすぐれなかったから	313	108	4	9	1	1	78		6	4
家族の介護・看護のため	161	55	2	9	1	2	32	–	5	2
子・孫の育児のため	94	31	2	6	–		18		1	3
人間関係がうまくいかなかったから	133	81	2			7	62		8	1
労働条件が不満になったから	133	81	4			7	56		10	1
年金を受給し始めたから	39	13	3				9		1	–
その他	310	148	9	9	3	12	91	2	10	4

注：1）総数には各項目の不詳を含む。
　　2）第 12 回までに複数回の仕事をやめた経験がある者については、直近の状況のみ計上している。

第12回の仕事の有無・仕事のかたち

その他	仕事をしていない	総数	仕事をしている	自営業主	家族従業者	会社・団体等の役員	正規の職員・従業員	パート・アルバイト	労働者派遣事業所の派遣社員	契約社員・嘱託	家庭での内職など	その他	仕事をしていない
							構成割合（単位：%）						
76	1 654	100.0	55.4	4.6	2.1	1.7	8.2	21.8	0.6	13.5	0.7	2.0	44.3
28	284	100.0	68.3	3.1	0.4	2.3	12.9	15.7	0.4	29.8	0.4	3.1	31.6
5	173	100.0	55.2	4.4	0.5	1.3	6.0	26.7	1.3	13.5	0.3	1.3	44.8
5	82	100.0	54.4	5.5	2.2	0.5	9.3	20.3	0.5	13.2	-	2.7	45.1
-	30	100.0	67.4	5.4	2.2	2.2	15.2	28.3	2.2	10.9	1.1	-	32.6
2	62	100.0	67.9	8.2	0.5	1.0	8.2	33.7	0.5	13.3	1.5	1.0	31.6
3	3	100.0	98.1	5.0	1.2	5.0	29.2	33.5	1.2	20.5	0.6	1.9	1.9
9	294	100.0	37.2	4.7	2.3	0.4	1.9	21.3	-	3.6	1.1	1.9	62.6
3	139	100.0	35.0	3.7	4.7	0.9	1.9	17.8	-	3.3	0.9	1.4	65.0
1	64	100.0	33.3	2.1	6.3	-	-	19.8	-	1.0	3.1	1.0	66.7
3	78	100.0	64.4	3.7	-	0.9	9.6	35.2	0.5	12.8	0.5	1.4	35.6
6	76	100.0	67.0	4.3	-	2.1	13.7	34.8	0.4	8.6	0.4	2.6	32.6
-	74	100.0	26.0	5.0	-	1.0	1.0	16.0	-	3.0	-	-	74.0
9	218	100.0	54.0	5.4	2.3	2.3	7.3	25.3	0.8	7.5	0.8	1.9	45.6
43	526	100.0	68.3	8.2	0.7	3.2	13.8	15.1	0.8	23.7	0.2	2.6	31.3
20	168	100.0	73.8	4.0	0.3	2.8	14.7	12.7	0.3	35.5	0.2	3.1	26.0
3	64	100.0	63.2	7.5	0.6	2.3	10.3	19.5	1.7	19.5	-	1.7	36.8
5	38	100.0	62.5	9.6	-	1.0	9.6	18.3	1.0	18.3	-	4.8	36.5
-	6	100.0	84.2	10.5	-	2.6	31.6	13.2	2.6	23.7	-	-	15.8
1	17	100.0	79.8	15.7	-	2.2	11.2	22.5	1.1	24.7	1.1	1.1	19.1
2	-	100.0	100.0	9.9	1.2	8.6	37.0	13.6	2.5	24.7	-	2.5	-
4	90	100.0	42.7	11.5	1.3	0.6	5.1	14.0	-	7.0	0.6	2.5	57.3
2	33	100.0	37.7	11.3	1.9	1.9	3.8	11.3	-	3.8	-	3.8	62.3
-	1	100.0	50.0	-	-	-	-	50.0	-	-	-	-	50.0
2	26	100.0	69.8	7.0	-	2.3	16.3	17.4	1.2	23.3	-	2.3	30.2
3	24	100.0	75.0	6.0	-	5.0	25.0	25.0	1.0	10.0	-	3.0	24.0
-	48	100.0	21.3	3.3	-	1.6	1.6	11.5	-	3.3	-	-	78.7
2	58	100.0	65.5	10.1	1.2	4.8	13.7	17.9	1.2	15.5	-	1.2	34.5
33	1 128	100.0	44.9	1.7	3.3	0.6	3.6	27.2	0.5	5.2	1.1	1.6	54.9
8	116	100.0	54.5	0.8	0.8	1.2	8.2	23.1	0.8	15.3	1.2	3.1	45.5
2	109	100.0	48.6	1.9	0.5	0.5	2.4	32.5	0.9	8.5	0.5	0.9	51.4
-	44	100.0	43.6	-	5.1	-	9.0	23.1	-	6.4	-	-	56.4
-	24	100.0	55.6	1.9	3.7	1.9	3.7	38.9	1.9	1.9	1.9	-	44.4
1	45	100.0	57.9	1.9	0.9	-	5.6	43.0	-	3.7	1.9	0.9	42.1
1	3	100.0	96.3	-	1.3	1.3	21.3	53.8	-	16.3	1.3	1.3	3.8
5	204	100.0	34.5	1.3	2.9	0.3	0.3	24.9	-	1.9	1.3	1.6	65.2
1	106	100.0	34.2	1.2	5.6	0.6	1.2	19.9	-	3.1	1.2	0.6	65.8
1	63	100.0	33.0	2.1	6.4	-	-	19.1	-	1.1	3.2	1.1	67.0
1	52	100.0	60.9	1.5	-	-	5.3	46.6	-	6.0	0.8	0.8	39.1
3	52	100.0	60.9	3.0	-	-	5.3	42.1	-	7.5	0.8	2.3	39.1
-	26	100.0	33.3	7.7	-	-	-	23.1	-	2.6	-	-	66.7
7	160	100.0	47.7	2.9	2.9	1.0	3.9	29.4	0.6	3.2	1.3	2.3	51.6

第40表　第12回までに離職経験がある被調査者数・構成割合，

65〜69歳

性、最後にやめた仕事の離職理由（複数回答）	総数	仕事をしている	自営業主	家族従業者	会社・団体等の役員	正規の職員・従業員	パート・アルバイト	労働者派遣事業所の派遣社員	契約社員・嘱託	家庭での内職など
					被調査者数（単位：人）					
総数	7 153	2 709	382	140	91	168	1 315	51	343	48
定年のため	1 657	677	96	5	26	53	324	15	127	4
契約期間が満了したから	1 166	438	54	5	6	21	245	9	75	1
希望退職に応じたから	207	75	13	1	3	6	38	–	9	1
倒産したから	160	80	8	3	2	9	44	1	8	2
解雇されたから	311	168	16	3	3	16	93	5	21	2
新しい仕事がみつかったから	151	142	7	1	11	18	69	1	27	–
健康がすぐれなかったから	828	212	40	8	2	6	108	10	14	4
家族の介護・看護のため	365	96	17	7	4	5	49	3	4	3
子・孫の育児のため	135	35	–	2	1	–	21	3	2	2
人間関係がうまくいかなかったから	255	135	4	3	3	11	88	5	16	1
労働条件が不満になったから	280	153	5	1	3	9	104	4	22	1
年金を受給し始めたから	394	113	17	2	2	4	59	2	18	2
その他	784	275	36	17	17	14	128	1	31	6
男	3 664	1 593	308	17	66	135	655	39	284	8
定年のため	1 093	512	89	2	22	44	208	12	117	1
契約期間が満了したから	786	318	47	1	6	16	159	9	64	1
希望退職に応じたから	106	51	13	–	2	5	20	–	8	–
倒産したから	57	35	7	–	2	7	11	–	6	1
解雇されたから	163	110	14	2	2	16	49	5	17	–
新しい仕事がみつかったから	83	78	5	–	10	11	23	1	21	–
健康がすぐれなかったから	376	110	33	–	1	6	41	8	10	–
家族の介護・看護のため	118	40	11	–	3	4	17	2	2	–
子・孫の育児のため	10	4	–	–	1	–	2	–	1	–
人間関係がうまくいかなかったから	122	67	3	1	2	7	36	4	12	1
労働条件が不満になったから	136	76	4	1	2	7	42	2	16	–
年金を受給し始めたから	240	80	14	1	2	2	37	1	18	–
その他	292	126	29	3	10	11	42	–	22	–
女	3 489	1 116	74	123	25	33	660	12	59	40
定年のため	564	165	7	3	4	9	116	3	10	3
契約期間が満了したから	380	120	7	4	–	5	86	–	11	–
希望退職に応じたから	101	24	–	1	1	1	18	–	1	1
倒産したから	103	45	1	3	–	2	33	1	2	1
解雇されたから	148	58	2	1	1	–	44	–	4	2
新しい仕事がみつかったから	68	64	2	1	1	7	46	–	6	–
健康がすぐれなかったから	452	102	7	8	1	–	67	2	4	4
家族の介護・看護のため	247	56	6	7	1	1	32	1	2	3
子・孫の育児のため	125	31	–	2	–	–	19	3	1	2
人間関係がうまくいかなかったから	133	68	1	2	1	4	52	1	4	–
労働条件が不満になったから	144	77	1	–	1	2	62	2	6	1
年金を受給し始めたから	154	33	3	1	–	2	22	1	–	2
その他	492	149	7	14	7	3	86	–	9	6

注：1）総数には各項目の不詳を含む。
　　2）第12回までに複数回の仕事をやめた経験がある者については、直近の状況のみ計上している。

年齢階級、性、最後にやめた仕事の離職理由（複数回答）、第 12 回の仕事の有無・仕事のかたち別（4－3）

第 12 回調査（平成 28 年）

その他	仕事をしていない	総数	仕事をしている	自営業主	家族従業者	会社・団体等の役員	正規の職員・従業員	パート・アルバイト	労働者派遣事業所の派遣社員	契約社員・嘱託	家庭での内職など	その他	仕事をしていない
							構成割合（単位：%）						
159	4 426	100.0	37.9	5.3	2.0	1.3	2.3	18.4	0.7	4.8	0.7	2.2	61.9
23	976	100.0	40.9	5.8	0.3	1.6	3.2	19.6	0.9	7.7	0.2	1.4	58.9
21	727	100.0	37.6	4.6	0.4	0.5	1.8	21.0	0.8	6.4	0.1	1.8	62.3
4	132	100.0	36.2	6.3	0.5	1.4	2.9	18.4	−	4.3	0.5	1.9	63.8
3	80	100.0	50.0	5.0	1.9	1.3	5.6	27.5	0.6	5.0	1.3	1.9	50.0
9	143	100.0	54.0	5.1	1.0	1.0	5.1	29.9	1.6	6.8	0.6	2.9	46.0
8	9	100.0	94.0	4.6	0.7	7.3	11.9	45.7	0.7	17.9	−	5.3	6.0
18	613	100.0	25.6	4.8	1.0	0.2	0.7	13.0	1.2	1.7	0.5	2.2	74.0
4	269	100.0	26.3	4.7	1.9	1.1	1.4	13.4	0.8	1.1	0.8	1.1	73.7
4	100	100.0	25.9	−	1.5	0.7	−	15.6	2.2	1.5	1.5	3.0	74.1
4	120	100.0	52.9	1.6	1.2	1.2	4.3	34.5	2.0	6.3	0.4	1.6	47.1
4	127	100.0	54.6	1.8	0.4	1.1	3.2	37.1	1.4	7.9	0.4	1.4	45.4
5	281	100.0	28.7	4.3	0.5	0.5	1.0	15.0	0.5	4.6	0.5	1.3	71.3
25	509	100.0	35.1	4.6	2.2	2.2	1.8	16.3	0.1	4.0	0.8	3.2	64.9
74	2 065	100.0	43.5	8.4	0.5	1.8	3.7	17.9	1.1	7.8	0.2	2.0	56.4
15	580	100.0	46.8	8.1	0.2	2.0	4.0	19.0	1.1	10.7	0.1	1.4	53.1
14	467	100.0	40.5	6.0	0.1	0.8	2.0	20.2	1.1	8.1	0.1	1.8	59.4
3	55	100.0	48.1	12.3	−	1.9	4.7	18.9	−	7.5	−	2.8	51.9
1	22	100.0	61.4	12.3	−	3.5	12.3	19.3	−	10.5	1.8	1.8	38.6
5	53	100.0	67.5	8.6	1.2	1.2	9.8	30.1	3.1	10.4	−	3.1	32.5
7	5	100.0	94.0	6.0	−	12.0	13.3	27.7	1.2	25.3	−	8.4	6.0
9	265	100.0	29.3	8.8	−	0.3	1.6	10.9	2.1	2.7	−	2.4	70.5
1	78	100.0	33.9	9.3	−	2.5	3.4	14.4	1.7	1.7	−	0.8	66.1
−	6	100.0	40.0	−	−	10.0	−	20.0	−	10.0	−	−	60.0
1	55	100.0	54.9	2.5	0.8	1.6	5.7	29.5	3.3	9.8	0.8	0.8	45.1
2	60	100.0	55.9	2.9	0.7	1.5	5.1	30.9	1.5	11.8	−	1.5	44.1
4	160	100.0	33.3	5.8	0.4	0.8	0.8	15.4	0.4	7.5	−	1.7	66.7
8	166	100.0	43.2	9.9	1.0	3.4	3.8	14.4	0.3	7.5	−	2.7	56.8
85	2 361	100.0	32.0	2.1	3.5	0.7	0.9	18.9	0.3	1.7	1.1	2.4	67.7
8	396	100.0	29.3	1.2	0.5	0.7	1.6	20.6	0.5	1.8	0.5	1.4	70.2
7	260	100.0	31.6	1.8	1.1	−	1.3	22.6	−	2.9	−	1.8	68.4
1	77	100.0	23.8	−	1.0	1.0	1.0	17.8	−	1.0	1.0	1.0	76.2
2	58	100.0	43.7	1.0	2.9	−	1.9	32.0	1.0	1.9	1.0	1.9	56.3
4	90	100.0	39.2	1.4	0.7	0.7	−	29.7	−	2.7	1.4	2.7	60.8
1	4	100.0	94.1	2.9	1.5	1.5	10.3	67.6	−	8.8	−	1.5	5.9
9	348	100.0	22.6	1.5	1.8	0.2	−	14.8	0.4	0.9	0.9	2.0	77.0
3	191	100.0	22.7	2.4	2.8	0.4	0.4	13.0	0.4	0.8	1.2	1.2	77.3
4	94	100.0	24.8	−	1.6	−	−	15.2	2.4	0.8	1.6	3.2	75.2
3	65	100.0	51.1	0.8	1.5	0.8	3.0	39.1	0.8	3.0	−	2.3	48.9
2	67	100.0	53.5	0.7	−	0.7	1.4	43.1	1.4	4.2	0.7	1.4	46.5
1	121	100.0	21.4	1.9	0.6	−	1.3	14.3	0.6	−	1.3	0.6	78.6
17	343	100.0	30.3	1.4	2.8	1.4	0.6	17.5	−	1.8	1.2	3.5	69.7

第40表　第12回までに離職経験がある被調査者数・構成割合，

70 歳

性、最後にやめた仕事の離職理由（複数回答）	総数	仕事をしている	自営業主	家族従業者	会社・団体等の役員	正規の職員・従業員	パート・アルバイト	労働者派遣事業所の派遣社員	契約社員・嘱託	家庭での内職など
					被調査者数（単位：人）					
総数	978	303	57	11	9	15	136	7	33	9
定年のため	216	72	11	3	3	5	39	1	8	2
契約期間が満了したから	171	54	6	2	1	2	23	4	8	1
希望退職に応じたから	31	13	2	1	－	2	4	－	2	－
倒産したから	18	8	1	－	－	－	6	－	1	－
解雇されたから	35	12	3	1	－	－	6	－	2	－
新しい仕事がみつかったから	13	12	3	－	－	－	4	1	4	－
健康がすぐれなかったから	114	30	7	－	－	1	16	3	1	2
家族の介護・看護のため	41	14	2	－	－	－	8	－	2	1
子・孫の育児のため	17	3	－	－	－	－	3	－	－	－
人間関係がうまくいかなかったから	32	16	2	－	－	1	10	1	－	－
労働条件が不満になったから	24	7	3	－	－	1	3	－	－	－
年金を受給し始めたから	50	16	2	2	1	1	8	－	2	－
その他	106	22	2	－	3	2	9	－	2	－
男	546	187	45	2	7	10	76	6	27	3
定年のため	137	49	9	1	3	2	25	1	7	1
契約期間が満了したから	126	43	5	1	1	2	18	3	7	1
希望退職に応じたから	15	7	2	－	－	－	2	－	2	－
倒産したから	8	3	－	－	－	－	3	－	－	－
解雇されたから	21	7	3	1	－	－	2	－	1	－
新しい仕事がみつかったから	8	8	2	－	－	－	2	1	3	－
健康がすぐれなかったから	52	15	4	－	－	－	7	3	1	－
家族の介護・看護のため	11	7	2	－	－	－	3	－	－	－
子・孫の育児のため	6	2	－	－	－	－	2	－	－	－
人間関係がうまくいかなかったから	16	9	2	－	－	1	3	1	－	－
労働条件が不満になったから	10	2	2	－	－	－	－	－	－	－
年金を受給し始めたから	34	12	1	1	1	1	6	－	2	－
その他	51	17	2	－	1	2	8	－	－	－
女	432	116	12	9	2	5	60	1	6	6
定年のため	79	23	2	2	－	3	14	－	1	1
契約期間が満了したから	45	11	1	1	－	－	5	1	1	－
希望退職に応じたから	16	6	－	1	－	1	2	－	－	－
倒産したから	10	5	1	－	－	－	3	－	1	－
解雇されたから	14	5	－	－	－	－	4	－	1	－
新しい仕事がみつかったから	5	4	1	－	－	－	2	－	1	－
健康がすぐれなかったから	62	15	3	－	－	1	9	－	－	2
家族の介護・看護のため	30	7	－	－	－	－	5	－	－	1
子・孫の育児のため	11	1	－	－	－	－	1	－	－	－
人間関係がうまくいかなかったから	16	7	－	－	－	－	7	－	－	－
労働条件が不満になったから	14	5	1	－	－	－	3	－	－	－
年金を受給し始めたから	16	4	－	－	－	－	3	－	－	－
その他	55	5	－	－	2	－	－	－	1	－

注：1）総数には各項目の不詳を含む。
　　2）第12回までに複数回の仕事をやめた経験がある者については、直近の状況のみ計上している。

第12回調査（平成28年）

第12回の仕事の有無・仕事のかたち

その他	仕事をしていない	総数	仕事をしている	自営業主	家族従業者	会社・団体等の役員	正規の職員・従業員	パート・アルバイト	労働者派遣事業所の派遣社員	契約社員・嘱託	家庭での内職など	その他	仕事をしていない
						構成割合（単位：%）							
23	673	100.0	31.0	5.8	1.1	0.9	1.5	13.9	0.7	3.4	0.9	2.4	68.8
-	143	100.0	33.3	5.1	1.4	1.4	2.3	18.1	0.5	3.7	0.9	-	66.2
7	117	100.0	31.6	3.5	1.2	0.6	1.2	13.5	2.3	4.7	0.6	4.1	68.4
1	18	100.0	41.9	6.5	3.2	-	6.5	12.9	-	6.5	-	3.2	58.1
-	10	100.0	44.4	5.6	-	-	-	33.3	-	5.6	-	-	55.6
-	23	100.0	34.3	8.6	2.9	-	-	17.1	-	5.7	-	-	65.7
-	1	100.0	92.3	23.1	-	-	-	30.8	7.7	30.8	-	-	7.7
-	84	100.0	26.3	6.1	-	-	0.9	14.0	2.6	0.9	1.8	-	73.7
1	27	100.0	34.1	4.9	-	-	-	19.5	-	4.9	2.4	2.4	65.9
-	14	100.0	17.6	-	-	-	-	17.6	-	-	-	-	82.4
2	16	100.0	50.0	6.3	-	-	3.1	31.3	3.1	-	-	6.3	50.0
-	17	100.0	29.2	12.5	-	-	4.2	12.5	-	-	-	-	70.8
-	34	100.0	32.0	4.0	4.0	2.0	2.0	16.0	-	4.0	-	-	68.0
4	84	100.0	20.8	1.9	-	2.8	1.9	8.5	-	1.9	-	3.8	79.2
11	359	100.0	34.2	8.2	0.4	1.3	1.8	13.9	1.1	4.9	0.5	2.0	65.8
-	88	100.0	35.8	6.6	0.7	2.2	1.5	18.2	0.7	5.1	0.7	-	64.2
5	83	100.0	34.1	4.0	0.8	0.8	1.6	14.3	2.4	5.6	0.8	4.0	65.9
-	8	100.0	46.7	13.3	-	-	6.7	13.3	-	13.3	-	-	53.3
-	5	100.0	37.5	-	-	-	-	37.5	-	-	-	-	62.5
-	14	100.0	33.3	14.3	4.8	-	-	9.5	-	4.8	-	-	66.7
-	-	100.0	100.0	25.0	-	-	-	25.0	12.5	37.5	-	-	-
-	37	100.0	28.8	7.7	-	-	-	13.5	5.8	1.9	-	-	71.2
-	4	100.0	63.6	18.2	-	-	-	27.3	-	18.2	-	-	36.4
-	4	100.0	33.3	-	-	-	-	33.3	-	-	-	-	66.7
2	7	100.0	56.3	12.5	-	-	6.3	18.8	6.3	-	-	12.5	43.8
-	8	100.0	20.0	20.0	-	-	-	-	-	-	-	-	80.0
-	22	100.0	35.3	2.9	2.9	2.9	2.9	17.6	-	5.9	-	-	64.7
3	34	100.0	33.3	3.9	-	2.0	3.9	15.7	-	2.0	-	5.9	66.7
12	314	100.0	26.9	2.8	2.1	0.5	1.2	13.9	0.2	1.4	1.4	2.8	72.7
-	55	100.0	29.1	2.5	2.5	-	3.8	17.7	-	1.3	1.3	-	69.6
2	34	100.0	24.4	2.2	2.2	-	-	11.1	2.2	2.2	-	4.4	75.6
1	10	100.0	37.5	-	6.3	-	6.3	12.5	-	-	-	6.3	62.5
-	5	100.0	50.0	10.0	-	-	-	30.0	-	10.0	-	-	50.0
-	9	100.0	35.7	-	-	-	-	28.6	-	7.1	-	-	64.3
-	1	100.0	80.0	20.0	-	-	-	40.0	-	20.0	-	-	20.0
-	47	100.0	24.2	4.8	-	-	1.6	14.5	-	-	3.2	-	75.8
1	23	100.0	23.3	-	-	-	-	16.7	-	-	3.3	3.3	76.7
-	10	100.0	9.1	-	-	-	-	9.1	-	-	-	-	90.9
-	9	100.0	43.8	-	-	-	-	43.8	-	-	-	-	56.3
-	9	100.0	35.7	7.1	-	-	7.1	21.4	-	-	-	-	64.3
-	12	100.0	25.0	6.3	6.3	-	-	12.5	-	-	-	-	75.0
1	50	100.0	9.1	-	-	3.6	-	1.8	-	1.8	-	1.8	90.9

性、第 1 回の仕事の内容	総数	仕事をしている	専門的・技術的な仕事	管理的な仕事	事務の仕事	販売の仕事	サービスの仕事	保安の仕事	農林漁業の仕事	運輸・通信の仕事	生産工程・労務作業の仕事
						被調査者数（単位：人）					
総数	5 075	4 723	1 073	361	529	478	700	55	378	179	565
専門的・技術的な仕事	1 246	1 187	802	60	31	15	92	8	18	8	75
管理的な仕事	432	389	59	196	38	18	20	7	3	5	18
事務の仕事	529	475	14	25	377	8	11	2	2	5	8
販売の仕事	569	533	28	20	24	361	60	1	6	2	8
サービスの仕事	644	601	52	17	22	42	389	4	3	15	15
保安の仕事	40	39	5	1	2	–	5	24	–	1	–
農林漁業の仕事	359	350	2	6	1	–	3	–	323	1	5
運輸・通信の仕事	192	169	2	5	7	2	13	–	1	127	3
生産工程・労務作業の仕事	628	568	54	13	7	7	35	6	14	8	375
その他の仕事	378	354	51	13	11	18	59	2	6	6	54
男	2 847	2 657	788	308	155	222	250	55	225	169	302
専門的・技術的な仕事	887	851	587	51	21	8	41	8	16	7	62
管理的な仕事	392	352	56	181	32	17	16	7	2	4	15
事務の仕事	128	112	9	13	74	1	4	2	1	2	2
販売の仕事	262	250	23	18	6	164	21	1	1	2	6
サービスの仕事	237	225	29	13	6	14	119	4	2	15	5
保安の仕事	40	39	5	1	2	–	5	24	–	1	–
農林漁業の仕事	206	204	2	4	–	–	2	–	191	1	1
運輸・通信の仕事	182	160	2	5	5	1	12	–	1	124	3
生産工程・労務作業の仕事	341	304	44	11	3	3	14	6	9	7	183
その他の仕事	143	131	27	8	5	11	10	2	2	5	23
女	2 228	2 066	285	53	374	256	450	–	153	10	263
専門的・技術的な仕事	359	336	215	9	10	7	51	–	2	1	13
管理的な仕事	40	37	3	15	6	1	4	–	1	1	3
事務の仕事	401	363	5	12	303	7	7	–	1	3	6
販売の仕事	307	283	5	2	18	197	39	–	5	–	2
サービスの仕事	407	376	23	4	16	28	270	–	1	–	10
保安の仕事	–	–	–	–	–	–	–	–	–	–	–
農林漁業の仕事	153	146	–	2	1	–	1	–	132	–	4
運輸・通信の仕事	10	9	–	–	2	1	1	–	–	3	–
生産工程・労務作業の仕事	287	264	10	2	4	4	21	–	5	1	192
その他の仕事	235	223	24	5	6	7	49	–	4	1	31

注：総数には各項目の不詳を含む。

第12回の仕事の有無・仕事の内容

その他の仕事	仕事をしていない	総数	仕事をしている	専門的・技術的な仕事	管理的な仕事	事務の仕事	販売の仕事	サービスの仕事	保安の仕事	農林漁業の仕事	運輸・通信の仕事	生産工程・労務作業の仕事	その他の仕事	仕事をしていない
							構成割合（単位：%）							
341	352	100.0	93.1	21.1	7.1	10.4	9.4	13.8	1.1	7.4	3.5	11.1	6.7	6.9
65	59	100.0	95.3	64.4	4.8	2.5	1.2	7.4	0.6	1.4	0.6	6.0	5.2	4.7
23	43	100.0	90.0	13.7	45.4	8.8	4.2	4.6	1.6	0.7	1.2	4.2	5.3	10.0
17	54	100.0	89.8	2.6	4.7	71.3	1.5	2.1	0.4	0.4	0.9	1.5	3.2	10.2
21	36	100.0	93.7	4.9	3.5	4.2	63.4	10.5	0.2	1.1	0.4	1.4	3.7	6.3
36	43	100.0	93.3	8.1	2.6	3.4	6.5	60.4	0.6	0.5	2.3	2.3	5.6	6.7
1	1	100.0	97.5	12.5	2.5	5.0	-	12.5	60.0	-	2.5	-	2.5	2.5
4	9	100.0	97.5	0.6	1.7	0.3	-	0.8	-	90.0	0.3	1.4	1.1	2.5
8	23	100.0	88.0	1.0	2.6	3.6	1.0	6.8	-	0.5	66.1	1.6	4.2	12.0
40	60	100.0	90.4	8.6	2.1	1.1	1.1	5.6	1.0	2.2	1.3	59.7	6.4	9.6
119	24	100.0	93.7	13.5	3.4	2.9	4.8	15.6	0.5	1.6	1.6	14.3	31.5	6.3
153	190	100.0	93.3	27.7	10.8	5.4	7.8	8.8	1.9	7.9	5.9	10.6	5.4	6.7
42	36	100.0	95.9	66.2	5.7	2.4	0.9	4.6	0.9	1.8	0.8	7.0	4.7	4.1
21	40	100.0	89.8	14.3	46.2	8.2	4.3	4.1	1.8	0.5	1.0	3.8	5.4	10.2
4	16	100.0	87.5	7.0	10.2	57.8	0.8	3.1	1.6	0.8	1.6	1.6	3.1	12.5
8	12	100.0	95.4	8.8	6.9	2.3	62.6	8.0	0.4	0.4	0.8	2.3	3.1	4.6
16	12	100.0	94.9	12.2	5.5	2.5	5.9	50.2	1.7	0.8	6.3	2.1	6.8	5.1
1	1	100.0	97.5	12.5	2.5	5.0	-	12.5	60.0	-	2.5	-	2.5	2.5
2	2	100.0	99.0	1.0	1.9	-	-	1.0	-	92.7	0.5	0.5	1.0	1.0
7	22	100.0	87.9	1.1	2.7	2.7	0.5	6.6	-	0.5	68.1	1.6	3.8	12.1
17	37	100.0	89.1	12.9	3.2	0.9	0.9	4.1	1.8	2.6	2.1	53.7	5.0	10.9
31	12	100.0	91.6	18.9	5.6	3.5	7.7	7.0	1.4	1.4	3.5	16.1	21.7	8.4
188	162	100.0	92.7	12.8	2.4	16.8	11.5	20.2	-	6.9	0.4	11.8	8.4	7.3
23	23	100.0	93.6	59.9	2.5	2.8	1.9	14.2	-	0.6	0.3	3.6	6.4	6.4
2	3	100.0	92.5	7.5	37.5	15.0	2.5	10.0	-	2.5	2.5	7.5	5.0	7.5
13	38	100.0	90.5	1.2	3.0	75.6	1.7	1.7	-	0.2	0.7	1.5	3.2	9.5
13	24	100.0	92.2	1.6	0.7	5.9	64.2	12.7	-	1.6	-	0.7	4.2	7.8
20	31	100.0	92.4	5.7	1.0	3.9	6.9	66.3	-	0.2	-	2.5	4.9	7.6
-	-	-	-	-	-	-	-	-	-	-	-	-	-	-
2	7	100.0	95.4	-	1.3	0.7	-	0.7	-	86.3	-	2.6	1.3	4.6
1	1	100.0	90.0	-	-	20.0	10.0	10.0	-	-	30.0	-	10.0	10.0
23	23	100.0	92.0	3.5	0.7	1.4	1.4	7.3	-	1.7	0.3	66.9	8.0	8.0
88	12	100.0	94.9	10.2	2.1	2.6	3.0	20.9	-	1.7	0.4	13.2	37.4	5.1

第12回の就業希望の有無・仕事探しや開業準備の状況・仕事探しや開業準備をしていない理由、年齢階級、性別

第 12 回調査（平成 28 年）

被調査者数（単位：人）

第 12 回 の 就 業 希 望 の 有 無・仕 事 探 し や 開 業 準 備 の 状 況・仕 事 探 し や 開 業 準 備 を し て い な い 理 由	総数	男	女	61～64歳	男	女	65～69歳	男	女	70歳	男	女
総数	9 154	3 157	5 997	2 222	562	1 660	5 973	2 199	3 774	959	396	563
仕事をしたい	1 820	769	1 051	533	187	346	1 117	494	623	170	88	82
仕事探し・開業準備をしている	512	258	254	183	78	105	291	155	136	38	25	13
仕事を探している	472	234	238	167	71	96	272	142	130	33	21	12
開業の準備をしている	40	24	16	16	7	9	19	13	6	5	4	1
何もしていない	1 244	490	754	342	105	237	780	327	453	122	58	64
探したが見つからなかった	128	64	64	30	14	16	91	46	45	7	4	3
希望する仕事がありそうにない	230	98	132	54	14	40	154	73	81	22	11	11
知識・能力に自信がない	55	18	37	20	4	16	27	8	19	8	6	2
病気・けがのため	238	102	136	75	26	49	141	66	75	22	10	12
高齢のため	144	27	117	15	1	14	103	18	85	26	8	18
家事や育児のため	61	10	51	19	3	16	36	7	29	6	－	6
家族の介護・看護のため	111	34	77	42	14	28	62	18	44	7	2	5
急いで仕事に就く必要がない	157	87	70	48	17	31	95	59	36	14	11	3
その他	120	50	70	39	12	27	71	32	39	10	6	4
仕事をしたくない	7 076	2 307	4 769	1 638	361	1 277	4 679	1 652	3 027	759	294	465

構成割合（単位：%）

第 12 回 の 就 業 希 望 の 有 無・仕 事 探 し や 開 業 準 備 の 状 況・仕 事 探 し や 開 業 準 備 を し て い な い 理 由	総数	男	女	61～64歳	男	女	65～69歳	男	女	70歳	男	女
総数	100.0	100.0	100.0	100.0	100.0	100.0	100.0	100.0	100.0	100.0	100.0	100.0
仕事をしたい	19.9	24.4	17.5	24.0	33.3	20.8	18.7	22.5	16.5	17.7	22.2	14.6
仕事探し・開業準備をしている	5.6	8.2	4.2	8.2	13.9	6.3	4.9	7.0	3.6	4.0	6.3	2.3
仕事を探している	5.2	7.4	4.0	7.5	12.6	5.8	4.6	6.5	3.4	3.4	5.3	2.1
開業の準備をしている	0.4	0.8	0.3	0.7	1.2	0.5	0.3	0.6	0.2	0.5	1.0	0.2
何もしていない	13.6	15.5	12.6	15.4	18.7	14.3	13.1	14.9	12.0	12.7	14.6	11.4
探したが見つからなかった	1.4	2.0	1.1	1.4	2.5	1.0	1.5	2.1	1.2	0.7	1.0	0.5
希望する仕事がありそうにない	2.5	3.1	2.2	2.4	2.5	2.4	2.6	3.3	2.1	2.3	2.8	2.0
知識・能力に自信がない	0.6	0.6	0.6	0.9	0.7	1.0	0.5	0.4	0.5	0.8	1.5	0.4
病気・けがのため	2.6	3.2	2.3	3.4	4.6	3.0	2.4	3.0	2.0	2.3	2.5	2.1
高齢のため	1.6	0.9	2.0	0.7	0.2	0.8	1.7	0.8	2.3	2.7	2.0	3.2
家事や育児のため	0.7	0.3	0.9	0.9	0.5	1.0	0.6	0.3	0.8	0.6	－	1.1
家族の介護・看護のため	1.2	1.1	1.3	1.9	2.5	1.7	1.0	0.8	1.2	0.7	0.5	0.9
急いで仕事に就く必要がない	1.7	2.8	1.2	2.2	3.0	1.9	1.6	2.7	1.0	1.5	2.8	0.5
その他	1.3	1.6	1.2	1.8	2.1	1.6	1.2	1.5	1.0	1.0	1.5	0.7
仕事をしたくない	77.3	73.1	79.5	73.7	64.2	76.9	78.3	75.1	80.2	79.1	74.2	82.6

注：総数には各項目の不詳を含む。

第12回調査（平成28年）

性、第1回からの介護をしている状況の変化	第1回からの就業状況の変化									
	総数	第1回から仕事あり	（再掲）離職なし	（再掲）離職あり	就業	退職	第1回から仕事なし	（再掲）離職なし	（再掲）その他	その他
	被調査者数（単位：人）									
総数	19 513	7 565	4 539	2 614	290	4 811	2 349	1 991	358	4 349
第1回から介護をしている	91	24	18	4	2	21	20	19	1	24
介護「していない」から「している」に変化	849	321	167	141	9	259	70	61	9	187
介護「している」から「していない」に変化	658	196	134	55	17	140	159	145	14	143
第1回から介護をしていない	7 778	3 311	1 981	1 160	116	1 874	877	778	99	1 572
その他の変化	5 748	2 030	1 186	733	78	1 536	704	610	94	1 354
男	8 953	4 492	2 535	1 706	71	2 271	208	166	42	1 878
第1回から介護をしている	20	9	6	3	－	6	1	1	－	4
介護「していない」から「している」に変化	366	174	80	89	－	117	4	3	1	71
介護「している」から「していない」に変化	200	81	52	25	4	55	13	12	1	46
第1回から介護をしていない	4 003	2 100	1 189	801	34	989	77	67	10	798
その他の変化	2 434	1 174	631	478	18	666	48	39	9	518
女	10 560	3 073	2 004	908	219	2 540	2 141	1 825	316	2 471
第1回から介護をしている	71	15	12	1	2	15	19	18	1	20
介護「していない」から「している」に変化	483	147	87	52	9	142	66	58	8	116
介護「している」から「していない」に変化	458	115	82	30	13	85	146	133	13	97
第1回から介護をしていない	3 775	1 211	792	359	82	885	800	711	89	774
その他の変化	3 314	856	555	255	60	870	656	571	85	836
	構成割合（単位：%）									
総数	100.0	38.8	23.3	13.4	1.5	24.7	12.0	10.2	1.8	22.3
第1回から介護をしている	100.0	26.4	19.8	4.4	2.2	23.1	22.0	20.9	1.1	26.4
介護「していない」から「している」に変化	100.0	37.8	19.7	16.6	1.1	30.5	8.2	7.2	1.1	22.0
介護「している」から「していない」に変化	100.0	29.8	20.4	8.4	2.6	21.3	24.2	22.0	2.1	21.7
第1回から介護をしていない	100.0	42.6	25.5	14.9	1.5	24.1	11.3	10.0	1.3	20.2
その他の変化	100.0	35.3	20.6	12.8	1.4	26.7	12.2	10.6	1.6	23.6
男	100.0	50.2	28.3	19.1	0.8	25.4	2.3	1.9	0.5	21.0
第1回から介護をしている	100.0	45.0	30.0	15.0	－	30.0	5.0	5.0	－	20.0
介護「していない」から「している」に変化	100.0	47.5	21.9	24.3	－	32.0	1.1	0.8	0.3	19.4
介護「している」から「していない」に変化	100.0	40.5	26.0	12.5	2.0	27.5	6.5	6.0	0.5	23.0
第1回から介護をしていない	100.0	52.5	29.7	20.0	0.8	24.7	1.9	1.7	0.2	19.9
その他の変化	100.0	48.2	25.9	19.6	0.7	27.4	2.0	1.6	0.4	21.3
女	100.0	29.1	19.0	8.6	2.1	24.1	20.3	17.3	3.0	23.4
第1回から介護をしている	100.0	21.1	16.9	1.4	2.8	21.1	26.8	25.4	1.4	28.2
介護「していない」から「している」に変化	100.0	30.4	18.0	10.8	1.9	29.4	13.7	12.0	1.7	24.0
介護「している」から「していない」に変化	100.0	25.1	17.9	6.6	2.8	18.6	31.9	29.0	2.8	21.2
第1回から介護をしていない	100.0	32.1	21.0	9.5	2.2	23.4	21.2	18.8	2.4	20.5
その他の変化	100.0	25.8	16.7	7.7	1.8	26.3	19.8	17.2	2.6	25.2

注：総数には各項目の不詳を含む。

年　齢　階　級　、　第　１　回　の　こ　れ　ま　で　の　働　き　方	被調査者数	
	総数	第１回から仕事あり
総数	19 513	7 565
１ ひとつの企業・団体の組織におおむね２０年以上勤務している（いた）	6 236	2 345
２ 勤め先は変わったが、同じ分野の仕事におおむね２０年以上従事している（いた）	3 273	1 437
３ １や２に該当しないが、おおむね２０年以上仕事（自営業を除く）に従事している（いた）	2 237	898
４ 自営業でおおむね２０年以上、仕事をしている（いた）	2 485	1 669
５ 仕事を中断し、それ以来仕事をしていない	1 087	－
６ １～５以外の働き方をしている（いた）	3 126	939
７ 収入を伴う仕事をしたことがない	218	－
61 ～ 64 歳	6 641	3 424
１ ひとつの企業・団体の組織におおむね２０年以上勤務している（いた）	2 095	1 153
２ 勤め先は変わったが、同じ分野の仕事におおむね２０年以上従事している（いた）	1 132	714
３ １や２に該当しないが、おおむね２０年以上仕事（自営業を除く）に従事している（いた）	752	420
４ 自営業でおおむね２０年以上、仕事をしている（いた）	658	504
５ 仕事を中断し、それ以来仕事をしていない	383	－
６ １～５以外の働き方をしている（いた）	1 291	512
７ 収入を伴う仕事をしたことがない	60	－
65 ～ 69 歳	11 321	3 737
１ ひとつの企業・団体の組織におおむね２０年以上勤務している（いた）	3 649	1 089
２ 勤め先は変わったが、同じ分野の仕事におおむね２０年以上従事している（いた）	1 850	635
３ １や２に該当しないが、おおむね２０年以上仕事（自営業を除く）に従事している（いた）	1 313	440
４ 自営業でおおむね２０年以上、仕事をしている（いた）	1 599	1 025
５ 仕事を中断し、それ以来仕事をしていない	610	－
６ １～５以外の働き方をしている（いた）	1 669	406
７ 収入を伴う仕事をしたことがない	130	－
70 歳	1 551	404
１ ひとつの企業・団体の組織におおむね２０年以上勤務している（いた）	492	103
２ 勤め先は変わったが、同じ分野の仕事におおむね２０年以上従事している（いた）	291	88
３ １や２に該当しないが、おおむね２０年以上仕事（自営業を除く）に従事している（いた）	172	38
４ 自営業でおおむね２０年以上、仕事をしている（いた）	228	140
５ 仕事を中断し、それ以来仕事をしていない	94	－
６ １～５以外の働き方をしている（いた）	166	21
７ 収入を伴う仕事をしたことがない	28	－

注：１）総数には各項目の不詳を含む。
　　２）「これまでの働き方」とは、学校を卒業（又は中退）後、初めて就いた仕事から数え、学生時代のアルバイトは含めない。

第1回のこれまでの働き方、第1回からの就業状況の変化別（2－1）

第1回からの就業状況の変化							
（再掲）離職なし	（再掲）離職あり	就業	退職	第1回から仕事なし	（再掲）離職なし	（再掲）その他	その他
被調査者数（単位：人）							
4 539	2 614	290	4 811	2 349	1 991	358	4 349
1 155	1 105	69	2 048	316	274	42	1 425
807	560	27	852	173	147	26	762
519	348	26	596	189	158	31	518
1 285	214	15	340	63	49	14	390
–	–	69	–	771	667	104	229
595	306	60	773	571	508	63	756
–	–	5	–	162	130	32	45
2 088	1 194	116	1 143	560	476	84	1 365
609	526	32	469	50	40	10	385
423	257	9	170	32	30	2	204
244	167	7	131	29	25	4	160
390	62	2	60	7	6	1	84
–	–	33	–	246	215	31	98
343	148	25	275	133	118	15	341
–	–	2	–	39	30	9	19
2 216	1 283	158	3 200	1 514	1 285	229	2 611
500	531	33	1 378	220	194	26	906
334	270	17	586	117	98	19	482
256	164	17	405	133	110	23	313
793	129	12	235	49	36	13	272
–	–	31	–	453	390	63	115
241	148	33	457	377	336	41	374
–	–	3	–	102	83	19	19
235	137	16	468	275	230	45	373
46	48	4	201	46	40	6	134
50	33	1	96	24	19	5	76
19	17	2	60	27	23	4	45
102	23	1	45	7	7	–	34
–	–	5	–	72	62	10	16
11	10	2	41	61	54	7	41
–	–	–	–	21	17	4	7

第 44 表 被調査者数・構成割合，年齢階級、

年　齢　階　級　、　第　1　回　の　こ　れ　ま　で　の　働　き　方	構成割合	
	総数	第1回から仕事あり
総数	100.0	38.8
1 ひとつの企業・団体の組織におおむね２０年以上勤務している（いた）	100.0	37.6
2 勤め先は変わったが、同じ分野の仕事におおむね２０年以上従事している（いた）	100.0	43.9
3 1や2に該当しないが、おおむね２０年以上仕事（自営業を除く）に従事している（いた）	100.0	40.1
4 自営業でおおむね２０年以上、仕事をしている（いた）	100.0	67.2
5 仕事を中断し、それ以来仕事をしていない	100.0	－
6 1～5以外の働き方をしている（いた）	100.0	30.0
7 収入を伴う仕事をしたことがない	100.0	
61～64歳	100.0	51.6
1 ひとつの企業・団体の組織におおむね２０年以上勤務している（いた）	100.0	55.0
2 勤め先は変わったが、同じ分野の仕事におおむね２０年以上従事している（いた）	100.0	63.1
3 1や2に該当しないが、おおむね２０年以上仕事（自営業を除く）に従事している（いた）	100.0	55.9
4 自営業でおおむね２０年以上、仕事をしている（いた）	100.0	76.6
5 仕事を中断し、それ以来仕事をしていない	100.0	－
6 1～5以外の働き方をしている（いた）	100.0	39.7
7 収入を伴う仕事をしたことがない	100.0	
65～69歳	100.0	33.0
1 ひとつの企業・団体の組織におおむね２０年以上勤務している（いた）	100.0	29.8
2 勤め先は変わったが、同じ分野の仕事におおむね２０年以上従事している（いた）	100.0	34.3
3 1や2に該当しないが、おおむね２０年以上仕事（自営業を除く）に従事している（いた）	100.0	33.5
4 自営業でおおむね２０年以上、仕事をしている（いた）	100.0	64.1
5 仕事を中断し、それ以来仕事をしていない	100.0	－
6 1～5以外の働き方をしている（いた）	100.0	24.3
7 収入を伴う仕事をしたことがない	100.0	
70歳	100.0	26.0
1 ひとつの企業・団体の組織におおむね２０年以上勤務している（いた）	100.0	20.9
2 勤め先は変わったが、同じ分野の仕事におおむね２０年以上従事している（いた）	100.0	30.2
3 1や2に該当しないが、おおむね２０年以上仕事（自営業を除く）に従事している（いた）	100.0	22.1
4 自営業でおおむね２０年以上、仕事をしている（いた）	100.0	61.4
5 仕事を中断し、それ以来仕事をしていない	100.0	－
6 1～5以外の働き方をしている（いた）	100.0	12.7
7 収入を伴う仕事をしたことがない	100.0	

注：1）総数には各項目の不詳を含む。
　　2）「これまでの働き方」とは、学校を卒業（又は中退）後、初めて就いた仕事から数え、学生時代のアルバイトは含めない。

第1回のこれまでの働き方、第1回からの就業状況の変化別（2－2）

		第1回からの就業状況の変化					その他
（再掲）離職なし	（再掲）離職あり	就業	退職	第1回から仕事なし	（再掲）離職なし	（再掲）その他	
構成割合（単位：%）							
23.3	13.4	1.5	24.7	12.0	10.2	1.8	22.3
18.5	17.7	1.1	32.8	5.1	4.4	0.7	22.9
24.7	17.1	0.8	26.0	5.3	4.5	0.8	23.3
23.2	15.6	1.2	26.6	8.4	7.1	1.4	23.2
51.7	8.6	0.6	13.7	2.5	2.0	0.6	15.7
-	-	6.3	-	70.9	61.4	9.6	21.1
19.0	9.8	1.9	24.7	18.3	16.3	2.0	24.2
-	-	2.3	-	74.3	59.6	14.7	20.6
31.4	18.0	1.7	17.2	8.4	7.2	1.3	20.6
29.1	25.1	1.5	22.4	2.4	1.9	0.5	18.4
37.4	22.7	0.8	15.0	2.8	2.7	0.2	18.0
32.4	22.2	0.9	17.4	3.9	3.3	0.5	21.3
59.3	9.4	0.3	9.1	1.1	0.9	0.2	12.8
-	-	8.6	-	64.2	56.1	8.1	25.6
26.6	11.5	1.9	21.3	10.3	9.1	1.2	26.4
-	-	3.3	-	65.0	50.0	15.0	31.7
19.6	11.3	1.4	28.3	13.4	11.4	2.0	23.1
13.7	14.6	0.9	37.8	6.0	5.3	0.7	24.8
18.1	14.6	0.9	31.7	6.3	5.3	1.0	26.1
19.5	12.5	1.3	30.8	10.1	8.4	1.8	23.8
49.6	8.1	0.8	14.7	3.1	2.3	0.8	17.0
-	-	5.1	-	74.3	63.9	10.3	18.9
14.4	8.9	2.0	27.4	22.6	20.1	2.5	22.4
-	-	2.3	-	78.5	63.8	14.6	14.6
15.2	8.8	1.0	30.2	17.7	14.8	2.9	24.0
9.3	9.8	0.8	40.9	9.3	8.1	1.2	27.2
17.2	11.3	0.3	33.0	8.2	6.5	1.7	26.1
11.0	9.9	1.2	34.9	15.7	13.4	2.3	26.2
44.7	10.1	0.4	19.7	3.1	3.1	-	14.9
-	-	5.3	-	76.6	66.0	10.6	17.0
6.6	6.0	1.2	24.7	36.7	32.5	4.2	24.7
-	-	-	-	75.0	60.7	14.3	25.0

第45表　被調査者数・構成割合，年齢階級、第12回の子の有無・

年齢階級、第12回の子の有無・子の同別居、(再掲) 第12回の収入のない同居の子の有無	総数	第1回から仕事あり	(再掲)離職なし	(再掲)離職あり	就業	退職	第1回から仕事なし	(再掲)離職なし
					被調査者数（単位：人）			
総数	19 513	7 565	4 539	2 614	290	4 811	2 349	1 991
子あり	16 565	6 576	3 899	2 328	248	3 991	1 965	1 674
全て同居	1 887	775	477	265	25	431	216	179
同居・別居あり	5 891	2 492	1 471	880	91	1 364	628	529
全て別居	8 787	3 309	1 951	1 183	132	2 196	1 121	966
(再掲) 収入のない同居の子　あり	1 323	557	335	202	28	305	148	119
なし	14 961	5 891	3 488	2 086	217	3 637	1 798	1 540
子なし	2 948	989	640	286	42	820	384	317
61～64歳	6 641	3 424	2 088	1 194	116	1 143	560	476
子あり	5 655	2 983	1 796	1 067	97	919	466	399
全て同居	758	407	252	143	16	115	61	53
同居・別居あり	2 094	1 152	693	410	35	331	161	134
全て別居	2 803	1 424	851	514	46	473	244	212
(再掲) 収入のない同居の子　あり	543	300	183	110	16	84	39	30
なし	5 028	2 630	1 581	939	81	826	423	366
子なし	986	441	292	127	19	224	94	77
65～69歳	11 321	3 737	2 216	1 283	158	3 200	1 514	1 285
子あり	9 608	3 245	1 896	1 146	138	2 683	1 277	1 086
全て同居	1 016	332	202	113	9	280	138	113
同居・別居あり	3 391	1 231	706	439	53	899	408	351
全て別居	5 201	1 682	988	594	76	1 504	731	622
(再掲) 収入のない同居の子　あり	703	235	134	89	12	197	100	83
なし	8 727	2 944	1 722	1 038	123	2 449	1 162	991
子なし	1 713	492	320	137	20	517	237	199
70歳	1 551	404	235	137	16	468	275	230
子あり	1 302	348	207	115	13	389	222	189
全て同居	113	36	23	9	－	36	17	13
同居・別居あり	406	109	72	31	3	134	59	44
全て別居	783	203	112	75	10	219	146	132
(再掲) 収入のない同居の子　あり	77	22	18	3	－	24	9	6
なし	1 206	317	185	109	13	362	213	183
子なし	249	56	28	22	3	79	53	41

注：総数には各項目の不詳を含む。

	第1回からの就業状況の変化										
（再掲）その他	その他	総数	第1回から仕事あり	（再掲）離職なし	（再掲）離職あり	就業	退職	第1回から仕事なし	（再掲）離職なし	（再掲）その他	その他
					構成割合（単位：%）						
358	4 349	100.0	100.0	100.0	100.0	100.0	100.0	100.0	100.0	100.0	100.0
291	3 677	84.9	86.9	85.9	89.1	85.5	83.0	83.7	84.1	81.3	84.5
37	416	9.7	10.2	10.5	10.1	8.6	9.0	9.2	9.0	10.3	9.6
99	1 286	30.2	32.9	32.4	33.7	31.4	28.4	26.7	26.6	27.7	29.6
155	1 975	45.0	43.7	43.0	45.3	45.5	45.6	47.7	48.5	43.3	45.4
29	272	6.8	7.4	7.4	7.7	9.7	6.3	6.3	6.0	8.1	6.3
258	3 328	76.7	77.9	76.8	79.8	74.8	75.6	76.5	77.3	72.1	76.5
67	672	15.1	13.1	14.1	10.9	14.5	17.0	16.3	15.9	18.7	15.5
84	1 365	100.0	100.0	100.0	100.0	100.0	100.0	100.0	100.0	100.0	100.0
67	1 167	85.2	87.1	86.0	89.4	83.6	80.4	83.2	83.8	79.8	85.5
8	153	11.4	11.9	12.1	12.0	13.8	10.1	10.9	11.1	9.5	11.2
27	410	31.5	33.6	33.2	34.3	30.2	29.0	28.8	28.2	32.1	30.0
32	604	42.2	41.6	40.8	43.0	39.7	41.4	43.6	44.5	38.1	44.2
9	101	8.2	8.8	8.8	9.2	13.8	7.3	7.0	6.3	10.7	7.4
57	1 049	75.7	76.8	75.7	78.6	69.8	72.3	75.5	76.9	67.9	76.8
17	198	14.8	12.9	14.0	10.6	16.4	19.6	16.8	16.2	20.2	14.5
229	2 611	100.0	100.0	100.0	100.0	100.0	100.0	100.0	100.0	100.0	100.0
191	2 193	84.9	86.8	85.6	89.3	87.3	83.8	84.3	84.5	83.4	84.0
25	242	9.0	8.9	9.1	8.8	5.7	8.8	9.1	8.8	10.9	9.3
57	781	30.0	32.9	31.9	34.2	33.5	28.1	26.9	27.3	24.9	29.9
109	1 170	45.9	45.0	44.6	46.3	48.1	47.0	48.3	48.4	47.6	44.8
17	150	6.2	6.3	6.0	6.9	7.6	6.2	6.6	6.5	7.4	5.7
171	1 989	77.1	78.8	77.7	80.9	77.8	76.5	76.8	77.1	74.7	76.2
38	418	15.1	13.2	14.4	10.7	12.7	16.2	15.7	15.5	16.6	16.0
45	373	100.0	100.0	100.0	100.0	100.0	100.0	100.0	100.0	100.0	100.0
33	317	83.9	86.1	88.1	83.9	81.3	83.1	80.7	82.2	73.3	85.0
4	21	7.3	8.9	9.8	6.6	–	7.7	6.2	5.7	8.9	5.6
15	95	26.2	27.0	30.6	22.6	18.8	28.6	21.5	19.1	33.3	25.5
14	201	50.5	50.2	47.7	54.7	62.5	46.8	53.1	57.4	31.1	53.9
3	21	5.0	5.4	7.7	2.2	–	5.1	3.3	2.6	6.7	5.6
30	290	77.8	78.5	78.7	79.6	81.3	77.4	77.5	79.6	66.7	77.7
12	56	16.1	13.9	11.9	16.1	18.8	16.9	19.3	17.8	26.7	15.0

総数

第1回の過去1か月間に感じたことの状況	総数	第1回から仕事あり	（再掲）離職なし	（再掲）離職あり	就業	退職	第1回から仕事なし	（再掲）離職なし
						被調査者数（単位：人）		
総数	19 513	7 565	4 539	2 614	290	4 811	2 349	1 991
神経過敏に感じましたか								
あり	7 959	2 849	1 666	1 033	128	2 001	1 133	956
いつも	466	144	90	46	9	111	77	54
たいてい	418	135	74	55	5	107	71	61
ときどき	2 656	939	551	341	35	657	392	314
少しだけ	4 419	1 631	951	591	79	1 126	593	527
まったくない	10 547	4 353	2 627	1 485	139	2 597	1 111	961
絶望的だと感じましたか								
あり	3 650	1 320	752	486	72	878	495	395
いつも	154	45	29	14	2	40	23	14
たいてい	126	44	26	15	3	23	20	14
ときどき	955	361	201	141	24	216	111	89
少しだけ	2 415	870	496	316	43	599	341	278
まったくない	14 856	5 882	3 541	2 032	195	3 720	1 749	1 522
そわそわ、落ち着かなく感じましたか								
あり	5 913	2 161	1 244	798	98	1 471	816	676
いつも	141	44	25	15	1	28	24	17
たいてい	205	63	40	21	5	47	30	20
ときどき	1 566	563	322	208	31	377	222	176
少しだけ	4 001	1 491	857	554	61	1 019	540	463
まったくない	12 593	5 041	3 049	1 720	169	3 127	1 428	1 241
気分が沈み込んで、何が起こっても気が晴れないように感じましたか								
あり	7 257	2 594	1 511	943	124	1 831	1 017	842
いつも	239	61	37	20	4	60	38	23
たいてい	304	98	55	40	7	72	59	50
ときどき	2 081	728	408	275	34	491	316	251
少しだけ	4 633	1 707	1 011	608	79	1 208	604	518
まったくない	11 249	4 608	2 782	1 575	143	2 767	1 227	1 075
何をするのも骨折りだと感じましたか								
あり	7 118	2 570	1 510	921	109	1 813	993	832
いつも	208	67	41	21	6	51	38	25
たいてい	279	97	44	48	6	69	39	32
ときどき	1 791	636	374	224	32	449	248	203
少しだけ	4 840	1 770	1 051	628	65	1 244	668	572
まったくない	11 388	4 632	2 783	1 597	158	2 785	1 251	1 085
自分は価値のない人間だと感じましたか								
あり	3 940	1 361	792	491	69	984	578	478
いつも	158	43	29	12	6	37	29	19
たいてい	150	42	28	12	4	34	26	20
ときどき	965	345	203	122	22	215	133	106
少しだけ	2 667	931	532	345	37	698	390	333
まったくない	14 566	5 841	3 501	2 027	198	3 614	1 666	1 439

注：総数には各項目の不詳を含む。

1か月間に感じたことの状況、第1回からの就業状況の変化別（3－1）

第1回からの就業状況の変化											
（再掲）その他	その他	総数	第1回から仕事あり	（再掲）離職なし	（再掲）離職あり	就業	退職	第1回から仕事なし	（再掲）離職なし	（再掲）その他	その他
					構成割合（単位：%）						
358	4 349	100.0	38.8	23.3	13.4	1.5	24.7	12.0	10.2	1.8	22.3
177	1 797	100.0	35.8	20.9	13.0	1.6	25.1	14.2	12.0	2.2	22.6
23	120	100.0	30.9	19.3	9.9	1.9	23.8	16.5	11.6	4.9	25.8
10	96	100.0	32.3	17.7	13.2	1.2	25.6	17.0	14.6	2.4	23.0
78	614	100.0	35.4	20.7	12.8	1.3	24.7	14.8	11.8	2.9	23.1
66	967	100.0	36.9	21.5	13.4	1.8	25.5	13.4	11.9	1.5	21.9
150	2 269	100.0	41.3	24.9	14.1	1.3	24.6	10.5	9.1	1.4	21.5
100	859	100.0	36.2	20.6	13.3	2.0	24.1	13.6	10.8	2.7	23.5
9	42	100.0	29.2	18.8	9.1	1.3	26.0	14.9	9.1	5.8	27.3
6	34	100.0	34.9	20.6	11.9	2.4	18.3	15.9	11.1	4.8	27.0
22	236	100.0	37.8	21.0	14.8	2.5	22.6	11.6	9.3	2.3	24.7
63	547	100.0	36.0	20.5	13.1	1.8	24.8	14.1	11.5	2.6	22.7
227	3 207	100.0	39.6	23.8	13.7	1.3	25.0	11.8	10.2	1.5	21.6
140	1 330	100.0	36.5	21.0	13.5	1.7	24.9	13.8	11.4	2.4	22.5
7	41	100.0	31.2	17.7	10.6	0.7	19.9	17.0	12.1	5.0	29.1
10	57	100.0	30.7	19.5	10.2	2.4	22.9	14.6	9.8	4.9	27.8
46	363	100.0	36.0	20.6	13.3	2.0	24.1	14.2	11.2	2.9	23.2
77	869	100.0	37.3	21.4	13.8	1.5	25.5	13.5	11.6	1.9	21.7
187	2 736	100.0	40.0	24.2	13.7	1.3	24.8	11.3	9.9	1.5	21.7
175	1 642	100.0	35.7	20.8	13.0	1.7	25.2	14.0	11.6	2.4	22.6
15	73	100.0	25.5	15.5	8.4	1.7	25.1	15.9	9.6	6.3	30.5
9	64	100.0	32.2	18.1	13.2	2.3	23.7	19.4	16.4	3.0	21.1
65	497	100.0	35.0	19.6	13.2	1.6	23.6	15.2	12.1	3.1	23.9
86	1 008	100.0	36.8	21.8	13.1	1.7	26.1	13.0	11.2	1.9	21.8
152	2 424	100.0	41.0	24.7	14.0	1.3	24.6	10.9	9.6	1.4	21.5
161	1 588	100.0	36.1	21.2	12.9	1.5	25.5	14.0	11.7	2.3	22.3
13	44	100.0	32.2	19.7	10.1	2.9	24.5	18.3	12.0	6.3	21.2
7	67	100.0	34.8	15.8	17.2	2.2	24.7	14.0	11.5	2.5	24.0
45	408	100.0	35.5	20.9	12.5	1.8	25.1	13.8	11.3	2.5	22.8
96	1 069	100.0	36.6	21.7	13.0	1.3	25.7	13.8	11.8	2.0	22.1
166	2 478	100.0	40.7	24.4	14.0	1.4	24.5	11.0	9.5	1.5	21.8
100	920	100.0	34.5	20.1	12.5	1.8	25.0	14.7	12.1	2.5	23.4
10	42	100.0	27.2	18.4	7.6	3.8	23.4	18.4	12.0	6.3	26.6
6	42	100.0	28.0	18.7	8.0	2.7	22.7	17.3	13.3	4.0	28.0
27	239	100.0	35.8	21.0	12.6	2.3	22.3	13.8	11.0	2.8	24.8
57	597	100.0	34.9	19.9	12.9	1.4	26.2	14.6	12.5	2.1	22.4
227	3 146	100.0	40.1	24.0	13.9	1.4	24.8	11.4	9.9	1.6	21.6

第46表　被調査者数・構成割合，性、第1回の過去

男

第1回の過去1か月間に感じたことの状況	総数	第1回から仕事あり	（再掲）離職なし	（再掲）離職あり	就業	退職	第1回から仕事なし	（再掲）離職なし
				被調査者数（単位：人）				
総数	8 953	4 492	2 535	1 706	71	2 271	208	166
神経過敏に感じましたか								
あり	3 366	1 602	864	651	28	863	102	87
いつも	164	62	34	27	3	46	13	11
たいてい	172	78	37	39	1	41	13	9
ときどき	1 126	526	296	203	9	282	34	29
少しだけ	1 904	936	497	382	15	494	42	38
まったくない	5 119	2 670	1 522	998	36	1 315	95	75
絶望的だと感じましたか								
あり	1 581	733	386	302	15	393	67	53
いつも	67	27	14	12	1	19	5	3
たいてい	59	22	15	6	－	13	5	3
ときどき	429	190	98	82	7	98	20	18
少しだけ	1 026	494	259	202	7	263	37	29
まったくない	6 904	3 539	2 000	1 347	49	1 785	130	109
そわそわ、落ち着かなく感じましたか								
あり	2 677	1 285	698	526	26	700	81	65
いつも	55	22	8	13	1	11	4	3
たいてい	92	31	18	13	1	20	8	6
ときどき	707	341	190	133	8	181	27	22
少しだけ	1 823	891	482	367	16	488	42	34
まったくない	5 808	2 987	1 688	1 123	38	1 478	116	97
気分が沈み込んで、何が起こっても気が晴れないように感じましたか								
あり	3 043	1 439	771	596	27	800	97	78
いつも	91	29	14	13	1	24	6	2
たいてい	128	48	21	26	4	32	12	11
ときどき	831	394	204	168	7	207	37	28
少しだけ	1 993	968	532	389	15	537	42	37
まったくない	5 442	2 833	1 615	1 053	37	1 378	100	84
何をするのも骨折りだと感じましたか								
あり	3 041	1 449	798	577	20	801	96	83
いつも	85	40	25	13	3	19	6	4
たいてい	143	56	23	30	2	36	6	6
ときどき	781	368	219	131	4	206	30	25
少しだけ	2 032	985	531	403	11	540	54	48
まったくない	5 444	2 823	1 588	1 072	44	1 377	101	79
自分は価値のない人間だと感じましたか								
あり	1 709	753	417	298	19	463	66	57
いつも	71	26	14	10	4	12	6	4
たいてい	58	20	13	6	1	16	5	5
ときどき	426	184	100	74	5	100	25	22
少しだけ	1 154	523	290	208	9	335	30	26
まったくない	6 776	3 519	1 969	1 351	45	1 715	131	105

注：総数には各項目の不詳を含む。

1か月間に感じたことの状況、第1回からの就業状況の変化別（3−2）

第1回からの就業状況の変化											
（再掲）その他	その他	総数	第1回から仕事あり	（再掲）離職なし	（再掲）離職あり	就業	退職	第1回から仕事なし	（再掲）離職なし	（再掲）その他	その他
					構成割合（単位：%）						
42	1 878	100.0	50.2	28.3	19.1	0.8	25.4	2.3	1.9	0.5	21.0
15	758	100.0	47.6	25.7	19.3	0.8	25.6	3.0	2.6	0.4	22.5
2	39	100.0	37.8	20.7	16.5	1.8	28.0	7.9	6.7	1.2	23.8
4	38	100.0	45.3	21.5	22.7	0.6	23.8	7.6	5.2	2.3	22.1
5	272	100.0	46.7	26.3	18.0	0.8	25.0	3.0	2.6	0.4	24.2
4	409	100.0	49.2	26.1	20.1	0.8	25.9	2.2	2.0	0.2	21.5
20	991	100.0	52.2	29.7	19.5	0.7	25.7	1.9	1.5	0.4	19.4
14	364	100.0	46.4	24.4	19.1	0.9	24.9	4.2	3.4	0.9	23.0
2	15	100.0	40.3	20.9	17.9	1.5	28.4	7.5	4.5	3.0	22.4
2	17	100.0	37.3	25.4	10.2	−	22.0	8.5	5.1	3.4	28.8
2	111	100.0	44.3	22.8	19.1	1.6	22.8	4.7	4.2	0.5	25.9
8	221	100.0	48.1	25.2	19.7	0.7	25.6	3.6	2.8	0.8	21.5
21	1 385	100.0	51.3	29.0	19.5	0.7	25.9	1.9	1.6	0.3	20.1
16	574	100.0	48.0	26.1	19.6	1.0	26.1	3.0	2.4	0.6	21.4
1	17	100.0	40.0	14.5	23.6	1.8	20.0	7.3	5.5	1.8	30.9
2	30	100.0	33.7	19.6	14.1	1.1	21.7	8.7	6.5	2.2	32.6
5	148	100.0	48.2	26.9	18.8	1.1	25.6	3.8	3.1	0.7	20.9
8	379	100.0	48.9	26.4	20.1	0.9	26.8	2.3	1.9	0.4	20.8
19	1 175	100.0	51.4	29.1	19.3	0.7	25.4	2.0	1.7	0.3	20.2
19	670	100.0	47.3	25.3	19.6	0.9	26.3	3.2	2.6	0.6	22.0
4	31	100.0	31.9	15.4	14.3	1.1	26.4	6.6	2.2	4.4	34.1
1	30	100.0	37.5	16.4	20.3	3.1	25.0	9.4	8.6	0.8	23.4
9	183	100.0	47.4	24.5	20.2	0.8	24.9	4.5	3.4	1.1	22.0
5	426	100.0	48.6	26.7	19.5	0.8	26.9	2.1	1.9	0.3	21.4
16	1 079	100.0	52.1	29.7	19.3	0.7	25.3	1.8	1.5	0.3	19.8
13	668	100.0	47.6	26.2	19.0	0.7	26.3	3.2	2.7	0.4	22.0
2	17	100.0	47.1	29.4	15.3	3.5	22.4	7.1	4.7	2.4	20.0
−	43	100.0	39.2	16.1	21.0	1.4	25.2	4.2	4.2	−	30.1
5	170	100.0	47.1	28.0	16.8	0.5	26.4	3.8	3.2	0.6	21.8
6	438	100.0	48.5	26.1	19.8	0.5	26.6	2.7	2.4	0.3	21.6
22	1 081	100.0	51.9	29.2	19.7	0.8	25.3	1.9	1.5	0.4	19.9
9	401	100.0	44.1	24.4	17.4	1.1	27.1	3.9	3.3	0.5	23.5
2	23	100.0	36.6	19.7	14.1	5.6	16.9	8.5	5.6	2.8	32.4
−	16	100.0	34.5	22.4	10.3	1.7	27.6	8.6	8.6	−	27.6
3	108	100.0	43.2	23.5	17.4	1.2	23.5	5.9	5.2	0.7	25.4
4	254	100.0	45.3	25.1	18.0	0.8	29.0	2.6	2.3	0.3	22.0
26	1 348	100.0	51.9	29.1	19.9	0.7	25.3	1.9	1.5	0.4	19.9

第46表　被調査者数・構成割合，性、第1回の過去

女

第1回の過去1か月間に感じたことの状況	総数	第1回から仕事あり	（再掲）離職なし	（再掲）離職あり	就業	退職	第1回から仕事なし	（再掲）離職なし
					被調査者数（単位：人）			
総数	10 560	3 073	2 004	908	219	2 540	2 141	1 825
神経過敏に感じましたか								
あり	4 593	1 247	802	382	100	1 138	1 031	869
いつも	302	82	56	19	6	65	64	43
たいてい	246	57	37	16	4	66	58	52
ときどき	1 530	413	255	138	26	375	358	285
少しだけ	2 515	695	454	209	64	632	551	489
まったくない	5 428	1 683	1 105	487	103	1 282	1 016	886
絶望的だと感じましたか								
あり	2 069	587	366	184	57	485	428	342
いつも	87	18	15	2	1	21	18	11
たいてい	67	22	11	9	3	10	15	11
ときどき	526	171	103	59	17	118	91	71
少しだけ	1 389	376	237	114	36	336	304	249
まったくない	7 952	2 343	1 541	685	146	1 935	1 619	1 413
そわそわ、落ち着かなく感じましたか								
あり	3 236	876	546	272	72	771	735	611
いつも	86	22	17	2	–	17	20	14
たいてい	113	32	22	8	4	27	22	14
ときどき	859	222	132	75	23	196	195	154
少しだけ	2 178	600	375	187	45	531	498	429
まったくない	6 785	2 054	1 361	597	131	1 649	1 312	1 144
気分が沈み込んで、何が起こっても気が晴れないように感じましたか								
あり	4 214	1 155	740	347	97	1 031	920	764
いつも	148	32	23	7	3	36	32	21
たいてい	176	50	34	14	3	40	47	39
ときどき	1 250	334	204	107	27	284	279	223
少しだけ	2 640	739	479	219	64	671	562	481
まったくない	5 807	1 775	1 167	522	106	1 389	1 127	991
何をするのも骨折りだと感じましたか								
あり	4 077	1 121	712	344	89	1 012	897	749
いつも	123	27	16	8	3	32	32	21
たいてい	136	41	21	18	4	33	33	26
ときどき	1 010	268	155	93	28	243	218	178
少しだけ	2 808	785	520	225	54	704	614	524
まったくない	5 944	1 809	1 195	525	114	1 408	1 150	1 006
自分は価値のない人間だと感じましたか								
あり	2 231	608	375	193	50	521	512	421
いつも	87	17	15	2	2	25	23	15
たいてい	92	22	15	6	3	18	21	15
ときどき	539	161	103	48	17	115	108	84
少しだけ	1 513	408	242	137	28	363	360	307
まったくない	7 790	2 322	1 532	676	153	1 899	1 535	1 334

注：総数には各項目の不詳を含む。

1か月間に感じたことの状況、第1回からの就業状況の変化別（3−3）

第1回からの就業状況の変化											
（再掲）その他	その他	総数	第1回から仕事あり	（再掲）離職なし	（再掲）離職あり	就業	退職	第1回から仕事なし	（再掲）離職なし	（再掲）その他	その他
					構成割合（単位：％）						
316	2 471	100.0	29.1	19.0	8.6	2.1	24.1	20.3	17.3	3.0	23.4
162	1 039	100.0	27.2	17.5	8.3	2.2	24.8	22.4	18.9	3.5	22.6
21	81	100.0	27.2	18.5	6.3	2.0	21.5	21.2	14.2	7.0	26.8
6	58	100.0	23.2	15.0	6.5	1.6	26.8	23.6	21.1	2.4	23.6
73	342	100.0	27.0	16.7	9.0	1.7	24.5	23.4	18.6	4.8	22.4
62	558	100.0	27.6	18.1	8.3	2.5	25.1	21.9	19.4	2.5	22.2
130	1 278	100.0	31.0	20.4	9.0	1.9	23.6	18.7	16.3	2.4	23.5
86	495	100.0	28.4	17.7	8.9	2.8	23.4	20.7	16.5	4.2	23.9
7	27	100.0	20.7	17.2	2.3	1.1	24.1	20.7	12.6	8.0	31.0
4	17	100.0	32.8	16.4	13.4	4.5	14.9	22.4	16.4	6.0	25.4
20	125	100.0	32.5	19.6	11.2	3.2	22.4	17.3	13.5	3.8	23.8
55	326	100.0	27.1	17.1	8.2	2.6	24.2	21.9	17.9	4.0	23.5
206	1 822	100.0	29.5	19.4	8.6	1.8	24.3	20.4	17.8	2.6	22.9
124	756	100.0	27.1	16.9	8.4	2.2	23.8	22.7	18.9	3.8	23.4
6	24	100.0	25.6	19.8	2.3	–	19.8	23.3	16.3	7.0	27.9
8	27	100.0	28.3	19.5	7.1	3.5	23.9	19.5	12.4	7.1	23.9
41	215	100.0	25.8	15.4	8.7	2.7	22.8	22.7	17.9	4.8	25.0
69	490	100.0	27.5	17.2	8.6	2.1	24.4	22.9	19.7	3.2	22.5
168	1 561	100.0	30.3	20.1	8.8	1.9	24.3	19.3	16.9	2.5	23.0
156	972	100.0	27.4	17.6	8.2	2.3	24.5	21.8	18.1	3.7	23.1
11	42	100.0	21.6	15.5	4.7	2.0	24.3	21.6	14.2	7.4	28.4
8	34	100.0	28.4	19.3	8.0	1.7	22.7	26.7	22.2	4.5	19.3
56	314	100.0	26.7	16.3	8.6	2.2	22.7	22.3	17.8	4.5	25.1
81	582	100.0	28.0	18.1	8.3	2.4	25.4	21.3	18.2	3.1	22.0
136	1 345	100.0	30.6	20.1	9.0	1.8	23.9	19.4	17.1	2.3	23.2
148	920	100.0	27.5	17.5	8.4	2.2	24.8	22.0	18.4	3.6	22.6
11	27	100.0	22.0	13.0	6.5	2.4	26.0	26.0	17.1	8.9	22.0
7	24	100.0	30.1	15.4	13.2	2.9	24.3	24.3	19.1	5.1	17.6
40	238	100.0	26.5	15.3	9.2	2.8	24.1	21.6	17.6	4.0	23.6
90	631	100.0	28.0	18.5	8.0	1.9	25.1	21.9	18.7	3.2	22.5
144	1 397	100.0	30.4	20.1	8.8	1.9	23.7	19.3	16.9	2.4	23.5
91	519	100.0	27.3	16.8	8.7	2.2	23.4	22.9	18.9	4.1	23.3
8	19	100.0	19.5	17.2	2.3	2.3	28.7	26.4	17.2	9.2	21.8
6	26	100.0	23.9	16.3	6.5	3.3	19.6	22.8	16.3	6.5	28.3
24	131	100.0	29.9	19.1	8.9	3.2	21.3	20.0	15.6	4.5	24.3
53	343	100.0	27.0	16.0	9.1	1.9	24.0	23.8	20.3	3.5	22.7
201	1 798	100.0	29.8	19.7	8.7	2.0	24.4	19.7	17.1	2.6	23.1

総数

第 1 回 の 日 常 生 活 活 動 の 困 難 の 有 無 ・ 困 難 の 程 度	総数	第1回から仕事あり	（再掲）離職なし	（再掲）離職あり	就業	退職	第1回から仕事なし	（再掲）離職なし
					被調査者数（単位：人）			
総数	19 513	7 565	4 539	2 614	290	4 811	2 349	1 991
歩く								
困難あり	525	138	73	58	11	107	145	107
何らかの困難はあるが、独力でできる	497	130	68	55	11	104	134	99
独力ではできないので、介助が必要	28	8	5	3	－	3	11	8
・困難なし	776	229	128	84	18	178	178	131
起きあがる								
困難あり	361	95	50	38	8	67	107	80
何らかの困難はあるが、独力でできる	348	92	49	36	8	66	100	75
独力ではできないので、介助が必要	13	3	1	2	－	1	7	5
困難なし	940	272	151	104	21	218	216	158
座ったり立ちあがる								
困難あり	333	83	43	32	8	60	106	78
何らかの困難はあるが、独力でできる	320	80	42	30	8	59	100	74
独力ではできないので、介助が必要	13	3	1	2	－	1	6	4
困難なし	968	284	158	110	21	225	217	160
衣服の着脱								
困難あり	292	75	36	31	6	51	90	68
何らかの困難はあるが、独力でできる	280	74	36	30	6	50	83	62
独力ではできないので、介助が必要	12	1	－	1	－	1	7	6
困難なし	1 009	292	165	111	23	234	233	170
手や顔を洗う								
困難あり	216	51	27	18	6	36	70	51
何らかの困難はあるが、独力でできる	210	50	27	17	6	36	67	49
独力ではできないので、介助が必要	6	1	－	1	－	－	3	2
困難なし	1 085	316	174	124	23	249	253	187
食事をする								
困難あり	211	48	24	18	6	30	74	56
何らかの困難はあるが、独力でできる	205	47	24	17	6	29	72	55
独力ではできないので、介助が必要	6	1	－	1	－	1	2	1
困難なし	1 090	319	177	124	23	255	249	182
排せつ								
困難あり	210	54	25	21	8	34	65	48
何らかの困難はあるが、独力でできる	203	53	25	20	8	33	63	47
独力ではできないので、介助が必要	7	1	－	1	－	1	2	1
困難なし	1 091	313	176	121	21	251	258	190
入浴をする								
困難あり	225	50	23	21	8	38	76	55
何らかの困難はあるが、独力でできる	195	46	20	20	8	35	61	43
独力ではできないので、介助が必要	30	4	3	1	－	3	15	12
困難なし	1 076	317	178	121	21	247	247	183
階段の上り下り								
困難あり	760	194	107	73	17	164	207	152
何らかの困難はあるが、独力でできる	722	187	103	71	17	162	188	136
独力ではできないので、介助が必要	38	7	4	2	－	2	19	16
困難なし	541	173	94	69	12	121	116	86
ものの持ち運び								
困難あり	519	122	64	48	11	101	171	126
何らかの困難はあるが、独力でできる	449	110	56	45	10	94	136	100
独力ではできないので、介助が必要	70	12	8	3	1	7	35	26
困難なし	782	245	137	94	18	184	152	112
(再掲) 日常生活に困難あり	1 301	367	201	142	29	285	323	238
日常生活に困難なし	17 424	6 914	4 146	2 395	252	4 362	1 933	1 680

注：総数には各項目の不詳を含む。

生活活動の困難の有無・困難の程度、第1回からの就業状況の変化別（4－1）

第12回調査（平成28年）

第1回からの就業状況の変化

（再掲）その他	その他	総数	第1回から仕事あり	（再掲）離職なし	（再掲）離職あり	就業	退職	第1回から仕事なし	（再掲）離職なし	（再掲）その他	その他
						構成割合（単位：%）					
358	4 349	100.0	38.8	23.3	13.4	1.5	24.7	12.0	10.2	1.8	22.3
38	109	100.0	26.3	13.9	11.0	2.1	20.4	27.6	20.4	7.2	20.8
35	104	100.0	26.2	13.7	11.1	2.2	20.9	27.0	19.9	7.0	20.9
3	5	100.0	28.6	17.9	10.7	–	10.7	39.3	28.6	10.7	17.9
47	159	100.0	29.5	16.5	10.8	2.3	22.9	22.9	16.9	6.1	20.5
27	72	100.0	26.3	13.9	10.5	2.2	18.6	29.6	22.2	7.5	19.9
25	70	100.0	26.4	14.1	10.3	2.3	19.0	28.7	21.6	7.2	20.1
2	2	100.0	23.1	7.7	15.4	–	7.7	53.8	38.5	15.4	15.4
58	196	100.0	28.9	16.1	11.1	2.2	23.2	23.0	16.8	6.2	20.9
28	67	100.0	24.9	12.9	9.6	2.4	18.0	31.8	23.4	8.4	20.1
26	64	100.0	25.0	13.1	9.4	2.5	18.4	31.3	23.1	8.1	20.0
2	3	100.0	23.1	7.7	15.4	–	7.7	46.2	30.8	15.4	23.1
57	201	100.0	29.3	16.3	11.4	2.2	23.2	22.4	16.5	5.9	20.8
22	60	100.0	25.7	12.3	10.6	2.1	17.5	30.8	23.3	7.5	20.5
21	58	100.0	26.4	12.9	10.7	2.1	17.9	29.6	22.1	7.5	20.7
1	2	100.0	8.3	–	8.3	–	8.3	58.3	50.0	8.3	16.7
63	208	100.0	28.9	16.4	11.0	2.3	23.2	23.1	16.8	6.2	20.6
19	44	100.0	23.6	12.5	8.3	2.8	16.7	32.4	23.6	8.8	20.4
18	42	100.0	23.8	12.9	8.1	2.9	17.1	31.9	23.3	8.6	20.0
1	2	100.0	16.7	–	16.7	–	–	50.0	33.3	16.7	33.3
66	224	100.0	29.1	16.0	11.4	2.1	22.9	23.3	17.2	6.1	20.6
18	44	100.0	22.7	11.4	8.5	2.8	14.2	35.1	26.5	8.5	20.9
17	42	100.0	22.9	11.7	8.3	2.9	14.1	35.1	26.8	8.3	20.5
1	2	100.0	16.7	–	16.7	–	16.7	33.3	16.7	16.7	33.3
67	224	100.0	29.3	16.2	11.4	2.1	23.4	22.8	16.7	6.1	20.6
17	40	100.0	25.7	11.9	10.0	3.8	16.2	31.0	22.9	8.1	19.0
16	37	100.0	26.1	12.3	9.9	3.9	16.3	31.0	23.2	7.9	18.2
1	3	100.0	14.3	–	14.3	–	14.3	28.6	14.3	14.3	42.9
68	228	100.0	28.7	16.1	11.1	1.9	23.0	23.6	17.4	6.2	20.9
21	43	100.0	22.2	10.2	9.3	3.6	16.9	33.8	24.4	9.3	19.1
18	38	100.0	23.6	10.3	10.3	4.1	17.9	31.3	22.1	9.2	19.5
3	5	100.0	13.3	10.0	3.3	–	10.0	50.0	40.0	10.0	16.7
64	225	100.0	29.5	16.5	11.2	2.0	23.0	23.0	17.0	5.9	20.9
55	157	100.0	25.5	14.1	9.6	2.2	21.6	27.2	20.0	7.2	20.7
52	151	100.0	25.9	14.3	9.8	2.4	22.4	26.0	18.8	7.2	20.9
3	6	100.0	18.4	10.5	5.3	–	5.3	50.0	42.1	7.9	15.8
30	111	100.0	32.0	17.4	12.8	2.2	22.4	21.4	15.9	5.5	20.5
45	97	100.0	23.5	12.3	9.2	2.1	19.5	32.9	24.3	8.7	18.7
36	87	100.0	24.5	12.5	10.0	2.2	20.9	30.3	22.3	8.0	19.4
9	10	100.0	17.1	11.4	4.3	1.4	10.0	50.0	37.1	12.9	14.3
40	171	100.0	31.3	17.5	12.0	2.3	23.5	19.4	14.3	5.1	21.9
85	268	100.0	28.2	15.4	10.9	2.2	21.9	24.8	18.3	6.5	20.6
253	3 864	100.0	39.7	23.8	13.7	1.4	25.0	11.1	9.6	1.5	22.2

第47表　被調査者数・構成割合, 年齢階級、第1回の日常

61～64歳

第 1 回 の 日 常 生 活 活 動 の 困 難 の 有 無 ・ 困 難 の 程 度	総数	第1回から仕事あり	（再掲）離職なし	（再掲）離職あり	就業	退職	第1回から仕事なし	（再掲）離職なし
				被調査者数（単位：人）				
総数	6 641	3 424	2 088	1 194	116	1 143	560	476
歩く								
困難あり	151	58	31	25	5	23	30	22
何らかの困難はあるが、独力でできる	142	54	29	23	5	23	28	21
独力ではできないので、介助が必要	9	4	2	2	–	–	2	1
困難なし	223	96	52	40	8	39	35	27
起きあがる								
困難あり	102	44	22	20	2	6	26	19
何らかの困難はあるが、独力でできる	100	43	22	19	2	6	25	18
独力ではできないので、介助が必要	2	1	–	1	–	–	1	1
困難なし	272	110	61	45	11	56	39	30
座ったり立ちあがる								
困難あり	88	32	15	14	2	7	25	18
何らかの困難はあるが、独力でできる	86	31	15	13	2	7	24	18
独力ではできないので、介助が必要	2	1	–	1	–	–	1	–
困難なし	286	122	68	51	11	55	40	31
衣服の着脱								
困難あり	87	33	15	15	3	9	21	16
何らかの困難はあるが、独力でできる	85	32	15	14	3	9	21	16
独力ではできないので、介助が必要	2	1	–	1	–	–	–	–
困難なし	287	121	68	50	10	53	44	33
手や顔を洗う								
困難あり	64	20	12	6	3	5	18	13
何らかの困難はあるが、独力でできる	63	19	12	5	3	5	18	13
独力ではできないので、介助が必要	1	1	–	1	–	–	–	–
困難なし	310	134	71	59	10	57	47	36
食事をする								
困難あり	59	20	11	7	3	3	16	11
何らかの困難はあるが、独力でできる	57	19	11	6	3	3	15	11
独力ではできないので、介助が必要	2	1	–	1	–	–	1	–
困難なし	315	134	72	58	10	59	49	38
排せつ								
困難あり	56	19	9	8	3	3	15	11
何らかの困難はあるが、独力でできる	55	18	9	7	3	3	15	11
独力ではできないので、介助が必要	1	1	–	1	–	–	–	–
困難なし	318	135	74	57	10	59	50	38
入浴をする								
困難あり	67	21	11	8	4	6	18	12
何らかの困難はあるが、独力でできる	59	18	9	7	4	6	15	10
独力ではできないので、介助が必要	8	3	2	1	–	–	3	2
困難なし	307	133	72	57	9	56	47	37
階段の上り下り								
困難あり	204	77	40	33	7	27	46	31
何らかの困難はあるが、独力でできる	196	74	38	32	7	27	42	28
独力ではできないので、介助が必要	8	3	2	1	–	–	4	3
困難なし	170	77	43	32	6	35	19	18
ものの持ち運び								
困難あり	154	55	28	24	6	15	42	30
何らかの困難はあるが、独力でできる	139	52	26	23	5	14	34	26
独力ではできないので、介助が必要	15	3	2	1	1	1	8	4
困難なし	220	99	55	41	7	47	23	19
（再掲）日常生活に困難あり	374	154	83	65	13	62	65	49
日常生活に困難なし	6 029	3 165	1 930	1 104	101	1 047	478	413

注：総数には各項目の不詳を含む。

			第1回からの就業状況の変化								
（再掲）その他	その他	総数	第1回から仕事あり	（再掲）離職なし	（再掲）離職あり	就業	退職	第1回から仕事なし	（再掲）離職なし	（再掲）その他	その他
					構成割合（単位：%）						
84	1 365	100.0	51.6	31.4	18.0	1.7	17.2	8.4	7.2	1.3	20.6
8	33	100.0	38.4	20.5	16.6	3.3	15.2	19.9	14.6	5.3	21.9
7	31	100.0	38.0	20.4	16.2	3.5	16.2	19.7	14.8	4.9	21.8
1	2	100.0	44.4	22.2	22.2	–	–	22.2	11.1	11.1	22.2
8	41	100.0	43.0	23.3	17.9	3.6	17.5	15.7	12.1	3.6	18.4
7	21	100.0	43.1	21.6	19.6	2.0	5.9	25.5	18.6	6.9	20.6
7	21	100.0	43.0	22.0	19.0	2.0	6.0	25.0	18.0	7.0	21.0
–	–	100.0	50.0	–	50.0	–	–	50.0	50.0	–	–
9	53	100.0	40.4	22.4	16.5	4.0	20.6	14.3	11.0	3.3	19.5
7	20	100.0	36.4	17.0	15.9	2.3	8.0	28.4	20.5	8.0	22.7
6	20	100.0	36.0	17.4	15.1	2.3	8.1	27.9	20.9	7.0	23.3
1	–	100.0	50.0	–	50.0	–	–	50.0	–	50.0	–
9	54	100.0	42.7	23.8	17.8	3.8	19.2	14.0	10.8	3.1	18.9
5	18	100.0	37.9	17.2	17.2	3.4	10.3	24.1	18.4	5.7	20.7
5	18	100.0	37.6	17.6	16.5	3.5	10.6	24.7	18.8	5.9	21.2
–	–	100.0	50.0	–	50.0	–	–	–	–	–	–
11	56	100.0	42.2	23.7	17.4	3.5	18.5	15.3	11.5	3.8	19.5
5	16	100.0	31.3	18.8	9.4	4.7	7.8	28.1	20.3	7.8	25.0
5	16	100.0	30.2	19.0	7.9	4.8	7.9	28.6	20.6	7.9	25.4
–	–	100.0	100.0	–	100.0	–	–	–	–	–	–
11	58	100.0	43.2	22.9	19.0	3.2	18.4	15.2	11.6	3.5	18.7
5	15	100.0	33.9	18.6	11.9	5.1	5.1	27.1	18.6	8.5	25.4
4	15	100.0	33.3	19.3	10.5	5.3	5.3	26.3	19.3	7.0	26.3
1	–	100.0	50.0	–	50.0	–	–	50.0	–	50.0	–
11	59	100.0	42.5	22.9	18.4	3.2	18.7	15.6	12.1	3.5	18.7
4	14	100.0	33.9	16.1	14.3	5.4	5.4	26.8	19.6	7.1	25.0
4	14	100.0	32.7	16.4	12.7	5.5	5.5	27.3	20.0	7.3	25.5
–	–	100.0	100.0	–	100.0	–	–	–	–	–	–
12	60	100.0	42.5	23.3	17.9	3.1	18.6	15.7	11.9	3.8	18.9
6	16	100.0	31.3	16.4	11.9	6.0	9.0	26.9	17.9	9.0	23.9
5	15	100.0	30.5	15.3	11.9	6.8	10.2	25.4	16.9	8.5	25.4
1	1	100.0	37.5	25.0	12.5	–	–	37.5	25.0	12.5	12.5
10	58	100.0	43.3	23.5	18.6	2.9	18.2	15.3	12.1	3.3	18.9
15	43	100.0	37.7	19.6	16.2	3.4	13.2	22.5	15.2	7.4	21.1
14	43	100.0	37.8	19.4	16.3	3.6	13.8	21.4	14.3	7.1	21.9
1	–	100.0	37.5	25.0	12.5	–	–	50.0	37.5	12.5	–
1	31	100.0	45.3	25.3	18.8	3.5	20.6	11.2	10.6	0.6	18.2
12	33	100.0	35.7	18.2	15.6	3.9	9.7	27.3	19.5	7.8	21.4
8	32	100.0	37.4	18.7	16.5	3.6	10.1	24.5	18.7	5.8	23.0
4	1	100.0	20.0	13.3	6.7	6.7	6.7	53.3	26.7	26.7	6.7
4	41	100.0	45.0	25.0	18.6	3.2	21.4	10.5	8.6	1.8	18.6
16	74	100.0	41.2	22.2	17.4	3.5	16.6	17.4	13.1	4.3	19.8
65	1 215	100.0	52.5	32.0	18.3	1.7	17.4	7.9	6.9	1.1	20.2

65 ～ 69 歳

第 1 回 の 日 常 生 活 活 動 の 困 難 の 有 無 ・ 困 難 の 程 度	総数	第1回 から 仕事あり	（再掲） 離職なし	（再掲） 離職あり	就業	退職	第1回 から 仕事なし	（再掲） 離職なし
	被調査者数（単位：人）							
総数	11 321	3 737	2 216	1 283	158	3 200	1 514	1 285
歩く								
困難あり	323	68	35	29	6	74	94	71
何らかの困難はあるが、独力でできる	307	65	33	28	6	72	86	65
独力ではできないので、介助が必要	16	3	2	1	－	2	8	6
困難なし	475	116	65	40	9	121	123	91
起きあがる								
困難あり	221	43	23	16	6	54	66	51
何らかの困難はあるが、独力でできる	212	42	23	15	6	53	61	48
独力ではできないので、介助が必要	9	1	－	1	－	1	5	3
困難なし	577	141	77	53	9	141	151	111
座ったり立ちあがる								
困難あり	215	46	25	17	6	49	67	51
何らかの困難はあるが、独力でできる	206	45	25	16	6	48	63	48
独力ではできないので、介助が必要	9	1	－	1	－	1	4	3
困難なし	583	138	75	52	9	146	150	111
衣服の着脱								
困難あり	180	39	20	15	3	37	57	45
何らかの困難はあるが、独力でできる	171	39	20	15	3	36	51	40
独力ではできないので、介助が必要	9	－	－	－	－	1	6	5
困難なし	618	145	80	54	12	158	160	117
手や顔を洗う								
困難あり	133	29	14	12	3	28	42	32
何らかの困難はあるが、独力でできる	128	29	14	12	3	28	39	30
独力ではできないので、介助が必要	5	－	－	－	－	－	3	2
困難なし	665	155	86	57	12	167	175	130
食事をする								
困難あり	133	27	13	11	3	24	47	38
何らかの困難はあるが、独力でできる	129	27	13	11	3	23	46	37
独力ではできないので、介助が必要	4	－	－	－	－	1	1	1
困難なし	665	157	87	58	12	171	170	124
排せつ								
困難あり	135	34	16	13	5	27	40	31
何らかの困難はあるが、独力でできる	129	34	16	13	5	26	38	30
独力ではできないので、介助が必要	6	－	－	－	－	1	2	1
困難なし	663	150	84	56	10	168	177	131
入浴をする								
困難あり	139	28	12	13	4	29	48	37
何らかの困難はあるが、独力でできる	119	27	11	13	4	26	37	28
独力ではできないので、介助が必要	20	1	1	－	－	3	11	9
困難なし	659	156	88	56	11	166	169	125
階段の上り下り								
困難あり	479	103	56	38	10	117	134	104
何らかの困難はあるが、独力でできる	453	100	55	37	10	115	121	93
独力ではできないので、介助が必要	26	3	1	1	－	2	13	11
困難なし	319	81	44	31	5	78	83	58
ものの持ち運び								
困難あり	318	62	33	24	4	77	107	83
何らかの困難はあるが、独力でできる	272	54	28	22	4	72	86	66
独力ではできないので、介助が必要	46	8	5	2	－	5	21	17
困難なし	480	122	67	45	11	118	110	79
（再掲）日常生活に困難あり	798	184	100	69	15	195	217	162
日常生活に困難なし	10 060	3 395	2 013	1 168	136	2 902	1 237	1 074

注：総数には各項目の不詳を含む。

生活活動の困難の有無・困難の程度、第1回からの就業状況の変化別（4－3）

（再掲）その他	その他	第1回からの就業状況の変化									
		総数	第1回から仕事あり	（再掲）離職なし	（再掲）離職あり	就業	退職	第1回から仕事なし	（再掲）離職なし	（再掲）その他	その他
						構成割合（単位：％）					
229	2 611	100.0	33.0	19.6	11.3	1.4	28.3	13.4	11.4	2.0	23.1
23	70	100.0	21.1	10.8	9.0	1.9	22.9	29.1	22.0	7.1	21.7
21	67	100.0	21.2	10.7	9.1	2.0	23.5	28.0	21.2	6.8	21.8
2	3	100.0	18.8	12.5	6.3	–	12.5	50.0	37.5	12.5	18.8
32	98	100.0	24.4	13.7	8.4	1.9	25.5	25.9	19.2	6.7	20.6
15	44	100.0	19.5	10.4	7.2	2.7	24.4	29.9	23.1	6.8	19.9
13	42	100.0	19.8	10.8	7.1	2.8	25.0	28.8	22.6	6.1	19.8
2	2	100.0	11.1	–	11.1	–	11.1	55.6	33.3	22.2	22.2
40	124	100.0	24.4	13.3	9.2	1.6	24.4	26.2	19.2	6.9	21.5
16	41	100.0	21.4	11.6	7.9	2.8	22.8	31.2	23.7	7.4	19.1
15	38	100.0	21.8	12.1	7.8	2.9	23.3	30.6	23.3	7.3	18.4
1	3	100.0	11.1	–	11.1	–	11.1	44.4	33.3	11.1	33.3
39	127	100.0	23.7	12.9	8.9	1.5	25.0	25.7	19.0	6.7	21.8
12	38	100.0	21.7	11.1	8.3	1.7	20.6	31.7	25.0	6.7	21.1
11	36	100.0	22.8	11.7	8.8	1.8	21.1	29.8	23.4	6.4	21.1
1	2	100.0	–	–	–	–	11.1	66.7	55.6	11.1	22.2
43	130	100.0	23.5	12.9	8.7	1.9	25.6	25.9	18.9	7.0	21.0
10	25	100.0	21.8	10.5	9.0	2.3	21.1	31.6	24.1	7.5	18.8
9	23	100.0	22.7	10.9	9.4	2.3	21.9	30.5	23.4	7.0	18.0
1	2	100.0	–	–	–	–	–	60.0	40.0	20.0	40.0
45	143	100.0	23.3	12.9	8.6	1.8	25.1	26.3	19.5	6.8	21.5
9	26	100.0	20.3	9.8	8.3	2.3	18.0	35.3	28.6	6.8	19.5
9	24	100.0	20.9	10.1	8.5	2.3	17.8	35.7	28.7	7.0	18.6
–	2	100.0	–	–	–	–	25.0	25.0	25.0	–	50.0
46	142	100.0	23.6	13.1	8.7	1.8	25.7	25.6	18.6	6.9	21.4
9	23	100.0	25.2	11.9	9.6	3.7	20.0	29.6	23.0	6.7	17.0
8	20	100.0	26.4	12.4	10.1	3.9	20.2	29.5	23.3	6.2	15.5
1	3	100.0	–	–	–	–	16.7	33.3	16.7	16.7	50.0
46	145	100.0	22.6	12.7	8.4	1.5	25.3	26.7	19.8	6.9	21.9
11	24	100.0	20.1	8.6	9.4	2.9	20.9	34.5	26.6	7.9	17.3
9	20	100.0	22.7	9.2	10.9	3.4	21.8	31.1	23.5	7.6	16.8
2	4	100.0	5.0	5.0	–	–	15.0	55.0	45.0	10.0	20.0
44	144	100.0	23.7	13.4	8.5	1.7	25.2	25.6	19.0	6.7	21.9
30	100	100.0	21.5	11.7	7.9	2.1	24.4	28.0	21.7	6.3	20.9
28	94	100.0	22.1	12.1	8.2	2.2	25.4	26.7	20.5	6.2	20.8
2	6	100.0	11.5	3.8	3.8	–	7.7	50.0	42.3	7.7	23.1
25	68	100.0	25.4	13.8	9.7	1.6	24.5	26.0	18.2	7.8	21.3
24	58	100.0	19.5	10.4	7.5	1.3	24.2	33.6	26.1	7.5	18.2
20	49	100.0	19.9	10.3	8.1	1.5	26.5	31.6	24.3	7.4	18.0
4	9	100.0	17.4	10.9	4.3	–	10.9	45.7	37.0	8.7	19.6
31	110	100.0	25.4	14.0	9.4	2.3	24.6	22.9	16.5	6.5	22.9
55	168	100.0	23.1	12.5	8.6	1.9	24.4	27.2	20.3	6.9	21.1
163	2 324	100.0	33.7	20.0	11.6	1.4	28.8	12.3	10.7	1.6	23.1

70歳

第 1 回 の 日 常 生 活 活 動 の 困 難 の 有 無 ・ 困 難 の 程 度	総数	第1回から仕事あり	（再掲）離職なし	（再掲）離職あり	就業	退職	第1回から仕事なし	（再掲）離職なし
					被調査者数（単位：人）			
総数	1 551	404	235	137	16	468	275	230
歩く								
困難あり	51	12	7	4	－	10	21	14
何らかの困難はあるが、独力でできる	48	11	6	4	－	9	20	13
独力ではできないので、介助が必要	3	1	1	－	－	1	1	1
困難なし	78	17	11	4	1	18	20	13
起きあがる								
困難あり	38	8	5	2	－	7	15	10
何らかの困難はあるが、独力でできる	36	7	4	2	－	7	14	9
独力ではできないので、介助が必要	2	1	1	－	－	－	1	1
困難なし	91	21	13	6	1	21	26	17
座ったり立ちあがる								
困難あり	30	5	3	1	－	4	14	9
何らかの困難はあるが、独力でできる	28	4	2	1	－	4	13	8
独力ではできないので、介助が必要	2	1	1	－	－	－	1	1
困難なし	99	24	15	7	1	24	27	18
衣服の着脱								
困難あり	25	3	1	1	－	5	12	7
何らかの困難はあるが、独力でできる	24	3	1	1	－	5	11	6
独力ではできないので、介助が必要	1	－	－	－	－	－	1	1
困難なし	104	26	17	7	1	23	29	20
手や顔を洗う								
困難あり	19	2	1	－	－	3	10	6
何らかの困難はあるが、独力でできる	19	2	1	－	－	3	10	6
独力ではできないので、介助が必要	－	－	－	－	－	－	－	－
困難なし	110	27	17	8	1	25	31	21
食事をする								
困難あり	19	1	－	－	－	3	11	7
何らかの困難はあるが、独力でできる	19	1	－	－	－	3	11	7
独力ではできないので、介助が必要	－	－	－	－	－	－	－	－
困難なし	110	28	18	8	1	25	30	20
排せつ								
困難あり	19	1	－	－	－	4	10	6
何らかの困難はあるが、独力でできる	19	1	－	－	－	4	10	6
独力ではできないので、介助が必要	－	－	－	－	－	－	－	－
困難なし	110	28	18	8	1	24	31	21
入浴をする								
困難あり	19	1	－	－	－	3	10	6
何らかの困難はあるが、独力でできる	17	1	－	－	－	3	9	5
独力ではできないので、介助が必要	2	－	－	－	－	－	1	1
困難なし	110	28	18	8	1	25	31	21
階段の上り下り								
困難あり	77	14	11	2	－	20	27	17
何らかの困難はあるが、独力でできる	73	13	10	2	－	20	25	15
独力ではできないので、介助が必要	4	1	1	－	－	－	2	2
困難なし	52	15	7	6	1	8	14	10
ものの持ち運び								
困難あり	47	5	3	－	1	9	22	13
何らかの困難はあるが、独力でできる	38	4	2	－	1	8	16	8
独力ではできないので、介助が必要	9	1	1	－	－	1	6	5
困難なし	82	24	15	8	－	19	19	14
（再掲）日常生活に困難あり	129	29	18	8	1	28	41	27
日常生活に困難なし	1 335	354	203	123	15	413	218	193

注：総数には各項目の不詳を含む。

第1回からの就業状況の変化

（再掲）その他	その他	総数	第1回から仕事あり	（再掲）離職なし	（再掲）離職あり	就業	退職	第1回から仕事なし	（再掲）離職なし	（再掲）その他	その他
						構成割合（単位：%）					
45	373	100.0	26.0	15.2	8.8	1.0	30.2	17.7	14.8	2.9	24.0
7	6	100.0	23.5	13.7	7.8	–	19.6	41.2	27.5	13.7	11.8
7	6	100.0	22.9	12.5	8.3	–	18.8	41.7	27.1	14.6	12.5
–	–	100.0	33.3	33.3	–	–	33.3	33.3	33.3	–	–
7	20	100.0	21.8	14.1	5.1	1.3	23.1	25.6	16.7	9.0	25.6
5	7	100.0	21.1	13.2	5.3	–	18.4	39.5	26.3	13.2	18.4
5	7	100.0	19.4	11.1	5.6	–	19.4	38.9	25.0	13.9	19.4
–	–	100.0	50.0	50.0	–	–	–	50.0	50.0	–	–
9	19	100.0	23.1	14.3	6.6	1.1	23.1	28.6	18.7	9.9	20.9
5	6	100.0	16.7	10.0	3.3	–	13.3	46.7	30.0	16.7	20.0
5	6	100.0	14.3	7.1	3.6	–	14.3	46.4	28.6	17.9	21.4
–	–	100.0	50.0	50.0	–	–	–	50.0	50.0	–	–
9	20	100.0	24.2	15.2	7.1	1.0	24.2	27.3	18.2	9.1	20.2
5	4	100.0	12.0	4.0	4.0	–	20.0	48.0	28.0	20.0	16.0
5	4	100.0	12.5	4.2	4.2	–	20.8	45.8	25.0	20.8	16.7
–	–	100.0	–	–	–	–	–	100.0	100.0	–	–
9	22	100.0	25.0	16.3	6.7	1.0	22.1	27.9	19.2	8.7	21.2
4	3	100.0	10.5	5.3	–	–	15.8	52.6	31.6	21.1	15.8
4	3	100.0	10.5	5.3	–	–	15.8	52.6	31.6	21.1	15.8
–	–										
10	23	100.0	24.5	15.5	7.3	0.9	22.7	28.2	19.1	9.1	20.9
4	3	100.0	5.3	–	–	–	15.8	57.9	36.8	21.1	15.8
4	3	100.0	5.3	–	–	–	15.8	57.9	36.8	21.1	15.8
–	–										
10	23	100.0	25.5	16.4	7.3	0.9	22.7	27.3	18.2	9.1	20.9
4	3	100.0	5.3	–	–	–	21.1	52.6	31.6	21.1	15.8
4	3	100.0	5.3	–	–	–	21.1	52.6	31.6	21.1	15.8
–	–										
10	23	100.0	25.5	16.4	7.3	0.9	21.8	28.2	19.1	9.1	20.9
4	3	100.0	5.3	–	–	–	15.8	52.6	31.6	21.1	15.8
4	3	100.0	5.9	–	–	–	17.6	52.9	29.4	23.5	17.6
–	–	100.0	–	–	–	–	–	50.0	50.0	–	–
10	23	100.0	25.5	16.4	7.3	0.9	22.7	28.2	19.1	9.1	20.9
10	14	100.0	18.2	14.3	2.6	–	26.0	35.1	22.1	13.0	18.2
10	14	100.0	17.8	13.7	2.7	–	27.4	34.2	20.5	13.7	19.2
–	–	100.0	25.0	25.0	–	–	–	50.0	50.0	–	–
4	12	100.0	28.8	13.5	11.5	1.9	15.4	26.9	19.2	7.7	23.1
9	6	100.0	10.6	6.4	–	2.1	19.1	46.8	27.7	19.1	12.8
8	6	100.0	10.5	5.3	–	2.6	21.1	42.1	21.1	21.1	15.8
1	–	100.0	11.1	11.1	–	–	11.1	66.7	55.6	11.1	–
5	20	100.0	29.3	18.3	9.8	–	23.2	23.2	17.1	6.1	24.4
14	26	100.0	22.5	14.0	6.2	0.8	21.7	31.8	20.9	10.9	20.2
25	325	100.0	26.5	15.2	9.2	1.1	30.9	16.3	14.5	1.9	24.3

第48表　被調査者数・構成割合，性、第1回の健診受診の

総数

第1回の健診受診の有無・健診結果・健診結果への対応	総数	第1回から仕事あり	（再掲）離職なし	（再掲）離職あり	就業	退職	第1回から仕事なし
				被調査者数（単位：人）			
総数	19 513	7 565	4 539	2 614	290	4 811	2 349
受診した	14 726	5 814	3 308	2 222	173	4 017	1 343
異常なし	7 851	3 147	1 876	1 105	88	2 102	692
異常あり	6 815	2 644	1 421	1 110	84	1 896	643
医療機関で治療を受けた（受けている）	2 735	982	549	375	33	763	324
医療機関等で指導を受けた	765	313	166	139	6	207	73
医療機関で検査を受けた（受けている）	1 417	530	275	241	22	407	115
治療、指導、検査は受けずに様子を見ている	1 453	632	337	270	21	397	107
何もしていない（するつもりはない）	372	164	79	77	2	100	22
治療が必要	2 825	1 023	584	381	33	757	350
医療機関で治療を受けた（受けている）	2 220	797	448	297	26	601	292
医療機関等で指導を受けた	120	41	25	16	3	35	11
医療機関で検査を受けた（受けている）	142	45	34	11	1	32	20
治療、指導、検査は受けずに様子を見ている	250	98	53	41	3	67	22
何もしていない（するつもりはない）	71	36	18	16	–	15	4
指導を受けることが必要	1 702	712	392	291	22	445	149
医療機関で治療を受けた（受けている）	237	93	55	36	4	71	15
医療機関等で指導を受けた	543	229	123	101	2	143	55
医療機関で検査を受けた（受けている）	173	77	43	33	3	36	12
治療、指導、検査は受けずに様子を見ている	579	245	143	87	12	150	53
何もしていない（するつもりはない）	148	60	25	29	1	40	13
再検査・精密検査が必要	2 288	909	445	438	29	694	144
医療機関で治療を受けた（受けている）	278	92	46	42	3	91	17
医療機関等で指導を受けた	102	43	18	22	1	29	7
医療機関で検査を受けた（受けている）	1 102	408	198	197	18	339	83
治療、指導、検査は受けずに様子を見ている	624	289	141	142	6	180	32
何もしていない（するつもりはない）	153	68	36	32	1	45	5
受診していない	4 662	1 711	1 202	384	116	780	976

注：総数には各項目の不詳を含む。

有無・健診結果・健診結果への対応、第１回からの就業状況の変化別（３－１）

第 12 回調査（平成 28 年）

（再掲）離職なし	（再掲）その他	その他	総数	第１回から仕事あり	（再掲）離職なし	（再掲）離職あり	就業	退職	第１回から仕事なし	（再掲）離職なし	（再掲）その他	その他
						構成割合（単位：%）						
1 991	358	4 349	100.0	38.8	23.3	13.4	1.5	24.7	12.0	10.2	1.8	22.3
1 139	204	3 285	100.0	39.5	22.5	15.1	1.2	27.3	9.1	7.7	1.4	22.3
595	97	1 774	100.0	40.1	23.9	14.1	1.1	26.8	8.8	7.6	1.2	22.6
539	104	1 502	100.0	38.8	20.9	16.3	1.2	27.8	9.4	7.9	1.5	22.0
262	62	608	100.0	35.9	20.1	13.7	1.2	27.9	11.8	9.6	2.3	22.2
63	10	161	100.0	40.9	21.7	18.2	0.8	27.1	9.5	8.2	1.3	21.0
100	15	337	100.0	37.4	19.4	17.0	1.6	28.7	8.1	7.1	1.1	23.8
92	15	290	100.0	43.5	23.2	18.6	1.4	27.3	7.4	6.3	1.0	20.0
21	1	80	100.0	44.1	21.2	20.7	0.5	26.9	5.9	5.6	0.3	21.5
285	65	633	100.0	36.2	20.7	13.5	1.2	26.8	12.4	10.1	2.3	22.4
237	55	481	100.0	35.9	20.1	13.4	1.2	27.1	13.2	10.7	2.5	21.7
9	2	29	100.0	34.2	20.8	13.3	2.5	29.2	9.2	7.5	1.7	24.2
16	4	41	100.0	31.7	23.9	7.7	0.7	22.5	14.1	11.3	2.8	28.9
19	3	59	100.0	39.2	21.2	16.4	1.2	26.8	8.8	7.6	1.2	23.6
3	1	15	100.0	50.7	25.4	22.5	–	21.1	5.6	4.2	1.4	21.1
129	20	366	100.0	41.8	23.0	17.1	1.3	26.1	8.8	7.6	1.2	21.5
12	3	52	100.0	39.2	23.2	15.2	1.7	30.0	6.3	5.1	1.3	21.9
48	7	112	100.0	42.2	22.7	18.6	0.4	26.3	10.1	8.8	1.3	20.6
10	2	45	100.0	44.5	24.9	19.1	1.7	20.8	6.9	5.8	1.2	26.0
46	7	115	100.0	42.3	24.7	15.0	2.1	25.9	9.2	7.9	1.2	19.9
13	–	34	100.0	40.5	16.9	19.6	0.7	27.0	8.8	8.8	–	23.0
125	19	503	100.0	39.7	19.4	19.1	1.3	30.3	6.3	5.5	0.8	22.0
13	4	75	100.0	33.1	16.5	15.1	1.1	32.7	6.1	4.7	1.4	27.0
6	1	20	100.0	42.2	17.6	21.6	1.0	28.4	6.9	5.9	1.0	19.6
74	9	251	100.0	37.0	18.0	17.9	1.6	30.8	7.5	6.7	0.8	22.8
27	5	116	100.0	46.3	22.6	22.8	1.0	28.8	5.1	4.3	0.8	18.6
5	–	31	100.0	44.4	23.5	20.9	0.7	29.4	3.3	3.3	–	20.3
833	143	1 031	100.0	36.7	25.8	8.2	2.5	16.7	20.9	17.9	3.1	22.1

第 48 表　被調査者数・構成割合，性、第1回の健診受診の

男

第1回の健診受診の有無・健診結果・健診結果への対応	総数	第1回から仕事あり	（再掲）離職なし	（再掲）離職あり	就業	退職	第1回から仕事なし
	被調査者数（単位：人）						
総数	8 953	4 492	2 535	1 706	71	2 271	208
受診した	7 267	3 541	1 867	1 500	45	2 006	95
異常なし	3 618	1 808	1 017	698	22	967	37
異常あり	3 615	1 720	844	797	23	1 027	57
医療機関で治療を受けた（受けている）	1 417	639	330	270	10	419	33
医療機関等で指導を受けた	392	200	98	96	1	103	5
医療機関で検査を受けた（受けている）	700	330	150	169	7	198	10
治療、指導、検査は受けずに様子を見ている	826	416	203	194	3	226	9
何もしていない（するつもりはない）	252	124	55	65	2	73	–
治療が必要	1 439	654	346	272	9	405	37
医療機関で治療を受けた（受けている）	1 130	517	270	214	7	322	31
医療機関等で指導を受けた	61	26	16	10	–	19	2
医療機関で検査を受けた（受けている）	66	24	16	8	–	18	3
治療、指導、検査は受けずに様子を見ている	135	63	31	29	2	36	1
何もしていない（するつもりはない）	38	21	10	11	–	7	–
指導を受けることが必要	870	442	215	206	6	229	12
医療機関で治療を受けた（受けている）	129	61	32	27	2	41	2
医療機関等で指導を受けた	271	145	72	69	1	67	3
医療機関で検査を受けた（受けている）	86	48	22	25	1	15	1
治療、指導、検査は受けずに様子を見ている	284	140	72	58	1	76	6
何もしていない（するつもりはない）	91	44	15	25	1	27	–
再検査・精密検査が必要	1 306	624	283	319	8	393	8
医療機関で治療を受けた（受けている）	158	61	28	29	1	56	–
医療機関等で指導を受けた	60	29	10	17	–	17	–
医療機関で検査を受けた（受けている）	548	258	112	136	6	165	6
治療、指導、検査は受けずに様子を見ている	407	213	100	107	–	114	2
何もしていない（するつもりはない）	123	59	30	29	1	39	–
受診していない	1 638	930	654	202	25	258	106

注：総数には各項目の不詳を含む。

				第１回からの就業状況の変化								
（再掲）離職なし	（再掲）その他	その他	総数	第１回から仕事あり	（再掲）離職なし	（再掲）離職あり	就業	退職	第１回から仕事なし	（再掲）離職なし	（再掲）その他	その他
						構成割合（単位：%）						
166	42	1 878	100.0	50.2	28.3	19.1	0.8	25.4	2.3	1.9	0.5	21.0
75	20	1 557	100.0	48.7	25.7	20.6	0.6	27.6	1.3	1.0	0.3	21.4
29	8	775	100.0	50.0	28.1	19.3	0.6	26.7	1.0	0.8	0.2	21.4
45	12	774	100.0	47.6	23.3	22.0	0.6	28.4	1.6	1.2	0.3	21.4
24	9	308	100.0	45.1	23.3	19.1	0.7	29.6	2.3	1.7	0.6	21.7
5	–	83	100.0	51.0	25.0	24.5	0.3	26.3	1.3	1.3	–	21.2
9	1	154	100.0	47.1	21.4	24.1	1.0	28.3	1.4	1.3	0.1	22.0
7	2	169	100.0	50.4	24.6	23.5	0.4	27.4	1.1	0.8	0.2	20.5
–	–	51	100.0	49.2	21.8	25.8	0.8	29.0	–	–	–	20.2
28	9	324	100.0	45.4	24.0	18.9	0.6	28.1	2.6	1.9	0.6	22.5
23	8	245	100.0	45.8	23.9	18.9	0.6	28.5	2.7	2.0	0.7	21.7
2	–	14	100.0	42.6	26.2	16.4	–	31.1	3.3	3.3	–	23.0
3	–	21	100.0	36.4	24.2	12.1	–	27.3	4.5	4.5	–	31.8
–	1	32	100.0	46.7	23.0	21.5	1.5	26.7	0.7	–	0.7	23.7
–	–	9	100.0	55.3	26.3	28.9	–	18.4	–	–	–	23.7
11	1	179	100.0	50.8	24.7	23.7	0.7	26.3	1.4	1.3	0.1	20.6
1	1	23	100.0	47.3	24.8	20.9	1.6	31.8	1.6	0.8	0.8	17.8
3	–	55	100.0	53.5	26.6	25.5	0.4	24.7	1.1	1.1	–	20.3
1	–	21	100.0	55.8	25.6	29.1	1.2	17.4	1.2	1.2	–	24.4
6	–	59	100.0	49.3	25.4	20.4	0.4	26.8	2.1	2.1	–	20.8
–	–	19	100.0	48.4	16.5	27.5	1.1	29.7	–	–	–	20.9
6	2	271	100.0	47.8	21.7	24.4	0.6	30.1	0.6	0.5	0.2	20.8
–	–	40	100.0	38.6	17.7	18.4	0.6	35.4	–	–	–	25.3
–	–	14	100.0	48.3	16.7	28.3	–	28.3	–	–	–	23.3
5	1	112	100.0	47.1	20.4	24.8	1.1	30.1	1.1	0.9	0.2	20.4
1	1	78	100.0	52.3	24.6	26.3	–	28.0	0.5	0.2	0.2	19.2
–	–	23	100.0	48.0	24.4	23.6	0.8	31.7	–	–	–	18.7
87	19	310	100.0	56.8	39.9	12.3	1.5	15.8	6.5	5.3	1.2	18.9

第48表 被調査者数・構成割合，性、第1回の健診受診の

女

第1回の健診受診の有無・健診結果・健診結果への対応	総数	第1回から仕事あり	（再掲）離職なし	（再掲）離職あり	就業	退職	第1回から仕事なし
						被調査者数（単位：人）	
総数	10 560	3 073	2 004	908	219	2 540	2 141
受診した	7 459	2 273	1 441	722	128	2 011	1 248
異常なし	4 233	1 339	859	407	66	1 135	655
異常あり	3 200	924	577	313	61	869	586
医療機関で治療を受けた（受けている）	1 318	343	219	105	23	344	291
医療機関等で指導を受けた	373	113	68	43	5	104	68
医療機関で検査を受けた（受けている）	717	200	125	72	15	209	105
治療、指導、検査は受けずに様子を見ている	627	216	134	76	18	171	98
何もしていない（するつもりはない）	120	40	24	12	–	27	22
治療が必要	1 386	369	238	109	24	352	313
医療機関で治療を受けた（受けている）	1 090	280	178	83	19	279	261
医療機関等で指導を受けた	59	15	9	6	3	16	9
医療機関で検査を受けた（受けている）	76	21	18	3	1	14	17
治療、指導、検査は受けずに様子を見ている	115	35	22	12	1	31	21
何もしていない（するつもりはない）	33	15	8	5	–	8	4
指導を受けることが必要	832	270	177	85	16	216	137
医療機関で治療を受けた（受けている）	108	32	23	9	2	30	13
医療機関等で指導を受けた	272	84	51	32	1	76	52
医療機関で検査を受けた（受けている）	87	29	21	8	2	21	11
治療、指導、検査は受けずに様子を見ている	295	105	71	29	11	74	47
何もしていない（するつもりはない）	57	16	10	4	–	13	13
再検査・精密検査が必要	982	285	162	119	21	301	136
医療機関で治療を受けた（受けている）	120	31	18	13	2	35	17
医療機関等で指導を受けた	42	14	8	5	1	12	7
医療機関で検査を受けた（受けている）	554	150	86	61	12	174	77
治療、指導、検査は受けずに様子を見ている	217	76	41	35	6	66	30
何もしていない（するつもりはない）	30	9	6	3	–	6	5
受診していない	3 024	781	548	182	91	522	870

注：総数には各項目の不詳を含む。

			第1回からの就業状況の変化									
（再掲）離職なし	（再掲）その他	その他	総数	第1回から仕事あり	（再掲）離職なし	（再掲）離職あり	就業	退職	第1回から仕事なし	（再掲）離職なし	（再掲）その他	その他
			構成割合（単位：%）									
1 825	316	2 471	100.0	29.1	19.0	8.6	2.1	24.1	20.3	17.3	3.0	23.4
1 064	184	1 728	100.0	30.5	19.3	9.7	1.7	27.0	16.7	14.3	2.5	23.2
566	89	999	100.0	31.6	20.3	9.6	1.6	26.8	15.5	13.4	2.1	23.6
494	92	728	100.0	28.9	18.0	9.8	1.9	27.2	18.3	15.4	2.9	22.8
238	53	300	100.0	26.0	16.6	8.0	1.7	26.1	22.1	18.1	4.0	22.8
58	10	78	100.0	30.3	18.2	11.5	1.3	27.9	18.2	15.5	2.7	20.9
91	14	183	100.0	27.9	17.4	10.0	2.1	29.1	14.6	12.7	2.0	25.5
85	13	121	100.0	34.4	21.4	12.1	2.9	27.3	15.6	13.6	2.1	19.3
21	1	29	100.0	33.3	20.0	10.0	－	22.5	18.3	17.5	0.8	24.2
257	56	309	100.0	26.6	17.2	7.9	1.7	25.4	22.6	18.5	4.0	22.3
214	47	236	100.0	25.7	16.3	7.6	1.7	25.6	23.9	19.6	4.3	21.7
7	2	15	100.0	25.4	15.3	10.2	5.1	27.1	15.3	11.9	3.4	25.4
13	4	20	100.0	27.6	23.7	3.9	1.3	18.4	22.4	17.1	5.3	26.3
19	2	27	100.0	30.4	19.1	10.4	0.9	27.0	18.3	16.5	1.7	23.5
3	1	6	100.0	45.5	24.2	15.2	－	24.2	12.1	9.1	3.0	18.2
118	19	187	100.0	32.5	21.3	10.2	1.9	26.0	16.5	14.2	2.3	22.5
11	2	29	100.0	29.6	21.3	8.3	1.9	27.8	12.0	10.2	1.9	26.9
45	7	57	100.0	30.9	18.8	11.8	0.4	27.9	19.1	16.5	2.6	21.0
9	2	24	100.0	33.3	24.1	9.2	2.3	24.1	12.6	10.3	2.3	27.6
40	7	56	100.0	35.6	24.1	9.8	3.7	25.1	15.9	13.6	2.4	19.0
13	－	15	100.0	28.1	17.5	7.0	－	22.8	22.8	22.8	－	26.3
119	17	232	100.0	29.0	16.5	12.1	2.1	30.7	13.8	12.1	1.7	23.6
13	4	35	100.0	25.8	15.0	10.8	1.7	29.2	14.2	10.8	3.3	29.2
6	1	6	100.0	33.3	19.0	11.9	2.4	28.6	16.7	14.3	2.4	14.3
69	8	139	100.0	27.1	15.5	11.0	2.2	31.4	13.9	12.5	1.4	25.1
26	4	38	100.0	35.0	18.9	16.1	2.8	30.4	13.8	12.0	1.8	17.5
5	－	8	100.0	30.0	20.0	10.0	－	20.0	16.7	16.7	－	26.7
746	124	721	100.0	25.8	18.1	6.0	3.0	17.3	28.8	24.7	4.1	23.8

第12回のふだんの活動の状況		総数	よい	大変良い	良い	どちらかといえば良い	わるい	どちらかといえば悪い	悪い	大変悪い	男	よい
総数		19 513	15 291	760	5 391	9 140	3 913	3 043	689	181	8 953	6 951
近所づきあい	いつもする	5 451	4 410	277	1 695	2 438	953	751	166	36	2 197	1 772
	ときどきする	7 569	6 095	258	2 073	3 764	1 365	1 090	234	41	3 192	2 544
	あまりしない	4 253	3 238	139	1 088	2 011	958	763	155	40	2 266	1 725
	しない	1 634	1 136	61	392	683	478	330	100	48	1 047	737
友達づきあい	いつもする	6 356	5 255	353	2 108	2 794	1 004	799	164	41	2 408	1 959
	ときどきする	9 040	7 211	294	2 475	4 442	1 694	1 348	287	59	4 137	3 322
	あまりしない	2 585	1 848	63	512	1 273	702	545	131	26	1 539	1 106
	しない	990	620	27	182	411	353	233	78	42	645	414
家事	いつもする	12 476	9 975	496	3 585	5 894	2 307	1 841	395	71	2 755	2 160
	ときどきする	3 521	2 769	144	977	1 648	700	556	118	26	3 092	2 470
	あまりしない	1 851	1 431	60	462	909	396	300	70	26	1 726	1 365
	しない	1 136	766	40	251	475	363	233	81	49	1 075	747
自分の孫や	いつもする	3 968	3 209	180	1 156	1 873	699	577	106	16	900	732
子供の世話	ときどきする	6 137	4 971	248	1 777	2 946	1 076	866	175	35	2 842	2 295
	あまりしない	2 575	2 028	90	701	1 237	518	411	87	20	1 505	1 177
	しない	5 400	4 055	199	1 422	2 434	1 266	919	260	87	3 000	2 241
総数		100.0	78.4	3.9	27.6	46.8	20.1	15.6	3.5	0.9	100.0	77.6
近所づきあい	いつもする	100.0	80.9	5.1	31.1	44.7	17.5	13.8	3.0	0.7	100.0	80.7
	ときどきする	100.0	80.5	3.4	27.4	49.7	18.0	14.4	3.1	0.5	100.0	79.7
	あまりしない	100.0	76.1	3.3	25.6	47.3	22.5	17.9	3.6	0.9	100.0	76.1
	しない	100.0	69.5	3.7	24.0	41.8	29.3	20.2	6.1	2.9	100.0	70.4
友達づきあい	いつもする	100.0	82.7	5.6	33.2	44.0	15.8	12.6	2.6	0.6	100.0	81.4
	ときどきする	100.0	79.8	3.3	27.4	49.1	18.7	14.9	3.2	0.7	100.0	80.3
	あまりしない	100.0	71.5	2.4	19.8	49.2	27.2	21.1	5.1	1.0	100.0	71.9
	しない	100.0	62.6	2.7	18.4	41.5	35.7	23.5	7.9	4.2	100.0	64.2
家事	いつもする	100.0	80.0	4.0	28.7	47.2	18.5	14.8	3.2	0.6	100.0	78.4
	ときどきする	100.0	78.6	4.1	27.7	46.8	19.9	15.8	3.4	0.7	100.0	79.9
	あまりしない	100.0	77.3	3.2	25.0	49.1	21.4	16.2	3.8	1.4	100.0	79.1
	しない	100.0	67.4	3.5	22.1	41.8	32.0	20.5	7.1	4.3	100.0	69.5
自分の孫や	いつもする	100.0	80.9	4.5	29.1	47.2	17.6	14.5	2.7	0.4	100.0	81.3
子供の世話	ときどきする	100.0	81.0	4.0	29.0	48.0	17.5	14.1	2.9	0.6	100.0	80.8
	あまりしない	100.0	78.8	3.5	27.2	48.0	20.1	16.0	3.4	0.8	100.0	78.2
	しない	100.0	75.1	3.7	26.3	45.1	23.4	17.0	4.8	1.6	100.0	74.7

注：総数には各項目の不詳を含む。

性、第 12 回の健康状態

大変良い	良い	どちらかといえば良い	わるい	どちらかといえば悪い	悪い	大変悪い	女	よい	大変良い	良い	どちらかといえば良い	わるい	どちらかといえば悪い	悪い	大変悪い
被調査者数（単位：人）															
377	2 493	4 081	1 882	1 456	320	106	10 560	8 340	383	2 898	5 059	2 031	1 587	369	75
120	704	948	397	311	72	14	3 254	2 638	157	991	1 490	556	440	94	22
125	888	1 531	604	485	92	27	4 377	3 551	133	1 185	2 233	761	605	142	14
81	578	1 066	517	415	77	25	1 987	1 513	58	510	945	441	348	78	15
43	257	437	300	206	65	29	587	399	18	135	246	178	124	35	19
147	808	1 004	415	325	71	19	3 948	3 296	206	1 300	1 790	589	474	93	22
161	1 196	1 965	763	610	120	33	4 903	3 889	133	1 279	2 477	931	738	167	26
43	312	751	417	325	74	18	1 046	742	20	200	522	285	220	57	8
19	127	268	222	150	46	26	345	206	8	55	143	131	83	32	16
142	840	1 178	558	437	97	24	9 721	7 815	354	2 745	4 716	1 749	1 404	298	47
131	892	1 447	580	474	88	18	429	299	13	85	201	120	82	30	8
57	445	863	340	263	54	23	125	66	3	17	46	56	37	16	3
37	244	466	322	219	70	33	61	19	3	7	9	41	14	11	16
57	291	384	160	134	22	4	3 068	2 477	123	865	1 489	539	443	84	12
125	856	1 314	511	424	68	19	3 295	2 676	123	921	1 632	565	442	107	16
55	389	733	316	254	48	14	1 070	851	35	312	504	202	157	39	6
120	787	1 334	719	517	149	53	2 400	1 814	79	635	1 100	547	402	111	34
構成割合（単位：%）															
4.2	27.8	45.6	21.0	16.3	3.6	1.2	100.0	79.0	3.6	27.4	47.9	19.2	15.0	3.5	0.7
5.5	32.0	43.1	18.1	14.2	3.3	0.6	100.0	81.1	4.8	30.5	45.8	17.1	13.5	2.9	0.7
3.9	27.8	48.0	18.9	15.2	2.9	0.8	100.0	81.1	3.0	27.1	51.0	17.4	13.8	3.2	0.3
3.6	25.5	47.0	22.8	18.3	3.4	1.1	100.0	76.1	2.9	25.7	47.6	22.2	17.5	3.9	0.8
4.1	24.5	41.7	28.7	19.7	6.2	2.8	100.0	68.0	3.1	23.0	41.9	30.3	21.1	6.0	3.2
6.1	33.6	41.7	17.2	13.5	2.9	0.8	100.0	83.5	5.2	32.9	45.3	14.9	12.0	2.4	0.6
3.9	28.9	47.5	18.4	14.7	2.9	0.8	100.0	79.3	2.7	26.1	50.5	19.0	15.1	3.4	0.5
2.8	20.3	48.8	27.1	21.1	4.8	1.2	100.0	70.9	1.9	19.1	49.9	27.2	21.0	5.4	0.8
2.9	19.7	41.6	34.4	23.3	7.1	4.0	100.0	59.7	2.3	15.9	41.4	38.0	24.1	9.3	4.6
5.2	30.5	42.8	20.3	15.9	3.5	0.9	100.0	80.4	3.6	28.2	48.5	18.0	14.4	3.1	0.5
4.2	28.8	46.8	18.8	15.3	2.8	0.6	100.0	69.7	3.0	19.8	46.9	28.0	19.1	7.0	1.9
3.3	25.8	50.0	19.7	15.2	3.1	1.3	100.0	52.8	2.4	13.6	36.8	44.8	29.6	12.8	2.4
3.4	22.7	43.3	30.0	20.4	6.5	3.1	100.0	31.1	4.9	11.5	14.8	67.2	23.0	18.0	26.2
6.3	32.3	42.7	17.8	14.9	2.4	0.4	100.0	80.7	4.0	28.2	48.5	17.6	14.4	2.7	0.4
4.4	30.1	46.2	18.0	14.9	2.4	0.7	100.0	81.2	3.7	28.0	49.5	17.1	13.4	3.2	0.5
3.7	25.8	48.7	21.0	16.9	3.2	0.9	100.0	79.5	3.3	29.2	47.1	18.9	14.7	3.6	0.6
4.0	26.2	44.5	24.0	17.2	5.0	1.8	100.0	75.6	3.3	26.5	45.8	22.8	16.8	4.6	1.4

第 12 回 の ふ だ ん の 活 動 の 状 況		総数	第1回から 仕事あり	就業	退職	第1回から 仕事なし	その他	男
総数		19 513	7 565	290	4 811	2 349	4 349	8 953
近所づきあい	いつもする	5 451	2 023	99	1 294	682	1 321	2 197
	ときどきする	7 569	2 802	118	1 946	993	1 656	3 192
	あまりしない	4 253	1 808	50	1 051	427	895	2 266
	しない	1 634	746	20	363	173	318	1 047
友達づきあい	いつもする	6 356	2 439	115	1 491	755	1 516	2 408
	ときどきする	9 040	3 546	133	2 262	1 054	1 984	4 137
	あまりしない	2 585	1 073	27	655	296	522	1 539
	しない	990	354	10	264	154	199	645
家事	いつもする	12 476	3 911	228	3 266	2 101	2 866	2 755
	ときどきする	3 521	1 817	32	814	113	735	3 092
	あまりしない	1 851	1 057	21	355	40	373	1 726
	しない	1 136	589	6	246	49	239	1 075
自分の孫や 子供の世話	いつもする	3 968	1 256	63	1 035	619	956	900
	ときどきする	6 137	2 512	99	1 479	702	1 321	2 842
	あまりしない	2 575	1 188	32	580	209	555	1 505
	しない	5 400	2 120	76	1 358	636	1 172	3 000
総数		100.0	100.0	100.0	100.0	100.0	100.0	100.0
近所づきあい	いつもする	27.9	26.7	34.1	26.9	29.0	30.4	24.5
	ときどきする	38.8	37.0	40.7	40.4	42.3	38.1	35.7
	あまりしない	21.8	23.9	17.2	21.8	18.2	20.6	25.3
	しない	8.4	9.9	6.9	7.5	7.4	7.3	11.7
友達づきあい	いつもする	32.6	32.2	39.7	31.0	32.1	34.9	26.9
	ときどきする	46.3	46.9	45.9	47.0	44.9	45.6	46.2
	あまりしない	13.2	14.2	9.3	13.6	12.6	12.0	17.2
	しない	5.1	4.7	3.4	5.5	6.6	4.6	7.2
家事	いつもする	63.9	51.7	78.6	67.9	89.4	65.9	30.8
	ときどきする	18.0	24.0	11.0	16.9	4.8	16.9	34.5
	あまりしない	9.5	14.0	7.2	7.4	1.7	8.6	19.3
	しない	5.8	7.8	2.1	5.1	2.1	5.5	12.0
自分の孫や 子供の世話	いつもする	20.3	16.6	21.7	21.5	26.4	22.0	10.1
	ときどきする	31.5	33.2	34.1	30.7	29.9	30.4	31.7
	あまりしない	13.2	15.7	11.0	12.1	8.9	12.8	16.8
	しない	27.7	28.0	26.2	28.2	27.1	26.9	33.5

注：総数には各項目の不詳を含む。

ふだんの活動の状況、性、第1回からの就業状況の変化別

性、第1回からの就業状況の変化

第1回から仕事あり	就業	退職	第1回から仕事なし	その他	女	第1回から仕事あり	就業	退職	第1回から仕事なし	その他
被調査者数（単位：人）										
4 492	71	2 271	208	1 878	10 560	3 073	219	2 540	2 141	2 471
1 117	24	517	41	495	3 254	906	75	777	641	826
1 598	26	842	69	647	4 377	1 204	92	1 104	924	1 009
1 136	12	589	47	476	1 987	672	38	462	380	419
548	9	255	38	192	587	198	11	108	135	126
1 299	23	524	34	522	3 948	1 140	92	967	721	994
2 100	33	1 077	77	838	4 903	1 446	100	1 185	977	1 146
750	9	410	38	328	1 046	323	18	245	258	194
263	5	195	43	137	345	91	5	69	111	62
1 117	24	897	104	604	9 721	2 794	204	2 369	1 997	2 262
1 657	23	740	44	622	429	160	9	74	69	113
1 009	19	330	21	344	125	48	2	25	19	29
578	5	232	27	228	61	11	1	14	22	11
410	5	265	17	201	3 068	846	58	770	602	755
1 518	24	708	29	555	3 295	994	75	771	673	766
830	15	341	14	302	1 070	358	17	239	195	253
1 444	20	775	106	649	2 400	676	56	583	530	523
構成割合（単位：%）										
100.0	100.0	100.0	100.0	100.0	100.0	100.0	100.0	100.0	100.0	100.0
24.9	33.8	22.8	19.7	26.4	30.8	29.5	34.2	30.6	29.9	33.4
35.6	36.6	37.1	33.2	34.5	41.4	39.2	42.0	43.5	43.2	40.8
25.3	16.9	25.9	22.6	25.3	18.8	21.9	17.4	18.2	17.7	17.0
12.2	12.7	11.2	18.3	10.2	5.6	6.4	5.0	4.3	6.3	5.1
28.9	32.4	23.1	16.3	27.8	37.4	37.1	42.0	38.1	33.7	40.2
46.7	46.5	47.4	37.0	44.6	46.4	47.1	45.7	46.7	45.6	46.4
16.7	12.7	18.1	18.3	17.5	9.9	10.5	8.2	9.6	12.1	7.9
5.9	7.0	8.6	20.7	7.3	3.3	3.0	2.3	2.7	5.2	2.5
24.9	33.8	39.5	50.0	32.2	92.1	90.9	93.2	93.3	93.3	91.5
36.9	32.4	32.6	21.2	33.1	4.1	5.2	4.1	2.9	3.2	4.6
22.5	26.8	14.5	10.1	18.3	1.2	1.6	0.9	1.0	0.9	1.2
12.9	7.0	10.2	13.0	12.1	0.6	0.4	0.5	0.6	1.0	0.4
9.1	7.0	11.7	8.2	10.7	29.1	27.5	26.5	30.3	28.1	30.6
33.8	33.8	31.2	13.9	29.6	31.2	32.3	34.2	30.4	31.4	31.0
18.5	21.1	15.0	6.7	16.1	10.1	11.6	7.8	9.4	9.1	10.2
32.1	28.2	34.1	51.0	34.6	22.7	22.0	25.6	23.0	24.8	21.2

第51表　被調査者数・構成割合，年齢階級、

総数

第 1 回 か ら の 社 会 参 加 活 動 の 変 化	総数	よい	大変良い	良い	どちらかといえば良い	わるい	どちらかといえば悪い
	被調査者数（単位：人）						
総数	19 513	15 291	760	5 391	9 140	3 913	3 043
趣味・教養							
第1回から活動している	4 580	3 945	240	1 579	2 126	589	481
活動「していない」から「している」に変化	877	736	40	266	430	133	110
活動「している」から「していない」に変化	477	331	12	107	212	142	100
第1回から活動していない	705	473	17	121	335	219	167
その他	11 280	8 700	397	2 945	5 358	2 405	1 885
スポーツ・健康							
第1回から活動している	3 275	2 892	213	1 239	1 440	337	274
活動「していない」から「している」に変化	1 202	1 000	50	371	579	194	157
活動「している」から「していない」に変化	511	364	11	121	232	144	104
第1回から活動していない	1 938	1 384	42	414	928	531	424
その他	10 629	8 269	390	2 776	5 103	2 195	1 705
地域行事							
第1回から活動している	1 430	1 202	68	472	662	211	172
活動「していない」から「している」に変化	1 339	1 110	45	420	645	214	169
活動「している」から「していない」に変化	301	214	8	80	126	84	53
第1回から活動していない	3 271	2 483	121	874	1 488	749	568
その他	11 294	8 997	462	3 116	5 419	2 124	1 700
子育て支援・教育・文化							
第1回から活動している	47	42	5	18	19	4	1
活動「していない」から「している」に変化	447	378	24	137	217	64	57
活動「している」から「していない」に変化	224	179	10	62	107	41	33
第1回から活動していない	10 867	8 634	380	3 048	5 206	2 096	1 655
その他	4 048	3 291	226	1 230	1 835	698	561
高齢者支援							
第1回から活動している	42	32	5	8	19	9	7
活動「していない」から「している」に変化	468	396	18	156	222	64	48
活動「している」から「していない」に変化	181	144	7	44	93	32	30
第1回から活動していない	9 755	7 782	376	2 810	4 596	1 856	1 479
その他	5 694	4 538	249	1 575	2 714	1 072	845
その他の社会参加活動							
第1回から活動している	197	168	18	68	82	26	21
活動「していない」から「している」に変化	787	662	41	235	386	117	104
活動「している」から「していない」に変化	173	133	5	46	82	37	27
第1回から活動していない	7 051	5 544	248	1 927	3 369	1 426	1 139
その他	8 134	6 509	347	2 358	3 804	1 499	1 163

注：総数には各項目の不詳を含む。

		第12回の健康状態								
悪い	大変悪い	総数	よい	大変良い	良い	どちらかといえば良い	わるい	どちらかといえば悪い	悪い	大変悪い
						構成割合（単位：%）				
689	181	100.0	78.4	3.9	27.6	46.8	20.1	15.6	3.5	0.9
88	20	100.0	86.1	5.2	34.5	46.4	12.9	10.5	1.9	0.4
22	1	100.0	83.9	4.6	30.3	49.0	15.2	12.5	2.5	0.1
29	13	100.0	69.4	2.5	22.4	44.4	29.8	21.0	6.1	2.7
40	12	100.0	67.1	2.4	17.2	47.5	31.1	23.7	5.7	1.7
419	101	100.0	77.1	3.5	26.1	47.5	21.3	16.7	3.7	0.9
43	20	100.0	88.3	6.5	37.8	44.0	10.3	8.4	1.3	0.6
31	6	100.0	83.2	4.2	30.9	48.2	16.1	13.1	2.6	0.5
34	6	100.0	71.2	2.2	23.7	45.4	28.2	20.4	6.7	1.2
87	20	100.0	71.4	2.2	21.4	47.9	27.4	21.9	4.5	1.0
391	99	100.0	77.8	3.7	26.1	48.0	20.7	16.0	3.7	0.9
30	9	100.0	84.1	4.8	33.0	46.3	14.8	12.0	2.1	0.6
41	4	100.0	82.9	3.4	31.4	48.2	16.0	12.6	3.1	0.3
26	5	100.0	71.1	2.7	26.6	41.9	27.9	17.6	8.6	1.7
132	49	100.0	75.9	3.7	26.7	45.5	22.9	17.4	4.0	1.5
346	78	100.0	79.7	4.1	27.6	48.0	18.8	15.1	3.1	0.7
3	–	100.0	89.4	10.6	38.3	40.4	8.5	2.1	6.4	–
5	2	100.0	84.6	5.4	30.6	48.5	14.3	12.8	1.1	0.4
6	2	100.0	79.9	4.5	27.7	47.8	18.3	14.7	2.7	0.9
350	91	100.0	79.5	3.5	28.0	47.9	19.3	15.2	3.2	0.8
110	27	100.0	81.3	5.6	30.4	45.3	17.2	13.9	2.7	0.7
2	–	100.0	76.2	11.9	19.0	45.2	21.4	16.7	4.8	–
14	2	100.0	84.6	3.8	33.3	47.4	13.7	10.3	3.0	0.4
2	–	100.0	79.6	3.9	24.3	51.4	17.7	16.6	1.1	–
304	73	100.0	79.8	3.9	28.8	47.1	19.0	15.2	3.1	0.7
176	51	100.0	79.7	4.4	27.7	47.7	18.8	14.8	3.1	0.9
3	2	100.0	85.3	9.1	34.5	41.6	13.2	10.7	1.5	1.0
11	2	100.0	84.1	5.2	29.9	49.0	14.9	13.2	1.4	0.3
8	2	100.0	76.9	2.9	26.6	47.4	21.4	15.6	4.6	1.2
226	61	100.0	78.6	3.5	27.3	47.8	20.2	16.2	3.2	0.9
269	67	100.0	80.0	4.3	29.0	46.8	18.4	14.3	3.3	0.8

61 ～ 64 歳

第 1 回 か ら の 社 会 参 加 活 動 の 変 化	総数	よい	大変良い	良い	どちらかといえば良い	わるい	どちらかといえば悪い
				被調査者数（単位：人）			
総数	6 641	5 319	259	1 879	3 181	1 242	1 002
趣味・教養							
第 1 回から活動している	1 466	1 278	72	517	689	175	149
活動「していない」から「している」に変化	338	293	14	108	171	43	33
活動「している」から「していない」に変化	153	107	4	39	64	46	35
第 1 回から活動していない	271	185	8	44	133	81	63
その他	3 981	3 137	146	1 067	1 924	792	644
スポーツ・健康							
第 1 回から活動している	1 037	933	63	404	466	86	70
活動「していない」から「している」に変化	380	324	11	113	200	53	46
活動「している」から「していない」に変化	221	170	6	55	109	50	40
第 1 回から活動していない	801	592	23	169	400	201	155
その他	3 611	2 855	142	990	1 723	715	583
地域行事							
第 1 回から活動している	474	406	24	152	230	62	52
活動「していない」から「している」に変化	412	349	15	123	211	62	52
活動「している」から「していない」に変化	118	85	4	33	48	31	21
第 1 回から活動していない	1 248	964	42	358	564	269	203
その他	3 863	3 130	156	1 096	1 878	686	570
子育て支援・教育・文化							
第 1 回から活動している	16	14	1	4	9	2	1
活動「していない」から「している」に変化	137	115	7	35	73	20	19
活動「している」から「していない」に変化	119	99	5	37	57	17	13
第 1 回から活動していない	3 887	3 110	135	1 115	1 860	735	591
その他	1 346	1 107	82	402	623	223	183
高齢者支援							
第 1 回から活動している	10	7	2	1	4	3	2
活動「していない」から「している」に変化	153	127	3	48	76	22	18
活動「している」から「していない」に変化	56	47	1	17	29	9	8
第 1 回から活動していない	3 403	2 738	129	994	1 615	632	510
その他	2 070	1 689	97	578	1 014	354	288
その他の社会参加活動							
第 1 回から活動している	57	51	6	16	29	5	3
活動「していない」から「している」に変化	234	198	11	66	121	34	29
活動「している」から「していない」に変化	63	50	2	17	31	13	10
第 1 回から活動していない	2 673	2 139	98	758	1 283	509	411
その他	2 708	2 188	111	803	1 274	480	395

注：総数には各項目の不詳を含む。

第 12 回調査（平成 28 年）

		第 12 回の健康状態								
悪い	大変悪い	総数	よい	大変良い	良い	どちらか といえば 良い	わるい	どちらか といえば 悪い	悪い	大変悪い
		構成割合（単位：%）								
196	44	100.0	80.1	3.9	28.3	47.9	18.7	15.1	3.0	0.7
23	3	100.0	87.2	4.9	35.3	47.0	11.9	10.2	1.6	0.2
10	–	100.0	86.7	4.1	32.0	50.6	12.7	9.8	3.0	–
5	6	100.0	69.9	2.6	25.5	41.8	30.1	22.9	3.3	3.9
15	3	100.0	68.3	3.0	16.2	49.1	29.9	23.2	5.5	1.1
119	29	100.0	78.8	3.7	26.8	48.3	19.9	16.2	3.0	0.7
12	4	100.0	90.0	6.1	39.0	44.9	8.3	6.8	1.2	0.4
5	2	100.0	85.3	2.9	29.7	52.6	13.9	12.1	1.3	0.5
8	2	100.0	76.9	2.7	24.9	49.3	22.6	18.1	3.6	0.9
38	8	100.0	73.9	2.9	21.1	49.9	25.1	19.4	4.7	1.0
108	24	100.0	79.1	3.9	27.4	47.7	19.8	16.1	3.0	0.7
9	1	100.0	85.7	5.1	32.1	48.5	13.1	11.0	1.9	0.2
9	1	100.0	84.7	3.6	29.9	51.2	15.0	12.6	2.2	0.2
9	1	100.0	72.0	3.4	28.0	40.7	26.3	17.8	7.6	0.8
47	19	100.0	77.2	3.4	28.7	45.2	21.6	16.3	3.8	1.5
97	19	100.0	81.0	4.0	28.4	48.6	17.8	14.8	2.5	0.5
1	–	100.0	87.5	6.3	25.0	56.3	12.5	6.3	6.3	–
1	–	100.0	83.9	5.1	25.5	53.3	14.6	13.9	0.7	–
3	1	100.0	83.2	4.2	31.1	47.9	14.3	10.9	2.5	0.8
113	31	100.0	80.0	3.5	28.7	47.9	18.9	15.2	2.9	0.8
33	7	100.0	82.2	6.1	29.9	46.3	16.6	13.6	2.5	0.5
1	–	100.0	70.0	20.0	10.0	40.0	30.0	20.0	10.0	–
3	1	100.0	83.0	2.0	31.4	49.7	14.4	11.8	2.0	0.7
1	–	100.0	83.9	1.8	30.4	51.8	16.1	14.3	1.8	–
97	25	100.0	80.5	3.8	29.2	47.5	18.6	15.0	2.9	0.7
51	15	100.0	81.6	4.7	27.9	49.0	17.1	13.9	2.5	0.7
2	–	100.0	89.5	10.5	28.1	50.9	8.8	5.3	3.5	–
5	–	100.0	84.6	4.7	28.2	51.7	14.5	12.4	2.1	–
3	–	100.0	79.4	3.2	27.0	49.2	20.6	15.9	4.8	–
74	24	100.0	80.0	3.7	28.4	48.0	19.0	15.4	2.8	0.9
71	14	100.0	80.8	4.1	29.7	47.0	17.7	14.6	2.6	0.5

65 〜 69 歳

第 1 回 か ら の 社 会 参 加 活 動 の 変 化	総数	よい	大変良い	良い	どちらか といえば 良い	わるい	どちらか といえば 悪い
					被調査者数（単位：人）		
総数	11 321	8 772	455	3 076	5 241	2 353	1 805
趣味・教養							
第1回から活動している	2 711	2 328	151	912	1 265	354	284
活動「していない」から「している」に変化	466	383	24	138	221	77	65
活動「している」から「していない」に変化	287	199	7	57	135	86	60
第1回から活動していない	384	250	9	64	177	126	94
その他	6 467	4 931	227	1 677	3 027	1 429	1 104
スポーツ・健康							
第1回から活動している	1 980	1 731	140	724	867	223	186
活動「していない」から「している」に変化	714	590	34	227	329	119	92
活動「している」から「していない」に変化	257	170	5	54	111	85	59
第1回から活動していない	1 025	719	15	226	478	293	239
その他	6 155	4 749	225	1 569	2 955	1 301	986
地域行事							
第1回から活動している	838	697	38	278	381	130	104
活動「していない」から「している」に変化	799	661	28	258	375	126	98
活動「している」から「していない」に変化	160	113	4	44	65	46	29
第1回から活動していない	1 813	1 370	72	454	844	420	327
その他	6 539	5 155	277	1 781	3 097	1 277	999
子育て支援・教育・文化							
第1回から活動している	27	24	4	13	7	2	−
活動「していない」から「している」に変化	272	234	15	92	127	36	32
活動「している」から「していない」に変化	91	71	5	21	45	19	17
第1回から活動していない	6 206	4 923	223	1 708	2 992	1 198	940
その他	2 346	1 891	131	717	1 043	417	330
高齢者支援							
第1回から活動している	26	21	2	6	13	4	3
活動「していない」から「している」に変化	281	240	12	98	130	37	26
活動「している」から「していない」に変化	112	87	3	27	57	21	20
第1回から活動していない	5 611	4 472	228	1 589	2 655	1 065	845
その他	3 204	2 506	138	881	1 487	649	505
その他の社会参加活動							
第1回から活動している	113	93	10	38	45	18	16
活動「していない」から「している」に変化	493	420	29	154	237	67	61
活動「している」から「していない」に変化	103	80	3	28	49	21	14
第1回から活動していない	3 910	3 047	133	1 033	1 881	810	648
その他	4 745	3 778	217	1 362	2 199	898	675

注：総数には各項目の不詳を含む。

第1回からの社会参加活動の変化、第12回の健康状態別（4－3）

第 12 回調査（平成 28 年）

第12回の健康状態										
悪い	大変悪い	総数	よい	大変良い	良い	どちらかといえば良い	わるい	どちらかといえば悪い	悪い	大変悪い
						構成割合（単位：%）				
426	122	100.0	77.5	4.0	27.2	46.3	20.8	15.9	3.8	1.1
57	13	100.0	85.9	5.6	33.6	46.7	13.1	10.5	2.1	0.5
11	1	100.0	82.2	5.2	29.6	47.4	16.5	13.9	2.4	0.2
20	6	100.0	69.3	2.4	19.9	47.0	30.0	20.9	7.0	2.1
24	8	100.0	65.1	2.3	16.7	46.1	32.8	24.5	6.3	2.1
260	65	100.0	76.2	3.5	25.9	46.8	22.1	17.1	4.0	1.0
24	13	100.0	87.4	7.1	36.6	43.8	11.3	9.4	1.2	0.7
24	3	100.0	82.6	4.8	31.8	46.1	16.7	12.9	3.4	0.4
23	3	100.0	66.1	1.9	21.0	43.2	33.1	23.0	8.9	1.2
44	10	100.0	70.1	1.5	22.0	46.6	28.6	23.3	4.3	1.0
245	70	100.0	77.2	3.7	25.5	48.0	21.1	16.0	4.0	1.1
18	8	100.0	83.2	4.5	33.2	45.5	15.5	12.4	2.1	1.0
26	2	100.0	82.7	3.5	32.3	46.9	15.8	12.3	3.3	0.3
13	4	100.0	70.6	2.5	27.5	40.6	28.8	18.1	8.1	2.5
70	23	100.0	75.6	4.0	25.0	46.6	23.2	18.0	3.9	1.3
223	55	100.0	78.8	4.2	27.2	47.4	19.5	15.3	3.4	0.8
2	-	100.0	88.9	14.8	48.1	25.9	7.4	-	7.4	-
3	1	100.0	86.0	5.5	33.8	46.7	13.2	11.8	1.1	0.4
1	1	100.0	78.0	5.5	23.1	49.5	20.9	18.7	1.1	1.1
208	50	100.0	79.3	3.6	27.5	48.2	19.3	15.1	3.4	0.8
68	19	100.0	80.6	5.6	30.6	44.5	17.8	14.1	2.9	0.8
1	-	100.0	80.8	7.7	23.1	50.0	15.4	11.5	3.8	-
10	1	100.0	85.4	4.3	34.9	46.3	13.2	9.3	3.6	0.4
1	-	100.0	77.7	2.7	24.1	50.9	18.8	17.9	0.9	-
179	41	100.0	79.7	4.1	28.3	47.3	19.0	15.1	3.2	0.7
113	31	100.0	78.2	4.3	27.5	46.4	20.3	15.8	3.5	1.0
1	1	100.0	82.3	8.8	33.6	39.8	15.9	14.2	0.9	0.9
4	2	100.0	85.2	5.9	31.2	48.1	13.6	12.4	0.8	0.4
5	2	100.0	77.7	2.9	27.2	47.6	20.4	13.6	4.9	1.9
132	30	100.0	77.9	3.4	26.4	48.1	20.7	16.6	3.4	0.8
174	49	100.0	79.6	4.6	28.7	46.3	18.9	14.2	3.7	1.0

70 歳

第 1 回 か ら の 社 会 参 加 活 動 の 変 化	総数	よい	大変良い	良い	どちらかといえば良い	わるい	どちらかといえば悪い
					被調査者数（単位：人）		
総数	1 551	1 200	46	436	718	318	236
趣味・教養							
第 1 回から活動している	403	339	17	150	172	60	48
活動「していない」から「している」に変化	73	60	2	20	38	13	12
活動「している」から「していない」に変化	37	25	1	11	13	10	5
第 1 回から活動していない	50	38	－	13	25	12	10
その他	832	632	24	201	407	184	137
スポーツ・健康							
第 1 回から活動している	258	228	10	111	107	28	18
活動「していない」から「している」に変化	108	86	5	31	50	22	19
活動「している」から「していない」に変化	33	24	－	12	12	9	5
第 1 回から活動していない	112	73	4	19	50	37	30
その他	863	665	23	217	425	179	136
地域行事							
第 1 回から活動している	118	99	6	42	51	19	16
活動「していない」から「している」に変化	128	100	2	39	59	26	19
活動「している」から「していない」に変化	23	16	－	3	13	7	3
第 1 回から活動していない	210	149	7	62	80	60	38
その他	892	712	29	239	444	161	131
子育て支援・教育・文化							
第 1 回から活動している	4	4	－	1	3	－	－
活動「していない」から「している」に変化	38	29	2	10	17	8	6
活動「している」から「していない」に変化	14	9	－	4	5	5	3
第 1 回から活動していない	774	601	22	225	354	163	124
その他	356	293	13	111	169	58	48
高齢者支援							
第 1 回から活動している	6	4	1	1	2	2	2
活動「していない」から「している」に変化	34	29	3	10	16	5	4
活動「している」から「していない」に変化	13	10	3	－	7	2	2
第 1 回から活動していない	741	572	19	227	326	159	124
その他	420	343	14	116	213	69	52
その他の社会参加活動							
第 1 回から活動している	27	24	2	14	8	3	2
活動「していない」から「している」に変化	60	44	1	15	28	16	14
活動「している」から「していない」に変化	7	3	－	1	2	3	3
第 1 回から活動していない	468	358	17	136	205	107	80
その他	681	543	19	193	331	121	93

注：総数には各項目の不詳を含む。

		第12回の健康状態								
悪い	大変悪い	総数	よい	大変良い	良い	どちらかといえば良い	わるい	どちらかといえば悪い	悪い	大変悪い
		構成割合（単位：%）								
67	15	100.0	77.4	3.0	28.1	46.3	20.5	15.2	4.3	1.0
8	4	100.0	84.1	4.2	37.2	42.7	14.9	11.9	2.0	1.0
1	–	100.0	82.2	2.7	27.4	52.1	17.8	16.4	1.4	–
4	1	100.0	67.6	2.7	29.7	35.1	27.0	13.5	10.8	2.7
1	1	100.0	76.0	–	26.0	50.0	24.0	20.0	2.0	2.0
40	7	100.0	76.0	2.9	24.2	48.9	22.1	16.5	4.8	0.8
7	3	100.0	88.4	3.9	43.0	41.5	10.9	7.0	2.7	1.2
2	1	100.0	79.6	4.6	28.7	46.3	20.4	17.6	1.9	0.9
3	1	100.0	72.7	–	36.4	36.4	27.3	15.2	9.1	3.0
5	2	100.0	65.2	3.6	17.0	44.6	33.0	26.8	4.5	1.8
38	5	100.0	77.1	2.7	25.1	49.2	20.7	15.8	4.4	0.6
3	–	100.0	83.9	5.1	35.6	43.2	16.1	13.6	2.5	–
6	1	100.0	78.1	1.6	30.5	46.1	20.3	14.8	4.7	0.8
4	–	100.0	69.6	–	13.0	56.5	30.4	13.0	17.4	–
15	7	100.0	71.0	3.3	29.5	38.1	28.6	18.1	7.1	3.3
26	4	100.0	79.8	3.3	26.8	49.8	18.0	14.7	2.9	0.4
–	–	100.0	100.0	–	25.0	75.0	–	–	–	–
1	1	100.0	76.3	5.3	26.3	44.7	21.1	15.8	2.6	2.6
2	–	100.0	64.3	–	28.6	35.7	35.7	21.4	14.3	–
29	10	100.0	77.6	2.8	29.1	45.7	21.1	16.0	3.7	1.3
9	1	100.0	82.3	3.7	31.2	47.5	16.3	13.5	2.5	0.3
–	–	100.0	66.7	16.7	16.7	33.3	33.3	33.3	–	–
1	–	100.0	85.3	8.8	29.4	47.1	14.7	11.8	2.9	–
–	–	100.0	76.9	23.1	–	53.8	15.4	15.4	–	–
28	7	100.0	77.2	2.6	30.6	44.0	21.5	16.7	3.8	0.9
12	5	100.0	81.7	3.3	27.6	50.7	16.4	12.4	2.9	1.2
–	1	100.0	88.9	7.4	51.9	29.6	11.1	7.4	–	3.7
2	–	100.0	73.3	1.7	25.0	46.7	26.7	23.3	3.3	–
–	–	100.0	42.9	–	14.3	28.6	42.9	42.9	–	–
20	7	100.0	76.5	3.6	29.1	43.8	22.9	17.1	4.3	1.5
24	4	100.0	79.7	2.8	28.3	48.6	17.8	13.7	3.5	0.6

年齢階級、第1回の仕事のため

被調査者数（単位：人）

性、第 12 回の仕事の有無・仕事のかたち	総数	免許・資格を取得した	免許・資格を取得しなかった	61～64歳	免許・資格を取得した	免許・資格を取得しなかった	65～69歳	免許・資格を取得した	免許・資格を取得しなかった	70歳
総数	15 861	7 880	7 527	5 639	2 804	2 709	9 061	4 481	4 290	1 161
仕事をしている	9 820	5 213	4 335	4 217	2 185	1 937	5 049	2 714	2 180	554
自営業主	1 973	1 213	705	620	387	217	1 202	728	440	151
家族従業者	689	283	379	234	102	124	407	163	227	48
会社・団体等の役員	668	366	283	274	148	121	343	193	137	51
正規の職員・従業員	1 227	698	495	793	445	331	402	234	151	32
パート・アルバイト	3 173	1 414	1 670	1 228	493	708	1 770	832	885	175
労働者派遣事業所の派遣社員	96	65	28	29	19	10	57	40	15	10
契約社員・嘱託	1 547	965	550	901	530	352	601	401	190	45
家庭での内職など	101	24	75	31	6	25	57	11	44	13
その他	327	180	136	104	54	47	197	108	82	26
仕事をしていない	6 016	2 659	3 182	1 412	614	770	3 999	1 764	2 103	605
男	8 499	5 109	3 162	2 885	1 730	1 099	4 932	2 958	1 826	682
仕事をしている	5 672	3 566	1 962	2 379	1 452	878	2 958	1 886	993	335
自営業主	1 582	1 011	529	504	329	162	960	602	333	118
家族従業者	66	44	18	17	13	4	44	28	13	5
会社・団体等の役員	519	304	200	217	128	86	264	155	98	38
正規の職員・従業員	868	518	326	570	330	226	276	173	93	22
パート・アルバイト	1 152	723	404	289	170	115	777	492	270	86
労働者派遣事業所の派遣社員	69	48	18	18	12	6	42	31	9	9
契約社員・嘱託	1 223	808	393	702	436	254	482	342	132	39
家庭での内職など	15	6	9	3	－	3	8	3	5	4
その他	170	101	60	58	34	21	98	57	36	14
仕事をしていない	2 816	1 537	1 196	500	273	221	1 969	1 071	829	347
女	7 362	2 771	4 365	2 754	1 074	1 610	4 129	1 523	2 464	479
仕事をしている	4 148	1 647	2 373	1 838	733	1 059	2 091	828	1 187	219
自営業主	391	202	176	116	58	55	242	126	107	33
家族従業者	623	239	361	217	89	120	363	135	214	43
会社・団体等の役員	149	62	83	57	20	35	79	38	39	13
正規の職員・従業員	359	180	169	223	115	105	126	61	58	10
パート・アルバイト	2 021	691	1 266	939	323	593	993	340	615	89
労働者派遣事業所の派遣社員	27	17	10	11	7	4	15	9	6	1
契約社員・嘱託	324	157	157	199	94	98	119	59	58	6
家庭での内職など	86	18	66	28	6	22	49	8	39	9
その他	157	79	76	46	20	26	99	51	46	12
仕事をしていない	3 200	1 122	1 986	912	341	549	2 030	693	1 274	258

注：総数には各項目の不詳を含む。

第12回の仕事の有無・仕事のかたち、年齢階級、第1回の仕事のための免許・資格の取得の有無別

の免許・資格の取得の有無

免許・資格を取得した	免許・資格を取得しなかった	総数	免許・資格を取得した	免許・資格を取得しなかった	61～64歳	免許・資格を取得した	免許・資格を取得しなかった	65～69歳	免許・資格を取得した	免許・資格を取得しなかった	70歳	免許・資格を取得した	免許・資格を取得しなかった
						構成割合（単位：%）							
595	528	100.0	100.0	100.0	100.0	100.0	100.0	100.0	100.0	100.0	100.0	100.0	100.0
314	218	61.9	66.2	57.6	74.8	77.9	71.5	55.7	60.6	50.8	47.7	52.8	41.3
98	48	12.4	15.4	9.4	11.0	13.8	8.0	13.3	16.2	10.3	13.0	16.5	9.1
18	28	4.3	3.6	5.0	4.1	3.6	4.6	4.5	3.6	5.3	4.1	3.0	5.3
25	25	4.2	4.6	3.8	4.9	5.3	4.5	3.8	4.3	3.2	4.4	4.2	4.7
19	13	7.7	8.9	6.6	14.1	15.9	12.2	4.4	5.2	3.5	2.8	3.2	2.5
89	77	20.0	17.9	22.2	21.8	17.6	26.1	19.5	18.6	20.6	15.1	15.0	14.6
6	3	0.6	0.8	0.4	0.5	0.7	0.4	0.6	0.9	0.3	0.9	1.0	0.6
34	8	9.8	12.2	7.3	16.0	18.9	13.0	6.6	8.9	4.4	3.9	5.7	1.5
7	6	0.6	0.3	1.0	0.5	0.2	0.9	0.6	0.2	1.0	1.1	1.2	1.1
18	7	2.1	2.3	1.8	1.8	1.9	1.7	2.2	2.4	1.9	2.2	3.0	1.3
281	309	37.9	33.7	42.3	25.0	21.9	28.4	44.1	39.4	49.0	52.1	47.2	58.5
421	237	100.0	100.0	100.0	100.0	100.0	100.0	100.0	100.0	100.0	100.0	100.0	100.0
228	91	66.7	69.8	62.0	82.5	83.9	79.9	60.0	63.8	54.4	49.1	54.2	38.4
80	34	18.6	19.8	16.7	17.5	19.0	14.7	19.5	20.4	18.2	17.3	19.0	14.3
3	1	0.8	0.9	0.6	0.6	0.8	0.4	0.9	0.9	0.7	0.7	0.7	0.4
21	16	6.1	6.0	6.3	7.5	7.4	7.8	5.4	5.2	5.4	5.6	5.0	6.8
15	7	10.2	10.1	10.3	19.8	19.1	20.6	5.6	5.8	5.1	3.2	3.6	3.0
61	19	13.6	14.2	12.8	10.0	9.8	10.5	15.8	16.6	14.8	12.6	14.5	8.0
5	3	0.8	0.9	0.6	0.6	0.7	0.5	0.9	1.0	0.5	1.3	1.2	1.3
30	7	14.4	15.8	12.4	24.3	25.2	23.1	9.8	11.6	7.2	5.7	7.1	3.0
3	1	0.2	0.1	0.3	0.1	–	0.3	0.2	0.1	0.3	0.6	0.7	0.4
10	3	2.0	2.0	1.9	2.0	2.0	1.9	2.0	1.9	2.0	2.1	2.4	1.3
193	146	33.1	30.1	37.8	17.3	15.8	20.1	39.9	36.2	45.4	50.9	45.8	61.6
174	291	100.0	100.0	100.0	100.0	100.0	100.0	100.0	100.0	100.0	100.0	100.0	100.0
86	127	56.3	59.4	54.4	66.7	68.2	65.8	50.6	54.4	48.2	45.7	49.4	43.6
18	14	5.3	7.3	4.0	4.2	5.4	3.4	5.9	8.3	4.3	6.9	10.3	4.8
15	27	8.5	8.6	8.3	7.9	8.3	7.5	8.8	8.9	8.7	9.0	8.6	9.3
4	9	2.0	2.2	1.9	2.1	1.9	2.2	1.9	2.5	1.6	2.7	2.3	3.1
4	6	4.9	6.5	3.9	8.1	10.7	6.5	3.1	4.0	2.4	2.1	2.3	2.1
28	58	27.5	24.9	29.0	34.1	30.1	36.8	24.0	22.3	25.0	18.6	16.1	19.9
1	–	0.4	0.6	0.2	0.4	0.7	0.2	0.4	0.6	0.2	0.2	0.6	–
4	1	4.4	5.7	3.6	7.2	8.8	6.1	2.9	3.9	2.4	1.3	2.3	0.3
4	5	1.2	0.6	1.5	1.0	0.6	1.4	1.2	0.5	1.6	1.9	2.3	1.7
8	4	2.1	2.9	1.7	1.7	1.9	1.6	2.4	3.3	1.9	2.5	4.6	1.4
88	163	43.5	40.5	45.5	33.1	31.8	34.1	49.2	45.5	51.7	53.9	50.6	56.0

第53表　第1回に仕事をしていた被調査者数・構成割合, 性、年齢階級、第 啓発の方法（複数

総数

年齢階級、第12回の仕事の有無・仕事のかたち	総数	能力開発・自己啓発をした	勤め先が開催する研修に参加した	公共機関（学校を除く）に通った	大学や各種学校等の学校に通った	団体・会社等民間の機関（学校を除く）に通った	通信教育を利用した	関係書籍を購読した
							被調査者数（単位：人）	
総数	15 861	5 022	3 096	209	98	443	439	2 306
仕事をしている	9 820	3 174	1 856	130	67	326	268	1 487
自営業主	1 973	616	245	18	8	76	31	329
家族従業者	689	124	50	8	2	16	3	62
会社・団体等の役員	668	309	161	14	5	45	21	197
正規の職員・従業員	1 227	455	296	14	12	46	42	222
パート・アルバイト	3 173	847	562	42	22	75	77	316
労働者派遣事業所の派遣社員	96	33	22	1	–	2	4	9
契約社員・嘱託	1 547	661	442	29	15	53	85	288
家庭での内職など	101	12	6	–	1	2	–	4
その他	327	112	68	4	2	10	5	56
仕事をしていない	6 016	1 841	1 237	78	31	117	170	816
61～64歳	5 639	1 962	1 211	68	42	156	196	917
仕事をしている	4 217	1 469	883	51	29	129	146	691
自営業主	620	207	75	4	1	21	7	121
家族従業者	234	44	17	4	1	6	2	21
会社・団体等の役員	274	139	75	2	2	17	13	91
正規の職員・従業員	793	318	207	6	9	30	36	154
パート・アルバイト	1 228	317	217	17	5	28	25	118
労働者派遣事業所の派遣社員	29	11	9	–	–	–	2	4
契約社員・嘱託	901	386	254	16	10	22	59	160
家庭での内職など	31	3	1	–	–	–	–	2
その他	104	42	26	2	1	5	2	19
仕事をしていない	1 412	490	326	17	13	27	49	224
65～69歳	9 061	2 728	1 676	118	50	260	215	1 241
仕事をしている	5 049	1 539	874	69	34	178	113	728
自営業主	1 202	375	155	14	6	50	22	192
家族従業者	407	73	30	4	–	9	1	39
会社・団体等の役員	343	144	66	8	3	23	8	93
正規の職員・従業員	402	124	82	7	2	16	5	62
パート・アルバイト	1 770	481	314	24	16	44	46	182
労働者派遣事業所の派遣社員	57	17	10	–	–	1	2	3
契約社員・嘱託	601	255	177	10	5	29	26	120
家庭での内職など	57	7	3	–	1	–	–	1
その他	197	60	35	2	1	5	3	33
仕事をしていない	3 999	1 186	801	49	16	82	102	512
70歳	1 161	332	209	23	6	27	28	148
仕事をしている	554	166	99	10	4	19	9	68
自営業主	151	34	15	–	1	5	2	16
家族従業者	48	7	3	–	1	1	–	2
会社・団体等の役員	51	26	20	4	–	5	–	13
正規の職員・従業員	32	13	7	1	1	–	1	6
パート・アルバイト	175	49	31	1	1	3	6	16
労働者派遣事業所の派遣社員	10	5	3	1	–	1	–	2
契約社員・嘱託	45	20	11	3	–	2	–	8
家庭での内職など	13	2	2	–	–	2	–	1
その他	26	10	7	–	–	–	–	4
仕事をしていない	605	165	110	12	2	8	19	80

注：総数には各項目の不詳を含む。

開発・自己啓発の実施の有無、能力開発・自己啓発の方法（複数回答）

その他	能力開発・自己啓発をしなかった	総数	能力開発・自己啓発をした	勤め先が開催する研修に参加した	公共機関（学校を除く）に通った	大学や各種学校等の学校に通った	団体・会社等民間の機関（学校を除く）に通った	通信教育を利用した	関係書籍を購読した	その他	能力開発・自己啓発をしなかった
					構成割合（単位：％）						
751	10 218	100.0	100.0	100.0	100.0	100.0	100.0	100.0	100.0	100.0	100.0
510	6 261	61.9	63.2	59.9	62.2	68.4	73.6	61.0	64.5	67.9	61.3
156	1 255	12.4	12.3	7.9	8.6	8.2	17.2	7.1	14.3	20.8	12.3
24	523	4.3	2.5	1.6	3.8	2.0	3.6	0.7	2.7	3.2	5.1
59	337	4.2	6.2	5.2	6.7	5.1	10.2	4.8	8.5	7.9	3.3
71	728	7.7	9.1	9.6	6.7	12.2	10.4	9.6	9.6	9.5	7.1
100	2 212	20.0	16.9	18.2	20.1	22.4	16.9	17.5	13.7	13.3	21.6
6	60	0.6	0.7	0.7	0.5	–	0.5	0.9	0.4	0.8	0.6
69	850	9.8	13.2	14.3	13.9	15.3	12.0	19.4	12.5	9.2	8.3
3	86	0.6	0.2	0.2	–	1.0	0.5	–	0.2	0.4	0.8
22	196	2.1	2.2	2.2	1.9	2.0	2.3	1.1	2.4	2.9	1.9
239	3 949	37.9	36.7	40.0	37.3	31.6	26.4	38.7	35.4	31.8	38.6
285	3 503	100.0	100.0	100.0	100.0	100.0	100.0	100.0	100.0	100.0	100.0
224	2 615	74.8	74.9	72.9	75.0	69.0	82.7	74.5	75.4	78.6	74.7
56	379	11.0	10.6	6.2	5.9	2.4	13.5	3.6	13.2	19.6	10.8
6	173	4.1	2.2	1.4	5.9	2.4	3.8	1.0	2.3	2.1	4.9
21	131	4.9	7.1	6.2	2.9	4.8	10.9	6.6	9.9	7.4	3.7
51	449	14.1	16.2	17.1	8.8	21.4	19.2	18.4	16.8	17.9	12.8
40	883	21.8	16.2	17.9	25.0	11.9	17.9	12.8	12.9	14.0	25.2
2	18	0.5	0.6	0.7	–	–	–	1.0	0.4	0.7	0.5
40	495	16.0	19.7	21.0	23.5	23.8	14.1	30.1	17.4	14.0	14.1
–	27	0.5	0.2	0.1	–	–	–	–	0.2	–	0.8
8	59	1.8	2.1	2.1	2.9	2.4	3.2	1.0	2.1	2.8	1.7
60	887	25.0	25.0	26.9	25.0	31.0	17.3	25.0	24.4	21.1	25.3
416	5 953	100.0	100.0	100.0	100.0	100.0	100.0	100.0	100.0	100.0	100.0
258	3 296	55.7	56.4	52.1	58.5	68.0	68.5	52.6	58.7	62.0	55.4
91	773	13.3	13.7	9.2	11.9	12.0	19.2	10.2	15.5	21.9	13.0
16	312	4.5	2.7	1.8	3.4	–	3.5	0.5	3.1	3.8	5.2
34	183	3.8	5.3	3.9	6.8	6.0	8.8	3.7	7.5	8.2	3.1
17	260	4.4	4.5	4.9	5.9	4.0	6.2	2.3	5.0	4.1	4.4
55	1 216	19.5	17.6	18.7	20.3	32.0	16.9	21.4	14.7	13.2	20.4
4	38	0.6	0.6	0.6	–	–	0.4	0.9	0.2	1.0	0.6
26	332	6.6	9.3	10.6	8.5	10.0	11.2	12.1	9.7	6.3	5.6
3	48	0.6	0.3	0.2	–	2.0	–	–	0.1	0.7	0.8
12	124	2.2	2.2	2.1	1.7	2.0	1.9	1.4	2.7	2.9	2.1
157	2 650	44.1	43.5	47.8	41.5	32.0	31.5	47.4	41.3	37.7	44.5
50	762	100.0	100.0	100.0	100.0	100.0	100.0	100.0	100.0	100.0	100.0
28	350	47.7	50.0	47.4	43.5	66.7	70.4	32.1	45.9	56.0	45.9
9	103	13.0	10.2	7.2	–	16.7	18.5	7.1	10.8	18.0	13.5
2	38	4.1	2.1	1.4	–	16.7	3.7	–	1.4	4.0	5.0
4	23	4.4	7.8	9.6	17.4	–	18.5	–	8.8	8.0	3.0
3	19	2.8	3.9	3.3	4.3	16.7	–	3.6	4.1	6.0	2.5
5	113	15.1	14.8	14.8	4.3	16.7	11.1	21.4	10.8	10.0	14.8
–	4	0.9	1.5	1.4	4.3	–	3.7	–	1.4	–	0.5
3	23	3.9	6.0	5.3	13.0	–	7.4	–	5.4	6.0	3.0
–	11	1.1	0.6	1.0	–	–	7.4	–	0.7	–	1.4
2	13	2.2	3.0	3.3	–	–	–	–	2.7	4.0	1.7
22	412	52.1	49.7	52.6	52.2	33.3	29.6	67.9	54.1	44.0	54.1

第53表　第1回に仕事をしていた被調査者数・構成割合，性、年齢階級、第 啓発の方法（複数

男

年齢階級、第12回の仕事の有無・仕事のかたち	総数	第1回の仕事のための能力						
		能力開発・自己啓発をした	勤め先が開催する研修に参加した	公共機関（学校を除く）に通った	大学や各種学校等の学校に通った	団体・会社等民間の機関（学校を除く）に通った	通信教育を利用した	関係書籍を購読した
		被調査者数（単位：人）						
総数	8 499	3 087	1 852	103	40	255	290	1 437
仕事をしている	5 672	2 083	1 191	69	30	196	176	1 014
自営業主	1 582	498	197	14	5	57	23	276
家族従業者	66	15	7	1	–	2	1	8
会社・団体等の役員	519	256	138	12	5	33	18	163
正規の職員・従業員	868	308	193	7	5	25	24	151
パート・アルバイト	1 152	378	246	11	7	31	37	141
労働者派遣事業所の派遣社員	69	24	15	1	–	1	3	8
契約社員・嘱託	1 223	530	342	20	8	41	66	227
家庭での内職など	15	3	2	–	–	2	–	1
その他	170	67	48	3	–	3	4	35
仕事をしていない	2 816	1 001	659	34	10	59	113	421
61～64歳	2 885	1 174	708	28	16	84	122	563
仕事をしている	2 379	967	570	24	11	74	96	485
自営業主	504	175	62	3	1	17	6	111
家族従業者	17	5	2	1	–	1	1	1
会社・団体等の役員	217	120	66	2	2	14	10	79
正規の職員・従業員	570	221	142	3	4	17	20	110
パート・アルバイト	289	109	79	3	–	7	13	40
労働者派遣事業所の派遣社員	18	7	6	–	–	–	1	3
契約社員・嘱託	702	302	193	10	4	16	43	125
家庭での内職など	3	–	–	–	–	–	–	–
その他	58	27	19	2	–	2	2	15
仕事をしていない	500	204	136	4	5	10	25	76
65～69歳	4 932	1 689	1 007	63	21	153	145	779
仕事をしている	2 958	1 002	556	39	16	111	73	482
自営業主	960	298	122	11	3	38	15	153
家族従業者	44	10	5	–	–	1	–	7
会社・団体等の役員	264	115	57	8	3	16	8	74
正規の職員・従業員	276	78	48	3	–	8	3	37
パート・アルバイト	777	240	151	8	6	22	20	91
労働者派遣事業所の派遣社員	42	12	6	–	–	–	2	3
契約社員・嘱託	482	210	140	8	4	24	23	96
家庭での内職など	8	1	–	–	–	–	–	–
その他	98	35	25	1	–	1	2	18
仕事をしていない	1 969	687	451	24	5	42	72	297
70歳	682	224	137	12	3	18	23	95
仕事をしている	335	114	65	6	3	11	7	47
自営業主	118	25	13	–	1	2	2	12
家族従業者	5	–	–	–	–	–	–	–
会社・団体等の役員	38	21	15	2	–	3	–	10
正規の職員・従業員	22	9	3	1	1	–	1	4
パート・アルバイト	86	29	16	–	1	2	4	10
労働者派遣事業所の派遣社員	9	5	3	1	–	1	–	2
契約社員・嘱託	39	18	9	2	–	1	–	6
家庭での内職など	4	2	–	–	–	2	–	1
その他	14	5	4	–	–	–	–	2
仕事をしていない	347	110	72	6	–	7	16	48

注：総数には各項目の不詳を含む。

12回の仕事の有無・仕事のかたち、第１回の仕事のための能力開発・自己啓発の実施の有無、能力開発・自己
回答）別（３－２）

開発・自己啓発の実施の有無、能力開発・自己啓発の方法（複数回答）

その他	能力開発・自己啓発をしなかった	総数	能力開発・自己啓発をした	勤め先が開催する研修に参加した	公共機関（学校を除く）に通った	大学や各種学校等の学校に通った	団体・会社等民間の機関（学校を除く）に通った	通信教育を利用した	関係書籍を購読した	その他	能力開発・自己啓発をしなかった
					構成割合（単位：%）						
432	5 075	100.0	100.0	100.0	100.0	100.0	100.0	100.0	100.0	100.0	100.0
328	3 366	66.7	67.5	64.3	67.0	75.0	76.9	60.7	70.6	75.9	66.3
122	996	18.6	16.1	10.6	13.6	12.5	22.4	7.9	19.2	28.2	19.6
1	48	0.8	0.5	0.4	1.0	–	0.8	0.3	0.6	0.2	0.9
44	246	6.1	8.3	7.5	11.7	12.5	12.9	6.2	11.3	10.2	4.8
52	528	10.2	10.0	10.4	6.8	12.5	9.8	8.3	10.5	12.0	10.4
42	736	13.6	12.2	13.3	10.7	17.5	12.2	12.8	9.8	9.7	14.5
4	42	0.8	0.8	0.8	1.0	–	0.4	1.0	0.6	0.9	0.8
53	665	14.4	17.2	18.5	19.4	20.0	16.1	22.8	15.8	12.3	13.1
1	10	0.2	0.1	0.1	–		0.8	–	0.1	0.2	0.2
9	91	2.0	2.2	2.6	2.9	–	1.2	1.4	2.4	2.1	1.8
103	1 704	33.1	32.4	35.6	33.0	25.0	23.1	39.0	29.3	23.8	33.6
168	1 622	100.0	100.0	100.0	100.0	100.0	100.0	100.0	100.0	100.0	100.0
149	1 331	82.5	82.4	80.5	85.7	68.8	88.1	78.7	86.1	88.7	82.1
46	297	17.5	14.9	8.8	10.7	6.3	20.2	4.9	19.7	27.4	18.3
–	12	0.6	0.4	0.3	3.6	–	1.2	0.8	0.2	–	0.7
18	94	7.5	10.2	9.3	7.1	12.5	16.7	8.2	14.0	10.7	5.8
39	328	19.8	18.8	20.1	10.7	25.0	20.2	16.4	19.5	23.2	20.2
13	174	10.0	9.3	11.2	10.7	–	8.3	10.7	7.1	7.7	10.7
–	11	0.6	0.6	0.8	–	–	0.8	–	0.5	–	0.7
29	384	24.3	25.7	27.3	35.7	25.0	19.0	35.2	22.2	17.3	23.7
–	2	0.1	–	–	–	–	–	–	–	–	0.1
4	29	2.0	2.3	2.7	7.1	–	2.4	1.6	2.7	2.4	1.8
18	290	17.3	17.4	19.2	14.3	31.3	11.9	20.5	13.5	10.7	17.9
237	3 036	100.0	100.0	100.0	100.0	100.0	100.0	100.0	100.0	100.0	100.0
163	1 838	60.0	59.3	55.2	61.9	76.2	72.5	50.3	61.9	68.8	60.5
71	619	19.5	17.6	12.1	17.5	14.3	24.8	10.3	19.6	30.0	20.4
1	31	0.9	0.6	0.5	–	–	0.7	–	0.9	0.4	1.0
22	136	5.4	6.8	5.7	12.7	14.3	10.5	5.5	9.5	9.3	4.5
10	187	5.6	4.6	4.8	4.8	–	5.2	2.1	4.7	4.2	6.2
28	511	15.8	14.2	15.0	12.7	28.6	14.4	13.8	11.7	11.8	16.8
4	28	0.9	0.7	0.6	–	–	–	1.4	0.4	1.7	0.9
22	261	9.8	12.4	13.9	12.7	19.0	15.7	15.9	12.3	9.3	8.6
1	6	0.2	0.1	–	–	–	–	–	–	0.4	0.2
4	55	2.0	2.1	2.5	1.6	–	0.7	1.4	2.3	1.7	1.8
74	1 194	39.9	40.7	44.8	38.1	23.8	27.5	49.7	38.1	31.2	39.3
27	417	100.0	100.0	100.0	100.0	100.0	100.0	100.0	100.0	100.0	100.0
16	197	49.1	50.9	47.4	50.0	100.0	61.1	30.4	49.5	59.3	47.2
5	80	17.3	11.2	9.5	–	33.3	11.1	8.7	12.6	18.5	19.2
–	5	0.7	–	–	–	–	–	–	–	–	1.2
4	16	5.6	9.4	10.9	16.7	–	16.7	–	10.5	14.8	3.8
3	13	3.2	4.0	2.2	8.3	33.3	–	4.3	4.2	11.1	3.1
1	51	12.6	12.9	11.7	–	33.3	11.1	17.4	10.5	3.7	12.2
–	3	1.3	2.2	2.2	8.3	–	5.6	–	2.1	–	0.7
2	20	5.7	8.0	6.6	16.7	–	5.6	–	6.3	7.4	4.8
–	2	0.6	0.9	1.5	–	–	11.1	–	1.1	–	0.5
1	7	2.1	2.2	2.9	–	–	–	–	2.1	3.7	1.7
11	220	50.9	49.1	52.6	50.0	–	38.9	69.6	50.5	40.7	52.8

第53表　第1回に仕事をしていた被調査者数・構成割合, 性、年齢階級、第 啓発の方法（複数

女

年齢階級、第12回の仕事の有無・仕事のかたち	総数	第1回の仕事のための能力						
		能力開発・自己啓発をした	勤め先が開催する研修に参加した	公共機関（学校を除く）に通った	大学や各種学校等の学校に通った	団体・会社等民間の機関（学校を除く）に通った	通信教育を利用した	関係書籍を購読した
		被調査者数（単位：人）						
総数	7 362	1 935	1 244	106	58	188	149	869
仕事をしている	4 148	1 091	665	61	37	130	92	473
自営業主	391	118	48	4	3	19	8	53
家族従業者	623	109	43	7	2	14	2	54
会社・団体等の役員	149	53	23	2	-	12	3	34
正規の職員・従業員	359	147	103	7	7	21	18	71
パート・アルバイト	2 021	469	316	31	15	44	40	175
労働者派遣事業所の派遣社員	27	9	7	-	-	1	1	1
契約社員・嘱託	324	131	100	9	7	12	19	61
家庭での内職など	86	9	4	-	1	-	-	3
その他	157	45	20	1	2	7	1	21
仕事をしていない	3 200	840	578	44	21	58	57	395
61～64歳	2 754	788	503	40	26	72	74	354
仕事をしている	1 838	502	313	27	18	55	50	206
自営業主	116	32	13	1	-	4	1	10
家族従業者	217	39	15	3	1	5	1	20
会社・団体等の役員	57	19	9	-	-	3	3	12
正規の職員・従業員	223	97	65	3	5	13	16	44
パート・アルバイト	939	208	138	14	5	21	12	78
労働者派遣事業所の派遣社員	11	4	3	-	-	-	1	1
契約社員・嘱託	199	84	61	6	6	6	16	35
家庭での内職など	28	3	1	-	-	-	-	2
その他	46	15	7	-	1	3	-	4
仕事をしていない	912	286	190	13	8	17	24	148
65～69歳	4 129	1 039	669	55	29	107	70	462
仕事をしている	2 091	537	318	30	18	67	40	246
自営業主	242	77	33	3	3	12	7	39
家族従業者	363	63	25	4	-	8	1	32
会社・団体等の役員	79	29	9	-	-	7	-	19
正規の職員・従業員	126	46	34	4	2	8	2	25
パート・アルバイト	993	241	163	16	10	22	26	91
労働者派遣事業所の派遣社員	15	5	4	-	-	1	-	-
契約社員・嘱託	119	45	37	2	1	5	3	24
家庭での内職など	49	6	3	-	1	-	-	1
その他	99	25	10	1	1	4	1	15
仕事をしていない	2 030	499	350	25	11	40	30	215
70歳	479	108	72	11	3	9	5	53
仕事をしている	219	52	34	4	1	8	2	21
自営業主	33	9	2	-	-	3	-	4
家族従業者	43	7	3	-	1	1	-	2
会社・団体等の役員	13	5	5	2	-	2	-	3
正規の職員・従業員	10	4	4	-	-	-	-	2
パート・アルバイト	89	20	15	1	-	1	2	6
労働者派遣事業所の派遣社員	1	-	-	-	-	-	-	-
契約社員・嘱託	6	2	2	1	-	1	-	2
家庭での内職など	9	-	-	-	-	-	-	-
その他	12	5	3	-	-	-	-	2
仕事をしていない	258	55	38	6	2	1	3	32

注：総数には各項目の不詳を含む。

328

開発・自己啓発の実施の有無、能力開発・自己啓発の方法（複数回答）

その他	能力開発・自己啓発をしなかった	総数	能力開発・自己啓発をした	勤め先が開催する研修に参加した	公共機関（学校を除く）に通った	大学や各種学校等の学校に通った	団体・会社等民間の機関（学校を除く）に通った	通信教育を利用した	関係書籍を購読した	その他	能力開発・自己啓発をしなかった
					構成割合（単位：%）						
319	5 143	100.0	100.0	100.0	100.0	100.0	100.0	100.0	100.0	100.0	100.0
182	2 895	56.3	56.4	53.5	57.5	63.8	69.1	61.7	54.4	57.1	56.3
34	259	5.3	6.1	3.9	3.8	5.2	10.1	5.4	6.1	10.7	5.0
23	475	8.5	5.6	3.5	6.6	3.4	7.4	1.3	6.2	7.2	9.2
15	91	2.0	2.7	1.8	1.9	–	6.4	2.0	3.9	4.7	1.8
19	200	4.9	7.6	8.3	6.6	12.1	11.2	12.1	8.2	6.0	3.9
58	1 476	27.5	24.2	25.4	29.2	25.9	23.4	26.8	20.1	18.2	28.7
2	18	0.4	0.5	0.6			0.5	0.7	0.1	0.6	0.3
16	185	4.4	6.8	8.0	8.5	12.1	6.4	12.8	7.0	5.0	3.6
2	76	1.2	0.5	0.3	–	1.7	–	–	0.3	0.6	1.5
13	105	2.1	2.3	1.6	0.9	3.4	3.7	0.7	2.4	4.1	2.0
136	2 245	43.5	43.4	46.5	41.5	36.2	30.9	38.3	45.5	42.6	43.7
117	1 881	100.0	100.0	100.0	100.0	100.0	100.0	100.0	100.0	100.0	100.0
75	1 284	66.7	63.7	62.2	67.5	69.2	76.4	67.6	58.2	64.1	68.3
10	82	4.2	4.1	2.6	2.5	–	5.6	1.4	2.8	8.5	4.4
6	161	7.9	4.9	3.0	7.5	3.8	6.9	1.4	5.6	5.1	8.6
3	37	2.1	2.4	1.8	–	–	4.2	4.1	3.4	2.6	2.0
12	121	8.1	12.3	12.9	7.5	19.2	18.1	21.6	12.4	10.3	6.4
27	709	34.1	26.4	27.4	35.0	19.2	29.2	16.2	22.0	23.1	37.7
2	7	0.4	0.5	0.6	–	–		1.4	0.3	1.7	0.4
11	111	7.2	10.7	12.1	15.0	23.1	8.3	21.6	9.9	9.4	5.9
–	25	1.0	0.4	0.2	–	–	–	–	0.6	–	1.3
4	30	1.7	1.9	1.4	–	3.8	4.2	–	1.1	3.4	1.6
42	597	33.1	36.3	37.8	32.5	30.8	23.6	32.4	41.8	35.9	31.7
179	2 917	100.0	100.0	100.0	100.0	100.0	100.0	100.0	100.0	100.0	100.0
95	1 458	50.6	51.7	47.5	54.5	62.1	62.6	57.1	53.2	53.1	50.0
20	154	5.9	7.4	4.9	5.5	10.3	11.2	10.0	8.4	11.2	5.3
15	281	8.8	6.1	3.7	7.3	–	7.5	1.4	6.9	8.4	9.6
12	47	1.9	2.8	1.3	–	–	6.5	–	4.1	6.7	1.6
7	73	3.1	4.4	5.1	7.3	6.9	7.5	2.9	5.4	3.9	2.5
27	705	24.0	23.2	24.4	29.1	34.5	20.6	37.1	19.7	15.1	24.2
–	10	0.4	0.5	0.6	–	–	0.9	–	–	–	0.3
4	71	2.9	4.4	5.5	3.6	3.4	4.7	4.3	5.2	2.2	2.4
2	42	1.2	0.6	0.4	–	3.4	–	–	0.2	1.1	1.4
8	69	2.4	2.4	1.5	1.8	3.4	3.7	1.4	3.2	4.5	2.4
83	1 456	49.2	48.0	52.3	45.5	37.9	37.4	42.9	46.5	46.4	49.9
23	345	100.0	100.0	100.0	100.0	100.0	100.0	100.0	100.0	100.0	100.0
12	153	45.7	48.1	47.2	36.4	33.3	88.9	40.0	39.6	52.2	44.3
4	23	6.9	8.3	2.8	–	–	33.3	–	7.5	17.4	6.7
2	33	9.0	6.5	4.2	–	33.3	11.1	–	3.8	8.7	9.6
–	7	2.7	4.6	6.9	18.2	–	22.2	–	5.7	–	2.0
–	6	2.1	3.7	5.6	–	–	–	–	3.8	–	1.7
4	62	18.6	18.5	20.8	9.1	–	11.1	40.0	11.3	17.4	18.0
–	1	0.2	–	–	–	–	–	–	–	–	0.3
1	3	1.3	1.9	2.8	9.1	–	11.1	–	3.8	4.3	0.9
–	9	1.9	–	–	–	–	–	–	–	–	2.6
1	6	2.5	4.6	4.2	–	–	–	–	3.8	4.3	1.7
11	192	53.9	50.9	52.8	54.5	66.7	11.1	60.0	60.4	47.8	55.7

第54表　被調査者数・構成割合，性、第12回の介護の有無・介護

性、第12回の介護の有無・介護をしている相手（複数回答）	総数	頼る人がいる	家族（同居）	家族（別居）・親族	近所の人	勤め先の同僚（元同僚を含む）	友人	その他
						第12回の日頃から頼る人の		
	被調査者数（単位：人）							
総数	19 513	17 971	12 967	8 704	3 517	1 571	7 245	701
介護をしている	2 254	2 094	1 566	1 031	444	170	889	87
配偶者	219	194	103	120	46	16	82	10
子	126	117	82	55	27	7	42	7
自分の父	206	193	143	100	33	17	78	10
自分の母	1 089	1 011	786	479	192	77	434	40
配偶者の父	101	93	72	41	25	9	33	8
配偶者の母	562	528	425	261	119	47	234	13
孫	62	57	43	33	18	9	30	1
兄弟姉妹	56	53	32	27	9	4	20	3
その他の親族	55	49	38	25	13	4	23	3
その他	7	7	3	3	–	–	4	1
介護をしていない	16 509	15 259	11 028	7 426	2 929	1 358	6 128	582
男	8 953	7 966	5 939	3 114	1 325	839	2 748	327
介護をしている	914	817	631	307	170	70	279	36
配偶者	64	47	29	21	10	4	15	4
子	52	48	31	19	13	5	14	4
自分の父	96	85	66	27	12	5	24	5
自分の母	497	447	356	168	88	35	151	17
配偶者の父	43	38	29	10	12	3	9	3
配偶者の母	200	185	147	69	41	20	72	3
孫	14	12	10	7	2	2	4	–
兄弟姉妹	20	20	15	6	3	1	6	2
その他の親族	21	17	13	5	5	3	6	2
その他	2	2	–	1	–	–	1	1
介護をしていない	7 724	6 906	5 154	2 719	1 111	745	2 391	282
女	10 560	10 005	7 028	5 590	2 192	732	4 497	374
介護をしている	1 340	1 277	935	724	274	100	610	51
配偶者	155	147	74	99	36	12	67	6
子	74	69	51	36	14	2	28	3
自分の父	110	108	77	73	21	12	54	5
自分の母	592	564	430	311	104	42	283	23
配偶者の父	58	55	43	31	13	6	24	5
配偶者の母	362	343	278	192	78	27	162	10
孫	48	45	33	26	16	7	26	1
兄弟姉妹	36	33	17	21	6	3	14	1
その他の親族	34	32	25	20	8	1	17	1
その他	5	5	3	2	–	–	3	–
介護をしていない	8 785	8 353	5 874	4 707	1 818	613	3 737	300

注：総数には各項目の不詳を含む。

有無・頼る相手（複数回答）

構成割合（単位：%）

頼る人がいない	総数	頼る人がいる	家族（同居）	家族（別居）・親族	近所の人	勤め先の同僚（元同僚を含む）	友人	その他	頼る人がいない
1 198	100.0	92.1	66.5	44.6	18.0	8.1	37.1	3.6	6.1
124	100.0	92.9	69.5	45.7	19.7	7.5	39.4	3.9	5.5
21	100.0	88.6	47.0	54.8	21.0	7.3	37.4	4.6	9.6
7	100.0	92.9	65.1	43.7	21.4	5.6	33.3	5.6	5.6
13	100.0	93.7	69.4	48.5	16.0	8.3	37.9	4.9	6.3
58	100.0	92.8	72.2	44.0	17.6	7.1	39.9	3.7	5.3
7	100.0	92.1	71.3	40.6	24.8	8.9	32.7	7.9	6.9
23	100.0	94.0	75.6	46.4	21.2	8.4	41.6	2.3	4.1
4	100.0	91.9	69.4	53.2	29.0	14.5	48.4	1.6	6.5
2	100.0	94.6	57.1	48.2	16.1	7.1	35.7	5.4	3.6
6	100.0	89.1	69.1	45.5	23.6	7.3	41.8	5.5	10.9
–	100.0	100.0	42.9	42.9	–	–	57.1	14.3	–
1 007	100.0	92.4	66.8	45.0	17.7	8.2	37.1	3.5	6.1
830	100.0	89.0	66.3	34.8	14.8	9.4	30.7	3.7	9.3
83	100.0	89.4	69.0	33.6	18.6	7.7	30.5	3.9	9.1
14	100.0	73.4	45.3	32.8	15.6	6.3	23.4	6.3	21.9
4	100.0	92.3	59.6	36.5	25.0	9.6	26.9	7.7	7.7
11	100.0	88.5	68.8	28.1	12.5	5.2	25.0	5.2	11.5
40	100.0	89.9	71.6	33.8	17.7	7.0	30.4	3.4	8.0
5	100.0	88.4	67.4	23.3	27.9	7.0	20.9	7.0	11.6
13	100.0	92.5	73.5	34.5	20.5	10.0	36.0	1.5	6.5
2	100.0	85.7	71.4	50.0	14.3	14.3	28.6	–	14.3
–	100.0	100.0	75.0	30.0	15.0	5.0	30.0	10.0	–
4	100.0	81.0	61.9	23.8	23.8	14.3	28.6	9.5	19.0
–	100.0	100.0	–	50.0	–	–	50.0	50.0	–
700	100.0	89.4	66.7	35.2	14.4	9.6	31.0	3.7	9.1
368	100.0	94.7	66.6	52.9	20.8	6.9	42.6	3.5	3.5
41	100.0	95.3	69.8	54.0	20.4	7.5	45.5	3.8	3.1
7	100.0	94.8	47.7	63.9	23.2	7.7	43.2	3.9	4.5
3	100.0	93.2	68.9	48.6	18.9	2.7	37.8	4.1	4.1
2	100.0	98.2	70.0	66.4	19.1	10.9	49.1	4.5	1.8
18	100.0	95.3	72.6	52.5	17.6	7.1	47.8	3.9	3.0
2	100.0	94.8	74.1	53.4	22.4	10.3	41.4	8.6	3.4
10	100.0	94.8	76.8	53.0	21.5	7.5	44.8	2.8	2.8
2	100.0	93.8	68.8	54.2	33.3	14.6	54.2	2.1	4.2
2	100.0	91.7	47.2	58.3	16.7	8.3	38.9	2.8	5.6
2	100.0	94.1	73.5	58.8	23.5	2.9	50.0	2.9	5.9
–	100.0	100.0	60.0	40.0	–	–	60.0	–	–
307	100.0	95.1	66.9	53.6	20.7	7.0	42.5	3.4	3.5

第 55 表　被調査者数・構成割合，年齢階級、第 1 回の住居の

年齢階級、第 1 回の住居の 形態・住宅ローンの有無	総数	持ち家	住宅ローン あり	住宅ローン なし	持ち家 以外	賃貸住宅	社宅等
総数	19 513	17 659	2 271	15 336	1 851	1 494	70
持ち家	17 214	16 916	2 099	14 772	297	167	17
住宅ローンあり	6 618	6 484	1 718	4 730	134	82	8
住宅ローンなし	10 254	10 105	346	9 751	148	79	9
持ち家以外	2 264	714	167	540	1 548	1 323	53
賃貸住宅	1 644	327	104	219	1 315	1 241	16
社宅等	302	220	30	189	82	35	34
その他	318	167	33	132	151	47	3
61 ～ 64 歳	6 641	5 987	957	5 012	652	506	37
持ち家	5 776	5 663	877	4 770	113	58	10
住宅ローンあり	2 631	2 578	740	1 824	53	30	4
住宅ローンなし	3 025	2 969	125	2 842	56	26	6
持ち家以外	856	315	78	235	539	448	27
賃貸住宅	573	125	48	76	446	419	7
社宅等	145	104	14	89	41	16	20
その他	138	86	16	70	52	13	–
65 ～ 69 歳	11 321	10 254	1 188	9 033	1 066	881	27
持ち家	10 048	9 886	1 108	8 749	161	95	6
住宅ローンあり	3 610	3 541	888	2 631	69	44	3
住宅ローンなし	6 249	6 166	200	5 960	82	48	3
持ち家以外	1 254	355	78	273	899	782	21
賃貸住宅	946	176	49	125	770	732	6
社宅等	141	104	14	90	37	18	12
その他	167	75	15	58	92	32	3
70 歳	1 551	1 418	126	1 291	133	107	6
持ち家	1 390	1 367	114	1 253	23	14	1
住宅ローンあり	377	365	90	275	12	8	1
住宅ローンなし	980	970	21	949	10	5	–
持ち家以外	154	44	11	32	110	93	5
賃貸住宅	125	26	7	18	99	90	3
社宅等	16	12	2	10	4	1	2
その他	13	6	2	4	7	2	–
総数	100. 0	90. 5	11. 6	78. 6	9. 5	7. 7	0. 4
持ち家	100. 0	98. 3	12. 2	85. 8	1. 7	1. 0	0. 1
住宅ローンあり	100. 0	98. 0	26. 0	71. 5	2. 0	1. 2	0. 1
住宅ローンなし	100. 0	98. 5	3. 4	95. 1	1. 4	0. 8	0. 1
持ち家以外	100. 0	31. 5	7. 4	23. 9	68. 4	58. 4	2. 3
賃貸住宅	100. 0	19. 9	6. 3	13. 3	80. 0	75. 5	1. 0
社宅等	100. 0	72. 8	9. 9	62. 6	27. 2	11. 6	11. 3
その他	100. 0	52. 5	10. 4	41. 5	47. 5	14. 8	0. 9
61 ～ 64 歳	100. 0	90. 2	14. 4	75. 5	9. 8	7. 6	0. 6
持ち家	100. 0	98. 0	15. 2	82. 6	2. 0	1. 0	0. 2
住宅ローンあり	100. 0	98. 0	28. 1	69. 3	2. 0	1. 1	0. 2
住宅ローンなし	100. 0	98. 1	4. 1	94. 0	1. 9	0. 9	0. 2
持ち家以外	100. 0	36. 8	9. 1	27. 5	63. 0	52. 3	3. 2
賃貸住宅	100. 0	21. 8	8. 4	13. 3	77. 8	73. 1	1. 2
社宅等	100. 0	71. 7	9. 7	61. 4	28. 3	11. 0	13. 8
その他	100. 0	62. 3	11. 6	50. 7	37. 7	9. 4	–
65 ～ 69 歳	100. 0	90. 6	10. 5	79. 8	9. 4	7. 8	0. 2
持ち家	100. 0	98. 4	11. 0	87. 1	1. 6	0. 9	0. 1
住宅ローンあり	100. 0	98. 1	24. 6	72. 9	1. 9	1. 2	0. 1
住宅ローンなし	100. 0	98. 7	3. 2	95. 4	1. 3	0. 8	0. 0
持ち家以外	100. 0	28. 3	6. 2	21. 8	71. 7	62. 4	1. 7
賃貸住宅	100. 0	18. 6	5. 2	13. 2	81. 4	77. 4	0. 6
社宅等	100. 0	73. 8	9. 9	63. 8	26. 2	12. 8	8. 5
その他	100. 0	44. 9	9. 0	34. 7	55. 1	19. 2	1. 8
70 歳	100. 0	91. 4	8. 1	83. 2	8. 6	6. 9	0. 4
持ち家	100. 0	98. 3	8. 2	90. 1	1. 7	1. 0	0. 1
住宅ローンあり	100. 0	96. 8	23. 9	72. 9	3. 2	2. 1	0. 3
住宅ローンなし	100. 0	99. 0	2. 1	96. 8	1. 0	0. 5	–
持ち家以外	100. 0	28. 6	7. 1	20. 8	71. 4	60. 4	3. 2
賃貸住宅	100. 0	20. 8	5. 6	14. 4	79. 2	72. 0	2. 4
社宅等	100. 0	75. 0	12. 5	62. 5	25. 0	6. 3	12. 5
その他	100. 0	46. 2	15. 4	30. 8	53. 8	15. 4	–

注 ： 1 ） 総数には各項目の不詳を含む。
　　 2 ） 「退職者」とは、第 1 回に仕事をしていて、第 12 回までに仕事なしとなった者をいう。

形態・住宅ローンの有無、第12回の住居の形態・住宅ローンの有無、（再掲）退職者別

第 12 回調査（平成 28 年）

の住居の形態・住宅ローンの有無

その他	（再掲）退職者	持ち家	住宅ローンあり	住宅ローンなし	持ち家以外	賃貸住宅	社宅等	その他
被調査者数（単位：人）								
287	4 811	4 460	395	4 058	351	284	8	59
113	4 317	4 254	360	3 890	63	37	1	25
44	1 590	1 570	296	1 270	20	11	–	9
60	2 654	2 614	60	2 554	40	25	1	14
172	490	202	35	164	288	247	7	34
58	334	90	20	68	244	232	–	12
13	89	72	6	66	17	7	5	5
101	67	40	9	30	27	8	2	17
109	1 143	1 067	116	950	76	62	2	12
45	1 029	1 009	108	901	20	12	–	8
19	440	433	88	345	7	4	–	3
24	567	555	18	537	12	7	–	5
64	112	56	8	47	56	50	2	4
20	64	15	4	10	49	49	–	–
5	23	19	–	19	4	1	2	1
39	25	22	4	18	3	–		3
158	3 200	2 963	245	2 712	237	191	6	40
60	2 873	2 835	224	2 607	38	22	1	15
22	1 037	1 024	186	834	13	7	–	6
31	1 793	1 770	36	1 734	23	15	1	7
96	326	127	21	104	199	169	5	25
32	233	66	13	52	167	157	–	10
7	56	45	4	41	11	5	3	3
57	37	16	4	11	21	7	2	12
20	468	430	34	396	38	31	–	7
8	415	410	28	382	5	3	–	2
3	113	113	22	91	–	–	–	–
5	294	289	6	283	5	3	–	2
12	52	19	6	13	33	28	–	5
6	37	9	3	6	28	26	–	2
1	10	8	2	6	2	1	–	1
5	5	2	1	1	3	1	–	2
構成割合（単位：％）								
1.5	100.0	92.7	8.2	84.3	7.3	5.9	0.2	1.2
0.7	100.0	98.5	8.3	90.1	1.5	0.9	0.0	0.6
0.7	100.0	98.7	18.6	79.9	1.3	0.7	–	0.6
0.6	100.0	98.5	2.3	96.2	1.5	0.9	0.0	0.5
7.6	100.0	41.2	7.1	33.5	58.8	50.4	1.4	6.9
3.5	100.0	26.9	6.0	20.4	73.1	69.5	–	3.6
4.3	100.0	80.9	6.7	74.2	19.1	7.9	5.6	5.6
31.8	100.0	59.7	13.4	44.8	40.3	11.9	3.0	25.4
1.6	100.0	93.4	10.1	83.1	6.6	5.4	0.2	1.0
0.8	100.0	98.1	10.5	87.6	1.9	1.2	–	0.8
0.7	100.0	98.4	20.0	78.4	1.6	0.9	–	0.7
0.8	100.0	97.9	3.2	94.7	2.1	1.2	–	0.9
7.5	100.0	50.0	7.1	42.0	50.0	44.6	1.8	3.6
3.5	100.0	23.4	6.3	15.6	76.6	76.6	–	–
3.4	100.0	82.6	–	82.6	17.4	4.3	8.7	4.3
28.3	100.0	88.0	16.0	72.0	12.0	–	–	12.0
1.4	100.0	92.6	7.7	84.8	7.4	6.0	0.2	1.3
0.6	100.0	98.7	7.8	90.7	1.3	0.8	0.0	0.5
0.6	100.0	98.7	17.9	80.4	1.3	0.7	–	0.6
0.5	100.0	98.7	2.0	96.7	1.3	0.8	0.1	0.4
7.7	100.0	39.0	6.4	31.9	61.0	51.8	1.5	7.7
3.4	100.0	28.3	5.6	22.3	71.7	67.4	–	4.3
5.0	100.0	80.4	7.1	73.2	19.6	8.9	5.4	5.4
34.1	100.0	43.2	10.8	29.7	56.8	18.9	5.4	32.4
1.3	100.0	91.9	7.3	84.6	8.1	6.6	–	1.5
0.6	100.0	98.8	6.7	92.0	1.2	0.7	–	0.5
0.8	100.0	100.0	19.5	80.5	–	–	–	–
0.5	100.0	98.3	2.0	96.3	1.7	1.0	–	0.7
7.8	100.0	36.5	11.5	25.0	63.5	53.8	–	9.6
4.8	100.0	24.3	8.1	16.2	75.7	70.3	–	5.4
6.3	100.0	80.0	20.0	60.0	20.0	10.0	–	10.0
38.5	100.0	40.0	20.0	20.0	60.0	20.0	–	40.0

総数

第 12 回

年齢階級、第 1 回の 1 か月間の収入の有無・収入の種類（複数回答）	総数	収入あり	働いて得た所得	公的年金	雇用保険	生活保護等の社会保障給付金	私的年金	子供等からの仕送り	資産収入
	被調査者数（単位：人）								
総数	19 513	16 880	8 750	14 885	148	70	2 398	156	915
収入あり	15 702	14 120	8 190	12 313	144	53	2 124	130	800
働いて得た所得	14 311	12 934	7 690	11 246	132	44	1 940	116	680
公的年金	315	283	87	281	2	2	41	11	19
雇用保険	98	84	37	82	–	–	12		3
生活保護等の社会保障給付金	55	48	11	40	–	7	3	–	3
私的年金	168	157	50	152			71	5	25
子供等からの仕送り	24	22	9	20			3	2	1
資産収入	361	342	142	302	1	2	69	2	207
その他	218	187	72	169	1	5	29	6	13
収入なし	3 436	2 493	441	2 353	3	14	249	26	105
61 〜 64 歳	6 641	5 624	3 867	4 048	115	25	741	28	260
収入あり	5 528	4 950	3 613	3 512	113	19	678	25	237
働いて得た所得	5 104	4 601	3 408	3 236	103	16	627	24	216
公的年金	67	60	26	58	1		8	3	2
雇用保険	26	21	13	20	–		6	–	–
生活保護等の社会保障給付金	21	17	4	13	–	3	–	–	1
私的年金	18	14	6	12			5	–	1
子供等からの仕送り	10	9	6	7			1		–
資産収入	81	74	44	50		1	9	–	44
その他	61	53	29	43	1	1	10	2	3
収入なし	996	591	192	489	1	4	54	3	21
65 〜 69 歳	11 321	9 913	4 426	9 528	31	37	1 450	106	562
収入あり	8 982	8 111	4 147	7 772	29	27	1 269	90	480
働いて得た所得	8 155	7 396	3 880	7 100	27	22	1 154	79	400
公的年金	208	186	55	186	1	2	28	7	12
雇用保険	62	55	23	55			5	–	3
生活保護等の社会保障給付金	28	26	7	23		1	2	–	2
私的年金	123	117	37	115	–		57	4	22
子供等からの仕送り	14	13	3	13			2	2	1
資産収入	239	227	88	215			53	2	134
その他	135	116	36	108		4	17	2	9
収入なし	2 108	1 635	225	1 601	2	9	168	16	74
70 歳	1 551	1 343	457	1 309	2	8	207	22	93
収入あり	1 192	1 059	430	1 029	2	7	177	15	83
働いて得た所得	1 052	937	402	910	2	6	159	13	64
公的年金	40	37	6	37	–		5	1	5
雇用保険	10	8	1	7			1		–
生活保護等の社会保障給付金	6	5	–	4		3	1		–
私的年金	27	26	7	25			9	1	2
子供等からの仕送り	–	–	–	–					
資産収入	41	41	10	37	1	1	7	–	29
その他	22	18	7	18			2	2	1
収入なし	332	267	24	263	–	1	27	7	10

注：総数には各項目の不詳を含む。

の1か月間の収入の有無・収入の種類（複数回答）

その他	収入なし	総数	収入あり	働いて得た所得	公的年金	雇用保険	生活保護等の社会保障給付金	私的年金	子供等からの仕送り	資産収入	その他	収入なし
							構成割合（単位：%）					
316	2 135	100.0	86.5	44.8	76.3	0.8	0.4	12.3	0.8	4.7	1.6	10.9
272	1 217	100.0	89.9	52.2	78.4	0.9	0.3	13.5	0.8	5.1	1.7	7.8
233	1 058	100.0	90.4	53.7	78.6	0.9	0.3	13.6	0.8	4.8	1.6	7.4
12	24	100.0	89.8	27.6	89.2	0.6	0.6	13.0	3.5	6.0	3.8	7.6
2	11	100.0	85.7	37.8	83.7	－	－	12.2	－	3.1	2.0	11.2
－	7	100.0	87.3	20.0	72.7	－	12.7	5.5	－	5.5	－	12.7
4	10	100.0	93.5	29.8	90.5	－	－	42.3	3.0	14.9	2.4	6.0
－	1	100.0	91.7	37.5	83.3	－	－	12.5	8.3	4.2	－	4.2
18	14	100.0	94.7	39.3	83.7	0.3	0.6	19.1	0.6	57.3	5.0	3.9
18	26	100.0	85.8	33.0	77.5	0.5	2.3	13.3	2.8	6.0	8.3	11.9
37	844	100.0	72.6	12.8	68.5	0.1	0.4	7.2	0.8	3.1	1.1	24.6
95	850	100.0	84.7	58.2	61.0	1.7	0.4	11.2	0.4	3.9	1.4	12.8
83	450	100.0	89.5	65.4	63.5	2.0	0.3	12.3	0.5	4.3	1.5	8.1
78	386	100.0	90.1	66.8	63.4	2.0	0.3	12.3	0.5	4.2	1.5	7.6
2	4	100.0	89.6	38.8	86.6	1.5	－	11.9	4.5	3.0	3.0	6.0
－	4	100.0	80.8	50.0	76.9	－	－	23.1	－	－	－	15.4
－	4	100.0	81.0	19.0	61.9	－	14.3	－	－	4.8	－	19.0
－	4	100.0	77.8	33.3	66.7	－	－	27.8	－	5.6	－	22.2
－	1	100.0	90.0	60.0	70.0	－	－	10.0	－	－	－	10.0
3	5	100.0	91.4	54.3	61.7	－	1.2	11.1	－	54.3	3.7	6.2
4	8	100.0	86.9	47.5	70.5	1.6	1.6	16.4	3.3	4.9	6.6	13.1
9	374	100.0	59.3	19.3	49.1	0.1	0.4	5.4	0.3	2.1	0.9	37.6
197	1 114	100.0	87.6	39.1	84.2	0.3	0.3	12.8	0.9	5.0	1.7	9.8
168	661	100.0	90.3	46.2	86.5	0.3	0.3	14.1	1.0	5.3	1.9	7.4
139	578	100.0	90.7	47.6	87.1	0.3	0.3	14.2	1.0	4.9	1.7	7.1
8	19	100.0	89.4	26.4	89.4	0.5	1.0	13.5	3.4	5.8	3.8	9.1
1	5	100.0	88.7	37.1	88.7	－	－	8.1	－	4.8	1.6	8.1
－	2	100.0	92.9	25.0	82.1	－	3.6	7.1	－	7.1	－	7.1
4	5	100.0	95.1	30.1	93.5	－	－	46.3	3.3	17.9	3.3	4.1
－	－	100.0	92.9	21.4	92.9	－	－	14.3	14.3	7.1	－	－
13	9	100.0	95.0	36.8	90.0	－	－	22.2	0.8	56.1	5.4	3.8
13	17	100.0	85.9	26.7	80.0	－	3.0	12.6	1.5	6.7	9.6	12.6
26	413	100.0	77.6	10.7	75.9	0.1	0.4	8.0	0.8	3.5	1.2	19.6
24	171	100.0	86.6	29.5	84.4	0.1	0.5	13.3	1.4	6.0	1.5	11.0
21	106	100.0	88.8	36.1	86.3	0.2	0.6	14.8	1.3	7.0	1.8	8.9
16	94	100.0	89.1	38.2	86.5	0.2	0.6	15.1	1.2	6.1	1.5	8.9
2	1	100.0	92.5	15.0	92.5	－	－	12.5	2.5	12.5	5.0	2.5
1	2	100.0	80.0	10.0	70.0	－	－	10.0	－	－	10.0	20.0
－	1	100.0	83.3	－	66.7	－	50.0	16.7	－	－	－	16.7
－	1	100.0	96.3	25.9	92.6	－	－	33.3	3.7	7.4	－	3.7
－	－	－	－	－	－	－	－	－	－	－	－	－
2	－	100.0	100.0	24.4	90.2	2.4	2.4	17.1	－	70.7	4.9	－
1	1	100.0	81.8	31.8	81.8	－	－	9.1	9.1	4.5	4.5	4.5
2	57	100.0	80.4	7.2	79.2	－	0.3	8.1	2.1	3.0	0.6	17.2

男

第12回

年齢階級、第1回の1か月間の収入の有無・収入の種類（複数回答）	総数	収入あり	働いて得た所得	公的年金	雇用保険	生活保護等の社会保障給付金	私的年金	子供等からの仕送り	資産収入
					被調査者数（単位：人）				
総数	8 953	8 137	5 042	6 880	97	44	1 277	33	539
収入あり	8 367	7 690	4 873	6 486	97	36	1 223	29	518
働いて得た所得	7 816	7 204	4 615	6 067	92	29	1 151	28	461
公的年金	63	58	15	57	–	1	7	–	5
雇用保険	44	38	17	36	–	–	7	–	1
生活保護等の社会保障給付金	27	23	6	18	–	5	–	–	1
私的年金	42	39	20	35	–	–	17	–	7
子供等からの仕送り	4	3	3	2	–	–	1	–	1
資産収入	200	194	95	166	1	2	33	–	128
その他	71	63	30	55	–	3	13	2	5
収入なし	431	327	106	305	–	6	43	4	15
61～64歳	2 993	2 749	2 181	1 743	78	18	410	9	152
収入あり	2 839	2 626	2 104	1 660	78	12	395	9	147
働いて得た所得	2 685	2 495	2 009	1 572	73	9	373	9	139
公的年金	5	5	1	4	–	–	2	–	–
雇用保険	12	9	5	8	–	–	3	–	–
生活保護等の社会保障給付金	11	10	3	7	–	3	–	–	1
私的年金	4	2	1	–	–	–	–	–	–
子供等からの仕送り	2	2	2	1	–	–	–	–	–
資産収入	44	43	28	27	–	1	5	–	27
その他	18	16	10	12	–	1	7	2	2
収入なし	105	78	41	62	–	4	11	–	3
65～69歳	5 220	4 732	2 575	4 497	18	20	757	18	331
収入あり	4 848	4 451	2 492	4 229	18	18	721	15	316
働いて得た所得	4 501	4 139	2 346	3 939	18	15	676	14	275
公的年金	46	41	10	41	–	1	5	–	3
雇用保険	27	25	11	25	–	–	3	–	1
生活保護等の社会保障給付金	12	10	3	9	–	–	–	–	–
私的年金	29	28	14	26	–	–	13	–	6
子供等からの仕送り	2	1	1	1	–	–	1	–	1
資産収入	134	129	60	120	–	–	26	–	83
その他	48	43	20	39	–	2	6	–	2
収入なし	281	215	58	209	–	2	31	3	11
70歳	740	656	286	640	1	6	110	6	56
収入あり	680	613	277	597	1	6	107	5	55
働いて得た所得	630	570	260	556	1	5	102	5	47
公的年金	12	12	4	12	–	–	–	–	2
雇用保険	5	4	1	3	–	–	1	–	–
生活保護等の社会保障給付金	4	3	–	2	–	2	–	–	–
私的年金	9	9	5	9	–	–	4	–	1
子供等からの仕送り	–	–	–	–	–	–	–	–	–
資産収入	22	22	7	19	1	1	2	–	18
その他	5	4	4	4	–	–	–	–	1
収入なし	45	34	7	34	–	–	1	1	1

注：総数には各項目の不詳を含む。

の 1 か月間の収入の有無・収入の種類（複数回答）

その他	収入なし	総数	収入あり	働いて得た所得	公的年金	雇用保険	生活保護等の社会保障給付金	私的年金	子供等からの仕送り	資産収入	その他	収入なし
							構成割合（単位：％）					
147	596	100.0	90.9	56.3	76.8	1.1	0.5	14.3	0.4	6.0	1.6	6.7
139	489	100.0	91.9	58.2	77.5	1.2	0.4	14.6	0.3	6.2	1.7	5.8
124	443	100.0	92.2	59.0	77.6	1.2	0.4	14.7	0.4	5.9	1.6	5.7
4	4	100.0	92.1	23.8	90.5	－	1.6	11.1	－	7.9	6.3	6.3
－	5	100.0	86.4	38.6	81.8	－	－	15.9	－	2.3	－	11.4
－	4	100.0	85.2	22.2	66.7	－	18.5	－	－	3.7	－	14.8
1	3	100.0	92.9	47.6	83.3	－	－	40.5	－	16.7	2.4	7.1
－	－	100.0	75.0	75.0	50.0	－	－	25.0	－	25.0	－	－
9	6	100.0	97.0	47.5	83.0	0.5	1.0	16.5	－	64.0	4.5	3.0
5	6	100.0	88.7	42.3	77.5	－	4.2	18.3	2.8	7.0	7.0	8.5
6	88	100.0	75.9	24.6	70.8	－	1.4	10.0	0.9	3.5	1.4	20.4
42	162	100.0	91.8	72.9	58.2	2.6	0.6	13.7	0.3	5.1	1.4	5.4
40	139	100.0	92.5	74.1	58.5	2.7	0.4	13.9	0.3	5.2	1.4	4.9
38	122	100.0	92.9	74.8	58.5	2.7	0.3	13.9	0.3	5.2	1.4	4.5
－	－	100.0	100.0	20.0	80.0	－	－	40.0	－	－	－	－
－	2	100.0	75.0	41.7	66.7	－	－	25.0	－	－	－	16.7
－	1	100.0	90.9	27.3	63.6	－	27.3	－	－	9.1	－	9.1
－	2	100.0	50.0	25.0	－	－	－	－	－	－	－	50.0
－	－	100.0	100.0	100.0	50.0	－	－	－	－	－	－	－
－	1	100.0	97.7	63.6	61.4	－	2.3	11.4	－	61.4	－	2.3
－	2	100.0	88.9	55.6	66.7	－	5.6	38.9	11.1	11.1	－	11.1
1	20	100.0	74.3	39.0	59.0	－	3.8	10.5	－	2.9	1.0	19.0
92	367	100.0	90.7	49.3	86.1	0.3	0.4	14.5	0.3	6.3	1.8	7.0
86	296	100.0	91.8	51.4	87.2	0.4	0.4	14.9	0.3	6.5	1.8	6.1
74	271	100.0	92.0	52.1	87.5	0.4	0.3	15.0	0.3	6.1	1.6	6.0
3	4	100.0	89.1	21.7	89.1	－	2.2	10.9	－	6.5	6.5	8.7
－	2	100.0	92.6	40.7	92.6	－	－	11.1	－	3.7	－	7.4
－	2	100.0	83.3	25.0	75.0	－	－	－	－	－	－	16.7
1	1	100.0	96.6	48.3	89.7	－	－	44.8	－	20.7	3.4	3.4
－	－	100.0	50.0	50.0	50.0	－	－	50.0	－	50.0	－	－
8	5	100.0	96.3	44.8	89.6	－	－	19.4	－	61.9	6.0	3.7
4	4	100.0	89.6	41.7	81.3	－	4.2	12.5	－	4.2	8.3	8.3
5	59	100.0	76.5	20.6	74.4	－	0.7	11.0	1.1	3.9	1.8	21.0
13	67	100.0	88.6	38.6	86.5	0.1	0.8	14.9	0.8	7.6	1.8	9.1
13	54	100.0	90.1	40.7	87.8	0.1	0.9	15.7	0.7	8.1	1.9	7.9
12	50	100.0	90.5	41.3	88.3	0.2	0.8	16.2	0.8	7.5	1.9	7.9
1	－	100.0	100.0	33.3	100.0	－	－	－	－	16.7	8.3	－
－	1	100.0	80.0	20.0	60.0	－	－	20.0	－	－	－	20.0
－	1	100.0	75.0	－	50.0	－	50.0	－	－	－	－	25.0
－	－	100.0	100.0	55.6	100.0	－	－	44.4	－	11.1	－	－
－	－	－	－	－	－	－	－	－	－	－	－	－
1	－	100.0	100.0	31.8	86.4	4.5	4.5	9.1	－	81.8	4.5	－
1	－	100.0	80.0	－	80.0	－	－	－	－	20.0	20.0	－
－	9	100.0	75.6	15.6	75.6	－	－	2.2	2.2	2.2	－	20.0

女

第12回

年齢階級、第1回の1か月間の収入の有無・収入の種類（複数回答）	総数	収入あり	働いて得た所得	公的年金	雇用保険	生活保護等の社会保障給付金	私的年金	子供等からの仕送り	資産収入
					被調査者数（単位：人）				
総数	10 560	8 743	3 708	8 005	51	26	1 121	123	376
収入あり	7 335	6 430	3 317	5 827	47	17	901	101	282
働いて得た所得	6 495	5 730	3 075	5 179	40	15	789	88	219
公的年金	252	225	72	224	2	1	34	11	14
雇用保険	54	46	20	46	-	-	5	-	2
生活保護等の社会保障給付金	28	25	5	22	-	2	3	-	2
私的年金	126	118	30	117	-	-	54	5	18
子供等からの仕送り	20	19	6	18	-	-	2	2	-
資産収入	161	148	47	136	-	-	36	2	79
その他	147	124	42	114	1	2	16	4	8
収入なし	3 005	2 166	335	2 048	3	8	206	22	90
61 ～ 64 歳	3 648	2 875	1 686	2 305	37	7	331	19	108
収入あり	2 689	2 324	1 509	1 852	35	7	283	16	90
働いて得た所得	2 419	2 106	1 399	1 664	30	7	254	15	77
公的年金	62	55	25	54	1	-	6	3	2
雇用保険	14	12	8	12	-	-	3	-	-
生活保護等の社会保障給付金	10	7	1	6	-	-	-	-	-
私的年金	14	12	5	12	-	-	5	-	1
子供等からの仕送り	8	7	4	6	-	-	1	-	-
資産収入	37	31	16	23	-	-	4	-	17
その他	43	37	19	31	1	-	3	-	1
収入なし	891	513	151	427	1	-	43	3	18
65 ～ 69 歳	6 101	5 181	1 851	5 031	13	17	693	88	231
収入あり	4 134	3 660	1 655	3 543	11	9	548	75	164
働いて得た所得	3 654	3 257	1 534	3 161	9	7	478	65	125
公的年金	162	145	45	145	1	1	23	7	9
雇用保険	35	30	12	30	-	-	2	-	2
生活保護等の社会保障給付金	16	16	4	14	-	1	2	-	2
私的年金	94	89	23	89	-	-	44	4	16
子供等からの仕送り	12	12	2	12	-	-	1	2	-
資産収入	105	98	28	95	-	-	27	2	51
その他	87	73	16	69	-	2	11	4	7
収入なし	1 827	1 420	167	1 392	2	7	137	13	63
70 歳	811	687	171	669	1	2	97	16	37
収入あり	512	446	153	432	1	1	70	10	28
働いて得た所得	422	367	142	354	1	1	57	8	17
公的年金	28	25	2	25	-	-	5	1	3
雇用保険	5	4	-	4	-	-	-	-	-
生活保護等の社会保障給付金	2	2	-	2	-	1	1	-	-
私的年金	18	17	2	16	-	-	5	1	1
子供等からの仕送り	-	-	-	-	-	-	-	-	-
資産収入	19	19	3	18	-	-	5	-	11
その他	17	14	7	14	-	-	2	2	-
収入なし	287	233	17	229	-	1	26	6	9

注：総数には各項目の不詳を含む。

の1か月間の収入の有無・収入の種類（複数回答）

その他	収入なし	総数	収入あり	働いて得た所得	公的年金	雇用保険	生活保護等の社会保障給付金	私的年金	子供等からの仕送り	資産収入	その他	収入なし
						構成割合（単位：%）						
169	1 539	100.0	82.8	35.1	75.8	0.5	0.2	10.6	1.2	3.6	1.6	14.6
133	728	100.0	87.7	45.2	79.4	0.6	0.2	12.3	1.4	3.8	1.8	9.9
109	615	100.0	88.2	47.3	79.7	0.6	0.2	12.1	1.4	3.4	1.7	9.5
8	20	100.0	89.3	28.6	88.9	0.8	0.4	13.5	4.4	5.6	3.2	7.9
2	6	100.0	85.2	37.0	85.2	-	-	9.3	-	3.7	3.7	11.1
-	3	100.0	89.3	17.9	78.6	-	7.1	10.7	-	7.1	-	10.7
3	7	100.0	93.7	23.8	92.9	-	-	42.9	4.0	14.3	2.4	5.6
-	1	100.0	95.0	30.0	90.0	-	-	10.0	10.0	-	-	5.0
9	8	100.0	91.9	29.2	84.5	-	-	22.4	1.2	49.1	5.6	5.0
13	20	100.0	84.4	28.6	77.6	0.7	1.4	10.9	2.7	5.4	8.8	13.6
31	756	100.0	72.1	11.1	68.2	0.1	0.3	6.9	0.7	3.0	1.0	25.2
53	688	100.0	78.8	46.2	63.2	1.0	0.2	9.1	0.5	3.0	1.5	18.9
43	311	100.0	86.4	56.1	68.9	1.3	0.3	10.5	0.6	3.3	1.6	11.6
40	264	100.0	87.1	57.8	68.8	1.2	0.3	10.5	0.6	3.2	1.7	10.9
2	4	100.0	88.7	40.3	87.1	1.6	-	9.7	4.8	3.2	3.2	6.5
-	2	100.0	85.7	57.1	85.7	-	-	21.4	-	-	-	14.3
-	3	100.0	70.0	10.0	60.0	-	-	-	-	-	-	30.0
-	2	100.0	85.7	35.7	85.7	-	-	35.7	-	7.1	-	14.3
-	1	100.0	87.5	50.0	75.0	-	-	12.5	-	-	-	12.5
3	4	100.0	83.8	43.2	62.2	-	-	10.8	-	45.9	8.1	10.8
4	6	100.0	86.0	44.2	72.1	2.3	-	7.0	-	2.3	9.3	14.0
8	354	100.0	57.6	16.9	47.9	0.1	-	4.8	0.3	2.0	0.9	39.7
105	747	100.0	84.9	30.3	82.5	0.2	0.3	11.4	1.4	3.8	1.7	12.2
82	365	100.0	88.5	40.0	85.7	0.3	0.2	13.3	1.8	4.0	2.0	8.8
65	307	100.0	89.1	42.0	86.5	0.2	0.2	13.1	1.8	3.4	1.8	8.4
5	15	100.0	89.5	27.8	89.5	0.6	0.6	14.2	4.3	5.6	3.1	9.3
1	3	100.0	85.7	34.3	85.7	-	-	5.7	-	5.7	2.9	8.6
-	-	100.0	100.0	25.0	87.5	-	6.3	12.5	-	12.5	-	-
3	4	100.0	94.7	24.5	94.7	-	-	46.8	4.3	17.0	3.2	4.3
-	-	100.0	100.0	16.7	100.0	-	-	8.3	16.7	-	-	-
5	4	100.0	93.3	26.7	90.5	-	-	25.7	1.9	48.6	4.8	3.8
9	13	100.0	83.9	18.4	79.3	-	2.3	12.6	2.3	8.0	10.3	14.9
21	354	100.0	77.7	9.1	76.2	0.1	0.4	7.5	0.7	3.4	1.1	19.4
11	104	100.0	84.7	21.1	82.5	0.1	0.2	12.0	2.0	4.6	1.4	12.8
8	52	100.0	87.1	29.9	84.4	0.2	0.2	13.7	2.0	5.5	1.6	10.2
4	44	100.0	87.0	33.6	83.9	0.2	0.2	13.5	1.9	4.0	0.9	10.4
1	1	100.0	89.3	7.1	89.3	-	-	17.9	3.6	10.7	3.6	3.6
1	1	100.0	80.0	-	80.0	-	-	-	-	-	20.0	20.0
-	-	100.0	100.0	-	100.0	-	50.0	50.0	-	-	-	-
-	1	100.0	94.4	11.1	88.9	-	-	27.8	5.6	5.6	-	5.6
-	-	100.0	-	-	-	-	-	-	-	-	-	-
1	-	100.0	100.0	15.8	94.7	-	-	26.3	-	57.9	5.3	-
-	1	100.0	82.4	41.2	82.4	-	-	11.8	11.8	-	-	5.9
2	48	100.0	81.2	5.9	79.8	-	0.3	9.1	2.1	3.1	0.7	16.7

年齢階級、第 1 回の借入金の有無・借入金額階級	総数	仕事をしている	自営業主	家族従業者	会社・団体等の役員
総数	19 513	10 321	2 016	742	686
借入金あり	9 107	5 525	1 101	394	396
100 万円未満	569	355	61	23	13
100 ～　500 万円未満	2 464	1 484	320	102	66
500 ～ 1,000 万円未満	1 590	944	188	66	58
1,000 ～ 2,000 万円未満	1 712	1 064	184	69	95
2,000 万円以上	1 397	915	195	76	127
借入金なし	9 893	4 542	856	326	273
61 ～ 64 歳	6 641	4 408	633	254	279
借入金あり	3 594	2 544	366	146	170
100 万円未満	192	147	13	5	7
100 ～　500 万円未満	948	668	96	38	30
500 ～ 1,000 万円未満	592	408	67	25	20
1,000 ～ 2,000 万円未満	750	524	63	27	45
2,000 万円以上	602	461	77	30	54
借入金なし	2 885	1 764	249	104	101
65 ～ 69 歳	11 321	5 323	1 225	438	355
借入金あり	4 958	2 730	661	227	207
100 万円未満	334	192	45	17	5
100 ～　500 万円未満	1 360	744	205	58	33
500 ～ 1,000 万円未満	906	490	105	38	35
1,000 ～ 2,000 万円未満	874	494	110	36	48
2,000 万円以上	718	418	105	44	66
借入金なし	6 068	2 460	524	197	142
70 歳	1 551	590	158	50	52
借入金あり	555	251	74	21	19
100 万円未満	43	16	3	1	1
100 ～　500 万円未満	156	72	19	6	3
500 ～ 1,000 万円未満	92	46	16	3	3
1,000 ～ 2,000 万円未満	88	46	11	6	2
2,000 万円以上	77	36	13	2	7
借入金なし	940	318	83	25	30
総数	100. 0	52. 9	10. 3	3. 8	3. 5
借入金あり	100. 0	60. 7	12. 1	4. 3	4. 3
100 万円未満	100. 0	62. 4	10. 7	4. 0	2. 3
100 ～　500 万円未満	100. 0	60. 2	13. 0	4. 1	2. 7
500 ～ 1,000 万円未満	100. 0	59. 4	11. 8	4. 2	3. 6
1,000 ～ 2,000 万円未満	100. 0	62. 1	10. 7	4. 0	5. 5
2,000 万円以上	100. 0	65. 5	14. 0	5. 4	9. 1
借入金なし	100. 0	45. 9	8. 7	3. 3	2. 8
61 ～ 64 歳	100. 0	66. 4	9. 5	3. 8	4. 2
借入金あり	100. 0	70. 8	10. 2	4. 1	4. 7
100 万円未満	100. 0	76. 6	6. 8	2. 6	3. 6
100 ～　500 万円未満	100. 0	70. 5	10. 1	4. 0	3. 2
500 ～ 1,000 万円未満	100. 0	68. 9	11. 3	4. 2	3. 4
1,000 ～ 2,000 万円未満	100. 0	69. 9	8. 4	3. 6	6. 0
2,000 万円以上	100. 0	76. 6	12. 8	5. 0	9. 0
借入金なし	100. 0	61. 1	8. 6	3. 6	3. 5
65 ～ 69 歳	100. 0	47. 0	10. 8	3. 9	3. 1
借入金あり	100. 0	55. 1	13. 3	4. 6	4. 2
100 万円未満	100. 0	57. 5	13. 5	5. 1	1. 5
100 ～　500 万円未満	100. 0	54. 7	15. 1	4. 3	2. 4
500 ～ 1,000 万円未満	100. 0	54. 1	11. 6	4. 2	3. 9
1,000 ～ 2,000 万円未満	100. 0	56. 5	12. 6	4. 1	5. 5
2,000 万円以上	100. 0	58. 2	14. 6	6. 1	9. 2
借入金なし	100. 0	40. 5	8. 6	3. 2	2. 3
70 歳	100. 0	38. 0	10. 2	3. 2	3. 4
借入金あり	100. 0	45. 2	13. 3	3. 8	3. 4
100 万円未満	100. 0	37. 2	7. 0	2. 3	2. 3
100 ～　500 万円未満	100. 0	46. 2	12. 2	3. 8	1. 9
500 ～ 1,000 万円未満	100. 0	50. 0	17. 4	3. 3	3. 3
1,000 ～ 2,000 万円未満	100. 0	52. 3	12. 5	6. 8	2. 3
2,000 万円以上	100. 0	46. 8	16. 9	2. 6	9. 1
借入金なし	100. 0	33. 8	8. 8	2. 7	3. 2

注：総数には各項目の不詳を含む。

回の借入金の有無・借入金額階級、第 12 回の仕事の有無・仕事のかたち別

第 12 回の仕事の有無・仕事のかたち

正規の職員・従業員	パート・アルバイト	労働者派遣事業所の派遣社員	契約社員・嘱託	家庭での内職など	その他	仕事をしていない
被調査者数（単位：人）						
1 252	3 437	99	1 575	116	373	9 154
697	1 758	54	895	58	162	3 570
40	150	2	50	5	10	213
192	478	22	243	14	44	977
103	326	9	144	14	35	643
164	309	5	198	11	28	647
111	229	7	146	2	19	480
516	1 599	42	658	56	203	5 332
808	1 335	30	916	36	112	2 222
472	750	17	535	26	60	1 045
29	61	–	26	1	5	45
120	207	9	144	5	18	278
64	125	3	87	6	11	183
121	139	1	111	6	10	225
79	112	2	102	–	5	141
316	551	13	368	10	49	1 116
412	1 911	59	612	67	229	5 973
209	929	34	339	28	91	2 221
11	82	1	21	4	5	141
65	248	12	95	6	21	615
37	183	5	55	8	23	414
39	158	4	78	5	16	380
31	109	5	43	1	13	298
185	943	23	264	39	134	3 596
32	191	10	47	13	32	959
16	79	3	21	4	11	304
–	7	1	3	–	–	27
7	23	1	4	3	5	84
2	18	1	2	–	1	46
4	12	–	9	–	2	42
1	8	–	1	1	1	41
15	105	6	26	7	20	620
構成割合（単位：%）						
6.4	17.6	0.5	8.1	0.6	1.9	46.9
7.7	19.3	0.6	9.8	0.6	1.8	39.2
7.0	26.4	0.4	8.8	0.9	1.8	37.4
7.8	19.4	0.9	9.9	0.6	1.8	39.7
6.5	20.5	0.6	9.1	0.9	2.2	40.4
9.6	18.0	0.3	11.6	0.6	1.6	37.8
7.9	16.4	0.5	10.5	0.1	1.4	34.4
5.2	16.2	0.4	6.7	0.6	2.1	53.9
12.2	20.1	0.5	13.8	0.5	1.7	33.5
13.1	20.9	0.5	14.9	0.7	1.7	29.1
15.1	31.8	–	13.5	0.5	2.6	23.4
12.7	21.8	0.9	15.2	0.5	1.9	29.3
10.8	21.1	0.5	14.7	1.0	1.9	30.9
16.1	18.5	0.1	14.8	0.8	1.3	30.0
13.1	18.6	0.3	16.9	–	0.8	23.4
11.0	19.1	0.5	12.8	0.3	1.7	38.7
3.6	16.9	0.5	5.4	0.6	2.0	52.8
4.2	18.7	0.7	6.8	0.6	1.8	44.8
3.3	24.6	0.3	6.3	1.2	1.5	42.2
4.8	18.2	0.9	7.0	0.4	1.5	45.2
4.1	20.2	0.6	6.1	0.9	2.5	45.7
4.5	18.1	0.5	8.9	0.6	1.8	43.5
4.3	15.2	0.7	6.0	0.1	1.8	41.5
3.0	15.5	0.4	4.4	0.6	2.2	59.3
2.1	12.3	0.6	3.0	0.8	2.1	61.8
2.9	14.2	0.5	3.8	0.7	2.0	54.8
–	16.3	2.3	7.0	–	–	62.8
4.5	14.7	0.6	2.6	1.9	3.2	53.8
2.2	19.6	1.1	2.2	–	1.1	50.0
4.5	13.6	–	10.2	–	2.3	47.7
1.3	10.4	–	1.3	1.3	1.3	53.2
1.6	11.2	0.6	2.8	0.7	2.1	66.0

年齢階級、第1回の預貯金の有無・預貯金額階級	総数	仕事をしている	自営業主	家族従業者	会社・団体等の役員
総数	19 513	10 321	2 016	742	686
預貯金あり	13 993	7 201	1 423	569	561
100万円未満	499	301	50	13	13
100 ～　500万円未満	3 690	2 224	427	148	125
500 ～ 1,000万円未満	2 902	1 566	288	112	122
1,000 ～ 2,000万円未満	2 663	1 227	261	104	111
2,000万円以上	2 675	1 113	259	118	133
預貯金なし	4 286	2 526	460	128	91
61 ～ 64歳	6 641	4 408	633	254	279
預貯金あり	4 686	3 045	435	200	221
100万円未満	194	131	19	2	7
100 ～　500万円未満	1 425	1 026	136	61	58
500 ～ 1,000万円未満	1 042	697	94	37	50
1,000 ～ 2,000万円未満	823	493	80	42	42
2,000万円以上	709	395	68	38	48
預貯金なし	1 545	1 107	157	42	41
65 ～ 69歳	11 321	5 323	1 225	438	355
預貯金あり	8 173	3 722	868	333	295
100万円未満	282	159	28	11	6
100 ～　500万円未満	2 022	1 084	256	75	62
500 ～ 1,000万円未満	1 648	784	174	71	61
1,000 ～ 2,000万円未満	1 615	657	162	56	64
2,000万円以上	1 680	616	158	71	68
預貯金なし	2 436	1 302	270	81	46
70歳	1 551	590	158	50	52
預貯金あり	1 134	434	120	36	45
100万円未満	23	11	3	－	－
100 ～　500万円未満	243	114	35	12	5
500 ～ 1,000万円未満	212	85	20	4	11
1,000 ～ 2,000万円未満	225	77	19	6	5
2,000万円以上	286	102	33	9	17
預貯金なし	305	117	33	5	4
総数	100.0	52.9	10.3	3.8	3.5
預貯金あり	100.0	51.5	10.2	4.1	4.0
100万円未満	100.0	60.3	10.0	2.6	2.6
100 ～　500万円未満	100.0	60.3	11.6	4.0	3.4
500 ～ 1,000万円未満	100.0	54.0	9.9	3.9	4.2
1,000 ～ 2,000万円未満	100.0	46.1	9.8	3.9	4.2
2,000万円以上	100.0	41.6	9.7	4.4	5.0
預貯金なし	100.0	58.9	10.7	3.0	2.1
61 ～ 64歳	100.0	66.4	9.5	3.8	4.2
預貯金あり	100.0	65.0	9.3	4.3	4.7
100万円未満	100.0	67.5	9.8	1.0	3.6
100 ～　500万円未満	100.0	72.0	9.5	4.3	4.1
500 ～ 1,000万円未満	100.0	66.9	9.0	3.6	4.8
1,000 ～ 2,000万円未満	100.0	59.9	9.7	5.1	5.1
2,000万円以上	100.0	55.7	9.6	5.4	6.8
預貯金なし	100.0	71.7	10.2	2.7	2.7
65 ～ 69歳	100.0	47.0	10.8	3.9	3.1
預貯金あり	100.0	45.5	10.6	4.1	3.6
100万円未満	100.0	56.4	9.9	3.9	2.1
100 ～　500万円未満	100.0	53.6	12.7	3.7	3.1
500 ～ 1,000万円未満	100.0	47.6	10.6	4.3	3.7
1,000 ～ 2,000万円未満	100.0	40.7	10.0	3.5	4.0
2,000万円以上	100.0	36.7	9.4	4.2	4.0
預貯金なし	100.0	53.4	11.1	3.3	1.9
70歳	100.0	38.0	10.2	3.2	3.4
預貯金あり	100.0	38.3	10.6	3.2	4.0
100万円未満	100.0	47.8	13.0	－	－
100 ～　500万円未満	100.0	46.9	14.4	4.9	2.1
500 ～ 1,000万円未満	100.0	40.1	9.4	1.9	5.2
1,000 ～ 2,000万円未満	100.0	34.2	8.4	2.7	2.2
2,000万円以上	100.0	35.7	11.5	3.1	5.9
預貯金なし	100.0	38.4	10.8	1.6	1.3

注：総数には各項目の不詳を含む。

第12回の仕事の有無・仕事のかたち

正規の職員・従業員	パート・アルバイト	労働者派遣事業所の派遣社員	契約社員・嘱託	家庭での内職など	その他	仕事をしていない
被調査者数（単位：人）						
1 252	3 437	99	1 575	116	373	9 154
810	2 269	63	1 135	75	279	6 775
40	118	3	45	6	13	194
278	716	24	400	21	81	1 461
189	508	16	257	16	56	1 333
113	385	8	174	13	56	1 435
110	287	8	141	11	42	1 560
349	982	33	375	32	70	1 751
808	1 335	30	916	36	112	2 222
543	872	17	648	25	81	1 636
28	43	2	25	1	4	61
187	303	3	247	9	22	397
137	196	6	151	9	17	345
74	142	3	95	1	13	330
62	93	1	65	3	16	314
204	388	13	232	6	22	436
412	1 911	59	612	67	229	5 973
245	1 259	38	452	44	176	4 440
10	72	1	18	4	9	121
83	376	19	146	12	52	935
50	278	8	98	6	36	861
35	217	3	71	11	37	958
47	170	5	68	5	22	1 062
136	554	19	132	21	41	1 128
32	191	10	47	13	32	959
22	138	8	35	6	22	699
2	3	–	2	1	–	12
8	37	2	7	–	7	129
2	34	2	8	1	3	127
4	26	2	8	1	6	147
1	24	2	8	3	4	184
9	40	1	11	5	7	187
構成割合（単位：%）						
6.4	17.6	0.5	8.1	0.6	1.9	46.9
5.8	16.2	0.5	8.1	0.5	2.0	48.4
8.0	23.6	0.6	9.0	1.2	2.6	38.9
7.5	19.4	0.7	10.8	0.6	2.2	39.6
6.5	17.5	0.6	8.9	0.6	1.9	45.9
4.2	14.5	0.3	6.5	0.5	2.1	53.9
4.1	10.7	0.3	5.3	0.4	1.6	58.3
8.1	22.9	0.8	8.7	0.7	1.6	40.9
12.2	20.1	0.5	13.8	0.5	1.7	33.5
11.6	18.6	0.4	13.8	0.5	1.7	34.9
14.4	22.2	1.0	12.9	0.5	2.1	31.4
13.1	21.3	0.2	17.3	0.6	1.5	27.9
13.1	18.8	0.6	14.5	0.9	1.6	33.1
9.0	17.3	0.4	11.5	0.1	1.6	40.1
8.7	13.1	0.1	9.2	0.4	2.3	44.3
13.2	25.1	0.8	15.0	0.4	1.4	28.2
3.6	16.9	0.5	5.4	0.6	2.0	52.8
3.0	15.4	0.5	5.5	0.5	2.2	54.3
3.5	25.5	0.4	6.4	1.4	3.2	42.9
4.1	18.6	0.9	7.2	0.6	2.6	46.2
3.0	16.9	0.5	5.9	0.4	2.2	52.2
2.2	13.4	0.2	4.4	0.7	2.3	59.3
2.8	10.1	0.3	4.0	0.3	1.3	63.2
5.6	22.7	0.8	5.4	0.9	1.7	46.3
2.1	12.3	0.6	3.0	0.8	2.1	61.8
1.9	12.2	0.7	3.1	0.5	1.9	61.6
8.7	13.0	–	8.7	4.3	–	52.2
3.3	15.2	0.8	2.9	–	2.9	53.1
0.9	16.0	0.9	3.8	0.5	1.4	59.9
1.8	11.6	0.9	3.6	0.4	2.7	65.3
0.3	8.4	0.7	2.8	1.0	1.4	64.3
3.0	13.1	0.3	3.6	1.6	2.3	61.3

年齢階級、第12回の借入金の有無・借入金額階級	総数	仕事をしている	自営業主	家族従業者	会社・団体等の役員
総数	19 513	10 321	2 016	742	686
借入金あり	4 107	2 898	678	259	223
100 万円未満	527	367	71	27	10
100 ～ 500 万円未満	1 347	983	238	84	60
500 ～ 1,000 万円未満	624	482	114	38	42
1,000 ～ 2,000 万円未満	520	361	81	29	49
2,000 万円以上	443	321	93	49	37
借入金なし	14 851	7 125	1 268	464	453
61 ～ 64 歳	6 641	4 408	633	254	279
借入金あり	1 703	1 365	264	108	104
100 万円未満	207	165	23	12	5
100 ～ 500 万円未満	564	465	85	33	34
500 ～ 1,000 万円未満	265	230	55	10	21
1,000 ～ 2,000 万円未満	228	174	30	14	20
2,000 万円以上	203	166	46	23	17
借入金なし	4 772	2 933	351	143	171
65 ～ 69 歳	11 321	5 323	1 225	438	355
借入金あり	2 164	1 411	367	142	108
100 万円未満	282	183	43	15	5
100 ～ 500 万円未満	703	470	134	46	24
500 ～ 1,000 万円未満	326	232	49	26	18
1,000 ～ 2,000 万円未満	262	178	46	15	28
2,000 万円以上	220	144	45	24	18
借入金なし	8 818	3 747	813	281	242
70 歳	1 551	590	158	50	52
借入金あり	240	122	47	9	11
100 万円未満	38	19	5	－	－
100 ～ 500 万円未満	80	48	19	5	2
500 ～ 1,000 万円未満	33	20	10	2	3
1,000 ～ 2,000 万円未満	30	9	5	－	1
2,000 万円以上	20	11	2	2	2
借入金なし	1 261	445	104	40	40
総数	100.0	52.9	10.3	3.8	3.5
借入金あり	100.0	70.6	16.5	6.3	5.4
100 万円未満	100.0	69.6	13.5	5.1	1.9
100 ～ 500 万円未満	100.0	73.0	17.7	6.2	4.5
500 ～ 1,000 万円未満	100.0	77.2	18.3	6.1	6.7
1,000 ～ 2,000 万円未満	100.0	69.4	15.6	5.6	9.4
2,000 万円以上	100.0	72.5	21.0	11.1	8.4
借入金なし	100.0	48.0	8.5	3.1	3.1
61 ～ 64 歳	100.0	66.4	9.5	3.8	4.2
借入金あり	100.0	80.2	15.5	6.3	6.1
100 万円未満	100.0	79.7	11.1	5.8	2.4
100 ～ 500 万円未満	100.0	82.4	15.1	5.9	6.0
500 ～ 1,000 万円未満	100.0	86.8	20.8	3.8	7.9
1,000 ～ 2,000 万円未満	100.0	76.3	13.2	6.1	8.8
2,000 万円以上	100.0	81.8	22.7	11.3	8.4
借入金なし	100.0	61.5	7.4	3.0	3.6
65 ～ 69 歳	100.0	47.0	10.8	3.9	3.1
借入金あり	100.0	65.2	17.0	6.6	5.0
100 万円未満	100.0	64.9	15.2	5.3	1.8
100 ～ 500 万円未満	100.0	66.9	19.1	6.5	3.4
500 ～ 1,000 万円未満	100.0	71.2	15.0	8.0	5.5
1,000 ～ 2,000 万円未満	100.0	67.9	17.6	5.7	10.7
2,000 万円以上	100.0	65.5	20.5	10.9	8.2
借入金なし	100.0	42.5	9.2	3.2	2.7
70 歳	100.0	38.0	10.2	3.2	3.4
借入金あり	100.0	50.8	19.6	3.8	4.6
100 万円未満	100.0	50.0	13.2	－	－
100 ～ 500 万円未満	100.0	60.0	23.8	6.3	2.5
500 ～ 1,000 万円未満	100.0	60.6	30.3	6.1	9.1
1,000 ～ 2,000 万円未満	100.0	30.0	16.7	－	3.3
2,000 万円以上	100.0	55.0	10.0	10.0	10.0
借入金なし	100.0	35.3	8.2	3.2	3.2

注：総数には各項目の不詳を含む。

第 12 回の仕事の有無・仕事のかたち

正規の職員・従業員	パート・アルバイト	労働者派遣事業所の派遣社員	契約社員・嘱託	家庭での内職など	その他	仕事をしていない
被調査者数（単位：人）						
1 252	3 437	99	1 575	116	373	9 154
400	844	30	376	25	62	1 202
50	137	6	48	6	12	160
142	284	7	142	8	18	364
72	145	5	56	4	6	141
57	86	4	46	2	6	158
33	58	5	34	2	10	122
819	2 487	65	1 169	89	290	7 708
808	1 335	30	916	36	112	2 222
268	368	13	216	9	15	335
32	59	3	26	2	3	42
91	133	2	80	3	4	99
51	58	3	30	2	–	35
41	38	–	25	1	5	53
23	27	3	25	1	1	37
523	928	15	680	26	92	1 834
412	1 911	59	612	67	229	5 973
126	448	15	148	13	43	749
16	71	3	19	3	8	99
49	140	4	56	4	13	233
21	84	2	24	2	6	93
16	46	4	20	1	1	84
10	28	2	9	–	8	76
271	1 404	42	455	53	173	5 060
32	191	10	47	13	32	959
6	28	2	12	3	4	118
2	7	–	3	1	1	19
2	11	1	6	1	1	32
–	3	–	2	–	–	13
–	2	–	1	–	–	21
–	3	–	–	1	1	9
25	155	8	34	10	25	814
構成割合（単位：%）						
6.4	17.6	0.5	8.1	0.6	1.9	46.9
9.7	20.6	0.7	9.2	0.6	1.5	29.3
9.5	26.0	1.1	9.1	1.1	2.3	30.4
10.5	21.1	0.5	10.5	0.6	1.3	27.0
11.5	23.2	0.8	9.0	0.6	1.0	22.6
11.0	16.5	0.8	8.8	0.4	1.2	30.4
7.4	13.1	1.1	7.7	0.5	2.3	27.5
5.5	16.7	0.4	7.9	0.6	2.0	51.9
12.2	20.1	0.5	13.8	0.5	1.7	33.5
15.7	21.6	0.8	12.7	0.5	0.9	19.7
15.5	28.5	1.4	12.6	1.0	1.4	20.3
16.1	23.6	0.4	14.2	0.5	0.7	17.6
19.2	21.9	1.1	11.3	0.8	–	13.2
18.0	16.7	–	11.0	0.4	2.2	23.2
11.3	13.3	1.5	12.3	0.5	0.5	18.2
11.0	19.4	0.3	14.2	0.5	1.9	38.4
3.6	16.9	0.5	5.4	0.6	2.0	52.8
5.8	20.7	0.7	6.8	0.6	2.0	34.6
5.7	25.2	1.1	6.7	1.1	2.8	35.1
7.0	19.9	0.6	8.0	0.6	1.8	33.1
6.4	25.8	0.6	7.4	0.6	1.8	28.5
6.1	17.6	1.5	7.6	0.4	0.4	32.1
4.5	12.7	0.9	4.1	–	3.6	34.5
3.1	15.9	0.5	5.2	0.6	2.0	57.4
2.1	12.3	0.6	3.0	0.8	2.1	61.8
2.5	11.7	0.8	5.0	1.3	1.7	49.2
5.3	18.4	–	7.9	2.6	2.6	50.0
2.5	13.8	1.3	7.5	1.3	1.3	40.0
–	9.1	–	6.1	–	–	39.4
–	6.7	–	3.3	–	–	70.0
–	15.0	–	–	5.0	5.0	45.0
2.0	12.3	0.6	2.7	0.8	2.0	64.6

年齢階級、第12回の預貯金の有無・預貯金額階級	総数	仕事をしている	自営業主	家族従業者	会社・団体等の役員
総数	19 513	10 321	2 016	742	686
預貯金あり	15 028	7 774	1 480	606	611
100 万円未満	552	344	63	17	11
100 ～ 500 万円未満	3 130	1 877	403	155	76
500 ～ 1,000 万円未満	2 774	1 511	298	108	94
1,000 ～ 2,000 万円未満	2 799	1 363	241	95	114
2,000 万円以上	4 642	2 158	368	166	282
預貯金なし	3 489	2 040	417	98	52
61 ～ 64 歳	6 641	4 408	633	254	279
預貯金あり	5 102	3 330	453	209	245
100 万円未満	196	150	22	3	4
100 ～ 500 万円未満	1 092	792	152	62	30
500 ～ 1,000 万円未満	926	623	89	25	38
1,000 ～ 2,000 万円未満	927	583	54	35	44
2,000 万円以上	1 592	968	104	58	115
預貯金なし	1 234	878	146	37	26
65 ～ 69 歳	11 321	5 323	1 225	438	355
預貯金あり	8 715	3 984	902	356	316
100 万円未満	314	181	34	13	6
100 ～ 500 万円未満	1 825	986	224	87	45
500 ～ 1,000 万円未満	1 598	783	178	74	47
1,000 ～ 2,000 万円未満	1 640	697	168	54	57
2,000 万円以上	2 680	1 068	234	94	144
預貯金なし	2 002	1 063	244	56	26
70 歳	1 551	590	158	50	52
預貯金あり	1 211	460	125	41	50
100 万円未満	42	13	7	1	1
100 ～ 500 万円未満	213	99	27	6	1
500 ～ 1,000 万円未満	250	105	31	9	9
1,000 ～ 2,000 万円未満	232	83	19	6	13
2,000 万円以上	370	122	30	14	23
預貯金なし	253	99	27	5	－
総数	100.0	52.9	10.3	3.8	3.5
預貯金あり	100.0	51.7	9.8	4.0	4.1
100 万円未満	100.0	62.3	11.4	3.1	2.0
100 ～ 500 万円未満	100.0	60.0	12.9	5.0	2.4
500 ～ 1,000 万円未満	100.0	54.5	10.7	3.9	3.4
1,000 ～ 2,000 万円未満	100.0	48.7	8.6	3.4	4.1
2,000 万円以上	100.0	46.5	7.9	3.6	6.1
預貯金なし	100.0	58.5	12.0	2.8	1.5
61 ～ 64 歳	100.0	66.4	9.5	3.8	4.2
預貯金あり	100.0	65.3	8.9	4.1	4.8
100 万円未満	100.0	76.5	11.2	1.5	2.0
100 ～ 500 万円未満	100.0	72.5	13.9	5.7	2.7
500 ～ 1,000 万円未満	100.0	67.3	9.6	2.7	4.1
1,000 ～ 2,000 万円未満	100.0	62.9	5.8	3.8	4.7
2,000 万円以上	100.0	60.8	6.5	3.6	7.2
預貯金なし	100.0	71.2	11.8	3.0	2.1
65 ～ 69 歳	100.0	47.0	10.8	3.9	3.1
預貯金あり	100.0	45.7	10.3	4.1	3.6
100 万円未満	100.0	57.6	10.8	4.1	1.9
100 ～ 500 万円未満	100.0	54.0	12.3	4.8	2.5
500 ～ 1,000 万円未満	100.0	49.0	11.1	4.6	2.9
1,000 ～ 2,000 万円未満	100.0	42.5	10.2	3.3	3.5
2,000 万円以上	100.0	39.9	8.7	3.5	5.4
預貯金なし	100.0	53.1	12.2	2.8	1.3
70 歳	100.0	38.0	10.2	3.2	3.4
預貯金あり	100.0	38.0	10.3	3.4	4.1
100 万円未満	100.0	31.0	16.7	2.4	2.4
100 ～ 500 万円未満	100.0	46.5	12.7	2.8	0.5
500 ～ 1,000 万円未満	100.0	42.0	12.4	3.6	3.6
1,000 ～ 2,000 万円未満	100.0	35.8	8.2	2.6	5.6
2,000 万円以上	100.0	33.0	8.1	3.8	6.2
預貯金なし	100.0	39.1	10.7	2.0	－

注：総数には各項目の不詳を含む。

第 12 回の仕事の有無・仕事のかたち

正規の職員・従業員	パート・アルバイト	労働者派遣事業所の派遣社員	契約社員・嘱託	家庭での内職など	その他	仕事をしていない
被調査者数（単位：人）						
1 252	3 437	99	1 575	116	373	9 154
937	2 408	69	1 286	81	280	7 241
46	144	2	45	6	10	208
228	621	21	275	37	61	1 248
158	513	17	268	13	40	1 261
155	423	8	258	4	61	1 434
286	544	19	386	16	83	2 480
256	852	25	244	30	60	1 439
808	1 335	30	916	36	112	2 222
615	916	20	758	28	84	1 770
28	61	–	28	2	2	46
146	213	7	152	14	16	299
97	186	5	168	3	12	303
103	172	1	157	2	14	344
200	219	7	226	6	32	623
156	351	7	127	7	19	353
412	1 911	59	612	67	229	5 973
296	1 355	41	489	44	175	4 721
17	83	2	17	2	7	133
71	375	12	115	20	37	835
57	289	10	90	9	27	814
49	226	5	91	2	44	941
83	296	10	149	7	45	1 609
95	456	16	110	20	36	933
32	191	10	47	13	32	959
26	137	8	39	9	21	750
1	–	–	–	2	1	29
11	33	2	8	3	8	114
4	38	2	10	1	1	144
3	25	2	10	–	3	149
3	29	2	11	3	6	248
5	45	2	7	3	5	153
構成割合（単位：%）						
6.4	17.6	0.5	8.1	0.6	1.9	46.9
6.2	16.0	0.5	8.6	0.5	1.9	48.2
8.3	26.1	0.4	8.2	1.1	1.8	37.7
7.3	19.8	0.7	8.8	1.2	1.9	39.9
5.7	18.5	0.6	9.7	0.5	1.4	45.5
5.5	15.1	0.3	9.2	0.1	2.2	51.2
6.2	11.7	0.4	8.3	0.3	1.8	53.4
7.3	24.4	0.7	7.0	0.9	1.7	41.2
12.2	20.1	0.5	13.8	0.5	1.7	33.5
12.1	18.0	0.4	14.9	0.5	1.6	34.7
14.3	31.1	–	14.3	1.0	1.0	23.5
13.4	19.5	0.6	13.9	1.3	1.5	27.4
10.5	20.1	0.5	18.1	0.3	1.3	32.7
11.1	18.6	0.1	16.9	0.2	1.5	37.1
12.6	13.8	0.4	14.2	0.4	2.0	39.1
12.6	28.4	0.6	10.3	0.6	1.5	28.6
3.6	16.9	0.5	5.4	0.6	2.0	52.8
3.4	15.5	0.5	5.6	0.5	2.0	54.2
5.4	26.4	0.6	5.4	0.6	2.2	42.4
3.9	20.5	0.7	6.3	1.1	2.0	45.8
3.6	18.1	0.6	5.6	0.6	1.7	50.9
3.0	13.8	0.3	5.5	0.1	2.7	57.4
3.1	11.0	0.4	5.6	0.3	1.7	60.0
4.7	22.8	0.8	5.5	1.0	1.8	46.6
2.1	12.3	0.6	3.0	0.8	2.1	61.8
2.1	11.3	0.7	3.2	0.7	1.7	61.9
2.4	–	–	–	4.8	2.4	69.0
5.2	15.5	0.9	3.8	1.4	3.8	53.5
1.6	15.2	0.8	4.0	0.4	0.4	57.6
1.3	10.8	0.9	4.3	–	1.3	64.2
0.8	7.8	0.5	3.0	0.8	1.6	67.0
2.0	17.8	0.8	2.8	1.2	2.0	60.5

IV 用語の定義

用 語 の 定 義

調査対象

　平成１７年１０月末時点で５０〜５９歳（昭和２０年１１月〜昭和３０年１０月生まれ）の男女

調査年

　「第１回」〜「第12回」とは、それぞれの回の調査で把握した項目で、各調査年・調査日は次のとおり。

　　第１回（第１回調査）　平成１７年　　調査日：１１月２日
　　第２回（第２回調査）　平成１８年　　調査日：１１月１日
　　第３回（第３回調査）　平成１９年　　調査日：１１月７日
　　第４回（第４回調査）　平成２０年　　調査日：１１月５日
　　第５回（第５回調査）　平成２１年　　調査日：１１月４日
　　第６回（第６回調査）　平成２２年　　調査日：１１月３日
　　第７回（第７回調査）　平成２３年　　調査日：１１月２日
　　第８回（第８回調査）　平成２４年　　調査日：１１月７日
　　第９回（第９回調査）　平成２５年　　調査日：１１月６日
　　第10回（第10回調査）　平成２６年　　調査日：１１月５日
　　第11回（第11回調査）　平成２７年　　調査日：１１月４日
　　第12回（第12回調査）　平成２８年　　調査日：１１月２日

「１年間」「過去１年間」

　調査年の前年１１月〜調査年の１０月をいう。

「１か月間」「過去１か月間」

　調査年の１０月をいう。

「配偶者」「夫婦」

　事実上夫婦として生活しているが、婚姻届を提出していない者を含む。

「世帯構成」

　同居している者の続柄から分類している。「単独世帯」「夫婦のみの世帯」以外は、兄弟姉妹やその他の同居者がいる場合を含む。親には配偶者の親も含む。

　「単独世帯」　…　配偶者の有無を問わず、本人以外に同居者がいない場合
　「夫婦のみの世帯」　…　本人と配偶者以外に同居者がいない場合

「三世代世帯」 … 本人・親・子・孫の有無別から分類

「親と子と同居」 … 本人と親・子が同居していて、孫がいない場合

「子と孫と同居」 … 本人と子・孫が同居していて、親がいない場合

「親と子と孫と同居」 … 子の有無を問わず、本人と親・孫が同居している場合

「親あり子なしの世帯」 … 本人と親が同居していて、子がいない場合

「親なし子ありの世帯」 … 本人と子が同居していて、親がいない場合

「その他の世帯」 … 上記以外の場合

「介護をしている状況」

同居者や同居していない親族に対する介護の状況のことをいう。

「第1回から介護をしている」

第1回から第12回まで、調査時に介護を「している」と回答した場合をいう。

「介護「していない」から「している」に変化」

第1回に介護を「していない」と回答した者のうち、第2回から第12回までの間に「している」と回答があった後、第12回まで継続して介護を「している」場合をいう。

「介護「している」から「していない」に変化」

第1回に介護を「している」と回答した者のうち、第2回から第12回までの間に「していない」と回答があった後、第12回まで継続して介護を「していない」場合をいう。

「第1回から介護をしていない」

第1回から第12回まで、調査時に介護を「していない」と回答した場合をいう。

「その他の変化」

第1回で「している」または「していない」と回答した者のうち、第12回までに「していない」「している」または「している」「していない」を繰り返した者をいう。

「健康状態」

「よい」

調査日現在の健康状態について、「大変良い」「良い」「どちらかといえば良い」と回答した者をいう。

「わるい」

調査日現在の健康状態について、「どちらかといえば悪い」「悪い」「大変悪い」と回答した者をいう。

「健康状態の変化」

「第1回からずっと「よい」」

第1回から第12回までの健康状態において、継続して「よい」と回答した者をいう。

「「わるい」から「よい」に変化」

第 1 回の健康状態が「わるい」と回答した者のうち、第 2 回から第 12 回までの間に「よい」と回答があった後、第 12 回まで継続して健康状態が「よい」場合をいう。

「第 1 回からずっと「わるい」」

第 1 回から第 12 回までの健康状態において、継続して「わるい」と回答した者をいう。

「「よい」から「わるい」に変化」

第 1 回の健康状態が「よい」と回答した者のうち、第 2 回から第 12 回までの間に「わるい」と回答があった後、第 12 回まで継続して健康状態が「わるい」場合をいう。

「その他の変化」

第 1 回で「よい」または「わるい」と回答した者のうち、第 12 回までに「わるい」「よい」または「よい」「わるい」を繰り返した者をいう。

「継続して健康維持のために心がけていること」

健康維持のために心がけていること（「お酒を飲み過ぎない」「たばこを吸い過ぎない」「適度な運動をする」「年に 1 回以上人間ドックを受診する」「食事の量に注意する」「バランスを考え多様な食品をとる」「錠剤、カプセル、顆粒、ドリンク状のビタミンやミネラルを摂取する」「適正体重を維持する」「食後の歯磨きをする」「適度な休養をとる」「ストレスをためない」「特にない」）について、第 1 回から第 12 回まで継続して同じ内容を選択したものをいう。

「健診」

過去 1 年間に受診した健康診断や健康診査をいう。

「病気やけがの治療のための 1 か月間の費用」

病院や診療所などで支払った費用（医療保険の自己負担分、差額ベッド代等の保険適用外費用等）、保険薬局で支払った費用（医療保険の自己負担分等）、市販の薬や包帯等の費用などをいう。

「運動状況」

「息がはずまない軽い運動」「多少息がはずむ運動」「激しく息がはずむ運動」のそれぞれについて、第 1 回から第 5 回では運動の有無が「あり」の場合、第 6 回からは「月に 1 日程度」「週に 1 日程度」「週に 2 ～ 3 日」「週に 4 ～ 5 日」「ほぼ毎日」のいずれかの場合を「運動している」、第 1 回から第 5 回では運動の有無が「なし」の場合、第 6 回からは「運動していない」の場合を「運動していない」としている。

「第 1 回から運動している」

第 1 回から第 12 回まで、調査時に「運動している」と回答した場合をいう。

「運動「していない」から「している」に変化」

第1回に「運動していない」と回答した者のうち、第2回から第12回までの間に「運動している」と回答があった後、第12回まで継続して「運動している」場合をいう。

「運動「している」から「していない」に変化」

第1回に「運動している」と回答した者のうち、第2回から第12回までの間に「運動していない」と回答があった後、第12回まで継続して「運動していない」場合をいう。

「第1回から運動していない」

第1回から第12回まで、調査時に「運動していない」と回答した場合をいう。

「その他の変化」

第1回で「運動している」または「運動していない」と回答した者のうち、第12回までに「運動していない」「運動している」または「運動している」「運動していない」を繰り返した者をいう。

「仕事の有無」

「仕事をしている」

ふだん収入になる仕事をしている場合をいう。

「仕事をしていない」

ふだん収入になる仕事をしていない場合をいう。

「就業状況」

「第1回から仕事あり」

第1回から第12回まで、調査時に「仕事をしている」と回答した場合をいう。仕事をやめた後、別の仕事に就いている場合を含む。

「就業」

第1回に「仕事をしていない」と回答した者のうち、第2回から第12回までの間に「仕事をしている」と回答があった後、第12回まで継続して「仕事をしている」場合をいう。

「退職」

第1回に「仕事をしている」と回答した者のうち、第2回から第12回までの間に「仕事をしていない」と回答があった後、第12回まで継続して「仕事をしていない」場合をいう。

「第1回から仕事なし」

第1回から第12回まで、調査時に「仕事をしていない」と回答した場合をいう。前回の調査から次の調査までの間に仕事に就いて、調査日までに仕事をやめた場合を含む。

「その他」

第1回で「仕事をしている」または「仕事をしていない」と回答した者のうち、第12回までに「仕事をしていない」「仕事をしている」または「仕事をしている」「仕事

をしていない」を繰り返した者をいう。

「離職」

　調査年の前年１１月～調査年の１０月までの１年間に、収入を伴う仕事をやめた経験をいい、仕事をやめた後、現在別の仕事に就いている場合を含む。

「仕事のかたち」

　「自営業主」

　　個人経営の商店主・工場主・農業主等の事業主や開業医・弁護士・著述家・行商従事者等をいう。法人組織（株式・合資・合名の各会社）になっている商店の経営者の場合は、「会社・団体等の役員」としている。

　「家族従業者」

　　農家や個人商店等で農作業や店の仕事等を手伝っている家族をいう。

　「会社・団体等の役員」

　　会社の社長・取締役・監査役、団体の理事（長）・監事、公団や事業団の総裁・理事等をいう。部長、課長等のいわゆる管理職の場合は、理事等の役員になっていなければ含まない。

　「正規の職員・従業員」

　　会社・団体・官公庁・個人商店等に雇用期間の定めなく雇われている人をいう。

　「パート・アルバイト」

　　就業時間や日数に関係なく、勤務先で「パートタイマー」「アルバイト」又は、それらに近い呼称で呼ばれている人をいう。

　「労働者派遣事業所の派遣社員」

　　労働者派遣法に基づく労働者派遣事業所に雇用され、そこから派遣されている人をいう。

　「契約社員・嘱託」

　　専門的職種に従事させることを目的に契約に基づき雇用されている人や雇用期間の定めのある人、労働条件や契約期間に関係なく、勤務先で「嘱託職員」又は、それに近い呼称で呼ばれている人をいう。

　「家庭での内職など」

　　家庭で賃仕事をしている人をいう。

　「その他」

　　仕事のかたち「自営業主」～「家庭での内職など」以外をいう。

「仕事への満足感」

　ふだん収入になる仕事をしており、仕事のかたちが「会社・団体等の役員」「正規の職員・

従業員」「パート・アルバイト」「労働者派遣事業所の派遣社員」「契約社員・嘱託」の者（第6回調査からは、ふだん収入になる仕事をしている者）の、第1回から第5回では、「能力の活用・発揮」「職場の人間関係」「労働条件」について、第6回からは、「能力の活用・発揮」「職場の人間関係」「賃金・収入」「就労時間・休日」「仕事の内容・やりがい」について、「満足」「やや満足」「普通」「やや不満」「不満」のうちあてはまるものをいう。

「希望する仕事のかたち」

各調査時に「仕事をしていない」者が回答する「希望する仕事のかたち」は、あてはまるもの1つの回答である。

「近所の人や会社に頼まれて任意で行う仕事」

会社などに雇われてその指揮・監督の下に拘束されて仕事をするわけではなく、近所の人や会社、事務所などが忙しいときなどに、頼まれて一時的に仕事を手伝う場合をいう。

「有償型の社会参加活動」

一定の収入の保証のない、有償ボランティアやシルバー人材センターを通じて請け負う就業等、生計の維持を目的としたものではないものをいう。

「60歳以降の生活」

「生活のまかない方」

第1回、第6回、第9回及び第12回に、60歳以降の生活のまかない方として、年齢区分（第1回、第6回及び第9回では「60〜64歳」「65〜69歳」「70歳以降」、第12回では「62〜64歳」「65〜69歳」「70歳以降」）ごとに選択した（第1回及び第6回では主な3つ、第9回及び第12回は複数回答）収入等をいう。

「60歳以降に希望する仕事のかたち」

62歳以降いつまで収入を伴う仕事をしたいかについて、第1回では「可能な限り仕事をしたい」「一定の年齢まで仕事をしたい」と回答した者が、「60〜64歳」「65歳以降」の年齢区分ごとに希望している仕事のかたちをいい、複数回答による。第6回及び第9回では、「60〜64歳」「65〜69歳」「70歳以降」、第12回では、「62〜64歳」「65〜69歳」「70歳以降」の年齢区分ごとに選択した1つをいう。

「勤め先の再雇用制度等の有無」

「再就職会社のあっせん」

勤め先が、求人の開拓、求人情報の収集・提供、関連企業等への再就職のあっせんなどを行っている場合をいう。

「再雇用制度」

定年年齢に達した者をいったん退職させた後、再び雇用する制度をいう。

「勤務延長制度」

定年年齢が設定されたまま、その定年年齢に到達した者を退職させることなく、引き続き雇用する制度をいう。

「社会参加活動の変化」
「第1回から活動している」
第1回から第12回までの社会参加活動において、継続して活動「あり」と回答した者をいう。
「活動「していない」から「している」に変化」
第1回の社会参加活動について活動「なし」と回答した者のうち、第2回から第12回までの間に活動「あり」と回答があった後、第12回まで継続して活動「あり」の場合をいう。
「活動「している」から「していない」に変化」
第1回の社会参加活動について活動「あり」と回答した者のうち、第2回から第12回までの間に活動「なし」と回答があった後、第12回まで継続して活動「なし」の場合をいう。
「第1回から活動していない」
第1回から第12回までの社会参加活動において、継続して活動「なし」と回答した者をいう。
「その他」
第1回で「あり」または「なし」と回答した者のうち、第12回までに「なし」「あり」または「あり」「なし」を繰り返した者をいう。

「免許・資格の取得の有無」
第5回では、調査開始前から第5回調査時までに、第10回では、その後の5年間（第10回調査時まで）に、仕事のために免許・資格（医療専門職、社会福祉専門職等の医療・保健衛生・社会福祉関係、幼稚園・学校教諭免許、専門的事務処理技能等の事務処理関係、車両運転・船舶運転免許等の運輸・通信関係など）を取得したことの有無をいう。

「住居の形態」
「持ち家」
その世帯が所有する住宅をいう。親名義の家に住んでいる場合や子名義の家に住んでいる場合を含む。
「社宅等」
勤務先の会社・官公庁や雇い主等が管理している住宅（独身寮を含む）をいう。

「1か月間の収入」

「働いて得た所得」「公的年金」「雇用保険」「生活保護等の社会保障給付金」「私的年金」「子供等からの仕送り」「資産収入」「その他」の合計（税込み）であり、ボーナスや財産の売却代、預貯金を引き出した場合、生命保険・損害保険からの受取金などを含まない。

「家計支出」

調査年の１０月の世帯における家計支出をいう。

飲食費、住居費、光熱・水道費、家具・家事用品費、被服費、保険医療費、交通通信費、教育費、教育娯楽費、交際費、仕送り、生命保険料・損害保険料、その他の諸雑費などの支出で、税金・社会保険料、借金や住宅ローンなどの返済、クレジットカードなどにより購入したものの月賦払いを含む。

「借入金」

調査日における借入金で、土地・家屋の購入（住宅の建築、増改築、改装を含む）、耐久消費財の購入、教育資金などに充てるために借り入れた金額の合計で、郵便局、銀行、生命保険会社、住宅金融支援機構などの金融機関のほか、勤め先の会社、共済組合、親戚・知人からのものをいう。

「預貯金」

調査日における以下のものが該当し、これらの合計金額をいう。株や債券については時価とする。

- 郵便局、銀行、信用金庫、農業協同組合などの金融機関への貯金（預金）
- 生命保険、個人年金保険、損害保険、簡易保険（郵便局の保険商品・年金型商品）のこれまでに払い込んだ保険料（掛け捨ての保険を含まない）
- 株式、株式投資信託、債券、公社債投資信託、金銭信託・貸付信託（株・債券は時価）
- その他の預貯金（財形貯蓄、社内預金等）

平成30年 4月 1日 印 刷　　定価は表紙に表示してあります。
平成30年 4月13日 発 行

第 12 回

中 高 年 者 縦 断 調 査
（中高年者の生活に関する継続調査）

（ 平 成 28 年 ）

編 集　厚 生 労 働 省 政 策 統 括 官
　　　（統 計 ・ 情 報 政 策 担 当）

発 行　一般財団法人 厚 生 労 働 統 計 協 会
　　　郵便番号　103-0001
　　　東京都中央区日本橋小伝馬町4番9号
　　　小伝馬町新日本橋ビルディング3階
　　　電 話　03－5623－4123

印 刷　有 限 会 社 正 陽 印 刷